Nᵃ. Il n'a paru que ce volume. L'ouvrage devait en avoir quatre. — Par Louis Valentin de Goesmann. Voy. Barbier.

HISTOIRE
POLITIQUE
DU GOUVERNEMENT FRANÇOIS,
OU
LES QUATRE AGES
DE LA
MONARCHIE FRANÇOISE.

HISTOIRE
POLITIQUE
DU GOUVERNEMENT FRANÇOIS,
OU
LES QUATRE AGES
DE LA
MONARCHIE FRANÇOISE.

Occasiones legûm, tempora & causæ, quæ maximè sententiam aperiunt rerûm, omnia eruuntur ex Historiis. GRAVINA, Orig. Jur.

TOME PREMIER.

A PARIS,
Chez GRANGÉ, Imprimeur-Libraire, rue de la Parcheminerie.

M. DCC. LXXVII.
Avec Approbation & Privilége du Roi.

INTRODUCTION.

Trois augustes Maisons sont montées sur le trône que les Francs ont établi dans les Gaules : celle de Merovée, dont les descendans ont régné jusqu'à Childeric III, détrôné en 750; celle de Pepin le bref, qui a porté le sceptre jusqu'à Louis V, mort en 987; enfin, celle de Hugues Capet, qui regne depuis huit siecles.

La monarchie, sous les rois des deux premieres races, n'étoit point établie sur les fondemens qui semblent aujourd'hui en assurer la perpétuité : plusieurs princes armés de l'autorité souveraine, partageoient les provinces & les transmettoient à leurs descendans comme un bien patrimonial.

C'est ainsi que les quatre fils de Clovis, mort en 511, ont partagé la conquête de leur pere. En 560, Clotaire I, après avoir recueilli les dépouilles de ses freres, régna seul jusqu'à sa mort, arrivée en 562. Ses fils partagerent encore les mêmes états; Caribert fut roi de Paris, Gontram roi d'Orléans, Sigebert roi d'Austrasie, & Chilperic roi de Soissons; tel fut dans la maison Merovingienne le droit de succéder, que les enfans du dernier roi partageoient ses états comme un patrimoine dont ils étoient les héritiers.

A

INTRODUCTION.

Que cet usage ait été conforme ou non à la bonne politique, ce n'est pas ce dont il s'agit ici, mais il étoit constant.

Les princes co-partageans eussent-ils gouverné de concert, ce qui n'est point arrivé (1), il n'en seroit pas moins vrai que le royaume auroit cessé d'être une seule monarchie par la seule raison que la puissance souveraine étoit partagée: on ne regarde pas dans cette matiere l'union des princes, il faut l'unité de la personne dans le commandement, autrement on pourroit donner aussi le nom de monarchie à de certaines républiques. Chaque prince franc possédoit son partage en franc-aleu souverain, dégagé de toute soumission envers ses co-partageans; il ne reconnoissoit aucun supérieur, ni aucun partage pour les prérogatives attachées à la royauté; les conditions du traité de partage n'empêchoient pas qu'il n'exerçât la pleine souveraineté dans les provinces qui lui étoient échues, & qu'il ne prît la qualité de *Rex Francorum*.

Ce caractere d'une *couronne patrimoniale* est encore plus

---

(1). Il n'y a jamais eu qu'une partie possédée en commun par plusieurs princes. Voici le fait : Caribert, fils aîné de Clotaire I, étant mort sans postérité masculine, les rois Gontrant, Sigebert & Chilperic ses freres, partagerent ses états ; Paris en était la ville capitale : aucun de ces princes ne voulut la céder. Ils convinrent d'en jouir en commun ; ils firent serment sur les reliques de S. Polieucte, de S. Hilaire & de S. Martin, de ne point entrer dans cette ville que de concert ; & ils établirent, dit Grégoire de Tours, ces Saints, comme des juges & des vengeurs du parjure.

INTRODUCTION.

marqué fous les rois de la feconde race ; Pepin le bref, prêt à mourir, partagea fon royaume entre fes deux fils Charles & Carlomon ; le premier eut l'Auftrafie, la fecond eut le royaume de Bourgogne, la Provence & le Gothie, c'eft-à-dire, le Languedoc, plus anciennement la *Septimanie*.

Après la mort de Carloman, Charlemagne s'appropria les états de fon frere, & les réunit à fon royaume d'Auftrafie ; il augmenta depuis fa monarchie par fes conquêtes & par des confifcations ; en 806, il convoqua une affemblée à Thionville, & y déclara la réfolution qu'il avoit prife de difpofer de fes états en faveur des princes fes fils ; Charles y parla comme un propriétaire des biens dont il vouloit faire le partage : *Nous vous faifons favoir*, dit-il, *que notre intention eft de partager le royaume que nous tenons de Dieu, entre les enfans qu'il nous a donnés ;* plus bas il défigne les parts qu'il avoit réfolu de donner à fes enfans. *Placuit*, dit-il, *il nous a plû*. Non content de difpofer ainfi de fes états, il regla encore la maniere de les partager entre fes petits-fils, après la mort de leurs peres.

Louis le Débonnaire fuivit, à l'égard de fes enfans, l'exemple de Charlemagne, fon pere ; il donna à Lothaire, fon aîné, le royaume de Baviere ; à Pepin, fon fecond fils, celui d'Aquitaine, & les envoya dans leurs états ; il retint à fa Cour Louis, fon troifieme fils, à caufe de fa grande

A ij

jeuneſſe. Mais en 817, après avoir aſſocié Lothaire à l'Empire, il donna la Bavicre à Louis, & confirma l'Aquitaine à Pepin.

Si la monarchie n'eût point alors été regardée comme un patrimoine, les ſeigneurs n'auroient-ils pas réclamé contre les diſpoſitions de Charlemagne & de Louis le Débonnaire?

Au mois de juin 823, naquit à Francfort Charles, ſurnommé *le Chauve*. Cette naiſſance donna lieu à de nouveaux arrangemens. Louis le Débonnaire fit, en 836, un partage entre Lothaire, Pepin, Louis & Charles; l'acte qui nous en reſte eſt ſemblable à celui qu'avoit fait Charlemagne en 806. Il y donna l'Italie à Lothaire ; augmenta le royaume d'Aquitaine qu'il avoit donné à Pepin ; confirma à Louis celui de Germanie ou de Bavière ; & donna le reſte des Gaules à Charles, mais il ſe réſerva une autorité ſouveraine ſur tous, avec le pouvoir d'augmenter les parts qu'il avoit faites, ou d'en retrancher ce qu'il jugeroit à propos. Un prince qui n'auroit eu que l'uſufruit de ſes états n'en eût pu diſpoſer d'une manière ſi arbitraire.

L'unité & l'indiviſibilité de la couronne ne devinrent des maximes de l'état, que quand les partages furent devenus impoſſibles ; lorſque pendant l'anarchie, qui ſuivit de près le beau plan de légiſlation développé par Charlemagne, mais au-deſſus des forces de ſes foibles deſcendans, la

INTRODUCTION.

Germanie eut été enlevée par le bâtard Arnould, la Bourgogne cis-jurane par Boson, la trans-jurane par Raoul, l'Aquitaine par Ranulphe, la Neuſtrie par les Normans; que les ſeigneurs, ſe prévalant de la décadence de la race Carlovingienne, ſe furent formé des états particuliers, n'éliſant un chef commun que pour ne pas vivre dans l'égalité d'une république : alors le pouvoir politique fut réduit aux conditions qu'ils voulurent lui preſcrire, & ils ne ſe choiſirent un roi, que pour être le repréſentant de la majeſté ſouveraine de l'état. Quelle pouvoit être déſormais la poſſibilité du partage d'une couronne, qu'ils ne regardoient plus que comme le centre de leur confédération, & comme la glebe d'une mouvance féodale ? La politique du nouveau monarque françois ne conſiſta plus qu'à établir un nouvel ordre de ſuccéder au trône ; ce ne fut pas par une loi expreſſe qu'il tenta de l'introduire ; cette tentative eût peut-être rencontré une trop forte réſiſtance de la part des ſeigneurs qui avoient vu ce roi leur égal ; il ſe contenta de jetter les fondemens d'un uſage, qui dans l'eſpace de deux ſiecles & demi affermit tellement le ſceptre dans ſa race, que les plus fortes ſecouſſes n'ont pu le lui ravir. Hugues Capet aſſocia ſon fils Robert à la royauté ; il le fit ſacrer le premier janvier 988 (nouveau ſtyle). De quatre fils qu'eut Robert de la reine Conſtance, ſa femme, il choiſit en 1017, Hugues l'aîné, pour être ſon ſucceſſeur;

mais la mort ayant enlevé ce prince, il examina, dit Glaber, lequel des trois fils qui lui reſtoient, étoit le plus capable de lui ſuccéder (1); ce texte nous oblige de convenir que le droit qui aſſure au prince aîné la ſucceſſion immédiate à la couronne, n'étoit point encore alors une loi fondamentale : « la délibération du roi Robert, dit » l'abbé Vely, devenoit inutile, ſi le trône eût été alors » dévolu de plein droit à l'aîné de la ligne régnante (2) ».

Après une mûre délibération, le roi fit paroître du penchant pour le jeune Henri ; il étoit devenu l'aîné par la mort du prince Huges ; la reine, qui ne l'aimoit pas, conjura le roi de laiſſer cette affaire indéciſe : elle ſe flattoit qu'après la mort de Robert, ſon crédit l'emporteroit ; mais ce monarque, ſoutenu du concours des ſeigneurs, fit ſacrer ſon fils aîné ; les ſix premiers rois firent la même choſe ; ces aſſociations qui étoient des eſpeces d'inveſtitures éventuelles de la couronne, établirent peu-à-peu la ſucceſſion *lineale-ignatique*, qui devint dans les aînés de chaque ligne, une loi fondamentale de l'état, & telle qu'elle s'obſerve depuis ſept cents ans, ſans que les cadets ou les aînés des branches cadettes ayent fait éclater la moindre prétention contraire.

Ainſi le partage de la monarchie en pluſieurs royaumes ;

---

(1) Glab. liv. 3. chap. 9.
(2) Vely, hiſt. de France, tom. 3. pag. 319.

INTRODUCTION.

leur réunion sous un même souverain; le sceptre ôté aux Mérovingiens, pour être porté par les Carlovingiens; la décadence de cette seconde race; les usurpations faites par les ducs & les comtes; la souveraineté transmise aux princes de la troisieme race; toutes ces révolutions démontrent combien on se tromperoit, si on vouloit donner pour fondement à notre droit public, depuis sept siecles & demi, les usages antérieurs.

Il y a eu des écrivains célebres, qui ont supposé quatre contrats pignoratifs entre la nation & ses monarques; ils ont présumé que le premier fut fait dans une assemblée tenue en Germanie, pour élire le premier roi; que la nation s'y soumit au prince élu & à ses descendans mâles, pour être gouvernée par eux & leur obéir; que le roi de son côté y promit pour lui & ses descendans & successeurs, de régner avec justice, & conformément aux usages antiques de la nation. Ils ont avancé qu'un second contrat fut fait entre Mérovée, ou Clovis, d'une part, & leurs sujets de l'autre, & qu'il consistoit en une convention de les gouverner avec justice, selon leurs mœurs & leurs coutumes, à condition qu'ils serviroient le prince régnant, de leurs personnes, de leurs armes, & de leurs biens.

Ils prétendent qu'un troisieme contrat a été fait entre Pepin & les seigneurs, lorsque ceux-ci cesserent de reconnoître l'autorité de la race Mérovingienne; enfin ils ont supposé un quatrieme contrat entre Hugues Capet, & la nation. Cette fuppofition eft gratuite, car Hugues Capet a fait au plus un ou deux traités de paix avec quelques feigneurs qui s'étoient déclarés contre lui, un des principaux articles regardoit l'hommage qu'il pouvoit exiger d'eux ; on ne trouve nulle trace d'un contrat fait avec la nation affemblée.

Mais en fuppofant l'exiftence de ces contrats, quel étoit ce corps national qui a ainfi traité avec fes monarques futurs ?

1°. Avant Clovis, il n'y avoit point de clergé parmi les Francs; après que ce prince eut embraffé la foi chrétienne, les évêques n'eurent pas de dignités temporelles ; ils ne furent pendant toute la durée de la premiere race, ni ducs, ni comtes, ni honorés d'aucun titres régaliens; ainfi le clergé n'eut certainement aucune part au premier & au fecond contrat qu'on fuppofe avoir exifté entre les Francs & leurs rois; à moins qu'on ne dife que les évêques, fous Clovis, ayent fuccédé au droit des *Bardes* des Francs, ou qu'après la conquête des Gaules, ils ayent ratifié les contrats primitifs ; circonftance dont on ne trouve pas de veftige dans l'hiftoire.

2°. Il eft certain que l'ordre du peuple, depuis appellé *tiers-état*, n'a été appellé aux affemblées générales que fous Philippe-le-Bel, en 1302, idée alors toute nouvelle que le miniftre Enguerrand de Marigny avoit fuggérée. Les rois

INTRODUCTION.

Francs, en remontant jusqu'à l'origine de la monarchie, n'y avoient point pensé ; ainsi le tiers-état n'a point eû de part aux trois premiers contrats qu'on croit avoir existé entre les Francs & leurs rois.

D'après celà, on peut former une nouvelle question. Louis XV, déclare dans son édit du mois de Juillet 1717, *que si la nation Françoise éprouvoit le malheur de l'extinction entiere de la maison régnante, ce seroit à elle-même qu'il appartiendroit de le réparer par la sagesse de son choix ; que puisque les loix fondamentales du royaume le mettent dans l'heureuse impuissance d'aliéner le domaine de sa couronne, il se fait gloire de reconnoître qu'il lui est encore moins libre de disposer de sa couronne même ; qu'il sait qu'elle n'est à lui que pour le bien & le salut de l'État, & que par conséquent l'État seul auroit droit d'en disposer dans un triste événement que les peuples ne prévoyent qu'avec peine, & dont la seule idée les afflige.*

Mais dans cette funeste hypothese, seroit-ce la *nation*, qu'on suppose contractante sous Mérovée ou Clovis, ou celle que l'on croit voir stipulant ses intérêts sous Pepin le bref, ou Hugues Capet, qui répareroit les malheurs de l'État par la sagesse de son choix ? Dans le premier cas la nation ne seroit représentée que par la noblesse ; dans le second elle le seroit par la noblesse & les prélats ; mais ne portons pas un œil trop curieux dans ce triste & obscur avenir. La maison qui regne, regnera toujours, si Dieu exauce les vœux des François.

Il n'y a pas de partie de notre droit public, dans laquelle la révolution des siecles n'ait amené des variations. Les différentes nations qui ont envahi successivement les Gaules, ont détruit une partie de leurs anciens habitans, & souvent une constitution respectée depuis plusieurs siecles. Les Romains, les Visigoths, les Bourguignons, les Francs, les Normans, ont confondu les usages & les loix; ces différentes nations mêlées ensemble & incorporées avec les Gaulois, se sont communiqué mutuellement leurs coutumes. Comment parviendroit-on à décomposer celles que nous suivons, pour les ramener chacune à sa véritable origine? Comment prononcer avec certitude, que telle coutume nous vient des anciens Gaulois, telle autre des Romains, celle-là des Visigoths ou des Bourguignons, celle-ci des Francs ou des Normans? Comment assigner le période précis, où les altérations se sont faites? Quel changement n'a pas dû opérer la révolution qui amena la fiction de la mouvance féodale, dont presque toutes nos terres furent grevées, & qui traîna à sa suite une foule de servitudes graduelles, qui ramenerent la propriété primitive des terres à la couronne?

Ainsi le droit public n'est nulle part, & se trouve partout; c'est un enchaînement de prérogatives & d'anciens

INTRODUCTION.

usages essentiels à la souveraineté du gouvernement; c'est le résultat d'une combinaison de faits & de droits particuliers, qui unissent étroitement entr'eux les différens membres du corps politique.

Il ne faut point le confondre avec la politique dont les combinaisons mobiles sont trop dépendantes des événemens successifs ; les bonnes maximes du droit public sont de tous les tems; il en est qui sont communes à tous les gouvernemens, d'autres qui sont particulieres à chaque état.

C'est une maxime de tous les gouvernemens, que l'autorité souveraine, l'obéissance des sujets, & leur liberté légitime, ne peuvent subsister que par le maintien des loix.

L'établissement de certaines formalités, qu'on peut appeller *formes d'état*, en est une suite nécessaire ; par elles seules les volontés de celui ou de ceux qui gouvernent, prennent un caractere légal ; par elles on prévient les surprises qui peuvent leur être faites, & on évite les méprises, où la fragilité humaine peut les faire tomber. Ces formes affermissent l'autorité souveraine elle-même, en montrant publiquement que le prince n'en veut user que pour la justice, & elles attirent un respect particulier à ses ordonnances, en obligeant les juges à répondre au public de leur équité.

C'est encore une maxime générale de droit public, que l'autorité temporelle est indépendante de la spirituelle, &

que la puissance ecclésiastique n'a aucun pouvoir, même indirect, sur la temporelle.

On a prodigué le titre de droit public à une infinité de maximes qui ne le méritent pas; on a formé des principes généraux sur des faits particuliers, & on en a tiré des conséquences absolues; on a vu des écrivains juger du droit des princes sur leur âge, & le succès de leurs entreprises; celles-ci étoient-elles heureuses ? la justice étoit de leur côté; le prince avoit-il éprouvé des revers? la nation pouvoit en reconnoître un autre; c'est ainsi qu'Eudes duc d'Aquitaine, descendant de Clovis, petit-fils de Caribert roi de Toulouse, après s'être opposé aux entreprises de Charles Martel, après avoir défendu la couronne de ses ancêtres contre un maire usurpateur, & perdu deux batailles, ne fut plus regardé que comme un perturbateur public; l'histoire en fit un aventurier, un rebelle; il auroit été digne du trône François, il nous paroîtroit grand, s'il avoit eu & la fortune & les panégyristes de Charles Martel; c'est ainsi que l'héritier du trône de Clovis, étant tombé au pouvoir de Pepin, le Pape Zacharie prononça, qu'il valoit mieux donner le nom de roi à celui qui en avoit la puissance.

Voici le précepte le plus général du droit public; *point de pouvoir légitime qui ne soit fondé sur une maxime certaine & connue du gouvernement; point de maxime qui ne soit la source de quelque devoir.*

HISTOIRE
POLITIQUE
DU GOUVERNEMENT FRANÇOIS,
OU
LES QUATRE AGES
DE LA
MONARCHIE FRANÇOISE.

AGE PRECURSEUR.

SI les mœurs ont fait changer les loix, les loix à leur tour ont fait changer les mœurs, elles ont eu dans tous les tems une action continue les unes sur les autres dans leurs changemens & leurs vicissitudes ; nous retrouvons dans nos coutumes des vestiges des anciens usages Gaulois, & l'empreinte des loix romaines est marquée dans toute notre législation. Les conquêtes des Francs n'ont point opéré une révolution générale dans les loix & dans les mœurs des peuples conquis; le souverain cessa d'être le même, l'administration générale passa dans d'autres mains; mais les administrations particulières, les coutumes locales, les loix civiles attirerent l'attention des conquérans; ces chaînes politiques auxquelles la nation vaincue étoit habituée, les vainqueurs s'en servirent, loin de les rompre.

Je distinguerai dans cet âge qui prépara le gouvernement françois, trois périodes; le premier comprendra le peu qui nous reste sur la législation des Gaulois, avant leur soumission aux Romains; le second renfermera le tableau de l'administration des Gaules, sous l'empire de Rome, jusqu'à leur conquête par les Francs; le troisieme contiendra l'histoire politique de cette conquête.

PREMIER PÉRIODE,

Législation Gauloise.

Les Gaules, avant d'être soumises aux Romains, étoient renfermées entre le Rhin, les Alpes, la Méditerranée & l'Océan (1). Des conjectures probables font présumer qu'elles formoient une espece de république fédérative, partagée en un certain nombre de petits États (2);

---

(1) Cæs. de Bell. Gall. liv. 6.
(2) Leurs noms, pour la plupart, sont demeurés à leurs villes capitales comme *Autun, Reims, Sens, Tours, Amiens, Lyon*, &c.

quelques-uns étoient peut-être monarchiques, d'autre mixtes, la plupart aristocratiques; mais tous correspondoient les uns aux autres; tous avoient la même religion, les mêmes principes de politique, sans pourtant avoir les mêmes loix civiles : c'est par ces principes qu'ils convenoient ensemble de la prééminence & des droits des principales cités, & que celles-ci s'accordoient dans la sage politique de tenir entr'elles, autant qu'elles pouvoient, une balance de pouvoir pour empêcher l'aggrandissement d'une cité trop ambitieuse.

L'alliance des plus puissantes étoit recherchée par les plus foibles; on nommoit celles-ci *clientes*; mais les démêlés presqu'inévitables entre des voisins qui s'observent, un esprit naturellement remuant, le désir de la gloire donnerent à quelques chefs de cités puissantes l'occasion de les étendre, en assujettissant les autres.

Les *Auvergnats* formoient une cité considérable : ces peuples élevés dans les bois & les montagnes, jaloux de quelques usages, avoient moins à perdre que d'autres; souvent un léger prétexte leur suffisoit pour déclarer la guerre à leurs voisins.

Les *Eduens* ne cédoient pas en puissance aux Auvergnats; ils habitoient le pays nommé aujourd'hui le duché de Bourgogne, & quelques contrées voisines : les *Sequanois*, qui occupoient la province appellée depuis la Franche-Comté, alloient de pair avec les Eduens. Les Berruyers se faisoient redouter, & leur alliance étoit recherchée. Il est difficile que des États qui s'associent aient toujours une puissance égale. Cependant la constitution fédérative leur est nécessaire pour se défendre; bien cimentée, elle peut prévenir les guerres & les autres maux qui sont préjudiciables au gouvernement. La confédération dont il s'agit, consistoit en ce que plusieurs cités Gauloises, sans cesser d'être autant d'États distincts, s'unissoient pour toujours en vue de leur conservation & de leur défense mutuelles ; elles s'engageoient à n'exercer que d'un commun consentement certaines parties de la souveraineté ; chaque cité avoit une liberté entière sur le reste.

Deux sortes de personnes étoient alors en honneur dans les Gaules : les druides & les chevaliers : le peuple étoit composé de gens de main-morte, les uns demi-serfs, les autres tout-à-fait serfs.

§. PREMIER.

DES DRUIDES.

Les druides présidoient au culte de la religion & à l'administration de la justice ; ils avoient soin des sacrifices & de faire observer les loix. Chaque druide étoit chargé de la police de sa cité. Une tradition orale apprenoit aux Gaulois les loix & les usages de leur nation ; dans le tems où l'art d'écrire n'étoit pas encore connu de ce peuple, ils conservoient leurs usages & leurs chroniques par un certain nombre de vers qu'on faisoit & qu'ils apprenoient pour en perpétuer le souvenir. Avec le secours de cette tradition, les druides chargés de l'instruction rappelloient l'origine & l'observation ancienne des loix, la morale de leurs ancêtres & leur religion.

Un druide supérieur avoit l'autorité sur les autres ; après sa mort, le plus considéré par son âge, ses talens & sa vertu, lui succédoit.

Les

Les druides s'assembloient pour élire leur chef; les historiens on écrit à ce sujet bien des choses, qui n'ont pas droit de nous intéresser, parce qu'elles sont sans preuves.

§. II.

Des Chevaliers.

Les nobles, parmi les Gaulois, s'appelloient Chevaliers; on les distinguoit par une longue suite de cliens qui leur étoient attachés. Destinés à la profession des armes, ils concouroient encore avec les druides à l'administration de la justice & au gouvernement politique; leur magistrature étoit annuelle dans de certaines cités, en d'autres elle étoit à vie; l'Etat devenoit monarchique à tems, lorsqu'il choisissoit un seul homme pour tenir les rênes du gouvernement pendant quelques années.

Cæs. l. 6. de bell. Gall.

Un chevalier élu gouverneur à vie, ou pour plusieurs années, prenoit quelquefois le nom de roi; mais l'exercice de son pouvoir dépendoit du sénat. Ambiorix porta le titre de roi des Liégeois; dans cette cité on conservoit le nom de république avec la dignité royale. Tel fut aussi à Rome le caractere de l'empire de Nerva, au témoignage de Tacite: *res olim dissociabiles miscuit, principatum & libertatem.*

Ambigeat fut élu roi de la cité de Bourges, & Vercingentorix de celle d'Auvergne: celui-ci eut ensuite le gouvernement de toutes les Gaules, après avoir été élu par une assemblée générale tenue à Autun: il falloit un besoin pressant pour déterminer la nation à donner l'autorité à un seul

Tome I.   C

homme : c'étoit par un pareil motif que les Romains choisissoient un dictateur.

<small>Esprit des Loix, l. 2. chap. 3.</small>

« Une autorité exorbitante donnée tout-à-coup à un
» citoyen dans une république, forme une monarchie,
» ou plus qu'une monarchie ; dans celle-ci, les loix ont
» pourvu à la constitution, ou s'y sont accommodées ;
» mais dans une république où un citoyen se fait donner
» un pouvoir exorbitant, l'abus de ce pouvoir est plus grand,
» parce que les loix qui ne l'ont pas prévu, n'ont rien fait
» pour l'arrêter ».

Cependant cette regle a toujours souffert une exception, lorsque des besoins pressans exigeoient qu'on confia à un seul homme un pouvoir suffisant, pour contenir ceux qui eussent voulu rompre la balance. Vercingentorix n'eut cette autorité illimitée, qu'à raison d'un cas imprévu, c'est-à-dire, pour rétablir l'ordre : pour ce cas, on fixoit un an. *Un tems plus long*, dit Montesquieu, *auroit été dangereux : un plus court eût été contre la nature de la chose.*

§. III.

DU PEUPLE GAULOIS.

LA plupart des auteurs qui ont travaillé à l'histoire des anciens Gaulois, ne font connoître que les druides, les chevaliers & les *Nautes*, c'est-à-dire, les négocians qui pouvoient être chevaliers. Ces Auteurs ont regardé les autres Gaulois comme des esclaves ; cependant il est assez vraisemblable qu'il y avoit dans les Gaules un état mitoyen entre la servitude & la liberté ; c'étoit celui des main-mortables, demi-serfs, qui cultivoient la terre. Ils gouvernoient leurs familles, rendoient à leurs maîtres une certaine quantité de bétail & de denrées : cet usage étoit aussi celui des Germains. Selon Strabon, il y avoit peu de différence entre les mœurs des uns & des autres. Les colonies que les Belges avoient établies au-delà du Rhin, & l'usage de la langue Gauloise dans quelques cantons Germaniques, semblent supposer une conformité de coutumes entre les deux nations. César s'étant informé de l'origine des Belges, de leurs forces & de leur gouvernement, apprit que la plupart étoient originaires de Germanie ; qu'ayant passé le Rhin, ils s'étoient fixés dans ce pays, après en avoir chassé les habitans.

Voy. ses comment. l. 2.

La transmigration des Germains dans les Gaules, & celle des Gaulois dans la Germanie, ne laisse aucun doute sur l'affinité réciproque de leur gouvernement ; l'on peut du moins présumer que l'objet de la servitude étoit le même chez les deux peuples.

§. IV.

Des Assemblées générales tenues par les Gaulois.

Comme une contrée supérieure aux autres eut pu abuser de sa supériorité, les Gaulois étoient convenu entr'eux d'établir un tribunal suprême, qui jugeroit en dernier ressort des affaires où les Gaules seroient intéressées. Ce tribunal étoit l'assemblée générale convoquée par un des sénats des premiers & des plus puissans cantons : chaque état ou contrée s'y trouvoit par députés : leur nombre n'étoit ni fixe ni égal : cette inégalité dans le nombre des députés de chaque état, ne donnoit aucune atteinte à la liberté, parce qu'on ne comptoit point les suffrages de tous ceux qui se trouvoient à l'assemblée, ceux de chaque état n'en formoient qu'un.

Cæs. l. 5. c. 56.

On y traitoit des intérêts communs, soit pour la guerre, soit pour la paix. On commençoit l'assemblée par le sacrifice d'un homme : on l'immolait à *Esus* ou *Heus*, le Dieu que les Gaulois honoroient dans le chêne ; les druides frappoient la victime au-dessus du diaphragme : les délibérations dépendoient assez souvent, & en partie, de la maniere dont le corps tomboit, & dont le sang découloit ; de la figure de la playe, & de quelques autres regles que leurs ancêtres leur avoient laissées.

Strab. l. 4. Diod. Sic. l. 6. chap. 9.

Les chevaliers, députés aux assemblées, s'y rendoient, suivis de leurs cliens & d'une partie de leurs serfs ; car on jugeoit de la puissance des chevaliers par le cortége qui les accompagnoit.

Le premier des druides présidoit à l'assemblée : il proposoit les affaires qui avoient obligé à la convoquer : on se décidoit sur le pronostic de la victime qu'il avoit immolée.

L'antiquité, qui renferme toujours quelqu'obscurité, a répandu des ténebres sur la maniere dont les Gaulois faisoient leurs délibérations : on conjecture cependant que lorsque l'unanimité des suffrages étoit impossible, la pluralité l'emportoit, & servoit à former la décision. Les Gaulois avoient une si haute opinion de l'autorité de leurs arrêts, qu'ils assuroient que le monde entier ne pouvoit résister à ce qui avoit été résolu dans leurs assemblées. Strabon nous dit, que tout s'y passoit avec tant de gravité, que si quelqu'un osoit interrompre celui qui parloit, un huissier couroit sur lui l'épée à la main pour l'obliger à se taire. Si une troisieme monition ne lui imposoit point silence, l'huissier coupoit l'habit de cet homme opiniâtre, ce qui étoit une marque d'ignominie.

Strab. l. 4. p. 48. Edit. Bouquet.

Lorsque l'assemblée avoit résolu de déclarer la guerre à un ennemi étranger ou à quelque cité discole, les chevaliers approchoient leurs étendards, & les méloient les uns avec les autres; cette cérémonie étoit comme le signe d'une alliance sacrée & inviolable; celui qui osoit l'enfreindre étoit condamné à une mort infâme.

Ces assemblées générales n'étoient pas fréquentes; elles auroient interrompu le cours ordinaire des affaires & l'exercice des tribunaux. L'endroit où on les convoquoit n'étoit pas déterminé : tantôt on les indiquoit dans le pays de Reims ou celui d'Autun, tantôt dans le Berry ou dans l'Auvergne, ou dans les autres contrées les plus distinguées.

J'ai déja observé que les états dont les Gaules étoient composées, avoient la forme d'une ligue ou d'une association de plusieurs peuples indépendans, de maniere cependant qu'ils étoient engagés à donner du secours à celui d'entre eux qui en avoit besoin ; ainsi le gouvernement général des Gaules étoit fondé sur une confédération de plusieurs états distincts & souverains, chacun dans son district, liés ensemble par des intérêts communs; ils s'assembloient pour délibérer sur ce qui concernoit les intérêts généraux de la nation.

HISTOIRE POLITIQUE

§. V.

Des Assemblées des Gaulois sur la Religion.

Il ne faut pas confondre les assemblées dont je viens de parler, avec celles que les druides convoquoient au sujet de la religion : celles-ci étoient annuelles & indiquées par le premier des druides : la cité ou la ville où on les tenoit, est encore inconnue ; la plupart des écrivains se sont déclarés pour Dreux ou pour Lyon. Le savant bénédictin qui a écrit sur la religion des Gaulois, a déféré cet honneur à Senantes, entre Dreux & Chartres. Mais l'abbé Leboeuf, peu satisfait des conjectures sur lesquelles l'une & l'autre opinion sont appuyées, prétend que la Puisaie, qui est dans l'Auxerrois, doit être cette contrée où César dit que les druides tenoient leurs comices.

D. Marlin, Relig. des Gaul. T. 1 l. 1, p. 181.

Voy. sa dissert. sur le Vellaunod. t. 2. p. 243.

Ces assemblées avoient pour objet principal ce qui concernoit la religion Gauloise ; on y délibéroit aussi sur les affaires de la nation, lorsqu'on ne pouvoit en remettre l'examen à l'assemblée générale.

§. VI.

De l'Assemblée de chaque État particulier.

Chaque état des Gaules avoit dans son étendue plusieurs villes : on s'assembloit dans la capitale pour y terminer les différends de chacune, juger les procès des druides & des chevaliers, & faire des réglemens de police. On recherchoit les malversations & les autres crimes, que les tribunaux particuliers avoient laissés impunis. La tenue & la durée de ces assemblées étoient déterminées : elles ne pouvoient se proroger : si elles l'eussent entrepris, le sénat des villes s'y seroit opposé.

§. VII.

Du Sénat des Villes.

Une ville avoit son sénat composé de magistrats choisis parmi les nobles ; un druide y présidoit ; il délibéroit & jugeoit avec les sénateurs : le sénat préparoit les affaires sur lesquelles on devoit délibérer dans l'assemblée générale de la cité. Quand une place venoit à vaquer dans la magistrature, le druide qui en étoit le chef, choisissoit parmi la noblesse une personne qu'il proposoit au sénat, & la pluralité des voix décidoit de son admission : Strabon assure que le peuple donnoit ses suffrages aux élections.

Cas. l. 8. de bell. Gall.

Strab. l. 4.

Deux personnes d'une même famille ne pouvoient être reçues en même-tems dans le sénat : il n'étoit pas permis au président de sortir de la ville. Cette résidence forcée duroit une année ; c'étoit le terme de sa magistrature.

Les bourgs avoient aussi des juges qu'on élisoit : un druide étoit leur président ; le lieu où ces juges tenoient leurs audiences étoit la porte du bourg : comme ceux qui l'habitoient étoient des laboureurs qui alloient le matin à leur travail & ne rentroient que le soir, la porte du bourg étoit le lieu où ils se rencontroient le plus souvent. Pour réduire la multiplicité des tribunaux ou des assemblées des Gaulois à l'unité du gouvernement, il est assez probable que chaque ville particuliere relevoit de la capitale de sa contrée, & que les villes de chaque contrée étoient subordonnées aux assemblées de leurs cantons ou cités, & celles-ci aux assemblées générales de toute la nation.

Mem. de littérat. tom. 19. p. 489.

M. Duclos prétend que les tribunaux ordinaires étoient composés d'un président & de plusieurs conseillers choisis parmi les vieillards connus par leur capacité, & d'avocats pour défendre le droit des parties. Cette opinion est conforme, non-seulement à ce qu'enseigne la nature, qui défére l'autorité à l'âge & à l'expérience, lorsque la probité y est jointe, mais encore à différens passages de l'Histoire Romaine. « Les peuples d'au-delà des Alpes, dit » Tite-Live au liv. 49, montrerent des dispositions favo» rables aux envoyés de Rome ; leur anciens, *seniores eorum*, » blâmerent la trop grande légereté du peuple Romain... » & au liv. 5, il dit encore, il y en eut parmi eux (*les* » *Gaulois*), qui proposerent de marcher droit à Rome ; » l'avis des anciens prévalut enfin, *vicere seniores*, & on » y envoya d'abord des Députés. On voit que l'autorité » chez les Gaulois, étoit le partage des anciens, des *senieurs*; » ce mot devint insensiblement un titre de dignité, qui fut » adopté par les Francs, & il subsiste encore, quoique le » changement des mœurs ait depuis long-tems fait oublier » sa premiere signification ».

§. VIII.

DES JUGES, DE LEURS FONCTIONS ET DES PEINES ÉTABLIES DANS LES GAULES.

LES druides, les prêtres & les magistrats à la fois présidoient aux jugemens : ils les prononçoient & se chargeoient de leur exécution; ils chaſſoient du lieu des ſacrifices ceux qui étoient convaincus d'irréligion; ils puniſſoient de la même peine ceux qui refuſoient de ſe ſoumettre aux jugemens portés contr'eux: le réfractaire aux loix étoit regardé comme un impie; on ne l'écoutoit plus en juſtice; on le déclaroit inhabile à poſſéder des charges & emplois; on fuyoit ſa compagnie comme celle d'un peſtiféré. *Caſ. l. 6. & 7. Strab. l. 4. Diod. Sicil. l. 6. c. 9.*

Les Gaulois avoient cette horreur pour les rebelles aux loix & aux juges, parce qu'ils regardoient les peines portées contre les coupables, moins comme ordonnées par les loix, que comme preſcrites par les Dieux. Cependant il étoit difficile que des juges, dont les ſentences ne pouvoient être réformées, ne commiſſent quelquefois des injuſtices envers ceux qui n'avoient ni force ni crédit : ſi quelqu'un prouvoit évidemment l'injuſtice de ſa condamnation, il imploroit le ſecours d'un chevalier puiſſant, il ſe mettoit ſous ſa protection, & lui vendoit même ſa liberté : le protecteur, de ſon côté, étoit obligé par gloire & par intérêt, à défendre celui qui imploroit ſa protection; il la devoit auſſi à ſes cliens & gens de main-morte, autrement il perdoit toute l'autorité qu'il avoit dans ſa cité. (1).

L'auteur de l'ouvrage intitulé : *La religion des Gaulois*, aſſure que les femmes Gauloiſes ont réglé les intérêts de leur nation avant les druides & les chevaliers, & qu'elles adminiſtroient même la juſtice Il appuie ſon ſentiment *T. 1, pag. 197; &c. voy. auſſi Plutarque, de præclar. mulier. & Polyon ſtratag. l. 7.*

---

(1) *Plerique cùm aut ære alieno, aut magnitudine Tributorum, aut injuriâ potentiorum premuntur, ſeſe in ſervitutem dicant nobilibus ..... & penè ſervorum habentur loco .... ſuos opprimi & circum veniri quiſque non patitur: neque, aliter ſi faciat, ullam inter ſuos habet autoritatem.* Cæſar. l. 6, de bell. Gall.

Tome I. D

sur un traité fait entre les Gaulois & Annibal, lorsque ce général Carthaginois passa les Alpes pour entrer en Italie : un des articles étoit, que si un Gaulois avoit des plaintes à faire contre un Carthaginois, il les porteroit devant le général, ou le magistrat établi en Espagne, *& si un Gaulois faisoit quelque tort à un Carthaginois, la cause seroit jugée par les femmes Gauloises :* on dit que le pouvoir judiciaire que quelques auteurs ont attribué à ces femmes, étoit fondé sur l'estime que les Gaulois avoient pour elles; qu'ils déféroient à leurs avis, qu'ils se soumettoient à leurs jugemens & les exécutoient avec exactitude : on ajoute qu'elles se maintinrent dans le droit d'administrer la justice jusqu'au tems où le pouvoir de la religion, plus puissant encore que celui de leurs charmes, le leur a enlevé. M. Duclos suppose que les femmes ont jugé les affaires particulieres pour fait d'injure pendant le gouvernement des druides. Ces derniers profitant du crédit que leur donnoit la doctrine & le sacerdoce, briguerent la magistrature & l'enleverent aux femmes. Le chef des druides étoit décoré d'un collier ou d'une pierre précieuse qu'il portoit au col, de brasselets & d'une robe tissue d'or : cette magnificence contribuoit à lui attirer le respect du peuple. Les druides n'étoient pas seuls juges : ils avoient pour assesseurs, des chevaliers choisis parmi la noblesse ; leur assemblée formoit le sénat d'une contrée : dans les affaires criminelles, le druide & le chevalier étoient jugés par l'assemblée générale de leur cité; le commerçant l'étoit par les *nautes* ses égaux; le fils par son pere, & le serf par son maître.

 Le pouvoir d'un Gaulois sur sa femme & ses enfans étoit néanmoins limité; son exercice dépendoit du consentement de leurs proches, avec lesquels il jugeoit le coupable; par

Mém. de littér. fol. 19, p. 490.

Amm. Marcell.

ce jugement, une famille évitoit l'opprobre d'une exécution publique. *César, l.5, ch. 19*

Un pere étoit dans sa famille, ce qu'étoit le premier magistrat d'une cité dans l'étendue de sa jurisdiction ; l'abus que plusieurs peres ont fait de cette autorité, ne justifie pas la fausse idée qui l'a confondue avec la tyrannie ; ce pouvoir étoit tempéré par les loix ; quelques anciens écrivains l'ont appellé *Patria Majestas*.

Un maître, en jugeant son esclave, devoit suivre les usages de sa cité ; on punissoit comme homicides les maîtres, qui, par caprice, faisoient périr leurs serfs : la raison veut que le pouvoir du maître ne s'étende pas au-delà des choses qui sont de son service, qu'il exige & qu'il commande, mais qu'il n'opprime pas. *Valer. Max. l. 5, ch. 9.*

Les nobles parmi les Gaulois avoient un usage, qui étoit comme le contre-poison de la liberté, & de l'autorité qu'on laissoit aux femmes : après leur mort, leurs proches parens faisoient examiner leurs corps : toute femme soupçonnée d'avoir contribué à la mort de son mari, étoit mise à la question, comme on auroit fait d'un esclave ; & si elle étoit convaincue, elle étoit mise à mort. *César, l.6, ch. 19.*

§. IX.
DU DROIT ET DES USAGES DES GAULOIS.

Les Gaulois avoient leurs usages ; mais ces usages n'étoient pas uniformes dans toutes les Gaules : César assure que les Belges, les Celtes & les Aquitains avoient chacuns leur langue & des loix différentes. Ce que Strabon & Ammien Marcellin nous ont conservé des usages Gaulois, se réduit à peu de chose ; César est le seul qui en parle avec un peu d'étendue. *César, l. X.*

D ij

On conjecture que les Gaulois n'avoient d'autre droit que des coutumes non écrites. Parmi ces coutumes, il en est plusieurs qui font encore partie de notre droit coutumier : en voici quelques-unes : *la communauté entre le mari & la femme : le douaire : le retrait lignager : l'ordre de la succession*. D'autres usages Gaulois sont connus aujourd'hui dans la France coutumiere par d'autres expressions, comme *le mort saisit le vif : institution d'héritier n'a point de lieu : les propres ne remontent point :* ces usages composerent en partie la jurisprudence des anciens Gaulois, sur-tout des Belges.

<small>*Idem*, lib. 6. & *Tacit. de morib. Germ.* §. 4 & 6.</small>

<small>*V.* Pithou sur la Cout. de Troyes. art. 86 & 144.</small>

Les dots qu'ils donnoient à leurs filles en mariage étoient modiques. A Marseille, une des plus riches républiques des Gaules, les dots ne pouvoient passer cent écus en argent & cinq en habits. Les Gaulois ne vouloient pas que le mariage devînt un trafic : ils le regardoient comme une société honorable pour faire des enfans à la république, & pour passer une vie douce & agréable.

<small>*Strab.* l. 4.</small>

Les enfans nés d'un commerce illégitime suivoient la condition de leur mere ; les légitimes n'étoient censés tenir à leurs peres, que lorsqu'ils étoient en âge de porter les armes.

La punition du larcin étoit sévere parmi les Gaulois ; ils faisoient entendre par la peine qui y étoit attachée, que ce crime est un de ceux qui deshonore le plus l'humanité, & qu'il est le vice des esclaves : les voleurs étoient pendus.

L'homicide d'un étranger étoit puni avec plus de rigueur que celui d'un citoyen ; la mort étoit le supplice ordinaire du premier, l'exil ou l'esclavage la peine du second ; on réservoit pour les sacrifices les criminels condamnés à mort.

Il étoit permis à un citoyen d'en accuser un autre : chacun étoit obligé de rendre au magistrat un compte exact des abus qu'il pouvoit avoir remarqués, & des crimes publics dont-il avoit connoissance; en parler à d'autres, c'étoit un crime que l'on punissoit avec sévérité.

Il étoit défendu aux particuliers de s'entretenir des affaires d'Etat; il n'étoit permis d'en parler que dans le conseil: ceux qui avoient des vues supérieures, après avoir tout écouté, se rendoient juges, & se déterminoient par la considération du bien public.

On tenoit pour maxime, que le droit de la nation ne devoit pas varier, & qu'un gouvernement qui change de principes, s'expose à des vicissitudes. De-là, l'opiniâtreté des Belges à défendre leurs coutumes & leur liberté contre les Romains: de-là, celle des autres Gaulois à retenir des usages mêmes ridicules, comme celui de condamner un homme gras à une amende, à proportion de ce qu'il augmentoit ou diminuoit chaque année: de-là, l'usage superstitieux d'écrire à un débiteur mort; son créancier jettoit la lettre dans le bûcher dressé pour brûler le corps du défunt: il croyoit que le débiteur liroit la lettre à son loisir, & que dans une apparition il chargeroit ses héritiers d'acquitter sa dette.

Strab. l. 4 Valer. Max. l. 2 ch. 4. n. 10. Diod. Sic. l. 6, ch. 9.

L'usage d'immoler des hommes, venoit de l'opinion que les Gaulois avoient sur l'immortalité de l'ame: cruel abus d'une opinion reçue par les nations les plus éclairées! La mort du mari entraînoit celle de sa femme, on croyoit par le sacrifice de cette malheureuse victime, réunir deux cœurs que la mort avoit séparés: avec la veuve, on immoloit aussi des esclaves; les druides en étoient les sacrificateurs détestables, *pour donner*, disoient-ils, *des serviteurs au défunt, dans le nouveau monde où il étoit allé demeurer:* ce n'étoit point par cruauté qu'ils faisoient ces abominables sacrifices: c'étoit de sang froid, de dessein formé, par principe de religion, & en conséquence d'un dogme fixe & fondamental.

Tantùm religio potuit suadere malorum !

LUCRET. lib. 1. verf. 103.

Tibere les défendit : les druides parurent se soumettre à cette défense, & pour ôter le soupçon qu'ils eussent le dessein de les continuer, ils changerent leur nom de *druides*, en celui de *senan*, expression Gauloise qui répond à *vénérable*.

SECOND PÉRIODE.

Législation des Gaules

Sous les Empereurs Romains.

Il faut ici distinguer l'administration *politique*, de l'administration *économique*. L'état des assemblées nationales, celui des différentes cités, & celui de la jurisprudence alors observée; voilà ce qui forme le tableau de l'administration politique des Gaules sous les empereurs Romains.

SECTION I.

Administration Politique.

§ I.

Des Assemblées nationales.

Les assemblées nationales datent de la plus haute antiquité dans les Gaules; César semble indiquer que, de son tems, il y avoit aussi une espece de conseil souverain & permanent, composé des députés de la nation, qu'il transféra à Paris, *summum Galliæ concilium Lutetiæ transtulit*; ce conseil mettoit ordre aux affaires dont la décision ne pouvoit être différée jusqu'à une assemblée générale; c'est toute l'idée qu'on peut s'en former: César est le seul qui en ait fait mention, & ce qu'il en dit est succint.

Les assemblées générales de la nation Gauloise sont mieux connues; César défendit de les tenir, sans son consentement; il se réserva encore le droit de les convoquer, & d'en désigner le lieu. Après avoir terminé sa *Cæf. Comment. l. 5.*

seconde expédition dans la grande Bretagne, il repassa la mer, & convoqua une assemblée générale des Gaules à *Sammobrige* (aujourd'hui *Amiens*), pour y délibérer sur les moyens de délivrer les Eduens de l'oppression des Allemands.

<small>*Sammobriga*, ou *Sammobriva*, c'est-à-dire, *Pont-sur-Somme*.

Cæf. de bell. Gall. l. x.

Ibid. l. 5 & 5.</small>

César assistoit à ces assemblées, autant que les affaires dont il étoit chargé pouvoient le lui permettre; son dessein étoit d'établir une forme de gouvernement qui pût convenir aux Gaulois, & d'affermir en même tems dans les Gaules la domination de Rome; mais les guerres civiles l'ayant obligé de repasser les monts, les assemblées générales y furent interrompues jusqu'au regne d'Auguste.

Ce prince étant à Narbonne, y fit tenir une assemblée nationale, où il fut décidé de faire un dénombrement des personnes & des biens des Gaulois; cette entreprise parut un attentat contre les privileges d'un peuple fier & jaloux de sa liberté; car il s'agissoit d'imposer des tributs proportionnés aux facultés de chaque famille. Auguste n'ignoroit pas que les cités *alliées* & *municipes* s'opposeroient les premières à cette nouveauté, & que leur exemple imposant rendroit le dénombrement difficile, peut être impossible; ce fut pour forcer à l'obéissance ces villes indociles, qu'il confia l'exécution de son dessein à Drusus, & ensuite à Germanicus, qui, par l'éclat de leurs talens & la noble simplicité de leurs mœurs, s'étoient conciliés l'amour & le respect de la nation conquise: leur présence appaisa les murmures; le dénombrement se fit, & les Gaulois accorderent ce qu'on leur demanda.

Auguste tâcha d'introduire le gouvernement monarchique dans les Gaules *alliées* & *municipes*; ce n'est pas qu'il fut ambitieux du titre de roi, il n'aspiroit qu'à jouir de l'autorité l'autorité attachée à ce nom, également odieux aux Gaulois & aux Romains. Les gouverneurs des provinces, inftruits de fes intentions, ménagerent les *alliés* & les *municipes*; les apparences de leurs droits leur furent confervés: Tibere & Claude adopterent ce fiftême politique avec des modifications; mais fous Néron, les *alliés* & les *municipes* chercherent à fe liguer avec les Germains, qui venoient de fe foulever contre l'Empire.

Au bruit de cette révolte, Rome allarmée crut voir ces vainqueurs à fes portes; quatre légions marcherent vers la Belgique, fous les ordres de Petilius Ceréalis; ce général, qui croyoit avoir à combattre des rebelles, ne trouva que des peuples foumis. Les Gaulois, dociles aux confeils de Julius Vindex, étoient fortis de leur yvreffe, & convaincus de leur foibleffe, ils firent des démarches vers la paix.

Le fénat de Reims convoqua, dans fon territoire, une affemblée de toute la nation; les députés fe rendirent au lieu indiqué (1). Tullius Volentinus, à la tête des Langrois, fit un difcours pour démontrer la néceffité de faire la guerre aux Romains; il déclara que la déférence des cités pour l'empire Romain, ne lui avoit point donné fur elles

---

(1) La cité de Reims ordonna, dans cette occafion, aux autres cités d'envoyer leurs députés; foit que les prérogatives dont elle jouiffoit lui donnaffent ce droit, foit que les Métropoles des Gaules en fuffent alternativement décorées, & que le fénat de Reims fe trouva cette année en tour d'indiquer le tems & le lieu de l'affemblée. On croit que les Métropoles ayant alternativement la principale autorité dans les Gaules, étoient celles des *Auvergnats*, des *Eduens*, des *Sequanois* & des *Rémois*.

une autorité légitime; que la domination de ces conquérans étoit l'ouvrage de la force, qui fait taire les loix, & que sous le nom affectueux d'alliés, ils avoient exercé une domination tyrannique.

Julius Vindex, prévoyant les suites funestes d'une rupture, en remontra les dangers; il fut d'avis de remettre au temps la réparation des griefs qu'on proposoit contre les gouverneurs Romains; cet avis prévalut : on convint d'écrire aux Trévirois, de cesser les hostilités, & l'assemblée leur offrit sa médiation auprès de l'empereur.

Les assemblées générales des Gaules devinrent rares dans les deuxieme, troisieme & quatrieme siecles; on peut même assurer que celles qui se tinrent alors, ou ne furent pas si générales, ou qu'elles n'eûrent pas l'autorité des anciennes; les empereurs, revêtus alors de tout le pouvoir, craignoient de le partager avec les représentans d'une nation impatiente de porter un joug qui humilioit sa fierté.

Mais dans le cinquieme siécle, les anciens usages reprirent quelque force; en 418, Honorius convoqua à Arles, une assemblée nationale; ce prince en adressa l'édit de convocation à Agricola, préfet du prétoire des Gaules, & à sept provinces qui n'y sont point dénommées (1); il y

___

(1) Les noms de ces sept provinces ont exercé la critique de ceux des auteurs modernes qui ont rapporté l'édit d'Honorius; les uns suivent une ancienne notice qui les nomme ainsi : *la Viennoise, la premiere & la seconde Aquitaine, la Novempopulanie, la premiere & la seconde Narbonnoise & les Alpes maritimes.* D'autres préferent l'ordre & l'énumération qu'en fait Hincmar dans sa sixieme épitre, chap. 17, savoir; *la Viennoise, la Lyonnoise, la province des Alpes, les deux Narbonnoises, la Novempopulanie, & la seconde Aquitaine.* Je n'embrasse

est enjoint *aux personnes constituées en dignité, aux propriétaires des fonds, aux juges, & aux évêques de ces provinces, de se rendre chaque année dans la ville d'Arles, nommée Constantine, pour y tenir un concile & une assemblée laïque, où on commencera les séances le treizieme du mois d'août, pour être continuées sans interruption jusqu'au trezieme du mois de septembre.*

Nous sommes certains, par le témoignage de Sidonius Apollinaris, que l'assemblée qui devoit se tenir tous les ans à Arles, s'y est tenue en 454; cet auteur dit, que les habitans des provinces des Alpes, de la rive du Rhône, des pays sur la Méditerranée, y reconnurent avec joye pour empereur le prince Avitus, qui étoit la seule personne qui parut triste dans cette assemblée, parce qu'il gémissoit sur les besoins de l'état, dont il alloit devenir le chef. *Sidon. Apoll. in panegir. Avit.*

Les députés des sept provinces dont l'assemblée d'Arles étoit composée, sont appellés *honorables*, par Idace, qualité qu'Honorius avoit déjà donné dans son édit aux députés & aux officiers qui devoient avoir séance à cette assemblée. *Chron. Idac. v. 522.*

On en tenoit, outre celle-là, d'autres moins générales, appellées *conventus*, auxquelles le proconsul ou le préteur présidoit; elles étoient composées des députés d'une seule province, & on les convoquoit dans la ville la plus considérable : celui qui les présidoit, en fixoit le temps & le jour, c'étoit ordinairement en hyver; on y décidoit les affaires intéressantes de chaque province, & les différens des particuliers, qui méritoient l'attention de la province entiere; les principaux personnages y faisoient la

---

pas plus un sentiment que l'autre ; tous les deux ont eu de sçavans défenseurs. *Mais voyez Bouquet, recueil des histor. t. 1. p. 766.*

Hift. de Lan- fonction d'avocats dans les caufes civiles & criminelles ;
gued. t. 1. p. 51. l'adminiftration de la juftice occupoit en partie ces affemblées ; les fentences des magiftrats romains y étoient fans appel ; le proconful ou le préteur partageoit ordinairement les féances, & marquoit certains jours, tant pour répondre les requêtes des particuliers, que pour juger les procès ; il y publioit auffi les décrets & les ordonnances, qui concernoient le bien public, & faifoit la cérémonie de la *manumiffion*, quand il vouloit la notifier à toute la province.

Autant qu'on en peut juger par les anciens auteurs, la partie de la province Narbonnoife qui eft en deçà du Rhône, étoit partagée en trois cantons, où l'on tenoit ces affemblées provinciales, appellées *conventus*, favoir ; *Narbonne, Touloufe & Nîmes* ; le commun du peuple en étoit exclu, ou fi on lui permettoit d'y affifter, il ne paroît pas qu'il y eût droit de fuffrage. Pour ne rien laiffer à défirer fur la certitude & la forme de ces fortes d'*états provinciaux*, je citerai deux loix qu'on trouve recueillies dans le code Théodofien, l'une & l'autre de Théodofe le Grand ; la derniere, qui n'eft qu'interprétative de la premiere (1), a quatre principaux chefs.

---

(1) En voici les termes. *Provinciale concilium quo tempore iniri debeat, cum adfenfu omnium atque confilio, propriâ auctoritate definiat ; ita ut ipfe conventus in unâ opulentiore totius provinciæ urbe, abfque ullius injuriâ, celebretur ; indè quod in concilium communia vota deducunt, vel in æde publicâ, vel in aliquâ fori parte tractent, ad quam omnium poffit effe concurfus, ne quid difpofitio paucorum tegat, quod in communem utilitatem expetat follicitudo cunctorum. Si quis autem eorum virorum quos Emeritos honor à plebe fecernit, provincialium extraordinario cupit intereffe concilio, pro fuo loco atque ordine, fervatâ reverentiâ dignitatis, vel ad eum*

1°. Elle accorde aux assemblées provinciales le pouvoir de s'ajourner elles-mêmes, *propriâ auctoritate definiat*.

2°. Elles devoient être convoquées dans une des villes principales, *in unâ opulentiore totius provinciæ urbe*.

3°. Elles devoient être tenues dans un lieu public, *vel in æde publicâ, vel in aliquâ fori parte*; afin d'empêcher les passions particulieres de prévaloir sur le bien public; *ne quid dispositio paucorum tegat, quod in communem utilitatem expetat sollicitudo cunctorum*.

4°. On pouvoit y assister par procureur; & ceux qui avoient exercé les grandes magistratures, avoient le droit d'être consultés dans leurs maisons; *honestum esse censemus*, ajoute la loi citée, *de singulis quæ tractanda erunt, intrâ domos suas eos consuli, ne plebi mixta dignitas inclinetur, nec ejus cujus præsentiæ copia deerit, probatum in republicâ consilium negligetur*.

L'ordre annuel de la tenue de toutes ces assemblées, paroît avoir été détruit par la guerre qu'Euric, roi des Visigoths, vint faire en 470, aux *sept provinces*: ce prince barbare s'empara de Marseille & d'Arles; il étendit ensuite ses conquêtes jusques dans l'Auvergne, qu'il soumit à sa domination; depuis on ne voit plus de vestiges d'assemblées des *sept provinces*: par la prise d'Arles, le siege de *la préfecture des Gaules* fut renversé; cependant, quoiqu'il n'y eût plus de *préfet du prétoire des Gaules*, les officiers

¹*Jornand. de reb. Goth. c. 47.*

---

locum, in quo cunctorum desideria possit agnoscere, ire debebit, vel procuratoribus destinatis sententiæ suæ promere voluntatem, modò ut quod voluerit paucorum voluntas, publica non vocetur auctoritas. Cod. Théodos. l. 12, tit. de leg. & decret. *Voy. aussi* Ammien Marcellin, l. 28, p. 405.

Romains continuerent d'exercer leurs fonctions dans les pays qui resterent soumis à l'empire; ils y administrerent la justice sous la direction du président de la province, ou du sénat de la ville principale, jusqu'à ce qu'en 507, Clovis éteignit dans les Gaules la domination des Romains, ensemble celle des Goths.

§. II.

DES COLONIES.

Les Romains, maîtres d'une ville qui leur avoit longtems résisté, en retiroient une partie de ses habitans, pour les transporter ailleurs; mais afin de s'assurer de celle qui restoit, & en même tems de repeupler la ville subjuguée, ils y envoyoient des soldats Romains, ou d'autres gens, auxquels ils distribuoient les possessions de ceux qu'ils en avoient fait sortir; on appelloit ces nouveaux établissemens, *colonies Latines* ou *Romaines*.

Les premieres étoient formées du *Latium*; les secondes de citoyens dont Rome vouloit se décharger, ou de vétérans des légions, que les empereurs vouloient récompenser.

Mém. de Littérat. l. 19. p. 497. De toutes les provinces des Gaules, la Narbonnoise eut le plus de colonies; on en compte ordinairement dix-neuf, savoir, *Narbonne, Toulouse, Torré* (aujourd'hui *Roussillon*), *Beziers, Nîmes, Arles, Aix, Marignane, Fréjus, Riez, Cavaillon, Apt, Avignon, Orange, Die, Acusio* ou *Ancone, Valence, Vienne, & Geneve*.

Nîmes fut une des plus célebres & des plus puissantes, suivant l'abbé Belley; son territoire étoit très-étendu, vingt-quatre bourgades dépendoient de sa jurisdiction. Il paroît que Toulouse étoit plutôt une ville *alliée*, qu'une *colonie Romaine*.

Dans l'étendue de la Lyonnoise, on ne connoissoit que trois colonies ; savoir, *Lyon*, *Langres*, & *Sens* ; il n'y eut qu'une colonie dans l'Aquitaine ; on en compte quatre dans la Belgique, *Tréves*, *Terrouenne*, *Coln* (aujourd'hui un village près de Cléves), & *Cologne*, que l'on nommoit *Colonia Agrippina* ; cependant quelques-unes de ces villes n'avoient que le nom de colonies. *Ibid. p. 500 & 501.*

Les Romains, qui n'estimoient que leur gouvernement, tâchoient de faire autant de Romes, qu'ils établissoient de colonies : Aulugelle les appelle des images en petit du peuple Romain ; leur gouvernement étoit assez semblable à celui de Rome, & elles avoient les mêmes magistratures, excepté seulement les consuls. L'abbé Belley assure que l'ancien habitant Gaulois, qui vivoit sous la jurisdiction d'une colonie, n'avoit plus ni loi, ni magistrat de sa nation ; ce qui n'est pas exact, sur-tout lorsqu'il s'agit des Belges. *Aulug. l. 16, c. 23.*

On peut assurer que les officiers qui rendoient la justice dans les colonies, n'étoient pas toujours Romains ou Italiens ; la plus considérable des colonies Romaines dans les Gaules (Tréves), étoit gouvernée par un sénat composé des principaux citoyens de la ville, & les habitans étoient jugés selon les loix & les usages de la cité. *Vopisc. in macrino.*

Les colonies *Romaines* ou *Latines*, avoient leurs premiers magistrats appellés *duumvirs* ; elles avoient aussi des *censeurs*, des *préteurs*, un *sénat*, qui étoit ce corps de *décurions*, dont il est parlé dans le droit Romain, & dont l'assemblée formoit ce qu'on appelloit *curia*, la cour. *Loiseau, off. l. 5, chap. dernier.*

Dans une loi donnée par Gratien, sous le cinquieme consulat de Valens, & le second de Valentinien, les *décurions* sont distingués des *curiaux* ; ce qu'il est à propos de remarquer, contre quelques écrivains modernes, qui les ont confondus.

Cependant je ne crois pas qu'il faille les distinguer de maniere à en faire deux ordres absolument différens; les familles *sénatoriales*, formoient dans chaque ville un ordre, une classe à part; ceux qui en étoient membres, étoient appellés *curiales*; c'étoient des espece de candidats nés pour les charges de décurions, ils y étoient éligibles par le privilege de leur naissance; lorsqu'ils mouroient sans laisser d'héritiers, & sans faire de testament, leur succession étoit dévolue, non au fisc, mais à la cour même.

Cod. Theod. l. 9. tit. 2.

A défaut de personnes capables dans la classe des *curiaux*, on choisissoit dans les autres classes de citoyens, & les nouveaux *décurions*, étoient appellés *decuriones nominati*; à la différence des premiers, qu'on qualifioit de *decuriones originales*.

La confection des rôles des impositions, leur répartition & recouvrement, la garde des archives & papiers publics, l'exécution des jugemens, la garde des magasins, la police des campagnes & des grands chemins, & une infinité d'autres objets onéreux, rouloient sur les *décurions*; c'étoit parmi eux que les citoyens choisissoient, à la pluralité des suffrages, les *duumvirs*, dont la magistrature n'étoit qu'annuelle, mais donnoit de grands privileges; les *duumvirs* sortant de fonction, conservoient la dignité de *comte*, *comitiva dignitas*; les duumvirs étoient proprement les magistrats de chaque ville; c'étoit en leur nom que la justice étoit administrée, & que les ordonnances de police étoient rendues.

L'honneur de la *principalité* étoit attaché à quelques-unes des places de *décurions*; il y étoit pourvu par la cour même; ces décurions *principaux* étoient chargés de la police, de la finance, & du commerce: au bout de quinze ans

ans de service, ils étoient, comme les *duumvirs*, exempts de toutes les charges publiques, & revêtus de la dignité de *comte vétéran*. _{Cod. Theod. l. 12. t. t. de decur. l. 171.}

Sous l'empire de Commode, les *duumvirs* de quelques cités Gauloises prirent le titre de *consuls*; ceux de Bordeaux furent des premiers à s'en décorer; les décrets du sénat de cette ville, furent alors intitulés: *Senatus populusque Burdigal.* &c. ils s'y promulguoient avec les mêmes cérémonies qu'on observoit à Rome : cette ville suivoit avec plus d'exactitude qu'aucune autre des Gaules, les usages & la jurisprudence des Romains; son sénat, comme celui de Rome, étoit composé de deux sortes de juges; les premiers appellés *magistrats*, occupoient les hauts siéges; les seconds appellés *pédanés*, siégeoient au second rang; ils ne parloient point, pour dire leur avis, mais ils se rangeoient du côté de ceux des magistrats dont ils adoptoient l'opinion; cela s'appelloit en latin, *pedibus in sententiam ire*, d'où est venu le nom de *pédanés*.

Quoique dans les Gaules il y eût un certain nombre de colonies soumises aux loix Romaines, & aux usages de l'empire, on ne peut cependant pas dire, que ce nombre ait été considérable dans la Belgique; la plupart des villes de cette contrée, ont défendu avec vigueur leur liberté contre les Romains, & elles en ont obtenu des conditions, que la crainte qu'elles avoient inspirée & qu'elles inspiroient encore, forçoit de leur accorder; par ce moyen elles conserverent leurs usages, & les Romains n'oserent établir parmi les Belges des colonies, où ils n'en donnerent que le nom aux villes Belgiques, sans oser les assujettir aux loix & aux usages de Rome. En effet, Pline assure que de son temps, la plupart des Belges se gouvernoient par leurs loix à titre d'alliés & de peuple libre (1) : le titre d'*Augufte*, dont quelques villes étoient décorées, n'eft pas une preuve qu'elles fuffent des colonies; ce titre fignifioit dans les unes le temps de leur fondation, dans d'autres une deftination à être le féjour ordinaire des garnifons Romaines.

Les colonies de nom & de fait, obfervoient en tout le droit & les ufages Romains; les *municipes*, dont il va être queftion, avoient confervé leurs loix particulieres; leur gouvernement étoit moins gênant, mais auffi moins honorable que celui des colonies Romaines, qui étoient des émanations du peuple Romain : on difoit de leurs cités, qu'elles ne fouffroient pas une entiere fervitude, & qu'elles ne jouiffoient pas d'une entiere liberté.

§. III.

Des villes Municipales.

Il ne faut pas entierement confondre les villes municipales, avec les alliés : dans les Gaules *Celtique* & *Aquitanique*, les alliés du peuple Romain, trompés par ce titre impofant, montrerent moins de vigueur dans le maintien de leurs loix, & de leurs magiftratures; les empereurs profiterent de cet affoupiffement, pour envoyer dans ces provinces des *préteurs*, pour juger les affaires privées ; des *quefteurs*, pour juger les crimes publics; des *édiles*, pour faire la police, & des *tréforiers*, pour adminiftrer les deniers publics : en moins d'un fiécle ces deux provinces fe virent foumifes

---

(1) A fequanâ ad ligerim *Carnuti fœderati*, *Meldi liberi*, *Segufiani liberi*...... à fequanâ ad rhenum *Neruii liberi*, *Ulmanenfes liberi*, *Leuci liberi*, *Treviri liberi*, *Lingonenfes fœderati*, *Rhemi fœderati*. Plin. hift. natur. l. 4.

aux loix, usages & coutumes de Rome; c'étoit aussi la maxime générale du Gouvernement Romain, que les coutumes de la capitale du monde doivent être celles de toutes les cités; *omnes civitates debent sequi consuetudinem urbis Romæ, cùm sit caput orbis terrarum*; maxime que les Gaulois méridionaux laisserent établir dans leurs tribunaux, où les procès étoient instruits & jugés selon les formes Romaines. Les cités des Gaules méridionales, n'avoient donc que le titre d'*alliés*; elles étoient réellement sujettes; s'il y eut encore quelques villes libres, ou alliées, elles ne furent ainsi nommées que parce que les empereurs leur accorderent, avec la propriété de leurs biens, la permission de se gouverner suivant quelques-uns de leurs anciens usages; mais leurs habitans étoient jugés par des magistrats Romains, & on les obligeoit de reconnoître qu'ils tenoient de Rome les avantages qu'on leur laissoit : ces prétendus alliés de l'empire ne pouvoient plus entreprendre de guerre, ni faire d'alliances; on les obligeoit à fournir aux troupes Romaines le logement & les vivres; la perception des impôts étoit confiée à des officiers Romains; le magistrat qui régloit les affaires de la province, étoit le ministre souverain de la loi, & les arrêts émanés de son tribunal, étoient sans appel : il est vrai qu'il assembloit les habitans, pour leur demander leur consentement; mais c'étoit moins une obligation qu'une formalité de décence, pour caresser leur vanité, & leur adoucir le regret de la perte de leurs priviléges; quel que fut leur avis, l'arrêt avoit toujours une pleine exécution.

L. non dubit. 7. §. 2. dig. de capt. & postlim.

La cité de Toulouse avoit donné du secours à César, qui s'en étoit servi pour subjuguer les *Sontiates*, d'où un auteur moderne a conclu qu'elle étoit libre & alliée du

Cæs. l. 4, bell. gall. M. de Marca place les Sontiates dans le territoire d'Aire, & Samson dans celui de Lectoure.

peuple Romain, parce qu'il est constant qu'il n'y avoit alors que les alliés à qui il fut permis de porter les armes dans les troupes Romaines.

Voy. l'état de la noblesse des Capitouls de Toulouse, p. 48.

Les villes *municipales* étoient d'un degré inférieures aux *alliées*. Rome accordoit le titre de *municipes* aux villes qui, après une légere résistance, s'étoient soumises à ses armes ; ainsi on appelloit *municipales*, celles à qui on assuroit le droit d'être gouvernées par des loix, des coutumes, & des officiers tirés du corps de ses habitans, mais sous l'autorité d'un magistrat Romain, qu'on appelloit *proconsul* dans les provinces *consulaires*, & *président* ou *préteur* dans les autres.

Aulugell. l. 16. c. 13.

Quelque pouvoir qu'on ait attribué aux Gouverneurs Romains sur les *municipes*, il est constant qu'ils étoient obligés de se conformer, dans l'exercice de leur pouvoir, aux usages de la cité.

l. 19, dig. de offic. præf.

Chaque ville *municipale* avoit un sénat composé de *duumvirs* & de *décurions* ; les *duumvirs*, dont le nom désigne le nombre, étoient les chefs du sénat ; leur offices, comme il a été observé, étoit annuel ; ils en faisoient les fonctions alternativement par mois ou par semaine ; ils convoquoient le sénat, & y présidoient : les *décurions* étoient les sénateurs des *municipes* ; on nommoit leurs sentences *decreta decurionum* ; le nombre des *décurions* étoit plus ou moins grand, en proportion de celui des habitans de la cité.

Hist. crit. de la Mon. Franç. t. I. p. 23.

L'abbé Dubos prétend que les *décurions* exerçoient les emplois municipaux attachés à cette espece de magistrature, que nous appellons aujourd'hui *corps-de-ville*, & que leur autorité s'étendoit sur les bourgs & le plat-pays dépendant de la cité.

Les *décurions* choisissoient deux receveurs, l'un pour

recueillir les tributs exigés par le prince, l'autre pour faire la collecte des revenus patrimoniaux de la ville.

L'officier nommé *défenseur* dans une ville *municipale*, tenoit le premier rang après les *duumvirs*; il exerçoit la jurisdiction *correctionnelle* sur les moindres délits; il faisoit emprisonner ceux qui étoient prévenus des grands crimes, & les renvoyoit ensuite au magistrat Romain: en matiere civile, il ne décidoit que les questions de fait; par exemple, si telle action avoit été commise ou non; si une somme avoit été payée ou non: il connoissoit jusqu'à cinquante sols d'or; cette somme pouvoit monter à quatre cents douze livres dix sols de notre monnoie actuelle, en comptant les sols d'or sur le pied de ce qu'ils étoient au temps de l'empereur Constantin le Grand. Les *défenseurs* ont eu depuis la faculté de connoître jusqu'à trois cents sols d'or; pour les questions de droit, comme elles demandoient de la discussion, elles étoient portées au tribunal des *duumvirs* & des *décurions*. Le *défenseur* avoit une justice proprement dite, un greffier & des appariteurs; l'observation des loix, l'ordre public, le service de l'état, le bien commun des citoyens, & tout ce qui dépendoit de la police, étoit confié au *défenseur*.

Cod. l. 1, tit. 55, l. 1.

Auth. coll. 3. tit. 2. nov. 19. c. 3. Voy. aussi le Blanc, traité des monn. c. 1.

Outre ces fonctions, il avoit encore l'inspection sur le commerce par terre & par eau; il lui étoit prescrit de défendre l'exportation des marchandises de grand prix chez l'étranger, & d'un autre côté, de briser les entraves qui gênoient la liberté du commerce.

Cod. Theod. l. 9 tit. 16. l. 3.

La loi prononçoit une amende de dix livres d'or, contre ceux qui entreprendroient de troubler le négoce; la même peine étoit décernée contre les concussionnaires qui auroient exigé des droits indus, ou commis quelqu'autre vexation;

Gloss. Gothofr. in l. 1. qui jure codicill. l. 4. tit. 61.

les *défenseurs* recevoient les plaintes de ceux qui avoient été vexés dans leur commerce, ou troublés dans la levée des deniers publics; ils délivroient les contraintes nécessaires, & renvoyoient les coupables aux premiers magistrats, ou terminoient eux-mêmes ces sortes d'affaires, lorsqu'elles n'excédoient pas leur attribution.

Auth. coll. 3. tit. 2. nov. 15. c. 3. §. 1.

Cod. Theod. l. 7. tit. 16. l. 3.

Le commerçant qui n'avoit éprouvé aucun dommage, étoit obligé d'en laisser sa déclaration au greffe du *défenseur*; & lorsque les marchandises passoient par une ville, pour être transportées dans une autre, les *défenseurs* délivroient aux commerçans des copies authentiques des déclarations qu'ils avoient faites, *afin*, dit la loi, *qu'ils déposassent dans les registres des lieux où ils alloient, qu'ils n'avoient souffert aucune concussion.*

Les gouverneurs Romains, jaloux de l'autorité des *défenseurs* Gaulois, les traverserent dans leurs fonctions, & leur firent perdre peu-à-peu leur considération; cette charge ne fut plus remplie que par des gens inconnus, sans naissance, sans mérite. Le public n'eut aucune confiance dans ces nouveaux officiers, dont l'avilissement eut des suites funestes pour la justice & pour la police. Les empereurs, pour rétablir l'ordre, ne virent d'autre moyen que de rendre à cet office son premier lustre; ils firent des loix qui portoient, que les citoyens nobles seroient obligés, suivant l'ancien usage, de l'exercer tour à tour; que le gouverneur Romain n'auroit plus la liberté de les destituer; que dans chaque ville ils seroient élus par l'évêque, le clergé, les magistrats & les notables citoyens; que l'élection seroit confirmée par l'empereur; que les fonctions du *défenseur* ne cesseroient point en la présence du magistrat, que celui-ci ne pourroit le commettre à d'autres offices, & que le *défenseur*, pour exer cer ſes fonctions gratuitement, auroit une penſion convenable ſur le tréſor public. Ces articles furent exécutés avec aſſez d'exactitude ; la conſidération attachée à l'étendue du pouvoir des défenſeurs ſubſiſtoit encore, lorſque les Francs vinrent s'établir dans les Gaules.

Novell. Juſtin. 15. de defenſ. 16. gloſſ. Gothoſr. idem in l. 3, c. de metall.

§ IV.

Des Villes Vectigales.

Les villes *Vectigales* furent ainſi nommées du tribut que les Romains leur avoient impoſé, & qu'ils appelloient *vectigal*. La Gaule Celtique fut réduite en province, excepté quelques villes qui eurent le titre d'*alliées* ou de *municipes*, les autres furent aſſujetties au tribut.

Sueton. in Jul.

Selon Sigonius, réduire un pays en province, c'étoit abolir ſes anciennes loix, pour y établir les Romaines. Un *préteur* ou un *proconſul*, étoit chargé de les y faire obſerver, & contraindre les peuples à payer les tributs ; une *ſervitude éternelle*, diſoit un officier Gaulois, qui défendoit Alexia aſſiégée par les Romains, *eſt le ſort des pays où ils s'établiſſent ; jettez les yeux ſur la partie des Gaules qu'ils ont déjà ſubjuguée, réduite en province, tremblante à la vue des faiſceaux & des haches des licteurs, ſes loix & ſon droit ſont changés ; elle gémit ſous un eſclavage dont il ne lui eſt pas permis d'eſpérer la fin.*

Caeſ. comment. l. 4.

Le pouvoir du *préteur* ou du *proconſul*, s'étendoit ſur le gouvernement militaire & politique, ſur l'adminiſtration de la finance & de la police.

Pancirol. de magiſtr. provinc. c. 98.

Revêtu de tous les pouvoirs dans une grande étendue de pays, & dans l'impoſſibilité d'exercer ſon miniſtere dans les lieux où il n'étoit pas, il laiſſoit la juſtice ſans force &

sans vigueur; il fallut y suppléer par des officiers qui furent nommés ses aides ou *co-adjuteurs*; ils avoient le pouvoir d'entendre & de connoître de toutes sortes d'affaires, mais ils devoient en référer au premier magistrat, à qui il appartenoit d'en juger; ils informoient des crimes, interrogeoient les accusés, & instruisoient les procès, dont ils faisoient ensuite le rapport au magistrat, qui rendoit sa sentence; l'instruction des affaires civiles étoit aussi de leur ressort, mais leur jugement étoit pareillement réservé au magistrat; ils étoient aussi chargés de la police d'une maniere subordonnée; ils accompagnoient le magistrat dans les visites de son département; ils le précédoient quelques fois, pour mettre les causes en état d'être jugées; souvent ils étoient chargés d'aller dans les lieux éloignés, pour y terminer les différens dont on ne pouvoit retarder la décision.

<small>Cod. Theod. de custod. reor. l. 4. item gloss. in l. 6. solent dig. de offic. proconsf.</small>

La multiplication des affaires fit bientôt comprendre que les *aides* ou *coadjuteurs* donnés au magistrat, n'y pouvoient eux-mêmes suffire; quantité de choses importantes au bien public échappoit à leur vigilance; ce qui donna lieu à la création de nouveaux officiers de judicature, qui furent choisis dans chaque ville parmi les *curiaux*; quoique leur emploi fut honorable, cependant on ne l'acceptoit qu'avec répugnance, parce qu'il étoit très-onéreux; les *curiaux*, dans les Gaules, étoient tenus à presque toutes les charges publiques, souvent à leurs risques, périls & fortunes, & il leur étoit défendu de se mêler de bien des choses dont ils auroient pu retirer du profit. Entre les persécutions que les premiers chrétiens ont souffertes, on remarque celle de faire les fonctions de *curiaux*, à laquelle on les condamnoit. Les mauvais traitemens faits aux *curiaux*, dégoûterent ceux qui

<small>Cassiodor. hist. tripart. c. 9. l. 7. c. 7. l. 7.</small>

qui en faifoient les fonctions, & en éloignerent ceux qui devoient y être élus; Gratien fit une loi qui défendit de les maltraiter pour les deniers du fifc, & pour les dettes qu'ils auroient contractées. Cette défenfe ne fuffit pas; on fut obligé de leur accorder des privileges qui contrebalançaffent les charges attachées à leurs emplois; ce fut dans cette vue que Théodofe le Grand permit à un pere de légitimer fes fils naturels, en les offrant pour être *curiaux*, & même les filles naturelles, en les donnant pour femmes à des *curiaux*.

Cod. Theodof. cap. vlt. t. 1, p. 249.

Cod. l. 7, tit. 27, de natural. liber. l. 3.

Dans le cinquieme fiécle, la condition des *curiaux* devint fi fâcheufe, par la faute du gouvernement, que plufieurs d'entr'eux déferterent leurs cités; les derniers empereurs leur ordonnerent par plufieurs loix d'y revenir; la plus célebre eft celle de Majorien, dont voici la fubftance : *perfonne n'ignore que les curiaux font les appuis de l'état, & les entrailles des cités, & que néanmoins ces citoyens, dont le corps eft le fénat inférieur, ont été tellement vexés par l'injuftice de nos officiers, que plufieurs d'entr'eux, renonçant au rang honorable qu'ils avoient en vertu de leur naiffance, ont abandonné leur patrie, pour fe cacher dans des lieux où ils ne puffent être chargés des fonctions pour lefquelles ils font nés*, &c.

Lex Major. ann. 458.

La trifte fituation où l'empire fe trouvoit alors, & la foibleffe du gouvernement rendirent cette loi infructueufe.

Les *curiaux* dans les villes *vectigales*, faifoient les fonctions de juges ordinaires, & d'officiers municipaux; on choififfoit les plus accrédités; ils régloient en même temps les affaires du commerce, mais toujours dans un ordre fubordonné au magiftrat Romain, qui gouvernoit la cité; de-là le nom de *préfectures* que l'on donnoit aux villes *vectigales*.

Comme elles avoient attendu la derniere extrémité pour

Tom. I. G

se rendre aux Romains, quelques auteurs ont prétendu, que ceux-ci prirent toutes les précautions pour les empêcher de secouer le joug; cependant on peut douter, que Rome ait contraint toutes les villes *vectigales* à se soumettre à ses loix d'une maniere aussi servile, que ces écrivains se le sont imaginé; & ce que j'ai dit de celles qui, comme Tréves, & quelques autres des Gaules, sur-tout de la Belgique, se sont maintenues dans leur ancien gouvernement, peut aussi s'entendre de plusieurs villes *vectigales*; les Belges ne payoient qu'un léger tribut; souvent même il falloit envoyer des troupes dans leurs forêts, pour appuyer les commis qui levoient les droits; ces peuples, nés avec le sentiment de l'indépendance, se sont précipités dans la révolte presqu'autant de fois que les Romains ont voulu donner atteinte à leurs libertés.

§. V.

De la Jurisprudence Romaine dans les Gaules.

Jusqu'à l'empire d'Adrien, les Romains furent plus praticiens que jurisconsultes; la jurisprudence des édits des préteurs varioit avec le changement de ces magistrats; les rescripts des empereurs la rendoit arbitraire, & les consultations des juristes la détruisoient par leurs contrariétés, ou elles l'embarrassoient par leurs subtilités. L'obscurité du droit Romain augmenta infiniment l'autorité des tribunaux, les différens ne pouvant être décidés que par eux, les juges se mettoient en quelque façon au-dessus des loix; l'empereur Macrin crut remédier à ce désordre, en supprimant plusieurs loix, & la plupart des rescripts de ses prédécesseurs; par ce moyen il ramena le droit à des principes plus simples, plus clairs, & plus certains.

Vopisc. in Macrin.

Les gouverneurs des Gaules, profitant des embarras & des contrariétés qui se trouvoient dans la jurisprudence, se rendirent les arbitres de la fortune des Gaulois; en interprétant à leur gré la loi, ils favorisoient ceux qui leur étoient servilement dévoués, & opprimoient les citoyens dont la fidélité leur étoit suspecte ; les subtilités de la chicane les assuroient de l'impunité ; ils pouvoient errer à dessein, sans paroître coupables dans les choses qui n'étoient point évidemment prévues par la loi ; quelques cités changerent leurs usages, soit pour complaire aux Romains, soit pour faire cesser les soupçons qu'on avoit répandus sur leur fidélité; d'autres, lasses de souffrir, se soumirent au joug qu'on vouloit leur imposer; c'est ainsi que les Parisiens furent subjugués; les magistrats Romains abuserent de la terreur qu'ils leur avoient inspirée, en leur ôtant des usages auxquels ils étoient accoutumés, pour priver la cité de Paris de son ancien gouvernement; après plus de trois siecles d'opression & de tyrannie, les Romains rendirent à cette cité une liberté qu'elle n'avoit pas mérité de perdre.

J'ai déjà dit que Rome ne put asservir les Belges septentrionaux; l'attachement de ces peuples à leurs usages, fut plus fort que l'autorité & les armes des Romains; tout ce qu'Auguste pût faire, ce fut de partager leurs pays en trois gouvernemens, dont l'un retint le nom de *Belgique*, les deux autres furent nommés *haute & basse Germanie*, & par la suite, *premiere & seconde Germanie*. Chaque province avoit son lieutenant chargé de l'inspection sur la police militaire & civile, & sur l'administration de la justice dans son département : l'empereur envoyoit quelquefois dans la Belgique un gouverneur général ; Drusus, choisi par Auguste, & Germanicus par Tibere, furent pourvus de cette charge ; les trois lieutenans leur étoient subordonnés.

Il est vrai que dans la loi des *ripuaires*, qui occupoient une partie de la Belgique, on remarque beaucoup d'égards pour les Romains; mais ces égards font voir que dans la *Belgique ripuaire*, il y avoit plus de Romains, que dans les autres contrées de cette province, & que gênée par leur présence, elle a été contrainte de faire quelques changemens dans son droit coutumier.

Il y a toujours eu deux sortes de procédures, la civile & la criminelle; de toute ancienneté on a commencé la procédure par un exploit que nous avons nommé assignation ou ajournement; dans les Gaules, comme ailleurs, on étoit appellé en justice par des actes ou par des signes; les assignations par écrit n'ont pas toujours été connues des Gaulois, sur-tout des septentrionaux, qui n'avoient point l'usage de l'écriture; on présume que dans les Gaules, les *alliés* & les *municipes* ont retenu pendant long-tems l'usage des assignations par signes; jaloux de leurs coutumes, ils ne les ont négligées qu'après avoir déposé leur aversion pour des usages étrangers.

Dans les affaires ordinaires, le demandeur devenoit souvent défendeur ; un créancier alloit trouver son débiteur, & le sommoit de comparoître devant le juge; dans la suite il prenoit des témoins de la citation qu'il avoit faite; le juge écoutoit les parties, & sur les moyens respectifs, il prononçoit sa sentence; lorsque les raisons alléguées de part & d'autre ne suffisoient pas pour appuyer un jugement, le juge prononçoit sur le serment des parties, ou sur le refus qu'elles faisoient de le prêter.

Si l'une des parties manquoit de se présenter en justice,

on donnoit à celle qui s'étoit préfentée, un acte, ou verbal ou par écrit.

Le commentateur de Bouthilier, dit avoir appris d'anciens praticiens, & avoir lu dans de vieux manufcrits, qu'anciennement dans les Gaules, les procès criminels étoient inftruits publiquement, & qu'on y fuivoit une forme peu différente de celles des Romains; cette maniere de procéder femble avoir été plus généralement obfervée dans la partie des Gaules où le droit écrit s'eft maintenu.

En Provence, la jurifprudence Romaine fut plûtot établie que dans les autres contrées des Gaules, il n'y eut d'abord qu'une maniere de faire le procès à un homme ; c'étoit l'infcription que l'accufateur faifoit de l'accufation au greffe de la jurifdiction; l'accufation étoit une efpece d'affignation donnée à l'accufé, pour comparoir au lieu où le crime dont on le chargeoit devoit être pourfuivi. Après cela l'accufateur & l'accufé comparoiffoient devant le juge; chacun expliquoit publiquement fes moyens; l'accufateur faifoit venir fes témoins, qui étoient entendus à l'audience, l'accufé y fourniffoit fes reproches, & le public étoit témoin de ce qui fe paffoit.

Cependant dans les affaires importantes, le magiftrat informoit fecrettement de la vérité des faits dont on lui avoit donné avis; il informoit, fans la participation de l'accufé; quand il avoit des indications fuffifantes, il l'obligeoit de fe préfenter à fon tribunal, & lui faifoit fon procès d'office, fans qu'il y eut ni *infcription*, ni *accufation* dans les formes ordinaires; c'eft de cette maniere que Cicéron fit le procès à Catilina & à fes complices, fur les avis qu'on lui donna d'une confpiration formée contre la république; il ne perdit point de temps pour informer de la vérité des faits, & lorsqu'il en eût la preuve, il traduisit les coupables devant le sénat ; & fur l'éloquente harangue qu'on connoît de lui à ce sujet, il les fit condamner. Cette maniere de procéder par *voie d'inquisition*, est très-propre pour découvrir les crimes atroces, qui se trament toujours dans le secret ; souvent ils demeureroient impunis, s'il falloit attendre qu'un accusateur ou un dénonciateur se fut présenté : on trouve peu de gens disposés à s'engager dans les périls d'un accusation dont les suites, toujours incertaines, peuvent devenir funestes.

Les Romains dans les Gaules, comme à Rome, avoient une troisieme maniere de faire le procès aux coupables ; c'étoit la *dénonciation* ; les magistrats envoyoient dans les lieux décriés & suspects, des *appariteurs* ou des archers, pour prévenir ou réprimer les désordres ; ceux-ci en dressoient des procès verbaux, qu'ils envoyoient aux magistrats, & ils y désignoient les perturbateurs publics : ces procès verbaux s'appelloient *notoria*, & contenoient la dénonciation des accusés ; le juge les citoit ensuite à son tribunal pendant trois jours, non consécutifs ; le greffier faisoit la lecture des chefs de l'accusation ; si l'accusé ne pouvoit se justifier, le juge indiquoit un jour pour prononcer le jugement.

Au reste les magistrats avoient des officiers pour les servir dans leurs fonctions ; les *greffiers* écrivoient à l'audience ce que le juge prononçoit ; ils gardoient les actes de justice, & en délivroient des expéditions aux parties ; les *coureurs*, *viatores*, faisoient savoir les jours d'audience ; les *huissiers* ou *appariteurs*, appelloient les causes, présentoient les libelles d'accusation, & arrêtoient les criminels ; les *crieurs*, *præcones*, publioient les loix & les reglemens : la plupart de ces officiers étoient plus connus des Gaulois des *colonies*, & des villes *vectigales*, que des *municipes* ou des *alliés*, qui avoient retenu une grande partie de leur ancien gouvernement judiciaire.

SECTION II.
Administration Économique.

Les empereurs Romains formerent dans les Gaules, comme dans toutes les parties où leurs armes pénétrerent, un domaine sacré, qu'on appella *fisc*, ou *chose privée* du prince.

D'abord les Romains n'avoient montré aux Gaulois qu'une supériorité officieuse, une protection en quelque sorte gratuite, une alliance plutôt qu'une domination ; mais bientôt les *alliés*, comme les *municipes*, virent s'établir parmi eux deux especes de domaines, l'un public, l'autre particulier au prince, tous deux formés à leurs dépens ; cela donna lieu à une administration, dont les détails méritent d'être observés.

Les impositions générales, qui se levoient sur les provinces, avoient diverses dénominations, toutes relatives à leur objet ; le code Théodosien les appelle *rétributions publiques*, *oblations* ou *dévotions publiques*, *nécessités publiques*, *indictions canoniques*, *payemens solemnels*, *devoirs* ou *prestations canoniques*. *Cod. Theod. l. 11, tit. de annon. & tribut.*

Pour leur perception, l'empereur envoyoit tous les ans dans les provinces des ordres nouveaux, signés de sa main, & adressés aux *préfets du prétoire*, c'est-à-dire, aux gouverneurs généraux ; ces ordres contenoient la quote-part de chaque province, raison pour laquelle ils étoient appellés *indictions* ; les *préfets du prétoire* faisoient ensuite des especes de mandemens, qu'ils adreſſoient aux magiſtrats ſupérieurs des provinces de leur département, pour les faire publier quatre mois avant qu'ils puſſent être mis à exécution.

Deux choſes étoient remarquables dans la répartition; la premiere, qu'aucune qualité perſonnelle ne pouvoit être un titre d'exemption; l'impôt étoit réel; on ne conſidéroit que la terre, ſa valeur, ſon produit, le genre de ſes productions, & on faiſoit abſtraction de la qualité des poſſeſſeurs (1); la ſeconde, que la répartition de l'impôt, ſon aſſiette dans chaque province, ne pouvoit être rendue exécutoire, que par le conſentement des *provinciaux* (2); c'eſt ce qui nous fait penſer, que la répartition de l'impôt étoit un des principaux objets des aſſemblées provinciales, dont nous avons parlé ci-deſſus.

Chaque département avoit ſon receveur général, connu ſous le nom de *tabularius* ou *numerarius*.

Cod. Theod. tit. XI. de ann. & tribut. l. 19.

Cet officier étoit obligé d'avoir deux regiſtres publics; l'un *cenſuel*, où ſe trouvoit le dénombrement de tous les biens-fonds de ſon diſtrict, avec leur eſtimation; l'autre *de quittances*, où les contribuables puſſent, pour leur pro-

---

(1) *Conſtat ex codice Theodoſiano, tit. XI. de ann. & tribut. quod non plebs ſola*, l. 26. *verum etiam omnes poſſeſſores*, l. 1. 5. 6. 10. 25. 26. 36. *maximæ dignitatis aut infimæ*, l. 18. *cujuſcumque dignitatis*, l. 25. *indifferenter*, l. 36. *etiam veterani*, l. 18. *ſenatores urbis Romæ in provinciis poſſidentes*, l. 6. *hac obligatione aſtringerentur, parique ſorte tenerentur*, l. 20 & 26.

(2) *Exæquationes quas conſenſus provincialium, quas noſtra reſponſa, quas cenſitorum & peræquatorum officia, quas auctoritates denique ordinariorum & ampliſſimorum judicûm neceſſariâ emendatione vel conſtitutione probaverunt, inconcuſſâ æternitate permaneant.* Cod. Theod. l. 13, tit. de cenſû & adſcript. l. 8.

pre

pre sûreté, faire inférer les reçus qui leur étoient donnés par les collecteurs ou receveurs particuliers.

Ces receveurs particuliers s'appelloient *susceptores*, & versoient dans la caisse de la recette générale de la province.

Les officiers chargés de l'*exaction*, c'est-à-dire, du recouvrement, étoient appellés *prosecutores*.

Les empereurs étoient dans l'usage d'envoyer dans les provinces des officiers extraordinaires; les uns, sous le nom de *censiteurs*, pour déterminer le genre d'imposition le moins onéreux aux campagnes; les autres sous le nom d'*égaliseurs*, *peræquatores*, pour avoir soin de rendre la répartition égale; d'autres, sous le nom d'*inspecteurs*, pour examiner la qualité des terres, leur culture, la nature de leurs productions; d'autres enfin, sous le nom de *discussores*; leurs fonctions revenoient à celles de ces officiers qui ont été connus en France, dans des temps assez modernes, sous le nom de *contrôleurs des restes*; ils se faisoient rendre compte de l'emploi des deniers publics, qui pour l'ordinaire ne sortoient pas de la province sur laquelle ils étoient levés, & du montant des restes; ils avoient pour cet objet des regiftres appellés *polyptiques*, mot qui par la suite a été corrompu en celui de *pouliers*. *Vegece. l. 2. c. 19. Cujas, Godefroi.*

Cette institution a souvent fourni aux empereurs l'occasion d'exercer des actes éclatans de bienfaisance, en remettant aux peuples *les restes* des contributions imposées sur eux; c'est ainsi qu'Adrien fit brûler en place publique les *Pouliers* de plusieurs provinces, pour les mettre à couvert de l'avidité des receveurs: Antonin, Aurélien, Gratien se firent le même honneur: Théodose conçut en mourant une loi à cet égard; il en recommanda l'exécution à ses fils *Spartian. in Adrian. collect. veter. chron. ex Thomach.* *Oros. vopisc. a son.*

par un acte de derniere volonté : *qu'un pareil testament est respectable*, s'écria St. Ambroise dans l'oraison funèbre qu'il fit de ce prince ! *Quid dignius testamentum imperatoris lex fit!* Honorius en fit une loi qu'il adressa, l'an 401, au préfet du prétoire des Gaules.

<small>Cod. Theod. tit. de indulgent. debitor. l. 3.</small>

Le sur-intendant de toute cette administration se trouvoit à la cour de l'empereur, & avoit le titre de *comes sacrarum largitionum*.

Les empereurs ne confondoient point leur *fisc*, ou ce qu'ils appelloient leur *chose privée*, avec le produit des contributions publiques : *que dans chaque province, porte une de leurs loix, il y ait deux receveurs généraux, dont l'un sera préposé à notre caisse fiscale, l'autre à celle des contributions publiques ; & qu'ils soient avertis l'un & l'autre, sous les plus grieves peines, de ne point étendre leur recette à des objets étrangers à leur comptabilité respective.*

<small>Cod. Theod. l. 8 tit. de numer. l. 12.</small>

C'est ce qui a fait dire à Sénèque : « l'empire du prince » s'étend sur-tout, jusques sur sa propre chose ; son patri- » moine est limité à son fisc. » *Cæsar omnia habet, fiscus ejus privata tantùm ; sua & universa in imperio ejus sunt, in patrimonio propria.* Galba ayant entendu dans un souper un joueur de flûte, qui lui fit grand plaisir, se fit apporter sa cassette, & en en tirant de l'or à pleines mains, il lui dit : *prenez, mais sçachez que c'est du mien, & non du trésor public*.

<small>Sen. l. 7. de benef.</small>

Antonin s'abstint de puiser dans ce trésor pour doter sa fille : dans la suite des temps on chercha à le confondre avec le fisc ; mais Pertinax renouvella les loix de ses prédécesseurs, pour réprimer cet abus.

Le *fisc*, la *chose privée* du prince, consistoit en droits & en fonds.

Les droits eux-mêmes confiftoient en droits d'entrée & de fortie fur les marchandifes, en droits de port fur la mer & les grandes rivieres navigables, en droits fur la vente du fel & des métaux ; quelques-uns des empereurs attribuerent à leur fifc les confifcations, qu'Adrien cependant déclara appartenir plutôt à la chofe publique ; ils y attribuerent auffi les biens vacans & caducs, ainfi que le dixieme des fucceffions conteftées, le droit des *courfes publiques*, qui par la fuite furent appellées en France, *gîte & chevauchées* (1), & les corvées (2).

Cod. Théod. l. IX. tit. de confifc. Spartian. in adri. Cod. Théod. l. X. tit. de bon. vac.

Les fonds formoient trois claffes.

La premiere étoit compofé de ceux que les empereurs faifoient valoir par leurs mains, c'eft-à-dire, par leurs ferfs & colons ; c'eft par cette raifon qu'ils étoient appellés *fonds patrimoniaux*.

Les autres étoient concédés à titre *d'emphitéofe*.

Les troifiemes, étant conférés à titre de don & de bénéfice, ne rapportoient rien au fifc.

Il faut jetter un coup d'œil fur ces deux dernieres efpèces de conceffions.

―――――――――――――――――――

(1) Ce droit confiftoit à exiger des provinces le gîte des chevaux & voitures, foit pour eux-mêmes, foit pour ceux de leurs Officiers qu'ils jugeoient à propos d'y envoyer, pour y remplir quelque commiffion ; pour pouvoir exiger les *courfes publiques*, il falloit des lettres expreffes, fignées du Prince, portant ordre de les fournir ; ces lettres étoient appellées *tradoriæ*; Plutarque raconte de Galba, qu'ayant exigé les *courfes publiques*, avant qu'il ne fut Empereur, fans être muni des lettres néceffaires, fut obligé d'achever fon voyage à pied.

(2) Ce que nous appellons *corvées*, étoit appellé, fous les Romains, *angaria & parangaria*. Voy. Cujas, *in proœmio, tit. c. de curf. publ. angariis & parangariis, l. 12*.

H ij

I. L'*emphytéofe* tenoit une forte de milieu entre la vente & la location; elle n'a été mife au nombre des contrats que fous l'empire de Zenon. Cette conceffion n'avoit lieu qu'à l'égard des terres vagues & en friche, comme le mot (grec d'origine) le fait connoître; elle étoit de fa nature perpétuelle, à la charge d'une redevance annuelle, partie en argent, partie en denrées; le fifc confervoit une hypothéque privilégiée fur les biens du preneur, tant pour raifon du canon annuel, que pour la confervation du fonds même; ceux des officiers du prince, qui ne s'occupoient que des moyens d'enfler leurs recettes, furhauffoient fouvent les canons emphytéotiques, fans faire attention, que par là même ils détruifoient l'objet de la conceffion, qui étoit l'amélioration des biens concédés; c'eft ce qui porta Honorius, en 417, d'envoyer des commiffaires dans les provinces pour diminuer les canons emphytéotiques, dont le prix exceffif décourageoit l'agriculture; Valentinien le vieux y ajouta un foulagement de plus, il ordonna que le poffeffeur *emphyteuticaire*, & même le fimple colon auroient toute l'année pour payer la partie de leurs retributions qui étoit en argent; on l'exigeoit auparavant par quartier; on avoit obfervé, que le cultivateur eft ruiné, fi on exige de lui de l'argent avant la récolte. *Aurum verò per annum folidum, proùt quifque pendere potere, inferretur.*

II. On voit les conceffions à titre de *bénéfice* en ufage dès l'empire de Severe; Lampridius dit de ce prince, qu'il tenoit un état de ceux à qui il avoit fait de pareilles conceffions, & que malgré fon penchant à faire des largeffes, il réprima fes libéralités pour prévenir le reproche d'appauvrir fon domaine; fon difcernemeut dans la difpenfation de fes dons, ne fournit point d'alimens à la malignité pour en décrier

Cod. Theod. l. 10. tit. 3. & l. 11. tit. 19.

Cod. Theod. l. X. tit. 3. l. ult.

Cod. Theod. l. 11. tit. 19. l. 3.

le motif (1). Il donnoit aux ducs & aux foldats des frontieres, les terres qu'ils avoient conquifes fur l'ennemi: mais ce don n'étoit tranfmis à leurs héritiers qu'à condition d'embraffer la profeffion de foldat: Chantereau le Fevre a diftingué entre les *bénéfices militaires* & les biens que les Romains appelloient *prædia militaria*; il dit que la jouiffance des premiers étoit *momentanée ou viagere*, & que la jouiffance des autres étoit accordée avec la propriété; qu'ils tomboient dans le partage des biens entre les enfans; mais ajoute-t-il, les uns & les autres étant donnés par le fouverain, étoient cenfés tous deux faire partie du domaine public.

Chant. traité des fiefs & de leur orig. l. I. p. 21.

Quoi qu'il en foit de cette obfervation, Hygène parle auffi d'un regiftre, où l'on tenoit un état exact des conceffions à titre de don ou de bénéfice; & ce qui ne laiffe aucun doute là-deffus, c'eft une loi, retenue au code Théodofien, par laquelle on voit, que l'adminiftrateur-général du domaine du prince, qu'on appelloit *comes rei privatæ*, avoit pour fon département quatre bureaux; l'un pour les objets relatifs à la recette des revenus & droits fifcaux ou domaniaux; le fecond pour ceux qui étoient relatifs aux comptes; le troifieme pour ceux qui étoient relatifs aux quittances; le quatrieme enfin pour ceux qui étoient relatifs aux *dons* & aux *bénéfices*.

Cod. Theod. tit. de palatin. facrar. larg. l. ult.

Il s'établit même une jurifprudence particuliere pour ces fortes de conceffions.

D'abord on diftingua entre les donataires ou leurs héritiers, & les tiers-acquéreurs à titre onéreux; ceux-ci pou-

---

(1) *Cogitabat fecùm & defcriptum habebat cui quid præftitiffet; dabat autem hæc in beneficiis, quæ famam ejus non Læderent.* Lamprid. in Sev.

voient acquérir la propriété incommutable d'un bien concédé par le prince à leur vendeur, à titre de don, avec la précaution néanmoins de payer au fisc une finance, qui étoit comme représentative du fonds même. (1).

On prévoyoit ensuite le cas où un donataire auroit vendu un bien dont le prince lui auroit fait don, sans que l'acquéreur eût eu la précaution de se faire confirmer dans sa possession, en payant une finance au fisc, & on demandoit de qui les officiers du prince devoient exiger les contributions extraordinaires qu'on exigeoit des donataires, suivant la nécessité des circonstances; Théodose répondit, que c'étoit aux donataires qu'on devoit s'adresser dans ce cas, & qu'ils devoient s'imputer d'avoir déguisé à un tiers acquéreur, qui pouvoit être de bonne foi, la qualité du bien qu'ils lui avoient vendu; (2) mais si ce bien avoit passé à un tiers à titre de don, fait par le premier donataire, dans ce cas on s'adressoit au détempteur actuel. (3).

---

(1) *Qui verò alterius nomine ex munificentiâ principali donatos obtinet fundos.... ipse ad hujusmodi solutionem debebit adstringi, qui non ùt petitor, sed ut dominus & possessor rei poterit ad probari.* Cod. Theod. l. 11. tit. de conlatione donator. l. 5.

(2) *Quod si quis ex possessionibus è principali sibi quondam liberalitate donatis, postmodùm quasdam aliis aut venumdedit, aut & ipse donavit, pro his quidem quæ venditæ probabuntur, ille se statutis præsentibus obnoxium esse cognoscat, qui videtur pretium consecutus.* Ibid.

(3) *Cui verò non vendita, sed legitimè donata vel jure successionis adquisita possessio est, is profectò debebit justiùs attineri ad illa præstanda, qui adipisci in præsenti ex donatâ sibimet possessione monstratur.* Ibid.

Le *titre de* poſſeſſion d'un *donataire* ou *bénéficier*, étoit donc un titre précaire & temporel; la commiſe avoit même lieu à l'égard de celui qui étoit refuſant ou négligeant de payer les contributions extraordinaires que le prince exigeoit des détempteurs des dons & bénéfices, ſuivant la néceſſité des circonſtances; l'on trouve pluſieurs loix qui les ont confirmés dans leur poſſeſſion, en payant par eux de certaines finances, & qui, faute de payement, déclarent leurs dons réunis. (1).

On demandoit encore, ſi des bénéfices confiſqués ſur les proſcrits & condamnés, & rendus enſuite ſoit à eux-mêmes, ſoit à leurs enfans ou deſcendans, devoient être cenſés avoir conſervé la qualité de bénéfices ? Valentinien & Valens déciderent qu'ouï, & que la ſeconde conceſſion étoit plutôt une reſtitution, qui n'établiſſoit pas une nouvelle cauſe de poſſeſſion (2).

Cette juriſprudence a été par la ſuite adoptée en droit féodal; delà eſt venue la maxime en France, qu'un fonds confiſqué, & rendu enſuite, n'a pas pris la nature de fonds domanial.

Chopin *de dom. gall.* l. 1. c. 9.

────────────────

(1) *Scituris cunctis, quod quiſquis prædictam præſtationem intrà quatuor menſes, ex quo fuerit admonitus, inferre diſtulerit; ipſas poſſeſſiones, quæ donatæ eidem videntur, ammittet; hi verò qui certum quid conlationis ſeu functionis indictæ pro temporali poſſeſſione præſtiterint, pleno in poſterùm beneficio principali, quod aliquandò meruerunt, munere perfruentur.* Ibid.

(1) *Eos qui rem paternam vel ſuam à fiſco recuperare meruerunt à conlatione auri atque argenti, quæ adſcripta eſt, tutos defenſoſque ſervari præcipimus.* Cod. Theod. *tit.* de ſententiâ paſſis & reſtitutis, *l. unicâ.*

On voit ici en quoi consistoit le fisc, le domaine du prince ; bientôt il s'en éleva à côté de lui un autre non moins privilégié, ni moins vaste, c'est celui des églises.

Avant Constantin, les églises catholiques ne pouvoient pas plus acquérir dans l'empire, que les synagogues des Juifs ; mais ce prince, depuis sa conversion, pour accréditer le nouveau culte auquel il s'attacha, les enrichit des dépouilles des anciens temples, & y introduisit, sous la conduite du pape Silvestre, & des deux préfets de la ville, Crassus & Maximus, la pompe des cérémonies, attrait puissant pour captiver la multitude (1).

L'an 321, quatre ans avant le premier concile de Nicée, & neuf ans après sa conversion, ce prince porta une loi célebre, par laquelle il permit à tout le monde de disposer au profit des églises catholiques, de telle portion de biens, que chacun voudroit leur laisser après sa mort (2) ; toutes personnes sans distinction de sexe & de dignité, furent rendues habiles à tester en faveur des églises ; ce fut comme une digue rompue, par où se répandit sur elles un torrent de biens, que les terreurs de l'autre monde arracherent des

_____

(1) Ses successeurs augmenterent les richesses des églises par diverses loix, qui ordonnerent la spoliation des synagogues des juifs, & des temples des payens & des hérétiques. *Voy. ces loix dans le code Théodosien, tit. de hæret. judæis & pagan.*

(2) *Habeat unusquisque licentiam sanctissimo catholico venerabilique concilio decedens bonorum, quod optavit, relinquere: non sint cassa judicia, nihil est quod magis hominibus debetur, quàm ut supremæ voluntatis, postquam aliud jam velle non possunt, liber sit stilus & licens quod iterùm non redit, arbitrium.* Cod. Theod. l. 16, tit. 2, l. 4.

mains

mains des vivans; les familles les plus confidérables fe trouverent bientôt appauvries par le zele indifcret, fur-tout des femmes & des veuves, que le préjugé domine toujours plus puiffamment que les hommes.

Saint Auguftin fut lui-même fcandalifé de cet abus, & plus encore des moyens pratiqués pour l'étendre & le perpétuer aux dépens des familles. « Que celui, dit-il, qui » aimera mieux l'églife que fon fils, s'adreffe à un autre » qu'à Auguftin, pour recueillir l'héritage qu'il aura enlevé » à fon fang; plaife à Dieu que tous les miniftres de » l'églife rappellent à la nature ceux qu'un faux zele en » écarte; » *quicumque vult, exhæredato filio, ecclefiam inftituere, quærat alterum qui fufcipiat quam Auguftinum, imò Deo propitio, nullum inveniet.* Auguft. de vitâ cleri.

Mais quand une fois on a laiffé prendre aux préjugés un certain afcendant, la raifon courbée fous le joug eft fans force & fans voix, & il lui en coûte plus d'un facrifice pour ramener les hommes à elle; fouvent les empereurs, pour corriger un abus, fe voyoient obligés d'en autorifer d'autres. Telle eft la loi de Théodofe le jeune, qui ordonne que les biens des évêques, des diacres, fous-diacres, lecteurs, & même ceux des moines, (ils n'étoient point encore cenfés morts civilement), feroient dévolus, à défaut de teftamens ou d'héritiers légitimes, aux églifes dont chacun dépendoit; c'étoit élever infenfiblement un nouveau domaine inaliénable, & en quelque forte indépendant, à côté de celui du prince; c'étoit par conféquent élever au milieu de l'état, une puiffance temporelle, capable de lutter par la fuite avec celle des princes, qui lui avoit donné l'exiftence. Si les empereurs Romains avoient réellement afpiré au defpotifme, comme ils en ont effuyé le reproche, Cod. Theod. l. 5. tit. 3. l. unic.

Tome I   I

il faut avouer que cette politique les éloignoit de leur route. Un clergé puissant, tant qu'il sera respecté, sera dans les monarchies une barriere sûre contre la puissance arbitraire & illimitée.

Sous cette forme, la propriété de tous les biens étoit dans la main soit de l'empereur, soit de l'église, soit des nobles.

Ces grands propriétaires avoient trois manieres de mettre leurs biens en valeur; l'une étoit celle du loyer ou du fermage, moyennant un prix certain, l'autre étoit celle de les faire valoir par leurs mains, c'est-à-dire, par leurs serfs; la troisieme étoit celle de les distribuer à de petits *colons*, qui tenoient une espece de milieu entre les serfs & les affranchis, & dont l'emploi étoit d'autant plus utile à l'agriculture, qu'ayant une part dans les améliorations, & pouvant se former un pécule, ils étoient eux-mêmes intéressés à réparer & à améliorer; la rétribution annuelle qu'ils payoient au propriétaire, fut appellée cens seigneurial, *census dominicus*, & consistoit partie en argent, partie en denrées, le plus souvent en froment, en orge, en vin, & en lard. Dans les domaines du prince, les receveurs, chargés de la perception de ces cens, avoient pour rétribution le centieme de leur recette, afin de connoître sur cette proportion le montant des restes; *ut reliquorum ratio ex centesimâ possit cognosci*.

<small>Cod. Theod. l. 12. tit. de susceptor. l. 22.</small>

Dans chaque corps de biens considérable, qu'on appelloit alors *villa*, d'où le mot *ville* paroît visiblement dérivé, il y avoit une espece d'intendant seigneurial, ou de procureur fiscal, qu'on nommoit *actor*; il veilloit aux intérêts de la terre, & régloit les différens des colons entr'eux: ceux-ci formoient ce qu'on appelloit alors *plebs rusticana*;

<small>Cod. Theod. l. 7. tit. de Metatis. l. 10.</small>

par opposition aux habitans des cités, qu'on nommoit *plebs urbana* : ceci doit faire sentir en passant la différence qu'on doit mettre entre celles des villes des Gaules, qui, comme Lyon, Marseille, Toulouse, Narbonne, Bordeaux, Paris, Trêves, &c. jouissoient du titre de *cités*, & qui avoient la distinction de ne pouvoir être imposées à *la capitation*, & les autres villes. *Plebs urbana*, dit Constantin dans une de ses loix, *minimè in censibus pro capitatione suâ conveniatur, sed juxta hanc jussionem nostram immunis habeatur*. Théodose & Valentinien, déchargerent depuis de toute capitation, même les habitans des campagnes de plusieurs provinces, moins cependant pour les assimiler aux habitans des *cités*, qu'en faveur de l'agriculture, à laquelle cet impôt, que l'arbitraire accompagne nécessairement, est si nuisible; *sublato in perpetuum humanæ capitationis censû, jugatio tantum terrena solvatur*.

Cod. Theod. 1. t. 48. l. 11.

Cod. Theod. 1. & lib. 10. tit. 19. l. 8.

Il est intéressant de faire connoître plus en détail la condition des colons; il n'étoit pas en leur pouvoir de quitter la terre à la culture de laquelle ils étoient attachés, & dont ils faisoient en quelque sorte une partie intégrante; le lien qui les y attachoit ne pouvoit point être rompu par eux, & la fuite les faisoit tomber dans une entiere servitude; mais tant qu'ils remplissoient les obligations résultantes de leur état, il y avoit une sorte de réciprocité entr'eux, & le maître de la terre; s'ils ne pouvoient point la quitter de leur chef, le maître ne pouvoit de son côté les en expulser, pour leur en substituer d'autres; moins encore les vendre ou céder à d'autres séparément du fonds. S'il y avoit des délits propres aux colons, comme d'abandonner la glebe, à laquelle ils étoient attachés, de négliger la culture de la terre, en mendiant, &c. Il y avoit aussi différens cas, dans lesquels ils étoient entendus en justice contre le maître; comme dans le cas d'une surcharge, ou lorsqu'il y avoit contestation sur leur état, ou lorsqu'ils avoient à poursuivre une injure atroce, &c. Comme une partie des fruits de la terre étoit à eux, ils pouvoient s'en former un pécule, & l'employer à l'acquisition de quelques héritages dans l'enclave de la terre. C'est de ce partage des fruits, qu'ils étoient qualifiés de *partiarii*, *medietarii*, &c. Leurs enfans naissoient à la terre, ce qui leur fit donner le nom d'*originarii*, *terrae nati*; on les trouve aussi qualifiés d'*homologi*, dans le code Théodosien; ce mot est grec & répond au latin *conditionales*, parce que leur état dépendoit des conditions écrites dans les chartes qui les concernoient; il y a tout lieu de croire, que les Colons étoient des hommes libres d'origine, qui, pour sortir de la misere, se trouvoient encore fort heureux d'acheter une subsistance assurée par le sacrifice d'une partie de leur liberté.

Capitolin. in Antonin. Pompon. in l. 2. dig. de orig. jur. Paul. in l. ordin. Gaj. in l. si de libertate. dig. de liber. cauf. sest. Pompe. l. 19. Dio. Halicarn. l. 2.

Cod. Theod. de Patrocin. vicor. l. final.

Sous cette forme, ne pouvoit-on pas dire dès-lors *nulle terre sans seigneur*? Cependant on peut observer, que souvent il est arrivé, même dans les Gaules, qu'on a distribué des fonds de terre à des citoyens peu aisés; telle est la distribution faite l'an 513 de Rome, par le tribun Flaminius, en vertu d'une loi agraire qui porte son nom, & par laquelle toute la région des Gaules, appellée *picennum*, d'où ceux de Sens avoient été chassés, fut partagée entre des citoyens indigens. Telle est aussi celle faite l'an 653 de Rome, par le tribun Appuleïus, en vertu d'une loi agraire qui porte aussi son nom, & par laquelle toutes les terres occupées par les Cimbres dans les Gaules, furent partagées à des citoyens Romains.

Polib. 2.

Appian. l. 1. de bell. civ.

Ce ne sont pas là, sans doute, les seules distributions de terres faites dans les Gaules, sur-tout depuis l'arrivée de César; toutes ces terres étoient libres & franches entre les mains des possesseurs, puisqu'ils étoient citoyens Romains; eux & leurs descendans auront formé insensiblement des bourgades, qui ne furent dans la mouvance, (si j'ose encore me servir de cette expression), d'aucun grand propriétaire; cela me paroît clair. Mais par la révolution des temps, la convenance fit ce que l'esprit primitif de la concession n'emportoit pas.

Il semble que la nature a fait les hommes pour la guerre; l'égalité leur est presqu'insupportable; ils ne cherchent à se rendre puissans les uns aux dépens des autres, que pour mieux subjuguer encore; les plus foibles seront toujours la proye des plus forts. Les possesseurs libres se virent troublés par des voisins inquiets; il s'éleva des querelles sur les limites des héritages: les plus foibles eurent besoin de protecteurs, de *patrons*, c'est-à-dire, de seigneurs : une protection mendiée devient bientôt une seigneurie réelle & foncière. « Je protege votre terre, donc votre terre me » doit un droit de protection » : voilà la logique de tout *patron*; de-là est venu ce *patronage des villages*, dont il est si fort question dans le code Théodosien; il y existe un titre entier sur cette matiere de *patroniciis vicorum*.

Il se présente ici une question importante à examiner; la servitude personnelle étoit-elle avantageuse ou nuisible à l'agriculture ?

Observons d'abord qu'elle a existé chez toutes les nations connues; non seulement on la trouve établie chez les peuples les plus civilisés, mais aussi chez les barbares, qui, par la raison même qu'ils n'ont d'autres regles que les premieres impulsions de la nature, doivent être plus jaloux de leur indépendance. Il y avoit seulement des degrés qui rendoient le joug plus ou moins dur ; c'étoit ainsi qu'au rapport de Tacite, les serfs chez les Germains approchoient de la condition des affranchis de Rome, *libertinis pœnè pares* ; nous-mêmes aujourd'hui sommes convaincus, qu'il est impossible de former des colonies sans esclaves.

Chaque grand propriétaire avoit dans sa terre un certain nombre de serfs de l'un & de l'autre sexe, proportionné au besoin de sa culture ; ils se multiplioient par les mariages qu'ils contractoient entr'eux ; les richesses de la terre augmentent en proportion des bras qui la cultivent ; une partie ne s'occupoit que des ouvrages de la campagne & du soin des troupeaux, l'autre des arts méchaniques dont l'agriculture exige les secours ; si cette forme économique est évidemment la plus avantageuse pour le propriétaire, elle n'est pas moins utile pour favoriser la fécondité de la terre, & faire naître l'abondance générale.

Le maître avoit grande attention à bien nourrir ses serfs, à veiller aux besoins de leurs enfans qui devoient un jour multiplier ses richesses. Ces hommes, devenus plus heureux par cette espece de dégradation, vivoient sans soins & sans inquiétudes sur leur subsistance, & quoique sans propriété ils participoient à la jouissance de toute la terre, qui s'embellissoit sous leurs mains ; ils inspiroient la gayeté jusqu'aux troupeaux qu'ils gardoient ; c'est d'après nature, que Virgile a peint les aimables paysages, qui nous enchantent dans ses églogues.

La liberté est une belle chimere, qui égare presque toujours ceux qui la suivent avec le plus d'ardeur. César demanda à un vieux soldat perclus, qui lui parloit de la vie, s'il croyoit vivre ? On pourroit demander à nos payſans, s'ils croyent être libres ? Le commun des hommes n'eſt jamais plus tranquille, ni peut-être plus heureux, que lorſqu'on étouffe dans lui les mouvemens de l'ambition, en mettant entre les rangs des barrieres qu'il ne puiſſe rompre. Le maire du village ne doit pas pouvoir ſonger à devenir gouverneur de province, ni l'huiſſier à verge, à devenir préſident à mortier ; & ils n'y penſent gueres, à moins d'une de ces révolutions arrivées chez les Troyens, de l'abbé de Condillac, où l'on dit qu'un ci-devant huiſſier s'eſt trouvé fort étonné un matin de ſe voir précédé par pluſieurs de ſes anciens confreres, pour le conduire à la tribune aux harangues, & y porter la parole dans le premier tribunal de l'état.

Mais ce ſont là de ces ouragans, qui ne laiſſent d'autre trace de leur exiſtence, que le ſouvenir des mugiſſemens & des ténebres qui les ont accompagnés ; le lendemain chacun ſe regarde, & rit de ſa propre peur.

TROISIEME PÉRIODE.

HISTOIRE POLITIQUE DE L'INVASION ET DES CONQUÊTES DES FRANCS.

LE plan de cet ouvrage ne paroît pas d'abord exiger qu'on remonte à la constitution primitive des Francs; cependant si l'on considere que le code des premieres loix qu'ils ont répandues dans les Gaules, n'est que l'histoire de leurs mœurs anciennes, on concevra facilement combien il est important de connoître leur état primitif, & de les suivre dans leur marche.

§ I.

Constitution primitive des Francs.

Le nom de *Franc*, dans les temps éloignés, paroît avoir été un nom vague, qui, sans désigner un peuple particulier, étoit attaché à plusieurs nations, qui suivoient les mouvemens de la fortune & de la victoire.

Mais d'où sont venus les Francs, & dans quel pays peut-on placer leur berceau? C'est une question qui a embarrassé plusieurs historiens, & qui paroît inutile à la gloire de la nation; chaque peuple prévenu pour son origine, dispute aux autres une plus haute antiquité; le seul avantage, qu'il en puisse tirer, c'est de montrer qu'il n'a pas été subjugué. Ce n'est point l'ancienneté qui illustre une nation; c'est la sagesse de son gouvernement, la prudence de sa politique, & l'héroïsme de ses actions; c'est avec de

telles

telles prérogatives, qu'un peuple peut mériter la prééminence.

Les *Francs* font Germains d'origine. Spener croit que le mot *franc*, vient d'une ligue faite entre plufieurs peuples de Germanie, & que cette dénomination exprimoit l'indépendance & la liberté pour laquelle ils avoient réfolu de combattre contre les puiffances qui voudroient les affujettir.*Spen. not. germ. antiqu. t. 1.*

Les Germains alliés, furent les Cattes, les Chérufques, les Cauces, les Chamaves, les Ampfivariens, les Oulgiliens, les Chaffuriens, les Tubantes, les Saliens, les Ufipetes, les Tuncteres, & les Sicambres ; le nom qu'ils prirent fe communiqua au pays qu'ils occuperent, & on appella *France*, l'étendue environnée du Rhin, du Mein, de l'Elbe, & de l'Océan. Il femble cependant que ces peuples ne prirent pas tous en même temps le nom de *Francs*, & que le nombre des confédérés ne fut pas d'abord confidérable ; mais que peu-à-peu cette efpece de république prit des accroiffemens. Quoiqu'elle ne fe fût formée que pour fa propre défenfe, elle fut dans la fuite en état d'attaquer fes voifins, & de faire des conquêtes ; les Romains eux-mêmes, eurent l'inprudence d'apprendre aux Francs le métier de la guerre, en les recevant à la folde de l'empire. Les Francs foumirent ceux qui les avoient formés dans la difcipline militaire, & la Gaule devint enfuite une de leurs conquêtes.

Chez les Francs, dans la Germanie, l'honneur étoit la bafe de leur droit public ; la lâcheté étoit non feulement un opprobre, on la puniffoit encore avec plus de rigueur que l'infidélité, le vol, & les crimes les plus atroces. Ils penfoient qu'il valoit mieux rendre honnêtes gens dix perfonnes, que d'en déshonorer une ; la modération fondée sur la vertu étoit le principe de leur gouvernement; c'étoit ainsi qu'agissoient des hommes à demi-sauvages, auxquels les bois servoient de retraite. La plume de Tacite, lasse de tracer les crimes & les noirceurs des Romains, se soulageoit à peindre la simplicité & les autres vertus des anciens Germains; il nous les représente séparés du reste de l'univers, logés dans des cabanes & vivans de la chasse, n'ayant d'autres biens que la liberté, la paix, & des usages innocens qui avoient la force de loix.

Ennemis des villes, ils formoient leurs établissemens aux bords d'un ruisseau, dans la plaine, ou proche un marais, & plus souvent ils s'enfonçoient dans le silence & l'épaisseur des forêts; ils n'étoient qu'agrestes, & nous les traitons de barbares, parce qu'ils ignoroient ce commerce de faussetés, que nous appellons politesse; ils prenoient les armes pour rendre la justice & exécuter aussi-tôt ses arrêts.

Quelques auteurs Romains ont reproché aux Francs la perfidie & le mensonge; mais ce reproche s'évanouit, lorsqu'on fait attention au gouvernement arbitraire des empereurs, qui ont voulu traiter comme leurs sujets, ou comme des ennemis vaincus, des peuples qui n'étoient que leurs alliés; cette conduite a forcé quelquefois les Francs à prendre les armes, pour défendre leur liberté, ce qui ne doit faire aucun tort à leur droiture; on étoit au contraire si persuadé de leur probité, qu'une conduite sincère fut par la suite appellée *franchise*. Salvien, tout dévoué qu'il étoit aux Romains, assure nettement que les Francs ignoroient ce qui étoit injuste, *Franci hoc scelus, injustitiam nesciunt.*

Salv. de Gubern. dei. 3. c. 8.

On peut présumer que les premiers peuples dont la nation des Francs étoit composée, n'ont point eu des idées bien nettes des trois gouvernemens monarchique, aristocratique,

& démocratique : on croit qu'ils ont vécu dans l'état de nature, diftribués par familles, n'ayant pour chef que l'aïeul ou le pere dont ils étoient iffus; c'eft du moins l'opinion que l'on a de tous les peuples naiffans ; j'emprunte celle de Barbeyrac, pour en faire l'application aux anciens Francs.

L'époque où les Francs ont formé un gouvernement dans la Germanie, n'eft pas moins obfcure que leur origine; quelques écrivains ont prétendu qu'ils ont d'abord préféré la monarchie ; mais qui leur a dit, qu'il y a eu anciennement des rois dans les pays occupés par les Francs ? c'étoient peut-être des juges, ou des capitaines. L'hiftoire nous a conservé les noms de Genebaud & d'Alech, qui fe font difputé le gouvernement; après eux, elle nous apprend quelques faits d'Afcaric : les Francs, charmés de fa valeur, & peut-être intimidés par fa puiffance, fe foumirent à fon autorité; mais on ignore à quelles conditions, & quel fut le titre de ce prince. Les Francs, jaloux de leur liberté, bafe de leur droit public, ne permirent pas d'abord à leurs chefs de prendre des titres qui annonçaffent une autorité exceffive : les Saliens, les Ripuaires, &c. ne connoiffoient peut-être pas les noms de *duc* & de *comte*. César dit, que les Germains, en tems de paix, n'avoient ni magiftrats ni tribunaux, mais que le chef d'un canton y rendoit la juftice. Tacite ajoute, que ce juge, accompagné d'affeffeurs ou de conseillers, faifoit le tour de fon diftrict, & terminoit les différens. *Cæf. de bell. Gall. l. 6.* *Tac. de mor. Germ. c. 2.*

Cependant cet écrivain affure, dans un autre endroit, qu'il y avoit des rois parmi les Germains, mais que leurs états furent peu étendus. Mafcow ajoute, que les rois Germains n'avoient prefqu'aucune marque diftinctive de la royauté, ni couronne, ni sceptre, ni gardes, ni haches ; leur autorité n'avoit rien d'absolu, & il ne semble pas qu'ils ayent eu la voie co-active, pour se faire obéir en cas de résistence.

L'obéissance des sujets étoit subordonnée à des conventions, qui ne furent pas toujours des liens assez forts pour entretenir la concorde.

Tacite dit formellement, que les Germains, en général, se contentoient d'une seule femme, *à l'exception*, ajoute-t-il, *de quelques personnes, qui, par ostentation plutôt que par dissolution, en avoient plusieurs.* « Cela explique, dit

Esprit. des Loix.
l. 18. c. 24.

» Montesquieu, comment les rois de la premiere race
» eurent un si grand nombre de femmes ; ces mariages
» étoient moins un témoignage d'incontinence, qu'un attri-
» but de dignité ; c'eût été les blesser dans un endroit bien
» tendre, que de leur faire perdre une telle prérogative ;
» cela explique encore comment l'exemple des rois ne fut
» pas suivi en cela par leurs sujets ».

Les Germains, en général, & par conséquent les Francs, n'estimoient que leur noblesse ; la guerre seule en donnoit le droit : s'ils moissonnoient la gloire dans un champ de bataille, au milieu du sang & du carnage, ils s'acquéroient la qualité de prince ou de chef de leur canton ; plus un brave avoit tué d'ennemis, plus sa noblesse étoit distinguée ; il avoit la premiere place & les meilleurs mets dans les festins : comme on buvoit à la ronde & dans une seule coupe, qui faisoit le tour de la table, il avoit l'honneur & la prérogative de boire deux fois, lorsque la cruche revenoit à sa place.

Ces honneurs étoient suivis de présens qu'on lui apportoit ; ses patriotes devenoient ses cliens, sans être ses sujets :

ils vivoient à son égard dans une dépendance d'autant plus glorieuse pour lui, qu'elle étoit volontaire de leur part. Les guerriers qui n'avoient point tué d'ennemis, demeuroient sans honneur; s'ils s'étoient laissés battre, ou s'ils avoient perdu leur bouclier dans la mêlée, on les déclaroit infâmes, on les excluoit des assemblées, on fuyoit leur compagnie, on ne trouvoit aucune femme qui voulût les épouser; souvent ils étoient réduits à se donner la mort, qu'ils n'avoient pas trouvée dans le combat.

Ces idées, toutes extraordinaires qu'elles paroissent, influoient sur la maniere de vivre des Germains; comme ils ne connoissoient d'autre noblesse, que celle qui s'acquiert par les armes, ils n'apprenoient à leurs enfans que le métier de la guerre, à faire des armes, à lancer adroitement un trait, à franchir un fossé, à passer un fleuve à la nage, à aller à la chasse; c'étoit-là les seuls exercices des nobles; ils portoient leurs armes aux assemblées & aux festins; comme ils ne respiroient que la guerre, ils ne la refusoient jamais: pendant la paix, qu'ils regardoient comme un temps d'oisiveté, les jeunes nobles alloient servir, comme volontaires, dans les armées étrangeres. La Germanie fournissoit des troupes à ses voisins; que la guerre fût juste ou non, cela étoit indifférent aux Germains: pour s'imposer la nécessité d'être braves, ils juroient sur leurs armes de se signaler par la mort d'un ennemi. *Tac. de Mor. Germ. c. 14. 29. 31.*

On comprend qu'un peuple qui mettoit la noblesse à ce prix, ne devoit rien épargner pour conserver le souvenir de ses exploits militaires; ils suspendoient dans un lieu public, les armes dont ils avoient dépouillés leurs ennemis; on ne pouvoit enlever ces armes, sans se rendre coupable d'un des plus grands crimes; ils conservoient les têtes de leurs ennemis, & les laiſſoient à leurs deſcendans. Un gentilhomme d'aujourd'hui compte ſes quartiers, ſes générations ; un Franc autrefois comptoit les têtes des ennemis que ſes ancêtres lui avoient laiſſées ; elles étoient ſes titres, ſes preuves de nobleſſe.

Mais cette prérogative acquiſe par les armes, croupiſſoit dans l'inaction, lorſque les Germains étoient en paix. Un noble dérogeoit en exerçant un art, ou une profeſſion même utile à la ſociété. « On ne leur perſuaderoit pas, dit
» Tacite, auſſi facilement de labourer la terre, & d'atten-
» dre la récolte, que d'aller provoquer un ennemi, &
» gagner des bleſſures ; ils regardent comme une baſſeſſe
» & une lâcheté d'acquérir à la ſueur de leur corps, ce
» qu'ils peuvent obtenir au prix de leur ſang ; lorſqu'ils
» ne vont pas à la guerre, ils paſſent une petite partie
» de leur temps à la chaſſe, & le reſte à ne rien faire,
» ne penſant qu'à manger & à dormir ; ils abandonnent
» le ſoin de leurs maiſons & de leurs terres, à des fem-
» mes, à des vieillards, & aux plus foibles de leurs
» domeſtiques ».

Les nations germaniques traitoient les affaires importantes dans des aſſembées nationales, où tout le monde paroiſſoit en armes; *cent camarades*, dit encore Tacite, *ſervent de conſeil au prince, & donnent du poids à ſes déciſions.* Les aſſiſtans tenoient en main la lance & le bouclier; on s'aſſembloit pour délibérer ſur les guerres, & ſur d'autres affaires importantes; le chef parloit le premier ; les principaux opinoient à leur tour, & la multitude marquoit ſon approbation par le cliquetis des armes, ou ſon mécontentement par le murmure confus des voix.

Les *Bardes*, nom que portoient les prêtres Germains,

exerçoient la police dans les assemblées nationales; ils y faisoient observer le silence, & pouvoient y porter la parole, ce qui étoit commun à tous ceux qui en avoient le talent ; mais soit que la matiere fût proposée par un *barde* ou par un autre, on n'avoit égard qu'aux raisons sur lesquelles chacun appuyoit son sentiment, *auctoritate suadendi magis, quàm jubendi potestate audiuntur*. Cependant Tacite ajoute, que chez les Germains, il n'étoit permis qu'aux prêtres de *châtier, lier, frapper* ; ce qu'ils faisoient, dit-il, non par l'ordre du prince, mais comme par une inspiration de la divinité qu'ils croyoient présente à ceux qui faisoient la guerre; *neque enim animadvertere, neque vincire, neque verberare, nisi sacerdotibus est permissum, non quasi in pænam, nec ducis jussu, sed velut Deo inspirante, quem adesse bellatoribus credunt*.

Les Francs, dans la Germanie, faisoient élection de leurs juges dans leurs assemblées; on rendoit la justice dans une place publique, sur une montagne, ou en rase campagne; les armes offensives & défensives, attachées à un poteau, paroissoient au milieu de l'audience; les procès y étoient bientôt terminés. Les Germains ignoroient la chicane ; les juges prononçoient sur le rapport des témoins, sans presqu'observer d'autres formalités : lorsque Varus voulut établir parmi les Germains les procédures Romaines, ils se souleverent & couperent la langue aux avocats, en leur disant *vipere, cesse de siffler*.

Les sentences de mort se prononçoient dans les assemblées générales ; les peines étoient différentes, selon la diversité des crimes ; on pendoit à un arbre les traîtres & les déserteurs; on étouffoit les lâches dans un bourbier ; on les couvroit de clayes, pour marquer qu'on ensevelissoit dans un éternel oubli leur infâmie.

Tac. de Mor. Germ. l. 2.

Les juges, hors de l'assemblée, ne condamnoient qu'à des amendes de bétail ou de chevaux, même dans les cas d'homicide ; cette amende alloit en partie au profit de la cité, en partie au profit de la personne offensée ou de ses parens.

On ne peut assurer si de ces jugemens, il y avoit appel à l'assemblée générale ; la liberté dont les Germains étoient si jaloux le fait présumer ; il y a cependant des écrivains qui prétendent, qu'un juge, dans son district, jugeoit en dernier ressort : ce sentiment est vraisemblable, pourvu qu'on ne l'étende pas aux affaires publiques; le procès criminel, par exemple, d'un Franc, formoit une de ces causes majeures, sur lesquelles on ne délibéroit que dans une assemblée générale ; *de minoribus*, dit Tacite, *principes consultant, de majoribus omnes.*

§. II.

État politique des Francs, alliés des Romains.

Spener rapporte la confédération des Francs, à l'an 215 ; il ne lui fait faire la premiere épreuve de ses forces, que l'an 265, contre l'opinion commune qui fixe à l'an 255 cet événement dont parle Vopiscus. Il paroît qu'ils attaquerent la Gaule Belgique vers l'an 286, mais qu'ils n'eurent point alors de succès, & qu'ils furent repoussés par Maximin, dont les médailles lui donnent le titre de *Francique*; on sait que les généraux & empereurs Romains, se glorifioient du titre des peuples sur lesquels ils remportoient des avantages.

Les Francs étoient trop braves & trop entreprenans pour se rebuter après une premiere défaite; ils se liguerent avec les Allemands, autre peuple Germanique, qui occupoit la
rive

DU GOUV. FRANÇOIS.

rive droite du haut Rhin. Constantin vint les disperser en 306, & leur enleva leurs chefs; Ausone dit, qu'il choisit pour sa résidence la ville de Trêves, une des principales de la Belgique.

Constantin Porphirogenete, qui occupoit l'empire Grec à la fin du huitieme siecle, rapporte dans un livre qu'il a intitulé, *de administrando imperio*, que Constantin le Grand a fait des alliances avec les Francs, & leur a accordé la prérogative de pouvoir contracter des mariages dans l'étendue de l'empire; même à leurs princes, de pouvoir chercher des alliances dans la maison impériale. J'ai cru devoir en rapporter le texte, avec la traduction Françoise.

Εἰ ποτὲ ἔθνος τι ἀπὸ τῶν ἀπίστων τέλων καὶ ἀτίμων βορείων γενῶν αἰτήσεται συμπενθεριάσαι μετὰ τοῦ βασιλέως Ῥωμαίων, καὶ ἢ θυγατέρα, ἢ γυναῖκα χρηματίσαι βασιλέως, ἢ βασιλέως υἱῶ, χρήσαι τριτοις ῥήμασι, καὶ τὴν τοιαύτην αὐτῶν παράλογον ἀποκρούσασθαι αἴτησιν λέγοντας, ὅτι καὶ περὶ ταύτης τῆς ὑποθέσεως παραγγελία καὶ διάταξις φοβερὰ καὶ ἀπὸ τοῦ ἴσοῦ τοῦ μεγάλου καὶ ἁγίου Κωνσταντίνου, ἀπεγγέγραπται ἐν τῇ ἱερᾷ τραπέζῃ τῆς καθολικῆς τῶν χριστιανῶν ἐκκλησίας τῆς ἁγίας Σοφίας τοῦ μηδέποτε βασιλέα Ῥωμαίων συμπενθεριάσαι μετὰ ἔθνους παρηλλαγμένοις καὶ ξένοις ἔθεσι χρωμένῳ τῆς Ῥωμαϊκῆς καταστάσεως, μάλιστα δὲ ἀλλοπίστῳ καὶ ἀβαπτίστῳ, εἰ μὴ μετὰ μόνον τῶν Φράγγων· τούτους γὰρ μόνους

Lorsque par hazard quelqu'une de ces nations infidelles & méprisables du nord recherche l'alliance d'un empereur Romain, & demande en mariage sa fille, sa veuve, ou celle de son fils, on lui tient ce langage, pour rejetter sa proposition absurde: « Nous avons une loi formelle & un réglement terrible, fait par » le grand & saint empereur Constantin. » Cette loi positive est écrite sur la sainte » table de l'église de Sainte Sophie, cette » métropole de la chrétienneté. Elle défend » à tout empereur Romain de contracter » alliance avec une nation, dont les mœurs » étrangeres se trouvent en contradiction » avec les constitutions de l'empire Romain; » sur-tout si c'est un peuple d'une religion » différente, & qui n'ait reçu le baptême :

Tom. I.

ὑπεξίλιπε ὁ μέγας ἐκεῖνος ἀνὴρ Κωνσταντῖνος ἅγιος, ὅτε καὶ αὐτὸς τὴν γένεσιν ἀπὸ τῶν τοιούτων ἔχει μερῶν, ὡς συγγενίας καὶ ἐπιμιξίας πολλῆς τυγχανούσης Φράγγοις τε καὶ Ῥωμαίοις· διὰ τοῦτο μετὰ τούτων μόνων προσεψηφίζετο συνίστασθαι γαμικὰ συναλλάγια τοῖς βασιλεῦσι Ῥωμαίων, διὰ τὴν ἄνωθεν τῶν μερῶν ἐκείνων καὶ γενῶν περιφάνειαν καὶ εὐγένειαν. Μετὰ ἄλλῳ δὲ οἱωδήποτε ἔθνει μὴ δυναμένου τοῦ τοιούτου, ἀλλ᾽ ὁ τοῦτο ποιῆσαι τολμήσας, ἵνα ὡς παραβάτης πατρικῶν εἰσηγήσεων καὶ βασιλικῶν θεσμῶν, ἀλλότριος κρίνοιτο τῶν χριστιανῶν καταλόγων, καὶ τῷ ἀναθέματι παραδίδοιτο.

» à moins que ce ne soient les *Francs*.
» Constantin, ce grand & saint empereur,
» a fait une exception en leur faveur,
» parce que lui-même étoit originaire
» de leur pays, & qu'il avoit égard à
» l'affinité & à la liaison étroite qui sub-
» siste entre les *Francs* & les Romains.
» Les *Francs* sont donc les seuls avec
» lesquels les empereurs Romains puis-
» sent contracter des alliances, à cause
» du lustre éclatant & de la haute noblesse
» qui distingue cette nation depuis long-
» temps. Un empereur ne pourroit pas
» s'allier à tout autre peuple. Celui qui
» oseroit enfreindre cette loi, seroit re-
» gardé comme un apostat, un prévarica-
» teur, qui renverseroit les établissemens de ses peres, & les constitutions
» des empereurs; dès-lors rejetté du sein de l'église, effacé de la liste des
» chrétiens, il encoureroit l'anathême ».

Amm. Marcell. l. 16. 17. 22. Zosim. l. 3. p. 710.

Cependant il paroît que ces alliances, si elles ont existé, n'avoient qu'un effet passager; on voit en 358 les Francs faire de nouvelles entreprises sur la Gaule Belgique; Julien, dans la même année & dans la suivante, les repoussa deux fois; après avoir été proclamé empereur à Paris l'an 360, il entreprit une troisieme expédition contre les Francs.

Valentinien le vieux, parvenu à l'empire trois ans après, fit fortifier la rive gauche du Rhin, depuis sa source jusqu'à son embouchure, pour garantir cette frontiere contre les irruptions des Francs & des Allemands (1); il y établit

---

(1) *Rhenum omnem à Rhætiarum exordio, usque ad fretalem oceanum, magnis molibus muniebat, castra extollens atque castella*

des ducs, des comtes, & de ces officiers que nous nommons aujourd'hui *commandans de places*, tant fur le haut que fur le bas Rhin; il finit même par entrer en négociation avec ces peuples, pour faire avec eux une paix durable; il en exifte une preuve dans le code Théodofien; c'eft la loi 9 du titre *de re militari*, par laquelle Valentinien défendoit aux *ducs*, *comtes* & *commandans de places*, d'empêcher les foldats Romains de fournir aux princes Francs & Allemands ou à leurs lieutenans des bêtes de fomme : Cette loi eft de l'année 367. *Tàm duces quàm etiam comites, & quibus Rheni eft mandata cuftodia, finceritas tua protinùs admonebit, ut neque regalibus, neque legatis fua milites jumenta fuppeditent.* Elle eft adreffée au préfet du prétoire des Gaules; le mot *régales* y fignifie princes Francs & Allemands, comme Godefroi le fait remarquer dans fes notes fur cette loi, d'après Ammien-Marcellin.

Voy. auffi, fur le mot Régales, une ancienne Grammaire de différent. vo:ūm.

Cet hiftorien dit, que les Francs forcerent encore en la même année le paffage du Rhin; que Valentinien ufa de politique, & offrit des bienfaits à des peuples, qu'il ne pût retenir par la force. Il prit même à la folde de l'Empire une grande quantité de Francs & d'Allemands, auxquels il confia la garde de la frontiere (1); il en ufoit de

Amm. Marcell. l. 27. p. 371.

---

turrefque affiduas. Amm. Marcell. l. 28. c. 2. l. 30. c. 7. Le même Auteur rapporte, fous l'année 366, qu'il y avoit fur la frontiere du Rhin deux *Comtes*. Voy. auffi Sulpit. Alex. dans Grégoire de Tours, l. 2. c. 9. La notice de l'empire ajoute, que dans chaque place il y avoit des *commandans*, *præfecti militum*.

(1) *Valentinianus*, dit Zofime, l. 4. p. 742. *ad Gallicani fecuritatem liminis maximam juvenûm multitudinem de barbaris Rheni accolis numeris militaribus adfcripfit.*

même sur presque toutes les frontieres de l'empire, où il chercha à donner de l'occupation à des barbares, que l'oisiveté & l'habitude d'une vie guerriere rendoient trop entreprenans; toutes ces troupes étrangeres furent comprises sous la dénomination générale de *Gentils*. (1).

Le mot *Gentils* n'avoit pas rapport à la foi; il ne servoit qu'à distinguer les troupes barbares & étrangeres des troupes Romaines & provinciales. Valentinien accorda même à plusieurs de ces étrangers la permission de contracter des mariages dans les terres de l'empire, dérogeant pour cet effet à une loi précédente.

<small>C'est la loi unique du code Theod. tit. XIV. de nuptiis Gentilium.</small>

Sous Honorius, cette permission devint générale; ce qui a fait dire au poëte Prudentius:

Distantes regione plagæ, divisaque ponto,
Littora conveniunt nunc per genialia fulcra
Æterni ad jus connubii; nam sanguine mixto
Texitur alternis ex Gentibus una propago.

La garde du haut & du bas Rhin fut donc confiée à ces différens peuples, parmi lesquels les Francs tenoient un rang distingué; on leur donna à tous l'épithete *læti*; nous trouvons dans Eumene, Ammien - Marcellin, Zosime, la notice de l'empire, & ailleurs, les mots *læti Franci*, *læti Allamanni*, *læti Teutoniaci*, *læti Taifali*. (2).

─────────────────────

(1) Gentiles *per varias imperii partes dispersi fuerunt circa curam fossati & tuitionem limitis occupati.* Not. imper. Suidas, Ausone.

(2) La Peuplade des *Taifales* paroît s'être établie une des premieres dans l'intérieur des Gaules; elle se fixa dans le Poitou du temps des empereurs Romains, & elle y a subsisté sous la domination des rois Francs; le canton qu'elle habita fut appellé *Taifalie*, au témoignage de

Il ne paroît pas que le mot *læti* doive répondre ici à *joyeux*; c'est peut-être un mot Tudesque latinisé, & dérivé de celui de *leut*, qui répond encore de nos jours au mot François *gens*; toute diphtongue, selon l'étymologie du mot, doit faire entendre un double son, composé de deux voyelles, de maniere cependant que l'une soit plus foible que l'autre dans la prononciation; les Romains les divisoit le plus délicatement qu'il étoit possible; ainsi la prononciation du mot *læti* devoit à peu-près répondre dans les bouches latines à celle du mot Tudesque *leut*.

La premiere condition imposée à ces *colons* étrangers, fut de se faire inscrire dans la milice Romaine, *ut delectibus obnoxii essent, legionibus seu inter numeros insererentur*; il en existe une loi expresse au code Théodosien; Ammien-Marcellin l'atteste aussi, ainsi que la notice de l'empire, qui parle dans divers endroits *de Lætorum servitio*.

C'est la Xe. du titre de Veteranis.

La seconde condition étoit, de ne pouvoir posséder plus de terres qu'il ne leur en étoit assigné par l'empereur; il y en a encore une loi formelle au code Théodosien, qui fait voir que les terres qui leur étoient distribuées étoient elles-mêmes qualifiées *læticæ terræ*.

Cette loi est la IXe. du titre de Censitorib.

Les Francs, qui servoient dans les armées Romaines, n'avoient point d'autres juges que les officiers de leur nation, qui les commandoient; tels sont aujourd'hui les Suisses en France; ils ont pour juges les officiers de leurs régimens.

C'étoit un usage reçu universellement par les Francs, que ceux qui étoient sous la puissance militaire d'un offi-

---

Grégoire de Tours, l. 4. ch. 18. J'observe sur le mot *Taifale*, que le mot Tudesque *Teifel* signifie *diable*; cette horde barbare n'auroit-elle pas pris ce nom pour inspirer de la terreur?

cier, étoient aussi sous sa jurisdiction civile. *Mellobaude*, Baudon, *Arbogaste*, étoient officiers de la nation Franque; ils commandoient les soldats leurs compatriotes, qui étoient à la solde de l'empire Romain, & ils étoient en même temps leurs juges.

Amm. Marcell. l. 13. & 31.

Zosim. l. 4. p. 243. Greg. Turon. l. 2. c. 9.

Ces officiers, élevés à la charge de généraux de l'Empire, continuerent toujours à juger les Francs, leurs soldats, suivant leurs anciens usages; les Romains toléroient, autorisoient même cette coutume, par la raison qu'elle étoit propre à maintenir la tranquillité dans les provinces frontieres, & à cimenter la fidélité dans les engagemens réciproques: d'ailleurs ils voyoient les Francs zélés pour d'anciennes coutumes, qu'on ne pouvoit leur enlever, sans les soulever; motifs plus que suffisans pour ne point les inquiéter dans leur ordre judiciaire. Enfin comme une des principales forces des empereurs Romains consista, pendant un temps dans la nation Franque, il étoit de la bonne politique de caresser ses préjugés; l'empire fut dédommagé de cette complaisance par leur zèle à en défendre les limites: retenus par les égards qu'on avoit pour eux, ils vécurent pendant long-temps avec les Romains comme des amis & des alliés.

Orose. l. 7. c. 28.

§. III.

Histoire sommaire des conquêtes des Francs.

Dès que les Francs trouverent l'occasion favorable de mettre en pratique les leçons de guerre que les Romains leur avoient données, ils le firent aux dépens de ceux qui les avoient instruits dans l'art fatal des conquêtes.

L'expédition qui commença par leur assujettir la possession de Cambrai & du pays voisin jusqu'à la Somme, peut être rapportée à l'an 438. Ils conserverent sous Mérovée les conquêtes qu'ils avoient faites sous Clodion; mais on n'est pas sûr que sous Mérovée ils les ayent étendues; sous Childeric, fils de Mérovée, ils pénétrerent dans la seconde Germanie, dans les deux Belgiques, dans la troisieme & la quatrieme Lyonnoise, & l'on prouve assez bien aujourd'hui, qu'avant Clovis ils ont eu dans les Gaules un établissement fixe & très-étendu.

Ce prince commença son regne en 481. Il n'avoit que quinze ans; les Gaules étoient alors partagées entre les Romains, les Visigots & les Bourguignons. Clovis, en 486, après avoir attaqué Siagrius, général Romain dans le Soissonnois, remporta une victoire qui le rendit maître de la Gaule-Belgique; la Loire borna pendant quelque temps les états de ce prince, & les sépara de ceux des Visigots; avant de marcher contre Siagrius, il avoit appellé à son secours Regnacaire son parent, qui régnoit dans le Cambresis; il avoit aussi engagé le roi Cararic, son cousin, de lui amener des troupes : Clovis joignit les états de ces deux princes à ce qu'il possédoit déjà dans les Gaules; Rigomere, frere de Regnacaire, régnoit dans le Maine, & Sigebert dans le pays de Cologne; Grégoire de Tours dit que Clovis s'empara de ces petits royaumes; il nomme sept rois, tous parens de Clovis, qui régnoient en même temps que lui; il fait entendre qu'il y en avoit encore d'autres de la même famille, & que Clovis s'en défit par des voies qui dévoiloient en lui un reste de férocité.

Grég. Turon. l. s.

Dix ans après, Clovis attaqua les Allemands; les historiens modernes se sont imaginés que la bataille livrée par ce prince en 496 aux Allemands, s'est donnée près de Tolbiac, (aujourd'hui village appelé *Zulpich*, dans le duché de Juliers, éloigné de Cologne & du Rhin de huit grandes lieues.) Il seroit inutile de chercher dans l'histoire les preuves de ce sentiment, puisque les anciens chroniqueurs qui ont rapporté les circonstances de cette bataille, ne font aucune mention de *Tolbiac*. Grégoire de Tours, Frédegaire, l'auteur anonyme des gestes des Francs, Hincmar, Aimoin, si exact dans ses récits, & si fidele dans celui qu'il a fait du combat livré par Clovis aux Allemands, ne parle pas du lieu où il s'est donné; son silence & celui des autres écrivains que je viens de citer, font une preuve convaincante, qu'on ne peut s'appuyer de leur autorité, pour assigner un lieu certain à cette bataille.

Fland. Christ. p. 2. Gundel. part. 1. p. 265.

Olivier Urede & Gundeling conjecturent, qu'on a confondu *Tolbiac* avec *Alpiac*, aujourd'hui *Alpsen*, dans le territoire de Worms, & que la ressemblance des deux noms peut avoir occasionnée une erreur; que Tolbiac étant éloigné de huit grandes lieues du Rhin, les auteurs qui ont parlé de la bataille donnée contre les Allemands, n'auroient pas pu dire, qu'elle s'est donnée sur les bords de ce fleuve, si elle eût été livrée à *Tolbiac*; qu'il y a plus d'apparence que cette action s'est passée à *Alpiac* ou *Alpsen*, sur le Rhin,

Henschen. vita S. Wedasti.

dans le territoire de Worms, comme l'auteur de la vie de St. Wast semble l'insinuer.

Cependant cet écrivain, quoique contraire au sentiment des historiens modernes, place le lieu du combat, non à *Alpiac* ou *Alpsen*, mais près de Strasbourg; quoiqu'il ne rapporte aucune preuve décisive sur laquelle on puisse s'appuyer pour déterminer le champ de bataille, il fournit néanmoins des conjectures assez fortes, pour donner du poids à son opinion.

J'y ajouterai quelques réflexions tirées de la demeure même

même des Allemands; vers la fin du cinquieme siècle, ils occupoient le pays qui est situé entre le Danube, le Mein & le Rhin : lorsqu'ils entreprenoient de faire quelqu'irruption, c'étoit toujours en passant le Rhin, dans la Germanie supérieure. En 357, ils traverserent ce fleuve au-dessous de Strasbourg, ruinerent les forts que les Romains avoient construits pour défendre son passage, & s'avancerent jusqu'à Zaverne, situé aux pieds des Vôges; Julien, après les avoir chassés, rétablit ces forts, pour fermer aux Allemands l'entrée des Gaules, circonstance qu'Ammien-Marcellin fait observer, & qui fait juger, que dans le quatrieme siècle les Allemands occupoient aussi le pays depuis appellé *Brisgau;* ils sortoient tantôt de cette province, tantôt du pays situé entre le Montjura & le Rhin, pour se jetter dans les Gaules; jamais on ne les voit venir du côté de Cologne, ni des provinces voisines, qui étoient alors occupées par les Francs *Ripuaires*; les Allemands s'étendoient depuis le Brisgau jusqu'aux Alpes, dont Jornandes dit qu'ils étoient les maîtres; ces peuples, profitant de la décadence de l'empire Romain, s'emparerent ensuite de la Rhetie, & s'étendirent dans toute la Souabe.

Amm. Marcell. l. 16. c. 11.

Jornand. de reb. Geth. c. 55.

Si l'on réunit cette preuve, tirée de la demeure des Allemands, aux observations d'Henschenius, leur assemblage formera une démonstration historique, que la bataille livrée par Clovis aux Allemands en 495, ne s'est point donnée à *Tolbiac*, dans le pays de Juliers.

Les Francs, après avoir soumis les Allemands, étoient trop inquiets, pour laisser en repos les Visigots; on disoit alors en proverbe, *que le Franc soit votre ami, & non votre voisin;* Clovis, après leur avoir déclaré la guerre, les défit en 507, à quelques lieues de Poitiers; leur roi Alaric II, perdit la vie dans la mêlée; la conquête de l'Aquitaine, occupée par les Visigots, fut assez prompte; en moins de deux ans, la plus grande partie de ce qu'ils possédoient dans les Gaules tomba au pouvoir des Francs; Frédegaire assure que la mort d'Alaric rendit Clovis maître du royaume des Visigots.

Origines de l'ancien gouvern. l. 1. ch. 9. n. 7.

Quelques écrivains ont insinué, que Clovis devoit sa royauté aux Romains, & que ce prince étoit bien loin de se croire avili par l'exercice des dignités Romaines; ces écrivains croient honorer Clovis, en le plaçant dans les premieres charges de l'empire Romain; les uns le font maître de la milice, d'autres lui conferent la préfecture des Gaules, d'autres prétendent que l'empereur Anastase lui a envoyé le brevet de *Consul* & même d'*Auguste*; en conséquence le Cointe l'a associé à l'empire; mais M. de Valois & le pere Ruinart, ne lui donnent que la qualité de *Patrice*; ce titre & celui de Consul étoient alors les plus relevés dans l'empire.

Je n'entreprends point de concilier ces opinions, qui ont donné lieu à des critiques célebres de se livrer à des discussions qui n'ont point dissipé les doutes de leurs adversaires; j'observerai seulement, que si en effet les empereurs ont envoyé à Clovis les ornemens des premieres dignités de l'empire, ce prince étoit trop bon politique pour les refuser ouvertement; il auroit indisposé les Gaulois, qui respectoient ces ornemens; il vouloit s'accommoder à la délicatesse de ses nouveaux sujets, & par ce ménagement affermir sur eux son autorité; mais puisqu'on a toujours cru que Clovis a joui d'un pouvoir indépendant des empereurs Romains, qu'il ne leur a rendu aucune soumission, & qu'il jouissoit de toutes les prérogatives de la souveraineté, on peut dire, que ces questions arbitraires sur son prétendu *consulat*, *sa préfecture*, son *patriciat* ne regardent point le droit public des Francs, & que l'examen de pareilles difficultés serviroient plutôt à l'obscurcir qu'à l'éclaircir.

Cependant les Francs ne resterent point paisibles possesseurs de toutes les provinces des Visigots : Theodoric, roi des Goths d'Italie envoya à leur secours une puissante armée, qui reprit ce que les Francs avoient conquis dans la Provence & dans la Septimanie; Theodoric conserva la Provence, & laissa la Septimanie à Amalaric, fils d'Alaric.

Amalaric fut vaincu & tué en 531, par Childebert, roi de Paris; Theudic, son successeur, perdit le Rouergue, le Gevaudan, le Velai & l'Albigeois; ces provinces furent conquises par Theodebert, fils de Thierry, roi d'Austrasie; la Provence resta au pouvoir des Goths d'Italie, & les Visigots conserverent la Septimanie, tant que la domination Gothique subsista en deça des Pyrénées; ce ne fut qu'en 714, que la révolution d'Espagne fit perdre au roi Raderic, avec ce royaume, ce qu'il possédoit encore dans les Gaules; les Sarrazins lui enleverent la Septimanie, & ils ne furent repoussés que par Pepin, premier roi de la seconde race Françoise, qui unit à sa couronne tout le Languedoc, dont les rois Merovingiens n'avoient possédée qu'une partie.

Hist. de Langued. par D. Vaiss. préf. p. ix.

Quant au royaume que les Bourguignons avoient fondé dans les Gaules, Grégoire de Tours & Procope s'accordent à dire, que Clovis à fait la guerre à Gondebaud leur roi, avant de la porter contre les Goths, & que même Theodoric, roi des Goths d'Italie, y avoit pris part; mais en cela ils ne s'accordent pas avec les lettres de Cassiodore, & en particulier celle par laquelle Theodoric proposoit à Clovis la médiation de Gondebaud, entre lui &

M ij

le roi des Visigots; la réduction des Bourguignons n'arriva qu'après la mort de Clovis & celle de Théodoric, qui se suivirent à peu de distance l'une de l'autre. Clodomir, un des fils de Clovis, se rendit maître, dans une seule campagne, de tous les états de Sigismond, fils de Gondebaud, le fit lui-même prisonnier avec sa femme & ses enfans, qu'il fit tous périr à Orléans. Sigismond avoit un frere, nommé Gondemar, qui releva le courage abbattu des Bourguignons; il alla combattre Clodomir, & gagna sur lui une bataille mémorable, dans laquelle Clodomir perdit la vie; mais il fut bientôt vengé par ses freres Childebert, roi de Paris, & Clotaire, roi de Soissons, qui chasserent Gondemar, & réunirent le royaume des Bourguignons à l'empire des Francs.

Premier Age
de la
Monarchie Françoise,

Depuis le regne de Clovis jusqu'a l'avenement de Hugues Capet au trône.

LE fondateur de la Monarchie Françoife a été, comme Alexandre, un conquérant, dont les vaincus & les vainqueurs ont pleuré la mort.

Clovis ne fut point un conquérant farouche; fa modération envers les Gaulois & les Romains, leur fit oublier qu'il étoit leur maître : auffi politique que guerrier, il leur laiffa leurs loix & leurs ufages; il favorifa leur religion & fe foumit lui-même au joug de l'évangile; mais il continua de gouverner les Francs, fon peuple, fur le pied qu'ils l'étoient avant leur migration dans les Gaules; il les maintint libres; leurs anciens ufages fervirent de bafe aux loix *Salique* & *Ripuaire* : ce code qui eft l'hiftoire de leurs mœurs anciennes, devint le tableau de leur gouvernement; dans tous les temps les mœurs & les loix ont eû les unes fur les autres une action continue & réciproque.

Clovis n'eût pas moins de complaifance pour fes nouveaux fujets; il leur laiffa leurs mœurs & leurs privileges, quoiqu'ils euffent des coutumes bien différentes de celles des Francs; il pouffa même les égards pour le peuple conquis, jufqu'à fe conformer à plufieurs de fes ufages : l'habit confulaire étoit le vêtement de cérémonie des anciens maîtres des Gaules, Clovis l'adopta pour lui-même & pour ses successeurs; les Gaulois étoient accoutumés à révérer dans leurs *préfets* le titre d'homme illustre, *vir illustris*, il n'en voulut point d'autre, & tous les rois de sa race s'en sont contentés.

Clovis ne songea qu'à unir les nations qui lui étoient soumises; elles s'allierent par des mariages, par toutes sortes de conventions, & sur-tout par une confiance réciproque qu'il sçut leur inspirer; les Francs vécurent ainsi en concitoyens avec les Gaulois & les Romains; Clovis en fit un corps, dont toutes les parties étoient liées beaucoup plus par l'affection que par la crainte.

Hubner, dans son Essai sur l'histoire du droit naturel, assure que les Barbares, avant de renverser l'empire Romain, avoient une morale pure; mais qu'ensuite l'esprit de conquête corrompit leurs loix, & qu'ils chercherent moins à former des hommes sociables, qu'à entretenir la dureté nécessaire aux entreprises de la force; que leurs législateurs avoient besoin d'un peuple belliqueux & farouche, que c'étoit le moyen de fonder leur fortune; mais que trop peu instruits, ils se tromperent dans le choix de leurs principes.

On ne reconnoît point dans ce tableau le caractere des Francs; ils furent du nombre des barbares qui renverserent l'empire Romain; mais ils ne furent point farouches à l'égard des Gaulois, ils leur laisserent la liberté de vivre selon leurs loix & leurs usages; sans cette politique ils ne seroient peut-être pas venus à bout de les soumettre.

La politique de Clovis devint une sorte de droit public dans sa monarchie; elle affermit la couronne sur sa tête & sur celle de ses enfans; & si par les égards qu'il eut pour les Gaulois, il gagna leur affection, il vit bien combien son autorité gagnoit à les gouverner suivant la loi Romaine.

Le droit Romain attribue au souverain un pouvoir bien supérieur à celui que Mérovée & Childeric avoient exercé sur les Francs; les loix Romaines étoient des loix faites par des monarques absolus; ainsi Clovis succédant au pouvoir des empereurs dans les Gaules, gagna à adopter la loi des vaincus; il leur fit rendre en son nom la justice, comme les magistrats Romains l'avoient précédemment rendue au nom des empereurs; ce point de droit public qui ne regardoit d'abord que les Gaulois, prévalut insensiblement dans les tribunaux même des Francs; la justice fut bientôt administrée par-tout au nom du roi; mais en le faisant le magistrat, duc ou comte, avoit égard aux loix nationales de ceux que le jugement regardoit.

Ainsi l'idée générale qu'on peut se former du gouvernement des Gaulois sous Clovis & ses successeurs, c'est qu'au premier coup d'œil il parut, à quelques égard près, le même qu'il étoit sous les empereurs Romains du troisieme, du quatrieme, & du cinquieme siecle; Clovis continua de gouverner les Gaulois selon les loix Romaines & leurs usages : loin de faire observer dans les Gaules la seule loi de la nation conquérante, il ne pensa pas même à se faire législateur; Clovis estimoit les Gaulois, ils avoient en effet des qualités qui les en rendoient dignes. « Dans quelqu'âge que vous les » preniez, dit Ammien-Marcellin, ils sont toujours guer- » riers : les vieux vont à la guerre, comme les jeunes; ils » méprisent la faim, le froid, la mort, & affrontent ce » qu'il y a de plus terrible; bien éloignés de ces lâches » Italiens qui se coupent le pouce pour ne pas être enrôlés, » ils tournent en ridicule ceux qui se mutilent par ce motif ».

Amm. Marcell. l. 15. p. 103.

Les Gaulois, de leur côté, regardoient Clovis & ſes Francs comme leurs libérateurs, & l'extinction de l'empire Romain comme l'époque du renouvellement de leur ancienne liberté.

Les Francs, maîtres des Gaules, s'attribuerent ſeulement les prérogatives qu'on ne pouvoit leur contester; les conquêtes attirent à elle l'autorité, mais elles n'opérent pas toujours des révolutions totales dans les loix & les mœurs des peuples : les Francs, inſtruits de l'utilité des loix Romaines, en accomoderent pluſieurs à leur gouvernement; voici ce qu'en dit Agathias, auteur contemporain : *les Francs ne ſont pas ſauvages comme la plûpart des autres barbares; ils ont adopté en beaucoup de choſes la police des Romains & leurs loix; ils contractent comme eux, ſe marient de même, & dans leur culte divin, ils ne s'écartent pas du rit Romain; ils entretiennent des magiſtrats dans les villes; ils y ont des Evêques, & célébrent leurs fêtes avec les mêmes cérémonies que nous célébrons les nôtres; pour des barbares, ils me paroiſſent bien civiliſés & bien polis; enfin je ne trouve entr'eux & nous d'autre différence, que celle qu'y met leur habillement & l'uſage d'une langue qui leur eſt propre.*

D'après ces premieres idées, examinons en détail les différentes parties du droit public de ce premier âge de la Monarchie Françoiſe; c'eſt-à-dire, conſidérons l'ordre légiſlatif, l'ordre militaire, l'ordre judiciaire, l'ordre eccléſiaſtique, l'état des perſonnes & l'état des biens.

Je diſtinguerai cet âge en deux périodes; la révolution qui a porté le ſceptre François dans les mains de Pepin, le génie réformateur de Charlemagne : l'aggrandiſſement du clergé, la conſiſtance que prirent les bénéfices militaires, apporterent néceſſairement quelques changemens dans diverſes parties du droit public; différences qu'il eſt important de ſaiſir.

PREMIER

PREMIER PÉRIODE

Depuis Clovis jusqu'a Charlemagne.

PREMIERE PARTIE
De l'ordre législatif.

Après que les Francs se furent mêlés avec les Gaulois, les Visigots, les Bourguignons, la réunion de ces différentes nations forma un grand peuple, où la police extérieure de la religion, la nécessité du commerce, des conventions mutuelles, d'autres besoins sans cesse renaissans, exigeoient souvent une mesure commune, pour régler des intérêts communs, & réformer des abus qui devoient se glisser facilement dans une société composée de tant de nations différentes.

L'on voit que Clotaire, Childebert & plusieurs de leurs successeurs ont fait de nouvelles constitutions, & qu'à l'exemple des empereurs Romains, ils ont fait des édits pour l'administration de la justice, des réglemens contre l'inceste, l'infidélité des serfs, les restes de l'idolâtrie, la célébration des dimanches & fêtes, la maniere de posséder les biens ecclésiastiques, les successions dans les familles, la réformation des sentences injustes, &c.

Mais ce pouvoir de faire des loix nouvelles résidoit-il

98 HISTOIRE POLITIQUE

dans la feule perfonne du monarque? ou bien la nation y participoit-elle? Et fi cela eft, quelle portion de la nation jouiffoit de cette prérogative, & en quelle forme l'exercoit-elle?

La réponfe à ces queftions doit fortir des faits. Donnons avant tout, une notice des premieres loix nationales & des formules.

CHAPITRE I.
Notice critique des Loix barbares & des Formules.

Toutes les enfances, comme toutes les décrépitudes, fe reffemblent, a dit un homme judicieux; cette maxime s'applique aux fociétés, comme aux individus: nos premiers ancêtres ont eu fur la juftice, à peu près les mêmes idées que toutes les autres fociétés naiffantes. Les premieres loix d'Athenes étendoient la peine de mort, pour certains cas, non-feulement aux enfans des coupables, mais encore à cinq de leurs plus proches parens. Une pareille loi exiftoit chez les Macédoniens. Chez les Scythes, quand un coupable étoit puni de mort, on faifoit mourir avec lui tous fes fils, les filles feules étoient exceptées. On voit auffi de pareils ufages chez une partie de nos ancêtres.

Xenoph. hift græc. l. 1. Marcell. & Sopater in Hermog. Cic. rhetor. l. 2.
Quint. Curt. l. 6. ch. 11.
Hérodot. l. 4.
L. Bajoar. tit. 3. §. 13.

Chez tous les peuples naiffans, on a confidéré le châtiment comme une efpece de dette à payer par le coupable; de-là font venues les compofitions pécuniaires pour les différens crimes: ainfi chez les anciens Grecs, le mari avoit le choix de faire mourir l'adultere de fa femme, ou d'exiger de lui une fomme d'argent. Il eft clair qu'Homere fait allu-

Lyfias. de cæde eadult. Eratoften. autor. probl. rhetor. c. 20.

sion à cette loi dans son histoire de Mars & de Vénus surpris par Vulcain dans les filets que ce dernier avoit forgés, & dans lesquels ils furent exposés à la risée des autres Dieux: *Neptune*, dit Homere, *fut le seul qui ne rit point; mais prenant son air sérieux: déliez ce dieu, dit-il à Vulcain, & je vous réponds qu'il vous payera tout ce qui sera juste & raisonnable. Vulcain lui répondit: Neptune, il est imprudent de se rendre caution pour les méchans; comment d'ailleurs pourrois-je vous retenir vous-même dans mes liens au milieu de tous les dieux, si Mars en liberté emportoit ma dette?* *Odyss.* l. 8.

Les anciens Grecs avoient admis une pareille composition pour le meurtre; c'est ce qui est encore prouvé par un passage de l'Iliade, liv. 9, où Homere fait parler ainsi Ajax à Achille: *Barbare! on voit tous les jours un frere recevoir la satisfaction du meurtre de son frere, un pere celle du meurtre de son fils: le meurtrier demeure tranquille après avoir payé le prix du sang; pour vous, les dieux vous ont donné un cœur dont la vengeance ne sauroit être assouvie par aucune satisfaction.* Il y en a une autre preuve dans la description que fait Homere, au liv. 8 de son Iliade, du bouclier d'Achille: *On voit, dit-il, dans la place une assemblée populaire, & au milieu deux citoyens qui contestent ensemble pour une amende dûe au sujet d'un meurtre: celui qui a fait ce meurtre soutient devant le peuple qu'il l'a payée, & le parent du mort assure ne l'avoir pas reçue: tous deux pour vuider leur différend ont recours à la déposition des témoins.*

On voit de même que les premieres loix de Rome autorisoient les compositions pécuniaires pour crimes. La loi des douze tables ne prononçoit la peine du talion qu'à défaut d'une composition pécuniaire: *si membrum rupit, ni cum eo pacit, talio esto.* *Aulugell.* l. 20, ch. 1.

… Il ne faut donc point être étonné de voir chez nos anciens peres de pareilles idées & de pareilles coutumes : *nec implacabiles*, dit d'eux Tacite, *inimicitiæ durant, luitur enim etiam homicidium, certo armentorum ac pecorum numero, recipitque satisfactionem universa domus*; & depuis que nous-mêmes sommes plus civilisés, nous avons apperçu des traces de cette coutume en Abyssinie, chez les Negres de la côte de Guinée, & chez ceux de Madagascar.

Voyag. de Logo, c. 7.
Descript de la Côte de Guinée, lettre 10 & 11.
Drury, p. 240.

La composition pécuniaire étoit appellée chez nos ancêtres *Vergelte*, & les loix barbares dont je vais parler, insistent sur ces sortes de compositions, beaucoup plus que sur tout autre objet.

De l'idée qu'un châtiment est comme une dette, est venue naturellement celle de croire qu'une personne peut se charger du châtiment d'un autre, puisqu'elle peut se charger de sa dette. On trouve des vestiges de cette opinion dans les cérémonies des anciens Egyptiens, & il est très-vraisemblable que les anciens *dévouemens* n'ont point eu d'autre fondement; cette même opinion paroît avoir produit dans nos siecles de superstition, l'usage de faire acquitter par d'autres les pénitences auxquelles on pouvoit avoir été soumis; ce fut ainsi que le célébre Hermite Dominique le Cuirassé, ainsi nommé parce qu'il portoit une cuirasse de fer sur la chair, acquittoit dans le onzieme siecle les pécheurs de leurs pénitences (1).

―――――――――――――――――――

(1) Voyez Pierre Damien, *opusc.* 51. *ch.* 8. où il dit, que Dominique le Cuirassé faisoit croire au peuple de son temps, qu'il accomplissoit cent ans de pénitence par vingt pseautiers, accompagnés de mille coups de discipline par dix pseaumes. Voy. aussi l'Hist. Ecclés. de l'Abbé Fleury, t. 13. liv. 60. n°. 52.

Ce même usage de regarder le châtiment comme une dette, a imposé aux parens d'un homme tué ou injurié, la nécessité de poursuivre & de venger sa mort ou son injure. Chez les anciens Athéniens, les parens, jusqu'aux cousins germains inclusivement, étoient obligés d'épouser leurs querelles réciproques : *jubet lex*, dit Démosthene dans son oraison in *Evergum, ut cognati cædes prosequantur usque ad sobrinos*. Homere a aussi fait allusion à cet usage, en faisant dire à Théoclimene, dans son Odyssée, *qu'ayant tué un homme de son pays, il a été obligé de s'enfuir, pour n'être pas tué lui-même par quelqu'un des parens du défunt, lesquels étoient en grand nombre*. Nous trouvons le même usage consacré chez nos ancêtres, dont Tacite a dit : *suscipere tam inimicitias seu patris, seu propinqui, quàm amicitias necesse est*; & l'on verra par la suite que cet usage a été un des ressorts *des guerres privées*.

Odyss. l. 15. v. 272. &c.

Quelques écrivains préoccupés contre les loix *Saliques, Ripuaires*, &c. les ont regardées comme ridicules : un habit qu'on ne voit pas ordinairement, semble extravagant, quoiqu'il ait été en usage autrefois : le ridicule touche au mépris : des détails qui ne conviennent point aux mœurs actuelles, paroissent minutieux : un bon esprit s'éleve plus haut, franchit l'espace du temps; & s'il trouve que des loix tombées en désuétude, dans le mépris même, remplissoient l'objet du Législateur qui les a faites, qu'elles formoient le bon ordre, comme *politiques*, & qu'elle l'entretenoient comme *civiles*, il les trouve dignes de son attention.

Dans les codes des *Saliens* & des *Ripuaires*, &c. on ne voit point de loi qui révolte l'humanité, & il en est plusieurs qui lui font honneur ; par exemple, ces peuples consídéroient comme une partie importante du bien public, le soin de prévenir ou d'empêcher la mendicité, qui traîne à sa suite le libertinage, & presque tous les vices; ils servoient l'humanité, en punissant séverement l'oisiveté, parce qu'elle est la mere de la mendicité. Cette police, dont on ne trouve aucun vestige, ni dans Athenes, ni dans Rome payennes, est toujours entré dans le gouvernement des Francs. En Grece, un pere qui se trouvoit trop pauvre, pour fournir aux besoins d'une famille nombreuse, faisoit périr les enfans qui lui naissoient de trop : à Sparte, à Rome, si un enfant venoit au monde mal conformé, le pere pouvoit lui ôter la vie : on ne trouve point de barbarie semblable dans les loix primitives de nos ancêtres.

Le seul mal politique que leurs établissemens successifs dans les Gaules aient peut-être produit, c'est d'y avoir jetté les fondemens d'une trop grande multiplicité de coutumes; chaque nation conserva les siennes, & elles jetterent de si profondes racines, qu'elles ont résisté aux tentatives des plus habiles réformateurs.

ARTICLE I.

Loi des Visigots.

Avant la conquête des Gaules faite par Jules César, les Romains s'étoient déjà rendus maîtres du Languedoc, de la Provence, du Dauphiné, & de la Savoie : ils occuperent ces provinces jusqu'à l'empire d'Honorius I, qui fut forcé de céder à Ataulphe, roi des Goths, l'Aquitaine & la Gaule Narbonnoise.

On n'a pas encore une connoissance exacte des limites qui bornoient les provinces occupées par les Visigots : on sait qu'en 419, le patrice Constance invita les Goths d'Espagne, ou Visigots, à passer les Pyrénées, & qu'il leur donna le pays renfermé entre les montagnes, la Garonne,

Voy. la chron. d'Isaac Duchesne, t. 1. p. 187.

& la mer. Vallia, roi des Visigots, établit sa résidence à Touloufe; ses successeurs accrurent leur domination par des conquêtes, & permirent au Romains & aux Gaulois, les anciens habitans, de vivre selon les loix Romaines.

Salvien, dans la comparaison qu'il fait du gouvernement de ces barbares, avec celui des Romains, assure qu'on ne voyoit dans celui-ci que désordres & injustices. *L'iniquité, dit-il, ne regne point parmi les Vandales & les Goths.* (Il entend les Goths des Gaules). *Tant s'en faut, qu'ils fassent des injustices à ceux de leur nation, ils n'en font pas même aux citoyens Romains qui habitent dans les lieux où ils sont les maîtres: aussi tous les Romains dont le domicile est dans les états des Goths, demandent au ciel, comme une grace particuliere, de ne retourner jamais sous l'obéissance des officiers de l'empereur, & de pouvoir toujours vivre sous leur gouvernement.*

Salv. de Gubern. dei, l. 3. c. 8.

Sidoine Apollinaire, dans une lettre qu'il écrivit à Agricola son beau-frere, nous donne une idée de la conduite de Théodoric II, roi des Visigots, dans l'administration de la justice. *Ce prince*, dit-il, *se leve de grand matin; sa premiere occupation est d'assister à la priere publique dans l'église Arienne.... Il vaque ensuite à ses affaires le reste de la matinée: il commence par donner audience dans son prétoire.... il y admet les envoyés des nations, & les députés des communautés; il écoute leurs représentations, quelque longues qu'elles soient, souvent sans les interrompre: il répond en peu de paroles, soit en décidant sur le champ les affaires qui demandent une prompte expédition, soit en renvoyant à une plus ample discussion, celles qui doivent être approfondies.*

Sidon. Apollin. lib. 1. épist. 2.

Les rois les moins civilisés, se faisoient un devoir de rendre eux-mêmes la justice à leurs sujets. Priscus dit

<small>Voy. Priscus Rhet. in lacerp. leg. I. 119.</small> d'Attila, qu'il s'asseyoit sur un banc à l'entrée de son palais, qu'il entendoit ceux qui avoient des procès, & qu'il prononçoit des jugemens.

On croit que jusqu'au regne d'Euric, fils & successeur de Théodoric II, les Visigots ont suivi une coutume non écrite : Euric, en 407, la fit rédiger en forme de loi nationale : ainsi, selon la commune opinion, les Visigots <small>V. Isidore, chron. ad ann. 466.</small> ne commencerent à connoître de loi écrite, que soixante ans environ depuis leur établissement dans les Gaules.

Alaric II, fils & successeur d'Euric, chargea ses Jurisconsultes de travailler à une nouvelle rédaction du code Romain : ils la commencerent en 504, & l'acheverent en 506. Anien présida à cette réforme : jusques-là les Romains & les Gaulois des provinces Visigotes, avoient suivi le code publié par l'empereur Théodose le jeune; mais Alaric le fit abréger, & son nouveau code fut appellé *bréviaire d'Anien*.

La Loire, pendant quelque temps, a servi de barriere commune aux Royaumes des Visigots & des Francs; les premiers ayant perdu, en 507, la fameuse bataille à quelques lieues de Poitiers, où Alaric fut tué par Clovis; les Francs victorieux s'emparerent des provinces Visigotes. Théodoric, roi des Ostrogots ou Goths d'Italie, envoya au secours des Visigots une puissante armée; elle reprit ce que les Francs avoient conquis dans la Provence & la Septimanie : le roi des Goths conserva la Provence, & laissa la Septimanie à Amalaric, fils d'Alaric.

Amalaric fut vaincu & tué en 531, par Childebert, roi de Paris : Theudic, son successeur, perdit le Rouergue, le Gévaudan, le Velai & l'Albigeois : ces provinces furent conquises par Théodebert, fils de Thierry, roi d'Austrasie :

la Provence resta au pouvoir des Goths d'Italie, & les Visigots conserverent la Septimanie, tant que leur domination subsista en-deçà des Pyrénées. Mais la révolution qui enleva en 714 l'Espagne au roi Roderic, fit perdre en même temps aux Visigots ses sujets, ce qu'ils possédoient dans les Gaules : les Sarasins leur enleverent la Septimanie.

Hist. de Langued. par Dom Vaiss. préf. p. 9.

Pepin premier, roi de la seconde race, les chassa au-delà des Pyrénées ; il unit à la couronne de France tout le Languedoc, dont les rois Mérovingiens n'avoient possédée qu'une partie.

Ce tableau fait connoître le gouvernement judiciaire dans le Languedoc, la Provence, & les autres pays possédés par les Visigots ; les usages de cette nation furent plusieurs fois rédigés dans l'espace de deux siecles ; on y fit, à diverses reprises, des changemens relatifs aux différentes situations de l'état ; les loix, les défenses faites dans la chaleur, dans l'impétuosité de la victoire, furent adoucies : on permit aux Romains & aux Visigots, de faire entr'eux des alliances, que les rois du cinquieme & sixieme siecles avoient défendues. Reccarede leva cette défense, & fit abréger le Code Visigot, qui subsiste encore sous le titre de *loix anciennes, codex legum antiquarum*. Chindaswinde & son fils Reccesswinde ajouterent à ce code plusieurs loix ; mais afin de rendre la jurisprudence uniforme, ces deux princes entreprirent d'abolir dans leur royaume l'usage des loix Romaines (1) : leur entreprise ayant échouée, Egiga, un

Liv. 3 de la loi visig. tit. 1, ch. 3.

---

(1) Cette entreprise est la source de l'erreur de quelques écrivains, qui ont attribué à Charlemagne la résolution d'abolir le droit Romain : ils ont lu dans un des capitulaires quelques articles qui semblent proscrire l'usage de ce droit ; mais, comme l'a fort bien observé M. Ter-

de leurs successeurs, chargea les évêques de son royaume, de refondre le code national; ce qu'ils firent, en conservant les loix de Chindaswinde & de Reccesswinde : cette réformation fut confirmée par le seizieme concile de Tolede.

Ces loix, dit dom Bouquet, *n'étoient que pour les Visi-gots*; car les Francs qui habitoient la Septimanie, suivoient la loi Salique ou Ripuaire, & les Romains ou Gaulois y observoient le droit Romain : Pepin s'étant emparé de la Septimanie, confirma les Goths dans l'usage de leurs loix. Charlemagne leur accorda le même privilege : on voit par la nouvelle Histoire du Languedoc, qu'en 852, 862 & 874, ces loix étoient en usage dans la *Gothie*. Le concile de Troyes tenu en 878, ayant fait un décret contre les usurpateurs, le fit ajouter au code Visigot : il paroît par un *plaid* ou *malle* public, tenu à Auxone en 918, que les Goths avoient conservé leurs loix, & ils les observerent encore dans le onzieme siecle, comme on le prouve par les actes rapportés dans l'histoire que je viens de citer : mais vers la fin de ce siecle, les Romains, les Visigots & les François, n'ayant plus fait qu'un seul & même peuple,

Bouquet, recueil des hist. de Fr. t. 4. p. 10.

C'est la Gaule Narbonnoise.

C'est ce qui a été nommé par la suite assise ou grands jours.

---

raison, Cironius a prouvé que le livre où est ce capitulaire, qui se trouve parmi ceux que Benoît le Levite a confusément ramassés, est supposé, & a été apparemment tiré des loix Gothiques : ce qui acheve d'ailleurs de faire voir la fausseté des prétendues ordonnances attribuées à Charlemagne contre les loix Romaines, c'est que d'un côté les premiers capitulaires citent & approuvent les mêmes loix, & que d'un autre côté Charles-le-Chauve & quelques autres successeurs de Charlemagne, loin de défendre l'usage du droit Romain, voulurent au contraire qu'on suivît le code Théodosien, & tout ce qui étoit alors compris sous la dénomination de loi Romaine. Voy. *hist. de la jurisp. Rom. part. 4. parag. 1. p. 368.* Voy. aussi Baluze, t. 1. p. 690, & t. 2. p. 174.

on ne fuivit plus dans la Gothie, devenue entierement Françoife, que la loi Romaine.

Montefquieu découvre dans le code des Vifigots, refondu par les évêques, les principes & les vues de l'inquifition d'Efpagne. Il prétend que les moines n'ont fait que copier contre les Juifs les loix faites autrefois par les évêques rédacteurs de ce code : enfin, comparant les loix Vifigotes avec les loix Bourguignones, celles-ci lui paroiffent judicieufes; & de celles de Reccefwinde, de Chindefwinde & d'Egiga, il affure qu'elles font *puériles, gauches, idiotes, qu'elles n'atteignent point le but, qu'elles font pleines de rhétorique & vuides de fens, frivoles dans le fonds & gigantefques dans le ftyle* : on y remarque en effet une partie de ces défauts : mais il faut auffi convenir qu'on y découvre une grande partie de loix fages, & qui convenoient à l'état préfent du peuple pour lequel elles étoient faites.

Voy. Efprit des Loix, part. 2. l. 27. ch. 1.

Les loix du troifieme livre, au fujet du mariage, n'ont aucun des défauts que l'auteur de l'efprit des loix leur reproche : le prince, au titre premier, exige le confentement des parens pour le mariage de leurs enfans : au troifieme titre, il met le rapt parmi les empêchemens dirimans, & au quatrieme, il défend le mariage entre les parens jufqu'au fixieme degré. Il faut paffer à ces loix certaines expreffions philologiques; du refte elles font conformes à ce qui s'obfervoit chez les nations les mieux policées. Les Romains, par exemple, fondoient l'autorité du pere fur fa fupériorité, fur fon amour & fa raifon, & fur l'incertitude de celle de fes enfans, que l'âge pouvoit encore tenir dans l'ignorance, & les paffions dans l'yvreffe. Les rois Vifigots qui ont tiré une partie de leurs loix du droit Romain, étoient dans les mêmes principes au fujet de l'autorité paternelle : ils croyoient

O ij

qu'en établissant le pere maître du mariage de ses enfans, il chercheroit les occasions de procurer à sa famille des alliances avantageuses, & qu'il ne se serviroit de son autorité que pour empêcher les désordres où ses enfans pourroient tomber.

Cependant comme un pere pouvoit abuser de son pouvoir, & tenir une conduite opposée à celle que les loix attendoient de lui, les loix Romaines, suivies par les législateurs Visigots, ordonnoient que, lorsque les enfans se plaindroient de leur pere, au sujet du mariage qu'ils voudroient contracter, le président de la province recevroit leurs plaintes, qu'il examineroit leurs raisons, & qu'après un mûr examen il condamneroit ou approuveroit la conduite du pere.

Suivant cette jurisprudence, le consentement du pere étoit toujours nécessaire pour la validité du mariage de ses enfans : la loi ne le privoit pas de son pouvoir, elle établissoit seulement des moyens en faveur des enfans, pour empêcher l'abus de ce pouvoir ; &, pendant qu'un pere se servoit de l'autorité que les loix lui donnoient pour l'avantage de ses enfans, l'état ne reconnoissoit point, comme légitimes, les mariages contractés sans son consentement.

L. Visig. l. 3. tit. 9. c. 5.
La loi régloit aussi le douaire, & arrêtoit la liberté de se faire des dons avant le mariage ; elle défendoit à l'époux de donner à celle qu'il recherchoit, au-delà du dixieme de ses biens, & de lui faire aucun don la premiere année de

Ibid. l. 10. tit. 1. c. 12.
son mariage. J'ai déja observé que chez les Marseillois il y avoit un usage ancien semblable à la loi des Visigots, lequel a peut-être été adopté par ces peuples.

On remarque dans le code Visigot, un grand nombre de loix tirées du code Romain : telle est celle qui concerne

Voy. leg. vet. cod. de jure emphyt.
les *lettres précaires* ou *chartes très-anciennes*, qui approchoient des baux emphytéotiques ; c'étoient des baux à lon-

gues années, dont les conditions ont varié; ils avoient été en usage chez les Romains, on cédoit des terres à la charge de quelques services, afin de les faire cultiver & améliorer.

Les Visigots trouverent dans les Gaules les établissemens que les Romains y avoient faits; ils mirent ensuite en usage les baux à fief & les baux à cens; mais ces contrats n'ont pris leur forme que long-temps après; dans ces actes il s'est fait un mêlange des anciens usages des Romains, avec ce que les Visigots & les Francs avoient inventé; on y a introduit le droit de *préférence* établi par les Romains, c'est le *retrait féodal* ou *censuel* dans les pays où il a lieu; le droit d'exiger une certaine somme pour approuver la vente, ce sont les droits *de quint*, de *lods & ventes*, &c.

Les Visigots, en s'établissant dans les Gaules, y trouverent des abus : la dureté du gouvernement Romain & de la servitude, avoit produit l'abus barbare d'exposer les enfans, & même de tuer ceux qui étoient ainsi exposés : les Visigots furent quelque temps sans corriger ce désordre; enfin ils donnerent une loi qui condamna à l'esclavage celui qui exposeroit un enfant, & qui proposa des récompenses à ceux qui le recueilleroient pour le nourrir.

L. Visig. l. 4. tit. 4.

Une autre loi des Visigots défendit aux médecins de saigner une femme *ingénue*, à moins que ce ne fût en présence de son pere ou de sa mere, ou de son frere, ou de son fils, ou de son oncle : on voit ici que la pureté des femmes intéressoit le gouvernement; mais aussi on peut entrevoir un soupçon trop marqué de la foiblesse des hommes, ou une jalousie de coutume & de mœurs, que les Espagnols communiquerent peut-être aux Visigots. Le législateur Visigot étoit si attentif à conserver la pureté des deux sexes, que son attention à cet égard, dégénéroit quelquefois en injustice : la loi ordonnoit qu'une femme *ingénue* qui s'étoit livrée à un homme marié, feroit mise au pouvoir de sa femme, qui pourroit en disposer à sa volonté ; elle obligeoit les esclaves de lier & de présenter au mari sa femme, lorsqu'ils la surprenoient en adultere : elle permettoit à ses enfans de l'accuser, & de mettre ses esclaves à la question, pour la convaincre : ces loix, dit un écrivain moderne, furent plus propres à rafiner à l'excès un certain point d'honneur, qu'à former un bonne police : elles semblent même contraires au gouvernement général d'une monarchie ; jusqu'alors les états bien policés n'avoient pas permis aux esclaves de mettre la main sur leurs maîtres, & on ne leur avoit point confiée la vengeance, ni publique ni domestique ; mais l'humanité que les Visigots avoient pour leurs esclaves, prévenoit le danger que les autres peuples en pouvoient appréhender.

Ibid. lib. 3. tit. 4. c. 6. 9 & 13.

Espr. des Loix, l. 14. c. 14.

Leg. Visig. l. 11 tit. 3. c. 2.

Voici encore quelque chose de surprenant. La loi Visigote ordonnoit que chaque Goth meneroit à la guerre la dixieme partie de ses esclaves, & qu'il les ameneroit d'une maniere convenable : les Visigots ménageoient leurs serfs ; &, bien loin de les soupçonner d'infidélité, ils leur confioient leurs biens & leurs personnes. Les Romains abattoient le courage de leurs serfs, les Visigots le relevoient ; les Romains vivoient au milieu d'eux, comme au milieu de leurs ennemis ; les Visigots, toujours armés, n'en craignoient rien ; c'étoit les instrumens de la gloire de la nation.

La loi que je viens de citer ordonnoit au ducs, aux comtes & aux autres officiers, obligés par leur état d'aller à la guerre, soit qu'ils fussent Visigots, soit qu'ils fussent Romains, de se trouver le jour marqué au lieu du rendez-vous donné aux milices qui devoient compofer l'armée, qui feroit commandée par le roi. Cette loi, attribuée au roi Ervige, eft du feptieme fiecle; les ducs & les comtes étoient officiers de guerre & de juftice; ils faifoient exécuter les loix, ils veilloient fur la police de leurs provinces, ils en convoquoient les affemblées, ils y préfidoient, & prononçoient les jugemens des affaires qu'on y terminoit.

Le commerce de long cours ou maritime, n'étoit pas inconnu aux Vifigots; leur code nous a confervé une loi qui porte en fubftance, que les marchands qui venoient de delà les mers, feroient jugés, dans les différens qu'ils auroient, par les loix & par des juges de leur nation. Les auteurs des loix Vifigotes, comme des autres loix barbares, furent attentifs à ne point changer le gouvernement judiciaire de chaque nation. *L. Vifig. l. 11, tit. 3. c. 2.*

Dans les provinces des Gaules méridionales qui obéiffoient aux Vifigots, il y avoit des négocians que l'on nommoit *Nautes* ou Naviculaires ; ils jouiffoient de plufieurs privileges, ils ne pouvoient être traduits ailleurs que devant leurs juges nationaux, & il étoit recommandé aux gouverneurs des provinces de les protéger & de maintenir leur commerce dans une grande liberté. *Cod. Théod. l. 13. tit. 5. l. 7. tit. 16. c. 3.*

On apperçoit de la circonfpection dans les loix qui regardent les débiteurs ; elles ne favorifent pas trop les créanciers, pour ne pas rendre trop dure la condition des débiteurs ; d'un autre côté, elles ne font pas trop avantageufes aux débiteurs, pour ne pas altérer la confiance publique du commerce, en infirmant des dettes qui font fondées fur la bonne-foi. *Leg. Vifig. l. 5. tit. 6.*

J'obferverai ici que le détail dans lequel les légiflateurs Vifigots font entrés, fuppofe une attention finguliere fur tous les citoyens : il suppose peut-être aussi une nation peu nombreuse, car un si grand détail ne se permet pas dans l'étendue des affaires d'un grand peuple.

Enfin, on remarque dans quelques endroits du code des Visigots, un dessein prémédité de faire oublier les loix Romaines; Chindeswinde & Reccefwinde en entreprirent la proscription. Ils firent une loi par laquelle ils défendoient de citer le droit Romain dans les tribunaux de leurs états; cependant le droit Romain & le code des Visigots se maintinrent encore également dans la Septimanie, & dans quelques autres provinces des Gaules où cette nation s'étoit établie : elle en fut chassée par les Sarasins; ceux-ci en ayant été chassés à leur tour par Charles-Martel & Pepin, les villes qui se soumirent à ces princes, leur demanderent la conservation de leurs loix, & l'obtinrent.

ARTICLE II.

Code des Francs, ou Loi Salique & Ripuaire.

Les Francs, quoique divisés en tribus, étoient tous presque les mêmes par rapport aux mœurs & aux usages; la réunion de ces tribus en un royaume n'apporta qu'un léger changement dans leurs coutumes.

Les Saliens & Ripuaires sont les tribus les plus connues des Francs : les premiers avoient suivi Clovis & étoient répandus dans les conquêtes de ce prince : les autres occupoient le pays situé entre la Meuse & le Rhin. Chaque nation avoit son code : l'un *Salique*, l'autre *Ripuaire*; mais les loix qu'ils comprennent, n'étoient originairement que des coutumes observées par les anciens Germains, dont les Francs s'étoient détachés.

Eginhart

DU GOUV. FRANÇOIS.

Eginhart dit, que les Francs avoient deux loix différentes, la *Ripuaire* & la *Salique*. Quoiqu'elles paroissent avoir été copiées l'une sur l'autre, elles ne sont pas néanmoins conformes en tout, ce qui ne doit point surprendre; car les *Saliens* & les *Ripuaires* ayant la même origine, mais s'étant établis dans des contrées différentes, quoique voisines, pouvoient avoir conservé une grande partie des mêmes usages & en avoir adoptés de différens. *Vita Carol. Magn.* c. 29.
Voy. Bignon. note. in leg. salic.
Pithou & Baluze not. in capit. t. 2.

Il n'est pas facile de fixer l'époque de la rédaction du code Franc; il paroît certain qu'elle est postérieure à celle de la loi Visigote, qui a paru en 470. Il n'est pas plus aisé d'en nommer le premier rédacteur: ce que les écrivains Allemands & François ont dit du premier législateur des Francs, roule sur des conjectures, qui n'acquierent d'autorité qu'à proportion de l'envie qu'on a de croire.

Si l'on s'en rapporte à la préface qui est à la tête de la loi Salique, on soutiendra qu'il fut rédigé pendant que les Francs étoient encore Payens; voici la teneur de ce préambule: *Avant que la nation des Francs..... eût embrassé la religion chrétienne; (ce qu'elle a fait depuis peu), elle avoit déjà, par amour pour la justice, fait rédiger la loi Salique; elle fut compilée par les principaux de ses citoyens, qui tinrent à ce sujet, trois assemblées du peuple: mais étant arrivé heureusement, que son roi Clovis ait reçu le baptême, ce prince, puis Childebert & Clotaire, ont changé plusieurs choses dans cette loi, qu'ils ont rendue plus parfaite, & qu'ils ont mise dans l'état où elle est aujourd'hui.* *Vide prolog. leg. Salic.*

Eccard prétend, que la rédaction des loix Saliques fut faite dans le troisieme siecle, du temps des empereurs Valérien & Aurélien: ce fut alors que le bruit des armes des Francs se fit entendre dans l'empire de Rome. L'on objecte

Tome I. P

HISTOIRE POLITIQUE

à Eccard l'autorité de plusieurs anciens écrivains, qui assurent que les Francs du troisieme siecle n'avoient point de rois ; il répond qu'il ne faut pas prendre ce terme à la lettre, mais qu'il faut l'entendre des ducs qui jouissoient, suivant Tacite, d'une autorité presque royale. (*Duces regali penè potestate*).

Gest. Reg. Francor. dans le recueil des histoir. de Fr. édition. 1739. p. 542.

L'auteur des gestes des rois Francs ne remonte pas si haut : il prétend que Pharamond a été le premier législateur & le Numa des Francs ; qu'il adoucit par de sages loix la férocité de ses sujets, & que, pour rédiger le code Salique, il nomma quatre seigneurs ; savoir, Wisogaste, Salogaste, Bisogaste & Widogaste, qui portoient le nom des terres qui leur appartenoient. Mais cette conformité des noms des commissaires avec ceux de leurs terres, suffit pour révoquer en doute l'autorité du *livre des gestes*, sur cet article au moins. M. de Valois ne croit pas que dans ces temps reculés les Francs, encore grossiers, ayent emprunté des noms de seigneuries, distinctions qui leur étoient alors inconnues. Il est vrai que le sentiment de l'auteur des gestes est appuyé sur le prologue de la loi Salique ; mais l'autorité de ce prologue n'a pu encore se concilier le suffrage des bons critiques. Il est plus probable que Clovis a été le premier rédacteur des coutumes Saliques ; cet ouvrage, qui avoit pour objet la grande police de l'état, se fit dans les assemblées de la nation ; le préambule du code nous l'apprend. Clovis est convenu avec les Francs de faire quelque addition à la loi Salique : on lui donna pour cette raison le nom de *convention de la loi Salique*, *pactus legis Salicæ*, qu'elle conserve encore dans les différentes éditions qui ont paru.

La rédaction faite par Clovis fut ensuite retouchée par

Thierry, Childebert & Clotaire II, auxquels Leibnitz ajoute Dagobert, quoique le préambule du code Salique n'ait pas fait mention de ce prince.

Charlemagne, après avoir reçu le titre d'empereur, s'appercevant, que les loix des différens peuples qui lui étoient soumis, étoient défectueuses, forma le dessein de les mettre dans un meilleur ordre. Pour cet effet, il voulut suppléer à ce qui leur manquoit, concilier les contradictions dont elles regorgeoient, corriger ce qu'elles avoient de mauvais, & éclaircir ce qu'il y avoit d'obscur. Mais il n'exécuta pas un si beau projet, il se contenta de réformer quelques titres, d'en ajouter d'autres, & de laisser le reste à faire à son fils Louis le Débonnaire, qui fit en 816 & 819, les additions qu'il crut nécessaires au gouvernement actuel : elles furent faites dans des assemblées générales. Aussi Charlemagne avoit ordonné que si l'on trouvoit quelque difficulté qui ne fût point décidée par la loi Salique, il lui en fut référé dans les *plaids généraux, ad placitum nostrum generale exinde interrogare facias*. Ces rédactions nous obligent de croire que les loix Saliques, telles que nous les voyons aujourd'hui, ne sont pas dans le détail ce qu'étoient les coutumes observées par les Francs, avant que Clovis eût conquis les Gaules. Il est certain que les rois de la premiere & de la seconde race, firent dans le code Salique les changemens qu'ils crurent nécessaire pour l'accommoder à l'exigence des temps, des lieux, & de la religion chrétienne.

V. Eginh. in vita Car. magni. c. 29.

Capit. Baluz. t. 1. pag. 356, 402, 598, 623.

Avant le regne de Clovis, les usages des Saliens ne regardoient que les contestations qui pouvoient naître parmi eux ; leurs juges descendoient dans les derniers détails sur le meurtre, les blessures & le larcin. Ils ignoroient alors les engagemens des héritiers, la maniere de faire les partages,

Pagination incorrecte — date incorrecte

NF Z 43-120-12

la matiere des hypotheques, des échanges, & tant d'autres formalités & conventions, dont une heureuse simplicité leur ôtoit la connoissance. Leurs coutumes ne décidoient rien sur cent questions qui sont nées depuis qu'ils se sont transplantés dans les Gaules; elles n'avoient d'autre objet que les choses sensibles : ce que les Saliens voyoient, faisoit le sujet de leurs reglemens, & ils n'imaginoient rien de plus : les Francs, une fois fixés dans les Gaules, & songeant à s'y maintenir, s'accommoderent à leur nouvelle fortune : leurs rois firent des reglemens sur le partage des biens dans les familles, sur le salaire des ouvriers, sur l'exécution des contrats, sur les compromis, sur les mariages, & sur d'autres matieres que la circonstance des lieux, le commerce des Gaulois & les alliances des différentes familles, ne manquerent pas de produire : ils adopterent même la loi Romaine sur la plupart de ces articles : les pactes de mariage que les Francs contractoient avec les filles des Gaulois, contenoient ou supposoient des conditions sur des effets civils que les anciens Francs avoient ignorés ; la plupart épousoient des filles d'extraction Gauloise ou Romaine; ces filles leur apportoient en dot des biens avec la qualité d'héritieres d'autres biens plus ou moins considérables : alors, les contrats de mariage ne furent plus aussi simples, que l'avoient été ceux des Francs avant leur migration : leur coutume avoit été jusques-là celle d'un peuple pauvre, dont les femmes n'apportoient à leurs maris ni dot ni héritage : on fit dans la loi Salique les changemens & les modifications qu'exigeoit l'état présent d'une nation qui n'étoit plus errante, & la rudesse des loix fut corrigée à mesure qu'on s'éloigna de la grossiereté des anciennes mœurs.

Les rédacteurs nommés par Charlemagne semblent avoir rapproché la loi Salique du code Théodosien : elle s'est maintenue dans ce tempérament pendant plusieurs siecles : Baluze remarque qu'aux douzieme & trezieme siecles plusieurs de ses articles rédigés de cette maniere, étoient encore en vigueur dans le Lyonnois & dans la Bresse.

V. probat. hist. Bressianæ. p. 15 & 215.

On se tromperoit, sans doute, si l'on prenoit pour des pieces originales les exemplaires qui nous sont restés de la loi Salique : on se tromperoit beaucoup plus si, avec l'auteur de la bibliotheque universelle, on les regardoit tous comme étant supposés. Les changemens faits dans un manuscrit ne sont pas toujours des raisons suffisantes de révoquer en doute son authenticité : si c'en étoit une, il faudroit regarder la plupart des anciens monumens du même œil que le jésuite Hardouin les a regardés : il faudroit porter un jugement désavantageux de toutes les loix anciennes qui se trouvent dans la collection de Lindenbrog & ailleurs ; cependant les sçavans n'ont aucun soupçon sur l'authenticité de ces loix.

Bibl. univ. t. 8, p. 327.

Comme la loi Salique a été successivement rédigée par plusieurs princes, il n'est pas surprenant que l'on trouve dans les manuscrits qui s'en sont conservés quelque différence, non-seulement quant aux articles, mais aussi quant aux expressions : l'édition de la loi Salique donnée par Baluze, contient beaucoup moins de termes barbares, que celles de Hérold (1). On conclut de-là que les manuscrits suivis par Baluze, représentent cette loi réformée au commencement de

---

(1) Hérold est le premier qui ait donné une édition de la loi Salique sur un manuscrit de l'abbaye de Fulde : cette édition a paru à Bâle en 1557.

la seconde race des rois Francs, & que les manuscrits auxquels Hérold s'est attaché, nous ont transmis cette loi telle qu'elle étoit dans un temps plus prochain des premieres rédactions. Eccard a donné depuis Baluze une édition de la loi Salique : il s'est principalement attaché à celle de Hérold, mais il a changé plusieurs endroits sur la foi des manuscrits qui lui ont paru contenir des leçons plus anciennes que celles des manuscrits employés par Hérold.

Il se trouve dans la bibliotheque du roi un manuscrit de la loi Salique, où l'on trouve un plus grand nombre de termes barbares, qu'il ne s'en trouve dans les manuscrits qu'Eccard a suivis : Schilter a eu une copie de ce manuscrit, sur laquelle a été faite l'édition qui est à la tête de son second volume des antiquités Teutoniques.

On peut encore observer que les exemplaires que nous avons des loix Saliques, ne s'accordent pas sur la division des titres, & des sections : le manuscrit de l'abbaye de Fulde, dont Hérold s'est servi, comprend 80 titres, & un épilogue à la fin; l'exemplaire corrigé par Charlemagne ne contient que 62 titres, & le manuscrit de Wolfembuttel qu'Eccard a fait imprimer en 1720, & qu'il croit antérieur à l'exemplaire de Charlemagne, est composé de 81 titres.

Quelques écrivains modernes ont avancé, sur de simples conjectures, que nous n'avons que l'abrégé de la loi Salique, que cet abrégé est extrait d'un plus grand corps de droit qui étoit en usage chez les Francs, & que cet extrait fut donné aux juges, afin d'en conserver plus aisément la mémoire, & de regler leurs décisions avec moins de travail & de peine; mais il y a dans ce code un si grand nombre de réglemens & d'ordonnances contre ceux qui volent des chèvres, des pourceaux, des chevaux, des oiseaux & des abeilles, qu'on doit regarder le recueil de ces réglemens comme complet sur la matiere, du moins pour le temps où la loi Salique a été faite.

La langue dont on s'est servi pour faire la premiere rédaction de la loi Salique, est une de ces difficultés qui partageront toujours les sçavans : quelques écrivains prétendent que les exemplaires latins n'en sont qu'une version : c'est le sentiment de Leibnitz, d'Antoine de Hauteserre, jurisconsulte de Toulouse, & de Jean Schilter, jurisconsulte de Strasbourg : Hauteserre croit que Clovis, en faisant réformer cette loi, la fit traduire en latin : selon cette opinion les mots barbares du manuscrit de la bibliotheque de Fulde, suivi par Hérold, & de l'exemplaire de Wolfembuttel, publié par Eccard, sont des restes de la langue originale de la loi Salique.

Voy. Alteser; lib. 3. rer. Aquit. Schilter, præf. ad cod. jur. Allem. feud. §. 13.

Eccard, quoique disciple de Leibnitz, ne juge pas à propos de suivre ici son sentiment : il croit que les loix Saliques furent originairement écrites en latin, & il allégue pour raisons, 1°. Que les Francs qui servoient dans les armées Romaines & à la cour des empereurs, y avoient appris la langue latine. 2°. Que, selon le moine Otfride, dans la préface déja citée, les Francs, peu avant Charlemagne, ne sçavoient pas écrire en leur langue naturelle.

Cependant ces raisons n'ont point paru tranchantes à plusieurs auteurs Allemands, & le sçavant Hachemberg qui vivoit dans le dix-septieme siecle, a tâché de les réfuter.

Hachenberg de Germ. med. dissert. 6. §. 2.

Selon Eccard, les magistrats des Francs étoient chargés d'interpréter en leur langue le texte latin des loix : les anciens mots de la langue Franque ont été mis en forme de glose, entre les lignes, ou à côté des expressions latines les plus difficiles, par quelque copiste Franc ; on a fait ensuite d'autres copies, où le texte & le commentaire ont été confondus, ce qui a causé le style barbare & inintelligible de plusieurs articles.

Quelque écrivains François, peu satisfaits de toutes ces hypotheses, en ont formée une autre, dont voici l'abrégé. Les Romains ayant conquis les Gaules y introduisirent leur langue : les Gaulois mêlés avec les Romains, oublierent insensiblement leur langage, ou le corrompirent, en le mêlant avec celui des Romains : ne pouvant se défaire tout-à-fait de l'un, ni apprendre tout-à-fait l'autre, ils les confondirent tous les deux, & de cette confusion il résulta un jargon qui fut appellé *Roman*, pour le distinguer du latin.

Les Francs qui vinrent ensuite dans les Gaules, s'accommoderent de ce langage barbare, par une politique contraire à celle des Romains qui imposoient aux nations vaincues le joug de leur langue : cependant ils donnerent le tour de la leur à ce latin corrompu, & il est hors de doute qu'alors beaucoup de mots Teutons furent mêlés dans le latin corrompu : d'ailleurs il est assez probable que les Goths & les Bourguignons ajouterent leurs mots à ce langage, & que le commerce les porta de province en province : ce mélange de mots de nations différentes avec la langue latine, ne forma plus qu'un style barbare, dont il fallut se servir en rédigeant les Loix Saliques, parce qu'il étoit le langage de la multitude.

Augustin. de Civit. Dei. l. 19. c. 7.

Telles sont les hypotheses que plusieurs écrivains ont inventées pour découvrir l'origine du style barbare des loix Saliques & autres : j'ai exposé ces systêmes, sans en embrasser aucun.

Charlemagne eut quelque envie de mettre les loix & les actes publics en langue Tudesque ; mais les obstacles que l'on opposa

opposa à l'exécution de ce dessein le firent échouer ; cet Empereur en fit réformer le style ; on continua de se servir du latin dans les loix & les actes ; usage qui subsista jusqu'au regne de François I, qui, par son ordonnance de 1529, renouvellée en 1539, enjoignit aux juges & aux greffiers de se servir de la langue Françoise préférablement à toute autre, & de l'employer dans les actes publics & privés.

La loi Salique & celle des Ripuaires, forment le code des Francs : au sixieme siecle on entendoit par le nom de *Ripuaires* les Belges, & les Francs qui s'étendoient depuis Cologne environ jusqu'à Mayence : Clovis s'étant fait élire roi des Ripuaires, les maintint dans leurs anciens usages : il laissa ces deux peuples subsister en forme de société. Thierry, un de ses fils, fit quelques changemens dans leurs usages, & rédigea en forme de loi les coutumes des Francs & des Belges : les additions & les autres mutations faites par ce prince, étoient nécessaires. Il falloit supprimer ce qui concernoit la religion payenne, pour y substituer les maximes du Christianisme, ce qui fut exécuté dans les changemens ordonnés par Thierry ; on retrancha des coutumes Ripuaires & Saliques, ce qui ne pouvoit s'accorder avec le Christianisme, & on laissa subsister le fonds. *Baluz. capit. t. 1. p. 25. prolog. l'g. Bajoar.*

Le préambule qui est à la tête de la rédaction faite par les ordres de Dagobert, ne permet pas de douter de ces changemens : en voici le contenu. « Le roi Thierry étant
» à Châlons, fit choix d'hommes sages & instruits des
» anciennes loix de son royaume, auxquels ce prince enjoignit
» de rédiger la loi des Francs, celles des Allemands & des
» Bavarois, afin de donner à chacune de ces nations qui
» lui étoient soumises, un code conforme à leurs anciens
» us & coutumes, auxquelles il ne fit que les additions &

Tome I. Q

» changemens nécessaires, pour régler sur les principes de
» la religion chrétienne plusieurs points qui supposoient la
» payenne. Childebert perfectionna encore à cet égard les
» codes réformés par Thierry, & dans la suite Clotaire
» ajouta aussi quelque chose à l'ouvrage de Childebert ».
L'auteur de ce préambule ajoute, que le roi Dagobert fit
revoir les loix par les illustres personnes *Claudius, Chaudus, Indomagus,* & *Agilufus*; qu'il en fit faire une nouvelle
rédaction; qu'il délivra à chaque nation les tables de sa loi,
& que dans les tribunaux on devoit suivre cette rédaction.

Quoique le nom de *Ripuaires* ne soit pas exprimé dans
ce préambule, cependant il est constant que leur loi doit
être comprise dans le code des Francs, que Thierry & ses
successeurs firent rédiger. La ressemblance qui se trouve
entre la plûpart des articles des loix *Salique* & *Ripuaire*,
m'empêche de les séparer.

§. III.

LOI DES BOURGUIGNONS.

La premiere habitation des Bourguignons avoit été voisine de celle des Allemands, dont ils étoient séparés, suivant Ammien-Marcellin, par des pierres-bornes seulement, *terminales lapides Allemannorum & Burgundionum confinia distinguebant*. Ils se faisoient gloire, dit le même écrivain au liv. 28, chap. 5, d'être originairement sujets de l'Empire, *Burgundi se esse sobolem Romanam sciunt*; ce qui les avoit engagés sous Valentinien à se réunir aux Romains contre les Allemands : mais, trompés par Valentinien lui-même, ils ravagerent, l'an 373, les bords du Rhin, au rapport de Cassiodore & de Paul Orose : en 406 ils passerent le Rhin

Amm. Marcell.
l. 18. c. 2.

avec les Allemands, pour s'établir dans la Germanie supérieure: les témoignages de Prosper & de Cassiodore sont formels là-dessus : Orose ajoute, liv. 7, chap. 32, que leur nom est venu de ce qu'ils bâtissoient sur leurs frontieres des especes ce forts qu'ils appelloient bourgs, *burgos vulgò vocant*; ils se réunirent de nouveau aux Romains sous Aëtius, suivant ce qu'en dit Sirmond sur Sidoine Apollinaire, au liv. 3, épit. 4, & ce fut en 451, suivant Prosper, qu'ils formerent des établissemens durables dans ce que nous appellons aujourd'hui la Savoye & les pays voisins.

Voy. Duchesne, t. 1. p. 200.

Du temps de Clovis, c'est-à-dire, l'an 500, le royaume de Bourgogne étoit borné au septentrion par les provinces appellées depuis Alsace, Lorraine & Champagne; à l'orient par le Haut-Rhin & les Alpes; au midi par la Méditerranée; & à l'occident par les montagnes d'Auvergne: Gondebaud, possesseur des provinces renfermées dans ces limites, entreprit d'établir le bon ordre dans ses états: il en forma le dessein dès le commencement de son regne; & voulant retenir ses sujets dans le devoir par la crainte, il leur donna des loix dures & séveres, dont la pratique parut insupportable; mais les revers de la fortune ayant réformé son génie, il en vint à des loix plus douces: Sigismond, fils & successeur de Gondebaud, trop foible pour résister aux Francs ses ennemis, tâcha de se concilier les Gaulois comme les Bourguignons, en donnant des loix également favorables aux uns & aux autres: nous apprenons du Prologue qui est la tête, qu'elles furent faites non-seulement pour les Bourguignons, mais encore pour régler les différens qui pouvoient survenir entr'eux & les *Gaulois-Romains*. Dans ce cas, le tribunal étoit mi-parti, jurisdiction devenue nécessaire pour des raisons tirées de l'arrangement politique

Grég. de Tours, hist. l. 2. c. 33.

V. t. 1. de l'hist. de Bourg. p. 453.

Q ij

de ce temps-là. Ces loix furent même adreſſées aux juges Gaulois-Romains, comme aux juges Bourguignons; d'où l'on doit conclure que les comtes Romains, comme les autres juges Gaulois, conſerverent leur dignité & leurs biens ſous la nouvelle domination.

Quoique les Bourguignons, les Gaulois & les Romains fuſſent mêlés enſemble dans le même pays, ces peuples néanmoins ne furent point confondus : on les diſtinguoit par les uſages qu'ils ſuivoient, & l'on remarque cette différence dans le code Bourguignon même : *ſi quelqu'un*, dit la loi, *tue un homme libre de notre peuple*, *de quelque nation que ſoit celui qui aura été tué*, *ſon meurtrier ne ſera pas reçu à faire aucune compoſition*. Il eſt clair que ces mots *peuple* & *nation*, ont ici une ſignification différente, & que celui de *peuple* preſente l'idée d'un aſſemblage de gens de différentes *nations*.

L. Burgund. tit. 2.

Le code Bourguignon eſt compoſé des loix faites par deux rois : la plupart ſont de Gondebaud, & le reſte eſt de Sigiſmond, ſon fils : celui-ci ſemble même n'avoir fait que rédiger les loix de ſon pere, ou avoir choiſi celles qui lui ont paru des plus propres au gouvernement actuel de ſes états; cependant il en fit auſſi de nouvelles : du moins on le conjecture du décret qui précede le code Bourguignon ; le légiſlateur ordonne, que tous les officiers par lui établis pour rendre la juſtice, régleront leurs jugemens ſur les loix qui ont été faites & corrigées dans une aſſemblée, de l'avis & du conſentement des grands de ſon royaume : par ce même décret, il confirme pluſieurs loix données par ſon pere, particulierement celle qui ſe trouve au titre 55, & qui porte que les Romains, c'eſt-à-dire, les anciens habitans, ſeront jugés ſelon la loi Romaine; il ordonne de plus, que les loix comprises dans son code seront observées dans le jugement des procès, *présens & futurs, pourvu qu'il n'y ait point encore de jugement définitif*: il veut que dans les cas qui ne se trouveront pas décidés par les loix, on ait recours à lui pour la décision ; & , pour rendre son code plus authentique, il le fit signer par trente-deux comtes qui composoient l'assemblée où il avoit été accepté : les comtes Bourguignons & Gaulois-Romains représentoient les deux Nations : cependant les loix munies de cette autorité ne lierent pas indifféremment les deux nations, elles sont distinguées dans plusieurs articles, & l'on y remarque que les particuliers de l'un & de l'autre nation eurent encore la liberté de suivre leurs usages, comme de succéder, de contracter & de plaider suivant la loi sous laquelle ils étoient nés : les femmes réclamoient celle de leurs maris, l'affranchi celle de son patron : dans les actions criminelles, on consultoit la loi de la personne offensée pour punir le coupable : il étoit libre à celui qui étoit né sous la loi Romaine, de se soumettre à celle des Bourguignons ; mais lorsqu'on s'y étoit soumis, on ne pouvoit plus la quitter pour retourner à la premiere : s'il survenoit une difficulté entre deux citoyens de nations différentes au sujet de la loi qui devoit être observée, les juges naturels des deux parties s'assembloient pour terminer le différent.

La forme que les rédacteurs donnerent au code Bourguignon, en étendit la connoissance & l'usage ; cela s'apperçoit dès le premier titre, où le roi législateur permet à ses sujets de disposer des biens qu'ils ont acquis : le chroniqueur Marius rapporte que les Bourguignons partagerent avec les Sénateurs Gaulois la partie des Gaules qu'ils avoient occupée

(1). Les premiers princes Bourguignons qui regnerent dans les Gaules, avoient défendu à leurs sujets d'aliéner les terres qui leur étoient échues en partage, en même-temps ils avoient ordonné, que les enfans mâles des propriétaires en seroient les seuls héritiers; le législateur étendit cette défense aux terres que ses sujets avoient reçues, & qu'ils recevroient de lui & de ses successeurs; cependant il leur permit d'aliéner les biens dont ils auroient fait l'acquisition; &, pour empêcher l'usurpation des terres domaniales de la couronne, il obligea ceux qui en possédoient quelques parties d'en représenter les titres.

Une autre loi porte, que si un pere a partagé ses biens avec ses enfans, & qu'ensuite il épouse une seconde femme, les enfans du second lit n'auront part qu'à la portion que le pere s'est réservée.

On remarque dans le code Bourguignon plusieurs loix qui distinguent les gens de condition servile, en *serfs* & en *originaires*: pour entendre cette distinction, il faut faire attention que les Bourguignons, en entrant dans les Gaules, y trouverent deux sortes de personnes, des *libres* & des *serfs*: ceux parmi les libres qui étoient sans biens, ou réduits à une fortune médiocre, se dévouoient au service des personnes riches, ils les suivoient à l'armée ou à la cour, & leur servoient de cortége dans les assemblées où il falloit paroître avec distinction: on ne croit pas que la loi ait compris sous le nom de *serfs* & *originaires* ces sortes de personnes, quoiqu'elles fussent attachées au service d'un riche citoyen; la loi en a

---

(1) *Burgundiones partem Galliæ quam occupaverunt cum Gallis divisere senatoribus.* Mar. Chron. ad Ann. 456.

désigné d'autres par cette distinction : par les premiers, elle entendoit les esclaves en tout sens, incapables par leur état de contracter & de disposer, parce qu'ils ne possédoient rien en propre, & qu'eux-mêmes étoient possédés par leurs maîtres : par les *originaires*, elle entendoit ceux qui étoient attachés à la terre que leur maître leur avoient confiée pour la cultiver, à condition de lui rendre, tous les ans, une certaine quantité de grains, de bestiaux & de laine : ces originaires pouvoient disposer du reste, d'où sont venus les gens de main-morte si communs dans le Comté & le Duché de Bourgogne (1).

Le code Bourguignon est adressé aux grands officiers du Royaume & de la cour, appellés comtes, conseillers, domestiques, maires du palais, référendaires, &c. Les *comtes* étoient assesseurs du prince dans son conseil : les *domestiques* étoient les officiers à qui le prince avoit confié le soin de sa famille, de ses palais & de ses domaines : nous apprenons des anciennes Chartes, qu'ils furent souvent envoyés dans les provinces pour faire les fonctions de Juges. Les *maires* avoient la surintendance sur les officiers domestiques du prince : je parlerai dans la suite de l'autorité excessive qu'ils se sont arrogée successivement; comme le code Bourguignon leur est adressé, cela peut supposer qu'à la fin du cinquieme, & au commencement du sixieme siecle, ils avoient une jurisdiction. Les *référendaires* recevoient les requêtes adressées au prince; ils les lui présentoient, rédigeoient ses décisions & les scelloient de son sceau.

―――――――――――――――――――――――

(1) Aux dixieme & onzieme siecles on distinguoit plusieurs sortes d'hommes main-mortables. *Voy.* cout. de Troyes, art. 3, 4, 5, 6; usage génér. des Fiefs, liv. 3. ch. 15. p. 904, par Brussel.

On remarque dans le code Bourguignon des juges délégués par le prince : la plupart étoient destinés à terminer les différens des soldats, & à juger les délits militaires : les autres juges délégués par les comtes, instruisoient des procès & les jugeoient, lorsqu'ils en avoient la commission. Ces officiers avoient sous eux des greffiers, que le code appelle *notaires*; ceux-ci écrivoient les sentences & en délivroient des copies aux parties : les exécuteurs des jugemens se nommoient *vittelsscalcs* (1).

La Bourgogne avoit des *patrices*, qui rendoient la justice & commandoient les armées : cette dignité venoit des Romains, & elle s'est conservée parmi les Bourguignons après la conquête de leurs provinces faites par les enfans de Clovis.

Le latin du code Bourguignon est plus intelligible que celui de la loi Salique : on y trouve peu de mots barbares, & la construction de ses phrases n'est point rebutante; ce code subsista long-temps après la destruction du premier royaume de Bourgogne; il étoit encore en usage dans le neuvieme siecle, mais les révolutions qui arriverent sous les princes Carlovingiens, firent taire la plupart des loix Bourguignones : on n'en retint que quelques-unes, & surtout celle du *combat judiciaire*, dont je parlerai ailleurs.

Le législateur Bourguignon s'attachoit beaucoup à découvrir & à punir les fraudes, à réprimer & à prévenir les querelles, les usurpations & les larcins : la peine dûe pour l'homicide d'un esclave étoit pécuniaire : celui d'un homme libre étoit puni de mort : si cependant cet homicide avoit

─────────────

(1) Je crois qu'il faut lire *Urtelscalc*, vieux mot Teutonique, composé d'*urtel*, qui veut dire *jugement*; & de *scalc* qui veut dire *serviteur*, *officier*.

été

été commis dans la chaleur d'un différent, ou en repoussant une injure, le meurtrier n'étoit condamné qu'à une peine pécuniaire : on régloit la somme sur la condition du mort, & elle tournoit au profit de ses plus proches : la loi défendoit de prononcer des amendes applicables au fisc, hors les cas qu'elle avoit exprimés ; elle défendoit aussi d'en augmenter le nombre, & d'étendre les sommes qu'elle avoit fixées : elle n'admettoit point la confiscation des biens des criminels, parce que le crime ayant été puni dans la personne, ne devoit plus l'être dans celle d'héritiers innocens. Elle ordonne, sous peine d'amende, d'exercer l'hospitalité ; elle défend d'attenter à la liberté des étrangers qui venoient s'établir dans le royaume ; cependant elle vouloit que lorsqu'ils étoient inconnus, on avertît le juge du lieu : elle permet de recevoir les Goths faits esclaves par les Francs : elle recommande le respect dû aux églises : elle condamne à mort un juge qui auroit reçu des présens avant ou après le jugement, quand même sa sentence seroit conforme aux loix : la peine du talion est ordonnée contre ceux qui, après avoir accusé un juge de s'être laissé corrompre, n'ont pu le convaincre : on défend les sollicitations, & on interdit jusqu'à celles que l'on pourroit faire au roi ou à son conseil : on condamne à 30 sols d'amende les juges qui, par inadvertence ou par négligence, s'écartent des loix ; on regle les taxes que les greffiers pouvoient exiger, & qui ne pouvoient excéder la troisieme partie du sol Romain. Le juge qui, après une troisieme requisition, différoit de juger un procès dont l'instruction étoit achevée, étoit condamné à 12 sols d'amende ; on défend, sous la même peine, de former une plainte en déni de justice, avant d'avoir fait les trois sommations.

Tom. I.   **R**

Les loix que je viens de citer furent reçues sans aucune difficulté; mais le quarante-septieme titre n'eut pas une approbation si générale : le législateur vouloit, que si la femme ou le fils de celui qui avoit volé, ne révéloient pas le crime, ils fussent réduits en esclavage. Saint Avite, évêque de Vienne, représenta à Gondebaud l'injustice de cette loi; il semble qu'il n'eut aucun égard à cette représentation, puisque cette loi étoit encore observée par les Bourguignons, sous Louis le Débonnaire; Agobard de Lyon prit la liberté d'en demander à ce prince l'abrogation; cette démarche n'eut pas plus de succès que celle de saint Avite. Il est surprenant qu'une loi si contraire à la nature n'ait pas frappé ce prince. *Une femme accusatrice de son mari!* dit Montesquieu, *un fils accusateur de son pere! Deux accusations qui révoltent la nature : pour venger une action criminelle, on en ordonnoit une autre plus criminelle.* On croit entrevoir dans le code Bourguignon plusieurs loix faites dans les *Mallgergues*, c'est-à-dire, dans les assemblées que la nation Bourguignone a tenues avant de passer le Rhin : ce code, tel que nous l'avons aujourd'hui, contient quatre-vingt-neuf titres : il est suivi de deux supplémens, dont le premier a vingt titres, & le second treize paragraphes sous un seul titre.

Voy. recueil des Hist. de Fr. t. 4. p. 268. note.

Espr. des Loix. l. 26. ch. 3.

Le président Bouhier a cru que le code Bourguignon n'étoit pas parvenu entier jusqu'à nous. Les partisans de cette opinion pensent, qu'il y a des lacunes dans les titres, & que ce ne sont que des fragmens de l'ancien code.

V. observ. sur la Cout. de Bourg. ch. 9. §. 14.

Mais d'autres gens éclairés soutiennent, que les articles de ce code, que l'on a cru perdus, s'y trouvent lorsqu'on le lit avec attention : comme ils ne sont rangés, ni par matieres, ni suivant l'ordre chronologique, ce n'est souvent qu'à la suite que l'on retrouve l'article énoncé comme antérieur : en rapprochant les titres ou les articles qui traitent de la même matiere, il est aisé de se convaincre que le temps nous a conservé entier le code Bourguignon, dont on voit encore des vestiges dans la Franche-Comté sur la police des chemins, la clôture des héritages, les entreprises sur les communaux, & la peine des *mésus* & des délits.

ARTICLE IV.
Loi des Allemands et des Bavarois.

Les Allemands s'étoient formés en corps de peuple immédiatement après l'empire de Trajan. Ils donnerent d'abord leur nom à cette étendue de pays qui est comprise entre le Rhin, le Mein & le Danube, & qui étoit proprement appellée *Allemannia*. Ils s'étoient rendus si redoutables sur le haut-Rhin, depuis l'empire de Trajan jusqu'à celui de Valentinien, que c'est principalement pour réprimer leurs efforts, que ce dernier fit élever, en 369, sur la rive gauche de ce fleuve, une si grande quantité de forts. *Rhenum omnem à Rhætiarum exordio ad usque fretalem Oceanum magnis molibus muniebat, castra extollens & castella turresque assiduas.* Il y a deux opinions probables sur l'étymologie du mot *Allemanni*. Agathias, après Asinius Quadratus, Cluvier, Vossius & autres, ont pensé que ce peuple a commencé par être un assemblage de toutes sortes de peuples ; que les naturels du pays les ont appellés *Allemanner*, par allusion à leur mélange, *quasi miscellanei homines*. Mais si l'on fait attention que le mot Tudesque composé d'*Allemanner*, ne répond pas exactement à ceux d'hommes mêlés, *miscellanei homines*, & que pour en rendre l'idée, il faudroit dire

Amm. Marcell. l. 28. ch. 2.

Allerley-Manner, on peut adopter cette seconde étymologie; savoir, que ceux des habitans de la rive droite du Rhin, les plus prochains de sa source, ont tenté sur le haut-Rhin, ce que les Francs avoient entrepris avec succès sur le bas-Rhin; qu'ils ont pris le nom d'*Allemanner*, comme un nom de guerre, voulant donner à entendre qu'ils étoient tous libres; car il est intéressant de remarquer que le mot *Mann* a toujours rendu, & rend encore aujourd'hui l'idée d'un homme libre; d'où est venu le droit encore connu de nos jours dans plusieurs provinces d'Allemagne, sous le nom de *Manns-Recht*, privilege de liberté. Il y a des pays où le *Manns-Recht* est nécessaire aux femmes pour transmettre la liberté à leurs enfans, parce qu'on y suit la maxime : *partus sequitur ventrem*. Ce privilege peut s'acquérir par des lettres du prince, appellées *Manns-Brief*.

Cette opinion sur l'étymologie du mot *Allemanner*, dont est dérivé le mot latin *Allemanni*, & le mot françois *Allemands*, est fortifiée par un passage de Procope, qui, en décrivant les bords du Rhin & pays adjacens, dit, *suevi deinceps, & Allemanni, gens valida, liberi omnes & jamdiu hæc incolunt loca*.

<small>V. Procope de arborichis.</small>

L'on voit que sous le nom d'*Allemands*, on ne comprenoit pas tous les peuples germaniques : cette nation, lorsque Clovis la soumit, étoit établie entre le Rhin & le lac de Geneve; les Bavarois étoient leurs voisins, leur habitation étoit sur la droite du Rhin, & ils se sont volontairement soumis à Clovis après la victoire que ce prince a remportée sur les Allemands. Les loix qui furent données aux deux nations étoient presqu'en tout semblables.

Hachemberg fait remonter l'origine de la loi des Allemands jusqu'au temps des empereurs Antonins : cette antiquité, dont il ne donne point de preuves suffisantes, est sans doute moins certaine que l'époque de la rédaction de cette même loi, qui fut faite par Thierry I, roi de France, renouvellée par Clotaire II, enfin corrigée par le roi Dagobert, vers l'an 630. Si on ajoute foi au titre qui est à la tête de ce code rapporté par Lindenbrog, la rédaction qu'on attribue à Clotaire fut faite dans une assemblée de trente-trois évêques, trente-quatre ducs, soixante-douze comtes & du peuple. *Cod. leg. antiqu. p. 363.*

Clovis avoit laissé les Allemands en possession des pays qu'ils avoient occupés : il est assez probable que la partie de cette nation qui fut soumise à la monarchie des Francs, embrassa le christianisme, & que la conversion des autres fit de grands progrès sous Thierry : cette vraisemblance est fondée sur le préambule de la loi des Allemands ; elle suppose des principes de la religion chrétienne, puisqu'elle retranche différens articles qui regardoient la payenne. *Voy. Capitul. Baluz. t. I. p. 26.*

Cette loi, dans le recueil de Lindenbrog & de Baluze, renferme quatre-ving-dix-neuf articles : Baluze a augmenté le sien de deux additions, dont les articles sont pour la plupart dans les loix *Salique* & *Ripuaire* : on voit dans celle des Bavarois quelque chose de la forme des jugemens qui se rendoient dans les assemblées où les Allemands de marque étoient obligés de se trouver sous de certaines peines. *Vid. leg. Bajoar. tit. 15.*

Entre les titres du code des Allemands, le dix-neuvieme mérite quelque attention ; il défend aux Laïcs de posséder des biens d'église sans un titre par écrit ; si l'on ne pouvoit en montrer le titre d'acquisition, il vouloit que la possession de ces biens retournât au pasteur qui en avoit auparavant la jouissance ; ce fut pour remédier au défaut de ces sortes d'acquisitions, que le législateur, par l'art. 20, obligea de contracter par écrit, sous peine de nullité, du moins dans les affaires qui concernoient les églises; cette loi suppose que l'on donnoit des fonds, qu'on les vendoit, & achetoit sans contrat par écrit; ce qui étoit une suite de l'ignorance où les Barbares étoient plongés, soit avant, soit après avoir fait la conquête des provinces de l'empire Romain : cette maniere de contracter verbalement & sans écrit, ne regardoit point les Gaulois qui savoient écrire, & qui furent gouvernés par l'ancien droit Romain.

Lindenbr. p. 368.

Le vingt-huitieme titre concerne l'obéissance dûe aux Supérieurs : « Si quelqu'un, dit cette loi, a méprisé le » cachet ou le sceau du général, qu'il paye douze sols d'or » d'amende ; s'il a méprisé le cachet de son comte, qu'il » en paye six ; & trois, s'il a méprisé le cachet de son cen- » turion ». Il est clair qu'ici le mot *cachet* signifie un ordre par écrit auquel on avoit apposé un cachet.

La loi des Allemands semble n'infliger qu'une peine pécuniaire pour le meurtre, le rapt, l'incendie, & d'autres crimes aussi énormes.

Leg. Bajoar. tit. 32.

Celle des Bavarois n'est pas moins douce ; elle ne condamne à la mort, que ceux qui ont conspiré contre le prince & l'état : le juge qui exécutoit la loi à la lettre, ne prononçoit des arrêts de mort que contre les traitres. Celui qui avoit tué un homme libre en étoit quitte pour une amende pécuniaire, qu'il payoit aux parens du mort : s'il n'en avoit pas, la composition appartenoit au duc ou à celui à qui le mort s'étoit *recommandé* pendant sa vie.

Voici une loi Allemande des plus singulieres ; elle regarde les femmes : « Si l'on découvre une femme à la tête, on » payera une amende de six sols ; autant si c'est à la jambe » jusqu'au genou ; le double depuis le genou ». Il semble que cette loi mefuroit les outrages faits aux femmes, comme on mefure une figure de géométrie; elle ne puniffoit point le crime de la volonté, mais feulement celui des yeux : les légiflateurs Allemands ne trouvoient dans les chofes, que ce qu'ils voyoient, & ils n'imaginoient rien de plus. Comme ils jugeoient des infultes faites aux hommes par la largeur des bleffures, ils ne mettoient pas plus de rafinement dans les offenfes faites aux femmes.

Un article de la loi des Bavarois les mettoit fous la protection du gouverneur, lorfqu'ils en exécutoient les ordres odieux : « Celui qui aura tué une homme par l'ordre du » roi, ou par l'ordre de l'officier qui commandera dans le » pays, ne pourra point être recherché pour ce fait, ni » être condamné à aucune forte d'amende, d'autant qu'il » aura agi par l'ordre d'un fupérieur, auquel il ne lui étoit » pas permis de défobéir; ainfi le meurtrier & fes enfans » feront fous la protection fpéciale du duc. Si le duc, fous » le gouvernement de qui le cas fera arrivé, vient à mourir, » fon fucceffeur fera chargé de donner au meurtrier la » même protection ». *Leg. Bajoar. tit. 2. c. 8.*

Quoique cette loi ne fe trouve pas dans le code des Francs, ni *Saliens* ni *Ripuaires*, ni des autres nations foumifes aux Francs, on préfume cependant avec fondement, que dans le feptieme fiecle elle regardoit toute la monarchie : un article des capitulaires femble le fuppofer; en voici la teneur : « Celui qui aura tué un homme par ordre » du roi, ou par ordre du duc qui commande dans la pro- » vince, ne pourra point être recherché pour ce fait, ni » condamné à aucune forte d'amende, parce que la loi & » l'ordre du fouverain feront réputés avoir fait le meurtre, » d'autant plus que celui qui l'aura fait, ne pouvoit pas fe *Voy. les Capitul. l. 5. c. 367.*

" difpenfer d'obéir ; ainfi l'homicide & toute fa poftérité
" feront fous la protection fpéciale du roi & fous celle de
" fes fucceffeurs, qui le garantiront envers tous & contre
" tous ".

Les Bavarois, les Allemands, & la plupart des autres nations Germaniques, trouvoient moins de difficultés à exécuter les loix de leurs fouverains, qu'à obferver celles de l'églife. Avant le huitieme fiecle, les degrés de parenté mettoient au mariage un empêchement, quelqu'éloignés que fuffent ces degrés, pourvu qu'on pût les appercevoir. Boniface, archevêque de Mayence, eut recours au pape Grégoire II, fur la difficulté qu'il trouvoit à faire goûter aux Allemands, & autres nations Germaniques, la loi de l'églife, qui défendoit en général le mariage entre parens ; le pape fut obligé d'ufer d'indulgence, & de permettre aux Germains d'époufer leurs parentes après le quatrieme degré.

Mais parce que cette indulgence n'avoit été accordée que pour affermir dans la foi les Allemands convertis, & faciliter la converfion des autres nations, les prélats crurent qu'après la deftruction entiere du paganifme, la difpenfe accordée par Grégoire II, n'avoit plus lieu. Ils confulterent donc de nouveau l'églife Romaine affemblée en concile, & la prierent, trente ans après la lettre de Grégoire II, de leur marquer précifément les regles que les fideles devoient fuivre dans la célébration de leurs mariages.

Voy. le Concile de Rome de l'an 743. cap. 15.

Les codes Allemands & Bavarois comprennent encore d'autres difpofitions, tant fur l'adminiftration des affaires publiques, que fur les actes néceffaires à l'entretien du bon ordre & de la bonne-foi : mais toutes ces loix font perfonnelles, & leur efprit eft le même que celui des loix *Salique* & *Ripuaire* : leur ftyle eft rude & fimple : il feroit clair, si tous les termes en étoient latins; mais elles foisonnent en expressions Tudesques; ce qui n'a pas empêché Grotius de défendre le style des codes Allemands & Bavarois, contre l'opinion de ceux qui l'ont blâmé : la simplicité, la rudesse leur sont restées, parce que les Allemands & les Bavarois n'étant point sortis de leur pays, le commerce avec des peuples plus polis & des usages différens, n'ont pu y apporter de changement : le contraire est arrivé aux loix Bourguignones & Visigotes : leur style est plus pur, parce que ces nations, ayant changé de demeures, & vivant parmi les Gaulois & les Romains, ont suivi peu-à-peu leur maniere de s'exprimer.

ARTICLE V.

FORMULES.

Une formule est un modele que doit suivre celui qui fait un acte public ou juridique; on y supprime les noms, & on marque par une ou deux lettres majuscules les endroits où ils doivent être : on y supprime aussi tout ce qui a un rapport particulier aux personnes, aux familles & aux églises qui peuvent tirer des copies de ces formules, & on indique les endroits par des &c. &c. comme autant de places pour recevoir ce qui peut convenir à la personne, à la famille ou à l'église, en faveur de laquelle on veut dresser un pareil acte. *Voyez le nouveau traité de Diplôm. f. 1.*

Les écrivains qui ont ramassé les anciennes formules, ont mis à la tête de leurs recueils celles de Marculfe, quoique les *Angevines* paroissent plus anciennes. Marculfe étoit moine, il le dit dans sa préface : mais en quel temps & en quel pays des Gaules vivoit-il ? C'est ce qu'on n'a pu encore découvrir avec certitude; sans m'amuser à la discussion critique de

Tome I. S

ces deux points, j'assurerai seulement que Marculfe vivoit sous les rois Mérovingiens.

Lindenbrog & Bignon nous ont donnée chacun une édition différente de ces formules : le premier ne les a point divisées en deux livres : son recueil contient 185 formules, pendant que Bignon n'en compte que 40 dans le premier livre, & 52 dans le second : ils ne s'accordent pas toujours sur le sujet des formules, l'un omet ce que l'autre ajoute; ces omissions & additions nous obligent de croire que les éditeurs ont suivi des manuscrits dont la différence leur a été inconnue.

Cependant, il semble que la division des formules en deux livres est plus méthodique : le premier contient les *chartes royales*, le deuxieme celles des canons.

On dressoit les premieres dans le palais, & elles étoient expédiées au nom du Roi. C'est la raison qui leur a fait donner le nom de *Chartes royales*, pour les distinguer des autres qui sont nommées *Chartæ* ou *litteræ pagenses*, parce qu'elles étoient dressées hors du palais, devant le comte ou le centenier de chaque pays; celles-ci sont ordinairement des actes de donation, de vente ou d'achat; on y trouve aussi des commissions, des lettres d'échange & de caution, de partage & autres actes particuliers : une charte insérée dans les actes publics étoit précédée d'une procuration & d'un procès-verbal; on donnoit à celui-ci le nom de *Gesta*, mais d'une maniere plus particuliere qu'à la charte & à la procuration; on référoit ces trois pieces dans les actes municipaux, on en tiroit une expédition en faveur de la partie intéressée, & cette piece étoit encore nommée *Gesta*.

Il est certain que les formules de Marculfe peuvent servir à la connoissance des anciens usages des Francs & des Gaulois, comme il le suppose dans sa préface : mais ce n'est pas le seul

V. le nouveau traité de Diplôm. t. 1.

Baluz. capitul. t. 2. col. 425, 469, 470, 531, &c.

avantage que l'on peut en tirer; elles facilitent encore l'intelligence des loix Saliques, Ripuaires, Allemandes, Bavaroises & des Capitulaires : ce dernier avantage a fait croire à quelques critiques, que les formules de Marculfe avoient été retouchées par une main postérieure, & dans des temps où les Francs avoient recours à quelques usages du droit Romain pour l'exactitude de leurs actes : *car avant ce temps*, a dit un auteur moderne, *les Francs & les Gaulois septentrionaux dressoient rarement des actes pour les ventes, les donations & même pour les mariages; ils y suppléoient par des signes, per virgam, festucam, baculum, ramum, annullum*, &c. Ces signes faits en présence de témoins avoient parmi eux toute la force des actes par écrit, & expédiés par des notaires. *Recherches du droit François*, p. 135.

Quoique Marculfe nous ait laissé des formules des actes que l'on passoit de son temps, on ne doit pas croire que toutes fussent des modeles que le prince avoit ordonné de suivre; un notaire pouvoit en dresser selon la circonstance où les contractans se trouvoient; il y retranchoit, & y ajoutoit ce qu'il croyoit nécessaire pour rendre l'acte plus certain & plus solide : Marculfe lui-même a proposé des modeles de sa façon; ainsi, l'on peut assurer que son recueil n'imposoit pas toujours une obligation de se conformer aux formules qu'il renferme. Cependant il est assez vraisemblable qu'on ne changeoit rien aux formules qui concernoit les affaires & les dignités de l'état : celle qui contient la forme des provisions de comte, de duc, de Patrice, nous apprend que ces dignités dans le sixieme & le septieme siecles, étoient des magistratures amovibles : elle nous apprend encore que chaque dignitaire réunissoit en sa personne les trois pouvoirs des magistrats Romains, le gouvernement militaire de la province, l'administration de la justice, & la direction des finances. *Voy. form. Marc. liv.* I. *form.* 8.

A la suite du recueil de Marculfe, on trouve un appendice de formules auxquelles M. Bignon a donné ce titre, *formules anciennes d'un auteur incertain* : elles ont été revues par Baluze; dom Bouquet en a remarqué quatre comme ayant été faites sous la seconde race de nos rois, & il n'a osé assurer que toutes les autres fussent de la premiere race.

Voy. recueil des hist. de Fr. t. 4. pref. p. 12.

La connoissance des formules qui suivent cet appendice est dûe au pere Sirmond, qui les a fait copier sur un ancien manuscrit de Langres : dans la premiere édition faite par M. Bignon sur la copie du pere Sirmond, l'éditeur leur a donné le titre de *formules anciennes selon la loi Romaine*. Baluze, dans la deuxieme édition, a ajouté au premier titre celui de *formulæ Sirmondicæ*, & a corrigé plusieurs fautes qui avoient échappé à M. Bignon.

On ne doit point confondre ces formules avec celles que M. Bignon a fait imprimer, d'après un manuscrit qui appartenoit alors à Charles l'Abbé : elles avoient ce titre, *Cartæ regales sive parensales*. Mais Baluze fait observer qu'on leur a donné mal-à-propos la qualité de *chartes royales*, puisqu'elles n'ont pas été dressées au nom du roi, mais au nom de quelques particuliers, & il semble qu'on ait raison de douter si le nom *regales* leur convient; en effet, une main étrangere, mais ancienne, a ajouté *parensales*, c'est-à-dire, *pagenses*, titre qui désigne qu'elles ont été dressées au nom de quelques particuliers, ce qui est conforme à ce qu'elles contiennent : Baluze, dans la deuxieme édition, les a désignées par les mots *formulæ Bignonianæ*.

Les formules *Angevines* sont un des plus anciens monumens de la Monarchie Françoise ; les critiques modernes les font remonter à la quatrieme année du regne de Childebert I, c'est-à-dire, à l'an 515 : cette époque sur laquelle le pere

Mabillon a varié, est celle qu'il a enfin adoptée dans le supplément de sa Diplômatique ; ce savant homme avoit trouvé les formules *Angevines* dans un vieux manuscrit du monastere de Weingarten en Souabe ; il les nomme *Angevines*, parce qu'il les croyoit tirées des actes publics de l'Anjou : leur premier rédacteur a supprimé les noms propres des notices qui s'y trouvent, & a laissé dans quelques-unes le nom de la ville d'Angers.

V. Suppl. dipl. p. 68.

A la tête des formules *Angevines*, dans le manuscrit de Weingarten, on lit ce titre, *in Christi nomine incipiunt dictati*. Le pere Mabillon, qui les a mis au jour dans le quatrieme tome de ses analectes, n'a corrigé aucune des fautes de ce manuscrit : il s'est contenté d'y faire des notes assez courtes, parce que celles de Bignon, sur les formules de Marculfe, peuvent servir à éclaircir pareillement ce qu'il y a d'obscur dans les *Angevines*.

Ce recueil contient cinquante-neuf formules ; on y répete assez souvent les expressions *lex Romana, consuetudo pagi, & principales potestates*. Quelques écrivains modernes se sont appliqués à chercher les motifs qui avoient engagé l'auteur de ces formules à employer ces expressions : ils croient en trouver la raison dans la situation de l'Anjou. Cette province étoit autrefois limitrophe, & flottoit, pour ainsi dire, entre le pays de droit écrit & le pays coutumier ; ainsi les formules *Angevines*, en rappellant la coutume & le droit Romain, convenoient également à l'un & à l'autre pays : peut-être aussi doit-on regarder ces énonciations comme l'effet des raisonnemens vagues & du style minutieux, dont les notaires, sous la premiere race, farcissoient les préambules de leurs actes.

Voy. Croslei recherch. sur le Droit François.

Parmi ces actes, les *notices* se font remarquer : on leur

donne ce nom, parce qu'elles commencent ordinairement par ces mots *notitia qualiter,* &c. Ce font des déclarations par lesquelles on cédoit, vendoit, donnoit certains biens ou on les restituoit ; la plupart de ces notices étoient extrajudiciaires & même privées, on entrevoit dans d'autres des formules de jugemens rendus sur le serment des parties, ou sur la déposition des témoins, & on y découvre des rapports assez sensibles avec la jurisprudence Romaine & la loi Salique.

Baluze, après avoir fait réimprimer tous les recueils de formules que je viens d'indiquer, finit par celui des formules qu'il a compilées, & qu'il a tirées d'anciens manuscrits & de quelques imprimés : elles sont au moins du huitieme siecle. Dans les formules les plus inutiles en apparence, on découvre les anciennes procédures, le changement arrivé dans l'ancienne jurisprudence, l'origine des privileges, les variations du gouvernement judiciaire, & les rapports qui restent des anciens actes juridiques avec ceux qui sont aujourd'hui en usage parmi nous : ces rapports sont assez sensibles dans les formules qui sont nommées *Epistolæ precariæ & prestariæ :* il faut bien distinguer ces termes, & remarquer entr'eux la même différence que l'on met entre *prendre* & *donner* ou *bailler :* le preneur gardoit la charte dite *præstaria*, & le bailleur celle qu'on nommoit *precaria* ; le premier acte étoit dressé au nom du tenancier, & le second au nom du propriétaire : le premier avoit ordinairement la forme de lettre & de supplique, le second celle de lettre de concession ; l'un & l'autre tiroient leur origine des emphythéoses autorisées par les loix Romaines dès le quatrieme siecle ; ce que l'on trouve à ce sujet dans le nouveau traité de Diplomatique est intéressant ; il faut cependant observer que les auteurs

Voy. nouv. traité de Diplóm. t. 1. p. 265. 266.

de cet ouvrage se sont trompés en citant un troisieme livre des formules de Marculfe : on n'en doit compter que deux.

On remarque encore dans les anciennes formules, des prérogatives accordées par les rois. Les rangs, les conditions s'étant beaucoup multipliés depuis l'établissement des Francs dans les Gaules, tous ces états différens demandoient des réglemens particuliers : où il y a des distinctions entre les personnes, il faut aussi qu'il y ait des privileges, & ces privileges forment des exceptions, que l'on peut observer dans les formules du septieme & du huitieme siecles, & plus encore dans les capitulaires donnés par les rois Carlovingiens.

ARTICLE VI.

Du Style des anciens Monumens.

Nos critiques s'exercent depuis long-temps pour découvrir dans quelle langue s'est fait la rédaction de nos anciens monumens, la diversité de leurs opinions en démontre l'incertitude ; quelques écrivains ont prétendu, que les exemplaires latins qui sont parvenus jusqu'à nous, n'en sont que des versions ; c'est, comme nous l'avons déja dit, le sentiment de Leibnitz, d'Antoine Hauteserre & de Jean Schilter. Hauteserre croit que Clovis, en faisant réformer la loi Salique, la fit traduire en latin ; en conséquence de cette opinion, les mots barbares qu'on trouve dans le manuscrit de la bibliotheque de Fulde, suivi par Herold, & ceux de l'exemplaire de Wolfembuttel, publié par Eccard, sont des restes de la langue originale de la loi Salique. En voici quelques traits.

Au titre LVIII, selon l'exemplaire de Herold & de Wendelin, on trouve une loi qui porte, *si quis corpus occisi hominis, antequam in terram mittatur, expoliaverit, Malb. Cheomodiso* MM. D.

Den. qui faciunt solid. LXII. *& dimidium culpabilis judicetur, & antiquâ lege, si corpus jam sepultum exfodierit, & expoliaverit, wargus sit.*

La premiere partie de cette loi se trouve dans les mêmes termes au titre XVII. liv. I. du même exemplaire cité par Herold ; Eccard observe que ce titre XVII. est un article de la loi primitive des Francs, & que le titre LVIII. en est une extension qu'il attribue à Clovis.

Leg. Francor. illust. ed. 1720.

Le mot *wargus* est très-certainement un mot tudesque latinisé, du verbe *wargen* ou *wurgen*, qui veut dire *étrangler*; ainsi dans la loi cité il signifie, *que le coupable sera pendu & étranglé*.

A cette remarque, on en peut joindre une autre tirée de la loi XVIII. du titre II. laquelle défend le larcin des porcs consacrés, en ces termes, *si quis* majalem *sacrificum furaverit*, &c. (1). On ne sçauroit presque douter, que ce ne soit là une de ces anciennes loix établies dans le temps que les Francs étoient encore payens ; si elle a été conservée depuis leur conversion au christianisme, c'est, dit Eccard, dans un autre sens, & parce que la chair de porc étoit du nombre des offrandes qu'on faisoit au clergé.

Eccard, quoique disciple de Leibnitz, ne juge pas à propos d'être toujours de son sentiment ; il croit que les loix Saliques & Ripuaires ont été originairement écrites en latin ; & il allégue plusieurs raisons : 1°. dit-il, les Francs qui servoient dans les armées Romaines, y avoient appris la langue latine. 2°. Selon le moine Otfride, les Francs, peu

_____

(1) Ces termes semblent indiquer qu'on ne se servoit dans les sacrifices que de *porcs châtrés*, *majales*; la castration étoit une sorte de purification aux yeux de gens qui ne connoissoient que l'impulsion des sens.

avant Charlemagne, ne sçavoient pas écrire en leur langue naturelle.

Il paroît certain que sous Chilperic, roi de Soissons, le langage vulgaire des Francs n'avoit point encore de caracteres propres, pour être figuré, puisque ce prince voulut ajouter à l'alphabet latin les lettres doubles des Grecs, telles que *th*, *ch*, *ph*, *cs*, *ps*, &c. Qui sont nécessaires pour exprimer une grande quantité de mots Teutons, comme l'observe Grégoire de Tours; il crut qu'avec cette addition l'alphabet latin pourroit suffire au langage Tudesque, surchargé en consonnes.

Cette observation est fortifiée par un passage du moine Otfride, qui, deux cents ans après Chilperic, entreprit la traduction des évangiles en langage Tudesque. « Outre
» que cette langue, dit-il dans sa préface, n'est susceptible
» d'aucun ornement, ni assujettie aux regles de la gram-
» maire, elle abonde en mots qui ne peuvent-être peints
» que très-difficilement aux yeux des lecteurs; il en est où
» il faudroit, ce semble, employer jusqu'à trois V, dont
» le dernier seulement doit faire l'effet d'une voyelle; l'Y
» grec ne trouve point de place dans cette langue, au lieu
» que le K & le Z y sont absolument nécessaires, contre
» l'usage des Latins qui mettent ces lettres au nombre des
» superflues; la premiere, pour former le son de la gorge,
» la seconde, une sorte de grincement de dents ».

« Cette langue a d'ailleurs souvent besoin de la figure
» appellée *métaplasme* ou *transformation*, ainsi que de celle
» que les grammairiens appellent *synalephe*, ce qui fait
» qu'elle incline continuellement vers l'*omioteleuton* ou la
» *consonnance*; souvent les deux lettres I, O, retiennent
» leur son naturel de voyelles, & souvent aussi la premiere

Tome I. T

„ doit-être prononcée comme consonne; deux négatives,
„ qui en latin font une affirmative, forment quelquefois
„ dans cette langue une négative geminée; il est très-difficile
„ d'y observer les nombres & les genres; au reste tous ces
„ défauts ne surprendront point, si l'on fait attention qu'elle
„ n'a point été cultivée par ceux à qui elle est naturelle;
„ elle n'a eû ni poëtes ni historiens, les nationnaux aimant
„ mieux se perfectionner dans d'autres langues que dans la
„ leur; *chose*, ajoute ce moine, *très - digne de remarque!*
res mira! tam magnos viros, prudentiâ deditos, cautelâ præcipuos, agilitate suffultos, sapientiâ latos, sanctitate præclaros, cuncta hæc in alienæ linguæ gloriam transferre, & usum scripturæ in propriâ linguâ non habere.

Les Francs les plus illustres, les rois eux-mêmes négligeoient leur langue pour cultiver la latine; le poëte Fortunatus dit à Caribert, roi de Paris:

Cum sis progenies clarâ de gente sicamber
Floret in eloquio lingua latina tuo.

Le reproche qu'a fait le moine Otfride à sa nation, est aussi la censure des âges suivans; on a toujours perdu un temps précieux à apprendre les sciences dans des langues étrangeres; c'est peut-être là la cause qui a retardé les progrès de la langue Teutonique; il n'y en a pourtant aucune, sans en excepter la Greque, qui soit plus propre aux arts & aux sciences, parce qu'il n'y en a point qui ait autant de mots monosyllabiques; Stevin en compte près de trois mille; rien ne rend nos idées avec plus de précision que les monosyllabes; rien par conséquent ne peut contribuer d'avantage à l'avancement des connoissances humaines.

Charlemagne eut quelqu'envie de mettre les loix & les actes publics en langue vulgaire, sans doute parceque le latin corrompu, dont on s'étoit servi jusqu'à lui pour leur rédaction, étoit inintelligible; en effet, la charte originale de fondation du monastere de St. Hubert en Ardennes, donnée sous le regne de Thierri IV. parut deux cents ans après si difficile à lire à l'auteur de la vie de St. Beregise, abbé fondateur de ce monastere, qu'à peine pût-il déchiffrer le nom du comte *Grimbert*, & la cinquieme année du regne de Thierri.

<small>*Sæc.* 4. *Bened. part.* 1. *p.* 94. *annal. Bened. t.* 2. *p.* 16.</small>

Charlemagne fit réformer le style du *Romain rustique*, & mettre le *Tudesque* en réputation; le concile de Tours, tenu en 812, ordonna (art. 17.) à chaque évêque de se procurer les *homelies*, & de les faire traduire tant en *Romain rustique* qu'en *Tudesque*, pour l'usage des diocesains. (1).

Nous trouvons aussi la distinction de ces deux langages marquée dans l'acte qui fut dressé lors de l'entrevue entre Charles le Chauve & Louis le Germanique, en 870. Celui-ci s'exprima en *Romain rustique*, & Charles le Chauve en *Tudesque*, afin que leurs sujets réciproques comprissent les obligations que les deux princes contractoient. Au reste, il paroît que la langue Teutonne ou Teutonnique différoit peu de la Celtique; puisque les Celtes & les Teutons se croyoient une même origine, & se traitoient de *freres*; Strabon croit même que c'est-là la raison qui a porté les Romains à appeler les Teutons *Germani*, ce qui n'est pas sans difficulté.

<small>*Baluz. t.* 2. *p.* 222. *Goldast. t.* 3. *conflit. imper.* Dumont corps Diplom. *t.* 1. *p.* 17.</small>

---

(1) *Unusquisque episcopus habeat* homilias, *& easdem quisque apertè traducere studeat in* rusticam Romanam *linguam*, *&* Theodiscam.

CHAPITRE II.
DE LA PUISSANCE LEGISLATIVE.

Eccard a prétendu que les empereurs d'Orient ont établi les princes Francs, rois dans les Gaules, afin de se conserver sur elles une sorte de droit de domaine direct; il assure que Clovis reçut de l'empereur Anastase un diadéme, avec le brevet de consul & de patrice; en conséquence, les partisans de cette opinion ont distingué deux pouvoirs dans les rois de la premiere race; l'un indépendant sur les Francs, l'autre administratif seulement & subordonné sur les Gaulois, & les Romains domiciliés dans les Gaules.

<small>*Orign. de la maison d'Autr. ed. 1721.*</small>

Cette idée ne s'accorde guere avec la fierté de nos anciens Francs, qui n'ont jamais voulu que leurs souverains dépendissent & relevassent d'aucune puissance; on voit à la fin de la deuxieme race, Charles, frere du roi Lothaire, chargé du mépris de la nation, pour avoir accepté de l'empereur Othon I, le duché de la Basse-Lorraine, à la charge de cette espece de serment, appellé depuis *hommage*; on refusa de le reconnoître pour *roi des Francs*, après la mort de Louis V, & cet événement prépara l'heureuse révolution qui assura le trône de France à la race régnante.

J'admets cependant pour un moment dans les premiers rois Francs, deux pouvoirs, l'un absolument indépendant, l'autre restreint & limité par les loix; mais c'est précisément dans le sens opposé à l'opinion d'Eccard; ils exerçoient, suivant moi, un pouvoir absolu & indépendant sur les *Gaulois*, parce qu'ils avoient succédé dans les Gaules aux empereurs Romains, dont l'autorité paroît même avoir été au-dessus des loix, *imperator legibus solutus est*.

<small>*L. princeps. 31. dig. de legib.*</small>

Mais à l'égard des *Francs*, leur pouvoir n'étoit pas si absolu, ni dans la confection des loix, ni dans ce qui pouvoit toucher leur état.

Il faut pourtant encore être modéré dans l'usage qu'on pourroit faire de cette distinction ; il nous reste peu de chose sur la forme des assemblées nationales tenues sous la premiere race; d'un autre côté le temps nous a conservé des monumens si positifs du pouvoir législatif, exercé par les rois de cette race, qu'il est impossible de déterminer précisément la part que la nation pouvoit avoir conservée dans la législation.

Nous nous sommes imposé la loi d'une exacte neutralité ; à mesure que les points difficiles se présenteront, nous les traiterons avec cette impartialité qu'on ne trouve gueres dans aucun de nos critiques; nous ne tenons à aucun système ; nous ne nous arrêtons qu'aux faits les plus constatés, & aux conséquences nécessaires qui en découlent.

Suivant cet esprit, il est difficile de se persuader, que l'autorité des rois de la premiere race fut limitée. Voici le discours que le célébre Grégoire de Tours, un des prélats les plus considérables du royaume, & le premier de nos historiens, adressa à Chilperic : « Si quelqu'un
» de nous manque à ses devoirs, c'est à vous à le punir,
» mais si vous même commettiez des excès, qui est-ce qui
» auroit le droit de vous reprendre ? Nous vous adressons
» nos supplications, mais vous les écoutez ou les rejettez
» suivant votre bon plaisir; & si en les rejettant vous com-
» mettiez une injustice, qui est-ce qui auroit le droit de vous
» condamner, si ce n'est le Dieu de la justice? » (1). Ces

(1) *Si quis de nobis, ò rex, justitiæ tramitem transcendere voluerit, à te corrigi potest ; si verò tu excesseris quis te corripiet ?*

termes n'annoncent pas dans le souverain un pouvoir partagé ou balancé par d'autres pouvoirs; cependant n'hazardons rien sur cette matiere délicate; renfermons nous dans les faits.

ARTICLE I.

Des Assemblées Nationnales.

Les causes majeures & les affaires importantes parmi les Francs, pendant qu'ils se tenoient sur les frontieres de l'Empire, n'étoient décidées que dans des assemblées nationnales, conformément au très-ancien usage de tous les peuples Germaniques, dont Tacite a dit: *de minoribus principes consultant, de majoribus omnes.*

Les princes étoient distingués dans ces assemblées par leurs longues chevelures; cette prérogative étoit attachée aux familles, chefs de canton; les officiers & les moindres sujets les portoient par degrés moins longues: l'abbé Lebœuf a dit, qu'ils les faisoient couper en rond au-dessus des oreilles; cependant Sidonius Apollinaris assure qu'ils conservoient sur le haut de la tête une touffe de cheveux assez longs, qu'ils relevoient en forme d'aigrettes. Les Francs juroient sur leurs cheveux, comme on jure aujourd'hui sur son honneur; les couper à quelqu'un c'étoit le dégrader, le flétrir, le réduire à la condition des serfs, dont la tête étoit rasée; on condamnoit ceux qui avoient trempé dans quelque conspiration à se couper les cheveux les uns aux autres; on voit que la fameuse Fredegonde fit raser une

Dissert. de l'abbé Lebœuf. t. 1. p. 45.

Sidon. Apoll. panegyr. major.

Loquimur enim tibi, sed si volueris audis; si autem nolueris, quis te condemnabit nisi is, qui se pronunciavit esse justitiam? Greg. Turon. hist. *l.* 5. *c.* 18.

maîtresse de son beau-fils; ses cheveux furent attachés à la porte de ce prince; l'action parut horrible; cet usage d'être distingué par les chevelures étoit commun aux Francs *Saliens* & aux Francs *Ripuaires;* les Antiquaires prétendent que c'est Clodion qui a introduit, vers l'an 418, l'usage des longues chevelures dans sa race, voulant que ce fût la marque distinctive des princes Francs; quoi qu'il en soit, c'est par les chevelures qu'on distinguoit les rangs dans les assemblées nationales.

L'usage de ces assemblées se maintint au milieu de la conquête des Gaules; en voici une preuve: c'étoit un usage parmi les Francs de faire des lots du butin enlevé à l'ennemi, & de tirer les lots au sort; Clovis ne fit aucune difficulté de se soumettre lui-même à cet usage; dans la bataille gagnée sur Siagrius, général Romain, on prit un vase d'un travail exquis; l'évêque du lieu envoya des députés à Clovis pour le réclamer; Clovis consentit à le rendre: mais comme c'étoit un usage parmi les Francs, que la totalité du butin se partagea au sort entre le prince, les officiers & les soldats, Clovis renvoya les députés au partage qui devoit se faire à Soissons: *si le sort,* dit-il, *fait tomber ce vase dans mon partage, l'évêque sera satisfait.* Arrivé à Soissons, Clovis craignit que le sort ne lui défera pas ce vase; voulant néanmoins obliger l'évêque, il pria ses troupes de le lui accorder, sans le commettre au sort; l'armée lui offrit le butin entier; il y eut pourtant un cœur assez féroce, pour oser donner un coup de hache dans le vase, en disant à Clovis, qu'il ne prendroit dans le butin que ce que le sort lui donneroit; l'armée fut indignée de cette insolence; elle remit le vase au roi, qui le rendit aux députés de l'évêque; l'action du soldat fut regardée comme un crime punissable;

Grég. Turon. 2, n. 27.

mais c'étoit un usage parmi les Francs, que le jugement des crimes fût réservé aux assemblées nationales; Clovis défera à cet usage; il suspendit son courroux pendant près d'un an, jusqu'à l'assemblée du champ-de-Mars; mais impatient d'attendre le jugement, il saisit le prétexte que les armes de ce Franc n'étoient pas en bon état pour le tuer de sa main; ce qui suppose entr'autres choses une discipline militaire bien rigoureuse parmi les Francs, & une distinction dès-lors bien marquée entre les délits purement militaires & les délits ordinaires, puisque le prince, seul compétent pour les uns, ne l'étoit pas tout seul pour les autres.

La forme des assemblées *du champ-de-Mars*, est encore un de ces points, qui ne seront jamais bien éclaircis; cette dénomination paroît avoir été empruntée des Romains, de qui les Francs ont appris la discipline militaire. Le seul endroit où Grégoire de Tours en parle, semble indiquer que les assemblées du champ-de-Mars, étoient des especes de revues annuelles; voici ses termes: *transacto anno, jussit omnem cùm armorum apparatû advenire phalangem, ostensuram in campo Martio suarum armorum nitorem.*

Grég. Turon. l. II. c. 27.

C'est-là où suivant Boulainvilliers, & tous les écrivains qui ont suivi son sentiment, la nation *Franque* traitoit avec son roi des affaires qui concernoient le bien général de l'état; la paix, la guerre, la législation, la police publique & le grand criminel des Francs.

Mais indépendamment de l'impossibilité où l'on est de donner une succession, appuyée sur l'histoire, des assemblées *du champ-de-Mars*, interrompues pendant trois regnes, renouvellées ensuite par Pepin, & remises au mois de Mai, comme on le verra au second période de cet âge; lorsqu'une fois les Francs eurent été dispersés dans toutes les parties des Gaules

Gaules, par les poffeffions qui les y fixerent; qu'il fe fut formé après la mort de Clovis, au milieu des Gaules, différens royaumes, partages de fes enfans, quelle fut alors la police au fujet de ces affemblées nationales, qui tiennent dans nos hiftoriens modernes une place diftinguée, & au fujet defquelles nos anciens monumens nous laiffent dans de fi grandes incertitudes?

Ce qu'on peut dire de plus probable fur cette matiere, c'eft que dans ces premiers temps de la monarchie, les *feigneurs Francs* étoient auprès du roi les repréfentans de la nation, & que c'eft par leur avis que les loix fe formoient, & que les grandes caufes étoient décidées; ce qui fuppofe des affemblées, des féances, mais bien différentes de celles des Francs purement guerriers & conquérans ; le clergé ne paroît point avoir eu part à la repréfentation nationale avant la feconde race, & les députés du peuple n'y furent admis que bien long-temps après ; on peut donc regarder, comme une vérité de notre droit public, que les *feigneurs* font en France les plus anciens repréfentans de la nation affemblée.

ARTICLE II.

Des nouvelles Conftitutions faites par les rois Merovingiens.

Dom Bouquet fait entendre, qu'il ne nous refte que fept ordonnances des rois Mérovingiens; la premiere eft celle que Baluze attribue à Childebert II, & que Bouquet donne à Childebert I; ils font auffi divifés fur la feconde; Baluze la rapporte aux rois Childebert II, & Clotaire II, & Bouquet aux deux fils de Clovis, qui portoient les mêmes noms; ils font d'accord fur la troifieme qu'ils attribuent l'un &

Recueil des hiftor. vol. 4. t. 4. pref. p. iv.

l'autre à Childebert I; mais la quatrieme les partage encore; Bouquet croit qu'elle appartient à Clotaire I, & Baluze à Clotaire II; les trois dernieres ne font aucune difficulté; la cinquieme, donnée en 560, est de Clotaire I, la sixieme est du roi Gontram, en 585, & la septieme de Clotaire II, en 614.

Les sçavans s'accordent mieux sur la qualité de *rex Francorum*, prise par les rois Francs au commencement de leurs ordonnances: on a supprimé sur leurs monnoies le mot *Francorum*; on y lit seulement, *Clodovæus rex, Childebertus rex, Clodarius ou Chlotarius rex*, &c. On n'a commencé à mettre sur leurs monnoies les mots *rex Francorum*, que du temps de Pepin ou de Charlemagne.

§. I.

Décret du roi Childebert I, en 532.

En 532, Childebert fit publier un décret, dans lequel il renouvelle & confirme plusieurs articles dont on étoit convenu dans les assemblées d'Attigni, de Maftricht, & de Cologne; il défend à ses sujets & en particulier aux seigneurs *chevelus*, de contracter des mariages incestueux; il menace de la mort celui qui aura épousé la femme de son pere; il bannit de son palais les officiers que les évêques auront excommuniés, pour avoir commis un inceste. Il défend le rapt sous peine de mort; il déclare qu'il n'accordera point de grace aux coupables de ce crime, que les églises ne leur serviront point d'asyle, & ordonne aux évêques de les remettre entre les mains de la justice, & à ses officiers de les enlever de l'église, si l'évêque refuse de les livrer. Il condamne à la mort celui qui aura commis un homicide de dessein prémédité, & révoque toutes les compositions que les loix avoient permises à cette espece de meurtrier de faire avec les parens du mort ; car c'étoit un usage, que celui qui avoit commis un meurtre, apprécié par les loix Saliques & Ripuaires, se mettoit sous la protection des juges, afin d'éviter la vengeance des parens du mort ; pour cela il payoit un droit appellé *fredum*, qui étoit une sauve-garde, sous laquelle il demeuroit jusqu'à ce qu'il eût composé avec ceux qui le poursuivoient, & qu'il fût convenu avec eux d'une somme par laquelle il se rachetoit du crime qu'il avoit commis.

Les voleurs accusés par cinq ou sept personnes de probité, sont condamnés à mort, & un juge qui aura relâché un voleur, est soumis à la même peine.

Si un centenier trouve un voleur dans une autre centaine que la sienne, il représentera le voleur, ou se purgera par serment, s'il n'a pu l'arrêter. On voit par cet article que les centeniers étoient non-seulement des juges, mais qu'ils étoient aussi officiers des comtes & des autres magistrats supérieurs, qu'ils étoient obligés d'arrêter les voleurs, mais qu'ils ne les jugeoient point.

Pour entendre les autres articles de la loi de Childebert, qui concernent le vol, il est à propos de remonter jusqu'à la loi Salique, qui contient presque vingt articles sur cette matiere. Il y est ordonné au centenier de marcher en personne à la recherche des voleurs & des choses dérobées, & aux Francs de lui prêter main-forte ; mais comme les désordres de la monarchie avoient corrompu les mœurs, en étouffant le sentiment de l'honneur parmi les Gaulois, & en formant l'habitude du pillage & des violences parmi les Francs, Childebert fut obligé d'ordonner que les centeniers seroient tenus de restituer les larcins commis dans l'étendue de leur jurisdiction, quand le voleur seroit inconnu, ou qu'il ne seroit pas arrêté : ce moyen paroissoit propre à extirper les voleurs, & à déraciner l'habitude du pillage.

Mais l'expérience ayant fait voir que cette habitude résistoit aux moyens ordinaires, le roi Childebert changea cette disposition, & prononça la peine de mort pour les vols fait avec violence : il distingua néanmoins les Francs, dont il réserva le jugement à sa personne, ou plutôt à son conseil, pour ne pas dire à l'assemblée générale du champ de Mars. Voici les termes de cette loi : *Si Francus fuerit, ad nostram præsentiam dirigatur, sed si debilior persona fuerit, in loco pendatur*, c'est-à-dire, si c'est un Franc, qu'il soit conduit à notre cour; mais s'il est d'une condition inférieure, qu'il soit pendu dans le lieu où il a été pris. On remarque encore dans cette ordonnance, que les causes des provinces étoient portées au conseil du roi, sur-tout quand il s'agissoit des intérêts des personnes constituées en dignité.

On lit dans l'édition de Pithou, Collo, qui ne se trouve point dans les meilleurs manuscrits.

La loi de Childebert condamne à une amende de soixante sols d'or, ceux qui refuseroient d'assister le centenier à la capture d'un voleur; enfin Clotaire plus sévere que Childebert dans la punition du larcin, soumet les serfs aux châtimens les plus rigoureux pour le moindre vol, & assujettit les maîtres à la restitution de ce que leurs serfs auroient pris.

Ce prince fut aussi attentif à faire respecter les usages de l'église, que les loix de l'état. Les Juifs pendant la semaine sainte paroissoient plus magnifiquement vêtus qu'à l'ordinaire, ils la passoient en réjouissances, & le jour de pâques ils prenoient des habits de deuil; Grégoire de Tours dit que par cette affectation ils infultoient à la religion des chrétiens. Childebert pour faire cesser ce scandale, défendit aux Juifs [6] de paroître en public pendant les semaines de la passion & de paques, & d'avoir des serfs ou des domestiques qui feroient profession de la religion chrétienne, « n'étant pas » juste dit-il, que celui qui a été racheté par le sang » de Jésus-Christ soit soumis à servir un infidele qui » blasphême son nom »; ce fut d'après cette défense que le concile d'Orléans, tenu en 533, excommunia ceux qui feroient quelqu'alliance avec les Juifs. Cette censure ayant été ensuite négligée, Dagobert en 630 ou 633, enjoignit expressément à ses sujets, qui n'étoient pas chrétiens, de sortir de ses états : quelques Juifs se firent baptiser, les autres en très-grand nombre se retirerent hors du royaume; on ne sait pas si cet exil fut long, il est certain seulement que les Juifs étoient déjà rétablis en France sous le regne de Charles-le-Chauve.

Grég. Turon. l.

Childebert, dans l'article quatorzieme de sa loi, renouvelle les défenses de travailler les dimanches, sous peine d'une amende de quinze sols d'or, pour les Saliens ou les Francs, de sept pour les Romains, c'est-à-dire, les Gaulois, de trois pour les demi-serfs qui cultivoient des terres en partie à leur profit, & pour les esclaves, sous peine de punition corporelle.

Le dernier article de cette ordonnance supprime un usage barbare, qui assuroit l'impunité des crimes à ceux qui n'avoient pas assez de bien pour payer l'amende déterminée par la loi Salique; selon le titre soixante-unieme de cette loi, l'homicide n'étoit communément puni que d'une amende pécuniaire; or, celui qui n'étoit pas assez riche pour la payer entiere, en étoit quitte en faisant jurer douze personnes, qu'il n'avoit pas assez de bien pour acquitter la somme qu'on exigeoit de lui : il ramassoit ensuite de la terre des quatre coins de sa maison, & se tenant debout sur le seuil de sa porte, il jettoit un peu de cette terre sur son plus proche parent : puis en chemise, pieds nuds, & tenant un bâton à la main, il sautoit par-dessus la haie dans laquelle son terrein étoit renfermé ; alors celui sur qui cette terre avoit été jettée, se trouvoit obligé de payer l'amende, à moins qu'à son tour il ne fît la même cérémonie sur quelqu'autre ; on appelloit cet usage *chrenechruda*. Childebert, qui l'abolit, ordonna que les homicides seroient punis de mort ; que si néanmoins les parens de celui qui avoit été tué, se contentoient d'une amende, le coupable seul la payeroit.

§. II.

Pacte ou Constitution de Childebert I, & de Clotaire I.

Cette constitution est la seconde des rois de la premiere race, receuillies par le P. Bouquet. La plupart de ses réglemens concernent les manieres de découvrir les voleurs, & les peines que l'on doit leur infliger.

Par le deuxieme article il est dit, que si un accusateur lie une personne libre pour un vol, que celle-ci nie, l'accusateur choisira douze personnes, afin d'assurer par serment que le crime a été commis : si elles l'affirment, la loi permet au voleur de se racheter par une somme d'argent ; que si la pauvreté l'empêche de se racheter, & que ses parens refusent de l'aider, alors il offrira une composition pour sa vie : elle consistoit ordinairement à se rendre l'esclave de celui qui avoit été volé ; cette composition devoit se faire devant le juge, autrement elle étoit nulle.

§. III.
Loi de Childebert, en 554.

En 554, il y avoit encore des payens dans la monarchie Françoife, & l'hiftoire nous apprend que des néophites ou nouveaux chrétiens confervoient quelqu'attachement pour les fimulacres que leur peres avoient adorés; ils étoient d'autant plus fortement attachés à ces fuperftitions, qu'elles étoient plus extravagantes; ils paffoient fans remord de leur nouveau culte à l'ancien, & fe joignoient aux idolâtres dans les réjouiffances qu'ils faifoient les jours de leurs fêtes.

Ce fut pour détruire ces reftes d'idolâtrie, que Childebert publia, en 554, une conftitution, où il ordonne d'ôter fans différer les idoles placées dans les maifons & dans les champs, de les brifer & de les remettre entre les mains des évêques; il y enjoint à fes officiers de fe faifir des contrevenans, à moins qu'ils ne donnaffent caution de fe repréfenter à fon tribunal, pour entendre leur jugement, qui feroit tel qu'il jugeroit à propos de le rendre.

Childebert ajoute enfuite : " nous avons reçus des plaintes » fur plufieurs abus & les facrileges les plus énormes : on nous » a affuré que les nuits fe paffent en débauches & en bouffon- » neries, & on ne craint pas de profaner par ces défordres les » fêtes de pâques, de noël, & les autres folemnités; ne pou- » vant tolérer de pareils défordres, nous ordonnons, que » quiconque y tombera, foit puni de cent coups de fouet s'il » eft de condition libre, s'il eft d'une condition plus honora- » ble..... » le refte de cette ordonnance nous manque, ce qui nous en eft demeuré, fait regretter ce qui eft perdu.

§ IV.

Decret de Clotaire I.

<small>Recueil des histor. de Franc. t. 4. p. 114.</small>

Le quatrieme décret, que le P. Bouquet regarde comme la quatrieme ordonnance des rois de la premiere race, est attribué à Clotaire I, fils de Clovis; son objet est de réprimer les vols qui étoient forts fréquens, d'indiquer la maniere de procéder en faisant le procès aux coupables, & de prononcer sur les peines qu'on doit leur infliger lorsqu'ils sont convaincus.

§. V.

Ordonnance de Clotaire I, en 560.

Ce monarque commence par déclarer, que le devoir d'un souverain est de veiller avec sollicitude aux besoins de ses sujets, que la vrai maniere de s'en faire aimer est de ne jamais s'écarter des regles de la justice, de ne point violer les loix, ni leurs formes anciennes; ce prince, en ordonnant l'observation exacte des loix, déclare nuls les jugemens qui s'éloigneroient de l'équité : il défend de lui demander aucun <small>Voy. lettre 2. historiq. sur les fond. du Parl. art. 3. p. 20. édit. in-4°.</small> acte contraire aux loix, & si un sujet importun obtenoit un pareil acte, il veut que les juges le regardent comme étant de nul valeur.

Clotaire dans l'article cinq, casse tout acte émané de son autorité contraire à la loi; il confirme encore la même disposition dans l'article neuf, il y défend d'avoir égard aux ordres qui lui auront été surpris, il n'enjoint que l'exécution de ceux qui seront conformes à la loi, & défend de condamner personne sans l'avoir entendu.

Il ordonne dans le quatrieme, que toutes les contestations que les Romains auront entr'eux, seront décidées suivant le droit Romain, c'est-à-dire, suivant *le code de Théodose*, les *institutes de Caïus*, & *sur-tout l'édit perpétuel* : on ne connoissoit point encore le code de Justinien.

Enfin le dernier article de l'ordonnance de Clotaire porte, que les juges auront soin de faire observer la présente constitution, qu'ils ne rendront aucun jugement, & qu'ils ne feront aucun reglement qui donne atteinte à ce qu'elle ordonne sur l'observation du droit Romain, ni qui soit contraire aux usages pratiqués depuis long-temps parmi ceux qui suivent les anciennes loix nationales. Il ordonne qu'un juge qui aura condamné quelqu'un injustement, soit puni par les évêques, lorsque le roi sera absent, & enjoint au même juge de revoir le procès, & de réformer lui-même sa sentence.

On découvre dans cette constitution de Clotaire, la trace d'un droit seigneurial ou économique, qui consiste dans la perception d'une dîxme ; le capitulaire de Charlemagne de l'an 800, édition de Baluze, page 336, explique très-bien ce que c'étoit que cette dîxme, dont Clotaire exempte ici l'église ; c'étoit le dixieme des cochons que l'on mettoit dans les forêts du roi, pour les engraisser. Charlemagne veut que ses juges payent comme les autres sujets, afin de leur donner l'exemple ; bien loin donc que dans le sixieme & le septieme siecle l'église eut le droit de lever des dîxmes, toute son attention consistoit alors à s'en faire exempter. Le législateur déclare exempts des charges publiques, les clercs auxquels Clovis & Childebert ont accordé cette immunité, il confirme toutes les donations faites aux églises par ces princes & par quelqu'autre personne que ce soit ; enfin il défend d'in-

Tome I. X

quiéter le clergé, & les Gaulois Romains dans les biens qu'ils auront possédés de bonne foi pendant trente ans; cet article semble avoir égard au dernier concile de Paris, qui ordonne de répéter les biens ecclésiastiques usurpés pendant le regne de Clovis.

L'approbation du prince étoit absolument nécessaire pour faire exécuter les canons des conciles d'Auvergne, d'Orléans, de Paris, de Mâcon, qui regardoient les biens dont les chapitres & les abbayes faisoient l'acquisition, ou qu'ils aliénoient : c'est le souverain qui rend les corps ecclésiastiques capables d'acquérir, & comme il est en quelque sorte leur tuteur, ils ne peuvent aliéner ou vendre leurs immeubles sans sa permission. L'incapacité d'acquérir sans l'agrément du prince, vient de ce que les biens acquis par l'église sont consacrés à Dieu : cette consécration les tire du commerce, ainsi le gouvernement se trouve privé de l'avantage qu'il auroit pu en percevoir, si ces biens y fussent restés.

§. VI.

Édit de Gontram, de l'an 585.

Cet édit, confirmatif des canons du deuxieme concile de Mâcon, est adressé aux évêques & aux juges; en voici la substance.

« Ayant appris, que les crimes que les canons punissoient
» autrefois, demeurent aujourd'hui impunis, nous ne sommes
» plus surpris de voir éclater sur notre royaume la colere de
» Dieu, par les guerres & les maladies contagieuses, qui
» enlevent tous les jours tant d'hommes & de troupeaux.
» Après avoir considéré avec attention ce qui pouvoit
» contribuer à appaiser la colere de Dieu, à affermir notre

» couronne, & à rendre nos sujets heureux; je m'addresse
» à vous, saints pontifes, à qui Dieu a confié l'office &
» l'autorité de peres : c'est en vertu de ce pouvoir, que
» vous devez avec soin gouverner vos églises, & réformer
» par vos fréquentes exhortations les mœurs de mes sujets :
» touchés de vos discours & animés par votre exemple,
» ils s'appliqueront à changer de conduite, & à mener une
» vie conforme au christianisme dont ils font profession :
» leur conversion engagera Dieu à faire cesser les fléaux
» qui nous affligent, & à nous accorder des jours plus se-
» reins & plus tranquilles.

» Quoiqu'indépendamment de nos remontrances, vous
» soyez chargés spécialement du soin des ames & de leur enseig-
» gner la foi catholique, nous sommes cependant obligés de
» vous avertir, que vous vous rendrez coupables des péchés
» commis par les chrétiens, que Dieu vous a confiés, si
» vous gardez sur les vices qui regnent parmi eux un
» silence criminel, & si vous négligez de vous élever contre
» les abus qui défigurent le christianisme : c'est pour les
» réprimer, que par ce présent édit nous faisons de très-
» expresses défenses de plaider les dimanches & fêtes, &
» d'y vaquer à des travaux manuels, excepté à ce qui est
» nécessaire pour préparer les repas.

» Secondez nos bonnes intentions, saints pontifes,
» secondez celles de vos prêtres, de nos juges, & des gens
» de probité & d'autorité; agissez de concert avec eux,
» pour la réformation des mœurs. Lorsque tout le monde
» se portera au bien, l'église aura la consolation de voir
» ses enfans changer de conduite, & se purifier de leurs
» péchés. Si quelque ecclésiastique ou laïc méprise vos

„ avis, on doit lui faire sentir la sévérité des canons & des
„ loix civiles; il est juste que les magistrats répriment ceux
„ que les évêques ne peuvent corriger.

„ Gontram ordonne ensuite aux juges, de rendre la justice
„ avec intégrité, de ne point s'en rapporter à des lieu-
„ tenans ou à des vicaires, qui pourroient se laisser cor-
„ rompre, & vendre la justice, mais de la rendre par eux-
„ mêmes : il déclare qu'il sera inexorable sur les malversa-
„ tions commises dans les tribunaux, qu'il punira également
„ les juges ecclésiastiques & laïcs, qui seront convaincus
„ d'avoir favorisée l'injustice; il ajoute que le moyen de
„ plaire à Dieu, est de conserver à l'égard de tout le monde
„ les regles de l'équité ; c'est pourquoi nous voulons, dit-
„ il, que les articles de cet édit soient observés dans toute
„ l'étendue de nos états à perpétuité. „ Cette ordonnance
est datée du 4 des ides de novembre, & de la vingt-quatrieme année du regne de Gontram.

On remarque dans le second concile de Mâcon, confirmé
par cet édit, quelques canons qu'on ne pouvoit exécuter
sans l'autorité du prince : tel est celui qui porte *qu'un avocat
qui plaide le dimanche, perde sa cause*. Étrange décision ! Il
défend aussi d'atteler des bœufs le même jour sans nécessité, sous peine pour les serfs de recevoir des coups de
bâton : il est clair que le concile de Mâcon n'a décerné
ces peines que sur l'autorité du prince, qui lui avoit enjoint
de faire des reglemens pour rétablir la bonne police dans
l'église & dans l'état, avec promesse de les revêtir de son
autorité, pour les faire exécuter.

Depuis ce temps, la défense de travailler les dimanches & fêtes, a toujours été maintenue en France : l'église

a prévenu ou puni par ſes canons le relâchement de cette diſcipline, & les princes en ont appuyé les déciſions par la ſévérité de leurs loix.

§. VII.

Édit de Clotaire II. 614 ou 615.

Cet édit fut donné pour faire ceſſer les plaintes qu'avoient excitées les régences de Brunehaud, & de Frédégonde, redreſſer les griefs des regnes précédens, & en réformer les abus.

Le roi déclare dans ſon édit, que le bonheur de ſes états dépend de ſon attention à faire exécuter les loix qui ont été faites avant lui; il y confirme le premier canon du concile de Paris, tenu en 614 ou en 615, dont il rapporte même les termes : *nous voulons*, dit ce prince, *& nous ordonnons que ce que les canons ont preſcrit, ſoit exécuté dans tous les points, & que ce qui en a été omis ou négligé depuis long-temps, ſoit obſervé à l'avenir, & ſerve de regle pour toujours : qu'après la mort d'un évêque, on ne mette à ſa place que celui que le clergé & le peuple auront choiſi, & que le métropolitain aſſiſté, des évêques ſes comprovinciaux, ordonnera.* Voy. recueil des hiſt. de Fr. t. 4.

Clotaire, en confirmant le canon du concile, y ajoute deux conditions; la premiere, que ſi le prélat élu a les qualités néceſſaires, il ſera ordonné par le commandement du prince; la ſeconde, que ſi dans de certaines occaſions un bon ſujet eſt nommé par le roi, & pris d'entre les officiers du palais, on ne fera aucune difficulté de l'ordonner, après s'être aſſuré de ſa vertu & de ſa doctrine.

La premiere de ces deux conditions étoit déja en uſage;

elle n'avoit rien que de légitime, lorfqu'elle n'étoit pas portée à l'excès, car le prince avoit encore plus de droit que le peuple, qu'on ne lui donna pas un évêque malgré lui, & l'hiftoire nous apprend, qu'on lui demandoit la permiffion d'ordonner un évêque, comme on lui demandoit celle de l'élire.

A l'égard de la feconde condition, elle étoit une exception à la loi, mais avec une reftriction qui paroiffoit l'en approcher; car le prince foumettoit fon brevet de nomination à l'examen des évêques qui devoient juger du mérite & de la capacité de celui qu'il leur propofoit ; en cela il leur rendoit le droit d'élire, après avoir paru le leur ôter : cependant les évêques crurent que la liberté des élections feroit bientôt éteinte, fi les rois s'en mêloient : le concile de Reims, tenu peu d'années après Clotaire II, fous Dagobert fon fils, renouvella d'une maniere abfolue les anciennes regles, & il regarda comme intrus quiconque parviendroit à l'épifcopat, par une autre voie que par le choix libre & univerfel du peuple, autorifé par le confentement de tous les évêques de la métropole : c'étoit exclure fans réferve toute efpérance de fubftituer aux élections la nomination du prince ; & comme il étoit naturel, que quelques évêques fuffent portés à favorifer la cour, le concile ordonna la fufpenfe de toutes fonctions pendant trois ans, contre celui que le peuple & les évêques de la métropole n'auroient pas choifi.

Les autres articles de l'ordonnance de Clotaire, ne fouffrirent point de contradiction. Ce prince y défend aux magiftrats laïcs de juger les caufes des clercs en matiere civile; mais il leur permet de leur faire le procès, & de condamner les criminels, pourvu qu'ils ne foient ni prêtres ni diacres : il veut que les clercs convaincus d'un crime capital, soient punis selon les canons, & examinés de concert avec les évêques; il veut qu'un procès survenu entre une personne publique & les officiers d'une église, soit instruit & jugé par les juges des deux parties : il supprime les droits de *passage* établis pendant les régences de Brunehaut, & de Frédégonde : il ordonne, qu'il n'y aura de douane & de péage, que dans les lieux où il y en avoit du temps de ses prédécesseurs; *les droits qu'on y levera*, ajoute-t-il, *seront les mêmes qu'on y levoit sous leur regne, & il n'y aura que les possesseurs des biens, qui devoient alors ces droits, qui seront tenus de les acquitter* : il fait rendre aux *Leudes* leurs alleux, & aux *Antrustions*, qu'il appelle *Fideles*, les bénéfices militaires, que Brunehaut & Frédégonde leur avoient enlevés (1). Il défend, sous peine de mort, d'épouser des vierges & des veuves qui se sont consacrées à Dieu; il adoucit cependant cette peine dans le cas où le mariage auroit été célébré dans l'église; il veut dans ce cas, que les parties soient seulement séparées, envoyées en exil, & leurs biens confisqués au profit de leurs parens : les évêques & les seigneurs laïcs, qui possédoient des terres dans des provinces différentes, n'y pouvoyent établir que des juges, & des commissaires examinateurs, originaires des lieux où les audiences devoient être tenues : cette loi, ainsi énoncée, semble supposer qu'il y avoit au commencement du septieme siecle des seigneurs qui faisoient administrer la justice dans leurs terres : mais on donne à cette loi un autre sens ; on prétend qu'elle

---

(1) Nous renvoyons à la partie qui traite de l'état des personnes, l'explication de ces différentes qualifications.

n'a d'application qu'à ceux qui possédoient des emplois de duc ou de comte, parce que c'étoit une regle établie, qu'il n'y avoit que les délégués du prince, qui pussent sub-déléguer; d'ailleurs ceux qui découvrent dans cette ordonnance des *hauts justiciers*, supposent dans le texte le mot *terras* qui n'y est pas : l'article porte, *episcopi vel potentes qui in aliis possident regionibus*; ces mots ne supposent que la possession des commandemens & des magistratures ; le terme *potentes* dans une loi d'état, sous les Mérovingiens, ne peut être entendu que des possesseurs de ces premieres dignités, & non de simples seigneurs ayant justice. Montesquieu ajoute de son autorité au texte *terras* : mais cette expression n'y étant point, il a eu tort d'assurer qu'il s'agit, dans cet article, de seigneurs justiciers, propriétaires de terres ou de fiefs.

<small>*Voy. Espr. des loix. l. 30. ch. 22.*</small>

Enfin, l'édit défend de faire paître les pourceaux du fisc dans les forêts des églises ou des particuliers, sans la permission des possesseurs, ou d'exiger d'eux de quoi engraisser ces pourceaux.

Cet édit, dont Clotaire ordonne l'observation sous une peine capitale, fut fait dans le concile de Paris, de concert avec le roi, les évêques & les seigneurs du royaume : il est daté du 15 des calendes de novembre, & de la trente-unieme année du regne de ce prince.

L'article XIII, & les deux suivans, qui manquent aujourd'hui dans cette ordonnance de Clotaire, nous instruiroient peut-être du redressement de plusieurs autres griefs; ce prince ordonne l'exécution entiere de ses lettres appellées *præceptiones*, & abolit les ordres que ses prédécesseurs avoient envoyés aux juges, pour faire ou souffrir des actions contraires aux loix.

Gregoire

Gregoire de Tours rapporte, que sous les regnes de Brunehaut & de Frédégonde, on avoit fait mourir des accusés sans les avoir entendus; qu'on avoit donné des ordres pour faire des mariages illicites, pour transporter des successions, & en frustrer les véritables héritiers; Clotaire révoque tous ces ordres injustes par des *préceptions* contraires, & l'on présume, que dans son édit il fait revivre les loix anciennes, que les injustices du gouvernement précédent avoient pu faire oublier. *Voy: Greg. de Tours. l, 4.*

Cet édit de Clotaire, est la septieme & derniere constitution des rois de la premiere race, que dom Bouquet ait recueillie dans son quatrieme volume des historiens de France; voici quelques autres dispositions adoptées ou données par des rois Mérovingiens, qu'on trouve annoncées dans Grégoire de Tours, & dans les conciles qui les ont citées pour appuyer leurs reglemens.

§. VIII.

Loi reçue par les Rois Francs, sur les mariages des Mineurs.

C'est une loi ancienne, observée par les Francs, qu'un enfant, sous la puissance de son pere, ne peut contracter aucun engagement sans son consentement; ainsi il ne peut se lier par les nœuds du mariage, sans l'autorité paternelle, ou à son défaut, sans celle de ses tuteurs : ce seroit un désordre, que de l'abandonner, avant sa majorité, à l'inconsidération de son âge, dans une matiere qui doit décider du bonheur ou du malheur de sa vie : ses tuteurs naturels peuvent, sans empiéter sur ses droits, empêcher qu'il ne s'engage, ou reculer son engagement, s'ils le jugent ou indigne de lui, ou précipité.

Tome I.

Les rois Mérovingiens, convaincus de la nécessité d'une loi si sage, en ordonnerent l'exécution, quant à la partie qui exige le consentement des peres, pour les mariages de leurs enfans : nous apprenons d'un concile de Tours, tenu en 567, canon vingt, que Childebert, Clotaire, & Cherebert, avoient défendu aux fils & aux filles de famille de se marier avant d'avoir obtenu l'agrément de leurs peres. Pour bien entendre le sens du canon fait par ce concile, il est à propos d'observer, que son but étoit de proscrire l'abus de certaines filles, qui se marioient après avoir fait profession de virginité ; quelques-unes, pour excuser leur conduite, prétendoient que sans le mariage, elles n'auroient pu se défendre de la violence des hommes au-dessous de leur condition, qui les avoient autrefois recherchées en mariage : le concile leur répondit, que leur crainte étoit sans aucun fondement légitime, *puisque les rois Childebert, & Clotaire, avoient fait observer des loix, qui défendoient d'épouser une fille sans le consentement de ses parens, & que le roi Cherebert, sous le regne duquel ce concile a été tenu, les avoit confirmées.*

<small>*Voy. t. 5. des concil. de Labbe. p. 580.*</small>

Cette réponse du concile suppose, que Childebert, Clotaire, & Cherebert, appuyoient de leur autorité l'observation des loix, qui défendoient aux enfans de se marier sans le consentement de leurs parens. Ces loix sont supposées avoir existé avant le regne de ces princes, qui les ont ensuite fait observer ; *cum domini gloriosæ memoriæ Childebertus & Clotarius reges constitutionem legûm de hac re custodierint & servaverint.* Ces loix, dont parle le concile, sont peut-être les Romaines ; car on ne voit pas que le code *Salique* ait défendu à un fils de se marier, sans le consentement de son pere ; il impose à la vérité des peines à celui qui enleve par force une fille, & malgré elle; mais on ne voit pas dans cette loi que la fille, en donnant son consentement, contractât un mariage illégitime, si le pere refusoit le sien.

§. IX.

Edit de Dagobert, en 630.

Dagobert I, par un édit donné en 630, enjoint d'observer le dimanche: il y défend de voiturer aucune chose en ce jour, tant par terre que par eau, à peine contre une personne libre de douze sols d'amende, & à l'égard des voitures par terre, de la confiscation du bœuf attelé du côté droit; il ordonne, sous les mêmes peines, que si le dimanche on se trouve en chemin, on s'y reposera jusqu'au lendemain matin: il y est aussi défendu de travailler en ce jour à planter des hayes pour enfermer son champ, à faucher les foins, à couper ou ramasser ses moissons, ou à quelques autres œuvres serviles: il veut que celui qui sera trouvé coupable de l'une de ces contraventions, si c'est une personne libre, en soit réprimandé une ou deux fois; qu'au cas qu'il ne se corrige point, il soit puni la troisieme de cinquante coups sur le dos; que s'il y retourne une quatrieme fois, on lui confisque le tiers de son bien, & que s'il a la hardiesse de récidiver, qu'il soit privé pour toujours de la liberté; étant juste, dit cette loi, que celui qui n'a pas voulu servir volontairement Dieu un seul jour de la semaine, qui lui est particulierement consacré, souffre malgré lui la servitude pendant tous les jours de la vie. A l'égard de l'esclave, il étoit fustigé pour la premiere fois, & si après ce châtiment il ne se corrigeoit point, on lui coupoit la main droite. *Voy. Baluze capit. reg. Francor. t. 1. col. 69. & 105.*

Ces peines étoient conformes aux mœurs du temps, & d'un peuple qui fortoit du paganifme.

La même ordonnance porte encore, que fi des témoins, affignés pour rendre témoignage devant le centenier, le comte, le duc, le patrice, ou le roi, refufent de comparoître, ils foient condamnés chacun à quinze fols d'amende; elle ajoute que, fuivant l'ancien ufage, les comtes tiendront leurs audiences toutes les femaines une fois dans les temps de trouble, & tous les quinze jours dans les temps de tranquillité; qu'ils auront foin de faire protéger les pauvres, & d'éloigner d'eux toute violence; qu'ils veilleront fur leur conduite, en les obligeant de vivre felon les loix; de s'abftenir de médire, & de murmurer contre les puiffances, & de faire obferver fi bien la difcipline, que les méchans fe corrigent, & que les gens de bien jouiffent de la paix : enfin elle enjoint auffi aux ducs de tenir leurs audiences tous les mois, ou tous les quinze jours, felon qu'il fera néceffaire pour l'expédition des affaires, & pour maintenir la tranquillité dans leurs provinces.

§. X.

Fragment d'un édit de Chilperic.

Gregoire de Tours rapporte un fragment d'un édit du roi Chilperic, qui ordonne que dans tous fes états on fera un nouveau dénombrement des biens de fes fujets, & que les taxes en feront augmentées; cet édit fut affez mal reçu, & plufieurs des fujets de Chilperic abandonnerent leurs biens, pour fe retirer dans les partages des autres princes François.

SECONDE PARTIE.

DE L'ORDRE MILITAIRE.

CETTE matiere, qui doit réunir dans un même homme le citoyen & le foldat, préfente des vues & des obligations bien diftinctes. La difcipline militaire eft très-différente de la maniere dont doivent exifter dans le corps politique, ceux qui font armés pour fa défenfe; la puiffance exécutrice des loix, fuffit pour mettre chaque citoyen à couvert des entreprifes injuftes de la part de fes compatriotes; mais ce n'eft point affez dans une fociété que le foible ne puiffe être opprimé par le plus fort: l'harmonie qui regneroit entre des citoyens pacifiques, feroient infuffifante pour leur fûreté commune : il leur faut encore des fecours toujours fubfiftans pour fe défendre contre les infultes des étrangers; leur falut exige la réunion de leurs forces, pour réprimer les attaques & les invafions de leurs voifins; l'intérêt de leur fortune & la confervation de leur vie, leur fait un devoir de former des armées contre leurs communs oppreffeurs; tous doivent être foldats, les infirmités ou la vieilleffe peuvent feules affranchir de cette obligation; & quiconque eft difpenfé de combattre, ne peut s'acquitter envers la patrie que par un généreux facrifice d'une portion de fa fortune, pour contribuer à l'entretien des armées : il faut donc un pouvoir qui affemble les citoyens, pour leur ordonner de prendre les armes, ou de contribuer par leurs facultés à la levée des forces militaires.

Dans qui réfidoit-il ce pouvoir, fous la premiere race? Le roi connoiffoit-il feul des raifons qu'il pouvoit avoir de faire la guerre ou de traiter de la paix? avoit-il l'alternative d'en instruire les seigneurs ou de les leur cacher, de les leur découvrir avec étendue ou d'en supprimer quelques-unes? les Francs étoient-ils tenus d'exécuter aveuglément les résolutions prises à cet égard dans le conseil de leur roi, ou avoient-ils le droit de prononcer sur leur équité? Sans prétendre traiter ces questions, rapportons quelques faits constans dans l'histoire; elle nous parle d'un roi, qui, content des offres faites par son ennemi, exhorte en vain son armée à les accepter; les Francs ne veulent pas l'écouter, & demandent le combat. L'ennemi effrayé, fait des offres plus éblouissantes; l'armée ne daigne pas l'écouter; le roi remontre en vain que la victoire ne pourroit lui donner plus, que ce qu'il obtient sans combatre, & que de verser le sang sans motif & sans fruit, c'est mériter des revers; il déclare qu'il ne les suivra dans la mêlée qu'autant qu'il y sera forcé; à ces mots la soldatesque effrénée fonce sur sa tente, & la met en piéces, on menace même de le tuer. Et alors il donne le signal du combat; lorsque Brunehaut se jetta au milieu des deux armées prêtes à en venir aux mains, ce furent les seigneurs eux-mêmes qui lui crierent, *femme éloigne-toi; c'est nous & non toi qui défendons le royaume de ton fils; éloigne-toi, ou nous t'écraferons sous les pieds de nos chevaux.*

Il paroît donc, que le vœu des Seigneurs, au moins, entroit pour beaucoup dans les motifs qui faisoient entreprendre des guerres, ou traiter de la paix; aussi n'ont-ils pas souffert, que l'office de *maire du Royaume*, qui étoit la premiere magistrature militaire, fût à la disposition du roi; il a toujours été électif par les seigneurs, jusqu'à sa suppression, ou plutôt à la réunion que Pepin en fit à la royauté.

Les troupes étoient commandées immédiatement par les *seigneurs*, c'est-à-dire, par ceux qui, dans les lieux particuliers, rendoient la justice, & par les propriétaires des terres; cette subordination est expressément marquée par Gregoire de Tours, lorsqu'il parle de l'assemblée d'Autun, où Gontram, roi de Bourgogne, vouloit faire condamner les généraux, qui avoient mal fait leur devoir dans la guerre du Languedoc contre les Visigots ; ils alléguerent pour leur défense, que depuis long-temps il n'y avoit plus de soumission dans l'armée, qu'on n'y craignoit ni le roi, ni les ducs, ni les comtes, & qu'on se soulevoit contre les seigneurs; *nullus regem, nullus ducem, nullus comitem reveretur.... unusquisque contrà seniorem grassatur.* Greg. Turon. l. 8. c. 30.

Il y a un endroit de la loi *Salique*, où il est ordonné aux juges ordinaires, d'avoir leur bouclier en rendant la justice; *tunginus aut centenarius scutum in ipso mallo habere debet* ; Tit. 49. le même usage s'observoit chez les Visigots, & il est constant, que chez les Francs, comme chez les Romains, les magistrats civils étoient aussi des officiers militaires; que les ducs, les comtes, les centeniers, &c. rendoient la justice, & commandoient dans les armées.

Cette magistrature militaire, quoique séparée de la civile par des révolutions successives, s'est toujours perpétuée dans l'état, & c'est la premiere & la plus ancienne de toutes, puisque dans l'état de guerre, où la nature fait naître les hommes, les armes font taire les loix.

Le titre & le pouvoir de magistrat civil & militaire, accumulé sur la tête des seigneurs, suppose aussi deux pouvoirs ou prérogatives réunies dans les peuples Francs, ils étoient citoyens & soldats; nous allons donc considérer & la qualité militaire des Francs, & la discipline militaire observée parmi eux.

CHAPITRE I.

DE LA POLICE MILITAIRE SOUS LES ROIS MEROVINGIENS.

Sous le regne de Clovis, la milice n'étoit composée que de Francs; on ne voit qu'un seul exemple où ils dérogerent à cette coutume, en prenant des troupes Bourguignones, pour auxiliaires; ce fut à la bataille de Vouillay, où Alaric, Roi des Visigots, fut tué; mais on n'y vit point de troupes Gauloises.

Isidore, Hist. Goth.

Sous les fils de Clovis, les choses n'essuyerent aucun changement; il n'est question que de Francs dans l'histoire des guerres que Childebert, Clotaire, Clodomir & Thierry, firent en Bourgogne & ailleurs; les Bourguignons n'entrerent dans les armées des Francs, que sous Childebert, qui, avec Clotaire & leur neveu Theodebert, conquit en entier le royaume de Bourgogne; ce dernier envoya dix mille Bourguignons au siege de Milan, pour seconder les opérations de Vitigés, roi des Ostrogots, avec lequel il avoit formé une ligue contre les Restes de l'empire Romain en Italie.

Sous Theodebalde, fils de Theodebert, on vit aussi les Allemands entrer dans les armées des Francs; celle de soixante-quinze mille hommes, que ce prince envoya en Italie, & qui fut entierement défaite par Narsés, n'étoit composée que de Francs & d'Allemands. Les Gaulois ne faisoient encore que contribuer à la guerre par des tributs & des corvées,

Procop. de bell. Goth. L. 2. Agath. L. 1.

Co

DU GOUV. FRANÇOIS.

Ce fut lorsque Clotaire, le plus jeune des quatre fils de Clovis, eut réunis, par la mort de ses freres, tous les états de son pere, qu'on introduisit des nouveautés dans la formation des armées. L'histoire change d'expressions; ce ne sont plus les *Francs* qui marchent, ce sont les Troupes du Berri, *Biturici*; celles du Maine, *Cænomanici*; celle d'Anjou, *Andegavi*, &c.

De-là, il faut conclure, qu'alors les Gaulois furent reçus sans distinction avec les Francs dans les armées; en effet, soixante années de séjour, d'union, d'amitié, d'alliance entre les deux peuples, en avoient fait un seul corps de nation; chaque province fournissoit dans les occasions de guerre un certain nombre de troupes, sans distinction de Francs, de Gaulois, de Bourguignons, & ces troupes confondues, ne portoient plus que le nom de leurs provinces; Gregoire de Tours écrit que, peu d'années après la mort de Clotaire, Sigebert, le plus jeune des fils de ce prince, dans le dessein de s'emparer de la ville d'Arles, fit avancer la milice d'Auvergne: *Sigebertus rex Arelatensem urbem capere cupiens, Arvernos commoveri præcepit.* Grég. Turon. l. 4. c. 30.

Dans l'expédition ordonnée par Chilperic, contre la ville de Tours, pour forcer les habitans à lui livrer le comte Boson, sur lequel il vouloit venger la mort de son fils Theodebert, les Manceaux se distinguerent par les ravages qu'ils firent; *Cænomanici annonas avertunt, cuncta devastant.* Id. l. 5. c.

Dans la guerre que le même roi Chilperic porta contre Waroc, comte de Bretagne, il ordonna aux milices de la Tourraine, du Poitou, du Maine, du pays Bessin, de l'Anjou & autres, de se réunir pour marcher en Bretagne; *de hinc Turoni, Pictavi, Bajocassini, Cænomanici & Ande-*

gavi, cum multis aliis, in Britanniam, juſſu Chilperici regis, abierunt.

[d. l. 4. c. 6.

Il étoit naturel, que les Gaulois partageant avec les Francs le ſervice militaire, les Seigneurs Gaulois partageaſſent avec les ſeigneurs Francs, les honneurs du commandement; c'eſt ainſi qu'on vit Celſus, ſeigneur Gaulois, commander l'armée, que le roi Gontram envoya à Arles, contre ſon frere Sigiſmond; Celſus étoit patrice d'Arles; Dynamius, comte de Provence; Eunomius, comte de Tours; Lupus, duc de Champagne; ce qui prouve invinciblement que les ſeigneurs Gaulois commençoient alors à être admis à la magiſtrature militaire & civile.

Quant à la maniere dont les troupes étoient levées, nous n'avons aucuns monumens de la premiere race, qui nous inſtruiſent bien exactement de la police obſervée à cet égard; nous pouvons y ſuppléer par la loi des Viſigots & quelques capitulaires de la ſeconde race, parce qu'ils ne font que confirmer un ancien uſage, *juxtà antiquam conſuetudinem.*

L'obligation du ſervice militaire étoit générale pour tous les citoyens; la police du royaume n'en exemptoit que les enfans, les vieillards, & les malades; encore ceux qui, pour leur âge, vouloient en obtenir l'exemption, étoient obligés de s'adreſſer au roi. Jérôme Bignon, dans ſes anciennes formules, en rapporte une, dont le roi ſe ſervoit pour exempter les gens hors d'âge de l'*oſt*, du *ban*, & de l'*arriere-ban, ut de omni hoſte, bannis, ſeu heribannis, ſit conſervatus.*

Formul. Bignon. 51.

Cependant tous ceux qui devoient le ſervice militaire, ne faiſoient pas préciſément l'*oſt*, (des mots *hoſtem facere*,) ceux qui étoient moins propres à manier les armes, & aux fatigues de la guerre, étoient occupés aux guets, gardes & corvées, *ad pontes ac tranfitus & wachtas:* (1) ces occupations regardoient, dans les premiers temps, les Gaulois, qu'on n'admit qu'après une longue épreuve de leur fidelité dans les armées. *Capitul.* 31. *tit.* 27.

Ceux qui étoient fur la matricule ou lifte des pauvres, étoient auffi exempts d'aller à la guerre; ce qui prouveroit affez, que l'état ne fourniffoit alors ni les armes ni les habillemens aux foldats, & que chaque citoyen, naiffant foldat, étoit obligé de fe tenir prêt à fes frais, pour un fervice auquel fa naiffance & fa condition l'aftreignoient. Gregoire de Tours fe plaignit de Chilperic I, de ce que, dans la guerre qu'il fit à Waroc, comte de Bretagne, il commanda même les pauvres, infcrits fur les matricules des églifes, & qu'il les fit condamner à l'amende, pour n'avoir pas marché. *Greg. Turon.* l. 5. c. 27.

Cette amende eft appellée *bannus*, par Gregoire de Tours, comme dans la loi Salique: ce mot avoit ainfi une double fignification; car on appelloit auffi de ce nom, la proclamation par laquelle la levée des troupes étoit ordonnée; mais à qui étoit-elle adreffée? nous l'avons déjà infinué, aux *feigneurs*, c'eft-à-dire, aux *ducs*, aux *comtes*, aux *centeniers*, aux intendans des terres fifcales ou royales, appellés *Fifcalins*, & aux propriétaires des autres terres. *Addit.* 3. *leg. Salic.*

Lors du partage des terres, après la conquête des Gaules, celles qui échurent, foit par le droit de la victoire, foit par la confifcation, aux Francs, furent par eux poffédées &

---

(1) Le mot *wachta*, eft un terme Teutonique encore en ufage dans la langue Allemande, pour fignifier *le gué & la garde.*

transmises à leurs descendans mâles, franches & exemptes de toutes charges, excepté du service qu'ils devoient faire au roi en temps de guerre.

Les seigneurs Gaulois, qui contribuoient d'abord pour la guerre d'une autre maniere, furent insensiblement mis sur le même pied; comme c'étoit donc aux seigneurs, tant Francs que Gaulois, à conduire les gens de leurs terres aux expéditions militaires, c'étoit aussi à eux que le ban s'adressoit.

Cette obligation du service militaire devint tellement réelle & inhérente aux terres, que lorsqu'elles passoient à l'église, la même charge les suivoit; delà il est arrivé que des évêques, des abbés, ont si souvent conduit, soit par eux-mêmes, soit par leurs *vidames*, (vice domini,) ou *avoués*, (advocati,) les gens des terres dont il leur avoit été fait don, dans les armées.

Dans les guerres ordinaires, les armes n'étoient portées que par des hommes de condition libre; mais dans les occasions extraordinaires, on leur ordonnoit quelquefois de mener avec eux la dixieme partie de leurs serfs; c'est pour cela qu'on exigeoit des seigneurs, des dénombremens de ceux à qui ils permettoient de s'absenter du service, & qu'on chargeoit les *missi* ou commissaires, que le roi envoyoit dans les provinces, de vérifier ces dénombremens, afin qu'à la faveur de ces dispenses, les hommes libres, en état de porter les armes, ne pussent se soustraire au service militaire.

Capitul. l. 4. c. 35.

Le temps du service étoit de trois mois, à compter du jour de l'arrivée au rendez-vous, comme on en peut juger par un capitulaire de Charlemagne, où il est dit, que c'est pour se conformer à l'*ancienne coutume*: on comptoit les mois par nuits; il est assez singulier qu'aucun de nos antiquaires n'ait trouvée la raison de cet usage; ils l'ont peut-être

Capitul. l. 3. c. 74.

cru particulier aux peuples Germaniques, tandis qu'il étoit commun aux Germains & aux Gaulois; Cefar dit, *que les Gaulois comptoient la durée du temps par le nombre des nuits, & non par celui des jours; spatia omnia temporis, non numero dierum, sed noctium finiunt*; & il en rend cette raison, parce que les Gaulois croyoient que Pluton étoit l'auteur de leur origine, *Galli se omnes ab dite patre prognatos prædicant*; les Germains de même, croyoient être produits de la terre; *celebrant carminibus antiquis quod unum, apud illos memoriæ & annalium genus est, tuistonem deum terra editum,* ils honoroient le dieu de la nuit, comme l'auteur de leur être.

<small>Cæs. de bell. Gall. l. 5.</small>

<small>Tacit. de morib. Germ. c. 2. & 4.</small>

CHAPITRE II.

DE L'ART ET DE LA DISCIPLINE MILITAIRE SOUS LA PREMIERE RACE.

SIDONIUS Apollinaris, contemporain de Clodion, bisaïeul de Clovis, a décrit dans le panégyrique qu'il fit pour l'empereur Majorien, l'équipage des Francs à la journée où Aëtius, général des Romains, les défit.

« Ce sont, dit-il, des hommes d'une taille fort haute,
» & vêtus d'habits fort étroits; un ceinturon les serre
» par le milieu du corps; ils jettent leurs haches, & lan-
» cent leurs javelots avec une force étonnante, s'élancent
» ensuite eux-mêmes, en maniant leurs boucliers avec tant
» d'agilité, qu'ils semblent aller plus vîte que leurs jave-
» lots. Ils s'exercent à la guerre dès leur enfance; lorsqu'ils
» ont quelque désavantage, soit par le nombre de leurs
» ennemis, soit par le vice de leur position, il se font tuer,

HISTOIRE POLITIQUE

» & ne fuyent jamais; l'air de leur visage, même après
» leur mort, annonce qu'ils n'ont point été vaincus ».

<small>Sidon. Apollin.
panégyr. major.</small>

.... *Invicti perstant, animoque supersunt
Jam propè post animan......*

Après que nous aurons montré, qu'elles étoient leurs armes offensives & défensives, nous ferons voir ensuite la forme de leurs campemens, leur maniere de se ranger en bataille, de combattre, d'attaquer & de défendre les places.

ARTICLE I.
Des Armes offensives & défensives des Francs.

Agathias convient, avec Sidonius Apollinaris, sur le nombre & la qualité des armes des Francs.

« Ils ont, dit-il, l'épée le long de la cuisse, & le bou-
» clier sur le côté gauche; ils ne se servent ni d'arc, ni de
» fronde, ni de fléches; mais de hache à deux tranchans
» (*bipennis*,) & de javelots; ces javelots ne sont ni trop
» longs ni trop courts; ils s'en servent contre l'ennemi en
» les tenant à la main, ou en les lançant; ils sont couverts
» de fer jusqu'à la poignée; vers la pointe il y a deux fers
» recourbés, un de chaque côté; dans le combat ils jettent
» leurs javelots contre l'ennemi qu'ils attaquent; cette arme
» meurtriere s'enfonce tellement dans la chair par ses deux
» crocs, qu'il est presqu'impossible de l'en retirer; si l'ennemi
» pare le coup, & que le javelot donne dans le bouclier,
» il s'y embarrasse de même par ces deux crocs; alors le Franc
» qui a lancé son javelot s'avance en sautant, met le pied
» sur le bout de ce javelot, qui, touchant à terre, oblige
» son ennemi à se découvrir, & le frappe au visage ou
» à la gorge, soit avec sa hache, soit avec son épée »

<small>Agath. l. 2.</small>

Procope, secrétaire du fameux Belisaire, en parlant de l'expédition des Francs en Italie, sous Theodebert I, roi d'Austrasie, n'est pas tout-à-fait d'accord avec Agathias & Sidonius Apollinaris, sur les armes des Francs; il ne leur donne (du moins aux piétons,) point de javelots; *non arcû, non hastâ armati.* « Toutes leurs armes, dit-il, étoient une *Procop. l. 2. de*
» épée, une hache & un bouclier; le fer de la hache étoit *bell. Goth. c. 25.*
» gros, & à deux tranchans, le manche étoit de bois & fort
» court; au moment du signal, ils s'avancent, & dès qu'ils
» sont à portée, ils lancent leur hache contre le bouclier
» de l'ennemi, le cassent, & puis sautant l'épée à la main
» sur leur homme, ils le tuent ».

Cette différence entre ces deux historiens prouve seulement, qu'il y avoit des occasions où les Francs ne se servoient pas de javelots, & qu'ils se contentoient de leurs épées, de leurs haches, & de leurs boucliers. Mais on ne sauroit douter, que le javelot ne fût une de leurs armes ordinaires. Gregoire de Tours, en racontant la revue que Clovis fit de ses troupes, quelque temps après la bataille gagnée près de Soissons, sur Siagrius, le fait parler ainsi à l'insolent soldat qui avoit donné un coup de hache dans le vase que Clovis vouloit faire remettre à l'évêque de Reims : « Il n'y
» a personne ici dont les armes soient si mal tenues, comme
» le sont les vôtres; ni votre javelot, ni votre épée, ni votre
» hache, ne sont en état de vous servir; *neque tibi hasta,* *Greg. Turon. l.*
» *neque gladius, neque bipennis est utilis* ». *l. 10. c. 10.*

Quant aux armes purement défensives, les Francs ne se servoient que du bouclier; ils ne s'embarrassoient ni la tête de casques, ni le corps de cuirasses; *Paucis loricæ,* dit Tacite, en parlant de tous les peuples Germaniques, *vix uni alterive cassis aut galea.* C'est une remarque qu'il est bon de faire, qu'on n'a l'avantage dans les combats, que lorsqu'on laisse à son ennemi celui des armes défensives.

Cependant on voit que les Francs, depuis leur union avec les Gaulois, prirent d'eux l'usage des casques & des cuirasses, ou plutôt des cottes de mailles. Dagobert, en combattant contre les Saxons, eut son *casque* percé ou cassé d'un coup qui lui emporta une partie de sa chevelure : Clotaire II, son pere, accouru à son secours, parut sur les bords du Veser, où il se fit connoître de loin au Duc des Saxons, en ôtant son *casque*, & faisant paroître sa longue chevelure; Gregoire de Tours assure, que les Francs, après leur établissement dans les Gaules, prirent la cotte de mailles des Gaulois, à qui Varron en attribue l'invention.

Gest. reg. Francor. c. 41.

Ibid.

Greg. Turon. l. 7. c. 38.

A l'égard de l'arc & de la fléche, il paroît d'abord que le témoignage des historiens que nous venons de citer, se trouve en contradiction avec quelques articles de la loi Salique, où il en est fait mention. Voici ce qu'on lit au titre 20 : *si quis alterum de sagittâ toxicatâ percutere voluerit*, &c. Cette disposition condamne à une amende de soixante-deux sols d'or, celui qui en blesse un autre avec une *fléche* empoisonnée; le titre 32. condamne à payer trente-cinq sols d'or, celui qui coupe à un autre le second doigt qui sert à bander l'*arc*.

Leg. Sal. tit. de Debilitat. 4.

Mais il faut considérer, que la loi Salique, dans ces deux endroits, ne fait pas mention de la guerre; les Francs étoient chasseurs & guerriers à la fois, & il étoit impossible qu'ils ne se servissent pas de l'arc à la chasse; ils s'en servoient encore, lorsque les circonstances les forçoient à se retrancher; Sulpice-Alexandre, ancien historien, dont Gregoire de Tours cite un fragment, rapporte que Quintinus, un des lieutenants de Maxime, ayant poursuivi les Francs

L. 2, c. 9.

aux

aux environs de Cologne, jufques dans des défilés; ceux-ci firent pleuvoir fur les Romains, de leurs retranchemens, une grêle de fleches empoifonnées.

ARTICLE II.
Des Campemens des Francs.

Les Francs, comme tous les autres peuples guerriers, ont fenti la néceffité de former leurs camps le plus près qu'ils pouvoient de quelque riviere, pour la commodité de l'eau, & d'en embarraffer les avenues par des arbres, de crainte de quelque furprife de la part d'ennemis plus nombreux; mais ils avoient une maniere de retranchement, qui leur étoit particuliere; ils prenoient les roues de leurs chariots, & les enfonçoient en terre jufqu'au moyeu tout au tour de leurs camps, de cette maniere, peu de paliffades fuffifoit pour rendre ce retranchement très-fort. Agathias dit que ce fut ainfi qu'ils fortifierent leur camp avant la bataille du Cafilin, dont il donne une relation.

Agath. l. 2.

ARTICLE III.
De l'ordre de Bataille obfervé par les Francs.

Il feroit à defirer que tous nos premiers hiftoriens euffent été auffi exacts à décrire les batailles des Francs, que l'a été Agathias, à nous rendre compte de celle du Cafilin près de Capoüe.

Les deux freres Bucelin & Leutharis, Allemands de nation, avoient été chargés du commandement de l'armée par le roi Theodebalde, fils de Theodebert I; ils avoient traverfé l'Italie en la pillant, & avoient pénétré jufqu'au Détroit de Sicile; mais craignant que Narfés, général des armées de

Tome 1. A a

Juſtinien, ne leur coupa la retraite, on fit un détachement ſous la conduite de Leutharis vers le Pô.

Il reſtoit à Bucelin, ſon frere, encore trente mille hommes; Narſés n'en avoit pas dix-huit mille. Bucelin alla ſe camper à quelques lieues de Capoüe, ſur la riviere de Caſilin, où il ſe retrancha; il ſe ſaiſit d'un paſſage à quelque diſtance de là, & fit élever à la tête de ce paſſage une tour de bois.

Narſés vint mettre ſon camp fort près de celui des Francs, & commença par s'emparer du paſſage, en faiſant mettre le feu à un chariot de foin, qu'il fit pouſſer contre la tour de bois qui s'enflamma; Bucelin réſolut de donner bataille dès ce jour là même; Narſés ayant apperçu les mouvemens des Francs, ſe mit en devoir de les prévenir; comme il rangeoit ſon armée en bataille, un léger mécontentement qu'il donna aux Herules, qui ſervoient dans l'armée Romaine comme auxiliaires, les fit retirer; cela n'empêcha pas Narſés de faire ſes diſpoſitions, & de marquer même la place des Herules, au cas qu'ils revinſſent au combat.

L'armée Romaine fut rangée en phalange, c'eſt-à-dire, que le général mit toute ſon infanterie au centre, & toute ſa cavalerie ſur les aîles; il couvrit le front de ſon infanterie par un très-gros bataillon de gens armés de pied en cap, couverts d'épaiſſes cuiraſſes & de caſques en forme de tortues; c'eſt-à-dire, qu'étant fort ſerrés & joignant leurs boucliers, ceux du premier rang & des côtés s'en couvroient tout le corps, & ceux de l'intérieur, en les mettant ſur leurs têtes, formoient comme un épais rempart très-difficile à renverſer. L'infanterie deſtinée à combattre, ſe trouvoit derriere cette maſſe, rangée ſur deux lignes, ayant derriere elle une vaſte campagne; les deux aîles étoient flanquées de deux petits bois aſſez épais, derriere leſquels Narſés fit encore poster deux gros de cavalerie, que les Francs ne pouvoient pas voir; il se mit lui-même à la tête de l'aîle droite; voilà qu'elles étoient les dispositions de l'armée Romaine.

Le général Franc partagea la sienne, qui n'étoit composée que d'infanterie, en trois corps; il faut ici observer que les Francs faisoient consister alors toutes leurs forces dans l'infanterie, *omne robur in pedite*; ils ne firent usage de la cavalerie, qu'après que les Gaulois eurent été admis dans leurs armées; car, selon Strabon, la cavalerie Gauloise étoit regardée comme la meilleure de l'europe. *Tacit. in germ.* l. 3. c. 7.

Le corps de bataille, que Bucelin opposa à la Tortue de Narsés, fut disposé dans la forme d'un triangle équilatéral; c'étoit l'ancienne méthode des peuples Germaniques, d'opposer à l'ennemi une pointe de triangle en forme de coin, afin de rompre ses bataillons, & de les fendre pour ainsi dire par le milieu, *acies per cuneos componitur*. *Ibid.*

Ce corps de bataille étoit comme flanqué de deux colonnes, paralleles d'abord à deux des côtés du triangle, mais se recourbant ensuite en face de l'armée ennemie, de maniere qu'elles embrassoient une très-grande étendue de terrain; cette disposition annonçoit le dessein d'envelopper l'ennemi.

Après que les Francs eurent essuyée une grêle de fléches & de pierres, ils s'avancerent en jettant de grand cris; quand ils furent près de la Tortue, ils lancerent, selon leur coutume, leurs haches contre les boucliers du premier rang, & mettant à l'instant l'épée à la main, ils l'enfoncerent; culbutant tout ce qui se présenta devant eux, ils arriverent jusqu'à la premiere ligne qu'ils rompirent; ils passerent à la seconde, qui fut aussi renversée dans ce premier choc; de là s'ouvrant un passage vers le camp de Narsés, &

oubliant de se ménager une retraite, ils se laisserent emporter à l'ardeur du pillage.

Narsés s'étoit attendu à ce choc impétueux ; ses troupes n'en furent point ébranlées ; il fit étendre sa cavalerie à droite & à gauche, & courber insensiblement les deux aîles de son armée, de maniere que les Francs eurent bientôt en flanc & à dos la plus grande partie de la cavalerie ennemie ; ceux qui, s'étant ouvert un passage à travers l'armée de Narsés, s'avançoient tumultuairement vers le camp, rencontrerent les Herules, qui, après avoir réfléchi sur la honte d'une défection le jour d'une bataille, venoient se rallier aux Romains ; il fut fait une boucherie des Francs. Agathias dit que de trente mille qu'ils étoient, il n'en échapa que cinq.

On voit, par ce seul exemple que l'histoire fournisse de l'ordre de bataille observé par les Francs, que malgré leur valeur naturelle & l'impétuosité de leurs attaques, la perte des Gaules pour l'Empire Romain, a dû être l'effet de l'entiere corruption des Romains, autant que de l'incapacité de leurs généraux, puisque Narsés, par la seule sagesse de ses dispositions, dissipa avec dix-huit mille hommes, qu'il détermina à ne pas fuir au premier choc, un armée de trente mille assaillans ; cette observation est fortifiée par la considération du grand nombre de postes fortifiés par les Romains dans les Gaules, & c'est ce qui nous mene naturellement à l'attaque & à la défense des places.

ARTICLE IV.

De l'attaque & de la défense des places, sous la premiere race.

Les Francs ne seroient jamais venus à bout, malgré leur bravoure, & la foiblesse où étoit tombé l'empire Romain, de conquérir les Gaules, s'ils n'avoient pas appris l'art d'attaquer & de défendre les places : du temps de Tacite, ils étoient encore fort ignorans dans cette partie de l'art militaire, & sur-tout dans la fabrication des machines nécessaires aux siéges; ils s'y rendirent plus habiles depuis : les Romains eux-mêmes furent leurs premiers instituteurs, & les disciples égalerent bientôt leurs maîtres. Ils firent l'essai de leur industrie naissante sous Claudion, contre la ville de Cambrai, dont ils s'emparerent; Clovis fit ensuite des siéges très-célebres, ceux de Bordeaux, d'Angoulême, d'Arles, d'Avignon, sont fameux dans l'histoire. Il falloit bien que, de son temps, les Francs sussent faire des approches régulieres, élever des châteaux de bois qu'on faisoit rouler jusqu'aux murailles, pour écarter ceux qui les défendoient, combler les fossés, faire usage du bélier, & d'autres manœuvres sans lesquelles les villes étoient imprenables,

L'histoire, qui parle de tant de siéges entrepris par les Francs, n'en rapporte qu'un avec les circonstances de l'attaque; c'est celui de Comminge, fait par Leudegisile, général de Gontram, roi de Bourgogne; Gregoire de Tours donne la relation de ce siege au livre VII. il dit, que la place ayant été investie, le général employa quinze jours à préparer ses machines pour l'attaque; c'étoit des chariots mis bout-à-bout, qu'on lia les uns avec les autres sur deux files; ces chariots faisoient les deux côtés d'une galerie couverte de claies & d'ais, à la faveur de laquelle on conduisit le bélier; *plaustra cum arietibus clitellis, axibus, erant texta, sub quibus exercitus properaret ad destruendos muros.*

Ch. 37.

Ces galeries couvertes étoient aussi appelées *tortues*; le mot de tortue avoit ainsi plusieurs significations; d'abord celle d'une galerie, à la faveur de laquelle les assiégeans étoient à couvert des murailles, & sous laquelle étoit placé le bélier; il signifioit aussi un gros bataillon quarré, qui, couvert en tout sens de boucliers qui se soutenoient mutuellement, formoit devant l'ennemi comme un rempart ambulant: la troisieme espece de tortue étoit réservée pour les siéges; on formoit un bataillon de soldats serrés les uns contre les autres, ayant tous leurs boucliers sur la tête; le premier rang composé de soldats de la plus haute taille, les suivans d'hommes plus petits, proportionnellement jusqu'aux derniers, qui quelquefois se tenoient à genoux. Ce bataillon formoit une espece de glacis, sur lequel les autres soldats pouvoient monter pour donner l'assaut; ceux de la tortue soutenoient leurs boucliers de gros javelots comme d'autant de colonnes. L'historien Dion dit, qu'elle soutenoit des bataillons entiers, même des chevaux & des chariots; ce qu'il est difficile de croire, à moins que ce ne fût, comme il le dit, dans des lieux creux & serrés, où les deux côtés de la tortue pussent avoir des appuis très-solides.

Dion Cass. l. 49. Tacit. l. 4. hist. Amm. Marcell. l. 26. Agath. l. 2.

Dans les siéges les soldats du premier rang de la tortue portoient devant eux des échelles, de maniere que ceux qui étoient commandés pour aller à l'assaut, sautoient de dessus la tortue sur quelqu'échelon, & parvenoient aisément au haut de la muraille; *oppositis plerique scalis, alii per testudinem suorum scandebant.*

Agath. ibid.

Revenons à l'espece de tortue ou de galerie sous laquelle on conduisoit le bélier.

Ce bélier étoit une grosse poutre ferrée par le bout, en forme de tête de bélier, dont on se servoit pour battre les murailles, en la poussant à force de bras par le moyen des gros cables ou des chaînes de fer sur lesquelles elle étoit suspendue. Pour assurer le jeu de cette machine, on la couvroit de cette efpece de toit ou de galerie, qu'on appelloit du nom de tortue, fur laquelle les affiégés faifoient pleuvoir des maffes énormes, comme des meules de moulin, des poutres, des tonneaux de pierres; on couvroit ce toit de peaux fraîches, pour empêcher le feu d'artifice que les affiégés jettoient deffus, de l'enflammer; quelquefois les affiégés fe fervoient de groffes cordes difpofées par en bas en anneaux, pour tâcher d'y engager la tête du bélier, en empêcher le mouvement, & l'enlever même par des machines.

Gregoire de Tours, en continuant de décrire le fiege de Comminges, défendu par Gondebaud, dit qu'auffi-tôt que les affiégeans eurent fait leurs approches à la faveur de la galerie couverte, on jetta du haut des murailles une quantité prodigieufe de pierres, des cuves, des tonneaux remplis de poix-réfine & de graiffe allumée, & des tonneaux pleins de pierres; de forte que les affiégeans furent obligés de changer leur attaque, & de la porter d'un autre côté, ce qui ne leur réuffit pas mieux. *Grég. Turon. l. 7 c. 3.*

L'effet de l'action du bélier devoit être prodigieux, puifqu'on venoit à bout par fon moyen d'enfoncer des murailles dont la ftructure, fuivant la defcription qu'en fait Céfar, devoit avoir une bien autre folidité que celle de nos murs; il fait entendre que ces murailles avoient une épaiffeur de quarante pieds, & étoient formées par de groffes poutres affermies les unes dans les autres, foit par d'autres poutres mifes en travers, foit par des ancres de fer; les têtes de ces poutres étoient diftantes les unes des autres de deux pieds, & les intervalles étoient remplis par de groffes pierres de taille; en forte que la face de la muraille préfentoit la figure d'un échiquier formé de pierres de taille & de têtes de poutres, ce qui devoit faire un affez bel effet à la vue; cette composition de poutres & de pierres de taille, devoit d'un côté rompre l'action du bélier, ou au moins l'affoiblir, de l'autre garantir la muraille du feu; *ab incendio lapis, & ab ariete materia defendit.*

Cæs. l. 7. de Bell. Gall.

TROISIEME PARTIE
DE L'ORDRE JUDICIAIRE.

CLOVIS ayant conquis les Gaules, trouva que l'on obſervoit, dans la plupart des tribunaux, le code publié en 438, (1) par Theodoſe le jeune. Dans ce code, le législateur confirme les dogmes de la religion chrétienne, le détail de

---

(1) Il y a eu des écrivains, qui ont attribué le code Theodoſien à Theodoſe le grand, fondés ſur ce paſſage de la chronique d'Idace ; *undecimo anno Thodoſius regni ſui Romam cum filio Honorio ingreſſus, leges Romanorum integrâ emendatione edidit.* Il eſt vrai que ce prince, après avoir défait le tyran Maxime, donna, l'an 389, beaucoup d'édits de réformation ; mais non pas un code nouveau, lequel Proſper & Iſidore attribuent expreſſément à Theodoſe le jeune. La publication de ce code, qui a fait oublier le Grégorien & l'Hermogénien, doit être placée ſous l'année 438, & non ſous l'année 435, comme le préſident Haynault, d'après d'autres écrivains, l'a avancé, abr. chron. p. 102. édit. 1746; 1°. Parce que cette publication a été faite, ſelon Proſper, en la quinzieme année du regne de Theodoſe ; or, Honorius, ſon pere, eſt mort l'an 423; 2°. Parce qu'on trouve dans ce code pluſieurs loix poſtérieures à l'année 435 ; 3°. L'adreſſe de la novelle qui concerne l'autorité que ce code doit avoir, a été faite à Florentius, préfet du prétoire, qui n'eſt entré en fonction que l'an 438 ; 4°. Enfin Theodoſe, dans la même novelle appelle Valentinien ſon fils ; or, Valentinien n'a épouſée la fille, de Theodoſe qu'en 437. *Voy. Socrates, l. 7. c. 43.*

DU GOUV. FRANÇOIS.

fa difcipline, les loix du gouvernement civil, fa police, fa jurifprudence, l'ordre enfin des devoirs attachés à chaque claffe de citoyen.

Le roi des Francs laiffa à la nation conquife la liberté de le fuivre. Clotaire fon fils confirma cette permiffion, qui devint peut-être un ordre par la conftitution qu'il donna l'an 560, & par laquelle il voulut, que toutes les affaires des Gaulois Romains fuffent jugées felon les loix Romaines; *inter Romanos, negotia caufarum Romanis legibus præcipimus terminari.*

Quelques écrivains n'étendent pas l'obligation de cette loi à tous les Gaulois ; l'abbé du Bos, croit que le code Théodofien ne fut obfervé que dans la partie des Gaules, qui eft renfermée entre la Loire, l'Océan, & le Rhin, & que Clovis & Clotaire laifferent l'ufage du code Alaric, qu'on appelle auffi *Bréviaire d'Anien* (1), dans les provinces, qui avoient obéi aux rois Vifigoths. *Hift. crit. de la Mon. Franç. t. 3. p. 393.*

Cette opinion, quoique fondée fur une fimple conjecture, eft d'autant plus vraifemblable, qu'elle eft conforme à la politique des rois de la premiere race, à l'égard des différens peuples qu'ils avoient foumis.

Il faut cependant convenir que l'étude du code d'Alaric ne donnoit pas beaucoup de confidération, comme on peut juger par l'exemple de Gontram, fils de Clotaire I. Ce

---

(1) Ce code, dirigé dans une affemblée de prélats & de feigneurs Vifigots, n'eft qu'une compilation des codes Gregorien, Hermogénien, Théodofien, des réponfes de Cajus, de Paul & de Papinien : la déclaration qu'on trouve en tête a été publiée à Aire l'an 506, (année qui précéda la mort d'Alaric,) elle eft adreffée fous le titre de *commonitorium* au comte Timothée ; on a appellé ce code *Breviaire d'Anien*, parce qu'il eft foufcrit par Anien, référendaire d'Alaric.

Tome I. Bb

prince éleva aux premieres dignités du royaume, Andarchius, qui n'avoit d'autre titre à cette faveur, que le mérite d'être versé dans la connoissance du code Théodosien; la loi Ripuaire est un témoignage que, dans toute la monarchie Françoise, le clergé suivoit le droit Romain.

Leg. Rip. tit. 53.

Ainsi, on administroit la justice à chaque nation, selon ses loix anciennes; les Gaulois méridionaux étoient jugés sur le droit Romain; ils subsisterent encore en peuple distingué des autres nations, sous les rois Carlovingiens; cependant ils avoient la liberté de suivre le code Salique, & les capitulaires, dans les cas non prévus par le droit Romain; le clergé avoit aussi le même privilege, car je ne puis convenir avec le président Bouhier, que durant les deux premieres races, les contestations qui regardoient les ecclésiastiques, sans exception, se jugeassent toujours sur le droit Romain; ce sentiment, s'il n'est pas invinciblement réfuté, est du moins prouvé douteux par un auteur moderne, qui convient, que le code Théodosien étoit la loi primitive de l'église Gallicane, *quo ad immunitates & privilegia*, sans qu'on en puisse conclure, qu'il fût sa loi dans toutes les matieres contentieuses, du moins en deça de la Loire. Réciproquement les Francs & les Bourguignons, avoient recours au droit Romain dans tous les cas, où leurs loix nationales étoient muettes, & ces cas étoient très-fréquens.

Recherch. sur le Droit Franç. depuis la p. 125. jusqu'à la p. 164.

Ainsi, les différens codes se prêtoient une autorité subsidiaire, & les citoyens avoient la liberté de recourir à la loi de leurs concitoyens, pour les cas non prévus par leurs loix nationales.

A la vue de cette multiplicité de codes, on pourroit croire qu'elle formoit des embarras dans l'administation de la justice; mais il faut considérer, que les procédures étoient

DU GOUV. FRANÇOIS.

alors très-sommaires & succinctes, même parmi les Gaulois; les parties défendoient elles-mêmes leurs droits, & chaque nation avoit ses juges patriotes : quand on supposeroit qu'il y avoit alors dans chaque ville un tribunal pour chaque code, le nombre de ces tribunaux n'égaleroit pas encore celui des différentes jurisdictions que nous y voyons établies de nos jours; trois tribunaux pouvoient suffire dans une ville, un pour la loi Salique, un autre pour le code Bourguignon, & un troisieme pour la loi Romaine.

L'érection de ces trois sortes de tribunaux étoit certainement plus facile à faire, que d'assujettir aux mêmes loix des nations, dont le caractere, les mœurs, & le langage étoient absolument différens. En établissant par-tout des tribunaux pour les Francs, le peuple vainqueur put se répandre par-tout avec confiance, & contenir par sa présence les autres nations; & en laissant aux Gaulois, des juges Gaulois, on évitoit l'inconvénient de donner au peuple vaincu, des juges peu instruits dans leurs loix, même dans leur langue.

Nous avons ici à considérer l'état des loix, tant civiles que criminelles; celui des grands & autres officiers de justice, celui des tribunaux, & celui des procédures.

CHAPITRE I.

De l'État des Loix, tant civiles que criminelles.

ARTICLE I.

De l'autorité subsidiaire que le droit Romain conserva dans toutes les Gaules, sous les rois de la premiere race.

L'ADOPTION du droit Romain par le peuple conquérant, subsidiairement à ses loix nationales, est invinciblement prouvée par le receuil de nos anciennes formules.

La formalité de la *souscription* des actes émanés de l'autorité royale, fut requise sous les rois Francs, comme elle l'avoit été sous les empereurs Romains (1); l'office & la dignité de *comte*, conserverent les mêmes caracteres & les mêmes attributs (2). On continua l'usage des *courses* pu-

---

(1) *Marculfe, l. 1. form.* 3. On y lit ces mots, *manûs nostræ subscriptione*, qui prouvent, que les rois Francs n'ont fait qu'imiter les empereurs, qui signoient de leur main tous les rescripts, édits & autres lettres émanées d'eux. *Voy. l'histoire d'Auguste, Lampridius, Vopiscus, &c.* il est dit dans la novelle Valentinienne qu'elle a été souscrite, *divinâ manu.*

(2) *Marc. l. 1. form.* 8. On y lit ces mots, *actionem comitatus*, qui prouvent que la qualification de *comte* continua d'être attribuée, comme elle l'avoit été sous l'empire Romain, vers son declin, à diverses magistratures; les rois Francs établirent des *comtes* dans chaque ville épiscopale, & reglerent assez leur jurisdiction sur l'étendue des dioceses;

bliques en vertu des lettres appellées *tractariæ*, par lesquelles le prince ordonnoit aux habitans des provinces y dénommées, de fournir aux porteurs de ces lettres, les chevaux, voitures, & subsistances nécessaires; elles contenoient en même temps les *stations* ou séjours (1).

Les testamens mutuels entre mari & femme, continuerent d'être autorisés (2); la défense de se faire *clerc* ou *moine*

---

les rois Goths avoient fait la même chose, au rapport de Cassiodore, qui, au livre 6. *variarum*, ch. 22. 23. & 24. confond souvent les comtes avec les juges; au livre 7. il fait entendre, que les *comtes* étoient non-seulement magistrats civils, mais encore magistrats militaires des provinces.

(1) *Marc. l. 1. form. 11.* On y voit la forme des lettres appellées *tractoriæ*, dont l'usage a visiblement été emprunté des Romains. Le code Théodosien a un titre entier sur cette matiere, *de tractoriis & stativis*. Ces sortes de lettres étoient ordinairement données par les empereurs à ces juges extraordinaires, appellés *judices discurrentes*, qu'ils envoyoient dans les provinces, pour inspecter la conduite des juges ordinaires; on y exprimoit aussi les séjours qu'ils devoient faire, & où ils devoient être defrayés de tout; Plutarque dit de Galba (depuis empereur,) qu'il fut obligé d'achever sa route à pied, pour avoir exigé des *courses publiques*, sans y avoir été autorisé par des lettres qualifiées *tractoriæ*. Les préfets du prétoire, & les maîtres des offices pouvoient en accorder comme l'empereur. *l. 9. cod. de cursu publ.*

(2) *Marc. l. 1. form. 12. præceptum donationis.* Cette formule de Marculphe est en grande partie tirée de la novelle Valentinienne, approbative des testamens mutuels entre mari & femme, pourvu qu'il fût fait en présence du prince, ou au moins par sa permission expresse; il faut rapporter à cette formule la dix-septieme du second livre, qui commence par ces mots, *qualiter in uno volumine*. Elle ne sont l'une & l'autre que l'exécution pratique des novelles de Théodose & de Valentinien, au sujet des testamens mutuels; elles commencent aussi par ces mots, *in unius chartæ volumine*.

sans la permission du prince ou du comte de la province, resta en vigueur, ainsi que l'usage des *poliptiques* ou *pouliers* publics (1).

Le Prince continua de donner, à la requisition des parties, des commissaires, pour régler les partages dans les familles, & de percevoir à son profit, en cas de contestation, le dixieme de la valeur de la chose contestée (2); la défense aux

---

(1) *Marc. l. 1. form. 19. præceptum de clericatû.* L'empereur Honorius avoit ordonné par une loi, qui est la douzieme du titre 15. liv. 8. du code Théodosien, que tous ceux qui se souftrairoient de leur autorité privée à la milice, y seroient rappellés, quand même ils se seroient fait clercs. La formule citée prouve, que les rois Francs maintinrent la même police, qui fut encore en vigueur sous la seconde race, au témoignage de Flodoard, *hist. Rom. l. 2. c. 5.* La même formule parle des *poliptiques* ou livres censuels, qui, sous les empereurs, comprenoient ceux qui, a raison de leurs personnes ou de leurs biens, étoient soumis au cens public.

(2) *Marc. l. 1. form. 20. de divisione ubi regis accesserit missus.* Cette formule indique précisément ce qui est connu dans le droit Romain, sous le nom de *judicium familiæ erciscundæ*. Le préteur, chez les Romains, donnoit aux co-héritiers qui vouloient un partage, des arbitres pour le faire; les rois Francs, à cet exemple, accorderent des commissaires à ceux qui leur en demandoient pour faire les partages; ces mots de la formule, *decima illius sumptus litis*, font voir, que l'usage d'appliquer au fisc la dixieme partie de la chose contestée a pareillement été emprunté de la jurisprudence Romaine; suivant cette jurisprudence, tout demandeur étoit obligé, dès l'entrée de la cause, de donner une caution pour cette dixieme partie; cette caution est appellée dans le droit Romain *repromissio*. Justinien l'abolit par la loi derniere, au code *de jure jurando*, puis il la rétablit par sa novelle 112; les Romains ne connoissoient point d'autre moyen de faire payer les dépens d'une action, mal, ou mal-à-propos intentée; les Francs adopterent cet usage,

particuliers de se servir du ministere d'un procureur, sans la permission du prince, ne fut point abolie (1); les rois Francs continuerent de se servir de celui de *référendaires* (2). On observa dans la jurisprudence les mêmes regles au sujet des titres de propriété perdus, & on les suppléa par les témoignages & les déclarations de personnes non suspectes,

---

qui subsistoit encore au temps de St. Louis, suivant Pierre de Fontaines, *appendice de Joinville*. Ce fut Charles-le-Bel qui l'abolit; il ne prévoyoit pas sans doute que, quatre siecles après lui, les plaideurs seroient ruinés, non par la perte des procès, mais par les dépens.

(1) *Marc. l. 1 form.* 21. *de causis alteriûs recipiendis*. La plus ancienne jurisprudence Romaine avoit défendu de se servir du ministere de procureur, *ad lites*; on permettoit seulement aux personnes âgées au-dessus de 60 ans, & aux valétudinaires de charger de leurs procès des *Cogniteurs*. A cette imitation les rois Francs permirent à ceux qui étoient hors d'état de se défendre par eux-mêmes, de le faire par autrui; mais il falloit des permissions particulieres & par écrit. *Voy. Faber sur les institutes ; du Breuil, style du parlement. Voy. aussi un rescrit du Pape Innocent III, aux écoliers de l'université de Paris, qui lui avoient demandé la permission d'agir en justice par procureur.*

(2) *Marc. l. 1 form.* 25. L'on y trouve ces mots, *referendariis illis*; la novelle x. & c. 111. de Justinien, prouvent que les empereurs Romains avoient des officiers appellés *référendaires*, pour leur faire le rapport des requêtes & placets qui leur étoient présentés; les rois Goths en Italie, & les rois Francs dans les Gaules, ont conservé cet usage. *Cassiodor. l. 6. variar. c. 7. & Greg. de Tours, l. 5. ch. 3. & 42. & l. 10. ch. 19.* Les référendaires souscrivoient les actes royaux, & y apposoient l'anneau royal. Sigebert, dans sa chronique, dit, à l'année 637 : *referendarius dicebatur, ad quem publicæ conscriptiones referebantur, ut per eum annulo seu sigillo regis confirmarentur*; Aimoin rend à peu près le même témoignage, *l. 4. ch. 41.* Nous traiterons amplement des référendaires de France.

auquel cas il étoit nécessaire, comme sous les empereurs Romains, de recourir au prince, pour en obtenir des lettres, qu'on a appellées depuis des *Lettres de terrier* (1). Les acheteurs furent maintenus dans le droit d'exercer les actions de leurs vendeurs & garans (2). Conformément aux anciennes loix, le défendeur qui refusoit de comparoître, étoit condamné par défaut, sans avoir égard aux moyens du fond (3). *L'insinuation* des donations continua

---

(1) *Marc. l. 1. form.* 33. *præceptum quorum ab hostibus, &c.* La jurisprudence Romaine ne permettoit pas, que ceux qui avoient perdus leurs titres, soit par le feu, soit dans un naufrage, soit par l'incursion des ennemis, souffrissent dans leurs droits & propriétés par ces cas fortuits ; elle admettoit en leur faveur toutes les autres especes de preuves. *Leg. sicut. cod. de fide instrum. & leg. test. facilit. cod. de testib.* Cette jurisprudence ne changea point sous les Francs ; le chapitre 46 de l'appendice des formules de Marculphe, dit expressément, que cet usage a été emprunté des Romains.

(2) *Marc. l. 1. form.* 36. *ut causas auctor adsumendi, &c.* Cette jurisprudence est encore évidemment tirée de la loi Romaine, qui joignoit à la possession du propriétaire actuel celle de son auteur, ce que Justinien a étendu jusqu'à celui qui n'avoit que l'usucapion. *l. 1. cod. de usucap. transformandâ.*

(3) *Marc. l. 7. form.* 37. *judicium evinditale.* Ce jugement étoit une espece de reglement, par lequel le roi ou le juge déclaroit, qu'un tel s'est présenté au jugement au jour marqué, & que son adversaire a fait défaut, pour le profit duquel celui-ci perdoit sa cause ; ce qui est conforme à l'ancien droit Romain. *Gellius, l.* 17. *c.* 2. Ulpien dit que la jurisprudence Romaine s'est ensuite éloignée de cette rigueur ; mais les Francs l'adopterent, & condamnerent au fond tout défaillant qui ne fournissoit pas une *exoine* valable, du mot *Tudesque saumnis*, qui veut dire, *négligence* ou *cause de négligence*. Il est remarquable que cette ancienne jurisprudence n'a été abrogée que par François I, depuis

d'être

d'être observée, ainsi que la solemnité de la *stipulation* dans les traditions (1).

Les biens d'église continuerent d'être inaliénables, ne pouvant être grevés que d'un usufruit ou *précaire* (2); le droit de *représentation* eut toujours lieu au profit des neveux, c'est-à-dire, qu'ils étoient appellés à la succession du grand-pere, concurremment avec leurs oncles, nonobstant l'article soixante-deux de la loi Salique, de maniere cependant qu'ils étoient obligés de rapporter les dots de leurs meres, quoiqu'elles n'eussent aucune part aux terres *saliques* dont nous parlerons bientôt (3).

---

on a obligé tout demandeur à justifier sa demande, même contre un défaillant; ce que les décrétales des papes avoient déjà ordonné. *Gratian. in can. caveant judices. 3. quæst. 1.*

(1) *Marc. l. 2. form. 3. Peculio utriusque sexûs*, &c. Le sens de cette formule indique clairement la nécessité de l'insinuation de toute donation dans les actes municipaux; formalité manifestement empruntée de la jurisprudence Romaine, qui la requéroit pour toutes les donations de la valeur de 200 sols d'or & au-dessus. La même formule rappelle l'usage de la stipulation des Romains, qui, dans leurs traditions, tenoient une paille à la main, la rompoient & en rejoignoient ensuite les parties; je ne doute point que de cet usage ne soit dérivé celui de donner les investitures par des signes.

(2) *Marc. l. 2. form. 5. precaria de ipsâ villâ.* Les empereurs chrétiens avoient défendu, par plusieurs constitutions, l'aliénation des biens d'église. Cependant on toléra, que les supérieurs ecclésiastiques pussent accorder l'usufruit de certains biens appartenans à l'église, & pour un certain temps, sur-tout lorsque cet usufruit étoit demandé par ceux-là même qui s'étoient dépouillés de la propriété en faveur de l'église; & cette forme de demander & de donner étoit appellée *precaria* & *præstaria*.

(3) *Marc. l. 2. form. 10. Epistola cum in hoc filiorum.* On y fait

Les loix favorables aux mariages & à la population, conserverent leur force (1), & quoique les loix nationales n'infligeassent qu'une peine pécuniaire aux ravisseurs, on décerna contr'eux des peines capitales (2); toute personne libre qui s'alloit avec des personnes d'une condition servile, étoit punie par la dégradation & la perte de sa liberté (3): la répudiation fut autorisée (4): les donations furent tou-

---

une mention expresse de la loi Romaine, quoique la formule y déroge en partie; la loi IX, *de legitim. hæreditatib.* au code Theodosien, n'admettoit les neveux à la succession du grand'pere, concurremment avec les oncles & tantes, qu'à charge par eux de rapporter les dots de leurs meres.

(1) *Marc. l. 2. form.* 15. On y trouve des fragmens de diverses loix Romaines données à ce sujet.

(2) *Marc. l. 2. form.* 16. *si aliquis puellâ invitâ,* &c. Cette formule assigne la peine de mort aux coupables du crime de rapt, conformément aux loix II. & III. *de raptu virginum,* au code Theodosien.

(3) *Marc. l. 2. form.* 29. *charta de agnatione.* Le Senatus-consulte Claudien, renouvellé & confirmé par Vespasien, dépouilloit une femme de sa liberté, lorsqu'elle se marioit avec un serf; les Francs ont adopté cet usage; la formule citée montre la maniere en laquelle le maître faisoit remise de son droit aux enfans nés de pareils mariages.

(4) *Marc. l. 2. form.* 30. *libellus repudii.* Le divorce (du verbe *divertere,*) se faisoient chez les Romains par le consentement mutuel du mari & de la femme. Les mariages rompus de cette maniere étoient dits *bonâ gratiâ dissoluta.* La répudiation, ou le renvoi, devoit être fondés sur de justes causes; Justinien par sa novelle 117, abrogea l'usage du divorce, on ne conserva que la répudiation que les Francs adopterent; cependant la formule citée laisse douter, si le divorce proprement dit, n'entra pas dans les usages des Francs sous la premiere race, d'autant plus que le code de Justinien étoit alors inconnu, & sans autorité dans les Gaules.

jours assujetties à l'*insinuation*, & à la *publication*, selon la forme prescrite par le droit Romain (1).

La condition des serfs resta la même, ainsi que la forme ancienne de la *manumission*, à laquelle pourtant on en ajouta une nouvelle pour les Francs (2).

Les comtes continuerent d'être qualifiés de *freres* par le prince (3): les citoyens conserverent le privilege de pouvoir instituer héritiers leurs enfans naturels, à défaut de légitimes (4); les enfans abandonnés par pere & mere, continuerent d'être au pouvoir de ceux qui leur fournissoient des alimens, & les enfans exposés devant les églises, au pouvoir de ceux à qui ils étoient vendus par les marguilliers (5).

---

(1) *Marc. l. 2. form.* 38. Elle porte *juxtà consuetudinem*, selon l'ancienne coutume; or, cette ancienne coutume avoit pour fondement la loi 8, *de donationibus*, au code Theodosien.

(2) *Appendice de Marc. form.* 8. *ingenuitas*. Cette *ingénuité* dont il est ici parlé, n'est pas autre chose que la *manumission* qualifiée, de *solemnelle* dans le droit Romain; elle se faisoit dans l'église. *L. 1. cod. Theod. de manumiss. in ecclef.* Les Francs l'appelloient, *manumissio secundum legem Romanam*; ils en avoient une autre qui leur étoit particuliere; elle étoit faite de l'autorité du roi; on secouoit de la main du serf qu'on vouloit affranchir une piece d'argent en présence du roi, qui le déclaroit libre; le serf ainsi affranchi, étoit appelé *denarialis*, parce que l'affranchissement étoit fait, *per denarium*.

(3) *Append. form.* 30. *Fratri illi comiti*. Cette adresse prouve par les termes mêmes, que les rois Francs qualifioient les comtes de freres, à l'imitation des empereurs Romains. *Novell. Theodof. Valentin. Majorian.*

(4) *Append. Marc. form.* 52. *donatio ad filios*; on n'y parle que d'enfans naturels, qui par le droit Romain pouvoient être institués héritiers.

(5) *Form. Sirmond. II.* Elle est conforme aux deux titres du code

A l'égard des terres, celles dont la propriété primitive appartenoit au fisc, étoient appellées *terres fiscales*, ou *biens fiscaux*, & celles dont la pleine propriété appartenoit aux possesseurs, étoient appellées *proprietates*; la seconde des formules *Siromondiques* établit cette distinction; *ergò*, y est-il dit, *dum & ille episcopus, aut abbas, aut vir inluster monasterium in honore sancti illius in pago illo, aut super proprietate, aut super fisco noscitur ædificasse*. Lorsque le prince mettoit des biens *fiscaux* hors de sa main, pour en gratifier quelqu'un, ces biens prenoient dans la main du donataire le nom de *bénéfices*.

Les *propriétés* étoient de deux especes; les unes venoient de succession, & étoient nommées *hæreditates*, les autres s'appelloient acquisitions *ex comparato* ou *ex conquestû*; on les confondit dans la suite, par rapport à la maniere de les posséder, sous la dénomination générale d'*alodes* (1).

---

qui concernent les enfans exposés & abandonnés par pere & mere; ceux qui les recueilloient, pour en avoir soin, avoient la liberté de les prendre comme serfs, ou de les adopter comme leurs enfans, sans que leurs véritables parens y conservassent plus aucun droit; Justinien alla jusqu'à accorder à ces enfans la liberté, quand même ils seroient nés serfs, empêchant par là ceux qui les recueilloient de les traiter eux-mêmes comme serfs; *ne*, dit-il, *ex pietatis officio lucrum fiat*. l. 3. cod. *de infant. expos.* quant aux enfans nouveaux nés, ou *sanguinolans*, comme ils sont appellés dans le droit, lorsqu'ils se trouvoient exposés aux portes des églises, les marguilliers pouvoient les vendre: cette jurisprudence fut même confirmée par plusieurs conciles, qui ont ordonné aux curés d'exhorter les femmes & les filles qui cachoient leur grossesse, de ne pas défaire leurs fruits, mais de les exposer aux portes des églises.

(1) Les anciennes formules sont pleines de passages, qui font voir que la maniere de posséder l'*acquisition*, étoit la même que celle dont

Ainsi l'*alode* étoit opposé au *bénéfice*, qui, relativement au prince, avoit le nom de *fisc* (1); mais ce qui n'est pas encore éclairci, c'est de savoir, si dès-lors il y avoit deux sortes de domaine, l'un de la couronne, l'autre du roi; si on continua de distinguer *la chose privée* du prince, du *domaine public*; nous n'avons pas sur ce point, par rapport aux rois Francs, des monumens pareils à ceux qui nous restent par rapport aux rois Goths, dans les états desquels la couronne paroît avoir eu un domaine, dont le prince n'avoit que l'administration, & non la pleine & libre disposition (2). La maniere dont les rois Francs disposoient de leurs biens *fiscaux*, semble cependant annoncer que la même police avoit lieu dans leurs états; car ils disposoient des uns à titre de *bénéfice* seulement, s'en réservant la propriété primitive; il y en avoit d'autres dont ils transportoient la pleine & entiere propriété; ce qui semble supposer dans

---

on possédoit l'*héritage*; c'est-à-dire, qu'on possédoit l'un & l'autre à titre d'*alode*, optimo jure. *l. Sal. tit.* 62. *l. Rip. tit.* 58. *Greg. Turon. l.* 3. *c.* 19. Mais le même Gregoire de Tours, fait sentir la différence, entre la possession d'un *alode* & celle d'un *bénéfice. l.* 9. *c.* 28.

(1) Voy. une charte de Clovis, de l'an 588, rapportée par Mabillon, *Diplom. l.* 6. p. 463. & dom Luc d'Achery, tom. 5.

(2) Il y a à cet égard une loi de Reccesswinde, publiée dans le huitieme concile de Tolede: Labbe, *conc. tom.* 6 p. 414. Ce prince régnoit en Espagne, & dans la Gaule Narbonnoise, où l'inaliénabilité du domaine de la couronne étoit reconnue; c'étoit peut-être une suite de la constitution qui rendoit cette couronne élective; le cinquieme concile de Tolede en a une disposition expresse. *Hispaniarum rex nemo fiat, nisi omnium electione & à Gothicæ gentis nobilitate ad eum apicem perductus.* Voy. aussi le quatrieme concile de Tolede, can. 74, & le douzieme, *ch.* 1.

leurs mains deux especes de biens, les uns disponibles, les autres inaliénables (1).

ARTICLE II.

Des Coutumes particulieres à la nation Franque.

§ I.

Des Alodes, *ou* Aleux.

La loi civile la plus importante des Francs, est celle des *alleux* ou *alodes*; c'est la soixante-deuxieme du code Salique, donné par Hérold & Baluze; la soixante-unieme dans le manuscrit de la bibliothéque de Wolfembuttel; & la quatre-vingt-deuxieme dans le manuscrit de la bibliothéque du roi de France; elle comprend six articles, cinq regardent l'ordre de la succession aux aleux, & le sixieme celui de la succession aux terres saliques.

Voici la traduction de ces articles.

1°. Si un homme meurt sans enfans, son pere ou sa mere lui succédent.

2°. S'il n'a ni pere ni mere, son frere ou sa sœur lui succédent.

3°. S'il n'a ni frere ni sœur, la sœur de sa mere lui succédera.

4°. Si sa mere n'a point de sœur, la sœur de son pere lui succédera.

5°. Si son pere n'a point de sœur, le plus proche parent, par mâle, lui succédera.

---

(1) *Voy.* Marculphe. l. 1 *form.* 17. qui prouve qu'on aliénoit, dans l'usage d'alors, de certains biens *fiscaux*.

6°. *Cependant aucune portion de la terre salique ne passera aux femelles ; mais elle appartiendra aux mâles, c'est-à-dire, les enfans mâles y succéderont seuls à leur pere.*

Voilà deux especes de reglemens, qui ont pour objet deux sortes de successions ; les femmes comme les mâles sont appellées à la succession des terres *allodiales*, mais elles sont exclues du partage des terres *saliques*.

On voit avec surprise, que dans l'ordre de succession aux *aleux*, la sœur de la mere soit préférée à la sœur du pere ; mais, comme le remarque judicieusement Montesquieu, cela s'explique par d'autres textes de la loi salique ; lorsqu'une femme étoit veuve, elle tomboit sous la tutelle des parens de son mari ; la loi préféroit pour cette tutelle les parens par femmes, aux parens par mâles. En effet, une femme qui entroit dans une famille, s'unissant avec les personnes de son sexe, étoit plus liée avec les parens par femmes, qu'avec les parens par mâles ; de plus, quand un homme en avoit tué un autre, & qu'il n'avoit pas de quoi satisfaire à la peine pécuniaire qu'il avoit encourue, la loi lui permettoit de céder ses biens, & les parens devoient suppléer à ce qui lui manquoit ; après le pere, la mere & le frere, c'étoit la sœur de la mere qui payoit, comme si ce lien avoit quelque chose de plus tendre ; or la parenté qui donne les charges, devoit de même donner les avantages. La loi salique vouloit qu'après la sœur du pere, le plus proche parent par mâles eût la succession ; mais s'il étoit parent au-delà du cinquieme degré, il ne succédoit pas ; ainsi une femme au cinquieme degré auroit succédée au préjudice d'un mâle du sixieme, & cela se voit dans la loi des Francs-ripuaires, titre des *aleux*, où elle suit pas-à-pas sur cette matiere, la salique. Si le pere laissoit des enfans,

Voy. l. Salique tit. 47 & 61.

Voy. l. des Rip. tit. 56.

la loi salique vouloit que les filles fussent exclues de la terre salique, & qu'elle appartînt aux enfans mâles (1).

Pour bien comprendre cette derniere disposition, il est à propos de distinguer deux sortes de biens, dont les Francs ont joui après leur établissement dans les Gaules : ces biens sont les *aleux*, & les *bénéfices militaires*; ces derniers étoient les *terres saliques*, qu'on a ensuite nommés *fiefs*, ou qui le sont devenus.

On appelloit *alleux* les biens propres dont l'acquéreur jouissoit par succession, donation, testament, vente ou autrement : quant aux *bénéfices*, leur jouissance ne convenoit qu'aux mâles, parce qu'ils avoient pour objet le service militaire, que les femmes ne peuvent rendre; les *terres saliques* étoient donc celles qui avoient été distribuées aux Francs officiers & soldats, lorsqu'ils se rendirent maîtres des Gaules; elles furent la récompense de leur valeur, ou la marque de la distinction qu'ils avoient eue dans l'armée de Clovis (2); c'est pourquoi on se faisoit un honneur de conserver ces terres dans les familles, & de les y faire passer aux mâles à l'exclusion des femelles ; au lieu que chacun avoit une entiere liberté de disposer de ses *aleux*. L'article de la loi salique est encore si religieusement observé dans l'Overyssel, que les fiefs & les terres nobles y passent toujours aux mâles à l'exclusion des filles.

L'on trouve en France un reste de cet ancien usage, en

---

(1) Il y a eu quelque chose de semblable chez les anciens Arméniens, qui, jusqu'à l'empire de Justinien, suivoient dans le partage des successions, une coutume qui en excluoit les femmes, Voy. l'édit. 3 de Justin. & la nov. 21. c. 2.

(2) Voy. Burch. Gottelf. *Syntagma gentis German. à primâ. orig. dissert*. 5. *de Francor. orig.* p. 133.

ce que dans tous les cas de succession directe, & dans la plupart des successions collatérales, les mâles succedent aux fiefs, à l'exclusion des filles, quoiqu'elles soient en pareil degré qu'eux.

Cependant nous voyons, que sous la premiere race on a dérogé à cette coutume; mais c'étoit par des actes particuliers, & non par une loi, ou une coutume générale: Marculphe nous a laissé un de ces actes, par lequel un pere rappelloit sa fille non-seulement à la succession de ses *aleux*, mais encore à celle de tous les biens qu'il laisseroit après sa mort. C'est par un acte particulier qu'on assignoit aux princesses, des terres & des villes dont les revenus devoient fournir une subsistance convenable à leur condition; elles n'avoient que l'usufruit de ces terres, la propriété en demeuroit toujours unie aux fisc; les princesses, comme les autres filles, étoient soumises au droit commun, par rapport à la succession aux *terres saliques*; il falloit un traité ou un acte particulier pour leur en donner l'usufruit: si Clotilde, sœur de Childebert, & Clodoswinde, fille de Gontram, ont pu disposer des terres saliques, qui leur étoient assignées, c'étoit un privilege; or tout privilege confirme le droit commun; d'ailleurs on peut douter que le droit de disposer des terres fiscales, ait été accordé à ces princesses; l'acte portoit qu'on leur en donnoit la jouissance, & qu'elles n'en percevroient les revenus, que tant qu'elles demeureroient dans le royaume: cette exception est énoncée au sujet de Clodoswinde, qui avoit été promise à Récarede roi des Visigoths, en Espagne: de cette maniere on conservoit au royaume toutes ses richesses, & on ne souffroit pas que les princes étrangers, en s'alliant avec des princesses Françoises, acquissent des droits sur une portion du domaine de la cou-

Voy. Marc. l. 2. form. 13.

ronne. Ce fut dans cet esprit que Childebert II, détourna Chilpéric de céder quelques villes du royaume de Soiffons, à fa fille Rigunthe, en confidération du mariage de cette princeffe, avec le roi des Vifigots.

Voy. Greg. de Tours. l. 9. c. 20. & 16. & l. 6. c. 5.

Le code *Salique* ne contient aucune difpofition formelle, touchant la fucceffion à la couronne ; le titre 62, que je viens d'expliquer, femble ne régler que l'ordre des fucceffions des particuliers ; cependant on doit convenir que de l'article 6 de ce titre, on tire cette conféquence : *fi les biens des nobles ne pouvoient tomber de lance en quenouille, la couronne ne devoit-elle pas avoir la même prérogative ?* (1) Cette conféquence eft néceffaire pour le royaume, qui étant de fa nature purement *falique*, & conquis par les *Saliens*, eft le chef & le plus noble des fiefs *faliques*.

Mais comme la loi renferme cette conféquence fans la développer, il faut pour l'expliquer avoir recours à la coutume, qui, étant immémoriale, paffe pour une loi *falique*, parce qu'elle en avoit la force chez les Francs Saliens.

Son origine eft d'autant plus augufte & vénérable, que fon obfervation eft devenue indépendante même des rois : elle a toujours été inviolablement exécutée ; c'eft une coutume & même une loi, plutôt politique que civile : celle-ci regle la fucceffion des particuliers, parce qu'elle a pour objet leurs intérêts ; mais celle qui regle la fucceffion à la monarchie, doit être une loi politique, une loi fondamentale, puifqu'elle a pour objet le bien & la confervation de l'état : Ce bien eft le fondement de l'ordre de la fucceffion dans les monarchies, lequel doit être fixe & conftant,

---

(1) Cette expreffion, confacrée par fon antiquité, fignifie que la fucceffion d'un militaire ne peut paffer à fes filles.

pour éviter les malheurs qui arriveroient infailliblement si cette succession étoit arbitraire ; c'est ce qui a fait dire à M. Bignon, qu'il faut bien que ce soit un droit de grande autorité, quand on l'a observé si étroitement, qu'il n'a pas été nécessaire d'en rédiger une loi par écrit.

Excell. des rois & royaum. de fr. p. 286.

§. II.

De l'autorité des Peres sur leurs Enfans mâles.

C'est ici un de ces usages que les Francs ont observé comme des loix, & que leurs codes, depuis même leur établissement dans les Gaules, n'ont fait qu'effleurer. Suivant un usage très-ancien chez les Francs, un fils demeuroit sous la puissance entiere de son pere, tant qu'il étoit incapable de porter les armes ; mais parvenu à l'âge de manier le javelot & l'épée, il ne devoit à l'auteur de ses jours que des respects & des déférences, il passoit dans un nouvel empire ; devenu enfant de la patrie, cette mere commune veilloit sur ses mœurs, & dès-lors associé aux privileges de citoyen, le roi devenoit son pere.

Cette espece d'émancipation légale avoit lieu sous la premiere race, plutôt que sous la seconde ; la loi Ripuaire fixe la majorité à dix-sept ans : à cet âge on étoit assez fort pour porter les armes, qui ne consistoient, comme nous l'avons vu, que dans une épée, un bouclier, une hache & un javelot.

L. Rip. tit. 18.

Mais au commencement de la seconde race, on introduisit la lance, le bouclier, le casque & la cuirasse, dont le poids auroit accablé la foiblesse de cet âge ; alors la loi plus indulgente fixa la majorité à vingt & un ans, & même suivant plusieurs à vingt-quatre ans : il existe à cet égard un capitulaire de Louis le Débonnaire, interprétatif de la loi Ripuaire.

Un peuple guerrier ne risque rien à avancer la majorité; la sévérité d'une discipline militaire étouffe ou tempere ces inclinations licentieuses, que, chez les peuples amollis, la puissance paternelle, souvent trop indulgente, ne peut rectifier. Pourquoi trouverions-nous extraordinaire que nos ancêtres eussent eu une volonté légale à dix-huit ans, tandis que sous nos yeux une milice d'un autre genre, enleve tous les jours à cet âge, à la puissance paternelle, des sujets, qui, six ou sept ans après en réclameroient vainement le secours?

§. III.

Des Dots & Douaires.

Une coutume observée parmi les Francs, défendoit aux peres de doter leurs filles en les mariant (1). Une fille étoit regardée comme étrangere dans la maison de son pere, lorsqu'il avoit des enfans mâles; c'est qu'elle étoit censée devoir appartenir à une autre famille: cette conduite s'accordoit avec les intérêts d'un peuple guerrier. Les filles ne remplissoient le vœu général de la nation, qu'en donnant des enfans à d'autres familles qu'aux leurs; elles étoient adoptées par les peres de ceux qu'elles épousoient: c'étoit eux, & non leurs propres peres, qui leur donnoient des dots, *Marc. l. 2. form.* comme nous l'apprenons des formules de Marculphe. Cet 15 usage s'est conservé jusqu'à nos jours dans quelques pro-

---

(1) Quoique cette défense soit depuis long-temps levée en France; cependant on n'y a jamais contraint les peres, comme chez les Romains, à doter leurs filles; c'est une maxime dans ce royaume, que *ne dote qui ne veut.*

vinces d'Allemagne, où le mari ou ſes parens conſtituent à la nouvelle épouſe une ſorte de dot, appellée vulgairement *morgengaabe*, qui devient pour la femme un bien *paraphernal*.

Il y avoit cependant une circonſtance, où une fille n'étoit pas regardée comme étrangere à l'égard de la ſucceſſion de ſon pere; c'eſt le cas où celui-ci n'avoit point d'enfans mâles. Sous Clotaire II. vivoit ſainte Godeberte, enfant unique d'un *bénéficier militaire*; elle fut recherchée en mariage par pluſieurs perſonnes de conſidération; ſon pere qui ſouhaitoit faire paſſer ſon bénéfice à un gendre, n'oſa marier ſa fille ſans le conſentement du roi; il en choiſit un qui fut agréable à Clotaire, & ce prince agréa, que le mari de Sainte Godeberte, eût le *bénéfice militaire* de ſon beau-pere.

Les anciennes formules nous apprennent, que la coutume obligeoit l'époux de doter ſon épouſe; ſans cette formalité préliminaire, les enfans qui naiſſoient de cette union étoient regardés comme le fruit impur d'un honteux concubinage. Thierry, fils aîné de Clovis, fut par cette raiſon long-temps regardé comme l'enfant naturel de ce prince; ce fut pour aſſurer à ce fils un droit au partage des provinces de ſa monarchie, avec ſes trois freres, qu'il déclara par un acte public, avoir doté la mere. Le préſident Hainault, a eu tort de dire ſans reſtriction, que Thierry étoit *fils d'une concubine*, puiſque ce prince, l'aîné des enfans de Clovis, a partagé avec ſes freres les états de ſon pere, & qu'il fut roi d'Auſtraſie ou de Metz.

Baluz. capitul. t. 2. col. 414. 455. 464.

Abrégé Chron. éd. 1746. p. 3.

Dans l'appendice des formules de Marculphe, c'eſt le mari qui regle cette dot, au lieu que dans le ſecond livre de ces mêmes formules, c'eſt le pere de l'époux; quoi qu'il en ſoit, la femme devoit être dotée avant ſon mariage, ou du moins avant la naiſſance de ſes enfans; ſans cette précaution ils ne pouvoient être réputés légitimes.

On convient que la dote faite à la femme par le mari, étoit pécuniaire, mais comme la loi n'en a pas marqué la valeur, on a eu recours à Frédégaire, qui l'a indiquée, en parlant du ſecond mariage de Clovis avec Clotilde, fille du roi des Bourguignons; il dit que les embaſſadeurs qui firent la demande de cette princeſſe, au nom de Clovis, offrirent un ſol & un denier, *ſuivant la coutume des Francs:* cette ſomme eſt auſſi marquée dans les formules de Marculphe; c'eſt peut-être là l'origine de la *piece de mariage*, encore aujourd'hui en uſage.

Fredeg. épiſt. c. Marc. form. 75.

Lorſqu'un homme avoit enlevé une fille, s'il ſe réconcilioit avec ſes parens, on lui permettoit de l'épouſer, mais en lui aſſignant ſur ſes biens une dot & un douaire; l'ancien uſage accordoit à l'épouſe le droit de diſpoſer de cette dot; cependant lorſqu'on prévoyoit qu'elle pourroit en faire un mauvais uſage, on ſtipuloit qu'elle n'en auroit que l'uſufruit, & que la propriété en appartiendroit aux enfans: c'eſt encore ce qu'on obſerve aujourd'hui dans pluſieurs provinces d'Allemagne, à l'égard de la *morgengabe*.

De re Diplom. ſupplem. p. 83. Lindenbrog. form. 82. c. 83.

Lorſqu'on vouloit épouſer une veuve, comme cette femme ne dépendoit plus de perſonne, de qui on pût en quelque ſorte l'acheter, il falloit offrir en jugement trois ſols d'or, & un denier; cette ſomme, qui étoit comme le prix de ſa liberté, ſe donnoit aux parens de ſon premier mari, autres que ceux qui avoient recueilli ſa ſucceſſion; pour rendre l'offre ſolemnelle, il falloit que dans le lieu où elle ſe faiſoit, il y eût un bouclier, & qu'on y jugeât au moins trois cauſes, autrement le mariage étoit illégitime. Cet uſage prouve qu'une femme par ſon mariage s'identifioit tellement dans la famille de celui qu'elle époufoit, qu'elle ne pouvoit convoler à de fecondes noces fans le confentement des parens de fon mari & même de ceux qui, à caufe de leur éloignement, n'avoient eu aucune part à fa fucceffion ; ils confervoient fur elle un droit d'infpection, mais ils ne pouvoient refufer leur confentement lorfqu'en juftice on leur faifoit les offres d'ufage.

On voit pourquoi on offroit plus pour une femme veuve que pour une fille ; parce que la veuve avoit acquis la liberté par la mort de fon mari, au lieu qu'une fille ne changeant point d'état civil, ne faifoit que paffer de la puiffance paternelle, fous la puiffance maritale ; mais pourquoi cette efpece d'achat, que le mari étoit tenu de faire de la femme qu'il vouloit époufer ? c'eft parce que réellement on lui vendoit, non précifément la femme, mais fes biens ; le mari en devenoit tellement le maître, que felon la loi des Ripuaires, la femme n'avoit point d'action pour répéter contre fon mari, ni ce qu'elle pouvoit avoir apporté en mariage, ni ce qui pouvoit lui être venu d'ailleurs, lorfque tous fes biens fe trouvoient confommés : les chofes ont bien changé depuis.

L. Rip. tit. 37.

§ IV.

De la Communauté des Biens.

On n'apperçoit pas que chez les Francs, fous les Mérovingiens, la communauté de biens ait été établie par une loi entre les conjoints ; c'eft un ufage qui s'eft introduit enfuite parmi eux, & qu'ils ont fans doute emprunté des Gaulois qui l'obfervoient depuis long-temps, & même avant Céfar ; ce conquérant hiftorien remarque que de fon temps la coutume des Gaulois étoit, que le mari communiquât une partie de ses biens à la femme, selon la qualité de sa dot, & que toute la masse des fruits & profits qu'ils pourroient faire durant leur mariage, appartînt au survivant.

<small>Cæſ. comment. de bell. Gall. l. 6.</small> César parle de cette communauté de biens, comme d'un point singulier des mœurs & des coutumes générales des Gaules : *c'est à cet usage si ancien des Gaules*, dit Coquille, qu'on peut attribuer l'origine des communautés de biens entre mari & femme.

Cette coutume fut adoptée par les Francs, avec cette modification, que pendant la premiere & la seconde race, la femme ne gagnoit que le tiers de la communauté. <small>Marc. Form. l. 2. c. 17. bign. not.</small> Marculphe nous en assure positivement, & les capitulaires disent aussi, que le tiers des conquêts doit appartenir à la femme & le reste aux enfans communs après la mort du mari. <small>Capitul. l. 4. c. 9.</small> Flodoard, en parlant des legs & des libéralités du roi Raoul, raconte que ce prince avoit ordonné par son testament, qu'après que son épouse auroit pris le tiers de son trésor, qui lui appartenoit *selon le droit de communauté*, <small>Voy. Aimoin. l. 4. hist. Franc. c. 36.</small> le reste seroit distribué en aumônes dans les monasteres de France & de Bourgogne.

Les Francs ont réduit au tiers pour la femme le bénéfice de la communauté de biens ; en effet, c'est toute la part, que peut avoir dans une société quelconque l'industrie d'une femme ; on sent bien qu'il n'est point ici question de cette industrie qui touche au moral, & dont toute idée doit être bannie d'un livre sérieux comme celui-ci.

§ V.

§ V.
De la Répudiation.

On trouve dans les formules de Marculphe, un libelle de répudiation ; cet acte, qui devoit être dressé du consentement réciproque du mari & de la femme, & qui par conséquent ressembloit beaucoup au *divorce*, leur permettoit ou de se consacrer à Dieu, ou de s'engager dans de nouveaux liens ; le pere Mabillon a publié, parmi les formules *Angevines*, un libelle de dissolution de mariage, lequel permettoit de convoler à de secondes noces ; les Francs pensoient autrefois qu'il pouvoit arriver, & qu'il arrive en effet, que l'incompatibilité des humeurs, rend le joug du mariage insupportable, & la concorde impossible entre deux époux, & que ce motif étoit suffisant pour rompre un lien, qui enchaînoit deux malheureux.

Les chrétiens Gaulois croyoient, au contraire, qu'il importoit au bon ordre, que le mariage fut un engagement indissoluble ; ils ont pensé que les services que la nature veut qu'un pere & une mere rendent à leurs enfans, consacrent cette idée, parceque ces services leur manqueroient, si le mariage n'étoit qu'un engagement passager ; cependant les Francs n'ont adopté irrévocablement l'indissolubilité du lien du mariage que très-tard ; on a vu en 1287, dans le comté d'Armagnac, des personnes distinguées, contracter ingénument un mariage pour sept ans ; le contrat s'en conserve dans la bibliotheque du roi ; on trouve chez les anciens Romains un usage semblable ; ils avoient trois manieres de contracter mariage ; la *confarréation*, c'étoit la solemnelle où le pontife intervenoit ; la *coëmption*, par laquelle on s'ache-

L. 2. c. 3.

De re diplom. supplem. p. 87.

toit mutuellement par une forte de contrat ; & l'*ufage* pendant un certain temps, *ufus* : la femme époufée de cette derniere maniere, étoit appellée *uxor ufuaria*.

<small>*Voy. Varron, Feftus, Alexander ab Alexandro genial. cier.*</small>

Quant à la répudiation, il y en a deux exemples illuftres dans notre hiftoire, dont l'un eft très-moderne ; le premier eft celui du roi Louis VII, dit le jeune, qui, l'an 1150, répudia Eleonore, fille & héritiere de Guillaume, duc d'Aquitaine, laquelle il avoit époufée en 1137. Le fecond eft celui du roi Henri IV, qui répudia Marguerite de Valois, après vingt-huit ans de mariage ; il eft remarquable qu'il s'y détermina fur la remontrance que lui en fit fon Procureur-Général au parlement, qui prit à tâche de juftifier les motifs de cette répudiation.

<small>*Voy.* Remontrances *de M. de la Guefle, Proc. Gén. au Parl.*</small>

§ VI.
Ufage fur les Succeffions.

La maxime, *le mort faifit le vif*, paroît avoir toujours eu lieu parmi les Francs, depuis leur établiffement dans les Gaules ; elle fut toujours obfervée à l'égard des enfans mâles, non-feulement dans la fucceffion à la couronne, mais encore dans les fucceffions particulieres.

L'ufage conftant dans la race des Mérovingiens, étoit que tous les fils d'un fouverain naiffoient avec un droit égal à la fucceffion de leur pere, & qu'ils pouvoient partager entr'eux les provinces de la monarchie ; de-là les royaumes de Metz, d'Orléans, de Soiffons, de Paris, &c. que ce fyftême fut conforme à la bonne politique, ou non, ce n'eft pas ce dont il s'agit ici ; mais il étoit conftant entre les defcendans de Clovis, & même dans la race Carlovingienne ; *le roi mourut*, difent nos hiftoriens, *& fon royaume fut partagé entre fes fils*.

§ VII.

Formalités d'usage dans la ceſſion de Biens.

On apprend par le titre 48 de la loi Salique, la maniere dont un propriétaire cédoit à un autre ſa maiſon ou un autre bien fonds ; la ceſſion s'en faiſoit en préſence de témoins, en jettant un fêtu ſur le ſein du ceſſionnaire ; les témoins devoient ſervir de recors, au cas que celui qui avoit fait la ceſſion, voulut enſuite revenir contre ; alors le défendeur ajournoit les témoins devant le juge, pour affirmer que la ceſſion étoit revêtue de toutes les formes requiſes, *que l'ancien propriétaire avoit jetté le fêtu, que le nouveau poſſeſſeur l'avoit reçu ſur ſon ſein, & que même il avoit donné à manger à pluſieurs perſonnes dans ſa nouvelle maiſon ſur un tonneau ;* ces formalités étoient exigées par la loi, pour rendre la ceſſion ſtable & irrévocable.

Les Francs avoient auſſi une forme de renonciation à une ſucceſſion, même à une famille qui leur étoit particuliere ; la loi Salique rendoit tous les parens d'un meurtrier ſolidairement garans de la compoſition portée par la loi, en réſervant néanmoins à chacun d'eux le droit de ſe ſouſtraire à cette garantie, en renonçant à la ſucceſſion de ſon parent, & à tous les droits qui pouvoient lui en revenir. Les formalités de cette renonciation, ſont décrites dans le titre 63 de la loi Salique ; elles ſe faiſoient pardevant le juge. Celui qui la faiſoit, prenoit quatre bâtons d'aune, qu'il rompoit ſur ſa tête, & qu'il jettoit au milieu de l'audience ; il juroit en même temps qu'il renonçoit à l'alliance de ſes parens, à leur ſucceſſion & aux avantages qu'elle pouvoit lui procurer ; de cette cérémonie eſt venue probablement celle de jetter un petit fêtu dans le fein de celui auquel on vouloit abandonner un héritage; cette cérémonie s'appelloit *ex feftucatio:* ce mot vient de *feftuca, fétu, paille, chalumeau*; il eft affez vraifemblable, que le proverbe fi ufité, *il n'y a plus d'amitié, la paille eft rompue*, vient de cet ancien ufage, fuivant lequel les Francs, en renonçant à leurs alliances dans l'auditoire du juge, crioient à haute voix, *la paille eft rompue*.

§ VIII.

Ufages Moraux.

Le titre 23 de la loi Salique eft compofé de loix de pudeur à l'égard des femmes; elles condamnent à des amendes confidérables, ceux qui prenoient avec elles des libertés; comme de ferrer la main, de toucher le bras, &c. D'anciennes ftatues, qu'on croit être de Clotilde ou de quelques autres princeffes Franques, les repréfentent dans la plus grande modeftie; les Francs exigeoient dans leurs femmes une gravité de mœurs, qui fembloit intéreffer le gouvernement même, foit que le déreglement de la femme leur parut devoir faire foupçonner celui du mari, foit que l'on craignit que les honnêtes gens n'aimaffent mieux le cacher que de le punir.

Le zele que les Francs avoient pour la pudeur des femmes, avoit quelque chofe de gênant pour elles; delà cette efpece de tutelle perpétuelle, appellée *mundiburdium*, ou par corruption *mainbournie*, qu'on leur donnoit pour les mettre à l'abri des infultes qui auroient pu être faites à leur pudeur; le plus proche parent, par mâles, étoit chargé de cette tutelle, lorfqu'elles avoient perdu leurs peres, ou qu'elles n'étoient pas sous l'autorité d'un mari : cet usage a passé avec les Francs dans les Gaules ; mais il n'y a pas subsisté long-temps ; les femmes Gauloises, qui ont toujours été en possession de donner le ton aux hommes, dont elles ont souvent été les arbitres & les avocats, eurent bientôt amollie la mâle rudesse de la morale des Francs, & les vainqueurs des Romains devinrent les esclaves des femmes.

ARTICLE III.
Des Coutumes particulieres de la nation Franque en matiere criminelle.

Si l'on considere en général le gouvernement judiciaire des rois Mérovingiens, on est forcé de convenir que l'étendue de leur pouvoir a varié : sous certains rois, il paroît plus absolu que sous d'autres ; le capitulaire de Childebert fait entendre qu'on n'exécutoit à mort aucun citoyen, que la sentence de sa condamnation n'eut été rendue ou confirmée par le roi ; en voici la teneur : *en conséquence de la résolution prise dans le champ de Mars, tenu à Cologne, nous avons ordonné, que dès qu'un juge aura connoissance d'un vol commis dans son ressort, il se transportera dans la demeure du malfaiteur, & qu'il s'en assurera ; si le voleur est Franc, il sera traduit devant nous* (le roi,) *s'il est de condition servile, il sera pendu sur les lieux.*

Baluz. capitul. t. I. p. 17.

Cette loi fait voir que la connoissance des affaires criminelles des Francs, étoit réservée au roi : chez les Ripuaires on observoit la même jurisprudence ; nous voyons dans le titre 79 de leur loi, qu'on ne pendoit certains voleurs, qu'après que le jugement avoit été confirmé par le roi.

Il semble qu'on ne renvoyoit pas au roi le procès criminel d'un Gaulois ou de sa femme. En 579, une dame Gauloise fut accusée d'adultere; les parens de son mari, déshonorés en sa personne, vinrent trouver le pere de la femme, & lui proposerent de la faire *purger* du crime dont elle étoit accusée, menaçant de la faire punir de mort, s'il n'acquiesçoit à leur demande; le pere soutint sa fille innocente, & offrit d'attester son innocence par serment sur le tombeau de Saint Denis. Au jour pris on s'assembla dans l'église de ce Saint; les parties étoient des personnes remarquables par leur naissance, & des premiers de la cour du roi Chilperic; le pere de la femme accusée, étendit les mains sur l'autel, & jura que sa fille étoit innocente : les parens du mari crierent au parjure; la contestation s'échauffa, des paroles on en vint aux mains; il y eut des épées tirées, des traits lancés jusques sur la tombe de Saint Denis, l'église fut *polluée*, & l'on y cessa le service divin. Childebert II, informé de ce désordre, en renvoya les auteurs à Ragnemode, évêque de Paris, pour se faire absoudre des censures qu'ils avoient encourues; ils sçurent si bien se disculper, qu'il les admit à la communion, sans en exiger une réparation solemnelle : quelques jours après, la femme accusée, ayant été citée en justice, prévint en s'étranglant, une sentence de condamnation; cet événement fait voir, que l'on suivoit le droit Romain, lorsqu'il s'agissoit de faire le procès à un Gaulois ou à sa femme. Il est constant que la loi Salique ne décerne pas la peine de mort contre les adulteres; la loi Ripuaire & celle des Visigots, permettoient seulement au mari outragé de tuer les adulteres trouvés en flagrant délit, & autorisoient les juges à les livrer au mari, lorsqu'ils étoient convaincus en justice.

Greg. Turon. l. 5. c. 33.

Il y avoit même des cas où l'on avoit recours au droit Romain, même pour juger des Francs; Sadregifile, duc d'Aquitaine, fous le roi Dagobert, ayant été affaffiné, fes fils négligerent de tirer vengeance de ce meurtre; la loi Romaine, prononçoit pour le fait d'une pareille négligence, la privation de la fucceffion paternelle; la loi Salique eft abfolument muette fur cet article: les feigneurs s'affemblerent, & conformément à la loi Romaine, jugerent les fils de Sadregifile indignes de fa fucceffion, & incapables de la recueillir, *& cùm haberet ipfe Sadregifilus filios in palatio educatos, qui cùm facillimè poffent mortem patris vindicare, noluerunt; propterea poftea fecundum legem Romanam à regni proceribus redarguti, omnes paternas poffeffiones perdiderunt.* Aimoin rend le même témoignage, *idcircò in publico Francorum conventû à quibufdam proceribus fecundum leges Romanas (quæ fanciunt à paterna eos decidere hæreditate debere, qui noluerunt interfecti necem vindicare) omnibus paternis expoliati funt bonis, atque inanes relicti* (1).

Vita Dagob. apud Andr. Duchefne, c. 35.

Aimoin, l. 4. c. 28.

Ce fait prouve deux chofes importantes; la premiere que la loi Romaine avoit une autorité fubfidiaire, même à l'égard des Francs; la feconde que les Francs étoient alors

---

(1) Les circonftances du meurtre de Sadregifile méritent d'être rapportées; Dagobert I, étant jeune, tenoit une conduite qui faifoit peine aux feigneurs; Sadregifile ne cachoit pas le mépris qu'il en faifoit; Dagobert, pour s'en venger, le fit mourir fous le fouet: Clotaire II. fut indigné de l'action de fon fils, qui fe réfugia dans l'églife de Saint Denis; les enfans du mort, qui fe trouvoient à la cour de Clotaire, n'oferent pourfuivre la vengeance de la mort de leur pere, les feigneurs fe déclarerent eux-mêmes leurs parties, & les firent condamner à être dépouillés de la fucceffion d'un pere, dont ils négligeoient la vengeance, même contre le fils de leur roi.

jugés par leurs pairs; ce furent des *seigneurs* qui jugerent les fils d'un *Seigneur* Franc; *à regni proceribus*.

Si l'on s'en rapporte à la maniere dont Thierry fit exécuter Sigévald, & si l'on interprête à la lettre l'ordre que ce prince donna de faire mourir le fils de Sigévald, on croira qu'il rendit contr'eux un jugement sans suivre de procédures, & ce qui paroît plus extraordinaire, sans vouloir même les entendre; on ne peut comprendre autrement Frédegaire lorsqu'il rapporte quelques exécutions faites en conséquence d'un ordre de Childebert. *Rauching*, dit cet historien, *Bozon, Gontram, Ursio & Bertefroid, ayant conspiré contre Childebert, ce prince ordonna de tuer ces seigneurs*. D'autres rois Mérovingiens & Bourguignons semblent avoir donné des ordres semblables; Aremberg & deux autres comtes, furent chargés de tuer Brunulfe, oncle du roi Charibert; on instruisit le procès, & l'on jugea le criminel après l'exécution.

Fredeg. Chron. c. 8.

Ces faits & d'autres rapportés dans l'histoire de la monarchie, sont plutôt des actions violentes que des jugemens fondés sur la loi: quelques rois ont eu recours à cet expédient, afin d'éviter quelques rigueurs plus fâcheuses; le massacre des Guises, arrivé il n'y a pas deux cents ans, peut justifier cette réflexion. Ce n'est pas par ces exemples qu'il faut juger de la législation; on a toujours pensé, que les formalités de la justice étoient nécessaires dans le rapport qu'elles ont avec la liberté & la sûreté publique; la vie du dernier citoyen a toujours été protégée dans les gouvernemens modérés; sous les Mérovingiens, la procédure étoit courte, la loi claire, l'application aisée; c'est ce qui a pu faire penser à quelques écrivains, qu'on ne suivoit point alors de procédures; ils n'ont point fait attention, ou ils ont

ont ignoré peut-être, que Clotaire I, l'an 560, donna un édit, portant défense de condamner un accusé sans l'avoir entendu; ce qui suppose très-certainement une forme de procéder : aussi voyons-nous que Childeric, qui regnoit un siecle avant ce prince, interrogea deux particuliers porteurs de lettres qui lui étoient injurieuses; il manda un évêque qu'on vouloit rendre complice de ce crime; il les confronta les uns aux autres, même à ceux qu'ils chargeoient par leurs réponses : enfin ce prince, après avoir instruit lui-même ce procès, & l'avoir bien examiné à charge & à décharge, renvoya l'évêque & les porteurs de lettres. *Greg. Turon. l. 6. p. 362. ed. Ruinart.*

Un juif ayant été tué à Tours par ceux à qui il avoit prêté de l'argent à usure, ses parens se rendirent dans cette ville, & sur les indices qu'on leur donna, ils trouverent le cadavre dans un puits. Injuriosus, citoyen de Tours, fut accusé de ce meurtre devant les juges ordinaires; celui-ci ayant détruit toutes les preuves qu'on apportoit contre lui, il fut ordonné qu'il se purgeroit encore par serment; mais les accusateurs peu satisfaits de ce jugement, se pourvurent devant le roi Childebert I; Injuriosus comparut devant ce prince au jour marqué; les parens du juif ne s'étant point présentés ce jour-là, ni les suivans pour fournir leurs preuves, le roi renvoya Injuriosus absous : il étoit demeuré trois jours devant le tribunal du prince jusqu'au coucher du soleil, suivant l'usage. Ce fait démontre que le roi instruisoit & jugeoit les affaires de ses sujets, lorsqu'ils n'étoient pas satisfaits des juges ordinaires, ou il leur donnoit des commissaires, lorsque, trop occupé des affaires générales, il ne pouvoit prendre connoissance de celles des particuliers. *Greg. Turon. l. 7. n. 33.*

Aux exemples que je viens de citer, j'ajouterai celui de

Dagobert I, fils de Clotaire II, qui fit paroître au commencement de son regne quelque zèle pour le maintien de la justice; il parcourut la Bourgogne pour s'instruire & connoître par lui-même des malversations de ses officiers; il vint à Laon, y écouta les plaintes des peuples, entreprit d'accommoder leurs différens, ce qu'il fit sans distinction de personnes, n'ayant pour but que de rendre la justice, d'affermir les loix, de se faire aimer & respecter des peuples, & de donner une forme solide au gouvernement de ses états. Passons maintenant à l'article des délits & des peines.

Les crimes d'état étoient punis de mort; trahir son prince & la patrie, déserter l'armée pour passer chez l'ennemi, fuir dans le combat & donner d'autres preuves de lâcheté, étoient autant de crimes d'état sous les rois Mérovingiens: les traîtres & les déserteurs étoient pendus à un arbre; les lâches étoient ensevelis vivans dans la boue; les Francs estimoient que leur sang ne devoit être versé que les armes à la main; la honte d'être attachés à un gibet plutôt que la peine même, arrêtoit ceux qui auroient voulu déserter; les autres crimes s'expioient par des peines pécuniaires, dont une partie alloit au fisc du prince, le reste tournoit au profit des parties intéressées ou de leurs héritiers.

On payoit pour un homicide 14 livres, savoir 3 liv. 13 s. pour le droit du roi, appellé *fredum*, & 10 liv. 7 s. pour la réparation du meurtre; cette derniere somme étoit dûe au plus proche parent du mort: *vous m'avez beaucoup d'obligation*, disoit un nommé Sichaire à Chramisiane, *de ce que j'ai tué vos parens ; ces différens meurtres ont fait entrer dans votre famille des sommes qui en ont rétabli le désordre.*

<small>Greg. Turon. l. 9. c. 19.</small>

Ce trait fait sentir un des inconvéniens des compositions

pécuniaires, & par une suite presque nécessaire ceux des vengeances privées; il indique peut-être aussi une des causes qui ont déterminé les hommes réunis en sociétés policées à s'en dépouiller, pour en remettre la poursuite au pouvoir législatif; développons cette idée.

Suivant la loi naturelle, c'est celui qui a reçu l'offense, qui doit en infliger la peine; & sous ce point de vue les vengeances privées avoient aussi leur utilité; elles étoient un préservatif contre la violence, & ce préservatif devoit être très-efficace chez un peuple ou la lâcheté couvroit d'infamie.

Ainsi, suivant la loi de nature, le châtiment que peut infliger la personne qui a reçu une offense, est comme une dette à payer par celle qui l'a commise.

Donc il ne faut point être surpris de voir les sociétés naissantes sans juges revêtus du pouvoir, pour prononcer sur les différens des particuliers. C'est vaincre la nature, que de se dépouiller du plaisir de se venger, & que de renoncer au privilege de fixer le degré de peine dû à l'offense qu'on a reçue; la vengeance n'est bien assouvie, qu'autant que nous infligeons nous-mêmes le châtiment.

Une triste expérience dépose, que quiconque est offensé, est vivement persuadé que son ressentiment ne peut être poussé trop loin; tout être souffrant est aveugle & téméraire dans ses jugemens; séduit par son cœur, il exagere ses maux & en attribue souvent la cause à ceux qui auroient voulu les prévenir : d'un autre côté, l'auteur d'une offense est ingénieux à la pallier & à l'offrir sous des couleurs moins odieuses; la plus légere réparation lui paroît suffisante : quand on descend dans l'abîme du cœur humain, on est étonné de voir que la politique soit parvenue à élever les gouvernemens actuels au-dessus des principes de la nature humaine, qui ont le plus de force & d'activité.

La nécessité de recourir à un juge, lorsqu'il y avoit du doute sur l'auteur d'un crime, paroît avoir été dans tous les pays comme la premiere patente qui attribua au pouvoir législatif le droit d'interposer son autorité en matiere de délits & de peines; il ne dut point effaroucher les particuliers dans cette recherche nécessaire, qui ne tendoit point encore à restreindre le droit de vengeance, mais seulement à le diriger.

Cette premiere inspection lui fit bientôt faire un pas de plus; en abandonnant le coupable, jugé tel, à la vengeance de l'offensé, on fit sentir à tous les individus combien il seroit atroce d'abandonner aussi le genre de la peine à sa discrétion; de cette maniere le pouvoir législatif se réserva encore le droit de régler & de déterminer les peines, & n'abandonnoit plus aux particuliers que l'exécution; ainsi à Athenes un homicide, jugé coupable & condamné à mort par les ministres de la loi, étoit abandonné aux parens du défunt, pour être mis à mort: on a trouvé un pareil usage établi en Abyssinie.

Demosth. in Aristocrat. & in Everg.

Voyage de Lobo en Abyss. chap. 3.

Il est probable que c'est de cet usage, qui peut-être a subsisté originairement chez tous les peuples, qu'est dérivé celui des compositions pécuniaires pour crimes.

Il est naturel d'offrir une satisfaction à la partie offensée, & il n'y en a point de plus naturelle ni de plus commode qu'une somme d'argent, ou à défaut d'argent, une certaine quantité de denrées, ou autre chose équivalente; c'est ainsi que Tacite a dit des Germains, que l'homicide se rachetoit parmi eux par un certain nombre de pieces de bétail, *luitur etiam homicidium certo armentorum ac pecorum numero, recipitque satisfactionem unversa domus.* Tac. de morib. Germ.

Cette composition pécuniaire étoit appellée chez tous les peuples Germaniques, *veer-gelt*, mot Teutonique qui signifie *prix du sang, de garantie,* ou *d'assurance.*

Dans les commencemens elle dépendit entierement de la convention privée des parties; mais comme dans la main de l'offensé, l'appréciation des peines pécuniaires pouvoit devenir excessive, comme celle des peines corporelles, il fut encore raisonnable, que le pouvoir législatif intervînt pour régler les compositions pécuniaires, & empêcher que l'offensé ne poursuivît une réparation, avant d'avoir demandé satisfaction à la personne dont il avoit reçu une offense.

La conséquence étoit, que le pouvoir législatif eût aussi le droit de contraindre le coupable à payer, & la personne offensée à accepter une satisfaction convenable; c'est ainsi que nous voyons que chez les Lombards, si la personne offensée refusoit d'accepter la composition réglée, on la remettoit entre les mains du roi, qui faisoit arrêter celui qui la refusoit, pour prévenir & réprimer les voyes de fait; si le coupable refusoit de payer la composition, on s'assuroit aussi de sa personne, pour l'empêcher de récidiver; la personne offensée, en recevant la composition, juroit qu'elle ne pousseroit pas plus loin son ressentiment, & si au mépris de son serment, elle se livroit à de nouveaux mouvemens de vengeance, elle étoit elle-même condamnée au double de la composition. Leg. Langob. l, tit. 9. & 34.

Dès que le pouvoir législatif se fut emparé du droit d'apprécier les réparations en matiere de délits, on fit des especes de tarifs de compositions pécuniaires, qui s'étendoient depuis les plus légeres offenses, jusqu'aux plus grands crimes : ces sortes de tarifs sont consignés dans nos anciens codes.

Lorsqu'un homme étoit tué, la moitié de la composition appartenoit à ses fils, l'autre moitié à ses autres parens mâles, tant paternels que maternels; à défaut de parens, cette autre moitié accroissoit au fisc.

L. Salic. tit. 67.

Les filles & les parentes n'avoient point de part à ces droits de composition, parce qu'elles étoient incapables de tirer vengeance par les armes d'une offense commise; *quia non possunt ipsam faydam levare* (1).

Tous les parens mâles avoient droit à la composition, parce que tous étoient obligés, suivant l'ancien usage des peuples Germaniques, d'entrer dans la querelle; *suscipere tàm inimicitias, seu patris seu propinqui, quàm amicitias necesse est.*

Tacit. de mor. Germ.

Cet usage semble prouver que la société entre les peuples Germaniques, ne consistoit que dans la confédération des familles particulieres.

Si quelqu'un de la famille offensée trouvoit la poursuite & la vengence des torts trop dangereuse, alors la loi lui permettoit de se désister publiquement de cette guerre particuliere, mais en même temps elle le privoit du droit d'avoir part aux compositions, même de succéder dans sa propre famille, où par sa défection il étoit devenu comme étranger.

L. Salic. tit 53.

Quoique la composition eût été acceptée par les parens du mort, le coupable néanmoins s'absentoit quelquefois, sur-tout lorsque la famille offensée étoit puissante; pour

---

(1) *Fayda*, du mot Teutonique *feede*, ou *feyde*; qui signifie une *inimitié* qui ne peut-être repoussée que par les armes.

éviter les occafions de renouveller la querelle; il prenoit le prétexte d'aller à la guerre dans un autre pays, & n'en revenoit que lorfque le temps pouvoit avoir diminué la fenfibilité de la perte qu'il pouvoit avoir occafionnée.

Nous avons dit, que fi avant le temps de la fatisfaction, les parens du mort fe vengeoient du meurtrier, ou fur quelqu'un de fa famille, ils en étoient eux-mêmes punis; Gregoire de Tours affure que les juges Francs ne faifoient perdre, dans de certaines occafions, que la moitié de la compofition à ceux qui depuis l'offre qu'on leur avoit faite, continuoient la vengeance.

<small>Greg. Turon. l. 7. c. 47.</small>

Quand le meurtrier n'étoit pas en état de payer l'amende, la loi lui fourniffoit une reffource; il affembloit fa famille, & en préfence de fes parens il fe dépouilloit de fes habits, & fautoit par-deffus une haye; après avoir jetté par-deffus fon dos de la terre prife du fonds qui lui appartenoit, il en jettoit fur fon plus proche parent, & par cette cérémonie ce dernier demeuroit chargé de payer l'amende, à moins que celui-ci à fon tour ne fît la même cérémonie fur quelqu'autre; cependant il paroît que cet ufage bizarre ne fubfifta que jufqu'au regne de Childebert I, qui l'abolit par une loi de l'an 532, dont nous avons fait l'analyfe.

La qualité des peines, que la loi Salique infligeoit aux plus grands crimes, n'étoit que pécuniaire; le rapt, l'incendie, le maléfice, le faux témoignage, &c. fe rachetoient par des fommes proportionnées au tort qui en étoit arrivé: l'intérêt *public* étoit alors abfolument confondu avec l'intérêt *privé*; la fociété ne demandoit de réparation que celle qui étoit dûe à la perfonne offenfée; elle abhorroit les peines afflictives, qu'elle ne réfervoit que pour la lâcheté; la compofition pour le meurtre d'un évêque, étoit de 900 fols d'or; pour celui d'un prêtre, de 600 fols; pour celui d'un *Romain* de condition à manger à la table du roi, de 300 fols; pour celui d'un *Romain possesseur*, (c'est-à-dire, qui possédoit des biens fonds dans le canton où il demeuroit), de 100 fols, & pour celui d'un *Romain tributaire*, de 45 fols d'or.

L. Salic. tit. 44.

On payoit aussi une amende pour les serfs, & beaucoup plus forte pour les serfs des maisons royales ou des églises, que pour ceux des particuliers; la figure ou les talens de l'esclave augmentoient l'amende, qui montoit dans de certains cas au double.

La loi Salique ordonne, que si quelqu'un a tué un Franc, il payera huit deniers, ou 200 fols; & vingt-quatre deniers, ou 600 fols, s'il l'a jetté dans un puits; mais lorsqu'il s'agit d'un Romain tué ou jetté dans un puits, le meurtrier ne payoit que la moitié de cette somme.

La loi Ripuaire plus exacte & plus étendue sur la différence que l'on mettoit entre les nations, punissoit la mort d'un Franc par une amende de 200 fols; celle des Bourguignons, Allemands, Bavarois, par 160 fols, & le meurtre des *Romains*, (c'est-à-dire des *Gaulois*), par 100 fols.

L. Salic. tit. 43.
& l. Ripu. tit. 7.
& 36.

Voilà les Romains mis au dernier rang, mais cette différence n'est pas la plus remarquable; la loi Salique ne punit l'homicide d'un *Franc*, que de 200 fols, & elle punit du triple l'action de le jetter dans un puits; pourquoi cela? n'est-ce pas que cette derniere action renferme une lâcheté? En observant attentivement les mœurs des Francs, on remarque que le *meurtre* chez eux n'emportoit point l'idée d'un *assassinat* ou d'un *guet-à-pens*; c'étoit le simple *homicide*, commis ou à son corps défendant, ou dans la chaleur d'une rixe, au lieu que l'action de jetter quelqu'un dans

DU GOUV. FRANÇOIS.

un puits tient de la lâcheté, dont la seule idée faisoit horreur aux Francs; il n'est donc pas étonnant de voir tripler la peine pour ce fait.

La loi Ripuaire a deux titres sur le meurtre d'une personne libre, tuée par une autre personne libre; elle est assez conforme à la loi Salique, sur la quotité des amendes; elles punissoient l'une & l'autre le meurtre d'un *fidele*, d'un *antrustion* (1), d'un juge, autant que celui d'un prêtre, c'est-à-dire, d'une amende de 600 sols, & lorsque le meurtrier brûloit son corps, l'amende étoit de 1800 sols. Cette derniere disposition paroît être relative à l'ancienne théogonie de tous les peuples Germaniques, suivant laquelle ils se croyoient enfans de la terre, à laquelle ils devoient leurs corps après leur mort. *L. Rip. tit. 7. & 36. L. Salic. tit. 57. & 66. Rip. tit. 11. & 61.*

Les blessures sont désignées dans les loix Saliques & Ripuaires, avec une exactitude surprenante; ce sont proprement des tarifs où l'on voit une longue énumération des parties du corps humain, & des manieres dont chacune peut être offensée, avec les mesures des playes, selon toutes les dimensions. *L. Sal. tit. 19. & 31.*

Le code Salique statue aussi des peines pour les injures commises par des paroles ou par des actions indécentes; il condamne celui qui serroit la main à une femme, à 15 sols d'or, & au double, s'il la prend par-dessous le bras; l'amende alloit jusqu'à 45 sols d'or, si on lui touchoit le sein; le prix de l'argent & de l'or étoit alors, par rapport à la rareté des especes, très-considérable. Suivant la loi des Saxons, réformée par Charlemagne, un jeune bœuf d'un an, *L. Salic. tit. 22. 32. & 67.*

_____

(1) On verra dans la partie qui traite de *l'état des personnes*, ce qu'on doit entendre par ces mots.

Tome I.

& une brebis avec son agneau, ne valoient qu'un sol d'or; un bœuf de quatre ans, étoit estimé deux sols; la paire de bœufs de labour, cinq sols; une vache & son veau, deux sols & demi; trente mesures de seigle, quarante d'orge, soixante d'avoine, n'étoient comptées que pour un sol.

Quant aux vols, les titres II, III, IV, V & suivans de la loi Salique, énoncent les différens degrés dans la peine, eu égard à la différence des vols, soit par rapport à leur qualité, soit par rapport à la valeur de la chose volée; la loi, qui avoit en vue la sûreté publique, condamnoit à 200 sols, celui qui osoit dépouiller un homme endormi, ou un mort; il n'étoit pas permis de se servir d'un cheval qu'on trouvoit égaré, & il en coûtoit 17 sols d'or à celui qui osoit monter dessus, sans la permission du maître à qui il appartenoit.

L. salic. tit. 15. 17. & 24.

Il nous reste de Clotaire I, une loi, qui défendoit à celui qui avoit été volé, de recevoir sa composition sans l'ordonnance du juge; il paroît que le motif de cette loi étoit de prévenir les appréciations arbitraires.

Decretio Clot. c. II.

Voici comment Boulainvilliers raisonne sur l'ancien usage des peines pécuniaires: « Les amendes, dit-il, & les compo-
» sitions n'étoient pas des punitions aussi légeres qu'on se
» l'imagine; 1°. *le wergelde*, ou le prix du sang, excédoit
» ordinairement la valeur des biens de celui qui l'avoit
» répandu; les sols de ce temps-là étoient d'or, & les deniers
» d'argent, & n'avoient presque pas de proportion avec
» le prix de nos monnoies, à cause de la rareté de l'es-
» pece. 2°. Les amendes ne pouvoient être modérées par
» aucune considération, & le débiteur du *wergelde* étoit
» souvent obligé de se vendre lui-même ou ses enfans, pour
» s'en acquitter, sur-tout après l'abolition de la *ohrene*

» *chruda*, qui autorisoit la cession de biens. 3°. La honte
» devoit être plus cruelle que la mort, pour un Franc des-
» honoré par un crime ; privé de sa légitime nationale &
» paternelle, dénué par conséquent de tous biens, & sou-
» vent réduit à l'esclavage ou du moins à la pratique de
» quelqu'art méchanique pour subsister, au lieu de la vie
» militaire dans laquelle il avoit été élevé, peut-on nier
» que dans de telles circonstances la vie ne fut un sup-
» plice rigoureux » ?

Boulainv. Mém. hist. t. 1. p. 44.

L'abbé Dubos renchérit sur ces réflexions de Boulainvilliers ; il prétend que les meurtriers & les voleurs n'en
étoient pas quittes, pour payer la somme à laquelle ils étoient
condamnés par les loix nationales ; qu'on les punissoit de
mort, & que la somme à laquelle se montoit la composition,
se prélevoit sur tous les biens que le délinquant délaissoit ;
que dans le cas où la confiscation avoit lieu, les officiers
du fisc ne pouvoient rien prétendre sur les biens confisqués,
avant que l'homme qui avoit été volé, ou que les parens
ou le maître du mort n'eussent reçue la somme qui leur
étoit adjugée par la loi.

Dubos. Hist. crit. de la Mon. Franç. p. 307.

Mais, ni Boulainvilliers, ni l'abbé Dubos, n'ont assez
distingué les temps, ni les choses. 1°. Il est constant qu'a-
vant l'édit de Childebert I, de l'an 532, tous les crimes
se rachetoient par des compositions pécuniaires ; la preuve
en est dans les termes mêmes de cette loi ; puisque le législateur prononce, qu'à l'avenir le *rapt*, le *vol* & le *meurtre
de dessein prémédité*, seront punis de mort, en révoquant
dans ces cas les compositions pécuniaires, il s'ensuit qu'a-
vant cette loi ces crimes se rachetoient comme les autres
par des compositions ; & de ce que dans ces mêmes cas
la loi *révoque les compositions pécuniaires*, cette révocation

réfute sans réplique l'abbé Dubos, qui prétend que la peine de mort décernée contre les voleurs, les meurtriers & les ravisseurs, étoit encore aggravée par les amendes pécuniaires, conformément aux loix nationales.

2°. Depuis même l'édit de Childebert, tous les voleurs indistinctement n'étoient point punis de mort; un article exprès en excepte les *Francs*, & c'est précisément d'eux dont il s'agit ici, car les Gaulois étoient jugés sur le droit Romain; voici les termes de cet article: *si Francus fuerit, ad nostram præsentiam dirigatur; sed si debilior persona fuerit, in loco pendatur* (1); c'est-à-dire, « si c'est un *Franc*, » qu'il soit conduit devant nous; mais si c'est un homme » d'une condition inférieure, qu'il soit pendu sur les lieux ».

Encore falloit-il, même à l'égard de ces personnes *débiles*, le témoignage de sept personnes irréprochables, pour pouvoir prononcer contr'elles la peine de mort; cette raison suffit pour prouver que la plupart des vols restoient dans le cas des compositions pécuniaires. En effet, comment concevoir un législateur assez absurde pour comprendre dans la peine de mort tous les vols, sans distinction de qualité? Le mot latin *latro*, dont se sert la loi, présente une toute autre idée que celle que renferme le mot françois *larron*, qui pourtant est dérivé de celui-là; les Latins, par *latrones*, entendoient les voleurs de grands chemins, auxquels on suppose toujours le dessein d'assassiner; Horace dit:

Ut jugulent homines, surgunt de nocte latrones. Satir. 1.

3°. L'article de la loi de Childebert, qui abolit l'usage *chrene-chruda*, porte une alternative; elle prononce la peine

(1). On lit dans l'édition de Pithou *collo*, au lieu de *loco*; les meilleures éditions portent *loco*.

de mort pour le meurtre (*de deſſein prémédité*), ſi mieux n'aiment les parens du mort ſe contenter d'une compoſition pécuniaire.

Voy. le décret de Childebert ci-deſſus, p. 194 & ſuiv.

Il ne reſte plus que la difficulté de ſavoir comment cette alternative pouvoit avoir lieu, dans le cas où celui qui auroit commis le meurtre, eut été hors d'état de payer la compoſition ; car l'article de la loi de Childebert, qui abolit l'uſage de la *chrene-chruda*, porte expreſſément, que le coupable la payeroit ſeul, ſans pouvoir en charger ſes parens, à défaut de biens ; & c'eſt ſans doute la difficulté de concilier l'alternative de la loi de Childebert, avec la poſſibilité du cas, où les parens du mort conſentant à la compoſition, le meurtrier étoit débiteur inſolvable, qui a ſuggéré à Boulainvilliers l'idée d'une reſſource qui reſtoit à ce dernier ; c'étoit celle de ſe faire eſclave des parens du mort, ce qui vaut encore mieux que d'être pendu.

Les peines pécuniaires n'ont point été ſuppléées par des peines corporelles, (hors certains cas privilégiés), tant que le mot *compoſition* a ſubſiſté dans le droit François ; on ne *compoſe*, que pour éviter une peine plus grave ; l'uſage des compoſitions n'a été entierement aboli en France que dans le quatorzieme ſiecle, par une ordonnance du dauphin Charles, au mois de Mars 1396, pendant la priſon du roi Jean, ſon pere ; cette ordonnance interdit toute compoſition pour crimes, ſous peine, pour les ſeigneurs des lieux, de la perte de leurs droits de juſtice ; l'abbé Fleury, & d'autres qui ont écrit ſur le droit François, ont donc eu tort d'aſſurer, que dès le dixieme ſiecle les codes Saliques, Ripuaires, &c. étoient tombés dans un entier oubli.

Si le droit de punir tous les crimes, privé par ſa nature, fut pour la puiſſance publique une acquiſition très-importante, en renfermant dans fa main le pouvoir de difpenfer les peines, & d'en exempter, les mœurs publiques y ont-elles gagné ? queftion digne des méditations du philofophe.

Peu de temps après cette révolution, on a vu certains crimes, peu connus avant, devenir fort en vogue dans une fucceffion affez réguliere, & trop uniforme pour avoir été l'effet du hazard. Dès que les hommes, retenus par la terreur des peines, n'oferent plus employer dans leurs querelles la force ouverte, ils chercherent des moyens d'affurer leur vengeance par des précautions, & l'affaffinat s'introduifit à la place de l'homicide commis ouvertement; mais comme l'expérience leur apprit bientôt que l'affaffinat, exigeant prefque toujours des complices, ne pouvoit gueres refter caché, ils eurent recours à une méthode de fe venger plus fecrette, & la fociété fut infectée d'empoifonneurs. Nous nous garderons bien d'imputer ce débordement d'atrocités à la jurifprudence moderne; nous obfervons feulement que nos ancêtres ne connurent point les crimes des lâches, l'*affaffinat* & l'*empoifonnement*.

CHAPITRE II.
DES GRANDS OFFICIERS.

Les rois Francs réunirent dans les mêmes officiers, le pouvoir civil & le pouvoir militaire; ils ne connurent point l'usage de morceler l'autorité des officiers, dans une même contrée.

Les dignitaires des Francs, ne furent dans leur institution que des officiers personnels; nos historiens les désignent par les termes de *primores*, *proceres*, *optimates*, *duces*, *comites*, &c. Ils étoient officiers d'armée, & assistoient en même temps le roi dans ses conseils; il est dit dans le préambule de la formule dont le prince se servoit, en les investissant, « qu'il ne faut confier les dignités, auxquelles l'administra- » tion de la justice est spécialement attachée, qu'à des per- » sonnes d'une capacité & d'un *courage* reconnus ».

Après quoi le prince, s'adressant au pourvu, lui dit: « ayant une suffisante connoissance de vos grandes & bon- » nes qualités, nous vous avons pourvu de l'emploi de *duc*, » ou de *comte* ou de *patrice* dans un tel district, à condition » que vous nous garderez une fidelité inviolable, & que » vous maintiendrez *en paix*, par votre bonne conduite » les *Francs*, les *Romains*, les *Bourguignons* & les sujets » citoyens de toutes les autres nations qui composent le » peuple de votre district, & que vous rendrez la justice » à chacun d'eux, suivant la loi de la nation dont il se » trouvera être ». *Marc. l. 1. form. c. 8.*

Ces dignités, que Bignon, dans ses notes sur Marculphe, appelle *offices*, ne s'accordoient que pour un temps; les actes par lesquels on instituoit les officiers, s'appelloient *cartæ* *de ducatu, de patriciatu, de comitatu*, &c. Ceux qui en étoient pourvus, faisoient exécuter les loix, & veilloient à la police des villes & des provinces; ils en convoquoient les assemblées, y présidoient, & en ratifioient les délibérations; ils se trouvoient aussi aux assemblées générales: le roi à leur tête, exerçoit le pouvoir législatif, accordoit des graces, donnoit ou ôtoit les dignités.

Bal. n. t. 1. capitul. col. 380.

Les magistrats du premier ordre dans les provinces éloignées, pouvoient déléguer & nommer des juges; mais ils devoient les choisir dans la province soumise à leur administration. Clotaire II, confirmant l'article 19 du concile de Paris, tenu en 615, défendit aux évêques & aux grands officiers, *potentes qui possident*, d'établir d'autres juges que des personnes originaires du pays; le sens du mot *potentes* a souffert quelque difficulté parmi les savans; mais il est visible, qu'il n'a d'application qu'à ceux qui possédoient les grandes charges, & qui, comme délégués du prince, pouvoient subdéléguer.

T. 1. capitul. col. 24

Quelques auteurs ont prétendu que les rois Francs, en érigeant des tribunaux, ne se sont réservée que la faculté de créer des magistrats, avec l'inspection sur leur conduite, & qu'ils ont renoncé au droit de les révoquer; d'autres ont soutenu, que ces princes ont toujours eu un égal pouvoir de communiquer à des officiers leur autorité, pour autant de temps qu'ils jugeoient à propos, & de la leur ôter, sans leur faire le procès; c'est le sentiment du savant Jérôme Bignon: si dans les provisions recueillies par Marculphe, on ne remarque pas positivement des clauses qui supposoient ce droit dans le prince, l'usage fait voir au moins, qu'on n'a point cru ces clauses nécessaires.

In form. Marc. l. 1. c. 8.

ARTICLE

ARTICLE I.

Des Maires du Palais.

Les premiers maires, fous les Mérovingiens, étoient proprement les *maires de la maison du roi*, c'est-à-dire, des officiers qui avoient la furintendance de cette maifon, & pouvoient jouir des droits & de la jurifdiction du *comte du palais*, fous les empereurs Romains; à mefure que leur autorité s'étendit, l'ambition fit changer la qualité de *maire du roi*, en celle de *maire du royaume*, ce qui eft arrivé après la mort de Dagobert, fous les regnes de Sigebert II, & de Clovis II, fes fils, le premier roi d'Auftrafie, & le fecond roi de Bourgogne & de Neuftrie; chaque royaume eut alors fon maire: Grimoald le fut d'Auftrafie, Erchinoald de Neuftrie, & Flaochat de Bourgogne.

Voy. le liv. de majorib. dom. reg.

Les feigneurs faifoient l'élection du maire, & le roi le confirmoit, en paffant fon bras fur la tête de cet officier, pour marquer qu'il lui confioit fon autorité: dans les temps de liberté, le fils ne fuccédoit pas au pere dans la *mairie*; les feigneurs Francs, fous le regne de Sigebert I, élurent maire du palais, le feigneur Chrodin; mais pour des raifons de confcience, il s'excufa d'accepter cette dignité; il dit à l'affemblée, qu'étant allié ou parent de plufieurs familles puiffantes, il craignoit de n'avoir pas affez de fermeté pour réprimer leurs excès; cet aveu d'un homme de probité augmenta l'eftime des feigneurs pour lui, ils le prierent de nommer lui-même un maire. Chrodin choifit Gogon, qui avoit été fon éleve; Fredegaire dit qu'il prit fa main, & qu'il la fit paffer fur fon col, pour marquer que les Francs lui feroient fideles.

Fredeg. c. 58, & 59.

Le maire, général & magiftrat à la fois, connoiffoit en

Tome I.   H h

premiere inſtance des matieres les plus importantes, c'eſt-à-dire, celles où le roi avoit intérêt, diſtinguées par ces noms, *cauſæ regales, cauſæ publicæ, cauſæ pro ſalute patriæ & utilitate Francorum*.

Les prélats & les ſeigneurs étoient admis dans le conſeil auquel le maire préſidoit; le roi même s'y trouvoit, lorſqu'on traitoit les affaires les plus importantes; le maire inſtruiſoit celles dont le prince s'étoit réſervé la connoiſſance, & lui en faiſoit le rapport; l'autorité du maire s'accrut inſenſiblement, enfin les rois ſe repoſerent ſur lui de tout le gouvernement de leurs états, & s'accoutumerent à traiter avec lui ſeul de toutes les grandes affaires.

Dagobert fut le premier des rois Mérovingiens, qui ſe déchargea entierement du gouvernement de ſon royaume ſur le maire, que les ſeigneurs avoient élu; c'étoit Pepin l'ancien; il lui confia toute ſon autorité: celle du maire s'affermiſſant de plus en plus depuis cette époque, devint en quelque ſorte un uſage fondamental ſous les rois de la premiere race. Ils n'eurent plus aſſez de force pour reprendre une autorité, ſur laquelle les princes ne ſe relâchent jamais impunément; le maire nomma aux charges de l'état, il conféra les honneurs, & la plupart des dignités devinrent viageres; il y avoit cette différence entre celle du maire & les autres, que le maire ne pouvoit ôter celles qu'il avoit conférées, & que l'aſſemblée des Seigneurs croyoit avoir le droit de lui ôter la ſienne, s'il tranſgreſſoit les loix de l'état, par la raiſon qu'ils avoient celui de l'élire.

Mais ce droit d'élection, ſervit lui-même à rendre le pouvoir du maire plus exorbitant, parce qu'il fut une ſource de factions qui dégénérerent enfin en guerres ouvertes entre les maires élus, & ceux des ſeigneurs qui n'étoient point de fon parti. Depuis Pepin l'ancien, mort en 639, la plupart des maires ont foutenu leur autorité les armes à la main; Ebroïn, ce maire terrible, prompt à la colere, courageux par emportement, cruel dans la vengeance, dont la politique fut faire un moine, mais dont la religion ne put faire un chrétien; qui fut mettre en ufage dans fon couvent les adreffes & les grimaces d'un hypocrite, & cacher fous des dehors humbles, une ambition démefurée; qui, maître de toute l'autorité, ne connut ni honte ni fentiment, & fit mourir les mécontens, fous prétexte de les immoler à la fûreté de l'état; Ebroïn, dis-je, périt de la main du feigneur Hermenfoi, qui, outré de fa domination tyrannique, lui fendit la tête d'un coup d'épée; mais l'exemple de fes excès n'affoiblit pas l'autorité des maires qui lui fuccéderent.

Les rois, appauvris par les donations immodérées qu'ils faifoient à l'églife, s'affoibliffoient tous les jours par les efforts même qu'ils faifoient pour reprendre un pouvoir, qu'on tournoit contr'eux-mêmes; à chaque expédition il falloit faire de nouvelles armées, gagner de nouveau les feigneurs, ou les divifer, foit en leur prodiguant de nouveaux bénéfices militaires, foit en augmentant ceux qu'ils poffédoient déja; en 687, ils virent la gloire de leur maifon paffer dans celle de Pepin d'Herftal, qui rendit la mairie héréditaire dans la fienne, jufqu'à ce qu'elle fût réunie à la royauté elle-même; cette maifon acquéroit toujours, & ne rendoit jamais rien; elle obligeoit les rois à diminuer leur domaine, pour en donner une partie aux officiers de l'armée; le prince n'avoit plus de part aux prifes, les maires s'en attribuoient la plus grande partie, & laiffoient le refte aux feigneurs.

H h ij

Les rois virent alors, mais trop tard, le danger qu'il y a de laisser à une même personne *la justice & les armes*; c'est-à-dire, la confiance des peuples, & le pouvoir d'en abuser; Chilperic II, fit de vains efforts pour s'opposer aux entreprises de Charles Martel, il fut défait, & contraint de le reconnoître pour maire du royaume; les historiens font honneur à Charles de ses victoires, ils l'eussent traité de rebelle & d'usurpateur, s'il eût été malheureux; plus puissant & plus ambitieux que ses peres, il gouverna la France en souverain, sous le titre apparent de quelque prince Mérovingien, dont il se servoit comme d'un phantôme, qui lui-même accréditoit sa puissance; il n'étoit plus temps de chercher à en réprimer l'excès, parce qu'il n'y avoit plus ni force pour lui résister, ni loix pour le modérer, & qu'on n'osoit en faire.

ARTICLE II.

Des Référendaires.

L'auteur du dernier *abrégé chronologique de l'histoire de France*, a eu tort de dire que les noms des *référendaires* sont peu intéressans, & que ce qu'on en diroit, est très-incertains; l'histoire de cet office est au contraire une partie intéressante de celle de la monarchie, & une critique éclairée parvient toujours à discerner le vrai du faux. Mais ç'a toujours été la méthode des abrégés & des dictionnaires, d'écarter les points difficiles, comme inutiles ou comme incertains.

Il y en a un de Mezerai.

Greg. Turon. l. 8. c. 3.

La charge de référendaire parmi les Francs, est peut-être aussi ancienne que leur monarchie: on dit que cet officier avoit la garde du sceau royal, & que cette fonction étoit inséparable de son office, ce qui n'est pas encore bien prouvé; il dressoit les diplômes & chartes, ou revisoit celles qui étoient dressées par les expéditionnaires qui travailloient sous lui; Aimoin dit qu'on présentoit à Dadon, référendaire de Dagobert, les actes publics, & qu'il les scelloit du sceau du roi.

Aimoin. l. 4? *hist. c.* 41.

Quelques écrivains modernes ont prétendu, que le référendaire jugeoit en dernier ressort les causes qui étoient portées à la cour du roi; dans cette supposition, il auroit suppléé au comte du palais, qui étoit le juge ordinaire & en dernier ressort de ces causes; mais ce sentiment n'est appuyé d'aucune autorité ancienne. Celui de Jerôme Bignon, exposé par le président de Noinville, n'est gueres plus vraisemblable (1); il consiste à dire que les fonctions des référendaires étoient les mêmes que celles des maîtres des requêtes.

On ignore de même, si le référendaire étoit chargé de veiller sur tout ce qui concernoit la justice dans le royaume, & s'il avoit le pouvoir de prononcer sur toutes les plaintes que l'on portoit au roi : il est presque impossible de détailler exactement toutes les fonctions de ce magistrat; on ne peut en faire l'histoire, que sur ce que nous en apprenons des anciennes chartes & des auteurs; & comme ils n'ont pas jugé à propos de s'expliquer en détail, nous sommes obligés d'être circonspects sur cette matiere.

Sous les rois de la premiere race, il y avoit en même temps un référendaire & des chanceliers; Dadon, plus connu sous

---

(1) On peut voir la dissertation de M. de Noinville, lue à l'académie des inscriptions, en 1752 ou 1753.

le nom de St. Ouen, étoit référendaire sous Dagobert I. On remarque que pendant qu'il en exerçoit les fonctions, un nommé Henri, & un autre officier appellé Chrodebert, étoient chanceliers. Pour ne point revoquer en doute cette différence, il suffit de citer Gregoire de Tours, qui suppose des chanceliers qui n'étoient point référendaires : *nobis cum rege morantibus*, dit cet historien, *Claudius quidam ex cancellariis regalibus febre corripitur.*

<small>Epist. Dagob. ad religiosos St. Valerici.</small>

<small>Lib. 4. Mirac. c. 28.</small>

Comme la plupart des référendaires ont été ordonnés évêques, quelques auteurs ont cru que cette dignité étoit attachée à l'épiscopat, ou qu'elle avoit toujours été exercée par des prélats. On convient à la vérité qu'il y avoit du rapport entre les qualités d'un évêque & d'un référendaire, & que l'on exigeoit de l'un & de l'autre, une haute suffisance & une grande intégrité; mais Gregoire de Tours, le pere de l'histoire de france, n'a point dit que le référendaire conservoit toujours sa charge après avoir été ordonné évêque : il insinue au contraire, que Theutaire, référendaire de Sigebert, renonça au monde, & par conséquent à sa charge, pour être ordonné prêtre : *ex referendario regis conversus* ; ces paroles marquent assez clairement, qu'il quitta l'office de référendaire, pour recevoir le caractere du sacerdoce ; *presbiterii honorem accepit.*

<small>Greg. Turon. l. 9. c. 33.</small>

Ajoutez à cette preuve, que la résidence d'un référendaire à la cour, sembloit peu compatible avec celle d'un évêque dans son diocese, sur-tout dans un temps où les canons s'observoient assez exactement : le référendaire avoit sous lui plusieurs chanceliers qui suppléoient en son absence : Gregoire de Tours semble le supposer ; sur cette hypothese on peut croire, que plusieurs référendaires ont été

<small>L. 4. Mirac. c. 28.</small>

en même temps évêques; & cette opinion sert à expliquer quelques textes de Gregoire de Tours & des anciennes chartes, qui souffriroient beaucoup de difficulté sans cet expédient.

§ I.

Référendaires de France.

Nous appellons référendaire de France, le magistrat qui possédoit cette charge sous les rois qui ont été souverains de la monarchie entiere; les historiens l'ont appelé grand référendaire, pour le distinguer des autres officiers de ce nom, qui n'ont été référendaires que des royaumes particuliers. Le premier référendaire de toute la monarchie françoise fut Andoin ou Chadoin : quelques auteurs l'ont confondu avec Dadon, en latin *Andoinus :* la ressemblence en partie des deux noms est peut-être cause de cette confusion, & l'a rendue probable; cependant lorsqu'on fait attention au texte de Fredegaire, & du moine anonyme de St. Denis, il semble que l'on peut conclure qu'Andoin & St. Ouen, sont deux personnes différentes : ces deux historiens disent que Chadoin ou Andoin fut fait général d'armée, & qu'il donna des marques de son courage dans plusieurs combats sous Thierri II, roi de Bourgogne; Dadon ne pouvoit être alors qu'un enfant, incapable par conséquent de commander des armées; ainsi c'est mal-à-propos qu'on l'a confondu avec Andoin, qui étoit né plus de trente ans avant St. Ouen. *Aimoin. l. 4. c. 41.*

Dadon fut aussi grand référendaire; il est comme nous l'avons dit, plus connu sous le nom de St. Ouen; il posséda cette dignité sous Dagobert I, jusqu'en 631, que ce prince donna l'Auſtraſie à Sigebert ſon fils : Dadon ne fut plus référendaire alors que des royaumes de Bourgogne & de Neuſtrie ; on dit qu'il eſt le premier qui ait ſouſcrit aux titres de fondations royales de cette maniere : *Dado regiæ dignitatis cancellarius recognovit, legit & relegit.*

Clotaire III, ayant ſuccédé à ſon pere Clovis II, en 656, eut pour référendaire de ſa monarchie Robert, qui eut pour ſucceſſeur St. Auſbert ou Anſbert ſon gendre : celui-ci ſe démit de la charge de référendaire, pour ſe faire moine dans l'abbaye de Fontenelle, d'où il ſortit pour occuper le ſiege épiſcopal de Rouen.

On lui donne pluſieurs ſucceſſeurs, comme Enée ou Eynard, Fridebert, Godegrand, &c. mais ce n'étoient probablement que des chanceliers ; car les auteurs qui en ont parlé, ne leur donnent point la qualité de référendaires. On convient qu'un fragment écrit ſur un parchemin conſervé dans l'Abbaye de Gorze nomme Godegrand référendaire ; mais ce fragment eſt ſi rempli de fautes, & quelques-unes ſont ſi groſſieres, qu'on ne peut en reconnoître l'autorité, ſans faire tort à l'hiſtoire.

§. II.

Référendaires du Royaume de Soiſſons.

Les auteurs qui ont écrit ſur les référendaires, ne ſont pas d'accord ſur les premiers, qui ont exercé cette

---

(1) Godefroi, Landri, Urſin, Gerard & Henri, qu'on a honorés de l'office de référendaire pendant le regne de Dagobert, n'étoient que des ſecrétaires qui dreſſoient les actes, ou qui expédioient ceux que le référendaire avoit ſignés.

charge dans les royaumes particuliers de la monarchie françoise.

Comme leur sentiment n'est recevable, qu'autant qu'il est appuyé des anciennes chartes, & des auteurs qui ont vécu sous les rois de la premiere & de la deuxieme race, je crois qu'il ne faut s'en rapporter qu'à ces autorités, sur ce qui regarde les référendaires de la monarchie. Gregoire de Tours, l'un des historiens que l'on suit ordinairement, a négligé de rechercher ce qui s'étoit passé avant le regne de Clovis: il n'a commencé à écrire avec certitude, que les évenemens arrivés sous ce prince & ses successeurs. Baudin est le premier référendaire qu'il nous ait fait connoître; il exerça cette charge sous Clotaire I, qui fut roi de Soissons en 511; Baudin ayant été élu évêque de Tours, Charigisile lui succéda dans la charge de référendaire du royaume de Soissons. *Greg. Turon. l. 4. c. 3.*
L. 1. de Mirac. Sti. Martini. c. 25.

Marc le fut en même temps de Soissons & Neustrie, sous Chilperic I; ce Marc est célebre dans l'histoire, par la matricule des terres qu'il dressa pour les états de Chilperic, & qu'il fit exécuter, comme on le verra plus bas.

§. III.

Référendaires du Royaume d'Austrasie.

Boson, Sigon & Theutaire furent successivement référendaires d'Austrasie : ce royaume, dont Sigebert étoit souverain, comprenoit alors le pays des Sequanois, celui des Suisses & du haut Rhin, qu'on nommoit Bourgogne supérieure : à ces provinces il faut ajouter une partie des Alpes, la moitié de la Provence, dont les villes principales étoient Avignon, Aix, Marseille, &c.

C'est sur l'autorité de Fortunat, évêque de Poitiers &

Tome I.

auteur contemporain, que je place Boson parmi les référendaires : ce prélat adressa à cet officier seize vers qu'il avoit faits à son sujet, & qu'il intitula : *ad Bosonem referendarium.*

<small>Voy. le second vol. du rec. des hist. de Franc. par le P. Bouquet, t. 2.
Greg. Tur. l. 5. c. 3.
Idem. l. 9. c. 35.</small>

Sigon, référendaire d'Austrasie, sous le roi Sigebert, gardoit l'anneau de ce prince.

Teutaire, son successeur, après avoir exercé cette charge pendant quelque temps, fut ordonné prêtre : le sacerdoce sembloit alors incompatible avec la dignité de référendaire, Theutaire s'en demit, ce qui n'empêcha pas Sigebert de l'employer dans quelques affaires, dont l'objet fut la réconciliation de certaines personnes divisées.

Charimert fut référendaire d'Austrasie, sous le roi Childebert II ; mais ayant été sacré évêque de Verdun, en 587, on lui donna pour successeur Gallomagne. Celui-ci fut accusé en 589, d'avoir trempé dans une conspiration formée contre le roi ; en voici le sujet : la reine Feileuba, épouse de ce Prince, informée des mauvais desseins conçus contr'elle & la reine Brunehaut, en avertit Childebert, elle lui dit que Septimina, nourrice de ses enfans, devoit l'engager à reléguer la princesse sa mere, & à faire casser son mariage pour convoler à d'autres noces, que sur le refus d'exécuter ce dessein, on prendroit des mesures pour l'empoisonner, qu'on éleveroit sur le trône un de ses enfans, & qu'on chasseroit du royaume leur mere & leur aïeule ; la reine ajouta que les principaux auteurs de cette conspiration étoient le connétable Sunnegisile, le référendaire Gallomagne, & Droctulf, gouverneur des jeunes princes.

Droctulf & Septimina furent arrêtés ; celle-ci déclara pendant la question, qu'elle avoit eu recours aux maléfices, pour faire mourir son mari, dans le dessein d'épouser Droctulf, avec lequel elle avoit commis un adultere : l'un & l'autre chargerent le connétable & le référendaire, qui furent envoyés en exil, d'où ils furent rappellés à la priere du roi Gontram; mais on ne leur rendit pas leurs biens qui avoient été confisqués : on appliqua fur le visage de Septimina des cauteres ardens, qui la défigurerent; elle fut réléguée en Alsace, & condamnée à tourner la meule du moulin, qui devoit moudre le bled destiné à sa nourriture; quant à Droctulf, on lui coupa les cheveux & les oreilles, il fut réduit à la condition d'esclave, & contraint de cultiver la vigne le reste de ses jours. *Greg. Turon. l. 10. c. 19.*

Après la condamnation de Gallomagne, qui arriva en 590, Othon fut nommé référendaire, dignité qu'il ne conserva pas deux ans; en 590, il convainquit Gilles, évêque de Rheims, d'avoir falsifié des lettres du roi Childebert : ce prélat fut accusé aussi d'avoir eu des intelligences avec le roi Chilperic, ennemi du roi Childebert; il avoua qu'il étoit ami particulier de Chilperic, mais qu'il n'avoit rien fait contre la fidélité qu'il devoit au roi son maître : il montra ensuite des lettres-patentes, qui l'avoient mis en possession de plusieurs villes dont on le croyoit usurpateur, il les fit voir au roi, qui nia les lui avoir données; alors on demanda au référendaire Othon s'il les avoit expédiées, & si sa signature apposée au bas de ces lettres étoit véritable, il répondit qu'elle étoit contrefaite, & Gilles fut convaincu de fausseté; cependant il est assez vraisemblable, qu'à l'occasion de cette affaire, Othon fut obligé de quitter la charge de référendaire. *Hist. Remensis Adann. 590. Flodoard. l. 2. c. 2.*

Je ne trouve aucun référendaire d'Austrasie, sous le regne de Théodebert II; St. Bonnet ou Bonnit, fut référendaire sous Sigebert II, reconnu roi d'Austrasie en 644; Bonnit *Duch. t. 1. hist. franc. p. 686.*

fut premierement honoré de la charge d'échanfon, enfuite de celle de référendaire, qu'il exerça jufqu'au temps de fa promotion à la dignité d'évêque d'Auvergne.

Trithem. l. 1. Annal.

Le royaume d'Auftrafie devenant fupérieur à ceux de Bourgogne & de Neuftrie, la mairie d'Auftrafie s'éleva par ce moyen au-deffus des autres : les Pepins, qui étoient en poffeffion de cette dignité, s'éleverent au-deffus des autres familles, & le référendaire d'Auftrafie devint celui des autres royaumes François ; mais il n'eft pas facile d'écrire avec exactitude leur fucceffion : je ne fais pas même fi l'on doit accorder la qualité de référendaire de France à Enée, fous Childeric II ; à Mamerte, fous Childebert III ; à Grimaud & à Aldon, fous Thierri IV. Les chartes citées par François Duchefne & Tefferau, ne leur donnent point la qualité de référendaire ; elles les nomment chanceliers ou notaires : de plus, fi l'on vouloit examiner de près la fidélité de ces chartes, on pourroit révoquer en doute l'exiftence de ces perfonnages ; & à peine accorderoit-on une efpece de certitude à celles qui nous apprennent, que St. Godegrand a fait les fonctions de référendaire, fous le regne de deux rois, dont les noms font effacés dans les chartes que l'on cite pour lui garantir cette dignité.

§ IV.

Référendaires fous les Rois de Neuftrie.

Après la mort de Clotaire I, arrivée en 561, la monarchie Françoife, fut partagée comme elle l'avoit été entre les enfans de Clovis ; les lots furent tirés au fort : Charibert, l'aîné, eut le royaume de Paris ; Gontram, celui d'Orléans ; Chilperic fut roi de Soiffons, & Sigebert, roi de Metz.

Chacun de ces princes eut sa portion dans la Provence & dans l'Aquitaine; quoique les historiens ne les aient point exactement distinguées, cependant il semble par ce qui est arrivé à Marc, référendaire du royaume de Soissons, que le Limousin étoit tombé dans le partage de Chilperic, ou qu'après la mort de Charibert, il ait obtenu cette province.

Ce fut alors qu'on commença à distribuer la France en trois royaumes : l'Austrasie, ou la France orientale, fut celui de Sigebert; la Neustrie, ou la France occidentale, celui de Chilperic; & le royaume de Bourgogne, celui de Gontram. Chaque royaume avoit son référendaire, qui devenoit quelquefois celui d'un autre royaume, lorsque les deux étoient réunis, & gouvernés par un même souverain : quelquefois aussi chaque royaume conservoit son référendaire : telles sont aujourd'hui la Boheme & la Hongrie, qui ont chacune leur chancelier, sous une seule reine, Marie-Thérese d'Autriche.

Greg. Turon. hist. l. 5. c. 29.

Chilperic chargea Marc son référendaire, de dresser une matricule des taxes qu'il vouloit imposer dans ses états; ces taxes plus onéreuses que les précédentes, furent levées avec dûreté : la plupart des sujets de Chilperic, aimerent mieux se retirer dans les autres partages, que de souffrir la rigueur de ceux qui levoient les impôts : les Limousins se révolterent contre Marc, ils brûlerent les registres, & ils l'auroient tué, sans l'évêque de Limoges, qui sauva cet officier du danger dont-il étoit menacé (1).

Il est assez probable que ce référendaire avoit conseillé à

___

(1) Fredegaire & Aimoin, disent, que ce référendaire fut mis à mort par les Limousins; il vaut mieux s'en rapporter à Gregoire de Tours, qui assure que Marc fut sauvé du danger par l'évêque de Limoges.

Chilperic d'augmenter les impôts de ses états. Gregoire de Tours dit, que cet officier amassa de grands tresors, & que touché ensuite de ses exactions, il voulut en faire pénitence; mais qu'il mourut sans avoir exécuté son dessein.

L. 6. c. 28.

Faramond fut le second référendaire de Neustrie. Quelques écrivains lui ont donné pour successeur un nommé Eltrite, sur ce qu'une charte de St. Lucien de Beauvais est souscrite de ce nom, avec cette qualité, *palatinus scriptor*; mais on ne trouve dans aucune charte du sixieme & du septieme siecle la qualité de *palatinus scriptor*; & quand on la trouveroit, elle n'a jamais signifié celle de référendaire.

Fortun. l. 9.

Dadon ou St. Ouen, fut référendaire de Neustrie, sous Dagobert & son fils Clovis II. Il en sera parlé dans le paragraphe suivant.

§. V.

Référendaires du Royaume de Bourgogne.

Flave ou Flavius, référendaire de Gontram, roi de Bourgogne & d'Orléans, vers l'an 580, se démit de cette charge, pour monter sur le siege épiscopal de Châlons-sur-Saône.

Greg. Turon. l. 5. c. 45.

Asclepiodote lui succéda dans la référendairie. Le pere de la Noüe, minime, est le premier qui ait découvert cet officier: le pere Plencher, bénédictin, & auteur de la nouvelle histoire de Bourgogne, semble ne l'avoir pas connu; cependant le concile de Valence, tenu en 584 ou 585, lui donna ce titre, lorsqu'il remit aux évêques assemblés les lettres du roi Gontram, qui contenoient les ordres de ce prince.

Conc. Valent. an. 584.

Licer, nommé à la charge de référendaire, fut ensuite élu évêque d'Arles. Le royaume de Bourgogne, dont Gontram

Greg. Turon. l. 8. c. 39.

étoit souverain, comprenoit le Duché de ce nom, le Dauphiné, la Savoie & la moitié de la Provence, qui renfermoit les villes d'Arles, de Riez, &c. Orléans & une partie de son territoire, entrerent aussi dans le partage de Gontram, dont les états furent nommés royaume de Bourgogne, parce que celui des anciens rois Bourguignons en faisoit la plus grande partie.

Hist. du comte de Bourgogne, t. 2. p. 2.

On ne trouve point de référendaire sous Thierri, roi de Bourgogne; on remarque bien un garde-scel: mais j'ai observé que cet office n'étoit pas toujours attaché à celui de référendaire.

Dagobert étant mort en 644, son fils Clovis V, lui succeda; Dadon, connu sous le nom de St. Ouen, premierement référendaire de toute la monarchie Françoise, comme nous l'avons dit, ne l'étoit depuis plusieurs années que de la Bourgogne & de la Neustrie: il fut continué dans cette charge. Quelques auteurs ont prétendu qu'il a exercé les fonctions de référendaire pendant qu'il étoit évêque de Rouen; & ils s'appuyent sur ce qu'on lit au bas de quelques chartes accordées à des villes du Limousin, du Berry & du Poitou: *Rhotomagensis Archiepiscop. & Cancellar.*; mais une de ces qualités pourroit rendre ces chartes suspectes, puisqu'il est certain, que les évêques de Rouen, de Tours, de Rheims, &c. ne prenoient pas encore le titre d'archevêque: ce ne fut qu'en 744, dans un concile de Soissons, que les Métropolitains du royaume commencerent à porter ce nom.

Chron. Fontanell.

Thomassin, discipl. de l'égl. t. 1.

Dadon étoit en même temps le référendaire & l'apôtre du royaume; il s'appliqua avec beaucoup d'ardeur à réformer les mœurs & à faire exécuter les loix; il en fit faire quelques-unes pour l'utilité & la sûreté publique; son zèle déplut aux gens accoutumés à mener une vie licentieuse, ils ne purent souffrir qu'il entreprît de les assujettir aux loix, & profiterent des liaisons qu'il avoit avec Ebroïn, maire du palais, pour décrier sa conduite & la droiture de ses intentions; mais il paroît qu'il n'usa de la faveur & du pouvoir d'Ebroïn, que pour le bien de l'église & de l'état.

ARTICLE III.

Des Comtes, Ducs & Patrices.

Tillem. t. 1. des emper. p. 48. & 762. t. 3. p. 389. t. 4. p. 285.

Tillemont fait remonter l'origine des comtes jusqu'au temps d'auguste; il dit que cet empereur, sur la fin de ses jours, choisit plusieurs sénateurs, pour être ses comtes, *comites*, c'est-à-dire, ses conseillers qui devoient le suivre; la qualité de comte ne fut d'abord qu'un titre personnel, ou un emploi qui obligeoit d'être toujours à la suite de l'empereur; ce titre, commun dans le deuxieme & le troisieme siecle, le devint encore d'avantage dans le quatrieme sous Constantin; alors il fut donné aux principaux officiers de l'empire; les proconsuls & les préteurs, qui avoient le gouvernement politique des provinces, furent appellés *comtes*, & quelquefois *ducs*, sur-tout lorsque leurs provinces étoient limitrophes.

Greg. Turon. l. 6. c. 35.

Avant le commencement du quatrieme siecle, les villes des Gaules avoient des magistrats, que l'on nommoit *préfets*; mais au quatrieme siecle la plupart des préfets qui commandoient dans les grandes cités ou les provinces de l'empire, prirent le titre de *comtes*; Rome cependant, & Constantinople conserverent à leur premier magistrat celui de *préfet*.

Clovis ayant choisi Paris pour la capitale de son royaume, laissa au gouverneur de cette ville le titre de *préfet*; Monmole

mole dans le sixieme siecle, & Ercembauld dans le septieme, prenoient la qualité de *préfets de Paris*; Ercembauld la quitta, pour prendre celle de *comte* de Paris; elle lui est donnée dans la charte d'une donation qu'il fit d'une maison & d'une chapelle située à Paris, & de sa terre de Creteil à l'église de Paris, en 666.

Parv. past. ccelef. Parif. carta 22.

Le titre de comte étoit celui des premiers officiers de la cour; un ancien auteur qui a écrit la vie de Sainte-Genevieve, quinze ans après sa mort, dit que le roi Childeric & ses *comtes*, avoient la plus grande vénération pour cette sainte.

Il est très-probable, que les comtes étoient les conseillers du prince dont ils composoient la cour; leur président fut nommé *comte du palais*, ou *comte Palatin*, pour le distinguer des autres seigneurs, qui étoient juges soit dans le palais, soit dans les villes ou provinces.

§. I.

Du Comte du Palais.

De tous les comtes, le premier & le plus distingué étoit celui du palais; Agobard l'appelle *procerem palatii*; il étoit le défenseur de la religion, & l'inspecteur général de la police de l'état, le conservateur des loix, & représentoit au prince ce qu'elles pouvoient avoir de défectueux, pour les réformer; il étoit homme d'état & magistrat à la fois. Comme homme d'état il devoit combiner le passé, le présent, avec le futur & le possible, user de ménagement & de circonspection; & avant de punir, comparer la punition avec l'effet qu'elle devoit produire, ou qu'elle produiroit.

Agob. epist. ad Matfrid.

Comme magistrat, il ne devoit être frappé que des objets capables d'entretenir le bon ordre & la paix, sans chercher à prévoir ce qui réfulteroit de l'exacte obfervation de fes devoirs ; il ne devoit comparer la punition qu'avec le crime ; voilà deux efpeces de vues bien différentes.

C'eft l'opinion la plus commune, que le comte Palatin étoit un magiftrat unique ; ce titre étoit attaché au préfident de la cour du palais; ce comte rendoit la juftice au nom du roi, ordinairement à la porte du palais, ce qui par la fuite donna lieu *aux plaids de la porte*; pour avoir audience du roi, & lui parler de quelque procès, il falloit l'agrément du comte du palais.

La dignité de ce comte, & fes prérogatives furent prefqu'abforbées fous les Mérovingiens, par le *maire du palais*; l'autorité immenfe de celui-ci, a fait croire à plufieurs écrivains, que celle de comte du palais avoit été fupprimée, ou que le comte & le maire du palais, n'étoit qu'une feule & même perfonne; mais il eft certain, que la charge de comte du palais, qui fubfifta avant celle de maire, parut encore avec diftinction après les maires ; à la vérité pendant leur ufurpation, elle fut peu remarquable ; mais elle reprit fon éclat, dès que Pepin eut réuni la mairie à la royauté.

§. II.

De la différence des Comtes, Ducs & Patrices.

Ce que Walafrid Strabon, auteur du neuvieme fiecle, a dit de la différence des ducs, patrices & comtes, ne convient pas exactement au regne des Mérovingiens ; il fuppofe que les *patrices* du royaume étoient comme les *primats* de l'églife, & que leur gouvernement étoit plus étendu que celui des ducs; qu'un duc, à l'exemple d'un archevêque, commandoit à plusieurs provinces; & un comte, comme un évêque, à une ville & à son territoire.

Le pere Sirmond prétend, que c'est là la raison pour laquelle Victorius, qui est appellé *duc* par Gregoire de Tours, n'est appellé que *comte* par Sidoine Appollinaire ; l'un, dit-il, l'a considéré comme gouverneur des sept provinces, dont le roi Euric lui avoit confié l'administration ; l'autre comme comte particulier de l'Auvergne, dont Victorius étoit gouverneur ou *podestat*, à la fin du cinquieme siecle.

Mais cette réflexion du pere Sirmond, est sujette à critique ; il n'a pas fait attention, que les anciens écrivains ont souvent confondus les ducs avec les comtes, parce qu'ils jouissoient du même rang & des mêmes prérogatives, en vertu de deux loix d'Honorius & de Théodose le jeune ; dont l'une décide que l'on donnoit le nom de *comte*, aux gouverneurs de plusieurs provinces, comme à celui d'une seule province ; l'autre montre évidemment, que l'égalité des comtes & des ducs étoit si grande, qu'il n'y avoit que l'ancienneté de leur réception qui les distingua ; ensorte que si un comte étoit plus ancien gouverneur qu'un duc, il avoit la préséance sur lui : les empereurs, & les rois Francs après eux, donnoient le titre de *freres* aux comtes, comme aux ducs, dans les actes publics ; le gouverneur d'*Orient*, qui commandoit à quinze dioceses, étoit appellé comte d'*Orient* ; celui d'*Afrique*, étoit appellé *comte* d'*Afrique* ; ceux de l'Asie mineure, & de l'Egypte, ne portoient pas d'autre titre.

L. 1. cod. de Ar. hist. tit. sequ. de comit.

Cujas Paratit. l. 1. cod. tit. 40. de offic. Rector. prov. tit. 36. de Comi Orient. l. fin. reg. l. 11. de pag. sacr. & templ.

Quant au *patriciat* dont il s'agit ici, ce n'est pas celui que quelques auteurs ont attribué à Clovis assez légerement ; le fait rapporté au chapitre 38, du vingt-unieme livre de

Gregoire de Tours; favoir, que l'empereur Anaftafe a envoyé à ce prince un brevet de conful, peut être contefté fur des raifons très-plaufibles; il eft fort douteux, que ce chapitre 38 foit de Gregoire de Tours; il y a toute apparence que c'eft une fourure, & que les opinions du pere le Cointe, de Valois, de Ruinart, font des conjectures hazardées.

Quoi qu'il en foit, c'eft d'une autre dignité de *patrice*, dont il s'agit ici; cette dignité, chez les Romains, étoient attachée aux familles qui fuivoient les *confulaires*, & précédoient les *préfectoriennes* : elle fut plus connue dans le premier royaume de Bourgogne, que parmi les Francs, parce que les provinces, qui font entrées dans la compofition de ce royaume, étoient plus voifines de l'Italie; l'ordonnance de Dagobert I, de l'an 630, qui veut que, « fi des témoins » affignés pour rendre témoignage devant le *patrice*, refu-» fent de comparoître, ils foient condamnés chacun à une » amende de 15 fols », paroît avoir été faite pour la Bourgogne. L'hiftoire fait mention d'Agricola & de Celfe, qui furent fucceffivement *patrices* des Bourgognes *transjurane* & *cisjurane*; ils rendoient la juftice & commandoient les armées; plufieurs hiftoriens leur ont donné le titre de ducs: le patriciat de Bourgogne, fut enfuite partagé en deux; Egila fut patrice de la *Transjurane*, & Leudegefile de la *Cisjurane*, ils eurent des fucceffeurs dont l'hiftoire ne nous a pas pas tranfmis les noms.

Quoique dans le droit il ne dût pas y avoir de diftinction entre les ducs, les patrices & les comtes, l'ufage cependant paroît en avoir mis fous les rois Francs, & cette différence confiftoit, ce femble, en ce que le duc, ou le patrice, avoit fous lui des comtes, non du premier, mais du fecond ordre;

quoique d'un autre côté il y eût aussi des comtes indépen- *Greg. Turon. l.*
dans, sans avoir comme les ducs & les patrices, des comtes *8. c. 18. & 26.*
du second ordre qui leur fussent subordonnés; ce qui *Fredeg. chron. c.*
subsista jusqu'à Charle-le-Chauve, sous lequel on voit *7. ad Ann. 636.*
des comtes du premier ordre, avoir aussi sous eux des comtes *Bign. in form.*
du second ordre, puisqu'il ordonne dans un de ses capi- *Marc. 8.*
tulaires, aux comtes des villes métropolitaines, d'envoyer
aux comtes des provinces, ses ordonnances.

Il y avoit donc des comtes du premier & du second ordre; *Cass l. 6. ep. 21.*
Cassiodore les distingue par ces termes, *comites majores vel* *& 23. l. 7. ep. 30.*
primi ordinis; comites minores, vel secundi ordinis; les pre-
miers gouvernoient une province entiere, la jurisdiction des
autres ne s'étendoit que sur une ville & son territoire.
Ceux du premier rang formoient aussi le conseil du prince,
& administroient à sa cour les grandes charges; cet usage *Not. imper. Si-*
emprunté des empereurs, paroît remonter jusqu'à l'empire *don. l. 7. ep. 2.*
d'Adrien, qui forma dans sa cour un conseil d'état, com- *Cassiod. form. l. 6.*
posé de ses officiers les plus sages & les plus fideles. *& 7. cod. Theod.*
l. 1. & 2. ne coq
mitib.

ARTICLE IV.

Des Missi.

On déléguoit dans les provinces, des magistrats extraordinaires, à qui l'on donnoit le nom de *missi*; l'histoire nous
fait remarquer deux sortes d'officiers de ce mom, ceux du
roi appellés, *missi dominici*, & ceux des comtes, *missi co-*
mitum.

On donnoit aux commissaires du roi, la qualité de *missi*
dominici, parce que dans les premiers siecles de la monarchie, le roi seul étoit appellé *dominus*; ces officiers, tirés de
l'ordre du clergé & de celui de la noblesse, n'avoient qu'une

jurifdiction déléguée pour vifiter les provinces, & y corriger les abus; ils affembloient les évêques, les abbés, les comtes, & les autres officiers de juftice de leur délégation; le but de ces affemblées étoient de réformer les vices qui pouvoient s'être gliffés dans l'adminiftration, & d'écarter les obftacles qui pouvoient s'oppofer à l'exécution des loix & des ordonnances de juftice.

Sous les empereurs Romains, l'emploi des *miffi* s'exerçoit par des officiers connus dans le code Théodofien, fous le titre de *legati Cæfaris, legati Imperiales, judices difcurrentes*: les Francs en conferverent les fonctions, & n'en changerent que le nom; l'ufage de nommer des *miffi*, étoit conftant fous les premiers rois Mérovingiens; ils étoient élus dans le confeil du roi, ou dans les affemblées générales; le confeil de Childebert en 588, délégua pour faire la vifite du Poitou, deux commiffaires, Romulfe, Franc d'origine, & Florentin, Gaulois; lorfqu'on choififfoit trois perfonnes, c'étoient un évêque, un comte, & un troifieme dont le choix étoit arbitraire; ces commiffaires, fous la premiere race, attendoient la volonté du prince, pour exécuter leur commiffion; le temps de leur départ, de leur vifite, & le nom de la province qu'ils devoient vifiter, n'étoient point déterminés; il dépendoit du prince de leur affigner la province qu'il jugeoit à propos, & d'abréger ou de prolonger le temps que devoit durer leur légation.

Greg. Turon. l. 9. c. 18.

Depuis Dagobert I, les *miffi* furent moins employés; on continuoit toujours à les élire dans les affemblées; mais les maires du palais, qui avoient pris toute l'autorité, les laiffoient dans l'inaction, fans leur affigner de provinces: Charles Martel, n'ayant point convoquée l'affemblée générale pendant fa mairie, il n'y eut point de *miffi* pendant quelque temps, & leurs fonctions furent interrompues jusqu'au regne de Charlemagne.

Quant aux *missi* des comtes, ceux-ci retenus par quelque maladie, ou obligés d'assister aux assemblées de la nation, déléguoient dans les villes ou bourgs de leurs provinces, des commissaires pour y porter les ordres du prince, y faire les fonctions qu'on ne pouvoit différer, & terminer les contestations sommaires ; ce qu'ils faisoient comme arbitres, plutôt que comme juges.

Un Gaulois ne pouvoit appeller des reglemens faits par ces commissaires, au comte qui les avoit délégués ; il n'étoit pas permis, comme il ne l'est pas aujourd'hui, d'appeller du commis au commettant, parce que ces deux officiers n'ont qu'une même jurisdiction, & toute la différence que l'on peut mettre entr'eux, consiste en ce que celle du comte étoit ordinaire, & celle de son commissaire extraordinaire ; la première ne pouvoit & ne peut encore se révoquer par la simple volonté de celui qui l'a confiée ; il faut faire le procès au juge ordinaire, le convaincre, & déclarer par une sentence juridique, qu'il est incapable de remplir les fonctions de sa charge ; au lieu que celle du commissaire se révoquoit, quand il plaisoit à celui qui la lui avoit confiée ; le délégué ne pouvoit commettre d'autres personnes à sa place. On croit cependant qu'il avoit droit de commettre pour les actes qui regardoient l'instruction des procès, les preuves, les enquêtes, les descentes sur les lieux, &c.

Toutes ces choses peuvent encore se pratiquer aujourd'hui par des juges commis ; mais afin de s'y employer légalement, les *missi* des comtes étoient obligés de s'instruire des loix, & de les fuivre à la lettre dans leurs opérations.

Il paroît qu'outre ces fonctions à remplir, les *miffi* des comtes avoient encore à infpecter les centeniers & autres officiers inférieurs de juftice; par cette infpection l'autorité du comte étendoit fon influence plus immédiatement fur tout ce qui fe paffoit dans les tribunaux inférieurs; la conduite des premiers juges en étoit plus dépendante, & le pouvoir des comtes mieux affermi.

CHAPITRE

CHAPITRE III.

De l'État des Juridictions et Tribunaux de Justice.

« Les Francs qui ont passé le Rhin, dit Agathias, &   *Agath. L.*
» qui, par la force de leurs armes, se sont rendus maîtres
» des Gaules, n'ont rien conservé des mœurs barbares de
» leur ancienne patrie; ils sont doux & civils dans leurs
» manieres & dans leurs conversations; mais sur-tout c'est
» une chose admirable, comme ils s'étudient à rendre jus-
» tice aux étrangers, & à se la rendre mutuellement les
» uns aux autres, & à maintenir entr'eux l'union & la
» concorde; ils se sont approprié les loix, la police, &
» les usages des Romains; ils ont, comme eux, *établi des
» magistrats* dans leurs villes, & par ce bon ordre & cette
» sage conduite, ils ont affermi leur domination & mis
» leurs ennemis hors d'état de leur nuire ».

Une jurisdiction particuliere aux Francs, étoit celle des pairs; c'étoit le monument le plus précieux pour cette nation, parce que c'étoit le gage le plus certain de sa liberté; le droit d'être juge de ses pairs ou pareils, & d'être jugé par eux, supposoit que la nation n'avoit ni perdu ni abdiqué sa jurisdiction, en obéissant à des rois. Dans les états despotiques, personne n'aspire à l'égalité; cela ne vient pas même en idée, chacun y tend à la supériorité. Voyons quel étoit dans ce premier âge l'état de la pairie.

ARTICLE I.
De la Pairie de Naissance.

Là où commencent les premières lueurs du gouvernement François, là commencent aussi à se montrer celles de la pairie; ces lueurs ont cependant mal éclairé la plupart de nos historiens, qui nous ont laissé sur cette importante matiere des connoissances très-imparfaites; le secours des loix anciennes, & celui des chartes, sont nécessaires pour trouver sur la pairie quelque chose de certain; difficulté qu'il faut attribuer en grande partie à la déférence trop servile des différens auteurs pour les systêmes récens sur l'origine, la nature, les progrès, & les prérogatives de la pairie.

L'éloignement où nous sommes de son origine, les variations qu'elle a subies, ont fait autrefois douter de sa grande antiquité; mais à force d'étudier cette matiere & de la discuter, on a découvert son germe dans l'ancienne liberté des Francs, lorsqu'ils habitoient encore la Germanie; tous alors naissoient également libres; leurs chefs se regardoient comme les peres de ceux qu'ils conduisoient, & comme les premiers entre pareils, *primi inter pares*.

Il n'en étoit pas de même des Gaulois; leurs démocraties, leurs aristocraties, ou leurs monarchies, toutes composées de gens de naissance & de conditions différentes, se ressentoient de cette inégalité.

L'égalité naturelle des Francs, fondée sur une communauté d'origine, leur a fait ensuite chercher une égalité civile; ils l'ont établie comme une maxime fondamentale de leur gouvernement, maxime qui se présentoit naturellement à des gens qui n'étoient pas encore réduits par l'ambition à modérer ou à contrebalancer des pouvoirs excessifs. Il étoit naturel aux Francs, qui vouloient vivre en une société civile, d'en gouverner les affaires en commun, comme d'en ménager les intérêts. Un pere de famille qui vouloit bien se joindre à d'autres, pour former avec eux un corps national, ne pouvoit d'abord oublier son ancienne indépendance, ni se soumettre aveuglément à la volonté d'un seul, pour ce qui pouvoit intéresser la sûreté de tous. « Il » y a beaucoup d'apparence, dit Puffendorf, que l'on sui- » vit alors cette maxime, comme la plus équitable, que ce » à quoi tous les membres d'une même société ont inté- » rêt, doit être administré par tous ». *Droit de la nat. & des gens. l. 7. ch. 5. §. 4.*

Clovis, avec ses Francs, ayant passé le Rhin, ne supprima pas la pairie, il l'établit au contraire dans sa cour parmi ceux qu'il choisit pour composer son conseil; on les appella *proceres*.

Cette pairie fut toujours fondée sur une égalité d'origine; on appliqua le nom de *pairs* à tous les Francs d'une même condition, grands & petits; ce fut alors une loi générale de l'état, que chacun étoit jugé par ses pairs, & par ceux d'entre ses pairs qui avoient le plus de réputation de probité; la pairie devint ainsi un office de judicature, de guerre & de police, & en même temps un témoignage de vertu; elle étoit plus ou moins élevée dans chaque particulier, selon le rang qu'il tenoit dans l'état. Telle fut la pairie du premier âge; je l'appelle *pairie de naissance*, parce que c'étoit un office personnel, fondé sur une égalité d'origine; son exercice étoit passager, & ne duroit que le temps nécessaire pour instruire le procès d'un Franc, & le juger.

La loi des Allemands, rédigée sous Thierry I, & Clotaire II, enjoignoit au juge qui vouloit procéder contre un meurtrier, d'assembler les *pairs* de celui-ci; la loi est générale, & n'excepte aucune personne libre; elle fut observée dans toute la monarchie des Francs : quelques écrivains ont prétendu qu'elle n'avoit pas été universellement reçue, ils s'appuyent sur quelques anciens historiens qui assurent que les ducs & les comtes, accusés de crimes, étoient jugés dans des assemblées générales; cela est vrai, mais la raison en est simple, c'est que les ducs & les comtes ne pouvoient trouver ailleurs leurs *pairs*.

Cette prérogative n'appartenoit qu'aux Francs; si quelques seigneurs Gaulois en ont joui, c'est parce qu'ils s'étoient fait adopter au nombre des Francs, en adoptant eux-mêmes la loi Salique : la prérogative de ne pouvoir être jugé que par ses pairs, devint insensiblement un usage fondamental, plus fort peut-être qu'une loi positive; il étoit si bien établi, encore dans le onzieme siecle, qu'on ne pouvoit l'enfreindre, sans faire crier à l'injustice. Eudes, comte de Chartres, en 1015, se plaignit au roi Robert, de ce que ce prince témoignoit vouloir le priver d'autorité de son comté; il assura que Richard II, duc de Normandie, l'ayant averti de venir à la cour du roi, pour y répondre sur les griefs qu'on alléguoit à sa charge, il avoit rendu Richard maître de ses intérêts; que celui-ci lui donna jour, du consentement du roi; mais que le terme approchant, il lui avoit mandé, que ce prince prenoit des mesures pour le déclarer incapable de tenir aucun bénéfice de la couronne, & qu'il ne lui convenoit pas de se trouver à l'assignation pour une semblable cause, *à moins que ses pairs ne fussent aussi appellés pour le juger* : il ajouta, qu'il ne pouvoit assez s'étonner de voir que le roi Robert voulût, sans aucune forme de procès, le dépouiller de ses *bénéfices*. Il est infiniment pro-

Epist. Fulbert. ep. Carn. 42.

bable, que le refus fait par le roi Robert d'assembler les pairs d'Eudes pour le juger, servit ensuite de prétexte aux seigneurs, pour faire insérer dans les actes de leur hommage, qu'ils seroient fideles au roi, *tant qu'il leur fera justice dans sa cour, par ceux qui peuvent & doivent les juger,* c'est-à-dire, par leurs pairs & co-vassaux.

Borel, dans son trésor des recherches Gauloises & Françoises, assure que la pairie tire son origine des Goths, qui établissoient, dit-il, des officiers pairs, pour conduire leurs armées : Borel se trompe ; la Germanie anciennement renfermoit plusieurs nations, mais il n'est pas encore sûr que celle des Goths en soit sortie ; il est certain au contraire, que les Francs tenoient dans ce vaste pays un rang distingué par leur valeur & leur antiquité ; chaque nation Germanique étoit gouvernée par un chef qu'elle élisoit ; la cour de ce prince étoit composée de gens qui s'attachoient à lui ; Tacite les nomme *comites*, compagnons ; tels furent ces compagnons de Clovis, pairs entr'eux, qui s'engagerent par serment à ne jamais abandonner leur chef.

Avant & après Clovis, tout Franc avec du mérite, pouvoit prétendre à la magistrature ; l'égalité établie entre eux leur donnoit le même droit, pour parvenir aux emplois civils ; cette égalité n'avoit pas lieu parmi les Gaulois ; les uns étoient regardés comme Gaulois d'origine, les autres étoient affranchis, le reste étoit serf ; les Francs ne trouvoient parmi eux de distinction, que dans la vertu ; les anciens écrivains, qui ont parlé de la mort des Francs illustres, n'ont rien dit de leur naissance ; les dignités & les autres titres n'étoient accordés qu'au mérite personnel, & aux services rendus. Sans examiner si cet usage est le meilleur, il est certain que dans l'ancien temps les nobles ont dû

HISTOIRE POLITIQUE

leur distinction à leur vertu personnelle, beaucoup plus qu'à la source éloignée du sang qui couloit dans leurs veines.

Tota licet veteres exornent undique ceræ,
Atria, nobilitas sola est atque unica virtus.

Cependant on pouvoit compter deux ordres de Francs; le premier rang étoit formé par les seigneurs, c'est-à-dire, les ducs, les comtes, les fideles ou *antrustions*, qui étoient pairs entr'eux; le reste des Francs composoit le second ordre; mais tous naissoient avec une égale liberté; la pairie fut plus étendue, lorsque le droit des Francs, d'être jugés par leurs pairs, se communiqua aux Gaulois; c'étoit un office passager qui ne duroit que le temps nécessaire pour instruire & juger un procès; chaque cause étoit terminée dans le lieu même de son origine, par des juges de même naissance, & de même condition que les parties : on croyoit ces juges instruits du fait contesté, parce qu'on présumoit qu'ils en avoient été témoins. Clotaire II, en 615, ordonna que tous les *juges-pairs* du second ordre, seroient choisis parmi les habitans du lieu où la justice devoit être rendue.

Il en falloit douze, selon l'usage des peuples Germaniques (1); le magistrat qui les présidoit, étoit ordinairement un dignitaire; il ne jugeoit pas lui-même, il instruisoit les juges des circonstances du fond de l'affaire, exposoit les loix qui y avoient rapport, recueilloit les suffrages, prononçoit ensuite la sentence, & la faisoit exécuter; on ne peut assurer, si le jugement devoit être fondé sur l'unanimité des suffrages; on étendit insensiblement l'usage de

(1) Mallet, dans son introduction à l'histoire du Danemarck, dit que le roi Odin établit à Sigtuna un tribunal qu'il composa de douze de ses compagnons; que ces juges s'assembloient en pleine campagne & quelquefois dans les forêts.

cette pairie, jufqu'aux nouveaux affranchis: ils demanderent à n'avoir pour juges que leurs pairs; en plufieurs endroits les juges des villes fe font qualifiés de pairs bourgeois: on fuit encore en Artois cette pratique dans les procès civils, qui font inftruits & jugés par des perfonnes de même condition que les parties. La ville de Metz eft encore de nos jours divifée en différens *Paraiges*, que les anciens actes latins qualifient de *Parentelæ*; ces *Paraiges* s'affembloient dans différens quartiers dont ils tiroient leur dénomination; ils avoient chacun leurs chefs d'hôtels, & leur fceau particulier; celui du *Paraige de la porte Mofelle*, étoit quatre bandes en face; celui de *Jurue*, un aigle fans membres; celui *de Saint-Martin*, trois befans, dont le premier étoit chargé d'une croix; celui *de Sailli*, une tour crenelée; & celui d'*Outre Seille*, un écuffon chargé de chevrons.

Le droit d'être jugé par fes pairs, eft donc auffi ancien que la monarchie Françoife; le citoyen avoit pour juges des concitoyens, qui fuivoient la même loi, & les mêmes ufages; le Franc, étoit jugé par des Francs, felon la loi Salique; le Gaulois, par des Gaulois, fur le droit Romain: l'affaire d'un duc ou d'un comte, étoit portée devant le roi; à fa cour fe trouvoient des ducs & des comtes, qui jugeoient par droit de pairie le procès pour lequel ils étoient affemblés; c'eft ainfi que fous Clotaire II, les fils de Sadregefile, duc d'Aquitaine, ayant négligé de venger la mort violente de leur pere, ce qu'on regardoit alors comme un crime, furent dépouillés de fa fucceffion, par un jugement rendu dans l'affemblée de leurs *pairs: à regni proceribus.* *Voy. ci-deffus* Ce qui peut faire croire, que la nation ne regardoit pas alors P. 223. les fils de fes rois au-deffus d'une pourfuite criminelle, puifque les enfans de Sadregefile furent punis de n'avoir pas vengé la mort de leur pere fur Dagobert, fils de Clotaire II : il faut obferver qu'on ne connoiffoit point alors encore dans le droit François, l'ufage d'un *accufateur public* ; mais la fentence ou l'arrêt étant prononcé, ils ceffoient d'être juges, quoiqu'ils continuaffent d'être pairs par la naiffance & les armes.

Il y avoit cette différence entre les pairs du premier ordre & ceux du fecond, que tout pair du premier rang avoit droit de donner fa voix dans le jugement, au lieu que les pairs du fecond ordre, ne jugeoient qu'au nombre de douze : il falloit douze *Rachimbourgs*, pour juger un homme libre du fecond ordre ; leur jugement ne regardoit que le fait & la perfonne ; ces douze pairs, après avoir été témoins de l'examen public des preuves produites pour & contre l'accufé, décidoient feulement qu'il étoit coupable ou innocent, après quoi celui qui préfidoit ne faifoit que l'application de la loi, dont il ne devoit être que l'organe.

La nation Angloife eft la feule qui ait perpétué, parmi toutes les claffes de citoyens, l'ufage falutaire du jugement des pairs, qui lui fut apporté l'an 800, par le fameux Alfred, que les Anglois regardent comme leur Théodofe ; ce fut ce prince Saxon, qui, après avoir établi en Angleterre le pouvoir de fes armes fur les ruines de l'abfurde heptarchie, pofa dans fon *dom-beck* les fondemens de ce fyftême de jurifprudence, que nous fommes forcés aujourd'hui à regarder comme celui qui approche le plus de la perfection, & fuivant lequel les crimes font tous exactement définis ; les peines à couvert de l'horreur de l'arbitraire ; les accufations publiques ; l'inftruction faite à la face du monde ; l'accufé jugé par fes pairs, qu'il peut récufer jufqu'au nombre de foixante-dix, fur le feul fondement d'une averfion naturelle.

Voy. Blackft. commentaire fur les loix Angl.

ARTICLE

ARTICLE II.

De la Cour nommée Dixaine.

La *dixaine* étoit la cour de justice la moins considérable ; elle étoit composée de dix chefs de famille ; ils étoient cautions les uns des autres, comme chacun en particulier répondoit de sa propre famille ; chaque sujet devoit être enrôlé dans une des dixaines : cependant les *seigneurs* avoient cette prérogative, que chaque famille seigneuriale composoit une dixaine, dont le chef étoit responsable. On doit entendre ici par famille, un manoir seigneurial avec tous ses vassaux, tenanciers, laboureurs & serfs ; des familles de cette espece pouvoient occuper un terrein considérable, & former des bourgs entiers.

Chaque dixaine étoit comme une petite république, qui exerçoit un pouvoir judiciaire dans l'étendue de son district ; elle avoit sa cour de justice, & un président, dont on faisoit l'élection chaque année ; ce président ne connoissoit, avec ses assesseurs, que des affaires civiles : le jugement des criminelles, n'étoit pas de sa compétence ; il avoit seulement le pouvoir d'informer & de renvoyer les informations au comte de la province, devant lequel le jugement étoit rendu par les pairs de l'accusé.

Lorsqu'un accusé refusoit de comparoître, après avoir été légitimement cité, les familles qui composoient la *dixaine*, se joignoient ensemble pour le livrer à la justice ; s'il étoit en fuite, aucune famille de la dixaine ne pouvoit lui donner asyle. Il étoit défendu de changer de demeure, sans un témoignage de sa dixaine ; ceux qui donnoient retraite aux fuyards, étoient eux-mêmes sujets à des peines; le comte de la province accordoit à la dixaine un certain temps pour chercher le coupable; lorsque les perquisitions étoient infructueuses, le chef de la dixaine prenoit avec lui deux hommes de sa dixaine, & trois de chacune des dixaines voisines, tous ensemble juroient qu'ils n'avoient point de part au crime ni à l'évasion du fuyard; sans cette formalité, la dixaine de l'accusé eût répondu pour lui.

Chaque *dixaine* s'assembloit de temps en temps pour terminer les différens qui survenoient entre les autres dixaines; on prenoit aussi des mesures contre celles dont la conduite étoit suspecte; les familles dont on se méfioit dans les dixaines, étoient obligées de donner des cautions; si elles n'en pouvoient fournir, on s'assuroit d'elles.

On voit que la division, par *dixaines* & par *centaines*, fut aussi introduite en Angleterre par le roi Alfred, & que les Anglois ont toujours regardé cette distribution comme un chef-d'œuvre de la politique judiciaire.

ARTICLE III.

De la Cour nommée Centaine.

La seconde cour, en remontant, étoit celle de la *centaine*. On attribue communément à Clotaire II, la division des districts en *centaines* & en *dixaines*, vers l'an 595. Le président de cette cour, qui étoit un des principaux habitans de la centaine, avoit pour assistans des chefs de famille, que la centaine élisoit : cette cour ne s'assembloit ordinairement qu'une fois chaque année; elle ne s'occupoit que des affaires générales de la centaine.

« Si un *centenier*, dit le roi Childebert dans une de ses
» constitutions, trouve un voleur dans une autre *centaine*

» que la sienne, ou dans les limites de la terre d'un *fidele*,
» & qu'il n'ait pu le chasser, le centenier représentera le
» voleur, ou se purgera par serment ».

Celle de Clotaire ordonne, que si un centenier poursuivant un voleur, le prenoit dans une *centaine*, il recevroit toute l'amende, mais que s'il l'arrêtoit dans un district *donné sous la foi*, la moitié de l'amende appartiendroit au *fidele*, qui seroit chargé de faire punir le voleur.

On voit par ces dispositions, que dès-lors la jurisdiction étoit incorporée aux terres *données sous la foi* ; Montesquieu y trouve l'origine des justices seigneuriales : ce qu'on y apperçoit très-clairement, c'est que le but du législateur étoit d'obliger chaque district à répondre des vols qui pouvoient s'y commettre.

Esprit des loix,
l. 30. c. 22.

ARTICLE IV.
De la Cour du Comte de la Province.

La présidence des tribunaux Gaulois, vacante par l'expulsion des premiers officiers Romains, fut remplie par des Francs, qui prirent comme eux le titre de *comtes* ; c'étoit des officiers délégués par le prince, dans une ville ou dans une province, pour la défendre contre les ennemis étrangers & domestiques, & pour y rendre la justice. Le comte étoit aussi chargé de la police générale de son département, & avoit l'autorité sur les troupes qui y étoient réparties ; ce qui appartenoit au fisc étoit sous sa direction, comme les finances, & les *bénéfices* militaires ou fiscaux.

" Pour obtenir ces bénéfices, dit Chantereau le Févre,
» il falloit servir l'état sous le commandement du comte ;
» mais afin que toutes choses allassent en bon ordre, & que

» l'équité fût gardée tant en paix qu'en guerre, le comte
» avoit un rôle ou regiſtre, dans lequel étoient inſcrits
» les noms & les qualités de ceux qui *s'offroient* de ſervir
» ſous ſon autorité, de ſorte que quand un *bénéfice* venoit
» à vaquer, le comte le donnoit à un des hommes libres,
» qui étoient écrits ſur ſon rôle ; ce regiſtre mettoit tous
» ceux qui y étoient inſcrits, dans l'obligation d'être à la
» ſuite & à la cour du comte, lorſqu'il tenoit ſes plaids,
» & qu'il faiſoit la viſite de ſon département, pour en ré-
» gler la police, & lorſqu'il montoit à cheval pour com-
» mander ſes troupes ».

<small>Chant. le Fev. l. 1.</small>

Cet expoſé n'eſt pas bien exact : les hommes libres ne *s'offroient pas* pour ſervir ſous l'autorité du comte, à l'appas d'un bénéfice ; ils y étoient tenus à raiſon même de leur naiſſance ; d'un autre côté le comte provincial conféroit tout-au-plus les *arriere-bénéfices*, & non ceux qu'obtenoient les officiers de l'armée. Le comte avoit bien l'inſpection ſur ces officiers ; mais c'étoit le roi qui conféroit leurs bénéfices.

La juriſdiction du comte provincial, s'étendoit ſur tous les hommes libres de ſon diſtrict ; c'étoit principalement devant lui que ſe portoient les cauſes qui concernoient la liberté, raiſon pour laquelle ſes plaids étoient appellés les *plaids des hommes libres*.

La cour de la province étoit ainſi compoſée du comte qui la préſidoit, & d'un certain nombre d'aſſeſſeurs appellés *Scabins* dans de certains lieux, & *Rachimbourgs* dans d'au- tres ; il en falloit douze pour juger, conformément aux capitulaires ajoutés à la loi Salique ; lorſque les *Scabins* ou *Rachimbourgs* ne ſe trouvoient pas aux plaids du comte, ce magiſtrat prenoit douze notables qui jugeoient avec lui.

<small>Append. ad Marculph. c. 51.</small>

De-là le nom de *judicium civium*, que Gregoire de Tours donne aux jugemens rendus par ce tribunal ; ce qui est en quelque sorte la traduction en latin du mot Teuton *recht-burger*, dont celui de *rachimbourg* est corrompu ; *recht-burger* rend l'idée d'un *juge-bourgeois*, comme le mot inverse de *burger-recht*, rend celle du *judicium civium*.

Par la loi des Bavarois, toutes les personnes libres du lieu où le plaid étoit convoqué, devoient s'y rendre ; *liberi conveniant, omnes ad placitum veniant* : l'évêque s'y trouvoit comme les autres personnes de condition libre ; Gregoire de Tours, à l'occasion d'un meurtre & d'une vengeance privée, rapporte que s'étant joint au juge, il fit citer les deux parties au *tribunal des citoyens*, que ceux-ci s'assemblerent, & que le différent y fut jugé.

L. Boja. n. 15. incert. aut. form. 32.

On apperçoit par ce que je viens de dire, que les comtes ne jugeoient jamais seuls ; ils tenoient leurs séances à jeun, & ne laissoient pas languir les affaires des pauvres & des orphelins : ils n'abusoient point impunément de leur pouvoir : les loix avoient prévenu leurs malversations ; elles vouloient, que la partie gagnante reçut le *fredum*, & qu'elle le portât au fisc, & non au comte : ce *fredum* étoit la récompense qu'un accusé étoit obligé de donner à celui qui le protégeoit contre la violence.

L. Rip. tit. 89.

Le roi conféroit la dignité de comte, sur la présentation qui lui étoit faite par l'assemblée des Francs de chaque district.

Greg. Turon, l. 5. c. 48.

L'ordonnance de Dagobert de l'an 630 porte : que suivant l'ancien usage, les comtes Provinciaux tiendront leurs séances une fois par semaine dans les temps difficiles, & tous les quinze jours dans ceux de tranquillité ; qu'ils veilleront sur les pauvres, pour les protéger ; qu'ils ne souffriront aucune violence ni tranfgreffion des loix, & qu'ils auront foin de faire obferver fi exactement la police, que les méchans puiffent *fe corriger*, & les gens de bien vivre en paix.

Dagob. capitul. apud. Baluz. t. 1. col. 66.

Comme les comtes étoient obligés de s'abfenter fouvent de leur réfidence, foit pour fe rendre aux affemblées générales, foit dans des cantons éloignés, ils étoient fuppléés par des *vaffaux* (1), qui leur fervoient de lieutenans.

Le lieu où les comtes des premiers temps tenoient leurs plaids, étoit appellé *malleberg*, mot Teutonique compofé, qui répond à montagne ou colline de féance; on trouve fouvent ce mot rendu en latin, par *mons placiti*, montagne du plaid. Hotman dans fon *Franco-gallia*, croit que le mot *placitum* eft dérivé du mot Tudefque *platz*, qui fignifie *place*, parce que les Francs tenoient auffi fouvent leurs affemblées en rafe campagne, ce qui fe pratique encore en Pologne, du moins pour les diètes nationales.

On prétend que dans les premiers temps, les plaideurs portoient avec eux aux plaids une portion de la terre qui leur appartenoit, & qu'ils la jettoient au milieu du *malle* ou *placité*, afin qu'on pût dire en quelque forte, que le lieu où l'on rendoit la juftice appartenoit à la nation en général, & qu'il n'appartenoit à perfonne en particulier.

Ceux qui rendoient la juftice étoient armés; on voyoit au milieu du *malle* ou *placité* une hache d'armes & un bou-

---

(1) Le mot *vaffus* étoit alors un nom de dignité commun à différens emplois, les officiers qui fervoient le roi, la reine, la famille royale, étoient appellés *vaffi dominici*; les ducs & les comtes en avoient pour les fuppléer dans leurs fonctions; les évêques, les abbés, les abbeffes, avoient auffi leurs vaffaux; en un mot, ceux qui portoient ce nom pouvoient remplir différentes fonctions dans l'état.

clier, attachés à un poteau, comme les marques d'une jurifdiction militaire; les chefs des Francs étoient juges dans la paix, & capitaines à la guerre; l'on ne parvenoit à la magiftrature & au commandement, que par une intégrité reconnue & une valeur éprouvée.

Les *malles* ou *placités* fe tranfportoient fucceffivement dans différens lieux du diftrict; cette cour de juftice femble avoir été ambulatoire jufqu'au temps des rois de la feconde race, qui rendirent les malles fédentaires.

Souvent ce tribunal étoit mi-parti, compofé de juges Francs & d'autres nations foumifes à la monarchie, afin qu'il s'y trouva des juges inftruits dans toutes les loix, dont la décifion des procès pouvoit dépendre; s'il furvenoit des difficultés en matiere civile entre perfonnes nées fous différentes loix, les juges des deux parties s'affembloient pour favoir quelle loi on fuivroit dans la décifion du procès, & la pluralité des fuffrages l'emportoit; dans la fuite la qualité du défendeur régla les parties fur ce point.

En matiere criminelle on fe conformoit à la loi de l'offenfé; cet ufage, qui fut fuivi par la plupart des nations qui compofoient la monarchie Françoife, n'avoit pourtant pas lieu pour les Francs eux-mêmes, qui s'en tenoient à la loi Salique, foit qu'ils fuffent aggreffeurs ou offenfés.

La partie condamnée civilement dans un placité, pouvoit demander la révifion de fon procès; fi elle le perdoit une feconde fois, il lui en coûtoit une amende de quinze fols, *Capitul. add.* qu'elle pouvoit racheter par quinze coups de la main d'un *leg. Longob. l. 2.* des juges qui avoient rendu la feconde fentence. *tit. 59.*

La police de juger chaque nation fur fes loix propres paroiffoit fi fainte & fi précieufe, que le code Salique condamne les *rachimbourgs* qui auront jugé les Francs fur une

autre loi que la Salique, à une amende de quinze sols d'or;
celle des Ripuaires, plus févere encore, condamne chaque
rachimbourg, en fon propre & privé nom, à la même amende,
à laquelle la Salique condamne les rachimbourgs collective-
ment.

La plupart des hiftoriens qui ont écrit fur le premier âge
de la monarchie, nient ou doutent qu'il y ait eu des avocats ou procureurs du fifc fous les rois Mérovingiens; cependant dans l'empire Romain on comptoit trois fortes de
procureurs; un du fifc, le fecond de l'empereur, le troifieme
d'office pour les fujets de l'empire; Clovis & fes fuccefleurs,
qui ont trouvé ces officiers établis dans les Gaules, ne les
auroient-ils pas confervés comme tant d'autres? N'étoit-ce
pas ce que Gregoire de Tours a appellé du nom d'*actores dominici, actores fifci, actores vel procuratores reipublicæ*; cepen-

Greg. Turon. hift. l. 4. c 36. & de Glor. Mart. l. 2 c. 16.

dant il faut avouer, que nous avons peu de certitude fur
cet objet fous les Mérovingiens, à moins que ces avocats
ou procureurs du fifc ne fuffent autre chofe, finon ceux
que nos anciens monumens qualifient de *grafions*: ce terme
eft très-commun dans les anciennes loix; la Salique con-

L. Sal. tit. 57. n. 1.

damne à 600 fols d'or, le meurtrier d'un *grafion*: il paroît
en effet que c'étoit un officier fifcal ou domanial, qui con-

Ibid. tit. 34. 42. 52. 53. 54. 56. l. Rip. tit. 51.

noiffoit avec les *fagibarons* des caufes fifcales ou domaniales.
Il paroît de plus que c'étoit un officier d'un rang fupérieur,
puifque les Allemands ont donné ce nom à leurs comtes;
d'ailleurs la loi auroit en vain infligé des amendes & d'autres peines contre les juges eux-mêmes, fi dans les tribunaux fupérieurs, il n'y eût eu d'autres officiers pour les
faire prononcer, & fur-tout pour faire exécuter les fentences.

Quoique les parties euffent la faculté de fe défendre elles-
mêmes,

DU GOUV. FRANÇOIS.

mêmes, elles avoient pourtant aussi la liberté de choisir le citoyen qu'elles croyoient le plus capable de défendre leur cause; toutes les affaires étoient jugées à l'audience, comme les clercs étoient plus versés que les laïcs dans les loix, on les préféroit pour les fonctions d'*avocat*.

<small>Conc. Tarasf. ad Ann. 515. Rom. ad Ann. 030. can. 8.</small>

Quoique la justice, considérée en elle-même, ne doive son autorité ni aux talens ni au caractere de ceux qui la défendent, quoiqu'elle ne dépende des hommes que pour être exercée, cependant il lui étoit, pour ainsi dire, honorable que des diacres & des prêtres se chargeassent de la défense des pauvres & des orphelins, & de plaider leurs causes dans les tribunaux.

Mais ce qui peut exciter la surprise, c'est de voir des femmes exercer les fonctions d'avocat dans les tribunaux de la justice; le concile de Nantes, tenu vers la fin du huitieme siecle, ne laisse aucun doute sur cet usage. « Il semble extra-
» ordinaire, dit ce concile, que quelques femmes, sans res-
» pect pour les loix divines & humaines, fréquentent sans
» cesse les plaids généraux & les assises publiques.....
» Comme il est indécent & répréhensible, que parmi les
» nations barbares, les femmes se chargent de discuter les
» affaires contentieuses, cette conduite étant opposée, comme
» il a été dit, aux loix divines, & même aux loix humaines,
» qui ne permettent aux femmes que de plaider leurs propres
» causes; nous défendons, par l'autorité apostolique, aux
» religieux & aux veuves, d'assister aux plaids généraux,
» lorsque le prince, ou leur évêque, ou une affaire person-
» nelle ne les obligent pas de s'y trouver (1): ainsi l'ancienne

<small>Cod. Theod. l. d. cognit. & procur.</small>

---

(1) La loi du code Théodosien qu'on vient de citer, permettoit aux femmes de plaider leur propres causes, mais elle leur défendoit d'en plaider d'autres; elle ne fut pas bien exécutée dans les Gaules, où le clergé &

jurisprudence permettoit aux femmes de faire la fonction d'avocat; le code Théodosien les y a maintenues, pour les affaires où elles étoient parties intéressées; le droit canonique même ne s'éloignoit point en cela du droit politique, & elles ont conservé long-temps après la faculté de paroître dans les tribunaux, sous les titres de *conteuses*, d'*emparlieres* & de *plaideuses*.

Sous les Mérovingiens le titre d'*avocat* n'étoit ni fixe ni affecté à certaines personnes plutôt qu'à d'autres; un citoyen choisi par un plaideur devenoit avocat; il ne l'étoit plus après le jugement du procès qu'il avoit entrepris de défendre.

Les loix Romaines ne permettoient point de poursuivre les procès par procureurs, lorsqu'on pouvoit le faire par soi-même; les coutumes des Francs, plus indulgentes, permettoient de se décharger sur un ami du soin d'un procès, comme de celui de ses autres affaires; on lui donnoit des

---

les Gaulois (du moins méridionaux,) suivoient cependant le droit Romain; puisque long-temps après Théodose, jusqu'au neuvieme siecle, on a vu des femmes plaider, non-seulement leurs propres causes, mais même celles des hommes: cela tenoit sans doute à un très-antique usage pratiqué dans les Gaules, où les femmes ont réglé les intérêts de leur nation avec les druides & les chevaliers, & ont même administré la justice. Lorsque Annibal voulut passer en Italie, il fit un traité avec les Gaulois, par lequel il étoit dit, que si un Gaulois faisoit quelque tort à un Carthaginois, la cause seroit jugée par les femmes Gauloises. Les Gaulois déféroient à l'avis de leurs femmes, se soumetoient à leurs jugemens, & les exécutoient avec exactitude: elles se sont maintenues dans le droit d'administrer la justice, jusqu'à ce qu'elles en furent dépouillées par les Druides; mais il paroît qu'ils ne leur ôterent pas celui de faire la fonction d'avocat. *Relig. des Gaul.* t. 1. p. 197. voy. aussi Plutarque, *de præclar. mul.* Apollion, *strat. l.* 7.

lettres appellées *de rato*; par ces lettres, celui qui les obtenoit s'obligeoit de ratifier tout ce qui feroit fait en fon nom.

Bignon, dans fes notes fur Marculphe, prétend que parmi les Francs, pour conftituer un procureur, il falloit obtenir du roi une permiffion; mais il auroit dû remarquer qu'on ne demandoit cette permiffion, que dans le cas où l'on choififfoit une perfonne attachée au fervice du prince. *Voy. form. Marc. l. 1 c. 21, cum notis.*

Un Romain qui avoit un procès avec un Romain, ne pouvoit choifir pour procureur un Bourguignon, ni porter fon affaire au tribunal d'un juge qui n'étoit pas de fa nation, à peine de déchéance de fes droits; le procureur & le juge, qui, au mépris de la loi, avoient connu de l'affaire, étoient eux-mêmes condamnés à une amende de douze fols. *L. Burgund. tit. 22.*

En matiere criminelle, on n'a jamais répondu par procureur au tribunal d'aucun juge, il a toujours fallu comparoître en perfonne; la conftitution de Clotaire, défend de condamner un accufé, fans l'avoir entendu en perfonne. *Rec. des hift. Franç. t. 2. édit de Clot. art. 22.*

ARTICLE V.

De la Théade *ou Cour du Roi.*

Ce tribunal, établi dans le palais du roi, étoit préfidé par le roi lui-même, ou par le comte du palais; il faifoit la revifion des jugemens rendus par les tribunaux inférieurs, lorfque les parties la demandoient; il jugeoit la plupart des démélés civils, qui furvenoient entre les feigneurs, & connoiffoit d'autres affaires importantes; ceux qui ne fe trouvoient point aux *plaids* comme juges ou comme amis, y affiftoient comme auditeurs: dans les procès des particuliers, il n'y avoit guéres que les amis qui s'y trouvassent; mais lorsque l'affaire intéressoit le public, alors on permettoit à toutes sortes de personnes, pourvu qu'elles fussent libres, d'assister aux jugemens. Un duc, un comte, étoit-il accusé d'avoir mal versé, soit dans l'administration de la justice, soit dans le maniement des finances? l'audience étoit publique. Gregoire de Tours rapporte que Childeric fit ajourner à sa cour deux particuliers, chargés de lettres injurieuses pour ce prince; qu'il les interrogea lui-même, & fit paroître à son tribunal un évêque & quelques autres personnes qu'on soupçonnoit, ou de les avoir écrites, ou d'avoir contribué à leur composition; ce prince, après un examen suffisant, de l'avis de sa *théade*, renvoya les accusés.

Greg. Turon. l. 6. p. 363. ed. Ruinart.

La *théade* suivoit Dagobert dans les visites qu'il faisoit de son royaume; ce prince, environné de ses *thungins* ou conseillers, écoutoit les plaintes de ses sujets, son conseil déliberoit & faisoit un résultat dont le roi lui-même étoit le juge. Dagobert rendit ainsi la justice dans le territoire de Laon; il y accommoda beaucoup de différens, ce qu'il fit sans acception de personnes, & sans autre considération que celle de la justice.

Aimoin. l. 4 c. 19. Fredeg. chron. p. 757. ed. Ruin.

Les évêques qui avoient disposés les Gaulois à recevoir Clovis pour leur roi, en furent récompensés par ce prince, il leur donna sa confiance & les admit dans son conseil; ses successeurs en firent de même; c'est peut-être là le fondement de l'usage où sont les évêques de prendre, par leur qualité même, celle de conseillers du roi.

Greg. Turon. l. 2. c. 36.

Le conseil du roi Dagobert étoit composé de St. Ouen, évêque de Rouen; de St. Arnould, évêque de Metz; de Gombert, évêque de Cologne; du comte du palais & de plusieurs autres personnes laïques: Gombert étoit bon esprit,

Chron. de Fredeg. p. 43. 43.

mais hardi, preſſant, préſomptueux; il vouloit perſuader, & arracher du prince ſon acquieſcement aux avis qu'il donnoit & qu'il croyoit ſalutaires; cela lui réuſſit pendant quelque temps : à la fin Dagobert, quoique foible, ſe fatigua de ce caractere impérieux, & ſe délivra d'un homme qui vouloit plus dominer que conſeiller.

Entre ceux qui compoſoient la *théade*, le plus conſidérable étoit, comme nous l'avons dit, le comte du palais, tant que ſon autorité ne fut point éclipſée par l'aſcendant que prirent les maires; il préſidoit en l'abſence du roi, & prononçoit les jugemens qui paſſoient ſous le nom du roi. Un de ces jugemens, qui porte le nom du roi Clotaire, nous apprend qu'une partie des procès eccléſiaſtiques & civils, étoit jugée par la cour du roi; il s'agiſſoit d'une affaire qui regardoit l'abbaye de St. Benigne de Dijon; Andobel (c'étoit le nom du comte du palais), y eſt marqué, parce que le comte du palais préſidoit ſous l'autorité du roi, préſent ou abſent, & qu'aſſiſté des évêques & des ſeigneurs, il prononçoit au nom du roi les jugemens (1).

___

(1) Voici le préambule de ce jugement. *Clotarius rex Francorum, vir inluſter; quotieſcumque altercantium jurgia palatii noſtri judicia noſtrorumque fidelium ac eccleſiarum ſeu ſacerdotum, pro quarum cumque rerum negotiis, noſcuntur advenire; oportet nobis in Dei nomine juxtà legûm ſeveritâtem inquirere, ùt nulla deinceps videatur quæſtio renovari; ideòque cum nos in Dei nomine Maſolaco in palatio noſtro, unà cum apoſtolicis viris patribus noſtris epiſcopis, optimatibus, cæteriſque palatii noſtri miniſtris, nec non & Andobello palatii noſtri comite, qui de ipſo miniſterio ad præſens nobis deſervire videbatur, ad univerſorum cauſas audiendas, juſtoque judicio terminandas, reſideremus, &c.* Voy. les notes de Bignon, ſur le 1. livre des formules de Marculphe, form. 25.

Il paroît donc certain que le roi tenoit auprès de sa personne une cour de justice, où de certaines causes des provinces, & celles des officiers de la cour étoient portées : on ne peut révoquer ce fait en doute, sans contredire le récit de Gregoire de Tours, sur le procès fait à Injuriosus & à Eunomius. On y remarque que les accusés ayant subi un premier jugement à Tours, porterent leur cause en revision pardevant la cour du roi ; & qu'ayant passé trois jours à la suite de cette cour, pour attendre leurs accusateurs, ils furent renvoyés de l'accusation, parce que personne ne parut pour la confirmer.

Greg. Turon. l. 7. n. 23.

" De ce fait, dit Boulainvilliers, & de plusieurs autres
" pareils, qui se trouvent dans le même auteur, on peut
" juger, que les officiers du palais composoient une *Théade*,
" à laquelle le premier d'entr'eux, ou le roi même présidoit
" pour le jugement des causes nées à la cour, ou que leur
" importance y attiroit ".

Mém. hist. t. 1. in-fol. p. 43.

ARTICLE IV.

Des Jurisdictions volontaires.

Nous trouvons sous les Mérovingiens des traces de deux sortes de jurisdictions volontaires ; celle des *avoués* & celle des *arbitres*.

§ I.

Des Avoués.

Un des capitulaires de Charlemagne suppose, que les *vidames* des évêques & les *avoués* des abbés, étoient connus déjà sous les Mérovingiens ; on trouve que dans le septieme siecle, (apparemment sous le regne de Clotaire III.) l'abbaye de St. Pierre de Bése, diocese de Langres, fut dé-

Capitul. l. 2. tit. 28.

pouillée de ses biens par quelques seigneurs; son abbé Valdalenus pria le seigneur Gengoul de la prendre sous sa protection; celui-ci y consentit, à condition qu'il en obtiendroit l'agrément du roi, qui le lui accorda; cet *avoué* se chargea de poursuivre en justice les procès de l'abbaye, & d'en administrer les affaires.

Chron Besuense.

La véritable origine des *avoués* me paroît plus ancienne, que celle qu'on leur donne ordinairement. Cette matiere, peu approfondie jusqu'à présent, a besoin, ce me semble, pour être éclaircie, des lumieres qu'on peut tirer de quelques dispositions des anciens conciles.

Le canon IX du cinquime concile de Carthage, ordonne, qu'on s'adressera à l'empereur, pour obtenir de lui l'établissement de *défenseurs des pauvres* : le concile ne voulut sans doute que faire revivre l'ancien office des *défenseurs des villes* ou plutôt le rendre glus général.

Nous avons observé ci-dessus à la *page* 45, en quoi consistoient les fonctions de ces officiers, & comment les gouverneurs Romains, jaloux de leur autorité, ont cherché à les dégrader; mais que peu à peu l'importance reconnue de leurs fonctions les a fait rétablir dans plusieurs villes, & que les empereurs ont ordonné, qu'ils seroient élus par l'évêque, le clergé, les magistrats & les notables citoyens de celles de leur établissement.

Les bons effets que cette institution produisoit dans les villes où elle eut lieu, fit desirer aux évêques, qu'il y eût aussi de pareils *défenseurs* pour les églises, dont les domaines commençoient à s'accroître; & c'est ce qui porta le concile de *Milevis* ou *Milevitain*, d'ordonner par le seizieme de ses canons, qu'on se pourvoira pardevant l'empereur, pour obtenir de lui, en faveur *des défenseurs des églises*, le même pouvoir que celui dont jouissoient les *défenseurs des villes.*

Voilà, je crois, la véritable origine des *avocats* ou *avoués* des *églises*, comme celle des *avocats* ou *avoués des villes ;* car *advocatus* & *defensor*, sont synonymes dans le droit Romain.

On voit que, quoique ces *avoués* ou *défenseurs* fussent éligibles, ils ne tenoient pourtant leur pouvoir que du prince ; l'église l'a reconnu dans deux conciles, ce qui résoud les doutes de quelques-uns de nos critiques, qui disent, qu'on ne sait pas, si les *avoués* avoient besoin de l'autorisation du prince. Je crois bien, que lorsque, durant l'oppression des derniers maires du palais, qui spolioient les églises pour s'enrichir, celles-ci avoient besoin de quelques *avoués* puissans, pour les défendre à main armée, on ne s'adressoit pas à des monarques phantastiques, que les maires tenoient dans la servitude ; mais les temps d'abus ne forment pas de prescription contre la regle.

§ II.
Des Arbitres.

Les arbitres sont des juges nommés par le tribunal où l'on plaide, ou choisis par les parties.

Les premiers sont appellés *arbitres de droit* ; l'une & l'autre des parties avoient droit de les récuser : lorsque la récusation étoit fondée sur des causes légitimes, l'arbitre s'obligeoit par serment de prononcer selon le sens & l'esprit de la loi ; telle étoit, à l'égard des arbitres, la jurisprudence Romaine, suivie par les Gaulois, au moins méridionaux.

Les arbitres de la seconde classe étoient nommés *arbitrateurs, médiateurs, amiables compositeurs, estimateurs, experts ;* ils conservent encore aujourd'hui ces noms ; leur emploi étoit d'amener les cliens à la justice, & à la conciliation par les
voies

voies les plus claires, les plus courtes & les plus équitables.

Les *arbitres de droit* étoient des juges délégués, ayant la qualité des juges ordinaires; les esclaves ne pouvoient l'être non plus que les mineurs de vingt ans & les femmes.

Quant à ceux du second ordre, comme les parties les choisissoient plutôt pour les accommoder à l'amiable, que pour les juger à la rigueur, on les considéroit plutôt comme des médiateurs, que comme des juges, obligés qu'ils étoient d'épargner aux parties les peines, les frais, les formes & les autres inconvéniens inséparables des procès.

Comme l'arbitre n'avoit, & n'a encore d'autre pouvoir que de juger le différend, sans avoir le droit d'infliger aucune peine, & de prononcer aucune amende, les sentences arbitrales n'étoient, & ne sont exécutoires qu'en vertu du *compromis*, par lequel les parties s'engagent mutuellement à exécuter ce que l'arbitre aura décidé; cet acte est la base de son pouvoir, ce qu'il feroit sans ce préliminaire, seroit nul de plein droit, & la peine qu'il porte contre celle de la partie qui refusera de se soumettre au jugement arbitral, est la seule chose qui puisse lui assurer son exécution.

Anciennement cet acte étoit rédigé double, & écrit sur un grand parchemin; on laissoit entre la fin de l'un & le commencement de l'autre, un espace de deux ou trois pouces qu'on remplissoit d'un alphabet en lettres majuscules, aussi grandes que l'espace; on coupoit ensuite le parchemin au milieu des caracteres, & chacune des parties prenoit sa moitié; on réjoignoit dans le besoin ces deux parties, & leur ajustement exact, prouvoit la vérité & l'exactitude du compromis. La sentence arbitrale se rendoit en public; on imposoit pour peine ordinaire un pélerinage plus ou moins long, & la partie condamnée s'obligeoit à partir au jour marqué, à rester dans le lieu du pélerinage, trois ou six mois, ou un an, & à en rapporter des certificats authentiques.

Il faut distinguer à l'époque, où nous sommes, deux sortes d'arbitrages; celui qui étoit en usage parmi les Gaulois & parmi les Francs, & l'arbitrage des évêques.

Toutes les maximes qui viennent d'être établies, se trouvent dans le droit Romain; comme les Gaulois, au moins méridionaux, suivoient ce droit, on ne peut raisonnablement douter, qu'ils n'aient eu la liberté de choisir des arbitres, pour décider leurs contestations; en voici un exemple. Une veuve nommée Claudia, avoit disposé de tous ses biens en faveur de l'évêque de Clermont & de son église; cependant elle avoit une fille, mariée à un nommé Hector, citoyen de Marseille. Claudia mourut; Hector, son gendre, demanda la succession de sa belle-mere à l'évêque de Clermont; l'affaire fut portée au tribunal de Childeric II. L'évêque y comparut, & dit, qu'il avoit mis toutes les causes de son église entre les mains de la reine Innichilde.

<small>Vita S. Prajedi.</small>

Quoique le mot *arbitre* ne soit pas exprimé dans cet exemple, la maniere dont la chose s'est passée, ne permet pas de douter, qu'il n'y fût question d'un arbitrage.

Les Francs ont aussi pris souvent des arbitres pour terminer leurs différens; la loi des Bavarois en a une disposition expresse : *Faciat*, dit-elle, *sicut æstimatores arbitraverint*. Gontram, étant près d'en venir aux mains avec Sigebert, roi d'Austrasie, son frere, ces deux princes convinrent de remettre leur différend au jugement des évêques & des seigneurs; les arbitres accommoderent les deux rois, qui se retirerent satisfaits : en 626, Clotaire II & Dagobert, son fils, eurent une contestation pour quelques terres du royaume d'Austrasie, que Clotaire retenoit; l'affaire fut remise à l'ar-

<small>L. Bajoar. tit. 83. art. 12. n. 2.</small>

<small>Greg. Turon. l. 6. n. 31.</small>

bitrage de douze *leudes*, & jugée à l'avantage du fils.

Quant à l'arbitrage des évêques, en les regardant feulement comme citoyens, ils tenoient, dès les premiers fiecles de la monarchie, un rang confidérable dans l'état; on remarque que St. Loup, St. Germain d'Auxerre, St. Ouen, St. Leger & d'autres prélats, étoient des hommes capables d'infpirer aux peuples de la vénération, du côté des talens & de l'expérience, autant que du côté de la pratique des vertus morales.

Le mérite de ces prélats engageoit les plaideurs à les prendre pour arbitres de leurs démêlés; & ils remplirent cette fonction fous les rois Mérovingiens avec le même avantage, qu'ils l'avoient fait fous les empereurs; ceux-ci avoient favorifé cette jurifprudence, en ordonnant que les évêques pourroient juger, comme arbitres, du confentement des parties; qu'il n'y auroit pas d'appel de leurs fentences, & que les juges féculiers les feroient exécuter par leurs officiers. Juftinien ayant reçu des plaintes fur les arbitrages des évêques, permit par une novelle, de fe pourvoir par appel, devant les juges ordinaires, contre leurs fentences; mais il voulut que dans le cas où le juge ordinaire les confirmeroit, il ne fût plus permis de porter l'appel ailleurs.

L. 7 & 8. cod. de Epifc. aud.

Nov. 123. c. 21.

Les premiers rois Francs n'eurent aucun égard au changement fait par Juftinien; peut-être l'ignoroient-ils: on ne connut point de leur temps les novelles de cet empereur dans les Gaules; ils conferverent aux évêques l'autorité d'arbitres, telle que l'avoit établie Théodofe, & ils la foutinrent irréformable dans leurs fentences arbitrales: on ne voit point dans les capitulaires, qu'on en ait permis l'appel.

CHAPITRE IV.

DES FORMES JUDICIAIRES.

Nous confidérerons les formes judiciaires, fous trois points de vue; en tant qu'elles préfentent une maniere de fe pourvoir, c'eft la *procédure*; en tant qu'elles enfeignent la maniere de fe défendre, & celle de juftifier fa demande, ce font les *preuves*, tant *pofitives* que *négatives*; en tant qu'elles fourniffent un remede & une reffource contre un premier jugement, c'eft l'*appel* ou la *revifion*.

ARTICLE I.

De la Procédure.

La procédure obfervée dans les premiers temps de la monarchie, eft un de ces points de l'antiquité, qui font le plus enveloppés de ténebres; elles feroient bientôt diffipées, s'il ne s'agiffoit que des Gaulois, auxquels Clovis & fes fucceffeurs permirent de fuivre les ufages du droit Romain, & fes principales procédures dans l'inftruction des procès, dans les jugemens & dans leur exécution; mais les Francs fuivirent encore, long-temps après leur conquête, leurs antiques ufages; les chicanes du droit Romain, que Mithridate a appellé *Juftin. l. 38.* *calumnias litium*, dans une de fes harangues, avoient paru fi odieufes aux anciens peuples de la Germanie, qu'ils avoient renverfé le tribunal de Varus, & coupé la langue aux avocats Romains, en leur difant, *vipere, ceffé de fiffler*.

Comme les procédures, tant en matiere civile que criminelle, se faisoient sommairement parmi les Francs : quelques écrivains ont pensé qu'il n'en existoit aucune, sous le règne des Mérovingiens ; cependant il est certain que la loi Sali- *L. Sal. tit.* 11 que a recommandé l'observation de celles qui ont paru 49. 76. nécessaires à toutes les nations ; qu'elle a prescrit la citation des parties, qu'elle leur a donné du temps pour comparoître, & qu'après le terme expiré, le demandeur faisoit entendre ses témoins, pour justifier sa demande, & que le défendeur produisoit les siens, pour se justifier ; que le juge examinoit ensuite & pesoit, pour ainsi dire, les témoignages, afin de prononcer une sentence conforme à la justice.

La procédure des Francs Ripuaires exigeoit de plus, en *L. Rip. tit.* 59, matière criminelle, le serment de l'accusé & de ses parens, 67. pour sa justification ; le serment suffisoit au défendeur, en matière civile, pour le décharger d'une demande non-prouvée ; mais comme l'accusé ou le défendeur pouvoient abuser du serment, l'accusateur ou le demandeur prévenoient le parjure, en demandant la preuve par le combat.

Il suffit de lire les loix Saliques & Ripuaires, les ordonnances de Childebert, de Clotaire & d'autres rois Mérovingiens, pour être convaincu, qu'on observoit dans les tribunaux des Francs, les procédures les plus essentielles ; ils étoient persuadés, comme nous le sommes encore, qu'un accusé doit être poursuivi par un accusateur ; qu'il doit être interrogé par sa bouche, convaincu par l'audition des témoins, & condamné par des juges compétens ; qu'il faut que ces différens personnages, nécessaires dans un procès criminel, soient représentés & soutenus par des personnes différentes, sans que le juge puisse être ni accusateur ni témoin ; sans que l'accusateur puisse être reçu à déposer, &

sans que le témoin puisse lui-même prononcer sur le degré de conviction, que sa déposition doit opérer.

Les juges rédigeoient par écrit les plaintes, les interrogatoires, les dépositions & les jugemens; on présume qu'ils les signoient, sans que cette derniere formalité soit prouvée par les anciens monumens.

Ce ne fut qu'insensiblement, & à mesure que les cas de litige se multiplierent, que les Francs adopterent les procédures Romaines, en matiere de testament, de donation, de succession, de commerce & d'usure.

§ I.

Des Citations ou Assignations.

Les citations en jugement, sont de la plus haute antiquité. Elles étoient tumultueuses chez les Gaulois, comme chez les Romains, dont ils suivoient le droit; elles se faisoient par écrit aux nobles de cette nation, sans ordre & sans permission demandée au juge; je ne sais si elles étoient mieux réglées chez les Francs, la plupart ne sachant ni lire ni écrire; on croit qu'à leur égard les citations étoient verbales & faites en présence de trois témoins; un Franc assignoit sa partie en justice, plutôt par des signes que par des exploits, par des actions plutôt que par des écrits; « cette maniere de procéder, disent les auteurs du nouveau » Traité de la diplomatique, étoit de particulier à particu- » lier ».

T. 1. p. 317.

Cependant il y a apparence, que les Francs ne furent pas long-temps sans assigner par écrit, & qu'ils crurent cet usage plus convenable à l'idée qu'ils avoient d'eux-mêmes; rien de plus ancien, dans notre style judiciaire, que la maxime, que toute citation ou ajournement doit être fait à un gentilhomme par écrit.

Le roi procédoit avec plus de distinction contre ses sujets; si quelqu'un étoit accusé de s'être emparé du bien d'autrui, ce prince écrivoit au comte du département où se trouvoit l'accusé, de lui faire son procès, s'il étoit Gaulois : si c'étoit un Franc, de l'envoyer à sa cour pour y être jugé. On employoit deux sortes d'actes pour ajourner à la cour du roi; l'un, nommé *indiculus*, étoit une lettre monitoriale, écrite au nom du Roi; l'autre, appellé *præceptum* ou *charta audientialis*, portoit aussi le nom du roi. Par l'acte *indiculus* on ajournoit un Franc, & par le *præceptum* on ajournoit un Gaulois, soit au tribunal du comte de la province, soit à celui du souverain. *Vide formul. Marc.*

La partie citée manquoit rarement de se rendre à l'assignation, parce que le défaut l'assujettissoit à la peine attachée à la désobéissance, & par laquelle le Franc étoit privé de toute succession *salique*, ou condamné à une forte amende pécuniaire, & le Gaulois dépouillé des emplois qu'il pouvoit posséder, & condamné à une amende plus considérable encore. La loi Ripuaire défend aux enfans de famille *d'ester en jugement*, avant l'âge de quinze ans accomplis. *L. Rip. tit. 85.*

Les Ripuaires & les Bourguignons commençoient leurs procédures par la *sommation*; le demandeur ou le plaignant étoit vraisemblablement maître de l'instance, lorsqu'il avoit *sommé* sa partie adverse, & pouvoit conclure qu'elle lui fît satisfaction ou de sa personne par le combat, ou par l'épreuve de l'eau bouillante; on croit cependant que le juge pouvoit modérer la demande, & qu'il avoit le droit de l'admettre ou de la rejetter; malgré cela, le prévenu étoit toujours en danger d'être attaqué à force ouverte, parce que chez les Ripuaires & chez les Bourguignons, on avoit souvent recours au combat pour se faire raison.

<small>*l*. 18. *dig.* de in jus voc.</small> Entrer dans la maison d'un Gaulois pour l'appeller en jugement, étoit une espece de contrainte par corps; dans le droit Romain, un appel de cette nature étoit regardé comme une action violente; les Francs avoient à cet égard une autre jurisprudence, on les citoit dans leurs maisons au tribunal du juge.

Il y a apparence que le *breve originale* de nos anciennes formules, étoit la citation; elle s'est faite pendant plusieurs siecles sans l'intervention du juge; dans la suite cet usage s'abolit, & on fut obligé de prendre des lettres du juge pour citer les parties en justice; pendant quelque temps, le demandeur donna lui-même l'assignation en présence de deux témoins, ce moyen prévenoit les frais, pouvoit calmer les animosités & préparer la réconciliation : ces lettres étoient appellées *citatoriæ*; c'étoit des especes d'ajournemens, connus ensuite sous le nom de *commonitoriæ*, d'où sont venus les monitoires dans le style ecclésiastique, qui sont des citations juridiques, sous peine d'excommunication.

§. II.

Des Délais Judiciaires.

Le délai judiciaire est un temps convenable, donné aux parties pour faire les actes judiciaires qui doivent être la suite de la citation : on remarque sous le regne des Mérovingiens, deux sortes de délais judiciaires; les uns qu'on peut nommer *citatoires*, parce qu'ils étoient donnés pour obéir à l'assignation; les autres *probatoires*, parce qu'ils étoient accordés pour préparer ou combattre les preuves.

Les Francs ont connu & fait usage des délais *citatoires*; le titre 49 de leur code, ne permet pas d'en douter : « si » quelqu'un qui vit selon la loi Salique, y est-il dit, a perdu » son esclave ou son bœuf, & qu'il les reconnoisse dans la » maison d'un autre; alors, si les deux parties demeurent » en deçà de la Loire, des Ardennes & de la Forêt-Char- » bonniere, elles doivent avoir quarante nuits de délai, » pour comparoître en jugement; mais si celle qui est nantie » de la chose volée demeure par-delà, on lui donne quatre- » vingts nuits ». *L. Sal. Emend. tit. 49.*

Ce délai accordé aux parties, concernoit non-seulement le temps qu'on leur donnoit pour comparoître au tribunal, mais encore celui qu'on leur accordoit pour préparer leurs preuves & leurs défenses : la durée de ce délai, fixée par la loi, n'empêchoit pas le juge de l'abréger; elle lui en donnoit le pouvoir, & en chargeoit sa prudence & sa religion; il devoit donc s'appliquer à connoître les affaires, dont il pouvoit retarder ou accélérer le jugement. Le roi Childebert accorda trois jours aux accusateurs d'Injuriosus, pour déduire leurs preuves; comme ils ne parurent point à son tribunal, il renvoya l'accusé, absous de l'accusation. *Greg. Turon. hist. l. 7. c. 23.*

§. III.

Des Lettres d'État.

Les procédures pouvoient être suspendues par des lettres du prince, que nous nommons aujourd'hui *lettres d'état*;

& qu'on appelloit sous les Mérovingiens; *chartæ de causâ suspensâ*; par cette charte, le procès d'un officier, envoyé par le roi dans une province éloignée, demeuroit en suspens, & dans l'état où il étoit au moment qu'on délivroit les lettres; & c'est sans doute pour cette raison, qu'on les a qualifiées dans la suite de *lettres d'état*; on ne poursuivoit le procès, que lorsque l'officier étoit de retour : c'est un des plus anciens monumens de la jurisprudence Françoise.

<small>Formul. Marculph. l. 1, c. 23.</small>

ARTICLE II.

De la Contestation en Cause, ou des Preuves, tant positives que mixtes.

Le mélange des Francs & des Gaulois, fit qu'ils empruntèrent réciproquement des usages qui devinrent communs aux uns & aux autres; tels furent les *duels*, ou *combats judiciaires*, & les *ordalies*, appellées aussi *jugemens de Dieu*, par nos superstitieux ancêtres; c'étoit des especes de preuves mixtes, parce qu'à des preuves purement négatives, se trouvoient joints quelques faits positifs. Parcourons toutes les especes de preuves en usage alors.

§. I.

De la Preuve par Témoins.

Sous les Mérovingiens, la preuve par témoins étoit plus commune & plus connue que celle par écrit; quoique le code des Saliens & celui des Bourguignons n'aient point expressément marqué les qualités des témoins; on découvre cependant dans leurs loix, que les principales étoient l'âge compétent & la condition libre : les témoins devoient être irréprochables, & incapables de favoriser aucune des parties;

la femme de l'accufé & de l'accufateur, leurs enfans & leurs ferfs, ne pouvoient dépofer pour ou contre un Franc ou un Bourguignon.

Le code des Vifigots, & les capitulaires s'étendent encore plus fur les qualités des témoins; la loi Vifigote a là-deffus quelque chofe de particulier, de furprenant même; elle enjoint de recevoir le témoignage des ferfs, fur le meurtre d'un homme libre; elle veut auffi que les ferfs puiffent dépofer fur le fait d'une poffeffion difputée entre voifins : elle étend encore cette liberté qu'elle donne aux ferfs à d'autres cas qu'elle exprime : on voit que chez les Vifigots, l'incapacité civile des ferfs étoit plus limitée que chez les autres nations. *L. Wifig. l. 2 n. 9.*

L'obligation de dépofer en juftice a toujours été de droit public, parce qu'il eft de l'intérêt de toute la fociété, que la vérité ne foit point cachée par la malice des particuliers; la loi condamnoit celui qui refufoit de rendre témoignage, à une amende de fix cents deniers, ou quinze fols : elle ne prononçoit pas une peine plus grave contre le parjure. *L. Sal. tit. 52. l. Rip. tit. 30.*

On employoit auffi des témoins dans les actes dreffés par les notaires, & leur témoignage répondoit de la vérité de ces actes. Chez les Ripuaires, lorfque les témoins reconnoiffoient leur fignature dans une charte attaquée de faux, cette reconnoiffance fuffifoit, fans autre vérification; le ferment du notaire opéroit le même effet; ce qui peut faire croire que, chez ces peuples, les notaires & les greffiers n'étoient pas comme chez les Romains, pris dans la claffe des ferfs. Cependant la jurifprudence des duels, obligeoit en de certains cas le notaire de fe battre, pour faire la preuve de fon acte; de quelque maniere que la piece fût déclarée *L. Rip. tit. 56. l. 2. voy. auffi le nouv. traité de Diplom. t. 2. p. 444.*

véritable, l'accusateur étoit condamné à une amende envers la partie, le notaire & les témoins; mais s'il parvenoit à en démontrer la fausseté, la partie qui avoit produit l'acte faux, ainsi que les témoins, étoient condamnés à une forte amende, & le notaire avoit le pouce coupé.

C'est une regle de droit, que les témoins ne sont ouïs qu'après la contestation en cause; les loix Salique, Ripuaire, Bourguignone, & Wisigote, ne s'éloignent pas de cette maxime, elles obligent les témoins à paroître devant le juge, *toujours après* le procès commencé.

RAPPORT

Entre la Jurisprudence ancienne & la moderne, au sujet des Témoins.

Jurisprudence moderne.

1. *Les témoins volontaires ne font pas foi dans les tribunaux, c'est aux parties à les produire dans les causes civiles; dans les procès criminels, c'est la partie publique qui est chargée de ce soin; les procureurs du roi & ceux des seigneurs justiciers doivent les administrer, s'ils n'en trouvent point, ils ont recours aux monitoires. Ord. de 1670. 6. art. 1. & tit. 7.*

Ancienne Jurisprudence.

1. Il semble, que par les anciennes loix, les témoins volontaires étoient admis à déposer; & que les parties ne les citoient au tribunal du juge, que lorsqu'ils faisoient difficulté de s'y présenter; l'accusateur & l'accusé ajournoient alors leurs témoins : cette fonction, sous les Mérovingiens, ne regardoit pas le procureur du fisc; il n'étoit *partie publique* que pour les affaires du roi, & s'il intervenoit dans les procès criminels des particuliers, l'accusateur & l'accusé avoient

toujours la liberté de citer leurs témoins; les *monitoires* étoient inconnus; mais lorsque le nombre des témoins n'étoit pas suffisant, la loi Ripuaire admettoit l'épreuve par l'eau bouillante: un homme qui ne pouvoit invoquer aucun témoignage en sa faveur, passoit pour être convaincu. L. Rip. tit. 32. §. 1.

II. *Le témoin cité doit comparoître; il est puni, pour y avoir manqué; il ne suffit pas qu'il dise, qu'il ne sait rien contre l'accusé; il faut qu'il le déclare au juge.*

II. La jurisprudence de contraindre les témoins à comparoître devant le juge, étoit en vigueur chez les Francs, Ripuaires & Saliens; la loi des Bourguignons, sans ordonner cette contrainte, la suppose;

celle des Visigots défendoit de rendre un témoignage par lettres. L. *Visig.* l. 2. tit. 4. n. 5.

III. *Ceux dont le droit n'exclut point le témoignage nommément, peuvent-être témoins; l'usage a dérogé à de certaines décrétales, qui, dans notre moyen âge, défendoient aux laïques, de rendre témoignage contre les clercs, & aux clercs de porter leur témoignage devant des juges laïques, avant d'en avoir obtenue la permission de l'ordinaire. On contraint aujourd'hui les clercs comme laïques, d'être témoins en matiere civile & criminelle, les clercs ne*

III. Sous les Mérovingiens, tous ceux dont les loix n'excluoient pas le témoignage, pouvoient-être témoins; après quatorze ans accomplis, on étoit en état de rendre témoignage dans les provinces de l'Aquitaine. *l. Visig.* l. 2. tit. 4. n. 11. Un laïque pouvoit déposer contre un clerc, & un clerc n'étoit point irrégulier, pour avoir rendu témoignage contre un accusé, quoique sur son témoignage il fût condamné à mort. La défense faite aux ecclésiastiques de déposer,

font point irréguliers, en déposant sur un crime capital, puni de mort; autrefois pour ne pas encourir l'irrégularité, ils faisoient des protestations; aujourd'hui cela n'est point nécessaire, parce que leur déposition, faite par l'ordre du juge, passe pour être contrainte. Bonif. VIII. c. præl. 2. de homicid. in 6°.

IV. Il y a des personnes dont le témoignage n'est admis dans aucune cause; tels sont les enfans, les insensés, les parjures notoires, les infâmes de droit & de fait. D'autres ne peuvent être témoins que dans certaines causes, & à l'égard de certaines personnes; tels sont les gens suspects d'une liaison particuliere, avec une des parties, comme sont les parens, alliés, domestiques, avocats & procureurs, dans la cause qu'ils défendent. Ordonn. de 1667, tit. 22. art. 9. ordonn. de 1670. tit. 6. art. 1. & 3.

V. Deux témoins sont né-

in causa sanguinis, lorsqu'ils y sont contraints, n'est fondée sur aucune loi, & si une pareille loi existoit, elle n'auroit pu obliger, dans le cas où un clerc peut être contraint à déposer contre un malfaiteur, pour procurer le bien public; les évêques, ducs, comtes, &c. ne faisoient leurs dépositions que devant le roi, parce qu'ils ne prêtoient serment qu'à lui.

IV. Chez les Francs & chez les Bourguignons, les témoins étoient toujours de condition libre, & d'une réputation intacte. Chez les Visigots, un juif, quoique baptisé, ne pouvoit être témoin contre un chrétien; on permettoit à ses enfans de déposer, lorsque leur foi avoit été éprouvée. *L. Visig. l.* 12. n. 10. l'expérience avoit déjà fait connoître à ces peuples, combien sont équivoques les conversions judaïques. L'accusé pouvoit faire soutenir son serment par un de ses proches, ou un de ses amis, comme témoin.

V. Deux témoins suffisoient

cessaires & suffisent aussi sur un même fait; cependant il n'est pas défendu d'en entendre plus de deux; on doit seulement prendre garde, qu'on n'en produise pas au-delà de dix en matiere civile, aussi dans l'ancienne jurisprudence, & on pouvoit les multiplier, eu égard à l'importance de l'affaire, où exigeoit qu'ils fussent à jeun, avant de prêter le serment.

à la charge de la partie qui doit supporter les frais de la procédure. Ordonn. de 1667. tit. 22. art. 22. Ceux qui veulent en faire entendre d'avantage, doivent en payer les frais; cet éclaircissement de la loi est de M. Pussort. Voy. procès-verb. de l'ordonn. de 1667. tit. 22. art. 22.

VI. *Il n'est pas permis à un témoin de dire qu'il dépose comme un tel a déposé, ni au juge de recevoir une pareille déposition; un témoignage doit être clair & précis, rédigé dans les termes du déposant, on ne peut en supprimer que ce qui est évidemment inutile; lorsque la déposition est finie, on en fait lecture au témoin, & on lui demande si ce qu'il a voulu dire est écrit fidelement; on lui fait signer sa déposition.*

VI. Un homme que l'on citoit anciennement comme témoin, étoit obligé de dire ce qu'il savoit; un comte ou autre officier qui refusoit de le faire, ou en supprimoit une partie, perdoit son crédit, & son témoignage n'étoit plus reçu dans les tribunaux. L. *Visig.* l. 2. tit. 4. n. 2. Un homme de grade inférieur devenoit infâme pour ce fait; la loi le condamnoit au fouet. Les codes Salique, Ripuaire & autres, ne disent rien de la signature de la déposition des témoins,

peut-être, parce que la plupart des Saliens, des Ripuaires, des Bourguignons, des Visigots, ne savoient point écrire.

§. II.

De la Preuve par comparaison d'Écriture.

Cette preuve étoit admise chez la plupart des peuples de la monarchie Françoise : lorsqu'on formoit une inscription de faux contre un acte produit par un Ripuaire, il pouvoit en certifier la vérité par trois autres pieces de comparaison, écrites par le notaire qui l'avoit dressé; mais il falloit attendre la mort de celui-ci, pour employer cette preuve.

L. Rip. tit. 59. t. 5.

Ce délai n'étoit pas nécessaire parmi les Visigots ; selon leur jurisprudence, quand les témoins nioient d'avoir souscrit un acte que l'on produisoit en justice, on prouvoit la vérité de leurs signatures par des comparaisons d'écritures ; lorsqu'on ne trouvoit point d'acte déjà souscrit par ces témoins, on les obligeoit d'écrire fort au long, en présence du juge, qui employoit cette écriture pour piece de comparaison.

L. Visig. l. 2. tit. 4.

Suivant notre jurisprudence moderne, les pieces de comparaison ne prouvent pas autant contre la vérité d'un titre qu'elles semblent avoir prouvé autrefois chez les Francs & chez les Visigots ; ils croyoient cette preuve infaillible. Nous pensons bien différemment : « si le notaire & les témoins sont morts, dit le Vayer, la seule comparaison par experts, n'est jamais capable de détruire un acte, non pas même quand elle est jointe à l'inscription de faux » : en effet, il est difficile, que différentes pieces écrites de la même main, en différens temps éloignés les uns des autres, nous représentent avec exactitude, des caracteres d'écriture de la même maniere ; que tout y soit rendu trait pour trait, & que la même main y soit par-tout reconnoissable. Cette

De la preuve de compar. p. 48.

différence

différence est quelquefois si grande, qu'elle est capable d'en imposer aux juges & aux écrivains les plus experts. Justinien surpris de trouver en défaut la preuve par comparaison d'écritures, sentit la nécessité de ne pas toujours s'arrêter à cette regle.

Nouv. Tra't de Diplom. t. 1. p. 40. 41.

« On a fait devant nous, dit ce prince, le rapport d'une
» chose extraordinaire, arrivée en Arménie; un contrat
» d'échange ayant été produit en justice, on fit une com-
» paraison d'écritures, elles furent jugées dissemblables;
» cependant comme dans la suite on retrouva les témoins
» du contrat, & que ceux qui l'avoient souscrit reconnu-
» rent leurs signatures, le contrat fit foi en justice ; on vit
» alors une chose étrange, c'est que d'une part, les écritures
» furent regardées comme indignes de toute créance, &
» cela d'après le rapport des experts, & que de l'autre, les
» signatures furent reconnues comme véritables. Quoiqu'il
» puisse paroître dangereux d'ajouter toujours aveuglément
» foi aux témoins, il faut cependant faire attention que
» l'âge & d'autres accidens peuvent apporter de grands chan-
» gemens dans l'écriture d'un homme; les traits qui partent
» de la main ferme & hardie d'un jeune homme, sont bien
» différens de ceux que cette main tracera, lorsque la vieil-
» lesse aura rendu ses fibres tremblans; il n'est même pas
» rare qu'une maladie cause de grandes altérations dans
» l'écriture d'un homme; un simple changement de plume
» ou d'encre peut faire perdre aux écritures d'un même
» homme la netteté de la ressemblance ».

Authent. collat. 6. tit. 2. nov. constit. 73. in præf.

Ainsi, du temps de Justinien, la preuve tirée de la comparaison d'écriture, avoit déjà beaucoup perdu de sa certitude, parce que la différence d'âge, d'habitude, de plume

Tome. I.   Qq

& d'encre peut produire des différences fenfibles dans les écritures & les fignatures d'une même perfonne.

§. III.

De la Prefcription.

La preuve tirée de la prefcription, dont on regarde Tertullien comme le pere, a été introduite dans le droit par Théodofe le grand; cependant la premiere loi que l'on connoiffe, qui ait approuvé la prefcription, eft de Théodofe le jeune qui la donna le 14 de décembre 424. Elle fut adreffée par ce prince à Afclépiodote, préfet du prétoire; mais cette preuve étoit déjà en ufage dans l'orient, avant que la loi l'eut autorifée. Les Gaulois n'y furent affujettis que fous le confulat d'Aftérius, c'eft-à-dire, vingt-cinq ans environ après que cette loi eut été donnée par Théodofe le jeune; & ce fut fous l'empire de Valentinien III, en 449, qu'elle fut promulguée dans les Gaules; le crédit du pere de Sidonius contribua beaucoup à l'y faire recevoir (2).

Cod. l. 7. tit 39. l. ficut in rem.

Sidon. l 8. épif. ad munant.

L. Burgund. tit. 79.

Les Bourguignons jouiffoient du bénéfice de la prefcription. Quinze ans fuffifoient pour poffèder en propre un bien qu'on n'avoit point ufurpé, & dont l'anĉien propriétaire ne demandoit point les fruits. L'ufurpation elle-même fe couvroit par trente années de propriété; on préfumoit que ce long terme fuffifoit au véritable propriétaire pour demander à rentrer dans fon bien; & que pour affurer les poffeffions, il falloit un terme aux aĉtions à introduire en juftice, au bout duquel le poffeffeur pût dire *poffideo, quia poffideo*.

§ IV.

Des Présomptions.

La présomption est une preuve indirecte prise des circonstances du fait dont il s'agit ; c'est une de ces preuves qu'on appelle *artificielles*, ou une conjecture que l'esprit en raisonnant tire d'un signe vraisemblable.

Les jurisconsultes distinguent deux sortes de présomptions, une *de droit*, & l'autre *de l'homme* ; la premiere est une disposition de la loi, qui infère ou qui présume une chose de quelques indices ; cette présomption étoit inconnue aux Francs, pendant qu'ils n'observoient encore que les loix Saliques & Ripuaires ; ces loix étoient claires, & ne laissoient rien à la présomption ; mais l'adoption de plusieurs usages sur les possessions des biens, sur le commerce, sur les ventes, les donations, les prescriptions & sur plusieurs autres points, leur fit insensiblement adopter la preuve conjecturale ; ils en imaginerent une d'une espece analogue aux mœurs d'un peuple guerrier ; c'est le duel. Une nation qui faisoit dépendre la justice des guerres, de la victoire, pouvoit aisément tirer du succès d'un combat particulier, un motif de crédibilité. On découvre chez les Francs des usages qui prouvent qu'ils admettoient de certains indices qui excluoient la preuve du contraire ; c'est ce que les jurisconsultes appellent *præsumptio juris, & de jure*; telle étoit la présomption, qui faisoit passer une femme pour concubine, & ses enfans pour illégitimes, lorsqu'elle n'avoit point été dotée, soit par le pere de son mari, soit par celui-ci ; ce n'est point la loi Salique qui établit cette présomption : mais l'usage l'avoit introduit, & les formules de Marculphe lui donnent force de loi.

Voy. recueil des histor. par D. Bouquet, t. 4. p. 520. ib. 52.

La préſomption *juris & de jure*, étoit auſſi connue des Gaulois, qui ſuivoient le droit Romain; je le recueille du titre *de ſponſalibus*: les fiançailles, ſuivies de la co-habitation, étoient regardées parmi eux, comme un véritable mariage, lequel, quoique ſimplement préſomptif, prévaloit à un mariage poſtérieurement contracté dans la forme ordinaire.

La preuve *de l'homme* eſt ſubdiviſée en *violente* & *probable*; celle-là eſt appuyée ſur une conjecture preſſante, celle-ci ſur un motif vraiſemblable: on peut douter, qu'il ſoit permis aux juges de s'arrêter aux préſomptions de l'homme, qui ne ſont ſouvent que des jugemens téméraires; telles étoient autrefois les *Ordalies*, dont il ſera bientôt queſtion; ce qui eſt abandonné *à la prudence des juges*, eſt ſouvent commis à l'imprudence & à la prévention. « Lorſque le juge préſume, dit Monteſquieu, les jugemens deviennent arbitraires; lorſque la loi préſume, elle donne au juge une regle fixe ».

<small>Eſpr. des loix, part. 2. l. 29. ch. 16.</small>

En matiere criminelle, on a toujours exigé la preuve de trois choſes; 1°. Que le fait ſoit conſtant. 2°. Que ce fait ſoit un crime. 3°. Que celui qu'on accuſe en ſoit coupable; ſur ces objets importans, d'où dépend la ſûreté publique & privée, il n'eſt pas de l'ordre de la juſtice de prendre des préſomptions *de l'homme* pour des preuves; le juge qui voudroit décider, lorſque la loi ſe tait, ne ſeroit qu'un tyran.

§. V.

Du Serment Judiciaire.

Les Francs regardoient le ferment, comme l'engagement le plus inviolable; ils croyoient par-là contracter avec le ciel

& la terre, avec la nature entiere; efclaves de leurs fens, l'appareil fit fouvent plus d'impreffion fur eux, que le ferment même; leur premier cérémonial fut conforme à leur caractere; tenant leurs armes à la main, ils juroient par elles, & en faifoient le gage le plus certain de leurs promeff s.

Le ferment étoit plus en ufage chez les Francs *Ripuaires*, que chez les Francs *Saliens*; la loi Ripuaire obligeoit celui qui étoit accufé, ou contre qui on formoit une demande, de fe juftifier par ferment; il ne fuffifoit pas à un accufé de nier le crime qu'on lui reprochoit, ou la demande qu'on lui faifoit; le juge le fommoit de jurer, qu'il étoit innocent, où qu'il ne devoit rien; il exigeoit de lui qu'il fit foutenir fon ferment par un de fes proches & de fes amis, & il multiplioit les témoins jureurs à proportion de l'importance du procès; les témoins devoient être de condition libre, à jeun & fans reproche.

L. Rip. tit. 6. 7. 8. &c.

Ibid. tit. 11. 12. 17.

Cette maniere de juger les conteftations, en faifant jurer les parties devant le juge, étoit auffi en ufage chez les Gaulois Romains; leurs magiftrats exigeoient le ferment, lorfqu'il n'y avoit point de témoins du fait qui donnoit lieu à la conteftation; les conventions qui n'étoient point écrites, fe faifoient par ferment, en préfence de témoins: les parties contractantes, dans le temps du paganifme, fe rendoient au temple du dieu, qu'elles vouloient rendre garant de leurs promeffes; alors la partie qui exigeoit le ferment de l'autre, lui difoit de toucher l'autel du dieu ou de la déeffe .... *tange aram veneris* .... *per venerem hanc jurandum tibi eft* .... *tene hanc aram* .... après cela, celui qui devoit prêter le ferment, atteftoit le dieu ou la déeffe .... *Venus Cyrenenfis dea teftor tibi.*

Terraff. hift. de la jurifprud. p. 182.

On convenoit du ferment & de fes conditions, en préfence de témoins; fi enfuite il furvenoit un différend fur ces conditions, le défendeur avoit recours aux témoins, pour attefter ce qui avoit été fait; mais lorfque le nombre des témoins n'étoit pas fuffifant, on recouroit encore au ferment.

On employoit auffi le ferment pour juger un homme coupable ou innocent; un Belge accufé, prenoit une poignée d'épics, les jettoit en l'air, atteftant le ciel de fon innocence; un Franc ou un Bourguignon, déclaroit les armes à la main, qu'il foutiendroit par le fer ce qu'il affuroit par le ferment.

De Laur. rec. des ordonn. préf. t. 1. p. 33.

Chez les Gaulois, celui qui offroit de jurer, n'étoit point écouté; on penfoit qu'il vouloit être juge dans fa propre caufe; il falloit que le ferment fut ordonné en juftice.

Les Gaulois ayant embraffé la religion chrétienne, changerent la formule & l'appareil de leurs fermens; ils jurerent par le *nom de Dieu tout-puiſſant*, par les *vertus divines*, par le *jugement dernier*; ils jurerent fur les tombeaux des faints,

Greg. Turon. l. 9. n. 20.

fur le livres des évangiles, & quelquefois fur l'euchariftie;

Vid. formul. Marcul.

mais leurs fermens ordinaires étoient fur les reliques des faints: les rois de la premiere race avoient dans leur palais la chappe de St. Martin, & un grand nombre de reliques; ils les faifoient porter à leur fuite à l'armée, & les envoyoient dans les provinces, & c'étoit fur ces dépouilles facrées, qu'on faifoit le ferment de fidélité qu'on leur devoit.

Les Francs convertis à la religion chrétienne, fuivirent infenfiblement les pratiques des Gaulois, ils conferverent pendant quelque temps le ferment par leurs armes; mais pour rendre cette pratique en quelque forte chrétienne, ils invoquerent le nom de Dieu, en tenant leurs armes à

la main. « Si deux voisins, dit un capitulaire de Dagobert, *Baluz. t. 1. p.*
» ont un différend sur les bornes de leur possession, qu'on 81. art. 84. 181.
» leve un morceau de gazon dans l'endroit contesté; que
» le juge le porte dans le *malle*, (auditoire,) & que les
» deux parties, en le touchant de la pointe de leurs épées,
» prennent Dieu à témoin de la vérité de leurs prétentions ».

Quand l'accusé faisoit soutenir son serment par des témoins,
ces témoins mettoient tous la main sur les reliquaires, & l'accusé mettoit la sienne sur toutes ces différentes mains, en
prononçant seul les paroles du serment; on voit cet usage
au moins pratiqué chez les Allemands. « Lorsqu'on man- *Mém. de littérat.*
» quoit de témoins, dit l'abbé de Vertot d'après la loi des *t. 2. art. de l'abbé*
» Allemands, on substituoit des autels ou des tombeaux en *de Vert.*
» leur place, & le serment prêté sur différens autels, tenoit
» lieu d'autant de témoins.... le choix de ces autels ou des
» tombeaux sur lesquels on devoit prêter le serment, appar-
» tenoit à celui qui étoit en droit de l'exiger; il indiquoit
» ordinairement l'autel auquel il avoit plus de confiance,
» & dont le saint passoit pour punir plus sévèrement le
» parjure; telle fut à peu près la pratique que l'on suivit dans
» la défense de Grégoire de Tours, contre le roi Chilperic
» & la reine Frédegonde; après beaucoup de disputes &
» d'agitations, on convint de faire célébrer trois messes
» solemnelles sur trois autels différens, & qu'ensuite Gré-
» goire de Tours prouveroit son innocence, par serment sur
» ces trois autels ».

On eut recours à ce moyen, parce qu'on trouva peu de
personnes pour accuser Grégoire de Tours, & servir de *Greg. Turon.*
témoins contre lui : il en falloit soixante-douze contre un *hist. p. 41.*
évêque, quarante contre un prêtre, plus ou moins contre
un laïque, suivant la qualité de l'accusé, ou l'importance

du fait; Frédegonde, trois évêques & trois cents perſonnes avec eux, jurerent que Clotaire II. étoit fils de Chilperic.

Le ſerment étant fait, on en dreſſoit un acte ſous le nom de *breve ſacramentum*, ſigné par les témoins; les preuves par écrit ont toujours été les mieux reçues dans les tribunaux, & les actes ſolemnels ſont les plus dignes de foi.

<small>*Decret. Childeb. roy. tit. 4. du recueil de d. Bouquet. item la loi des Bourg. tit. 8. & celle des Friſ. tit. 14.*</small>

Lorſque le nombre des témoins requis n'étoit pas complet, l'accuſé ne pouvoit être condamné; mais il étoit obligé de préſenter pluſieurs perſonnes, ou le juge les nommoit d'office, & en fixoit le nombre, ſuivant celui des accuſateurs; on en nommoit ordinairement douze, ces témoins atteſtoient l'innocence de l'accuſé, ou ce qu'il eſt plus raiſonnable de penſer, ils certifioient, qu'il le croyoient incapable de commettre le crime dont on l'accuſoit, & par-là, ils formoient en ſa faveur, une préſomption d'innocence, capable de détruire ou au moins de balancer l'accuſation.

<small>*Voy. ci-deſſus. p. 225.*</small>

Lorſqu'une femme étoit accuſée d'adultere, on prenoit des témoins de ſon ſexe, pour jurer à charge & à décharge. Si l'accuſé étoit ſûr de ſon innocence, il preſſoit l'accuſateur de chercher des témoins dans le terme preſcrit, au bout duquel il étoit renvoyé abſous. Le procès d'Injurioſus, dont parle Grégoire de Tours, au l. 7. n. 23, & dont j'ai déjà rapporté les circonſtances, prouve, qu'il y avoit ſous les Mérovingiens des juſtices graduelles, au moins pour les Gaulois Romains; or, Injurioſus étoit Gaulois Romain, ſon nom ne permet pas d'en douter; ſi cette affaire eut regardé un Franc, elle n'auroit pas été portée en premiere inſtance par-devant le comte, on l'auroit portée directement devant le roi, où elle auroit été jugée dans une aſſemblée.

§ II.

§ VI.
Du Combat Judiciaire.

Après le ferment de l'accufé, fi l'accufateur perfiftoit dans fon accufation, & récufoit le ferment de fa partie; le juge décernoit le combat judiciaire, auquel on a donné le nom de duel; nos ancêtres l'ont regardé comme un moyen juridique; des loix plus fages en ont fait dans la fuite un crime capital.

Le marquis Mafféi, prétend, que les peuples du nord font les premiers duelliftes, & que les Goths ont apporté l'ufage du duel en Italie. *Science de la chevalerie.*

Tacite femble en indiquer les auteurs; il dit, que les anciens Germains avoient confiance dans ce combat, pour découvrir la vérité; & que ces peuples, pour tirer des préfages fur l'évenement futur d'une bataille, cherchoient à fe faifir de quelques foldats de l'armée ennemie, qu'ils ordonnoient un duel entr'eux & quelques-uns des leurs, & que le fuccès du combat particulier, étoit le garant de la victoire ou de la défaite. *Tacit. de Morib. Germ.*

Si le duel n'avoit eu pour motif, que de terminer par quelques combats particuliers, les grands différens des nations, on n'y trouveroit rien que de noble & de généreux pour ceux qui auroient eu l'honneur d'être choifis pour défendre les intérêts de leur patrie, en préfence de deux armées prêtes à en venir aux mains; mais ce n'étoit pas là fon objet parmi nos fuperftitieux ancêtres: les juges l'accordoient, lorfque dans une affaire criminelle, ou même civile, les parties manquoient de preuves; on cherchoit à la vérité à le légitimer en quelque forte par la nécessité où étoient les parties d'obtenir, avant d'entrer en lice, la permiffion du prince.

Ainfi, le duel étoit moins un combat entre des perfonnes

qui cherchoient à fe venger, qu'une efpece de preuve ordonnée par le juge, pour découvrir le véritable coupable d'un crime commis, ou pour décider quelquefois une queftion douteufe en matiere civile; le ferment ayant paru dans de certains cas une preuve trop foible, on y fuppléa par le duel, qui fut enfuite nommé, comme les autres épreuves, *jugement de Dieu*; on étoit perfuadé que Dieu, interrogé de cette maniere, fe déclareroit en faveur de l'innocence.

La loi des Bourguignons a des difpofitions expreffes, au fujet du combat judiciaire; quoique les loix Saliques & Ripuaires foient muettes fur cet article, l'ufage d'avoir recours au duel, pour la décifion des procès, n'en a pas été moins conftant parmi les Francs, comme parmi les Bourguignons; & nous verrons, à la honte de notre raifon, que cet ufage barbare a été un des plus longs à difparoître.

§. VII.

Des Ordéals *ou* Ordalies.

Parmi les vieilles erreurs, celle des *ordalies* a été fans contredit la plus humiliante pour la raifon, fi on en excepte peut-être le congrès, preuve honteufe & nouvelle, qui ne s'eft introduite dans les officialités, que dans le feizieme fiecle; quel temps, quels ménagemens n'a-t-il pas fallu pour l'abolir?

Les quatre vers fuivans de Boileau, ayant frappé le premier préfident de Lamoignon, déterminerent l'arrêt de reglement, qui, en 1677, profcrivit cet ufage infâme & abfurde.

> Jamais la biche en rut n'a, pour fait d'impuiffance,
> Trainé du fond des bois, un cerf à l'audience;
> Et jamais juge entr'eux, ordonnant le congrès,
> De ce burlefque mot, n'a fali fes arrêts.

Tant il est vrai, que l'esprit philosophique, lorsqu'il est accompagné des charmes de la poésie, fait de promptes révolutions.

Ordéal, mot Saxon, (1) signifie *grand jugement* : ce mot fut appliqué aux épreuves judiciaires, qui se faisoient par le fer chaud, l'eau bouillante & l'eau froide. On s'en servoit dans les affaires douteuses, pour découvrir de quel côté étoit la justice ; mais on ne pouvoit employer ces épreuves, qu'après une sentence du juge qui les permettoit, autrement elles eussent été regardées comme incapables de produire l'effet qu'on en attendoit.

Les loix Saliques, Ripuaires & Thuringiennes, admettoient l'épreuve par l'eau bouillante ; « comme elle étoit fort cruelle, dit Montesquieu, la loi Salique prenoit un tempérament pour en adoucir la rigueur, elle permettoit à celui qui avoit été ajourné pour venir faire la preuve par l'eau bouillante, de racheter sa main, du consentement de la partie ; l'accusateur, moyennant une certaine somme, que la loi fixoit, pouvoit se contenter du serment de quelques témoins, qui déclaroient que l'accusé n'avoit pas commis le crime ; & c'étoit un cas particulier de la loi Salique, dans lequel elle admettoit la preuve négative ». *L. Salic. tit. 56. Rip. tit. 31. Thuring. tit. 14.*

Esprit des loix. part. 2. l. 28. ch. 16.

Montesquieu ajoute, que cette preuve étoit une chose de convention, que la loi souffroit, mais qu'elle n'ordonnoit pas ; cette interprétation lui a parue nécessaire pour soutenir son système, qui exclut parmi les Francs l'usage des preuves négatives ; mais Montesquieu n'est pas ici exact : la loi Salique fait de l'épreuve par l'eau bouillante, une preuve nécessaire, & non de convention, & celui qui composoit,

---

(1) *Urteil*, signifie encore aujourd'hui en langue Allemande *jugement*.

pour la racheter, paſſoit condamnation ſur la choſe conteſtée.

L'épreuve par le feu conſiſtoit à porter à neuf pas, quelquefois à douze, une barre de fer rouge peſant douze livres; cette épreuve ſe faiſoit auſſi en mettant la main dans un gantelet de fer, ſortant de la fournaiſe; enſuite on enveloppoit la main du patient avec un linge, ſur lequel le juge & la partie appoſoient leurs ſceaux; au bout de trois jours on les levoit, & s'ils ne paroiſſoit point de marques de brûlure, le patient étoit ſuffiſament *éprouvé*, & renvoyé abſous.

Montesquieu penſe encore de cette épreuve, d'une maniere qui lui eſt particuliere. « Qui ne voit, dit-il, que chez un peuple exercé à manier les armes, la peau dure & calleuſe ne devoit pas recevoir aſſez d'impreſſion du fer chaud ou de l'eau bouillante, pour qu'il y parût trois jour après? & s'il y paroiſſoit, c'étoit une marque, que celui qui faiſoit l'épreuve, étoit efféminé ». On a peine à penſer, que des ſoldats, quelqu'endurcis qu'on les ſuppoſe par le maniment des armes, aient eu une peau à l'épreuve du feu; & que ceux auxquels cette épreuve étoit préjudiciable, fuſſent efféminés; d'ailleurs, des gens très-delicats, peuvent être de très-honnêtes gens.

Eſprit. des loix.
l. 28. ch. 17.

L'épreuve par l'eau froide étoit celle des ſerfs & du peuple; on lioit la main droite de l'accuſé à ſon pied gauche, & ſa main gauche au pied droit, & enſuite on le jettoit à l'eau; s'il enfonçoit, on le croyoit innocent; s'il ſurnageoit, cela paſſoit pour une preuve, que l'eau qu'on avoit eu la précaution de bénir, ne vouloit pas le recevoir, & qu'il étoit coupable (1).

(1) C'eſt une choſe digne de remarque, que la purgation par l'eau, le

Les pratiques superstitieuses étoient trop favorables au système de certains papes, pour que leur autorité ne servit pas à les accréditer; Leon III & Eugene II, favoriserent les *Ordalies*, encore au neuvieme siecle, & nous verrons les plus puissans princes d'alors, avoir recours à cette épreuve, dans les différens les plus illustres.

Une question de droit ou de fait, décidée par un morceau de pain bien avalé; un procès perdu, parce qu'un homme se lasse & laisse tomber ses bras; des accusés qu'on déclare innocens, parce qu'étant bien liés, ils vont au fond de l'eau, & d'autres qu'on croit coupables, parce qu'ils n'ont point empoignée une barre de fer rouge sans se brûler; voilà ce que nos braves & honnêtes, mais superstitieux ancêtres, appelloient *jugemens de Dieu*; l'expérience a fait voir à leurs descendans, que l'innocence opprimée ne trouve gueres de ressource, que dans elle-même.

ARTICLE III.
De l'Appel.

L'appel est un acte judiciaire, qui reporte une cause jugée dans un tribunal inférieur, à un tribunal superieur,

---

feu & d'autres épreuves, a été en usage chez les nations les plus anciennes; nous en trouvons la preuve dans Aristote, *de admirab. audition.* Dans Diodore de Sicile, *in biblioth. l.* 2. Dans Philostrate, *de vita Apoll. l.* 7. Dans Pline, *l.* 31. *c.* 2. Dans Sophocle, *in Antigon.* Eustate, en parlant des amours d'Ismene, dit, qu'il y avoit à Artécame & à Daphnopolis, une fontaine, où l'on faisoit entrer les filles, pour prouver leur virginité; Tatius dit des merveilles des eaux du Styx, dans son livre *de Amorib. Clytoph.* Et Denis d'Halicarnasse & Valere Maxime, assurent de sang-froid, qu'il y eut à Rome une Vestale, dont ils rapportent le nom, qui, accusée d'inceste, porta de l'eau dans un crible, à la vue de tout le peuple, pour prouver son innocence.

pour réparer les griefs qui réfultent de la fentence prononcée par le premier juge.

Les juftices graduelles font des productions du droit Romain, qui autorifoit l'appel d'une fentence rendue par un juge inférieur à un juge fupérieur ; cependant l'appel permis par le droit Romain, ne s'étendoit pas à toutes fortes de jugements ; il étoit défendu aux juges fupérieurs, de recevoir l'appel des fcélérats de profeffion ; la voye de l'appel étoit auffi interdite aux perturbateurs du repos public ; mais hors ces cas & quelques autres, la partie qui fe croyoit léfée, pouvoit interjetter appel de la fentence rendue contr'elle ; le code Théodofien n'accordoit que deux jours, pour interjetter appel dans fa propre caufe, & trois jours pour appeller au nom d'une autre perfonne ; ce terme ayant paru trop court à Juftinien, il donna dix jours ; mais comme fon code ne fut point fuivi par les Gaulois, ils ne profiterent point de ce terme ; ils abrégerent même celui que leur avoit donné Théodofe ; & l'ufage introduifit l'appel *illicò*, c'eft-à-dire, celui qu'on interjettoit auffi-tôt que la fentence étoit prononcée ou fignifiée. La loi Romaine ordonnoit de porter au juge fupérieur la fentence, telle qu'elle avoit été rendue par le juge inférieur, & le jugement qui intervenoit étoit fouverain ; elle condamnoit un accufateur, dont l'appel fe trouvoit mal fondé, à payer à l'accufé le quadruple des frais que celui-ci avoit été obligé de faire.

Mais toute cette jurifprudence ne concernoit que les Gaulois ; les Francs furent long-temps prévenus contre la juftice graduelle ; ils prétendoient qu'elle affujetiffoit le droit à la forme ; on ne voit dans leurs loix aucune trace d'appel porté à un tribunal fupérieur, pour faire réformer le jugement d'un tribunal fubalterne ; les jugemens des Francs, dans les premiers fiecles de la monarchie, fe reffentoient des jugemens militaires, qui font fans degré de jurifdiction.

« Une nation guerriere, dit Montefquieu, uniquement gou- *Efpr. des loix,* » vernée par le point d'honneur, ne connoiffoit point la *part. 2. p. 210.* » forme de procéder par appel; fuivant toujours le même » efprit, elle prenoit contre les juges, les voyes qu'elle auroit » pu employer contre les parties; l'appel chez cette nation » devint un défi à un combat par armes, qui devoit fe ter- » miner par le fang, & non par une invitation à une que- » relle de plume, qu'on ne connut qu'après ».

Cependant il n'eft pas certain, que le défi eut lieu chez les Francs, dans des querelles judiciaires; la loi Salique n'en parle point : mais comme parmi eux, la peine de mort n'étoit portée que pour des crimes d'état, la conviction étoit auffi aifée, que le retardement de la punition eût été de dangereufe conféquence.

Il n'étoit pas permis de recourir au tribunal du prince, avant d'avoir portée fa demande devant les juges qui de- voient en connoître; le mépris de la juftice ordinaire, ou une plainte mal fondée d'un déni de juftice, étoient punis de verges, à l'égard d'un homme du commun; la peine étoit à l'arbitrage du roi, lorfqu'il s'agiffoit d'un Franc ou d'un Gaulois dignitaire.

Quand quelqu'un foutenoit que le comte & fes affeffeurs ne l'avoient pas jugé fuivant les loix, il pouvoir recourir à l'autorité du roi, & s'il prouvoit qu'on lui avoit fait une injuftice, le comte & fes affeffeurs étoient condamnés à une amende qui retournoit contre lui-même, fi le juge- ment, dont il fe plaignoit, étoit conforme à la loi.

Ainfi, quoique les Francs ne puffent appeller à un tri- bunal fupérieur des jugemens rendus par les juges ordinaires, ils avoient une voye équivalente; c'étoit celle du recours au prince, pardevant lequel ils fe pourvoyoient en révifion.

Cette jurifprudence refta en vigueur parmi eux, pendant toute la durée des deux premieres races; la voye de l'appel prévalut au commencement de la troifieme; on voit que du temps de Beaumanoir, l'appel *illicò*, étoit d'un ufage univerfel : *s'il fe part de cour fans appeller*, dit cet ancien praticien, *il perd fon appel, & tient li jugement pour bon*; cet ufage devint tellement une maxime, qu'on étoit encore, fous François I, dans l'obligation de fe faire relever de l'*illicò*, par des lettres du prince, dans lefquelles on inféroit la claufe, *nonobftant que l'appellant n'ait appellé illicò.*

Bauman. ch. 63. p. 327. ibid. chap. 61. p. 312.

QUATRIEME

QUATRIEME PARTIE.

DE L'ORDRE ECCLÉSIASTIQUE.

IL n'y a rien de plus clair dans les maximes du fondateur de la religion chrétienne, que la défense faite aux évêques, dans la personne des apôtres, de gouverner les ames, confiées à leurs soins, avec l'empire dont les princes temporels usent pour gouverner les peuples qui leur sont soumis. *Vous savez*, dit-il, *que ceux qui sont princes parmi les payens, les dominent, & que les grands les traitent avec empire ; mais que celui d'entre vous qui voudra être grand, soit votre serviteur, & que celui qui voudra être le premier, soit votre esclave.* Matt. c. 10. v. 25.

Quand saint Pierre avertit les pasteurs *de ne point dominer sur l'héritage du seigneur*, il va au-devant d'une pernicieuse tentation du cœur humain, capable de détruire l'humilité, qui est le fondement de la morale évangélique. On sait combien cette vertu fut recommandée aux apôtres par Jesus-Christ : *apprenez de moi*, leur dit-il, *que je suis doux & humble de cœur, & vous trouverez le repos de vos ames.* Il ne veut pas que ses disciples affectent comme les pharisiens, d'être appellés *maîtres*, ni d'ambitionner la prééminence. « Vous êtes tous » freres, leur dit-il, ne desirez pas d'être appellés *docteurs* ; » celui qui est le plus grand parmi vous, sera votre servi- » teur ». Saint Paul, pénétré de ces maximes, disoit aux Corinthiens dans le même esprit, *nous ne nous prêchons pas* Ep. c. 5. v. 2
Math. c. 11. v. 29.
Idem. c. 23.
Id. c. 23. v. 8.
10. 11.

Tom. I.   Ss

nous-mêmes, mais nous prêchons le Seigneur; quant à nous, nous nous regardons comme vos serviteurs..

<small>2. Corinth. c. 4. v. 5.</small>

Que faut-il conclure de-là? que le gouvernement de l'églife n'est pas une domination, comme celle des princes temporels; qu'il est fondé uniquement sur la charité, & tempéré par l'humilité; aussi dans les premiers siecles, les évêques ne faifoient rien que de l'avis des prêtres, qui étoient comme le sénat de leurs églifes, & avec la participation des diacres & des clercs; ils communiquoient même au peuple les affaires les plus importantes, comme les ordinations, afin qu'il obéît plus volontiers à des ministres qui feroient de son choix. Les évêques cherchoient à persuader plutôt qu'à se faire obéir, & la modération de restreindre leur autorité, leur fournit des moyens de l'affermir & de l'étendre.

Les jugemens ecclésiastiques s'exerçoient ainsi à Rome & dans les autres villes épiscopales; le pape, ou l'évêque étoit assis au milieu de ses prêtres, comme un magistrat assisté de ses conseillers. Les diacres étoit debout, comme des especes d'appariteurs: les parties qui avoient quelque différent, ou qui étoient accufées de quelque délit, fe préfentoient & s'expliquoient elles-mêmes; l'affaire étoit examinée fommairement & fans formalité judiciaire; les juges s'appliquoient principalement au fonds, non-feulement à décider ce qui étoit juste, mais à en perfuader les parties, & à leur ôter toute aigreur & toute animofité; à les guérir de l'avarice & de l'attachement aux biens temporels; voilà l'image des fynodes diocéfains d'alors.

<small>Conftit. l. 2. c. 47.</small>

Lorfqu'il s'agiffoit des affaires importantes, le pape ou les métropolitains affembloient les évêques de leurs provinces; voici quelle étoit la forme de ces affemblées, qu'on a depuis nommées *conciles provinciaux* : dès le matin on faifoit sortir tout le monde de l'église où devoit se tenir le concile; le pape ou le métropolitain & ses suffragans entroient, puis les prêtres & les diacres, qui devoient assister au concile, & qui d'ordinaire étoient ceux de l'église où il se tenoit. On faisoit aussi entrer des notaires, c'est-à-dire, des clercs exercés à écrire en *notes* ou par abbréviation, pour lire les actes, & rédiger les Procès-verbaux. Le pape, ou le métropolitain & les évêques, s'asséyoient en rond, & les prêtres derriere eux; les diacres demeuroient debout; après un assez long silence, l'archidiacre les avertissoit de se mettre en prieres; ils se prosternoient tous, & le pape ou le métropolitain faisoit une priere, invoquant le Saint-esprit, pour obtenir la rémission des péchés, & la grace de rendre de justes jugemens; de ne se laisser fléchir ni par la faveur ni par la considération des personnes. Un diacre faisoit ensuite la lecture de l'évangile, ou des canons, ou de quelqu'autre livre d'instruction; puis le pape ou le métropolitain exhortoit les évêques à recevoir avec bonté & respect tout ce qui seroit réglé sur leurs devoirs, & à dire aussi leur sentiment avec liberté, sans esprit de contention. Les trois premiers jours se passoient ainsi en prieres & en exhortations, & on permettoit à quelques laïques d'y assister pour leur édification.

Ord. concil. célébr. t. I. conc. init. ord. rom. pontif.

Mais lorsqu'on venoit à la discussion des affaires, on congédioit les laïques, & l'archidiacre se tenoit à la porte, afin que si un prêtre du dehors, un moine ou un laïque voulût faire quelque plainte, ou quelque proposition au concile, il eût à qui s'adresser.

Toutes les affaires étant terminés, avant que les peres se retirassent, on leur faisoit signer tout ce qui avoit été réglé, soit pour les causes particulieres, soit pour la discipline générale. On publioit le jour de Pâques, & on indiquoit celui du concile prochain ; les formules qui nous reftent pour la tenue des fynodes & des conciles, nous font bien voir que c'étoient auffi des efpeces de Tribunaux où l'on jugeoit des différens, & où l'on corrigeoit les fautes, *mais en efprit de compaffion & de charité*. On terminoit ces affemblées par des prieres, pour demander la rémiffion des fautes qu'on y avoit commifes, & la confervation de l'efprit d'union.

Dans les occafions extraordinaires, & quand il s'eft trouvé une grande divifion entre les évêques, principalement entre ceux des grands fieges, on a tenu des conciles appellés *œcuméniques*, c'eft-à-dire, de tout l'*orbe chrétien*, comme ceux de Nicée, de Calcedoine, &c. ce n'eft pas, qu'il y eût des évêques de tout le monde chrétien ; mais principalement des pays, où les divifions que l'on vouloit appaifer, régnoient le plus ; & tous les autres évêques avoient droit de s'y trouver.

Cette union du clergé avec fon évêque dans les fynodes diocéfains, & des premiers pafteurs avec le pape, dans les conciles généraux, étoit fort éloignée de cet efprit de domination, que de certains papes ont depuis affecté ; on ne craignoit point alors leur defpotifme, parce que le voile de la charité & de la douceur évangelique couvroit encore leur primauté ; la part que les évêques & les prêtres avoient dans l'adminiftration de l'églife, mettoient une barriere à l'autorité arbitraire & abfolue, l'état eccléfiaftique ainfi tempéré étoit le modele d'un parfait gouvernement ; c'eft la peinture qu'en font les hiftoriens des huit premiers fiecles : « Faites attention,
» dit l'un deux, à un concert de mufique ; l'harmonie fe
» forme des fons différens des voix & des inftrumens, qui,
» lorfqu'ils s'accordent, charment l'oreille ; cet accord
» venant à manquer, elle eft choquée de ce qu'elle entend,

» & ce n'est plus pour elle qu'un bruit importun ; c'est donc
» avec des voix & des sons dissemblables, que se font les
» plus beaux concerts ; mais c'est en même-temps avec un
» arrangement si bien entendu, qu'il en résulte une sym-
» phonie ravissante. La concorde est dans le gouvernement
» de l'église, ce qu'est l'harmonie dans un concert de musi-
» que ; l'une & l'autre sont composées de voix différentes,
» mais si bien concertées, que chacune tenant le rang
» qu'elle doit tenir, il y a entr'elles un rapport qui en fait
» la justesse & la beauté ; dans la musique, le dessus, la basse,
» le milieu, tout est à sa place, tout vient en son ordre,
» si l'art du musicien conduit bien les voix & les doigts de ceux
» qui exécutent : il en est de même de l'église ; le pape & les évê-
» ques y tiennent le dessus, les fideles sont comme la basse, & les
» prêtres comme le milieu ; tant que chacun de ces trois ordres
» agissent de concert, & que la puissance civile est d'accord
» avec l'ecclésiastique, il n'y a point de gouvernement plus
» parfait ; les évêques & les fideles sont également heu-
» reux, la religion & le desir de la tranquilité les obligeant
» à s'unir ; il n'y a point de meilleur lien, que l'observation
» des loix, elle rend l'union des hommes plus douce, & en
» même-temps plus indissoluble ».

Rendez à César ce qui est dû à César, & à Dieu ce qui est dû à Dieu. Maxime pleine de sagesse ! qui établit les limites, regle les droits & la jurisdiction des deux pouvoirs.

« Cette distinction, a dit un pontife célebre, paroît être
» un effet de la providence, qui a voulu donner lieu aux *Gelas. pontif.*
» deux puissances qu'elle a établies sur la terre, d'exercer *ep. 8. ad Anast.*
» une humilité salutaire, qui leur servît de remede contre *imper. t. 4. concil. coll. 1182.*
» la passion la plus générale des hommes ; elle a mis les

» princes dans une forte de néceffité d'avoir recours à l'au-
» torité fpirituelle, & elle a fait dépendre le pape & les évê-
» ques de la puiffance temporelle, dans les chofes terreftres;
» de cette maniere, il n'y a perfonne qui ne doive dépendre
» avec foumiffion & obéiffance de la puiffance temporelle,
» fût-il un apôtre, un évangélifte, un prophête ».

L'obéiffance dûe aux fouverains, & celle que l'on doit aux pontifes, doivent marcher d'un pas égal, fuivant la doctrine des apôtres & de leurs difciples; s'ils ont recom- mandé aux premiers chrétiens, de prendre des arbitres parmi eux-mêmes, pour prononcer fur leurs différens, ce n'étoit point par mépris pour la puiffance féculiere; leurs écrits font remplis du refpect & de la foumiffion, qui font dûs aux princes & aux magiftrats; mais ils cherchoient à détour- ner les fideles des procès, qui ne font que fomenter les divifions, & à réunir les diffidens par la charité.

Conft. Apoft. 2. *c.* 45. *Paul. l. ad Corinth. c.* 5. *ad Rom. c.* 13. *ad ti. c.* 3. *I. Petr. c.* 2.

Les évêques étoient ordinairement arbitres; ils faifoient cette fonction avec tant d'avantage, que quand les princes & les magiftrats fe furent rangés fous l'étendart de la foi, ils favoriferent eux-mêmes cette forme de procéder, en ordonnant que les évêques pourroient juger, comme arbitres, du confentement des parties; qu'il n'y auroit même point d'appel de leurs fentences, & que les juges féculiers les feroient exécuter par leurs officiers; ils donnerent auffi aux clercs & aux moines le privilege de ne pouvoir être obligés de plaider hors de leurs provinces, & enfuite de n'avoir que leurs évê- ques pour juges, en matiere civile, & pour les délits ecclé- fiaftiques.

L. 7. 8. *cod. de Epifcop. audient.* *l.* 33. *cod. de épifc. & cler. nov.* 97.

De plus, comme la plupart des évêques étoient d'une pro- bité & d'une charité éprouvées, les princes leur donnerent autorité dans plusieurs affaires, même temporelles, pour l'utilité publique; comme dans la nomination des tuteurs & curateurs, dans l'audition des comptes, des deniers communs des villes, dans les marchés & la réception des ouvrages publics, dans la visite des prisons, dans la protection des esclaves, des enfans exposés & des personnes misérables, dans la police contre les jeux de hasard & la prostitution; cependant cette autorité ne s'étendoit qu'à veiller à l'exécution des reglemens qui concernoient les mœurs publiques; l'autorité co-active n'étoit point du ressort des pasteurs.

Nov. 83. l. 22. 24. 25. 26. 27. 33. cod. de episc. audi

Les papes surent insensiblement se prévaloir de cette jurisdiction gracieuse, que les empereurs chrétiens avoient attribuée à l'épiscopat; ils en prirent sujet de se rendre nécessaires aux évêques mêmes, qui avoient souvent des affaires à Rome; ceux-ci prenoient des attestations du pape, pour solliciter leurs affaires avec succès auprès de l'empereur; ils le choisissoient même pour arbitre, & ce choix, qui lui donnoit une autorité presque de juge, le rendit à la fin maître de toutes leurs affaires; les disputes sur la foi, qui, vers le quatrieme & le cinquieme siecle, s'éleverent en orient & au midi, contribuerent beaucoup à l'agrandissement du pouvoir des papes; ceux qui étoient accusés d'hérésie par leurs évêques, récusoient leur jurisdiction; Constantin les renvoyoit quelquefois à d'autres évêques, le plus souvent à l'évêque de Rome, dont le consistoire étoit toujours composé de gens habiles & exprimentés; Constance, son fils & son successeur, voulant faire triompher l'arianisme dans l'orient, les évêques de cette contrée se réunirent & implorerent le secours de l'église d'occident; le concile de Sardique ordonna, que quand un évêque condamné appellera au pape, cet appel sortira son effet; il est vrai, que

Conc. Sard. can. 8.

Ibid. can. 3.

les évêques d'Afrique s'opposerent à ce nouveau droit du siege de Rome, mais il sut s'en prévaloir avec adresse, & le soutenir avec fermeté.

La dignité du siege, l'ambition naturelle de l'homme, qui confond souvent l'intérêt avec un zele louable, la facilité de servir les autres églises auprès de l'empereur, les hérésies & les schismes de l'orient & du midi, le misérable état des évêques orthodoxes, sous les princes Ariens, tout concourut à élever le pontife Romain à la primauté: le septieme canon du concile de Sardique, sur les appels à Rome, est comme la premiere patente de l'autorité du pape sur ses collegues; nous avons aussi une loi impériale qui a beaucoup servi à l'agrandir; c'est un édit de Valentinien III, qui se trouve à la fin du code Théodosien sous le titre *de ordinatione episcoporum*; ce prince y suppose la primatie de St. Pierre sur toute l'église, il prétend que, Hilaire, qui se disoit évêque d'Arles, sans avoir consulté le pontife Romain, avoit envahi témérairement les ordinations des évêques, ce qui avoit donné lieu à plusieurs troubles; qu'encore que la sentence du pape contre Hilaire, dût avoir force de jugement dans les Gaules, *sans l'ordonnance impériale*, néanmoins l'empereur avoit interposé son autorité, pour la faire exécuter; qu'il étoit défendu à Hilaire, que la seule condescendance du pape Léon permettoit encore de qualifier d'évêque, & à tous autres, de rien entreprendre sans l'autorité *du pape Vénérable de la ville éternelle*; que tous les évêques doivent recevoir pour loi, ce que l'autorité du siege apostolique aura décrété; ensorte que, si quelqu'évêque cité au tribunal du pontife de Rome, négligeoit d'y comparoître, qu'il y soit contraint par le gouverneur de la province.

L. nov. l. tit. 14.

Cette ordonnance adreffée à Aëtius, préfet du prétoire des Gaules, fut donnée l'an 445. Il eft conftant, qu'elle eft émanée du feul Valentinien; ce prince avoit alors vingt-fix ans: le pape Léon lui avoit rendu de grands fervices, pendant la révolte de Jean; depuis ce temps, on a foutenu à Rome, que les conciles, pour juger les évêques, devoient être convoqués par le pape; & cette prétention y a été foutenue avec tant de fuccès, que dans le neuvieme fiecle Léon IV ne laiffoit aux primats, que l'inftruction des procès des évêques, fe réfervant à lui ou à fon légat le jugement.

Delà, on a conclu, que le pape devoit-être regardé comme le métropolitain de l'églife univerfelle; qu'il a le droit de fupériorité & de jurifdiction fur toutes les églifes du monde; celui d'ordonner tous les évêques de l'univers; de juger en dernier reffort & par appel, les caufes qui les regardent; & que toutes les ordinations d'évêques, faites fans fa permiffion, font irrégulieres.

Cependant, ce droit de métropolitain univerfel n'avoit pas un fondement affez folide ni affez ancien, dans l'ordonnance de Valentinien III; on remonta jufqu'au concile d'Antioche, célébré en 341, pour détourner en faveur de ce fyftême, le fens du canon neuf de ce concile. Il porte, *epifcopos qui funt in unâquâque provinciâ, fcire oportet, epifcopum qui métropoli præeft, curam etiâm fufcipere totius provinciæ.* « c'eft ainfi, a-t-on dit, qu'Antioche étant
» la *métropole civile* de tout l'Orient, Alexandrie, celle de
» toute l'Egypte, Tréves, celle de toutes les Gaules, les
» évêchés qui furent établis dans ces trois villes, furent dès
» les premiers fiecles reconnus pour avoir droit de jurifdic-
» tion fur l'Orient, l'Afrique & les Gaules (1); par une

(1) Voy. la deffus l'épître de St. Jérôme, à Pammachius; fon ouvrage

» parité de raison, Rome étant *la métropole civile* du monde
» entier, le pape a eu dès les premiers siecles, une jurisdiction
» souveraine sur toutes les églises, puisque dans le temps
» que St. Pierre établit son siege à Rome, elle étoit la *maî-*
» *tresse du monde, la reine des cités,* commandoit à tous les
» rois, *étoit assise,* comme dit l'Apocalypse, *sur tous les*
» *peuples* ».

<small>*Apoc. c. 17. v.*
ult.</small>

Virgile, en parlant de Rome, avoit déjà dit en meilleurs termes, qu'elle étoit la capitale du monde.

> *Romanos rerum dominos, gentem que togatam :*
> *his ego nec metas rerum nec tempora pono,*
> *Imperium sine fine dedi.* . . . . . .
> *Omnia sub pedibus, quà sol utrumque recurrens,*
> *Aspicit oceanum, vertique regique videbunt.*
> Æneid. l. 1. & 7.

Et c'est sur cette grandeur temporelle de l'ancienne Rome, sur sa qualité de *metropole civile* de l'univers connu, que les Ultramontains ont bâti le systême de la monarchie du pape sur toutes les églises; si on leur oppose l'autorité de St. Athanase, qui dit, que Milan est la métropole de l'Italie, & que Rome est la métropole de la Romanie; ils répondent, que ce saint docteur n'a donné le nom de métropole d'Italie à Milan, que pour faire entendre, qu'elle étoit de son temps la ville royale, & que par le pays de Romanie, il a entendu tout l'empire Romain, auquel l'univers obéissoit; il faut avouer que cette interprétation n'a que la subtilité du sophisme.

<small>*Athan. ad soli-*
tar. sub. fine. col. 2.</small>

Le sens que le pere Cebassut de l'oratoire a donné au

---

contre la doctrine de Jean de Jérusalem ; le sixieme canon du concile de Nicée, & la lettre de St. Athanase aux Solitaires.

sixieme canon du concile de Nicée, n'est pas moins forcé; voici ce canon : *antiqui mores serventur in Ægypto, Libiâ & Pentepoli, ut Alexandrinus episcopus horum omnium habeat potestatem; quandò quidem & episcopo Romano hoc est consuetum.*

Delà, ce religieux prévenu conclut que les évêques d'Alexandrie tenoient leur jurisdiction sur l'Egypte, la Lybie & la Pentabole de la bonne volonté du pape, & que c'est en qualité de vicaires du siege de Rome qu'ils en jouissoient; & pour faire dire au concile ce qu'il ne dit pas, & ce que sûrement il n'a pas eu intention de dire, le pere Cebassut assure, qu'il manque quelques mots au canon, & que pour les suppléer, il faut les aller chercher dans le seizieme acte du concile de Calcédoine, où Pascharin, légat du siege de Rome, les rapporte ainsi, *ecclesia Romana semper habuit principatum, consuetudo viget in Ægypto*, &c. Mais Pascharin ne rapporte pas ces termes, comme étant du concile de Nicée, & comme faisant partie du seizieme canon de ce concile; mais seulement comme une conséquence & une induction qu'on peut en tirer en faveur de la jurisdiction du pape, sur les provinces appellées *Suburbicaires*. En effet, le sens naturel de ce seizieme canon du concile de Nicée, est, que comme le siege de Rome jouit des droits de métropolitain ecclésiastique en Italie, de même l'église d'Alexandrie doit jouir des droits de métropole ecclésiastique dans l'Egypte, la Lybie & la Pentabole, puisque la ville d'Alexandrie est la métropole civile de ces pays-là : c'est ainsi que Ruffin, qui écrivoit environ 70 ans après la tenue du concile de Nicée, a expliqué ce canon; il restreint la jurisdiction du pape, comme métropolitain, aux provinces *Suburbicaires*, qui ne s'étendent pas hors de l'Italie; quand

Ruffin. l. 1. c. 6. p. 238.

même on comprendroit avec Tillemont dans les provinces *Suburbicaires*, les Isles de Sicile, de Sardaigne & de Corse, ou avec Zonore, tout l'Occident, on ne parviendroit pas encore à faire le pape métropolitain des quatre parties du monde; l'Orient qui a toujours eu ses métropoles civiles & ecclésiastiques, indépendantes de Rome, réclameroit perpétuellement contre cette prétention.

<small>Mém. de Tillem. t. 6. p. 670.</small>

Lorsque le fondateur de la religion chrétienne prescrivit à ses disciples, du nombre desquels étoit Pierre, les regles de la correction fraternelle, il ne les renvoya pas à Pierre, comme à un dernier tribunal, mais à l'église, *que si votre frere*, leur dit-il, *ne vous écoute pas, non plus que ceux que vous avez pris avec vous, dites-le à l'église, que s'il n'écoute pas l'église, qu'il soit à votre égard comme un payen & un publicain*; cela est dit à Pierre comme aux autres: Jesus-Christ a donc montré un autre tribunal que celui de Pierre, & auquel Pierre, comme ses collegues, devoient avoir recours; & c'est seulement après qu'on aura refusé d'écouter ce dernier tribunal, qu'on doit être regardé par tous les disciples du Christ, *comme un payen & un publicain*.

<small>Math. 18. v. 16.</small>

Ces paroles ne montrent pas seulement un degré d'autorité supérieur à l'autorité de chaque apôtre en particulier, & à l'autorité de Pierre, mais elles montrent de plus une autorité qui peut juger Pierre, car Jesus-Christ ne l'excepte point du nombre de ceux de qui on peut porter ses plaintes à l'église; lorsqu'il prononce ces paroles, *dites-le à l'église*, il n'ajoute pas, que cela doit s'entendre de tout autre que de Pierre, & non de Pierre lui-même, il ne dispense pas ce dernier d'écouter l'église.

On étoit perfuadé dans les premiers fiecles, que le pape n'étoit pas infaillible, & on s'oppofoit à fes décifions, jufqu'à ce qu'elles euffent été confirmées par le corps des pafteurs. Les afiatiques n'ont point paffé pour fchifmatiques, en refufant de fe foumettre à la décifion du pape Victor, qui les avoit excommuniés au fujet de la célébration de la pâques; faint Cyprien qui étoit dans une opinion qu'on regardoit comme erronée fur le baptême des héretiques, mourut dans le fein de l'églife qui célebre aujourd'hui fa fête, malgré l'excommunication prononcée contre lui par le pape Etienne; la raifon qu'en rend faint Auguftin dans fon troifieme livre du baptême, eft que cette queftion n'étoit point encore fuffifamment éclaircie, & que les raifons du pape Etienne n'étoient point affez fortes, pour émouvoir l'ame de faint Cyprien : ailleurs faint Auguftin avoue, qu'il n'oferoit décider la queftion, fi l'autorité d'un concile général, *plenarii concilii*, à laquelle faint Cyprien auroit cédé lui-même, ne l'avoit décidée; ce docteur dit aux donatiftes, que s'ils avoient fujet de fe plaindre du jugement du pape Melchiades, ils pouvoient s'adreffer au concile univerfel, *reftabat adhûc plenarium ecclefiæ concilium*. Neftorius fut appellé au concile d'Ephefe, pour y prendre fa place entre les évêques, quoiqu'il eût déjà été condamné par le pape Céleftin qui l'avoit excommunié, dans le cas où il ne fe rectracteroit pas dans dix jours; la célebre épître du pape Léon contre l'eutichianifme, avoit été approuvée par les évêques d'Italie, des Gaules, & d'une partie de l'Orient ; mais les oppofitions de ceux d'Illyrie engagerent le pape à demander à l'empereur Théodofe, qu'il affemblât un concile général. Le cinquieme concile général condamna la lettre d'Ibas contre la décision du *constitutum* du pape Vigile : Sophronius, patriarche de Jérusalem s'eleva contre la lettre du pape Honorius, & le sixieme concile condamna cette lettre comme contraire aux dogmes apostoliques, & aux définitions des premiers peres de l'église : ce ne sont pas les seuls exemples que l'histoire fournit d'oppositions formées aux décrets des papes ; on en trouve beaucoup d'autres qui prouvent, qu'on suspendoit l'effet de leurs décrets, jusqu'à ce qu'ils eussent été acceptés par l'église universelle.

Ainsi, quoique l'appel des jugemens du pape au futur concile ne fût point en usage dans les premiers siecles de l'église, quant à la forme, on faisoit néanmoins quelque chose d'équivalent, lorsqu'on refusoit de se soumettre à leurs décrets, en demandant la tenue d'un concile général après leurs décisions ; comme ils ne se croyoient pas eux-mêmes infaillibles, ils étoient souvent les premiers à en presser la convocation, quoiqu'ils eussent déjà décidé ; telle fut la conduite de saint Léon au sujet de l'eutichianisme ; l'appel en forme n'a été usité, que depuis que les papes ont pretendu assujettir les évêques à recevoir leurs décrets sans examen, ou depuis qu'ils ont entrepris sur l'autorité des souverains, ce qui n'est arrivé que dans notre moyen âge.

Quant à l'ordre extérieur de l'église, dès les premiers siecles, on a mis son gouvernement général en parallele avec celui de l'empire ; les primats, les métropolitains, les évêques furent établis où les préfets, les ducs & les comtes faisoient leurs résidences ; mais les divers degrés de la jurisdiction contentieuse des évêques, archevêques, primats ou patriarches, ne sont pas si anciens ; il semble qu'on n'en peut faire monter plus haut la distinction qu'au temps des fausses décrétales, & que c'est à elles qu'ils doivent leur établissement, quoiqu'elles supposent que ces degrés de jurisdiction ont eu lieu dès le second siecle.

Le fondateur de la religion chrétienne a donné à tous les évêques, en la personne des apôtres, le même pouvoir ; cependant cette égalité de puissance ne détruit point l'ordre hiérarchique, lequel suppose un centre d'unité.

Les distinctions admises par le droit ecclésiastique entre les évêques, sont celles du pape, des patriarches ou primats, & des métropolitains, parmi lesquels les uns relevent des patriarches ou primats, les autres du saint siege.

L'église, comme une société extérieure, est gouvernée par les pasteurs qui en sont comme les magistrats ; il faut que cela soit ainsi, pour éviter la confusion ; les pasteurs ont droit d'administrer les sacremens, de retrancher de la communion & d'y admettre ; tous les chrétiens reconnoissent cette autorité ; & sur cet article, considéré dans sa généralité, il n'y a point de division entre le clergé ultramontain, & celui de France ; le partage des sentimens ne commence que lorsqu'on descend dans les questions particulieres : à qui cette autorité est-elle primordialement confiée ? est-ce au pape ? est-ce aux évêques ? est-ce aux évêques seuls ? les prêtres du second ordre n'y ont-t-ils point de part, au moins dans un degré inferieur ?

Par rapport à ces questions les sentimens les plus remarquables, & qui, dans leur opposition, ont fait un grand bruit, c'est d'une part celui des ultramontains, & de l'autre, celui des défenseurs des libertés gallicanes ; les premiers prétendent qu'il est certain, que toute la puissance pour gouverner l'église, a été donnée au pape seul ; & les derniers soutiennent, que cette puissance est confiée, non au pape seul, mais solidairement au corps des pasteurs, & que cet article est même une vérité catholique.

Pour se former une idée nette des sentimens ultramontains, il est bon d'observer qu'ils ne disconviennent pas, que l'autorité visible de l'église ne soit exercée par les évêques & les pasteurs du second ordre ; mais ils prétendent que cela ne se fait que par une sorte de délégation du pape : « les prêtres, disent-ils, & les évêques sont comme
» les magistrats dans un état purement monarchique ; les
» magistrats y ont une autorité, mais ils la tiennent de
» la volonté du prince, qui peut la leur ôter, comme il
» a pu la leur confier ; le monarque l'a reçu de Dieu im-
» médiatement, les magistrats la reçoivent du prince : de
» même le pape a reçu immédiatement de Jésus-Christ,
» toute l'autorité qui sert au gouvernement de l'église,
» & il en fait part, comme il le juge à propos, aux au-
» tres pasteurs ; ils ne sont que ses délégués, & soit qu'on
» les considere chacun en particulier, soit qu'ils soient
» assemblés, il sont toujours dans une entiere dépendance
» du pape ».

L'église de France, fidele à conserver le dépôt de la tradition, est persuadée au contraire, que les évêques reçoivent immédiatement de Dieu la *puissance d'ordre*, comme la jurisdiction ; l'une & l'autre, suivant elle, sont inamissibles ; celle-ci leur donne le droit de gouverner le peuple qui leur est confié, dans les choses spirituelles, & même de veiller, chacun dans son rang, sur les intérêts

généraux

généraux de l'église ; ils poffedent par indivis avec le pape, la puiffance apoftolique, mais le corps des pafteurs eft fupérieur au pape même, & poffede l'autorité fouveraine eccléfiaftique ; ce qui doit s'entendre, fans préjudice des prérogatives attachées à la primauté du fiege de Rome ; la principale différence qui fe trouve entr'eux, confifte dans le plus ou le moins de jurifdiction contentieufe : c'eft dans cette matiere qu'ils font fubordonnés les uns aux autres, l'évêque à fon métropolitain, celui-ci au primat, le primat au pape, le pape lui-même aux conciles.

C'eft dans les temps apoftoliques & dans la difcipline qui a fervi de fondation à l'église, qu'il faut chercher les principes qui doivent fixer le jugement de ceux qui font faits pour commander, comme de ceux qui doivent obéir.

CHAPITRE I.

DU DROIT ECCLÉSIASTIQUE DES PREMIERS SIECLES.

L'ABBÉ Fleuri cite les conciles d'Ancyre & de Néocéfarée, tenus en 314, comme ayant fait des canons de difcipline pour toute l'église ; un auteur François auroit dû citer auffi les conciles affemblés au même fiecle dans les Gaules ; la connoiffance de la difcipline ancienne de l'église gallicane nous intéreffe bien autrement, que celle de l'église orientale.

Inftit. au droit can. t. 1. ch. 1.

T. 2. p. 150.

Ce que l'abbé Fleury dit de la diftinction du for intérieur & du for extérieur n'est pas conforme à l'ancienne discipline ; le pere Morin & Van-Espen ont démontré, que dans les premiers siecles de l'église, le for intérieur & le for extérieur n'étoient point distincts.

L'auteur de l'*institution au droit ecclésiastique*, ne donne aucune idée de la liaison du droit canonique avec la théologie ; il ne fait aucune observation sur la différence qui se trouve entre l'une & l'autre, ni sur l'obligation imposée à un canoniste & à un official d'être théologien.

Il auroit dû nous instruire des regles avec lesquelles on discerne les fausses décrétales & les douteuses, de celles qui sont véritables ; il falloit nous apprendre les conditions dont les véritables doivent être revêtues, pour avoir de l'autorité parmi nous.

Au chapitre 15 & 21, du premier tome, il auroit dû donner une idée nette de l'institution *collative*, & de l'institution *autorisable* des bénéfices.

Ce qu'il dit au tome 2. p. 37, que, *l'official n'est qu'un lieutenant ou plutôt un vicaire de l'évêque*, n'est pas exact ; l'official est un officier de l'évêché & non de l'évêque. Dans cet endroit, ou bien dans le chapitre 19 du premier tome, il auroit dû faire observer, ce que le grand-vicaire & l'official ont de commun & ce qui les distingue.

Ce que l'abbé Fleury dit encore au tome 2. p. 223, que *l'appel comme d'abus ne se releve qu'en cour souveraine, & d'ordinaire au parlement*, n'est pas exactement écrit. La connoissance de l'appel comme d'abus, n'appartenoit avant Henri II, qu'au parlement entier, sous le titre de *recursus ad principem* ; depuis elle n'a appartenu qu'à la grand'chambre, celles des enquêtes n'en peuvent connoître que lorsqu'elles sont assemblées & jointes à la grand'chambre.

Enfin, une *institution au droit ecclésiastique François*, auroit dû établir d'une maniere claire & précise, les trois articles suivans.

I. Les canons & les reglemens que l'église a droit de faire, ne deviennent loix de l'état, qu'autant qu'ils sont révêtus de l'autorité du souverain.

II. A la seule puissance temporelle appartient la jurisdiction qui a le droit d'employer la force visible & extérieure, pour contraindre tous les sujets, même ecclésiastiques.

III. Les ministres de l'église sont comptables au roi, & en cas d'abus, au parlement, de la jurisdiction qu'ils exercent.

Mais cette critique nous conduiroit trop loin; essayons nous-mêmes d'établir les vrais fondemens de la discipline & de la jurisdiction ecclésiastique.

« Ce qui doit faire loi dans l'église, a dit le pape Silvestre, » c'est l'évangile, ce sont les autres livres sacrés, les canons » des conciles & les décrets du saint siege, qui n'y sont » point contraires; *sedis apostolicæ decreta ab iis non discor-* » *dentia* ». *Epist. Silv.* II. *ad seguin. senon.*

Parmi les canons de l'église, les uns sont de discipline, les autres développent & enseignent ce qu'on appelle droit divin positif, ainsi que la différence que l'on doit mettre entre les dogmes de foi, & les vérités qui sont l'objet de notre raison : les dogmes sont immuables; mais ce qui regarde la discipline, peut varier; un usage contraire peut l'abroger ou y déroger, tel est le canon qui contient la défense faite par les apôtres, de manger des chairs étouffées.

Le code ecclésiastique ne comprenoit dans les premiers siecles, que les canons des conciles d'Ancyre, de Néocésarée, de Gangres & de Nicée, assemblés sous Constantin le grand;

& de ceux d'Antioche en Orient, de Laodicée en Phrygie, de Constantinople, en 381, & d'Ephese en 431 : au commencement du sixieme siecle Denis, surnommé le petit, en fit une édition, & y ajouta les cinquante premiers canons des apôtres, ceux des conciles de Calcédoine, de Sardique, d'Afrique, & les lettres décrétales des papes depuis Sirice, mort en 398, jusqu'à Anastase II, mort en 498. M. de Marca a prétendu, que les Gaules ont reçu le code de Denis le petit, aussi-tôt qu'il a paru; mais Van-Espen a prouvé lumineusement, que ce code n'a été reçu dans les Gaules, que vers la fin du huitieme siecle, par l'autorité de Charlemagne.

Van-Esp. t. 3. p. 25. éd it. 1753.

Concord. sacerd. & imper. l. 3. c. 4.

Van-Esp. t. 3. p. 27. éd. 1753.

Nous allons présenter le tableau de la discipline ecclésiastique, observée dans les Gaules sous les rois Mérovingiens, par l'analyse des canons qui y furent en vigueur : ce sont eux qui servent de vrai fondement aux libertés de l'église gallicane.

ARTICLE I.

Canons des Apôtres.

Ces canons ne sont ni des apôtres, ni de Clément Romain; mais ils ont été appellés *apostoliques*, parce qu'ils ont été faits dans les temps apostoliques, & par des hommes *apostoliques*; c'est-à-dire, par les premiers évêques de l'église, successeurs des apôtres, & qui en avoient encore l'esprit. C'est comme le droit canon des deux ou trois premiers siecles. Les Grecs les ont trop estimés, en les voulant faire passer, pour être des apôtres; les Latins ne les ont pas estimés assez, en les rejettant pour la plupart, & en n'en recevant tout au plus que cinquante, dont Denis le petit a été, comme nous l'avons observé, le rédacteur.

Le premier canon regle l'ordination des évêques; il faut trois évêques, pour en consacrer un: c'est le droit commun. Cependant nous voyons dans l'histoire ecclésiastique, que le pape Pelage premier fut sacré par deux évêques seulement, & un prêtre présent; qu'Augustin, apôtre des Anglois, étant seul en Angleterre, eut permission du pape St. Grégoire, de faire seul des évêques: c'est le droit extraordinaire, & auquel la nécessité donne lieu: sans cette nécessité, l'église veut, que ses regles soient observées; ainsi comme dans la provence, il falloit trois évêques, pour en sacrer un, (chaque province pouvant avoir dans cette matiere sa discipline particuliere,) Armentarius fut déposé dans un concile tenu à Riez, pour n'avoir été sacré que par deux évêques sans nécessité. C'est ce qui fait voir le pouvoir de l'église sur les sacremens, & dans les choses de discipline.

Le mot *ordinare*, est remarquable; il signifie quelquefois élection, parce que ceux qui avoient droit de donner leurs suffrages pour l'élection des évêques, le faisoient souvent par une simple extension de la main, pour éviter la confusion ; & en ce cas plutôt χειροτονία, que χειροθεσία ; & ainsi ce terme se doit presque toujours entendre de l'ordination, qui consistoit en la seule imposition des mains, avec certaines prieres, pour les ordres majeurs; nulle tradition, pendant plusieurs siecles, d'instrumens ou de vases sacrés, comme c'est l'usage moderne; en quoi le pouvoir de l'église sur les sacremens est encore évident.

L'ordination par l'imposition des mains.

Le deuxieme canon fait voir, que dans les premiers siecles, le presbyterat & le diaconat étoient seuls, tenus pour *ordres majeurs*; ceux qui étoient révêtus des autres ordres, étoient compris sous le mot générique de *clerici*; la tonsure n'étoit point encore un ordre particulier; elle ne se conféroit pas

Ordres majeurs.

Simple tonsure.

feule : aujourd'hui, par un renverfement étrange des anciennes regles, la fimple tonfure rend ceux qui l'on reçue, capables de pofféder les plus grands bénéfices, & les fait même paffer devant ceux qui font dans les premiers degrés eccléfiaftiques, lorfqu'ils font revêtus de la pourpre Romaine.

L'ordination du prêtre, du diacre, & de tous les autres clercs, eft réfervée à l'évêque; c'eft fon droit particulier : fi les *cor-évêques* pouvoient faire des prêtres, c'eft une queftion qui fera traité en fon lieu; mais il eft certaitn, que durant les trois premiers fiecles, & jufqu'après le concile de Nicée, il n'eft point fait mention de ces *cor-évêques*, ni par conféquent que le pouvoir de l'ordination ait été communiqué à perfonne.

Oblations.

Le troifieme canon parle des oblations. Il n'y avoit anciennement que deux autels dans chaque églife, un fur lequel on offroit le facrifice, l'autre fur lequel on mettoit ce qui étoit néceffaire pour le facrifice, & qui étoit offert par les fideles. Ce fecond autel fe nommoit *de propofition*; or, felon ce canon, il n'étoit pas permis de mettre autre chofe fur l'*autel de propofition*, que le pain & le vin pour le facrifice, & l'huile que l'on brûloit dans les lampes & l'encens; chaque fidele apportoit fon offrande; il refte encore quelques veftiges de cet ufage dans l'offrande que l'on fait le dimanche aux paroiffes, & aux meffes des morts; on confacroit une partie de ces offrandes, & on en communioit les fideles : c'étoit une regle qu'il falloit offrir, pour communier.

Offrandes partagées en quatre parts.

Le quatrieme canon porte, que le refte des chofes que les fideles offroient, devoit être porté chez l'évêque, pour fa fubfiftance, & celle des prêtres; car les prêtres d'alors ne vivoient que des offrandes du peuple, & l'églife n'avoit point encore de revenu affuré. Ces offrandes fe partageoient en quatre parts; une pour l'évêque, l'autre pour le clergé, la troisieme pour les pauvres, la quatrieme pour les réparations de l'église; l'évêque en avoit autant à lui seul, que tout le reste du clergé, parce qu'il étoit chargé d'exercer l'hospitalité envers les étrangers. C'étoit l'évêque avec les prêtres, & par leur conseil, qui faisoit cette distribution; dans la suite l'évêque fut déchargé de ce soin, afin qu'il pût vaquer plus assidument aux grandes fonctions de son ministere, la *prédication*, & l'*oraison*. La distribution des offrandes fut confiée à un économe, qui étoit un prêtre dans les premiers temps, puis un diacre, qui prit insensiblement la qualité d'*archi-diacre*; delà, le grand pouvoir des diacres, & leurs prétentions d'être au-dessus des prêtres; & c'est delà, que nous voyons encore aujourd'hui dans les chapitres, l'archi-diacre précéder l'archi-prêtre. Archi-diacre.

Du temps du pape Simmaque, il commença à s'introduire une espece de bénéfice, parce qu'on donnoit quelquefois à certains clercs qui avoient bien servi l'église, des terres ou autres biens, pour en jouir durant leur vie, sans les assujettir à recevoir les distributions par mois, comme les autres; mais vers le huitieme siecle, il se fit une réforme dans le clergé, presque tous les prêtres furent assujettis à une certaine regle, & vivoient en communauté; delà viennent les chanoines: on voit encore dans plusieurs églises, le cloître & le réfectoire commun. Origine des bénéfices.

Le cinquieme canon défend aux évêques, prêtres & diacres, de chasser leurs femmes; quelques novateurs ont abusé de ce canon, pour soutenir que les prêtres doivent êtres mariés, & vivre avec leurs femmes, afin qu'elles puissent avoir des enfans; on leur répond que de la défense de chasser une épouse légitime, on ne sauroit induire une Mariage des clercs.

obligation de se marier ; il est constant, que même dans l'église d'orient, les évêques gardoient continence pour la plupart, & par cette raison, on les tiroit autant qu'on pouvoit des monasteres ; ceux mêmes des laïques, qu'on vouloit élever à l'épiscopat & qui n'étoient point mariés, étoient exhortés à se faire moines auparavant, afin de s'obliger par un vœu à la continence ; Placius en est un exemple : ainsi, ce que ce canon veut ordonner, c'est seulement que ceux qui se trouvoient engagés dans les liens du mariage, n'abandonnassent pas leurs femmes, qu'ils ne leur déniassent pas le secours de la charité, & qu'ils ne leur refusassent pas la nourriture & l'entretien ; ce que ce canon ordonne également pour le prêtre & le diacre, comme pour l'évêque. Il y a plus, le concile *in Trullo*, qui autorisa le mariage des prêtres, n'a point parlé des évêques ; mais seulement des ordres inférieurs à l'épiscopat.

Peines des clercs. Le même canon établit deux sortes de peines pour les ecclésiastiques ; la suspension pour un temps, la déposition pour toujours. Un clerc déposé & privé de la communion *cléricale*, pouvoit être admis le lendemain à la communion *laïque* : dans les délits graves outre la déposition, il étoit encore privé de la communion laïque, & mis en pénitence, quelquefois même chassé hors de l'église, & chassé *en payen*, comme excommunié.

Le sixieme canon, n'a rien de remarquable.

Célébration de la pâque. Le septieme a pour objet le jour de la célébration de la pâque ; c'est une matiere difficile : remarquons seulement ici, que, si Saint Jean a célébré la pâque avec les Juifs dans l'Asie, le quatorzieme de la lune de mars, ce n'a été que par condescendance & non par une tradition apostolique, puisque Saint Pierre & Saint Paul

établissoient

établissoient dans le même temps en europe une pratique contraire.

Sur le huitieme canon, il y a quatre choses à remarquer : 1°. Dans toutes les églises, on faisoit un catalogue des clercs qui devoient y servir ; ce catalogue se nommoit aussi *matricule*, pour connoître ceux à qui l'on devoit donner la distribution. 2°. Il ne se disoit qu'une messe par jour dans chaque église, à laquelle tous les clercs assistoient, y faisant leur charge ; & quoiqu'il n'y eût que le célébrant qui consacra, ils étoient cependant tous censés sacrifier avec lui, parce que tous servoient & étoient revêtus des habits propres à leur ordre ; ils devoient aussi tous communier dans leur rang, les prêtres aussi bien que les autres clercs ; & c'est le sujet de ce canon, qui veut que ceux qui ne communieront pas, en rendent raison, afin qu'ils soient r'unis, s'ils n'en ont pas eû des motifs raisonnables ; parce qu'en s'abstenant de communier, ils donnoient sujet au peuple de faire de mauvais jugemens du célébrant, qui, pour l'ordinaire, étoit l'évêque, & de se séparer de sa communion à leur exemple. 3°. Il est dit dans ce canon, que l'évêque devoit recevoir la communion, aussi bien que les autres clercs ; cela arrivoit, lorsqu'un évêque étranger s'y trouvoit, celui du lieu lui déferoit l'honneur de prêcher & de dire la messe, à laquelle il assistoit avec le reste de son clergé, & y communioit de sa main. Enfin, 4°. on conclut de ce canon, qu'il n'y avoit point alors de clercs à simple tonsure, comme nous l'avons déjà observé ; il ordonne que ceux qui sont de l'ordre des clercs communient dans leur rang ; or, les simples tonsurés n'ayant aucune fonction dans le sacrifice, il s'ensuit qu'il n'y en avoit pas ; ce n'est pas que la tonsure

Matricules des clercs.

Une seule messe par chaque jour.

ne se donna pas, mais elle ne se conféroit jamais sans un des petits ordres.

Les non-communians mis au rang des pénitens.
Le neuvieme canon fait voir, que les fideles qui ne communioient pas à la messe à laquelle ils assistoient, étoient punis & mis en pénitence; on n'entendoit jamais la messe qu'on n'y fit oblation, & on n'offroit jamais qu'on ne communiât; quelques-uns expliquent ce canon seulement de ceux qui ne communioient pas. Il semble distinguer trois parties dans la messe; la premiere consistoit dans la récitation des saintes écritures, & de la prédication de l'évêque, à laquelle les infideles mêmes pouvoient assister; la seconde, dans les prieres qu'on faisoit sur les catéchumenes & sur les pénitens; la troisieme, dans le sacrifice; celle-ci commençoit à l'offerte, & étoit nommée la messe des fideles.

Trois parties dans la messe.

Fuite des excommuniés.
Le canon dixieme ordonne de fuir ceux qui étoient frappés de la derniere excommunication, & chassés entierement de l'église; car, il n'étoit pas défendu de prier avec ceux qui étoient en pénitence, quoiqu'on ne communiât pas avec eux; l'église prioit avec eux & pour eux.

Lettres formées.
Le canon onzieme est le premier qui fasse mention des *lettres formées*; ni clercs ni laïques ne pouvoient sortir de leur diocese, ni être reçus à la communion des évêques des lieux où ils vouloient aller, sans des lettres formées de la part de leur propre évêque; cela avoit été introduit pour empêcher que les mysteres de la religion ne fussent profanés par les infideles qui pouvoient feindre d'être chrétiens, & assister au sacrifice & y participer, pour s'en moquer ensuite.

Intendere segregationem quid?
Sur les mots *intendatur segregatis*, on remarque, que les canons n'ayant établis que deux peines pour les clercs, savoir,

la *suspension* & la *déposition*, & deux autres peines pour les laïques, savoir, la *pénitence* & l'*excommunication*, l'évêque avoit le pouvoir de prolonger ces peines, selon les circonstances, & c'est ce que veut dire le mot *intendere*; & comme la suspension des clercs pouvoit être relative, soit à la *fonction*, soit à la *séance*, soit au *rang*, soit à la *distribution*, soit à la *jurisdiction*, l'évêque pouvoit *intendere segregationem*, en ordonnant qu'un clerc qui n'auroit mérité d'être suspendu que de la fonction par la qualité de sa faute, le fut aussi de la séance, &c. il pouvoit aussi augmenter la peine, en prolongeant le temps de la suspension de chaque dégré; il en faut dire autant à l'égard des laïques, rélativement à la pénitence, dans laquelle il y avoit aussi quatre dégrés.

Sur le canon treizieme, il y a quatre choses à remarquer; 1°. Les premiers siecles abhorroient les translations des évêques; le concile de Sardique en fit un canon exprés, avec défense de donner la communion à l'article de la mort à un évêque qui auroit quitté son église pour en prendre une autre; c'est une peine d'autant plus sévere, que le concile de Nicée, dont celui de Sardique n'est qu'un appendice, avoit ordonné auparavant, que personne ne fut privé de la communion à l'article de la mort; on voit que le pape Formose, transféré de l'évêché de Porto à celui de Rome, fut condamné après sa mort pour ce chef là. *[Translations des évêques abhorrées.]*

2°. Le mot *parochia*, signifioit dans les premiers siecles un diocese, & non pas une simple cure, comme à présent; le mot *diocese*, signifioit dans ces premiers temps un *patriarchat*, sous lequel étoient plusieurs métropoles ou provinces; une métropole ou province se nommoit ἐπαρχία sous lequel étoient plusieurs évêchés ou paroisses. 3°. Quoique l'église *[Paroisse & diocese synonimes.]*

ne possédât pas encore des biens fonds, il ne laissoit pas d'y avoir des évêchés meilleurs les uns que les autres, parce que les offrandes étoient plus abondantes dans les uns que dans les autres ; & c'est ce qui réveilla dès-lors la cupidité de quelques évêques, au point qu'il fallut porter des peines pour les contenir dans les bornes de la morale chrétienne.

Concile Provincial. 4°. Un évêque ne pouvoit être juge du bien qu'il pouvoit faire, en passant de son église à une autre plus grande ; cela devoit être examiné dans le concile de la province, qui devoit s'assembler deux fois l'an, & où les cas de conscience s'examinoient & se résolvoient.

Clercs vagues. Le canon quatorzieme excommunie les clercs qui quittoient leur diocese & leur église, pour aller servir en d'autres, sans la permission de leur évêque. Cela prouve la dépendance où étoient les clercs, & qu'il n'y en avoit pas alors de *vagues* & d'*errans*, comme à présent : l'histoire ecclésiastique remarque, comme une chose fort extraordinaire, que St. Paulin & St. Jérôme furent ordonnés sans être attachés à aucune église, parce qu'ils ne voulurent consentir à leur ordination qu'à cette condition là. Le mot *parochia* se prend dans ce canon, comme dans le précédent, pour *diocese ;* car, s'il signifioit seulement paroisse ou cure, l'évêque n'auroit pas eu de la peine à réduire à son pouvoir le clerc qui n'auroit fait que passer d'une cure à une autre dans l'étendue de son diocese ; on peut remarquer en passant, qu'il y a apparence, que les prêtres, préposés par les évêques aux paroisses de leur diocese, étoient amovibles à leur volonté.

Le canon quinzieme ne renferme rien de remarquable.

Bigamie rend irrégulier. Le canon seizieme marque une cause qui empêchoit l'ordination ; & c'est la premiere fois qu'il est fait mention d'irrégularité, pour cause de bigamie. On a été si sévere sur ce point, que le pape St. Léon refusa une dispense aux évêques de Mauritanie, pour ordonner les bigames, dans le besoin qu'ils avoient de prêtres, & le défaut d'autres personnes capables d'être ordonnées; la raison n'est pas l'incontinence dont la bigamie est une marque assez claire; mais le défaut de signification, parce que le mariage des chrétiens devoit signifier celui de Jésus-Christ avec son église. Mais comme le canon parle seulement de la bigamie contractée depuis le baptême, on demande si un homme qui auroit été marié une fois, avant que de recevoir le baptême, & une autre fois après, devoit être censé bigame, & déclaré incapable des ordres; quelques-uns ont cru, que le baptême effaçoit la prétendue tache d'un premier mariage; mais le pape *Innocent* I a répondu, que le baptême n'efface que les péchés, que le mariage n'est point un péché ni une tache, & par conséquent qu'un homme ne laissoit pas d'être bigame & irrégulier, par le défaut de signification *deffectu significationis*. Mais le canon ajoute, *vel habuerit concubinam*, ce qui oblige à distinguer; si c'étoit une *concubine qu'on prenoit pour un temps*, outre la femme légitime, cela ne faisoit pas la bigamie; si c'étoit pour toujours dans le dessein de se garder mutuellement la foi, comme étoient les concubines des anciens patriarches, qu'on a appellé, *uxores sedentariæ*, c'étoit le cas de la bigamie.

Le canon dix-huitieme prononce une autre sorte d'irrégularité; un homme qui épousoit deux sœurs ou sa niéce étoit exclu des ordres par ce canon, qui ne défend pas ces sortes de mariages *comme illicites*; mais il veut seulement qu'ils soient un obstacle à l'ordination : ainsi dans le précédent, la bigamie n'est pas réjettée comme mauvaise, quoiqu'elle eut été un empêchement aux ordres jusqu'à la fin du quatrieme siecle. L'église n'a fait que très-peu de canons touchant les mariages ; elle suivoit dans cette matiere, comme dans plusieurs autres, les loix impériales ; le mariage, quoique sacrement, tenoit beaucoup du civil : jusqu'au temps de Théodose, il étoit permis au deuxieme degré, entre cousins-germains : cet empereur le défendit par une loi qui fut adoptée par l'église ; ses enfans, Arcadius & Honorius la casserent ; mais l'église, par ses canons, la fit revivre quelque temps après St. Augustin ; car de son temps, le mariage au deuxieme degré étoit encore en usage ; au commencement du sixieme siecle, le troisieme degré fut défendu ; à la fin du même siecle, le quatrieme, & les autres successivement jusqu'au septieme ; ce qui dura jusqu'au douzieme siecle, que le pape Innocent III remit les défenses au quatrieme degré, parce que tout le monde se trouvoit parent au degré prohibé. Félix, évêque de Messine, se plaignit à St. Grégoire, appellé le Grand, de ce qu'il avoit permis à Augustin, évêque des Anglois, de dispenser au deuxieme degré ; ce qui marque, que du temps de ce pape il n'étoit pas permis de contracter mariage même au quatrieme degré, puisque Félix se plaignoit de ce que le pape avoit permis de dispenser de plusieurs degrés ; le motif de l'église dans ces défenses, étoit d'étendre la chrétienté parmi des familles entierement étrangeres les unes pour les autres ; à mesure qu'on étendoit les degrés prohibés, on étendoit les familles, chaque nouvelle alliance contribuoit à cette extension, & la chrétienté germoit par la nécessité même où se virent les chrétiens, de chercher des alliances hors de leurs familles.

Le canon dix-neuvieme défend aux clercs tout emploi

séculier, comme d'être caution, tuteur, &c. St. Cyprien, fit défendre dans un concile, qu'on pria Dieu pour un laïque qui avoit, par son testament, fait un prêtre tuteur de ses enfans.

Cautionnement, tutele, défendus aux clercs.

Le canon vingt-unieme porte une irrégularité fondée *in delicto*; lorsqu'un homme se mutiloit lui-même. La raison du canon est belle; nous nous devons respect & amour, comme à l'ouvrage de Dieu; l'amour que l'homme doit se porter, est fondé sur celui qu'il doit avoir pour Dieu : ce canon semble avoir été fait au sujet d'Origène.

Irrégularité fondée in delicto.

Le canon vingt-troisieme qui porte ségrégation pendant trois ans pour ceux qui se mutileroient eux-mêmes, est remarquable, en ce que c'est le premier canon qui fixe le temps de la pénitence; car la *ségrégation* étoit, à l'égard des laïques, la *pénitence*, comme elle étoit la *suspension* à l'égard des clercs; avant le commencement du troisieme siecle, le temps de la pénitence n'étoit pas si long, & les degrés de la pénitence n'étoient pas réglés, comme ils l'ont été depuis. Les hérésies de Montanus & de Novatius, ont donné lieu à la sévérité dont l'église a usé; ainsi ce canon ne semble être que de la fin du deuxième siecle, ou du commencement du troisieme.

Premier vestige de la fixation de la pénitence à un certain temps.

Le canon vingt-quatrieme est le premier où l'on trouve les trois grands péchés canoniques distingués, l'*adultere*, l'*idolâtrie*, entendue par le mot *perjurium*, & l'*homicide*, entendu par le mot *furtum*; (*furtum* se prenant ici, pour *furtum violentum*). Quoiqu'un clerc ne confessât pas son crime, s'il pouvoit en être convaincu en justice par trois témoins, il étoit déposé, suivant ce canon; mais il faut remarquer, que le canon ajoute, *& non segregetur*; il étoit déposé, & pouvoit néanmoins communier avec les laïques, par la raison

Les trois crimes canoniques distingués.

que donne l'écriture, *non bis vindicabis in idipfum* ; à moins cependant que l'énormité du crime n'exigea cette févérité.

Les Grecs n'avoient que deux ordres mineurs.

Sur le canon vingt-cinquieme on remarque ; 1°. que chez les Grecs on ne connoiffoit point d'autres ordres mineurs, que le *lecteur* & le *chantre* ; ils ne conféroient pas les deux à une même perfonne, mais l'un ou l'autre, felon le befoin de l'églife, & le talent de celui qui le recevoit ; ils ne connoiffoient ni *acolyte*, ni *exorcifte*, ni *portier* ; cela eft prouvé par l'exemple de Photius, qui fut fait moine le premier jour ; le deuxieme, lecteur ; le troifieme, fous-diacre ; le quatrieme, diacre ; le cinquieme, prêtre ; le fixieme, patriarche de conftantinople. 2°. Les petits ordres ne font point d'inftitution divine, puifqu'il y avoit à cet égard une grande différence entre l'églife d'Orient & celle d'Occident ; il eft vrai que Saint Ignace parle d'acolytes, d'exorciftes, de foffoyeurs, de coureurs eccléfiaftiques ; mais on peut répondre, que cela étoit peut-être particulier à l'églife d'Antioche, & n'avoit pas lieu dans le refte de l'Orient ; ou bien que c'étoient feulement des offices & non des ordres, comme il y a grande apparence. 3°. Zonare & Balfamon abufent de ce canon, pour foutenir, que les clercs majeurs mariés, pouvoient cohabiter avec leurs femmes, mais qu'ils ne pouvoient pas fe marier après leur ordination, le canon le permettant feulement aux mineurs ; il fera parlé ci-après du fubdiaconat, pour favoir fi c'étoit ordre majeur ou mineur dans les premiers temps.

Tout reffentiment des injures interdit aux clercs.

Le canon vingt-fixieme défend aux clercs de battre perfonne, & de conferver le reffentiment des injures. La raifon du canon eft belle ; un chrétien ne doit pas ufer de repréfailles : St. Ambroife & St. Auguftin ont pris le canon à la lettre, tant pour les biens que pour la vie ; depuis cinq fiecles le nouveau

nouveau droit des décrétales a changé, ou plutôt modifié la rigueur de l'ancienne discipline, en permettant aux clercs de se défendre, *sub moderamine inculpatæ tutelæ*, disent les nouveaux canonistes.

Le canon vingt-septieme veut qu'un clerc déposé, s'il s'ingere dans son ancien ministere, soit entierement mis hors de l'église, *omninò abscindatur*; c'est la derniere excommunication.

Le canon trente-huitieme punit la simonie, par la déposition; est-il possible que dès ce temps-là on voulût donner de l'argent pour être prêtre, ou diacre, n'y ayant alors que des persécutions à gagner ? cela marque combien ces dignités étoient estimées des premiers chrétiens. Les mots du canon, *ut Simon magus à me Petro*, semblent prouver que ce canon a été fait par Saint Pierre; c'est une chose bien douteuse, & qui rend le canon bien suspect. *Simonie punie.*

Le canon vingt-neuvieme a paru également suspect au ministre Blondel, qui en a pris occasion pour rejetter tous les *apostoliques*, prétendant qu'il étoit impossible de recourir aux princes, pour avoir des évêchés, dans un temps où les princes étoient payens, c'est-à-dire, durant les trois premiers siecles de l'église. On peut répondre, qu'il y eut quelques empereurs chrétiens, comme les deux Philippes; que plusieurs des payens furent favorables aux chrétiens, comme Commode, Alexandre Sévere, Aurélien, & Zénobie dans l'Orient; que plusieurs grands de l'empire, plusieurs personnes consulaires, plusieurs gouverneurs de provinces, se faisoient chrétiens; c'est d'eux que peuvent être entendus les mots *sæculares principes*, dont le canon se sert pour défendre d'user de brigues auprès des *princes séculiers*, pour se procurer des évêchés. *Brigues pour les évêchés, défendues.*

Dépendance des prêtres de leur évêques.

Le canon trente condame le prêtre, qui, s'élevant contre son évêque, faisoit divorce avec lui. Il semble avoir été fait du temps du pape Corneille, & de Saint Cyprien, au sujet des deux chismes que firent dans les églises de Rome & de Carthage, Novatien, contre Corneille, & Félicissime, contre Cyprien; les laïques qui adhéroient à ces prêtres rébelles, furent mis par ce canon en pénitence, & les clercs déposés, après neanmoins la publication de trois monitoires; ce qui marque l'antiquité d'un usage encore subsistant aujourd'hui.

Antiquité des monitoires.

Concert entre les évêques.

Le canon trente-unieme ne permet pas qu'un évêque puisse recevoir un prêtre, séparé du sien par la déposition; tous les évêques se doivent cette attention réciproque, sauf à examiner la cause de nouveau, dans un concile provincial, pardevant lequel on pouvoit appeller de la sentence de l'évêque; mais cet appel n'étoit point suspensif; le jugement de l'évêque devoit être exécuté par provision: ce qui se verra plus amplement dans le concile de Nicée.

Nécessité des lettres formées.

Le canon trente-deuxieme établit derechef la nécessité des *lettres formées*, sans lesquelles ni évêque, ni prêtre, ni clerc, ni laïque, ne pouvoit voyager ni être admis à la communion eucharistique dans les autres églises; mais il y avoit pour ceux qui n'avoient point de lettres, une sorte de communion, nommée *communio peregrina*, qui consistoit à leur faire la charité & l'hospitalité, & même à les admettre quelquefois aux prieres, mais non à la participation de l'eucharistie. Il y a un bel exemple de cette communion dans l'histoire ecclésiastique; lorsque Saint Chrisostôme reçut à Constantinople ces moines Origénistes, que Théophile d'Alexandrie avoit chassés, il leur donna une église pour prier Dieu, & leur fit fournir par ses dévots, tout ce qui leur étoit nécessaire.

Communio peregrina.

Il y avoit donc trois sortes de communions; deux sacrées, la cléricale & la laïque, & une troisieme de charité.

Le canon trente-troisieme est le premier où l'on trouve une subordination établie entre les évêques, & où il soit fait mention de Métropolitain, qui n'est nommé que premier évêque, *primus episcopus*; ce qui marque la simplicité des premiers siécles dans lesquels on évitoit les noms fastueux. L'église d'Afrique a retenu long-temps cette coutume; le droit de métropole n'y étoit attaché à aucun siege; le plus ancien évêque de chaque province avoit les droits du métropolitain; le titre d'*archevêque* n'a été introduit que dans le concile d'Ephese, & donné seulement aux évêques de Rome, d'Alexandrie & d'Antioche; celui de *patriarche* vint après, il prit naissance au concile de Chalcedoine; les évêques d'une province ne pouvoient rien résoudre d'important, qu'avec leur métropolitain, ni lui sans eux; dans ces premiers siecles, on ne voit pas que l'on monta plus haut que le métropolitain, & le concile provincial; les choses de l'église, qui regardent principalement la discipline, se sont augmentées avec le temps, & à mesure que l'église s'est accrue, & que les évêchés se sont multipliés.

Premier vestige de métropolitain.

Le canon trente-quatrieme est remarquable contre les évêques qui entreprennent de donner les ordres hors de leurs dioceses; il les condamne à être déposés, avec ceux qui auront été ainsi ordonnés. Cependant on trouve dans l'histoire ecclésiastique quelques exemples illustres, pour favoriser ces sortes d'ordinations. St. Epiphane sacra Paulinien, frere de St. Jérôme, dans le diocese de Jean, évêque de Jérusalem, sans sa permission; Jean le trouva mauvais, Epiphane apporta pour excuse, que la loi de la charité étoit supérieure à toutes les autres; d'ailleurs, qu'en Chypre où

Collation des ordres sans pouvoir.

il étoit évêque, on ne s'arrêtoit pas à ces formalités, à caufe que ceux qu'on vouloit ordonner, s'enfuyant très-fouvent hors de leurs dioceſes par humilité, pour éviter l'ordination, on ne pouvoit leur impoſer les mains que par ce moyen. Euſebe de Samozate, étant banni de ſon égliſe par Valens, s'occupa dans ſon exil à courir toutes les provinces de Syrie, en habit de ſoldat, & à ſacrer des évêques & des prêtres, dans tous les lieux qui en avoient beſoin.

Evêque élu malgré lui, forcé d'accepter.

Le canon trente-cinquieme punit un évêque élu, qui refuſe d'accepter l'évêche, de la ſuſpenſion, juſqu'à ce qu'il l'ait accepté. Dans ces premiers ſiecles, on évitoit l'épiſcopat & les ordres; mais on y engageoit les perſonnes recommandables par leurs vertus malgré elles, & même par violence. Theodoret rapporte dans ſa Philotée quelques exemples illuſtres de certains moines qui furent faits prêtres malgré eux; Saint Paulinien, frere de Saint Jérôme, Saint Ambroiſe, Saint Grégoire Taumaturge furent faits évêques malgré eux; ſi un évêque étant élu, les peuples ne vouloient pas le recevoir, il pouvoit ſe retirer dans une autre ville, & y demeurer avec l'évêque du lieu; il y en a un exemple dans Produs, élu évêque de Cizique. Le canon fulmine enſuite une ſuſpenſion contre tout le clergé de la ville rebelle; c'eſt un veſtige très-ancien de ce que nous appellons maintenant *interdit*, qui eſt une excommunication générale, qui n'a été fort en uſage qu'après les ſix premiers ſiecles, mais très-rigoureuſement exercée depuis ce temps-là, & enfin modérée par les papes eux-mêmes, à la vue de l'eſpece de ſoulevement général qu'elle occaſionnoit.

Le clergé puni de la faute du peuple, pour ne l'avoir pas bien inſtruit.

Néceſſité des conciles provinciaux.

Le canon trente-ſixieme preſcrit l'obligation de tenir des conciles provinciaux deux fois par an; on a toujours cru ces aſſemblées néceſſaires pour le maintien de la diſcipline eccléſfiaftique ; la conduite de chaque évêque de la province y étoit cenfurée, cela tenoit les prélats dans leur devoir; cette pratique fut gardée jufque dans le huitieme fiecle inviolablement, alors elle commença à décliner; Zonare dit, que de fon temps, elle étoit déjà fort négligée. Le feptieme concile géneral ordonna que l'on en affembleroit de trois en trois ans; celui de Trente, dans nos temps modernes, a renouvellé la même difpofition ; elle fut exécutée pendant quelque temps, négligée peu à peu, & enfin entierement oubliée ; la ceffation de ces affemblées a caufé la ruine de la puiffance épifcopale : car on y traitoit de tout, & on y décidoit toutes fortes d'affaires, fans recourir au pape ; les évêques ceffant de s'affembler, ont eux-mêmes donné lieu au recours au pape, qui s'eft juftement accrédité, parce que l'inférieur ne faifant pas fa charge, il étoit jufte qu'il y eût un fupérieur qui la fît *jure devoluto*. Le canon cité fait foi, qu'on traitoit dans les conciles provinciaux des caufes de foi & de difcipline, des caufes majeures & des caufes mineures; depuis leur interruption, la cour de Rome s'eft emparée de la connoiffance des *caufes majeures*, c'eft-à-dire, de celles qui regardent la foi & la perfonne des évêques, même en premiere inftance; cela eft contraire à l'antiquité, comme le canon cité le prouve ; nous en verrons encore plufieurs autres preuves jufqu'au douzieme fiecle. Il y a eu plus de quatre ou cinq cents hérétiques condamnés, dans cet intervalle, il ne s'eft pourtant tenu que huit conciles généraux ; il faut donc qu'ils l'ayent été dans des conconciles provinciaux; il eft vrai qu'on trouve quelques exemples d'appelations au pape; Denis, patriarche d'Alexandrie, fut obligé de rendre compte de fa foi au pape Denis, dans le troifieme fiecle ; Athanafe appella auffi au fiege de Rome dans le quatrieme ; mais cette espece de droit de ressort n'ôtoit pas aux évêques & aux conciles provinciaux, celui d'être juges de toutes les causes ecclésiastiques ; on en infére que l'épiscopat est de droit divin, que les évêques sont les successeurs des apôtres, qu'ils tiennent leur puissance du fondateur de la religion chrétienne, & non pas du pape : les canonistes conviennent eux-mêmes, que tout évêque est pape dans son diocese, hors les cas réservés au pape ; or, dans les premiers siecles, les papes ne s'étoient rien réservé ; la seule négligence des évêques a donné lieu aux cas réservés : le canon cité, marquant les temps auxquels les conciles provinciaux devoient se tenir, dit que ce doit être la quatrieme semaine de la quinquagésime, & au mois d'octobre. Zonare croit qu'il faut lire de la quadragésime, & corriger ce canon par celui de Nicée, qui met la quatrieme semaine du carême pour l'un des temps destinés à la tenue de ces conciles ; la raison qu'il en rend est, afin que les évêques étant purifiés par l'abstinence, puissent célébrer avec plus de perfection la fête de la résurrection de Jesus-Christ.

Le canon trente-septieme ordonne aux évêques, d'user sobrement de leur temporel.

Dépendance des clercs. Le canon trente-huitieme marque la dépendance des clercs ; il décide, que le prêtre, le diacre, &c. n'ont aucune fonction qui leur soit propre, ne pouvant administrer aucun sacrement que par le pouvoir que l'évêque leur a communiqué. Les curés mêmes étoient amovibles, *ad nutum* de l'évêque. On doit juger, que les apôtres, au commencement de l'église, renfermoient en eux toute la puissance ecclésiastique, en remontant au-dessus & en descendant au-dessous de l'épiscopat, & qu'ils commencerent à la communiquer à mesure que l'église s'étendit & que les besoins se multiplierent.

Le canon trente-neuvieme enjoint aux évêques de prendre garde à ne pas confondre les biens de leurs églises avec leurs patrimoines, que tous n'avoient pas la perfection de quitter; de peur de laisser après leur mort des sujets de procès, soit à l'église, soit à leurs parens.

Les évêques conservoient leur patrimoine.

Le canon quarantieme veut que l'évêque ait l'administration absolue des revenus ecclésiastiques ; qu'il en assiste les pauvres, qu'il en prenne pour sa subsistance propre, *in necessarium usum*; il lui commande l'hospitalité : on peut sur ce canon former la question, si un évêque qui a du bien de patrimoine peut se servir de celui de l'église, quand le sien lui suffit ? il semble que l'on doive inférer que non, de ces mots *si sit opus*.

L'évêque est l'administrateur légal des biens ecclésiastiques.

Le canon quarante-deuxieme est le premier qui parle du sous-diacre; c'étoit un ordre mineur dans les premiers siecles : il semble cependant qu'il obligeoit à la continence.

Par le canon quarante-cinquieme on voit, qu'au temps où il fut rendu, les prêtres commençoient à administrer quelques sacremens, comme le baptême: dans les premiers temps l'évêque faisoit tout lui seul; il administroit seul tous les sacremens : la multiplication des fideles donna lieu à l'emploi des prêtres; St. Ambroise, dans l'église de Milan, baptisoit seul la veille de pâques & de la pentecôte; après lui, il fallut déjà cinq personnes pour faire ce qu'il avoit fait seul; on remarque sur ce canon, que tous les sacremens s'administroient, *inter missarum solemnia*; pour le baptême, il en reste encore des vestiges : le samedi saint, avant de commencer la messe, on va bénir solemnellement les fonts, & baptiser ceux qui se présentent.

Emploi des prêtres sous l'évêque.

La messe, le centre de toutes les cérémonies, comme l'eucharistie le centre de tous les sacremens.

Les malades étoient communiés d'une partie des offrandes consacrées le même jour, & qui étoient réservées pour eux, après que les fideles qui avoient assisté à la messe, avoient communié.

Baptême des hérétiques doit-il être réitéré ? Ce canon défend à l'évêque & au prêtre de recevoir le baptême des hérétiques; ce qui pourroit faire croire qu'il a été fait dans l'un de ces conciles qui furent tenus en Orient, où présidoit Firmilien, évêque de Cesarée en Cappadoce, fort uni avec St. Cyprien, pour soutenir contre le pape Étienne, la nécessité de réitérer le baptême des hérétiques; cependant cette conjecture s'évanouit, lorsqu'on fait attention, que ce canon est reçu par l'église Romaine, entre les cinquante canons apostoliques qu'elle a approuvés, & qu'elle a d'ailleurs condamné le sentiment de St. Cyprien & des évêques orientaux touchant l'anabaptisme; il faut donc, pour l'expliquer & en trouver le vrai sens, distinguer avec St. Basile & plusieurs autres après lui, deux sortes *Deux sortes d'hérétiques.* d'hérétiques; les grands qui ont attaquée la divinité, soit dans sa nature, soit dans les personnes, comme les Sabelliens, les Paulianistes, &c. & les petits Hérétiques, qui ont seulement combattu quelques points de discipline, comme les Novatiens, &c. & dire que le baptême des premiers se devoit réitérer, parce que ces sortes d'hérétiques n'ayant pas la croyance de la Trinité, manquoient dans la forme du baptême, qui s'administre au nom des trois personnes, & que ce canon a été fait contr'eux, ainsi que le concile de Nicée en a fait ensuite un pareil pour rébaptiser les sectateurs de Paul de Samozate & les Cataphrigiens; mais que celui des autres étoit bon, ainsi que l'église Romaine a prononcé contre St. Cyprien; & cette distinction paroît si bien fondée, que le canon quarante-six, qui suit immédiatement, ne se peut expliquer autrement.

La peine prononcée par le canon quarante-septieme,

contre

contre ceux qui rompoient le lien du mariage, étoit la pénitence luctueuse & grande. Les loix Impériales Romaines ne s'accordoient pas avec ce canon; il y en a un exemple illuftre dans Fabiole, qui s'étant féparée de fon mari, en époufa un fecond, fuivant la faculté que lui en donnoient les loix Civiles; puis ayant reconnu que par-là elle avoit tranfgreffé les préceptes de l'églife, elle fit pénitence publique; cependant les Grecs ont confervé l'ufage de pouvoir fe féparer pour caufe d'adultere, & de fe remarier; Balfamon, pour autorifer cette coutume & l'accorder avec ce canon, y ajouta, comme par interprétation après *ejecta*, ces mots, *fine caufâ*, voulant dire, que le lien du mariage peut être rompu pour caufe d'adultere, & que l'excommunication ne tombe que fur ceux qui le font fans caufe; ce point fut debattu depuis dans le concile de Florence, & on l'accorda aux Grecs; il paroît qu'ils fe fondoient fur le paffage de St. Matthieu, dans lequel Jefus-Chrift dit, qu'il n'eft pas permis de donner le *libelle de répudiation*, *nifi fornicationis caufâ*; dans le concile de Trente, Catarin fut de ce fentiment, cependant ce concile le rejetta, & prononça, que le mari & la femme pouvoient fe féparer pour caufe d'adultere; mais que la liberté de fe remarier ne leur pouvoit être accordée, que par la mort de l'un des deux.

Diffolution du mariage défenduc.

Le canon cinquante-unieme préfente l'ancienne maniere de donner le baptême par triple immerfion; cette cérémonie fignifioit les trois jours que Jéfus-Chrift avoit été dans le tombeau, & les trois perfonnes de la Trinité; les Ariens la pratiquoient pour fignifier trois natures différentes en Dieu; cette coutume donna occafion à Saint Léandre, évêque de Séville, de confulter Saint Grégoire, parce que

Triple immerfion pour le baptême.

les Goths, Ariens, s'étant convertis en Espagne, de son temps, il douta s'il devoit continuer de se servir de la triple immersion qui auroit pu les entretenir dans leurs anciennes erreurs ; Saint Grégoire lui répondit, qu'une seule immersion pouvoit suffire, & lui conseilla de s'en servir, pour ôter à ces peuples tout sujet de retomber ou de demeurer dans l'hérésie, & lui marqua, que pourvu que l'on garda l'unité de la foi, on pouvoit varier dans sa discipline, & il semble que ce canon ne condamne pas tant l'évêque ou le prêtre qui n'a pas donné le baptême avec la triple immersion, que celui qui, n'en faisant qu'une, n'a pas d'ailleurs observé la forme des paroles prescrites par Jésus-Christ, de baptiser au nom du Pere, du Fils, & du Saint-Esprit.

On peut donc former sur ce canon la question qui a été agitée entre plusieurs célebres docteurs de l'église ; savoir, si le baptême conféré, *in mortem Domini*, comme il est dit dans ce canon, ou *in nomine Jesu-Christi*, comme on lit dans les actes, est valable ? Saint Bazile, Saint Grégoire de Nazianze, Saint Ambroise, le pape Nicolas I dans son épitre aux Bulgares, & Saint Bernard, ont cru qu'il étoit bon, parce que, qui nomme, ont-ils dit, une personne de la Trinité, nomme les trois, l'une ne pouvant être entendue sans l'autre ; Saint Grégoire de Nazianze ajoute, que quand on dit *Christus*, il faut entendre nécessairement celui *qui oint*, & celui *qui est l'onction*; les papes Pélage & Zacharie ont rejetté ce sentiment, ce dernier dans une épître à Boniface, apôtre des Allemands: Bellarmin a traité la même opinion d'hérésie dans la personne de Calvin, éludant l'autorité du pape Nicolas, dont il dit, qu'il a parlé en docteur particulier, & non en pape.

Le canon cinquante condamne l'opinion des Marcionistes,

qui établissoient deux principes, l'un bon, l'autre mauvais, & qui rejettoient le Dieu créateur, & le Dieu du vieux testament, & soutenoient par conséquent l'éternité de la matiere; ils rejettoient aussi le mariage & l'usage de toutes sortes de viandes. Les hérétiques modernes prennent de-là occasion de blâmer l'église moderne, qui ordonne la continence à ses ministres, & l'abstinence des viandes en certains temps à tous ses enfans; on leur répond par une distinction, la continence & l'abstinence défendues par ce canon seroient hérésies, si elles se faisoient *propter abominationem*; elles ne le sont pas lorsqu'elles se font, comme parmi-nous, *propter exercitationem*. *Opinion des Marcionistes condamnée.*

Sur le canon cinquante-deuxieme, il y a deux choses à remarquer; 1°. que les jours de fête on ne jeûnoit pas anciennement; un jour de jeûne étoit un jour de tristesse; au lieu qu'un jour de fête, en étoit un d'allégresse & de joye: chez les Grecs on ne sacrifie point aux jours de jeûne, pour marque de pénitence & de deuil. 2°. Le jeûne consistoit en l'abstinence de toutes choses; celle du vin est sur-tout remarquable, parce qu'à présent elle n'a lieu dans aucune des plus austeres religions. *Point de jeûnes les jours de fêtes. Abstinence du vin remarquable.*

Le canon cinquante-troisieme condamne les clercs qui hantent les cabarets, cela doit s'entendre de l'habitude, & de l'attachement; Balsamon fait cette remarque, croyant que la peine de la suspension seroit excessive, pour être tombé quelquefois seulement dans cette faute. *Clercs qui hantent les cabarets.*

Il faut faire une remarque générale sur tous les canons anciens, qui pour la plupart ne sont plus observés; quoique les peines qu'ils prononcent, ne s'infligent plus, cependant les cas pour lesquels elles ont été ordonnées, n'arrivent que trop fréquemment, & n'en sont pas moins punissables; ce

Z z ij

qui est fondé sur la loi temporelle, dit Yves de Chartres, peut être changé, telles sont les peines canoniques; mais ce qui est fondé sur la loi éternelle, comme sont les péchés, est immuable.

Éminence de l'épiscopat.

Les canons cinquante-quatrieme & cinquante-cinquieme punissent de la déposition l'injure faite à un évêque par un clerc; celle faite à un prêtre & à un diacre, de la suspension: cela fait voir l'éminence de la dignité épiscopale, sur tous les autres ordres; ce canon ajoute *principi populi non maledices*: ce titre semble être tiré de l'ancien testament, où le grand-prêtre portoit cette qualité; comme il paroît par les actes, lorsque Saint Paul comparut devant celui qui l'étoit, & qu'il ne connoissoit pas.

L'évêque avoit autorité sur tous les clercs; chacun avoit autorité sur celui qui lui étoit immédiatement subordonné, hormis les *mineurs*, qui n'avoient point d'autorité les uns sur les autres, & entre lesquels il n'y avoit point de subordination, les mineurs étant tous subordonnés au diacre, pour son soulagement; en sorte que si le diacre pouvoit faire seul ce que tous les autres font, il n'y auroit point de mineurs.

Remarques sur la suspension & la déposition.

Le canon cinquante-sixieme fait voir le grand pouvoir de l'évêque, pour augmenter ou diminuer les peines canoniques; il y avoit plusieurs degrés dans la suspension, & le temps pouvoit être prolongé ou raccourci suivant les circonstances; le clerc suspendu recevoit la communion laïque, pendant le temps de la suspension, & il y étoit réduit pour toujours, après la déposition.

La suspension & la déposition étoient autrefois des peines très-considérables; maintenant ce ne sont plus que des censures dont on ne fait plus si grand cas: autrefois elles s'imposoient dans le tribunal de la pénitence, aujourd'hui elles sont ordonnées dans les officialités : cela s'est introduit depuis le douzieme siecle, que le for extérieur & le for intérieur ont été distingués, & qu'on a établi des limites qui séparent la jurisdiction du pénitentier, de celle de l'official; le premier impose des peines pour les péchés, & l'autre publie des censures.

Il y avoit cette différence entre les clercs & les laïques, que les clercs ou suspendus ou déposés n'étoient pas absolument privés de la communion, mais seulement réduits à la recevoir parmi les laïques, ce qui étoit une assez grande peine ; au lieu que les laïques en étoient d'abord privés, lors même qu'ils n'étoient réduits qu'à la consistence ; on croyoit qu'un chrétien s'étant éloigné de son Dieu par son péché, devoit être puni par la privation de la participation de son corps; les pécheurs devoient envisager cette peine, comme un commencement de celle du *dam*, non pas pour se désespérer, mais pour s'humilier, & mériter par la pénitence d'en être délivrés ; plusieurs sont aujourd'hui d'avis, que l'on s'approche de la communion, comme par pénitence; mais ce n'est pas connoître ce que c'est que communion, qui est un acte de joie, & non de tristesse ; les premiers chrétiens regardoient l'autel, comme le symbole du ciel ; en approcher, étant en pénitence, c'eût été porter la tristesse dans le séjour des délices.

Le canon cinquante-septieme faisoit consister la principale fonction de l'évêque, dans l'enseignement. Balsamon dit sur ce canon, *episcopalis dignitas in edocendo consistit*. Les prêtres ont à proportion la même obligation; dans les premiers siecles il n'y avoit point de prêtres inutiles, & sans fonction; pour marquer qu'ils avoient part à la sol-

L'enseignement, principale fonction de l'évêque.

licitude pastorale, ils avoient leurs sieges autour de la chaire de l'évêque; à présent, quoique l'église fasse beaucoup de prêtres sans fonctions, elle exige pourtant encore d'eux la disposition intérieure de lui rendre service.

Faux évangiles rejettés.

Le canon vingt-neuvieme rejette les faux évangiles : du temps des apôtres, plusieurs hérétiques, comme Cerinthus, Ebion, &c. en fabriquerent sous le nom imposant de quelques-uns des apôtres, auxquels ils les attribuoient, comme à Saint Thomas; leur intention étoit de détruire par-là l'autorité des véritables évangiles, & d'accréditer leurs opinions; il se débita aussi divers actes apocriphes des mêmes apôtres, que ce canon rejetta : ceci prouve l'autorité, que la tradition doit avoir en matiere de foi, contre le sentiment de ceux qui la rejettent, & n'admettent que l'écriture; car, qui leur a dit que cette écriture est la véritable, si ce n'est l'église?

Pureté des clercs.

Par le canon soixantieme, on voit quel degré de pureté on exigeoit dans les clercs; un homme qui avoit été convaincu d'adultere, ou même d'une simple fornication, étoit exclus des ordres; celui qui avoit fait pénitence publique, pour quelque peché canonique, ne pouvoit pas non plus être ordonné; ce n'étoit pas la pénitence qui l'en rendoit indigne, mais le crime qu'il avoit commis; elle étoit honorable en elle-même, & ceux qui l'embrassoient quelquefois par un motif de piété, édifioient si fort l'église, qu'on les considéroit comme des especes de martyrs; il y en a un bel exemple dans l'histoire ecclésiastique. Métarius ayant été élevé au sige de Constantinople, voulut faire prêtre un de ses amis nommé Martyrius; cet homme refusa cet honneur, il s'en dit indigne, pour avoir commis plusieurs crimes durant sa vie; Métarius lui représenta que, quoiqu'il n'eût gueres été meilleur que lui, il n'avoit pas laissé d'être fait évêque; Martyrius lui répondit, que n'ayant reçu le baptême que peu de jours avant son sacre, toutes les taches de sa vie passée avoient été effacées; (Méttarius étoit catécumène, lorsqu'il fut reçu évêque de Constantinople): mais que pour lui, ayant commis beaucoup de fautes depuis son baptême, il étoit indigne des ordres, quoique ces fautes fussent demeurées secrettes: il reste encore plusieurs de ces anciennes irrégularités, mais on en dispense aisément.

Le canon soixante-unieme prononce la derniere excommunication, c'est-à-dire, l'expulsion, contre le clerc qui renioit le nom de Jésus-Christ, il n'encouroit que la déposition, pour avoir nié qu'il fut clerc. Sur ce dernier chef, Balsamon, commentant le canon, dit, que le clerc qui ne vit pas en clerc, qui méprise son ordre, qui n'en porte pas les marques & l'habit, nie de l'être, & que son crime est en quelque sorte plus grand que celui qui renie son état dans la persécution, parce que celui-ci le nie, par la crainte des tourmens, & l'autre par un mépris injurieux à l'église.

Clerc qui renie son ordre.

Frappé de la déposition, il pouvoit revenir, en faisant pénitence, parmi les laïques; mais il ne rentroit pas dans la cléricature, *pœnitentiam agens ut laïcus recipiatur*; alors on le faisoit passer par tous les degrés de la pénitence, qui n'étoient pas si exactement distingués dans les deux premiers siecles, comme ils le furent après les hérésies de Montanus & de Novatius, pour leur fermer la bouche sur les plaintes qu'ils faisoient sur la facilité de l'église.

Le canon soixante-deuxieme tient du judaïsme; c'est la seule chose que l'église eut retenue des coutumes de l'ancienne loi; il défend de manger les chairs suffoquées; on dit que cette défense fut portée dans le concile de Jérusalem, pour donner quelque chose aux Juifs; il est vrai que quelques-uns ont prétendu, qu'au lieu de *suffocato*, qui est dans les actes, il falloit lire *idolatris* ou *idololitis*, avec Saint Irenée, Tertullien, Cyprien, Saint Ambroise; mais tous les autres peres, grecs & latins, ont toujours lu *suffocato*; le texte grec du nouveau testament le porte aussi, de même que la vulgate latine : il y auroit avantage à lire de l'autre maniere, parce qu'on trouveroit les trois crimes canoniques, marqués par les apôtres mêmes dans le concile de Jérusalem; mais il faut se rendre à l'autorité de la plupart des peres, & reconnoître que l'église a gardée la coutume de s'abstenir à *suffocato*, très-long-temps, & ne s'en est éloignée que depuis sept à huit siecles; il se trouve même qu'au concile de Worms, tenu vers le huitieme siecle, on renouvella cette défense, que l'église d'Occident a ensuite abandonnée; les Grecs la gardent encore, & Balsamon, commentant ce canon, ne manque pas d'invectiver contre les Latins, qui ont quittée cette pratique.

Jeûnes du samedi & du dimanche défendus.

Le canon soixante-cinquieme, qui défend les jeûnes du samedi & du dimanche, est fort remarquable, parce que Baronius s'en sert pour rejetter tous les autres canons apostoliques, au-dessus de cinquante; & il s'est fort échauffé contre ce canon, qui établit une discipline pour le jeûne du samedi, contraire à celle de l'église Romaine; il est certain qu'à Rome & aux environs, on a toujours jeûné le samedi; mais il est constant aussi que dans l'Orient, dans l'Afrique & dans le reste de l'Occident, il y a eu une pratique contraire; pour l'Orient cela est certain, St. Ignace le dit nettement, au sujet de certains hérétiques, comme les Cædonites, les Marcionistes, les Manichéens qui jeûnoient

noient le famedi, en haine du Dieu créateur ; l'églife d'Orient ne jeûnoit que le famedi faint, à l'honneur de la fépulture de Jefus-Chrift.

En Afrique, cela paroît auffi par une lettre de St. Auguftin à Cafulanus, citoyen de Rome, que ce pere de l'églife blâme, de ce qu'il trouvoit mauvais, qu'on ne jeûnât pas ailleurs le famedi, comme à Rome, & de ce qu'il vouloit, qu'on fit une loi générale pour tout le monde de la difcipline particuliere de l'églife Romaine ; cela paroît encore par Tertullien, lequel répondant à ceux qui blâmoient les nouveaux jeûnes, fait une énumération de tous les jeûnes ordinaires des chrétiens, & y comprend bien le mercredi & le vendredi, mais non le famedi. Pour le refte de l'Occident, St. Ambroife confulté par Ste. Monique, fi elle devoit jeûner le famedi, lui confeille de fe conformer à l'ufage des lieux où elle fe trouvoit, & dit, en parlant de lui-même, que quand il étoit à Rome il jeûnoit, & ne jeûnoit point à Milan, où cette pratique n'avoit pas lieu. Le concile d'Agde & le deuxieme d'Orléans ordonnent, que l'on jeûneroit les famedis de carême ; cela marque que l'on étoit bien éloigné de les jeûner le refte de l'année, puifqu'il fallut y obliger durant le carême par des canons exprès. Il fe trouve une lettre du pape innocent I, à un évêque d'Agubie, qui n'eft pas loin de Rome, par laquelle il lui marque, qu'il peut faire obferver le jeûne du famedi, fur lequel cet évêque l'avoit confulté, ce qui prouve, que ce n'étoit pas une pratique fort univerfelle en Italie même ; de tout cela il faut conclure, que le cardinal Baronius a eu tort de s'élever contre ce canon, & contre les Grecs, & de vouloir qu'une difcipline particuliere de Rome ait toujours été celle de l'églife univerfelle.

Tome. I.   A a a

Ordinations faites par les hérétiques, réitérées.

Le canon cinquante-septieme ordonne la réitération des ordres conférés & du baptême donné par les hérétiques. Pour les ordres, jusqu'après le douzieme siecle, on a tenu dans l'église, que non-seulement les ordinations faites par les hérétiques étoient invalides, mais celles mêmes faites par des catholiques qui avoient violé les canons en quelque chose que ce fut, quoiqu'ils les eussent d'ailleurs observés dans les ordinations; on en remarque quatre exemples illustres dans l'histoire ecclésiastique, parmi un grand nombre d'autres. Les ordinations, faites par le pape Formose, furent cassées après sa mort par Étienne & par Sergius, parce qu'il avoit consenti à être tranféré de l'évêché de Porto à celui de Rome; on ne trouvoit pas qu'il eut manqué dans la collation des ordres, il étoit évêque légitime de Porto, & avoit par conséquent la puissance d'ordre, cependant on jugea qu'il n'avoit pu faire ses ordinations depuis sa tranflation ni *licitement*, ni *validement*, ayant violé les canons dans un fait tout différent; le huitieme concile général, cassa toutes les ordinations faites par Photius, parce qu'il avoit été sacré évêque *per saltum*, & que d'ailleurs il étoit intrus; & le même Photius étant ensuite rétabli dans le siege de Constantinople, après la mort de St. Ignace, cassa toutes les ordinations faites par celui-ci, prétendant qu'il avoit été mal rétabli dans ce siege.

Ebbon, archévêque de Rheims, ayant été déposé au concile de Thionville, pour avoir conspiré contre l'empereur, Louis le Débonnaire, avec les rois ses enfans, fut rétabli dans son siege, par Lothaire, & fit plusieurs ordinations; étant derechef cassé par le roi Charles le Chauve, Hincmar, qui fus mis à sa place, fit casser dans un concile de Soissons, toutes les ordinations qu'il avoit faites; il est vrai que les clercs, dépouillés par-là de leurs ordres, en appellerent à Rome, & furent rétablis par le pape Nicolas I ; Conftantin, frere du duc Totaru, ayant été fait pape par violence, fut chaffé au bout d'un an, & toutes les ordinations qu'il avoit faites furent annullées dans le concile de Nicée ; celles faites par les novations furent pareillement caffées, parce qu'on ne diftinguoit pas encore l'*illicite* de l'*invalide*. Il eft vrai que les exemples de Photius & du pfeudo-pape Conftantin ne font pas tout-à-fait décififs ; mais ceux de Formofe & d'Ebbon font très-concluans.

Depuis le douzieme fiecle, c'eft-à-dire, depuis St. Thomas & ce qu'on appelle les Scholaftiques, on a tenu une autre doctrine, & on a enfeigné, que les ordinations faites par les évêques catholiques font valides, pourvu qu'ils y euffent obfervé la matiere & la forme du facrement, quoique d'ailleurs ces évêques euffent prévariqué contre les canons.

Pour le baptême, la fcholaftique moderne s'accorde avec l'antiquité, en ce que celui qui eft conféré par les hérétiques eft bon, fi ce n'eft qu'ils n'euffent pas gardée la forme prefcrite par Jefus-Chrift, ce qui donne lieu de diftinguer deux fortes d'hérétiques ; ceux qui combattent le myftere de la Trinité, dont il y en a eu un très-grand nombre dans les premiers fiecles, & tous les autres qui ne combattent que d'autres myfteres de la foi, ou quelques points de difcipline : le baptême des premiers doit être réitéré, parce qu'ils ne le conférent pas dans la véritable forme ; celui de tous les autres eft très-bon, & on ne l'a jamais réitéré, quelque chofe que Saint Cyprien ait voulu dire au contraire ; il a lui-même bien reconnu, que fon fentiment étoit particulier, & différent de celui de l'églife

Romaine, & de la tradition, & de la pratique générale.

Le canon soixante-huitieme est le premier canon de l'église, où il soit parlé du jeûne. *Jejunare*, dans l'antiquité, c'est faire le carême; d'où vient que Tertullien, se plaignant de ce que les Chrétiens ne faisoient qu'un carême, & cependant se marioient plusieurs fois, fait d'eux cette raillerie, *sæpius nubunt, quàm jejunant;* s'il étoit constant, que ces canons fussent des apôtres, il n'y auroit point de doute, que le carême ne fut d'institution apostolique; mais comme cela est incertain, il faut chercher une autre preuve de l'institution du carême; & on en trouve une dans Tertullien, qui, pour montrer aux chrétiens qu'ils ne doivent pas rejetter les nouveaux dogmes de Montanus, quoiqu'ils ne fussent pas d'institution apostolique, leur dit, *ne gardez-vous pas, outre le carême, qui est d'institution apostolique, d'autres jeûnes qui n'en sont pas?* Il distingue deux sortes de jeûnes dans l'antiquité, celui du carême, & celui du mercredi & du vendredi, le premier étoit un jeûne entier, *strictiora jejunia*, & on ne mangeoit qu'après vêpres, qui ne se disoient que le soir; l'autre jeûne est appellé par Tertullien un demi-jeûne ou station, *jejunia dimidia vel stationes*; il étoit de conseil plutôt que de précepte dans l'Occident, comme l'observe Saint Augustin; mais dans l'Orient, les Grecs ont tenu qu'il étoit de précepte; d'où vient que ce canon ordonne la déposition pour les clercs, & la pénitence pour les laïques, qui ne l'observoient pas; on mangeoit après l'heure de none, c'est environ trois heures après-midi; dans le carême on ne mangeoit que des choses séches, cela se nommoit *xenophagie*, excepté les malades qui mangeoient du poisson, & non de la viande, lors même qu'ils étoient à l'extrêmité, *etiamſi extremum ſpiritum agant*, comme le remarque Balſamon, ſur ce canon; on jeûnoit tous les mercredis & tous les vendredis, excepté la *cinquantaine* de pâques à la pentecôte, & les fêtes qui écheoient ces jours-là, parce que les fêtes étoient jours de joye & non de triſteſſe; nous en avons encore un veſtige pour le jour de noël, on mange de la viande, quelque jour qu'il arrive.

Par le canon ſoixante-neuvieme on voit la grande averſion de l'égliſe pour les cérémonies judaïques, Balſamon en tire une conſéquence malicieuſe; « car, dit-il, ſi recevoir du » pain *azime*, c'eſt un crime, à plus forte raiſon ſera-ce un » crime de conſacrer avec du pain *azime* »; mais on lui répond, que de cette coutume des Juifs de s'envoyer des pains *azimes*, les chrétiens ont pris celle de s'envoyer, pour marque de communion, un préſent appellé *eulogie*; St. Paulin envoya à St. Auguſtin un pain; le pape Innocent I, dans une de ſes épitres, appelle ce préſent *fermentum :* on ne ſçait pas bien ce que c'eſt; ſouvent les chrétiens s'envoyoient l'euchariſtie; & St. Irenée repréſenta au pape Victor, qu'il ne devoit pas ſe ſéparer des évêques d'Orient, auxquels ſes prédéceſſeurs & lui-même avoient envoyée l'euchariſtie, & de qui ils l'avoient reçue.

Le préſent des azimes des Juifs, changé par les chrétiens en un autre.

Le canon ſoixante-douzieme parle de vaſes d'or & d'argent pour le ſacrifice & les cérémonies de l'égliſe. Le miniſtre Blondel a tiré de-là un argument, pour prouver la ſuppoſition des canons apoſtoliques, prétendant que l'égliſe, dans ces premiers temps, ne pouvoit pas être ſi riche; cependant il eſt aiſé de croire, que vu l'abondance des offrandes que les premiers chrétiens faiſoient à l'égliſe, elle ait été de bonne heure pourvue de vaſes & d'ornemens très-précieux.

Ornemens des égliſes des premiers ſiecles.

Le canon ſoixante-treizieme eſt très-remarquable, parce

Conciles provinciaux, juges des évêques. qu'il nous apprend l'ancienne maniere de faire le procès aux évêques. 1°. On ne recevoit d'accusation contre un évêque que de la part de gens d'honneur & dignes de foi ; les hérétiques n'étoient pas reçus à faire de pareilles accusations. 2°. L'accusation devoit être formée devant un concile provincial ; les évêques ne pouvoient être jugés ailleurs, parce que toutes les *causes majeures* devoient être traitées dans les conciles provinciaux en premiere instance ; nous avons quelques exemples illustres de cette coutume, qui a duré très-long-temps en France ; Chilperic I accusa Prétextat, archévêque de Rouen, dans le concile de Paris, d'avoir marié son fils Merovée avec Brunehaut, & de s'être rendu coupable d'autres crimes ; dans la deuxieme race, Ebbon, archévêque de Rheims, ayant été un des principaux auteurs de la dégradation de l'empereur, Louis le Débonnaire, fut accusé par ce prince au concile de Thionville, où il fut déposé ; Charles le Chauve accusa de même Trevilon ou Ganelon, archévêque de Sens, dans le concile de Toul, autrement *ad saponarias*, proche de Toul, d'avoir conspiré contre lui en faveur de son frere Louis le Germanique, & il l'y fit déposer. Au commencement de la troisieme race, Arnould, archévêque de Rheims, qui étoit de la race de Charlemagne, fut accusé par Hugues Capet, dans un concile de Rheims ; il paroît par ces exemples, que les rois comparoissoient eux-mêmes dans les conciles, pour y demander justice contre les évêques qui n'avoient point d'autres juges ; mais dès qu'ils eurent cessé de tenir des conciles provinciaux, & de se juger eux-mêmes, le pape & les rois se sont mis en possession de les juger, n'étant pas raisonnable, que les crimes des évêques demeurent impunis ; en pensant s'affranchir de la sujétion envers les conciles, ils font tombés fous une jurifdiction étrangere, & fe font forgé des chaînes, en voulant être libres.

3°. Lorfqu'un évêque étoit accufé dans le concile, s'il ne s'y trouvoit pas lui-même, on le citoit jufqu'à trois fois; après quoi, s'il ne comparoiffoit pas, il étoit jugé; on envoyoit à un évêque accufé deux de fes confreres pour le citer; fi c'étoit un métropolitain, on lui en envoyoit un plus grand nombre; lorfque le pape Vigile fut cité au cinquieme concile général, les peres lui envoyerent trois patriarches & dix-fept métropolitains.

Le canon foixante-quinzieme condamne le *népotifme*, c'eft-à-dire, ce défir paffionné qu'avoient & ont la plupart des évêques, de faire leurs neveux ou autres parens, leurs fucceffeurs; ce canon le défend, lorfque cela fe fait *humanâ affectione*; peut-on fuppofer que cette prédilection puiffe avoir un autre motif?

Népotifme condamné.

Le pape Boniface II voulut de fon vivant faire élire pour fon fucceffeur, Vigilius; il fut obligé de s'en départir dans un concile qui fut affemblé peu de temps après, & qui caffa cette élection, & ordonna que cet abus feroit à jamais profcrit; cependant on voit dans l'hiftoire eccléfiaftique, que Valerius, évêque d'Hippone, défigna Saint Auguftin pour fon fucceffeur; celui-ci s'en plaignit depuis, & dit, que Valerius & lui n'avoient pas eu connoiffance du canon du concile de Nicée, qui le défend; cette cenfure que Saint Auguftin prononce contre lui-même, ne l'empécha pas de choifir Cradius pour fon fucceffeur; mais il en demanda la permiffion à fon métropolitain, & le fit élire par fon clergé & par fon peuple, canoniquement. Boniface, apôtre des Allemands, & évêque de Mayence, mit à fa place Lullus, lorfqu'il alla prêcher la foi aux Frifons; mais ces exemples ne sont pas dans les termes du canon, qui ne le défend que pour les parens, & ne condamne que les affections de la chair & du sang.

Irrégularités corporelles. Le canon soixante-seizième montre, qu'il n'y a que la souillure de l'ame qui puisse empêcher un homme d'être évêque ou prêtre. Ammon, moine d'Egypte, s'étant coupé le nez, & croyant se rendre irrégulier, & empêcher qu'on ne le fît prêtre, Trophile évêque d'Alexandrie ne laissa pas de l'ordonner, & dit à ceux qui l'en vouloit blâmer, *qu'on m'en amène un cent pareil à Ammon, & je les ordonnerai tous*; ainsi sur ce canon & le suivant, il faut faire une belle différence entre l'ancienne loi & la nouvelle; celle-là s'arrêtoit aux difformités corporelles, pour elles-mêmes, l'autre ne les considere, qu'en tant qu'elles empêchent les fonctions spirituelles.

Néophites exclus de l'épiscopat. Le canon soixante-dix-neuvieme est conforme au précepte de Saint Paul, qui ne vouloit pas qu'on ordonna évêque un *Néophite*, c'est-à-dire, un homme nouvellement converti; ce n'est pas qu'on n'ait contrevenu quelquefois à ce reglement, & ce canon y a pu donner lieu par ces termes, *nisi hoc divinâ gratiâ fiat*; ainsi les Hilaires, les Ambroises, furent faits évêques, étant encore catéchumenes; Nectarius & Tarasius furent aussi promûs, en cet état; cela étoit assez ordinaire dans l'église de Constantinople; les papes s'en plaignoient souvent, on leur répondoit par l'exemple d'Ambroise; ils répondoient à leur tour, que tout ayant été extraordinaire dans ce docteur célebre, un miracle ne devoit pas être pris pour un exemple.

Livres canoniques de l'écriture. Le canon quatre-vingt-troisieme fait le dénombrement des livres canoniques de l'écriture. Le cardinal Baronius s'en sert pour rejetter tous les autres canons attribués aux apôtres,

apôtres, au moins ceux qui font au-deſſus de *cinquante* ; parce que dans le dénombrement que fait le canon cité, il omet quelques-uns des livres canoniques, & en met d'autres, qui ne ſont pas reçus maintenant, entre les livres du nouveau Teſtament. L'apocalypſe eſt omiſe dans les livres du nouveau Teſtament ; & entre ceux du vieux Teſtament, les livres de Judith, & de Tobie ; il met trois livres des Macchabées, au lieu de deux ; il met les épîtres du pape Clément & les conſtitutions apoſtoliques, après les livres du nouveau Teſtament.

On peut répondre, 1°. qu'en général tous les livres de l'écriture, que l'égliſe tient maintenant pour canoniques, n'ont pas toujours paſſé pour tels, qu'il y en a dont on n'a eu connoiſſance ou aſſurance que plus tard, & dont la tradition n'étoit pas d'abord aſſez conſtante, & ne s'eſt fortifiée qu'avec le temps ; on faiſoit cette différence entre les premiers & les derniers, qu'on ſe ſervoit de ceux-là pour établir & fonder les dogmes de la foi, & pour convaincre les hérétiques ; & de ceux-ci ſeulement pour illuſtrer les dogmes qu'on tiroit des autres : de certaines égliſes en ont eu connoiſſance beaucoup plus tard que les autres, d'où il eſt arrivé que ces livres n'ont pas été tenus univerſellement pour canoniques, & qu'ils n'ont point été déclarés tels, par l'égliſe aſſemblée en un ſeul concile ; & c'eſt ce qui a fait dire à Saint Auguſtin, qu'il ne faut tenir pour canoniques, que les livres reçus de toute l'égliſe.

2°. En deſcendant dans le détail, on peut dire d'abord, à l'égard de l'apocalypſe, qu'il ſe peut très-bien qu'on n'en eût point de connoiſſance au temps où ce canon fut fait, & dans le doute ce ſera plutôt l'apocalypſe qui ſera apochryphe, que le canon ; à l'égard des livres de Judith &

de Tobie, il est certain qu'anciennement on ne les recevoit, que pour l'illustration de la foi, & non pour l'établir; quant aux livres des Macchabées, ils étoient anciennement divisés en trois, & non en deux; enfin, Baronius ne devoit pas rejetter indéfiniment les épîtres du pape Clément, par la raison que de son temps elles étoient perdues; il pouvoit apprendre de St. Jérôme, qu'on les lisoit autrefois dans l'église comme les épîtres des apôtres : reste à parler des constitutions apostoliques; il est vrai que ce livre, de la maniere dont nous le voyons rédigé aujourd'hui, est rempli de choses ridicules; mais on peut dire aussi, que le concile *in trullo* ne les a rejettées, que parce qu'elles avoient été corrompues & altérées.

Il y a un mot à la fin de ce canon, qui nous apprend le soin qu'avoient les chrétiens de cacher aux infideles les mysteres & les cérémonies de leur religion, particulierement ce qui concernoit les sacremens & leur administration; ils ne donnoient pas, même aux catéchumenes, le symbole, & le leur faisoient apprendre par cœur : nous retenons encore aujourd'hui quelque chose de cette ancienne pratique dans la messe, où le prêtre dit tout bas ce que l'on nomme les *secrets*, & dont on ôte la connoissance au peuple; autrefois dans l'administration des sacremens, on prononçoit tout bas les paroles qui en font la forme, même dans les ordinations : Theodoret, remarque dans sa *Philothée*, que quelques moines avoient été ordonnés par des évêques, sans qu'ils s'en fussent apperçus eux-mêmes, l'évêque leur imposant les mains, & prononçant secretement les paroles de l'ordination.

ARTICLE II.

Concile Eliberitain ou d'Elvire.

Ce concile se nomme *Éliberitain*, parce qu'il a été tenu à *Eliberis* ou *Elvire*; il y a eu deux Elvires en Espagne; l'une en Catalogne; c'est aujourd'hui Colioure; l'autre dans l'ancienne Bœtique, c'est l'Andalousie d'aujourd'hui, & c'est où ce concile a été célébré; Grenade a été bâtie sur les ruines de cette ville; il y a encore une montagne nommée Elvire, proche Grenade.

Le cardinal Baronius croit que ce concile a été tenu après l'hérésie de Montanus, & celle de Novatien, parce qu'Ozius, évêque de Cordoue, y a assisté; cet Ozius vivoit de ce temps-là; de plus il paroît que l'unique sujet d'assembler ce concile, fut pour réduire ceux qui étoient tombés durant la persécution de Dioclétien, qui n'a régné qu'après le temps de Montanus, de sorte que ce concile auroit été tenu justement l'an 305.

Cependant le pere Morin soutient qu'il est plus ancien que Novatien; il se fonde sur ce que ce concile paroît être du sentiment de cet hérétique, & même de Montanus, par conséquent contraire aux reglemens du pape Zéphirin contre les Montanistes, & à ceux du pape Corneille contre les Novatiens : or, il n'y a pas d'apparence, ajoute le pere Morin, qu'après ces reglemens il se soit assemblé un concile pour les contredire.

Mais on répond au pere Morin, que ce concile n'est pas, comme il le prétend, du sentiment des Montanistes & des Novatiens, quoiqu'il refuse, même à la mort, la communion pour les crimes capitaux; car ces hérétiques le faisoient, parce qu'ils ne croyoient pas que l'églife eût le pouvoir de remettre ces fortes de crimes; & ce concile le fait, *non defectu potentiæ*, mais *rigore difciplinæ*; il n'eft d'ailleurs pas contraire aux décrets des papes Zéphirin & Corneille, parce qu'il ne refufe pas la communion à ceux qui n'ont précifément commis qu'adultere, & qui font tombés purement dans l'idolâtrie, lorfque ces crimes n'étoient pas accompagnés d'autres qui les aggravoient, comme nous le ferons voir dans les obfervations particulieres que nous ferons fur chaque canon.

Il faut remarquer dans tout ce concile trois fortes de pénitences; la premiere étoit une pénitence canonique pour un temps, après lequel on donnoit la communion; la feconde étoit une pénitence auffi longue que la vie, à l'extrémité de laquelle on accordoit la communion; la troifieme étoit une pénitence, qui excluoit toute efpérance de communion. Cette derniere avoit été pratiquée avant ce concile, & même avant les héréfies de Montanus & de Novatien, dans quelques églifes; on en tire une preuve très-forte du livre *de pudicitiâ* de Tertullien, lequel n'eft fondé que fur cela, & qui prêche cette pratique depuis le commencement jufqu'à la fin, & de St. Cyprien, qui dit que quelques-uns de fes prédéceffeurs l'avoient mife en ufage; d'ailleurs il y a apparence que le pape Zephirin fit quelque chofe de nouveau par fon décret, par lequel il ordonna que l'on recevroit à la pénitence les adulteres; autrement quel fujet Tertullien eût-il eu de s'élever contre lui?

Sur le canon premier il faut remarquer le premier mot *placuit*, qui fe trouve prefque dans tous les canons fuivans; ce mot fait connoître, que l'églife, en refufant la communion, a cru le pouvoir faire, & avoir auffi l'autorité du contraire, & qu'elle n'agissoit par conséquent *que rigore disciplinæ*, & non *defectû potentiæ*.

Ce canon refuse la communion à tout homme adulte, qui commet idolâtrie, sans être pressé par les tyrans; on en donne pour raison, que l'idolâtrie volontaire est un double crime, en ce qu'elle renferme aussi l'apostasie. *Idolâtres volontaires privés, de la communion.*

Sur le canon onzieme, on peut remarquer trois choses. 1°. La raison pour laquelle les empereurs chrétiens retinrent pendant long-temps le titre de souverains pontifes; Gratien est le premier qui le quitta: c'est que les *flamines* continuerent de subsister, tant qu'il y eut dans l'empire des temples où l'on sacrifioit aux dieux de l'ancienne Rome; chaque divinité avoit ses *flamines*; *divis singulis flamines sunto*: chaque *flamine* réunissoit à sa dignité sacerdotale, quelque magistrature civile; ils étoient appellés *flamines* d'un voile de laine qui leur couvroit la tête; les *flamines* continuerent de subsister même durant le christianisme, quant à leurs magistratures civiles; mais on leur ordonnoit de ne rien faire qui blessât les pratiques de la religion chrétienne, & c'est pour cela que les premiers empereurs chrétiens continuerent dans leur personne la qualité de souverains pontifes. *Les empereurs chrétiens pendant long-temps, souverains pontifes.* *Cic. de legib. 2.*

2°. Le canon porte la privation de la communion, non pas pour un seul homicide, ni pour un seul acte d'idolâtrie, ni pour un seul adultere; il en falloit au moins deux, *geminaverint vel triplicaverint scelera*. *Crimes geminés pour la privation de la communion.*

3°. Par le mot *communion*, il faut non-seulement entendre la communion eucharistique, mais la sacramentelle, c'est-à-dire, l'absolution, parce que l'une ne se donnoit jamais sans l'autre; aussi-tôt qu'un homme étoit absous, il communioit; ce qui fait voir, qu'au temps de ce concile le rang *Communion signifie aussi absolution.*

des pénitens, appellés *confiſtentes*, n'avoit pas encore lieu; il fait voir auſſi l'origine de cet ancien uſage, en vertu duquel les condamnés, pour crimes, étoient privés non-ſeulement de la communion euchariſtique, comme cela ſe pratique encore à préſent, mais auſſi de l'abſolution; cet uſage a ſubſiſté en France juſqu'au regne de Charles VI.

<small>Pénitence légitime.</small>
Sur le canon troiſieme, il faut remarquer, 1°. Le mot *munus*, qui ſignifie ſpectacle & jeux du cirque. 2°. Les mots *pænitentia legitima*, qui eſt la même choſe que *canonique* & *luctueuſe*; quand, après cette pénitence publique, on retomboit dans un péché canonique, il n'y avoit plus de réconciliation à eſpérer; la pénitence publique ne ſe donnoit qu'une fois; on conſeilloit bien au pécheur de la reprendre encore après de nouveaux crimes, & de la continuer juſqu'à la mort; mais l'égliſe ne donnoit plus la paix, l'abſolution, ni la communion. Quelques-uns ont cru que l'égliſe avoit d'autres remedes ſecrets & faciles pour réconcilier les pécheurs après la rechute; mais c'eſt une pure imagination, contraire à la pratique conſtante & l'eſprit de la primitive égliſe.

<small>Catéchumenat, noviciat des chrétiens.</small>
Le canon quatrieme fait voir, que le catéchumenat étoit comme le noviciat des chrétiens; c'étoit comme une eſpece de pénitence probative, qui dans les premiers temps duroit deux ans: ce canon en diſtingue trois, pour mieux éprouver les catéchumenes; le catéchumenat a éprouvé les mêmes changemens que la pénitence; on ne connut ni l'un ni l'autre à la naiſſance du chriſtianiſme; Saint Paul ne fit point faire de catéchumenat à ces trois mille hommes qu'il baptiſa la premiere fois, ni à ces cinq mille qu'il baptiſa à la ſeconde.

<small>Trois ſortes de catéchumenes.</small>
Il y a eu dabord trois ſortes de catéchumenes; *largiores*, qui témoignoient ſouhaiter le baptême, mais n'avoient pas

donné leurs noms, & vouloient différer leur baptême jusqu'à la mort; *strictiores*, dont il y en avoit de deux sortes, les uns qui, ayant donné leurs noms, assistoient à la messe proprement dite des catéchumenes, sur lesquels l'évêque faisoit les prieres & l'imposition des mains; mais le temps de leur baptême n'étoit point déterminé. Ceux qui étoient jugés dignes d'entrer dans ce bain sacré, étoient enfermés pendant les quarante jours du carême, pour être exercés dans les œuvres de la pénitence; on les appelloit *competentes*, & c'étoit la veille de la pentecôte qu'on les baptisoit.

Le canon cinquieme prouve nettement, que les évêques, qui avoient assemblé ce concile, n'étoient pas Novatiens; car il ordonne, qu'une femme qui aura tué sa servante en la battant, fasse sept ans pénitence, si elle a eu volonté de la tuer, & cinq ans, si elle n'a pas eu ce dessein, & qu'après cela elle reçoive l'absolution & la communion. Quand une personne avoit été mise à la pénitence, & qu'elle tomboit dangereusement malade avant que de l'avoir achevée, on lui donnoit l'absolution & la communion, & si elle revenoit en santé, elle étoit quitte de sa pénitence; mais comme on vit que les pécheurs, déchargés de la pénitence, retournoient à leurs premiers égaremens, après avoir recouvré leur santé, on ordonna vers le quatrieme siecle, que le pénitent qui auroit reçu la communion dans une maladie, continueroit sa pénitence, après être revenu en santé, & le concile de Nicée ordonna, qu'il seroit au moins mis à la consistence.

Le canon huitieme prive de la communion à l'article de la mort, la femme qui quitte son mari sans sujet, & en épouse un autre. Sur ce canon il faut remarquer, 1°. Qu'il n'est pas contraire au décret du pape Zéphirin, rendu en

<small>Femme fidele ne se peut séparer de son mari, payen ou infidele.</small>

faveur des adulteres; parce qu'il y a dans le cas du canon plus que de l'adultere, il y a de l'abandon, ou comme on dit de la défertion. 2°. Ce canon doit s'entendre d'une femme *fidele* qui abandonne fon mari, payen ou *infidele*, & fe fépare de lui fans autre fujet que celui de la religion; la défenfe portée par ce canon eft très-remarquable, parce qu'elle paroît contraire à ce que dit Saint Paul, que la femme fidele peut demeurer avec fon mari infidele, celui-ci pouvant être converti par les foins & les exhortations de fa femme; mais qu'elle peut auffi s'en féparer fi elle veut, & fe marier à un autre, fi elle veut : ce fentiment de Saint Paul paroît étrange; il eft difficile de concevoir, comment il a pu difpenfer du lien du mariage, qui de droit naturel paroît indiffoluble; fi la loi des Juifs leur accordoit la faculté de donner, dans de certains cas, le libelle de répudiation : Jefus-Chrift a bien montré que c'étoit en foi une chofe mauvaife, & permife feulement *ad duritiam cordis*. Il faut donc expliquer Saint Paul, de maniere qu'il ne choque point un principe conftant chez tous les peres de l'antiquité, ce qui eft affez difficile.

Le canon neuvieme roule fur le même fujet, que le précédent; mais il en differe en ce qu'il s'agit ici de deux parties *fideles*; l'une peut fe féparer de l'autre pour caufe d'adultère, car c'eft le cas de ce canon; mais feulement *quoad thorum*, & non pas contracter un autre mariage, ce qu'il punit de la privation de la communion, jufqu'à la mort de celle des parties, qui formoit d'autres liens; avec cette reftriction néanmoins, qu'elle pouvoit être réconciliée à la mort de fon premier conjoint, laquelle pouvoit rendre le fecond mariage valide, ce qui eft très-remarquable; car ce qui eft maintenant un empêchement *dirimant* du mariage, n'en étoit

pas

pas un dans la primitive églife; on ne peut époufer aujourd'hui une perfonne avec laquelle on a commis adultere fous promeffe de mariage.

Ce canon fait auffi connoître par le mot *prohibeatur*, que l'églife commençoit alors à fe mêler du lien du mariage; Tertullien, dit, *nuptiæ non profeſſæ pro nihilo habentur*; dès ce temps-là le mariage étoit confidéré comme facrement, & comme contrat civil. L'églife Grecque plus indulgente a permis le mariage, après un divorce.

Le texte du canon dixieme eft un peu obfcur; pour l'éclaircir, il faut remarquer, que le mot *poteft* tombe fur *catechumenus*; on voit par ce canon, que l'églife défend la répudiation, hors le cas d'adultere; il paroît de plus, que ce canon n'eft pas du fentiment qu'on attribue à Saint Paul, & dont il a déjà été parlé; il faut entendre que le catéchumene ait répudié fa femme fans caufe, & qu'elle fe foit remariée à un autre; car en ce cas il y avoit lieu de douter, fi on devoit accorder le baptême à ce catéchumene, autrement il n'y auroit pas eu lieu, s'il l'eût répudiée pour caufe d'adultere; & la raifon pour laquelle il eft admis au baptême, c'eft qu'il ne lui étoit pas permis de la répudier par les loix Romaines, outre qu'il faut remarquer que les catéchumenes font toujours traités avec plus de douceur, que les fideles tombés dans quelque faute.

La particule *autem*, qu'on trouve dans le canon onzieme, montre que ce canon a liaifon avec le précédent; le temps des cinq ans pour le catéchuménat dont il y eft parlé, marque une prolongation du temps ordinaire, qui n'étoit que de deux, ou au plus de trois ans; cette prolongation a pour objet un cas particulier; il s'agit d'une femme catéchumene, qui a époufé un homme qu'elle favoit avoir répudié

Prolongation du catéchuménat.

Tome I. C cc

sa femme sans sujet; le catéchuménat se prolongeoit, quand les catéchumenes tomboient dans des fautes, de même que la pénitence se prolongeoit, quand les pénitens commettoient quelque nouveau crime; cependant on traitoit les catéchumenes avec moins de sévérité que les pénitens; parce que les péchés de ceux qui n'étoient pas encore baptisés, étoient censés moins grands, que ceux des fideles; mais il est très-remarquable, que les peines des anciens catéchumenes étoient beaucoup plus rigoureuses que celles qu'on impose maintenant aux pénitens.

Sous les mots *dandum baptismum*, il faut entendre la confirmation & l'eucharistie, avec le baptême; c'étoit la pratique de la primitive église.

Sur le canon treizieme il faut observer; 1°. qu'il y avoit des *vierges* dans l'église, avant qu'il n'y eût des moines; à la vérité elles ne faisoient pas corps avec l'église, mais elles portoient le voile, en demeurant chez leurs parens; 2°. qu'il s'agit ici d'une vierge tombée dans l'incontinence, & qui y persévere; le canon veut que la communion lui soit refusée à l'article de la mort; ce qui n'est pas contraire au décret du pape Zephirin, parce que l'obstination & la persévérance rend le péché comme double, outre que la qualité de vierge, consacrée à Dieu, semble l'aggraver encore; 3°. que ceux qui attendoient à la mort à faire pénitence, & à demander l'assistance de l'église, étoient censés le faire par crainte, & non par amour; le pape Innocent I remarque dans une de ses épîtres cette pratique des siecles qui l'avoient précédé, & nonobstant laquelle on continuoit à traiter les catéchumenes différemment des pécheurs baptisés, en accordant le baptême à ceux-là, par lequel ils recevoient une indulgence pléniere de leurs fautes, & on refusoit la paix

Vierges consacrées à Dieu.

& la réconciliation aux autres, lorsqu'ils avoient attendu à la mort, pour la demander; 4°. ce canon veut qu'une vierge, qui, tombée par fragilité ne se releve aussi-tôt, & persévere dans son crime, demeure en pénitence le reste de sa vie, & qu'elle reçoive la communion à l'article de la mort seulement; il faut inférer de-là qu'on faisoit pénitence publique, même pour des péchés secrets, car le péché d'une vierge est ordinairement un crime caché; les peres & les conciles des premiers temps n'ont point distingué entre les péchés secrets & les péchés publics, pour rendre la pénitence ou publique ou secrete.

Le canon quatorzieme laisse douter, si alors le vœu solemnel de virginité étoit comme aujourd'hui un empêchement dirimant du mariage; « si une vierge, dit-il, péche avec un homme, & qu'elle l'épouse ensuite, son mariage ne sera pas nul, mais elle sera pendant un an dans l'ordre des *consistens*, sans faire autre pénitence ». La *consistence* consistoit à être privé de la communion seulement, sans subir d'autres peines; mais c'est une question si le mot *vierge* qui est employé dans ce canon, doit s'entendre des vierges consacrées à Dieu, ou s'il parle en général d'une vierge qui péche avec un homme qu'elle épouse ensuite. Au reste ce canon prouve encore, que tout péché mortel n'étoit pas puni de la *pénitence*, puisqu'il y en avoit qui ne l'étoient que de la *consistence*.

Vœu solemnel de virginité, pas encore un empêchement dirimant du mariage.

Sur les canons quinzieme, seizieme & dix-septieme, on forme une question; savoir, si la *disparité du culte* étoit un empêchement dirimant du mariage. Il est certain que l'esprit de l'église alloit à défendre ces sortes de mariages autant qu'elle pouvoit; cependant il faut dire que dans les premiers siecles, & même jusqu'au douzieme, la disparité du

Disparité du culte point encore un empêchement dirimant du mariage.

culte n'a point été un empêchement dirimant; ces canons en sont une preuve assurée; non-seulement ils ne déclarent pas nul le mariage d'une fille chrétienne avec un payen, un juif, ou un hérétique, mais ils ne la mettent pas même à la pénitence; le pere seul de la fille y est mis, pour avoir exposé sa fille au danger de son salut; nous avons des exemples illustres de ces sortes de mariages; Sainte Monique, mere de Saint Augustin, fut mariée avec un infidele nommé Patrice; Clotilde fut mariée avec Clovis, encore payen; ce n'est que depuis le douzieme siecle, que la disparité du culte est au nombre des empêchemens dirimans, encore n'est-il pas censé y avoir disparité de culte entre un catholique & un hérétique, & *vice versâ*; mais on peut former encore cette question : peut-il y avoir des empêchemens dirimans, qui n'aient pas été reconnus pour tels dans les siecles précédens? & on répond pour l'affirmative, puisque nous voyons que dans le concile de Trente on déclara nuls les mariages clandestins, malgré tout ce que le cardinal Ozius put représenter sur la contrariété de cette décision, avec l'ancienne discipline de l'église. Le même concile paroît encore s'être éloigné de l'ancienne discipline, en ce qu'il autorise les mariages faits sans le consentement & même contre le consentement des peres & meres des contractans: il est vrai que la France n'a point reçu cette décision, & on continue à y suivre la doctrine de Saint Paul, qui établit fortement la puissance paternelle & la nécessité de son intervention dans les mariages de ceux qui y sont soumis.

Négoce & trafic, défendus aux clercs. Le canon dix-huitieme défend aux ecclésiastiques tout commerce & négoce, si ce n'est en cas de nécessité pour subsister, auquel cas il leur est permis, non pas de se mêler d'affaires, mais de travailler de leurs mains pour gagner leur vie ; & quoiqu'ils aient du bien de patrimoine, & que les distributions de l'église soient suffisantes pour les entretenir, il leur est néanmoins permis de s'occuper aux ouvrages manuels par piété. Epiphanes le rapporte de plusieurs prêtres de son siecle, qui donnoient aux pauvres ce qu'ils tiroient de l'église, & gagnoient leur vie du travail de leurs mains; Saint Paul faisoit la même chose; enfin le dessein de l'église dans ce canon & dans beaucoup d'autres, c'est de déraciner l'avarice du cœur des ecclésiastiques.

Travail des mains permis, ad quid?

Il y a apparence que les églises d'Espagne étoient fort pauvres dans le temps de la tenue de ce concile, puisqu'il semble que les prêtres y étoient obligés de gagner leur vie; & il faut en même temps remarquer de quelle obligation les peres de ce concile tenoient la résidence, puisqu'ils défendent aux ecclésiastiques de sortir de leur diocese, même pour gagner leur vie, & ne limitent pas seulement cette défense à l'évêque, mais l'étendent aux prêtres & aux diacres; ce qui fait voir encore la vérité de ce qui a déjà été remarqué ci-dessus, qu'il n'y avoit pas alors de prêtres ni de diacres vagues & inutiles, & qui ne fussent attachés à une église par un emploi, les prêtres presque toujours au gouvernement des paroisses de la campagne, & quelquefois même les diacres.

Obligation de la résidence.

Il faut aussi remarquer dès-lors l'ordre hiérarchique, composé de l'évêque, du prêtre & du diacre, sans que le sous-diacre y soit compris; quoique dans un autre canon de ce concile, la continence lui soit commandée.

Ordre hiérarchique.

Les Grecs se servent du canon dix-neuvieme, pour prouver leur opinion, que les clercs ne doivent garder continence avec leurs femmes, que lorsqu'ils sont en fonction & de semaine, *in ministeriis*, & que hors-de-là ils peuvent habiter avec elles; mais on leur répond : 1°. que le canon porte le mot *episcopi*; or il est certain que dans l'ancienne église Grecque, les évêques ont toujours gardé continence; on y trouve encore le mot *mœchari*, or un mari ne commet pas adultere avec sa femme : 2°. il porte encore *propter scandalum & profanum crimen*, ce qui ne peut s'appliquer au mari & à la femme. Il faut donc que le sens du canon soit, que l'évêque, prêtre ou diacre, ayant commis adultere, *in ministerio positi*, c'est-à-dire, n'étant point déposés & étant actuellement dans leurs ordres & dignités, soient punis de la privation de la communion à l'article de la mort; le canon dit, *si detecti fuerint*, s'ils sont accusés & convaincus; c'étoit la coutume anciennement de punir plus séverement ceux qui se laissoient accuser, que ceux qui confessoient eux-mêmes leur crime.

Voy. le pere Morin, l. 2. de penit.

Usure ajoutée aux trois péchés canoniques.

Le canon vingtieme prononce la dégradation & la pénitence contre les clercs usuriers; le laïque est traité plus doucement, repris la premiere fois, *correptus*, & excommunié en cas de récidive : il paroît par ce canon, que l'usure est ajoutée aux trois péchés canoniques; c'est une sorte d'homicide, puisque par elle le riche abuse de la nécessité du pauvre, pour sucer sa substance; ainsi le nombre des péchés pour lesquels on faisoit pénitence publique, s'augmenta successivement; le mot *detectus* signifie dans ce canon, comme dans le précédent, *dénoncé*.

Obligation d'aller à la paroisse.

Le canon vingt-unieme est très-remarquable, en ce qu'il oblige les fideles d'aller à leur paroisse de trois dimanches l'un, pour entendre la messe paroissiale; celui qui y manquoit étoit mis à la consistence pour un temps, *pro tempore abstineat*. Quelques-uns fondent, très-obscurément cependant, sur les mots, *correptus ipse videatur*, la confession secrette, difant que cette confeſſion étoit appellée dans l'origine *correptio*.

Le canon vingt-deuxieme fixe deux années de pénitence, pour un fidele qui ayant apoſtaſié veut rentrer dans le ſein de l'égliſe; ce n'eſt pas que l'héréſie fût regardée comme un péché canonique, qui dût être puni par la pénitence; cette peine n'eſt décernée que contre l'apoſtaſie: la preuve en eſt, qu'un hérétique, né dans l'héréſie, & qui veut ſe convertir, eſt reçu ſans pénitence; on ne réitere pas non plus ſon baptême, à moins, comme il a été obſervé plus haut, qu'il ne fût de ces hérétiques qui combattoient la Trinité; mais il étoit reçu par la réitération de la confirmation, ſoit par l'impoſition des mains, ſoit par la chriſmation, ſoit par l'une & l'autre, ce qui faiſoit revivre l'effet du baptême. *Apoſtaſie punie de la pénitence.*

Sur le canon vingt-troiſieme on doit remarquer le mot *ſuperpoſitiones*, qui ſignifie des jeûnes extraordinaires, outre ceux du mercredi & du vendredi; il y avoit un jour dans chaque mois, deſtiné à cela, à la réſerve des mois de juillet & août; indépendamment de ces jeûnes, l'égliſe en ordonnoit quelquefois d'autres dans des cas extraordinaires: Tertullien nomme ces jeûnes *indictitia jejunia*, & quelquefois *interpoſitiones*. *Superpoſitiones, jeûnes extraordinaires.*

Le canon vingt-quatrieme défend de recevoir aux ordres qui que ce ſoit dans un autre dioceſe, que dans celui où il a été baptiſé; il y a pluſieurs belles réflexions à faire à ce ſujet. 1°. L'égliſe avoit grand ſoin de ne recevoir aux ordres que des gens dont la vie étoit reſtée intacte depuis leur baptême; elle n'examinoit pas le temps qui avoit précédé le baptême, parce qu'elle regardoit ce ſacrement comme une régénération; elle penſoit avec raiſon que la vie des clercs étoit plus connue dans le dioceſe où ils avoient reçu le baptême. *Clercs doivent recevoir les ordres dans le dioceſe où ils ont reçu le Baptême.*

Le peuple a part aux élections pourquoi ?

2°. Le defir qu'avoit l'églife de n'ordonner que des gens d'une conduite éprouvée, & le foin qu'elle prefcrit pour n'y être pas trompé, a été une des principales caufes de la part qu'elle donna au peuple dans les élections, non-feulement des évêques, mais encore des prêtres, des diacres & même des lecteurs; il étoit auffi difficile que l'églife connût parfaitement tout le monde, qu'il l'étoit que tout un peuple fe trompât fur le choix d'un bon fujet; ce fut ainfi que Saint Auguftin fut fait prêtre par l'élection du peuple d'Hyppone.

Origine des Séminaires.

3°. Afin qu'il n'entrât perfonne dans l'églife, qui n'eût confervé l'innocence de fon baptême, on avoit coutume de prendre de jeunes enfans, pour les faire clercs; on les élevoit dans des féminaires avec foin, fous l'œil de l'évêque; on les faifoit paffer par les ordres mineurs, avec *interftice*, pour occuper toute leur jeuneffe dans des exercices, pour les accoutumer au fervice & à l'amour de l'églife, & pour les éloigner des emplois & de la fréquentation du fiecle; ce qui fait voir, que la penfée du pere Morin touchant les petits ordres, n'eft pas mal fondée; favoir, que ce n'eft pas la néceffité des fonctions qui a donné lieu à l'inftitution de ces ordres, mais la néceffité d'occuper les enfans qu'on deftinoit au miniftere de l'autel, & de les élever dans une vie éloignée de la corruption du fiecle; car ces fonctions, en elles-mêmes, font de petite importance. 4°. Le même foin que l'églife prenoit pour avoir de faints miniftres, avoit donné lieu à une autre coutume, de publier les noms de ceux qui devoient être ordonnés, comme ceux des perfonnes qui vouloient contracter mariage, afin qu'on eût à déclarer les empêchemens qu'il pouvoit y avoir à leur admiffion.

Nous ferons ici une remarque très-intéreffante, c'eft que l'empereur l'empereur Alexandre Sévere imita dans l'élection des officiers de l'empire, ce que l'église faisoit dans celle des clercs; il proposoit les noms au peuple, pour ne mettre dans les charges publiques, que des gens qui eussent l'approbation publique.

5°. C'est aussi le fondement des lettres *dimissoriales* des évêques, que l'on exige comme un témoignage de la vie de celui qui veut être ordonné hors du diocese où il a été baptisé, & où il a probablement passé la plus grande partie de sa vie; & elles ne sont pas tant pour conserver l'autorité que chaque évêque doit avoir sur ceux de son diocese, (quoique ce soit une raison pour empêcher que personne ne s'ingere mal-à-propos dans les ordinations) que parce que ceux qui aspiroient aux ordres, passoient ordinairement leur vie dans le lieu où ils avoient reçu le baptême. Aujourd'hui l'usage est de prendre dimissoire, ou de l'évêque du lieu de la naissance, ou de celui du lieu du bénéfice, ou de celui du lieu du domicile.

<small>Fondement des dimissoires.</small>

Le canon vingt-cinquieme rejette les *lettres formées* des évêques à ceux qui vouloient sortir de leur diocese. Sur quoi il faut remarquer en général la grande utilité des lettres formées, & l'obligation que l'église imposoit aux fideles d'en prendre, s'ils vouloient être admis aux sacremens pendant leurs voyages; elle avoit pour but d'empêcher, que les indignes ne s'approchassent de l'eucharistie, que la sainteté de ses mysteres ne fut profanée, & que la foi ne fut altérée ou ébranlée parmi les fideles. Mais on peut former là dessus une difficulté; savoir, si l'église par cette conduite ne tomboit pas dans l'erreur des Donatistes qui prétendoient, qu'elle ne devoit par aucun moyen communiquer avec les impies, qu'il n'y avoit point d'église là où il y avoit du vice, ou de l'erreur. Ce sentiment des Donatistes a été

<small>Usage des lettres formées.</small>

réchauffé dans nos temps modernes par les Calvinistes, qui soutiennent aussi que l'église n'est qu'une assemblée de prédestinés ; mais on leur répond, que les peres de l'église ont toujours reconnu, que le bon grain est mêlé avec la paille ; mais qu'elle doit travailler, autant qu'il est en elle, pour défendre les bons de la corruption des méchans ; & pour les en séparer, elle enseigne à ses enfans, qu'ils ne doivent pas communiquer avec les impies. Saint Paul exhorte les fideles à fuir les adulteres & autres grands pécheurs ; les peres qui ont suivi sa doctrine, ont enseigné la même chose ; ils ne croyoient pas que l'église se perdît, ou fut souillée par la communication & le mélange des bons & des méchans ; ils pensoient seulement que de ne pas garantir les bons contre les méchans, autant qu'il étoit possible, c'étoit en quelque sorte participer à leurs crimes ; cet esprit & ce zèle des premiers peres de l'église, qui paroît éteint aujourd'hui, a été renouvellé par le concile de Trente, qui a ordonné, au moins pour les pécheurs publics, qu'ils fussent retranchés.

Confesseurs, quid ?

Il faut remarquer en particulier, sur les mots *confessorias litteras*, qu'on trouve dans ce canon ; 1°. Que les *confesseurs* étoient des personnes qui avoient enduré des tourmens pour la foi ; mais qui n'étoient pas mortes dans le martyre que l'église les honoroit beaucoup, & leur accordoit plusieurs choses, que dans la suite elle fut obligée de retrancher, à cause de l'abus qui s'en fit ; comme d'accorder des

Lettres d'indulgence.

lettres d'indulgence à ceux qui étoient tombés dans la persécution ; l'abus en devint si grand, que Saint Cyprien fut obligé de les supprimer entierement ; ils en donnoient d'autres en maniere de lettres formées, & c'est celles que ce

Lettres confessoires.

canon nomme *confessorias*, en quoi ils usurpoient les droits & le pouvoir des évêques ; l'abus n'en étoit pas moindre que

des premieres, en ce que ces bonnes gens, outre qu'elles empié-
toient sur l'autorité épiscopale, étoient très-souvent surprises ;
ce concile & celui d'Arles qui suivit, casserent tout-à-fait
ces lettres. 2°. On peut remarquer, que dans l'ancienne
église on n'honoroit qu'une sorte de saints, savoir, les
martyrs; dès qu'ils étoient morts, on les mettoit dans le catalogue des saints, sans autre canonisation; on avoit soin
pourtant de bien vérifier leur martyre; maintenant tous les
saints se réduisent à deux classes; les martyrs & les confesseurs : par ceux-ci on entend des personnages qui ont vécu
en paix, mais en sainteté, dans l'église; cette distinction des
classes des saints, inconnue dans les premiers siecles, ne date
que depuis quatre cents ans.

Le canon vingt-sixieme en se servant, à l'égard du samedi,
du mot *superposition*, fait voir que le jeûne du samedi étoit
un jeûne extraordinaire, & que sa pratique n'étoit pas universelle dans l'occident. L'église d'Espagne est la premiere
qui paroît avoir adoptée la discipline de jeûner le samedi,
laquelle étoit particuliere à l'église de Rome; quatre ans
après, il fallut en France des canons exprès pour faire jeûner
les samedis, même en carême.

Il faut conclure de ce canon, que les peres du concile d'Elvire n'étoient pas Novatiens; l'attachement qu'ils témoigne-
rent pour l'église de Rome, en se conformant à la discipline
qui y étoit observée, & en traitant d'erronée celle qui lui
étoit opposée, en est une preuve évidente.

Le canon trente-neuvieme punit les énergumenes; le
canon soixante-dix-neuvieme des apôtres, en avoit déjà fait
mention; les laïques ne pouvoient offrir à l'autel, ni communier de leurs offrandes; les clercs ne pouvoient faire aucune
fonction de leur ordre : pourquoi punir les hommes d'un

Energumenes,

accident indépendant d'eux ? ou plutôt pourquoi n'y a-t-il plus aujourd'hui d'énergumenes ? & s'il n'y en a point aujourd'hui, y en a-t-il jamais eu ? Cependant sous un autre point de vue la punition pouvoit être juste ; c'est que les énergumenes étoient des imposteurs, qui feignoient d'être possédés du diable par des vues d'intérêt ; je suis tenté de croire qu'il n'y a jamais eu d'énergumenes que parmi les gueux : au reste, on peut lire le traité du cardinal de Berulle sur les énergumenes, il y a des choses fort curieuses.

Oblation, pain avec ou sans levain.

Sur le mot *oblation*, qui se trouve dans ce canon, il faut remarquer, que jusqu'au dixieme siecle on consacroit, dans l'église latine, avec du pain levé. Photius, parmi les chefs qu'il objecte aux Latins, ne parle point de la consécration avec du pain azime, comme a fait depuis Michel Cerulaire, patriarche de Constantinople ; ce n'est que vers l'onzieme siecle qu'on commença à se servir, au lieu de pain, de ces petites hosties sans levain, qui ont été nommées *oublies* en françois, du mot latin *oblatas*.

Précautions pour empêcher la profanation des sacremens.

Le canon trente-unieme défend de donner la communion à un jeune homme qui a commis fornication s'il ne se marie, & qu'il ne fasse pénitence après son mariage. Sur quoi il faut remarquer, 1°. Le soin que l'église prenoit pour assurer l'état des personnes, & mettre un frein aux déreglemens des hommes. 2°. Qu'elle ne donnoit les sacremens qu'avec précaution ; elle ne s'arrêtoit pas aux simples promesses que pouvoit faire un jeune homme de ne plus retomber ; elle vouloit qu'il ne fut reçu même à la pénitence, qu'après s'être lié par le mariage, & avoir donné ce gage d'une conduite réglée pour l'avenir. 3°. Que la pénitence publique ne s'accordoit que très-difficilement aux jeunes gens, à cause du danger qu'il y avoit qu'ils ne retournassent à leurs désordres, & qu'ils ne puſſent plus profiter de ce remede ; car cette ſorte de pénitence ne s'accordoit qu'une fois à la même perſonne ; ce qui eſt une quatrieme réflexion à faire ſur ce canon.

Le canon trente-deuxieme fait voir, qu'il n'y avoit point de prêtres ſans emploi ; le mot *preſbyterium* qu'il employe, ſignifie *cure*. La pénitence publique excédoit leur pouvoir, & ne ſe donnoit que par l'évêque ; le prêtre pouvoit entendre ſeulement les confeſſions ſecrettes, impoſer des pénitences particulieres, & encore en cela il devoit ſuivre les reglemens de l'évêque ; tous ceux qui avoient commis des péchés canoniques dans tout un diocèſe, dans les villages, dans les maiſons de campagne, étoient renvoyés à l'évêque ; voilà le fondement & l'origine des cas réſervés aux évêques ; on voit encore en cela une idée des deux fors *interne* & *externe*, qui n'ont pourtant bien été diſtingués que vers le douzieme ſiecle ; mais en cas de néceſſité, ce canon veut que le prêtre puiſſe abſoudre le pénitent public, & ce qui eſt très-remarquable, le diacre même y eſt autoriſé, *& diaconum ſi ei juſſerit ſacerdos* ; voilà une preuve très-conſidérable du pouvoir des diacres, d'abſoudre des péchés au moins extraordinaires ; ce canon embarraſſe ceux qui ne veulent pas reconnoître ce pouvoir dans les diacres, ils tâchent de l'expliquer en diſant que l'abſolution dont il y eſt queſtion, eſt *ab excommunicatione*, & non pas *à peccatis* ; mais il eſt certain, qu'en ce temps-là l'une n'étoit pas diſtinguée de l'autre ; ils ajoutent, qu'il ne s'agit peut-être que de la communion euchariſtique, & de la porter aux malades, ce que les diacres peuvent faire ; mais ce ne ſeroit pas une choſe extraordinaire, puiſque dans ces premiers ſiecles tous les laïques portoient l'euchariſtie ſur eux en voyage, la tenoient même dans leurs maiſons, & qu'on voit dans l'hiſtoire Ecclé-

Pouvoir limité des prêtres.

Diacre autoriſé à donner l'abſolution.

fiaftique & dans Eufèbe, qu'un curé malade envoya à un autre malade de fa paroiffe l'euchariftie, par un petit garçon, ne pouvant la porter lui-même. Il faut donc dire que ce canon reconnoît le pouvoir d'abfoudre les péchés dans le diacre; mais il faut auffi obferver, qu'en Afrique & en Efpagne, les diacres impofoient les mains fur les pénitens avec l'évêque & les prêtres, & que l'abfolution ne fe donnoit que *modo deprecatorio*, & non pas *imperativo*; qu'ainfi cette abfolution n'étoit peut-être qu'une impofition des mains, accompagnée des prieres que le diacre faifoit fur le malade pour fa confolation, & peut-être plutôt cérémoniale que facramentale, & qui n'avoit pas la même force que celle du prêtre; il faut cependant avouer que les termes du canon font fort clairs & fort précis.

Continence des clercs. Le canon trente-troifieme ordonne la continence à tous les clercs, même aux fous-diacres, quoiqu'ils fuffent encore du nombre des ordres mineurs; *pofitis in minifterio* doit s'expliquer, comme il a déjà été obfervé plus haut, de ceux qui font dans la fonction & poffeffion de leur dignité.

Coutume des cierges allumés. Le canon trente-quatrieme a fourni aux hérétiques l'occafion de blâmer la coutume de l'églife d'allumer des cierges; Jovinien a été le premier: St. Jérôme, qui lui a repondu, dit que ce n'étoit pas la coutume de l'Occident, & qu'en Orient cela fe faifoit feulement durant l'évangile; le canon cité le défend, *ne inquietentur fpiritus*; il paroît par ces termes, que les fidéles avoient pris l'ufage d'aller prier dans les cimetieres & d'allumer des cierges fur les tombeaux des faints, (c'eft-à-dire, des martyrs.) Il y a eu des critiques qui ont interprété ces mots, *ne inquietentur fpiritus*, par ceux-ci, *afin de ne pas effaroucher les ames*; mais leur fens paroît être, que les efprits ne foient pas diftraits par ces flambeaux allumés.

Le canon trente-sixieme auroit pu favoriser la doctrine *Discipline sur* des anciens Iconoclastes, s'ils en avoient eu connoissance; *les images.* les Calvinistes dans nos temps modernes en ont fait leur profit, & ont été plus loin que les Iconoclastes; ceux-ci honoroient au moins la croix, dont ceux-là rejettent l'image.

Il faut observer sur ce canon, 1°. Qu'il défend de faire des images sur les murailles; l'église essuyoit alors la persécution de Dioclétien & de Maximien; elle craignoit que les images des saints, venant à être reconnues des payens, ne fussent exposées à leur risée, & à leurs insultes. 2°. Les termes du concile sont, *ne quod colitur aut adoratur, in parietibus depingatur:* il paroît donc qu'il défend de peindre la divinité; il est certain que les trois ou quatre premiers siecles ne fournissent point de peinture ni de représentation de la divinité; on combattoit les idoles, on eut donc eu mauvaise grace de proposer aux payens le culte des images; on pourroit même accorder aux hérétiques modernes, qu'il vaudroit mieux s'abstenir de faire des images ou des représentations de la divinité. Le deuxieme concile de Nicée n'a parlé que des images de Jésus-Christ, de la Vierge & des Saints; Baronius rapporte, que dans les catacombes on a trouvé d'excellentes peintures des anciens chrétiens; & Tertullien parle des calices de son temps, sur lesquels on voyoit gravée une image du bon pasteur, avec une brebis sur son épaule.

Le canon trente-septieme ordonne qu'un énergumene, étant *Sacremens ne* catéchumene, soit baptisé, s'il est en danger de mort, & reçoive *sont profanés que* la communion, s'il est fidele. Ce canon est très-remarquable, *par la souillure* contre ceux qui font difficulté de donner l'eucharistie à de *de l'ame.* certains malades, dans la crainte qu'ils ne la vomissent;

les sacremens sont pour les hommes, il n'y a que la souillure de l'ame qui les expose à la profanation.

Conditions requises pour qu'un laïque puisse conférer le baptême.
Le canon trente-huitieme demande deux conditions, pour qu'un laïque puisse conférer le baptême à un catéchumene en cas de nécessité; 1°. Qu'il ne soit pas bigame; 2°. Qu'il ait gardée l'innocence baptismale : voilà une grande sévérité, & pourquoi cela ? On répond que le concile a considéré la fonction que fait le laïque qui donne le baptême, comme une espéce de sacerdoce, ou du moins comme une participation au sacerdoce; or, ces deux conditions étoient alors requises dans ceux qui aspiroient au sacerdoce, la non-bigamie, & l'innocence baptismale; il paroît que c'est parce que la collation du baptême est une participation au sacerdoce, que Tertullien a soutenu que les femmes étoient incapables de conférer ce sacrement.

Confirmation.
Ce canon veut, que le catéchumene baptisé de la sorte en cas de nécessité, venant à survivre, soit mené à l'évêque, pour être confirmé; cela prouve contre les hérétiques modernes, que la confirmation ne doit pas être regardée comme une simple cérémonie, puisque sa collation étoit réservée à l'évêque dès les premiers siecles, & se faisoit par l'imposition des mains pour la perfection du baptême, *ut per manus impositionem perfici possit*. Il paroît que l'ancienne forme de conférer ce sacrement dans l'Occident, étoit de joindre la chrismation à l'imposition des mains, quoique ce canon n'en fasse pas mention. Dans l'Orient la chrismation seule avoit lieu, sans l'imposition des mains, & cette coutume s'y est toujours conservée. En Occident l'imposition des mains & la chrismation ont eu lieu conjointement, jusques dans le douzieme siecle; cela se voit dans Rupert & dans Hugues de Saint-Victor, qui ont précédé de fort peu le temps des scholastiques;

scholastiques; mais depuis quatre cents ans la seule chrismation est en usage : les scholastiques veulent, que l'évêque, en signant du pouce le front de celui qui est confirmé, étende la main sur la tête, & que ce soit là une espece d'imposition de mains; mais cela est bien scholastique.

Le canon trente-neuvieme reçoit deux explications; l'une est de M. de l'Aubespine, qui veut qu'un gentil, étant à l'extrémité & demandant le baptême & la confirmation, reçoive le baptême sans difficulté, & qu'il ne reçoive la confirmation, qu'après qu'une briève information sur l'honnêteté de sa vie passée lui aura été favorable; parce que, dit-il, la confirmation est un sacrement de perfection, qui ne doit être conféré qu'à ceux qui ont moralement bien vécu : ce sentiment paroît être confirmé par la conduite que l'église a toujours tenue à l'égard de ceux qui différoient jusqu'au lit de la mort, à demander le baptême & la confirmation; elle ne leur a jamais donné que le baptême : il y en a un exemple mémorable dans Novatien, qui fut baptisé dans le lit de la mort, & non-confirmé.

Baptême attendu à l'extrémité.

L'autre interprétation du canon est, que si un gentil, dans une maladie, demande à être fait catéchumene, cela lui soit accordé, après une exacte recherche de sa vie passée : ceux qui adoptent ce sens, le prétendent plus conforme à l'esprit de l'église des premiers siecles, & à la sévérité que les peres du concile d'Elvire ont affectée sur tous les points; & en effet, si on refusoit la pénitence à un fidele, qui la demandoit à l'extrémité, on pouvoit bien refuser le baptême à un payen qui attendoit jusqu'à l'article de sa mort : dans le langage des canons, *fieri christianum*, est être fait catéchumene, ce qui se faisoit par l'imposition des mains.

Le canon quarante-unieme fixe le temps ordinaire du catéchuménat à deux ans, en cas que les catéchumenes *bonæ fue-rint conversationis*, comme dit le canon; sinon le temps de leur catéchuménat étoit proportionné à leurs déréglemens; d'où il suit que c'étoit une espece de pénitence ou de probation, qui disposoit au baptême, & que l'on mesuroit sur la conduite passée, comme on mesuroit la pénitence après le baptême sur les crimes commis depuis le baptême; il s'ensuit encore qu'il falloit, que les catéchumenes se confessassent & fissent connoître toute leur vie passée, afin qu'on put régler le temps de leur catéchuménat; il s'ensuit encore, que quoique le baptême emportât avec lui une indulgence pléniere de toutes les fautes commises, on ne laissoit pas d'imposer aux payens une pénitence antécédente; qu'ainsi quelques indulgences que le pape accorde à de certains lieux, les confesseurs n'en doivent pas moins imposer des pénitences à ceux qui se confessent, pour se mettre en état de les gagner: il est si vrai que le catéchuménat étoit une pénitence, que Saint Augustin distingue trois sortes de pénitences, celle des catéchumenes, & deux des fideles, la canonique & la quotidienne, pour les péchés journaliers.

[Catéchuménat mesurée sur la bonne ou mauvaise conduite passée.]

Le canon quarante-troisième ordonne de célébrer les cinquante jours depuis pâque jusqu'à la pentecôte; ces cinquante jours étoient censés jours de fêtes, parce que l'on disoit tous les jours la messe; on communioit tous les jours, on ne jeûnoit point, on prioit débout, tout ce temps se nommoit *pentecôte* ou *quinquagésime*. Ce canon range parmi les hérétiques ceux qui manquent à cette solemnité.

[La fête des cinquante jours.]

Le canon quarante-cinquième fait voir que les péchés, commis avant le baptême, étoient traités avec grande douceur.

Le canon quarante-septième est formel pour prouver, qu'on

ne donnoit pas deux fois la pénitence à une même personne, *placuit ulterius non ludere cum communione pacis*, dit ce canon.   *Pénitence ne se réitéroit pas.*

Le canon quarante-huitieme a deux dispositions remarquables : 1°. Il défendoit de prendre de l'argent pour les sacremens ; les prêtres avoient alors les offrandes, dont ils devoient se contenter. 2°. Il nous apprend que la coutume étoit dans quelques églises de laver les catéchumenes le jeudi saint, en d'autres endroits le dimanche des rameaux, lequel étoit nommé pour cette raison *capitilanium* ; ils avoient passé le carême dans la cendre, le cilice & le jeûne, renfermés chez eux, il falloit essuyer leur crasse, pour les préparer au baptême ; ce canon ne parle que des pieds.   *Défense de prendre de l'argent pour les sacremens. Catéchumenes lavés avant le baptême.*

Le canon cinquante-unieme fait de l'hérésie une irrégularité, dont pourtant on pouvoit être relevé ; le premier exemple d'une réhabilitation de cette sorte d'irrégularité, se trouve dans les évêques qui souscrivirent la condamnation d'Athanase ; ils furent rétablis par le concile d'Alexandrie, où se trouverent Eusebe de Verseil & Lucifer de Cagliari ; ce dernier ne voulut pas ratifier ce qui avoit été fait pour le rétablissement des évêques, & se retrancha de la communion ; il fut traité de schismatique, ainsi que ceux qui le suivirent, pour vouloir maintenir l'ancienne discipline ; la même chose arriva à Montanus, à Tertullien, à Novatien, qui accusoient l'église de s'éloigner de ses anciennes pratiques ; quoique la chose fut vraie, elle les traita de schismatiques, parce qu'ils rompoient son unité.   *L'hérésie une irrégularité.*

Le canon cinquante-troisieme oblige chaque évêque de rendre compte dans le concile provincial de la conduite qu'il tenoit dans l'administration de son église ; c'est le seul degré d'appellation qui paroît dans les premiers siecles, des sen-   *Autorité des conciles provinciaux.*

tences des évêques; tout se faisoit alors au concile: l'évêque ne faisoit rien que dans le synode, & par le conseil de son clergé, le métropolitain dans le concile de ses comprovinciaux; ainsi on n'appelloit pas au seul métropolitain, mais au concile de la province, auquel il présidoit: c'est à ce tribunal qu'Eutychés, Saint Chrysostôme, Saint Flavien, Théodoret, Jean Talaide appellerent; les conciles provinciaux étoient l'unique moyen de maintenir la discipline ecclésiastique; on a beau faire des canons, chaque évêque peut se dispenser, s'il veut, de les faire observer dans son diocese, quand il n'est point obligé de rendre compte à personne; les évêques étoient juges dans les conciles, *sciat se hujusmodi causas inter fratres esse cum status sui periculo præstiturum*; ils ont voulu se décharger de ce joug, & ils ont ruiné la discipline & leur propre autorité.

Lettres formées. Le canon cinquante-huitieme obligeoit tout homme qui voyageoit & qui avoit des lettres formées de son évêque, de les faire voir à tous les évêques des lieux où il passoit, principalement au métropolitain; ils devoient tous mettre leur attache à ces lettres, & marquer le temps de l'arrivée de celui qui en étoit porteur, & de son séjour dans leur ville, afin que la vie d'un homme fut parfaitement connue, & que l'on sçut de quelle maniere il s'étoit comporté dans son voyage.

Distinction des vrais & des faux martyrs. Le canon soixantieme distingue avec soin les vrais martyrs des faux; l'église n'approuvoit point du tout, au contraire, elle rejettoit ceux qui s'exposoient eux-mêmes à la persécution, en allant briser les idoles, & braver les tyrans; *placuit in numerum eum non recipi martyrum*. Le soin qu'elle prenoit de reconnoître les véritables martyrs, prouve qu'elle les honoroit, d'où l'on peut tirer un argument en faveur du culte des saints, contre les hérétiques modernes.

Le canon soixante-onzieme défend d'épouser les deux sœurs cependant cette sorte de conjonction étoit illicite seulement & non pas invalide; si la deuxieme sœur qu'on épousoit étoit fidele, la pénitence étoit de cinq ans; si elle étoit payenne, la peine étoit aggravée par rapport à la disparité du culte. *Mariage des deux sœurs illicite, & non invalide.*

Le canon soixante-quatorzieme doit être lu selon l'édition vulgate, & non pas selon celle de Garsias; il faut le diviser en trois parties.

1°. Un faux témoin, en chose de petite conséquence, doit être réduit à la *consistence* pour un peu de temps; & pour un fait de grande importance, à la pénitence pour toute sa vie. *Faux témoin.*

2°. Un homme qui differe de dénoncer les crimes dont il a connoissance, est mis pour deux ans à la pénitence. *Négligence à dénoncer les crimes.*

3°. Un accusateur qui ne peut prouver son accusation, est mis pour cinq ans à la consistence. *Accusateur qui ne peut prouver.*

De la deuxieme partie de ce canon on peut inférer l'obligation de déclarer les crimes dont on avoit une pleine connoissance, puisqu'on punissoit celui qui avoit tardé à faire sa dénonciation, *quod diù tacuerit*; il en faut tirer encore une preuve du soin que l'église prenoit d'empêcher le mélange des justes & des pécheurs, afin que les uns ne se corrompissent pas par l'exemple des autres; car c'est la raison de cette obligation qu'elle imposoit de reveler sans délai les crimes dont on avoit connoissance, & qu'on pouvoit prouver; enfin il faut remarquer, que ces dénonciations se devoient faire devant les ecclésiastiques, & non devant les séculiers; le dessein de l'église étoit de corriger ses enfans, & non de les perdre; nous avons encore un vestige de ces dénonciations dans les monitoires qui se publient, pour obliger ceux qui ont connoissance de certains faits, de *Vestige des monitoires.*

révéler ce qu'ils en sçavent ; & dans ce qui se pratique parmi les moines, principalement ceux de Saint Benoit, qui s'accusent les uns les autres dans leurs chapitres, des fautes légeres.

Sur le canon soixante-dix-septieme il y a plusieurs remarques à faire : 1°. Il autorise la coutume d'accuser son prochain. 2°. Il punit plus séverement celui qui se laissoit convaincre de son crime, que celui qui de lui-même alloit en faire la confession. 3°. Il prononce une peine double contre le clerc qui a commis fornication, *bis vindicatur in idipsum*, parce qu'il regarde son péché comme double. 4°. Il décerne la pénitence pour des crimes, même occultes. 5°. Il veut que la pénitence canonique dans un clerc, soit précédée de la déposition ; en sorte que quand la pénitence étoit achevée, le clerc rentroit dans la communion des laïques, de même que le laïque qui avoit une fois fait pénitence, ne pouvoit plus être du clergé.

<small>Pouvoir des diacres.</small> Par le canon soixante-dix-septieme on voit, 1°. Que les diacres étoient quelquefois commis au régime des cures de campagne ; on trouve un vestige de cette ancienne discipline dans le collége des cardinaux, où il y a des titres de prêtres & de diacres. 2°. Qu'ils pouvoient baptiser, dans le cas d'une nécessité urgente. 3°. Qu'ils ne pouvoient pas confirmer ; mais qu'ils devoient mener ceux qu'ils avoient baptisés à l'évêque, pour être confirmés. 4°. Que la confirmation est appellée un sacrement de perfection. 5°. Qu'il semble qu'on doute dans ce canon, si on doit tenir pour juste celui qui mouroit, sans avoir été confirmé ; mais *juste* signifie en cet endroit parfait chrétien, & le doute est, si on doit faire mémoire à la messe de celui qui est mort, sans avoir été confirmé, & faire pour lui l'offerte ; le canon décide qu'on le peut : c'est ainsi que M. de l'Aubespine explique les mots

obscurs de ce canon. 6°. Que si les diacres avoient pouvoir de baptiser comme curés, ils avoient aussi celui de prêcher; mais dans la suite ils ont voulu sur ce fondement s'attribuer beaucoup de choses, comme de dire la messe, d'absoudre des péchés, &c. ce qu'il a fallu leur défendre par des canons exprès. 7°. qu'il leur étoit bien permis de baptiser en l'absence des évêques & des prêtres, mais jamais de con-confirmer, ce qui prouve encore que la confirmation est un sacrement de dignité, & non une simple cérémonie, puisque de toute antiquité il est spécialement réservé à l'évêque.

On peut examiner ici par occasion, si la confirmation est tellement réservée à l'évêque, que le prêtre même ne puisse la conférer; on tient à présent, que le prêtre en peut être le ministre extraordinaire; mais qu'il n'y a que l'évêque qui en soit le ministre ordinaire, conformément à la décision du concile de Trente; delà les scholastiques qui reconnoissent que la puissance de confirmer peut être extraordinairement communiquée au prêtre, veulent que ce ne soit que par dispense du pape; mais pourquoi les évêques ne pourroient-ils pas en dispenser dans leurs dioceses? Pendant plusieurs siecles les papes ne s'étoient rien réservé dans les autres dioceses, par conséquent chaque évêque étoit pape dans son district, & l'est encore dans les cas non-réservés au saint siege.

Ministre ordinaire de la confirmation.

Le canon soixante-dix-huitieme a deux parties: dans la premiere il ordonne, qu'un chrétien qui a commis adultere avec une Juive ou une Payenne, soit mis à la consistence; car c'est ce qui est signifié par ces mots, *à communione arceatur*: dans la seconde il est dit, qu'il soit mis à la pénitence pour cinq ans, si c'est un autre qui l'accuse.

1°. Il semble que dans la premiere partie on traite trop

S'accufer foi-même.

Etre accufé par les autres.

doucement un adultere; mais il faut fuppofer qu'il s'eft accufé lui-même, & on le doit juger par l'oppofition qui doit être entre cette premiere partie & la feconde, où il eft dit, *fi alius eum detexerit;* or, on fçait que l'on traitoit avec plus d'indulgence ceux qui fe déféroient eux-mêmes, que ceux qui avoient des accufateurs. 2°. Il eft mis à la confiftence, fans paffer par les *ftations* ordinaires, dont l'évêque pouvoit difpenfer, lorfqu'il remarquoit des difpofitions extraordinaires de douleur & de repentir; ces ftations ou dégrés de la pénitence confiftoient dans le jeûne & d'autres exercices pénibles, qui préparoient à la pénitence.

Le canon quatre-vingt-onzieme réforme l'abus, par lequel celles que l'on nommoit *epifcopæ, prefbyteræ,* & femmes des eccléfiaftiques, prenoient la liberté de donner & de recevoir des lettres formées.

Il y a, en finiffant, une réflexion importante à faire fur ce concile d'Elvire, qui eft que les principaux points de la difcipline, & de la doctrine des facremens, que les hérétiques modernes combattent, y font puiffamment établis; ils ne fçauroient rejetter l'autorité de ce concile, puifque nous n'avons rien de plus ancien ni de plus authentique, d'où il faut conclure que la difcipline qui fe rapproche le plus de fes décifions, eft auffi celle qui eft la plus conforme à la doctrine de la primitive Églife.

ARTICLE

ARTICLE III.
Premier Concile d'Arles.

Le sujet de ce concile fut le différent d'entre Cécilien & les Donatistes; ceux-ci avoient été condamnés par un concile tenu à Rome, sous la présidence du pape Melchiades; ils en appellerent à l'empereur Constantin, lequel ordonna l'assemblée de ce concile d'Arles, & la révision de l'affaire; sur quoi il faut remarquer :

1°. Un vestige du *recours au prince*, que nous nommons aujourd'hui *appel comme d'abus* ; car les Donatistes apellerent d'un jugement ecclésiastique, donné par le concile Romain à l'empereur, qui de sa seule autorité convoqua le concile d'Arles pour juger le différent. Vestige de l'appel comme d'abus.

2°. On y trouve un vestige de l'appellation du pape au concile, car le pape Melchiades avoit présidé au concile Romain, & condamné les Donatistes, & cependant le concile d'Arles revit la cause, l'examina de nouveau, & confirma le jugement de celui de Rome & du pape ; ces vestiges sont très-remarquables dans l'antiquité. Vestige de l'appel du pape au concile.

3°. On y remarque l'autorité des empereurs, pour convoquer les évêques ; autorité reconnue par les lettres du concile au vicaire de l'empereur en Afrique, & à Chrestus évêque de Syracuse, ainsi que par les lettres synodales des évêques, au pape Sylvestre. Autorité de l'empereur pour convoquer les conciles.

4°. On y voit de quelle sorte les députations se faisoient dans les provinces, pour la tenue des conciles. Forme des députations.

5°. Le peu de suite & de serviteurs des évêques, qui en imposoient alors par leur sainteté & la dignité de leur caractere, & non par la magnificence de leur train. Modestie des évêques.

6°. La coutume de défrayer les évêques aux dépens du

Les évêques allant au concile défrayés. tréfor public, lorfqu'ils alloient aux conciles hors de leurs provinces.

La primauté du pape conciliée avec la grandeur de l'épifcopat. 7°. La primauté du pape & du fiege de Rome reconnue dans les lettres fynodales des évêques, par le titre qu'ils lui donnent, en confervant néanmoins la connoiffance de leur autorité & de la grandeur de l'épifcopat.

8°. L'humeur & le génie des hérétiques accufés.

Ce font diverfes remarques à faire fur les deux lettres de l'empereur & des évêques, qui fe trouvent à la tête de ce concile.

Sur le fommaire de la lettre fynodale, par laquelle le concile adreffe au pape Sylveftre fes canons, & lui en demande la confirmation; il faut remarquer.

1°. L'autorité de l'évêque de Rome, à qui les autres évêques demandent la confirmation de leurs décrets; mais en même temps les termes dont ils fe fervent, marquent la connoiffance qu'ils avoient de leur pouvoir & de la grandeur de l'épifcopat, car ils l'appellent *frere*; c'eft donc *primus inter pares*.

2°. Que le préfident du concile eft feul nommé, le refte des évêques in globo. *Marinus, vel cœtus epifcoporum*; la particule *vel* eft ici conjonctive & non disjonctive.

Temps de la célébration de la pâque. Le premier canon ordonne, que la célébration de la pâque fe faffe par-tout au même temps. La fcience de l'aftronomie étoit encore dans fon berceau, principalement parmi les clercs, qui ne s'adonnoient qu'à l'étude des lettres faintes; cela étoit caufe qu'on tomboit fouvent dans l'erreur, pour la célébration du jour de pâques; le concile prie le pape d'écrire tous les ans, felon la coutume déjà établie dans l'Occident, aux grands métropolitains, & de leur faire favoir précifément le jour de cette folemnité, afin que ceux ci le puſſent mander à leurs ſuffragans, & que de cette maniere toute l'égliſe ſolemniſât cette fête en même temps; cela fut depuis encore mieux réglé dans le concile de Nicée, où l'évêque d'Alexandrie fut chargé de faire ſavoir tous les ans le jour qu'échoiroit la fête de pâque, aux principaux patriarches, & entr'autres à celui de Rome, pour tout l'Occident, qui en faiſoient part enſuite aux Métropolitains de leurs patriarchats. On publioit dans chaque égliſe cette ſolemnité, le jour de l'épiphanie, à la meſſe; les Egyptiens s'appliquoient à l'aſtronomie, voila pourquoi l'on chargea l'évêque d'Alexandrie de cette commiſſion; on a encore pluſieurs lettres *paſchales* des évêques d'Alexandrie à ceux de Rome, & entr'autres du grand Théophile; cet uſage fut en vigueur tant qu'il y eût des évêques catholiques à Alexandrie.

Stabilité des clercs.

Le canon deuxieme ordonne, que les clercs demeurent ſtables dans les lieux où ils ont été ordonnés; l'égliſe durant pluſieurs ſiecles n'a point ſouffert des clercs vagues, inutiles & ſans emploi; elle les obligeoit tous à la réſidence & à la ſtabilité dans un lieu, pour y faire le ſervice; cela ne regardoit pas ſeulement l'évêque & le prêtre, mais généralement tous les clercs.

Les moines vagues & errans dans l'originc.

Les clercs étoient en cela différens des moines, qui étoient dans ce temps-là vagues & libres; cela paroît, par ce qu'en dit Saint Jérôme; lorſqu'on voulut l'ordonner prêtre, il n'y conſentit qu'à condition de n'être point lié à un égliſe, parce qu'il vouloit vivre en moine, & avoir la liberté d'aller où bon lui ſembloit.

Lorſque les moines commencerent à former des corps & des congrégations, ils imiterent la ſtabilité des clercs. Saint Benoît, lorſqu'il fonda ſon ordre, obligea ſes moines à la ſtabilité dans un monaſtere, ce qui a duré juſqu'à nos jours, que la ſtabilité des moines n'eſt plus dans une maiſon, mais dans un ordre & une congrégation, comme ſont les diverſes congrégations de Saint Benoît, & des autres ordres religieux, où pluſieurs monaſteres ſont unis enſemble ſous un chef.

La ſtabilité des clercs a duré juſqu'à l'onzieme ſiecle, c'eſt-à-dire, juſqu'aux pontificats d'Urbain II, & d'Alexandre III, que l'on commença à faire des ordinations, *ſub ſtilo beneficii*, & *ſub ſtilo patrimonii*; ceux-là ſeuls reſterent attachés à une égliſe, qui en recevoient des diſtributions néceſſaires à leur ſubſiſtance; le nouveau titre qu'on imagina remplit l'égliſe de clercs inutiles, vagabonds, & déréglés; les ambaſſadeurs du roi, qui allerent au concile de Trente, furent chargés de demander la ſuppreſſion des ordinations, *ſub ſtilo patrimonii*; mais vraiſemblablement la ſuppreſſion des clercs fainéans & vagabonds ſera l'ouvrage d'un concile futur, ou de quelqu'autre grande révolution; il reſte un veſtige de ces ordinations *ſub ſtilo* dans le collége des cardinaux, où auſſi-tôt qu'un homme eſt fait cardinal, on lui donne un titre.

Le canon troiſieme eſt fait en faveur de l'empereur Conſtantin, qui n'étoit pas ſi bien rétabli dans l'empire, qu'il n'eut encore bien des ennemis à combattre. L'égliſe avoit intérêt de contribuer à ſa conſervation, qui ſeule pouvoit prévenir une nouvelle perſécution; ce canon fut fait pour lui aſſurer la confiance du ſoldat, & le ſervice que le concile lui rendoit en cela, étoit rendu à l'égliſe même.

Les canons quatrieme & cinquieme défendent les jeux du cirque & du théatre, ſous peine d'excommunication; il paroît que le motif du concile n'étoit que d'éloigner les fideles de la vue des idoles ; le cirque étoit dédié au Soleil, & le théatre à Vénus.

Le canon fixieme est une répétition du trente-neuvieme du concile d'Elvire, & doit être expliqué de même.

Le canon feptieme est très-confidérable, il concerne les magistrats de l'empire ; Constantin étoit préfent à ce concile, & cependant il ne trouva pas mauvais que les évêques fissent un canon concernant les gouverneurs qu'il envoyoit dans les provinces ; ce canon les obligeoit :

1°. A prendre des lettres formées des évêques des lieux où ils résidoient auparavant & dont ils partoient.

2°. A fe foumettre à la jurifdiction de tous les évêques des lieux où leur emploi les appelloit ; comme ils étoient dans un mouvement continuel, ils eussent pu fe prétendre exempts de la jurifdiction de tous les évêques, & n'en reconnoître aucun ; c'est pourquoi ce canon les affujettit à tous, ou pour mieux dire, à celui où ils feroient *pro tempore*, accordant pouvoir à chaque évêque de veiller fur eux, même de les excommunier s'ils violoient la difcipline de l'églife.

Infpection des évêques fur les magiftrats.

C'est pourtant une grande question, fi alors l'églife s'est crue autorifée à excommunier le miniftre d'un prince, faifant fa charge, & encore plus le prince lui-même ; je fais que l'on cite l'exemple d'Arcadius excommunié par Innocent I, pour l'affaire de Saint Chrifoftôme ; d'Anaftafe excommunié par Symmaque, pour l'affaire d'Ucacius ; de Léon d'Ifaure, excommunié par Grégoire II, pour l'affaire des Icodiodaftes ; de Philippe & de Théodofe, excommuniés par le Pape Fabien & Saint Ambroife ; mais tous ces exemples font obfcurs dans l'hiftoire ; on voit dans le neuvieme fiecle le roi Lothaire, fils de l'empereur Louis le débonnaire menacé, & non excommunié, par le pape Nicolas I, & le premier exemple éclatant & nettement établi, eſt celui de l'empereur Henri IV, excommunié par le pape Grégoire VII.

Coutume de rebaptiſer en Afrique.

Le canon huitieme fait voir, que la coutume de rebaptiſer toutes ſortes d'hérétiques, s'étoit perpétuée en Afrique depuis Saint Cyprien, au moins en beaucoup d'endroits, & que c'étoit une choſe paſſée comme en pratique; elle s'étoit auſſi conſervée en quelques endroits de l'Orient, comme à Céſarée de Cappadoce, à cauſe de Firmilien, évêque de cette ville, qui avoit été uni en ce point avec Saint Cyprien; ſes ſucceſſeurs la continuerent, & Saint Baſile, qui fut de ce nombre, ayant trouvé cette coutume dans ſon égliſe, la conſerva croyant que c'étoit un point de diſcipline qu'il pouvoit garder, quoiqu'il différa de celle des autres égliſes.

En quel cas cela ſe peut?

Ce canon veut qu'on ne rebaptiſe, qu'en cas que la forme du baptême n'ait pas été gardée; & afin qu'on put le connoître, il preſcrit d'interroger l'hérétique qui veut ſe convertir, s'il a apris le ſymbole, & qu'on le lui faſſe répéter; de-là on voit la coutume d'apprendre le ſymbole & le *pater* avec ſoin aux catéchumenes du troiſieme ordre, qu'on appelloit *competentes*; on leur faiſoit répéter le ſymbole avec plus de ſoin que le *pater*, parce que le *pater* ſe récitoit à la meſſe toutes les fois qu'on la diſoit, & qu'il étoit impoſſible qu'ils ne le ſuſſent parfaitement.

Ce canon marque de plus ce qu'il faut faire pour recevoir un hérétique dans l'égliſe; nous avons déjà diſtingué dans le concile d'Elvire, deux ſortes d'hérétiques; les apoſtats, & ceux qui ſont nés dans l'héréſie; les premiers ſont mis à la pénitence, à cauſe de leur apoſtaſie; les autres ſont reçus en quelques lieux, par la simple profession de foi ; en d'autres, par la chrismation ; en d'autres, par l'imposition des mains ; en d'autres, par l'une & par l'autre ; sur quoi il faut remarquer, que le baptême des hérétiques ne se réitéroit point, mais que leur confirmation se réitéroit, & qu'ainsi quand on dit, que la confirmation est un sacrement qui ne se réitere point, il faut l'entendre des catholiques ; il en est de même des ordres ; & même dans les premiers siecles la réitération de la confirmation & des ordres avoit lieu lorsqu'un évêque catholique, mais irrégulier, les avoit conférés ; ce canon veut que les hérétiques soient reçus par l'imposition des mains, *manus ei imponatur, & recipiat Spiritum Sanctum*, lequel on ne croyoit pas que les hérétiques pussent donner.

Réitération de la confirmation & des ordres.

Le cas du canon dixieme est de savoir, si un homme dont la femme a commis adultere, peut, en la quittant, se marier à une autre ; la décision du concile semble obscure ; il ne paroît le défendre que par forme de conseil, *consilium ei detur* ; cela marque que l'église improuvoit ces secondes noces, faites avant la dissolution du premier mariage ; mais qu'elle ne s'étoit pas encore mise en possession de les déclarer nulles, parce qu'elles étoient autorisées par les loix civiles Romaines ; à l'égard des Grecs, il a déja été observé, qu'ils tenoient que le mariage étoit dissous par l'adultere, même quant au lien.

Second mariage, pour cause d'adultere, improuvé & non encore déclaré nul.

Le canon treizieme est propre au sujet pour lequel le concile étoit particulierement assemblé.

Les Donatistes accusoient Cécilien & les catholiques d'être délateurs, ou comme ils s'exprimoient, *traditeurs*. Le canon rejette les accusations sans fondement, & défend de recevoir une dénonciation, qu'elle ne soit appuyée de preuves tirées des actes & registres publics ; c'est ce qui est ordonné

Délation permise avec restriction.

dans la premiere & dans la derniere partie de ce canon.

Il faut donc remarquer 1°. que quoique la délation des crimes d'autrui fut non seulement permise, mais même commandée parmi les chrétiens, on avoit grand soin d'empêcher qu'on n'en abusâ contre les innocens ; 2°. que la peine ordonnée contre un évêque ou autre clerc, délateur sans preuves, étoit la déposition, sans espérance de retour ; c'est ainsi que Martialis & Batilides, évêques de Lyon & d'Astorge, furent déposés, & Felix & Sabinus mis à leurs places, malgré leurs plaintes & leur appel au pape ; 3°. que les ordres conférés par un évêque délateur étoient valides, & ne se réitéroient point ; le contraire s'est vû dans les canons apostoliques, où il a été remarqué, que les ordres conférés non-seulement par les hérétiques, mais aussi par les évêques irréguliers, étoient déclarés invalides & réitérables ; ce changement dans la discipline est remarquable.

Fausses accusations punies. Le canon quatorzieme doit s'entendre d'une accusation faite devant les juges ecclésiastiques ; le sujet de ce canon est le même que le précédent, pour empêcher les fausses accusations ; ce crime est puni de la privation de la communion jusqu'à l'article de la mort. Le concile d'Elvire a usé de la même sévérité.

Défense aux diacres de dire la messe. Le canon quinzieme est très-remarquable : les diacres en plusieurs endroits se donnoient la liberté de dire la messe ; c'est un crime que les temps modernes ont puni du feu, & cependant ce concile le punit d'aucune peine, & se contente d'ordonner que les diacres s'en abstiendront à l'avenir ; en effet plusieurs raisons rendoient en ce temps-là les diacres excusables ; 1°. ils étoient curés en beaucoup d'endroits, & croyoient que comme ils avoient le pouvoir de baptiser & de prêcher, il leur pouvoit être permis aussi de dire la messe

messe en l'absence du prêtre, comme celui-ci la disoit en l'absence de l'évêque : 2°. lorsque l'évêque célébroit, le diacre qui l'assistoit, disoit presque toute la messe avec lui, cela a encore lieu à présent dans l'église Grecque, où la messe est beaucoup plus longue, qu'en Occident; il y avoit plusieurs prieres qui se disoient alternativement par l'évêque célébrant & par le diacre, comme les prieres de prime, qui se disent les jours de férie; d'ailleurs non-seulement l'évêque, mais aussi le diacre prononçoit les paroles de la consécration, ce qui se fait encore aujourd'hui dans les ordinations des prêtres, tous ceux qui sont ordonnés, consacrant avec l'évêque; de sorte que les diacres pouvoient croire qu'ils consacroient aussi bien que l'évêque, & qu'ils pouvoient faire seuls ce qu'ils faisoient avec eux : 3°. tous les ordres se conférant alors par l'imposition des mains avec quelques prieres, sans aucune tradition d'instrumens, comme cela se pratique maintenant, le diacre pouvoit croire, que son ordination ne différoit pas de celle de l'évêque, ou au moins de celle du prêtre, quant au pouvoir de consacrer : 4°. le diacre avoit séance dans le lieu nommé *secretarium*, qui est entre le balustre & l'autel, avec le prêtre & l'évêque, où les autres clercs n'étoient point admis, & cela parce qu'il y avoit été ordonné; car chacun étoit alors ordonné dans le lieu, où il devoit remplir ses fonctions & son ministere; ainsi le sous-diacre étoit ordonné à la porte du chœur, parce que son office étoit de la garder, & ainsi des autres : 5°. l'évêque, lorsqu'il faisoit les prieres sur les pénitens, les catéchumenes, les énergumenes, étoit assisté du prêtre & des diacres, & ils imposoient tous avec lui les mains, particulierement aux pénitens; ce qui pouvoit encore faire croire aux diacres qu'ils participoient à la puissance épiscopale, & leur faire présumer, qu'ils avoient celle de donner l'absolution : 6°. ils avoient la distribution de l'eucharistie ; cela leur pouvoit faire penser, qu'ils pouvoient aussi consacrer ; maintenant dans les ordinations, on marque exactement à chacun le pouvoir & l'étendue de la fonction de l'ordre qu'il reçoit, ce qui rend ceux qui s'arrogent un pouvoir qui ne leur a point été conféré, très-punissables.

Le canon vingt-sixieme fait voir, qu'il n'y avoit que l'évêque qui avoit donné la pénitence, qui pût aussi donner la réconciliation.

Entreprises des diacres sur les prêtres réprimées. Le canon dix-huitieme réprime les entreprises des diacres sur les prêtres. Il n'étoit point étonnant que les diacres cherchassent à s'élever ; ils étoient continuellement attachés à l'évêque ; ils étoient les exécuteurs de ses secrets mandemens ; ils étoient nommés l'œil & la main de l'évêque ; ils avoient le maniment de la bourse, & avoient l'avantage d'être d'institution apostolique antérieurement aux prêtres ; car les apôtres firent des diacres, avant que de faire des prêtres.

Sacre des évêques. Sur le canon vingtieme, il faut remarquer, que les constitutions Clémentines n'exigent qu'un évêque, pour en sacrer un autre : les canons apostoliques en exigeoient deux ou trois ; ce canon en demande sept, ou au moins trois ; il y en a un exemple dans Armentarius qui a été déposé, pour n'avoir été sacré que par deux évêques.

Sur ce changement de discipline, il faut remarquer la différence qu'on doit mettre entre les reglémens de l'église, & les décisions des casuistes, qui ne forment que des probabilités : autrefois tous les cas de conscience se résolvoient, ou par l'évêque assisté du conseil de son clergé, ou dans les conciles provinciaux, suivant l'importance du fait : maintenant des casuistes ont succedé aux évêques, & des hommes particuliers aux conciles & aux assemblées ecclésiastiques ; de-là sont nées tant d'erreurs & de fausses maximes.

Sur le canon vingt-deuxieme il faut remarquer, que le pape Innocent I mande dans son épître à Exupere, évêque de Toulouse, que durant les trois premiers siecles de l'église on refusoit quelquefois l'absolution & la communion à l'article de la mort : ce canon est une preuve, que cela s'est même fait dans le quatrieme : il est certain que dans le style de ces premiers siecles, il faut entendre par le mot *communionem*, l'absolution : en voici la preuve ; 1°. ce canon demande des fruits dignes de pénitence, qui doivent précéder l'absolution : 2°. le cas du canon est de ceux qui ayant apostasié, attendent à la mort à demander la réconciliation, (*communionem*), ils en doivent être privés, jusqu'à ce qu'ils soient retournés en santé : il est donc évident, que *communion* signifie ici *absolution*.

Absolution refusée à l'article de la mort.

ARTICLE IV.

Concile d'Ancyre.

Ce concile fut assemblé pour guérir les playes dont la persécution de Maximien avoit affligé l'église d'Orient : un grand nombre de chrétiens s'étoit replongé dans les abominations du Paganisme ; les évêques s'assemblerent pour convenir de la maniere dont les relaps seroient reçus : chaque évêque en particulier, ne voulut rien décider sur cette matiere ; tous crurent la cause commune ; la décision devoit l'être aussi.

Cela fait voir la maniere dont les cas de conscience se

résolvoient dans les premiers siecles de l'église; les évêques en étoient les seuls juges, & selon l'importance de la matiere, ou ils les jugeoient seuls avec leur clergé, ou ils les décidoient dans des conciles.

Canon premier; voici le cas de ce canon: des prêtres assez malheureux pour succomber à la persécution, avoient sacrifié aux idoles; mais touchés d'un repentir sincere ils étoient retournés au combat; il s'agissoit de savoir, comment ils seroient traités. Leur chute sembloit mériter la dégradation; mais la force avec laquelle ils s'étoient relevés, les rendoient dignes de conserver leur rang.

Sur cette difficulté les peres déciderent qu'on examineroit, si le retour des prêtres renégats n'étoit point simulé, & l'effet d'un accord frauduleux avec les tyrans, dans la vue seulement de conserver leur rang, & les émolumens qui y étoient attachés; & que dans le cas où ils auroient réellement mérité le titre de *confesseurs*, ils seroient récompensés de la constance qu'ils auroient montrée dans le second combat, en conservant leur dignité & leur rang; mais qu'en même-temps ils ne seroient admis, ni à dire la messe, ni à la prédication, à cause de leur premiere lâcheté.

Il y a plusieurs réflexions à faire sur ce canon.

1°. Il arrivoit souvent, que des chrétiens, qui avoient reniée la foi dans la violence des tourmens, étoient si touchés de leur chute, que d'eux-mêmes ils retournoient au martyre, & alloient se présenter aux tyrans, pour expier leur faute : quelquefois la crainte des peines canoniques & la longueur de la pénitence qu'il falloit subir, pour rentrer dans le giron de l'église, leur faisoient choisir la voie du martyre, comme la plus courte & la plus aisée : S. Cyprien la proposa plusieurs fois aux relaps de son temps. *Si la pénitence, leur disoit-il, vous effraye, retournez au martyre, & non seulement vous effacerez votre crime, mais vous mériterez d'être honorés de l'église, soit que vous y mouriez, soit que vous en reveniez victorieux.*

Sur quoi il est très-remarquable, que dans ce temps-là on faisoit aller de pair, le baptême, le martyre & la pénitence canonique ; on ne doutoit point, que celui qui perdoit la vie dans les tourmens, pour le nom de Jésus-Christ, ou qui mouroit après avoir achevée la pénitence canonique, dans toute la sévérité des premiers siecles, ne fût au même état de sanctification, que celui qui mouroit incontinent après son baptême : le martyre étoit regardé comme un baptême, plus excellent même que celui de l'eau : quant à la pénitence canonique, on la nommoit un baptême laborieux, & l'on disoit, *le martyre est un baptême; la pénitence canonique est une espece de martyre; donc la pénitence est un baptême.*

{*Le baptême, le martyre & la pénitence canonique vont de pair.*}

2°. La précaution du concile, pour connoître si le second combat n'étoit point une feinte, nous donne lieu de remarquer, qu'il falloit que le sacerdoce fût alors un grand titre d'honneur, puisque des gens, après avoir idolâtré, pouvoient être portés à traiter avec les tyrans, & à feindre qu'ils avoient été tourmentés de nouveau, afin de conserver leur dignité.

3°. Il faut que le sacerdoce demandât alors une grande pureté, puisque des gens reconnus pour *confesseurs* n'étoient pourtant plus jugés dignes d'en faire les fonctions : si ces hommes fussent morts dans les tourmens, l'église les eût honorés comme des martyrs, ils eussent été dignes des respects des fideles ; & ils ne méritoient plus d'être prêtres.

Cette réflexion doit en faire faire une bien sérieuse à ceux qui accordent si facilement des dispenses pour être promûs aux ordres sacrés, à des gens souillés de crimes énormes, & d'irrégularités monstrueuses.

Sacrifice & prédication vont de pair.

4°. On ôtoit à ces prêtres la faculté de dire la messe & de prêcher; ces deux fonctions les plus grandes du sacerdoce, ont toujours marché de pair : celle de prêcher a été pendant plusieurs siecles réservée dans quelques églises à l'évêque seul. Lorsqu'Arius commmença à répandre sa doctrine, il fut résolu dans l'église d'Alexandrie, que les seuls évêques prêcheroient; Démétrius, évêque de cette ville, avoit quelque temps auparavant aigrement repris quelques évêques de la Palestine, qui avoient fait prêcher Origenes en leur présence : Saint Augustin fut le premier qui prêcha dans l'église d'Hyppone, par ordre de Valerius, & cela ne s'étoit point encore pratiqué dans aucune église d'Afrique.

Ainsi l'honneur qu'on conservoit aux prêtres, qui, après une premiere chute, étoient retournés au combat, ne consistoit qu'à avoir place dans le sanctuaire, à assister à la messe à leur rang, à y être revêtus de leurs habits sacerdotaux, à dire la messe avec le célébrant, (car tous les clercs qui assistoient à la messe, étoient censés la dire avec celui qui pontifioit,) à recevoir enfin la communion ecclésiastique; mais ils ne pouvoient sacrifier, quand c'étoit à leur tour.

Le cas du canon deuxieme concerne les diacres relaps : il accorde aux diacres qui sont tombés durant la persécution, & qui se sont relevés ensuite, en s'exposant au martyre, la faculté de retenir leur rang & leur dignité; mais il les prive des fonctions du diaconat : or ces fonctions sont très-remarquables; *cessare à pane sive à calice offerendo, vel prædicando* : l'explication de ces mots a souffert beaucoup de difficultés, parce qu'il semble qu'ils supposent dans le diacre le pouvoir de dire la messe, & de prêcher.

Il y a eu trois sentimens sur le mot *offerre*; 1°. quelques-uns entendent par-là seulement la distribution de l'eucharistie, laquelle étoit commise au diacre, comme il paroît par Justin martyre, & plusieurs autres peres: 2°. d'autres entendent la fonction que fait encore aujourd'hui le diacre, lorsqu'il prend le pain & le vin, & le présente au prêtre pour en faire l'oblation, & ils se fondent sur ce qu'il y a deux termes différens dans le grec, pour signifier les deux fonctions différentes du prêtre & du diacre, qui ne sont exprimés dans le latin, que par le seul mot *offerre*: προσφέρειν signifie l'oblation du prêtre, & προκομίζειν l'action du diacre, qui met entre les mains du prêtre les choses qui doivent être offertes: 3°. d'autres enfin entendent par le mot *offerre*, le sacrifice lui-même, & croyent que les diacres s'étoient mis en possession de dire la messe en plusieurs endroits : le pere Morin est de ce sentiment, & dit que la distinction entre les deux mots grecs, est frivole. Voilà trois explications ; il s'agit de savoir laquelle est la bonne. Il y a apparence, que ce n'est pas la troisieme, & que les peres du concile ont entendu par la différence des mots dont ils se sont servis, en parlant du prêtre & du diacre, marquer aussi la différence de leurs fonctions : cela paroît encore au sujet de la prédication; car à l'égard du prêtre, le concile se sert du mot ὁμιλεῖν, & à l'égard du diacre, de celui de κηρύσσειν: le premier signifie proprement prêcher, le second, faire l'office de hérault; car il faut savoir que dans la primitive église, lorsque l'évêque officioit, il y avoit toujours un diacre auprès de lui, & un autre au jubé; celui qui étoit avec l'évêque, faisoit un signal avec son étole, appellée

Justin. mart. Apol. a. item constit. apost. l. 8. c. 12.

orarium, qu'il portoit pendante sur l'épaule gauche, & flotante, sans être attachée sous le bras droit ; ce signal s'adressoit au diacre qui étoit au jubé, lorsqu'il falloit avertir le peuple de quelque chose, comme de faire entrer les pénitens, les catéchumenes, les énergumenes, &c. ou lorsqu'il falloit les faire sortir, ce qu'il faisoit à haute voix ; comme nous voyons qu'encore aujourd'hui le diacre parle au peuple à haute voix ; *procedamus in pace*, *flectamus genua*, *benedicamus Domino*, *ite missa est*, &c. ce qui est bien différent de la prédication qui n'étoit certainement pas permise aux diacres dans les premiers siecles.

Le canon quatrieme est le premier, qui marque distinctement les degrés de la pénitence ; il n'en parle pourtant pas comme d'une chose nouvelle ; & en effet nous trouvons ces degrés marqués dans l'épître canonique de Grégoire Thaumaturge évêque de Néocésarée, laquelle est beaucoup plus ancienne que ce concile ; il ne fait pas mention de ceux qu'on appelloit pleurans, *flentes*, parce qu'ils n'étoient pas proprement pénitens, mais aspirans seulement à la pénitence.

Il y a deux raisons pour lesquelles l'église avoit établi plusieurs classes de pénitens, & différens degrés de sévérité dans la pénitence ; la premiere, pour fermer la bouche aux Montanistes & aux Novatiens qui lui reprochoient d'être trop facile à l'égard des pécheurs ; la seconde, c'est qu'à mesure que le relâchement s'est mis parmi les chrétiens, il falloit devenir plus sévere ; & l'on voit que la rigueur des peines canoniques est allée en augmentant jusques dans le onzieme siecle, dans lequel les pénitences furent plus séveres, qu'elles ne l'avoient jamais été, comme on peut s'en convaincre dans Pierre d'Amiens.

Il faut faire ici une observation importante ; la participation à l'eucharistie étoit le terme, comme le but de la pénitence canonique ; tout aboutissoit là : on en doit conclure, contre les hérétiques modernes, que l'église étoit alors persuadée de la *présence réelle* dans l'eucharistie ; auroit-elle exigé des épreuves si rudes, pour participer à une figure ?

Le canon cinquieme marque, que comme la pénitence devoit être intérieure & extérieure, c'est-à-dire, que comme elle ne consistoit pas précisément dans les aumônes, la fuite des compagnies, &c. mais plus encore dans les jeûnes & les mortifications ; l'évêque étoit obligé de surveiller les pénitens, afin de régler sur leur conduite le temps de la pénitence.

Dans le canon sixieme on remarque, 1°. Les mots, *ad magnum usque diem*, qui signifient le jour de pâque : c'étoit ce jour-là que l'église accordoit la réconciliation aux pécheurs, qu'elle les réadmettoit à la participation des sacremens ; nous en avons un vestige dans le jeudi saint, qu'on prononce l'absolution sur tous les pécheurs & sur toutes sortes de crimes ; de même que le mercredi des cendres, il y a un vestige de ce qui se pratiquoit ce jour-là sur les pénitens, qui étoient couverts de cendres, & renfermés pour tout le carême jusqu'au jeudi saint. 2°. Les derniers mots du canon, *si periculum mortis ex morbo evenerit, ii sub definitione recipientur*, ont reçus deux explications : Isidore explique, *sub definitione*, par ces mots, ἱστόρῃ *ad viaticum* ; comme si la communion devoit leur être donnée, parce que c'est le terme & la fin de la pénitence ; Balsamon prétend, que les mots *sub definitione* imposoient aux pénitens qui recevoient le viatique, l'obligation de rentrer en pénitence,

Le grand jour, celui de pâque,

après leur convalescence, comme le concile de Nicée l'ordonna depuis expressément.

Le canon septieme fait voir, qu'il y avoit des personnes qu'on faisoit passer par le seul dégré de la *substraction*, sans en venir à la *consistence*; c'étoit lorsqu'on avoit reconnu en elles les marques de la plus grande ferveur; car la *consistence* n'étoit établie que pour achever de purger, & préparer les pécheurs à la communion.

<small>L'absolution, quand se donnoit.</small>

L'absolution *à peccatis* se donnoit ordinairement à la fin de la *substraction*, & à l'entrée de la *consistence*, afin que l'on pût participer aux prieres & assister au sacrifice; cependant l'absolution n'étoit pas censée complette, puisqu'on demeuroit encore privé de la communion; de sorte que l'on n'étoit pleinement absous, au moins de l'excommunication, qu'à la fin de la consistence : on tenoit alors, que dans la *substraction* on se purgeoit des grands péchés, & dans la *consistence* des moindres fautes, & qu'il ne suffisoit pas d'être purgé des grands crimes, pour approcher de l'autel; mais qu'il falloit acquérir une sorte de perfection, par la purgation des moindres fautes.

Au reste, le cas du canon étoit de ceux qui s'étoient trouvés dans des festins avec les Gentils, dans quelques solemnités payennes.

<small>Diaconat renferme un vœu tacite de continence.</small>

Par le canon dixieme, lorsqu'un évêque voulant faire diacre un homme marié, cet homme protestoit ne pouvoir se passer de femme, l'évêque avoit le pouvoir de le dispenser de la continence; mais cette protestation étoit nécessaire; d'où l'on peut conclure que le diaconat renfermoit un vœu tacite de continence.

<small>Diaconat, point encore un empêchement dirimant du mariage.</small>

Mais, ajoute le canon, si après l'ordination il prend envie au diacre de se marier, il le peut faire; mais il cesse d'être diacre; donc le canon suppose, que le diaconat n'étoit pas un empêchement dirimant du mariage; & en effet, ce n'est que depuis cinq siecles environ qu'il a cette qualité.

Le canon treizieme est le premier qui parle des *cor-évêques*. On ne sçait trop ce que c'est; on les compare aux doyens Ruraux, qui dans leurs districts sont comme prêtres majeurs, ayant autorité sur les autres prêtres du même district. Il y a plus de 800 ans, que les cor-évêques sont abolis, & ce canon a reçu diverses interprétations; le pere Morin l'explique d'une maniere, & M. de Marca d'une autre.

Suivant le pere Morin, on peut lui donner trois sens; le premier, que les *cor-évêques* ne pouvoient ordonner de prêtres ni de diacres dans leur district, sans la permission orale de l'évêque; & hors de leur district, sans la permission par écrit: le second, qu'ils ne pouvoient point ordonner les prêtres des villes; le troisieme, qu'ils ne pouvoient point sacrer un évêque.

M. de Marca de son coté ajoute un mot au canon, & en change un autre; il en fait deux parties: dans la premiere il veut, qu'il soit absolument défendu aux cor-évêques d'ordonner des prêtres & des diacres: dans la deuxieme il veut, qu'il soit défendu aux prêtres des villes de rien faire, sans la permission de l'évêque dans chaque paroisse; c'est pourquoi il ajoute un mot au canon, & en change un autre: cela est bien hardi. La version de Denis le petit a servi de fondement à l'opinion de M. de Marca, qui est d'ailleurs favorisée par le pape Adrien, & Ferrand le diacre; il soutient que les cor-évêques n'ont jamais pu ordonner de prêtres, parce qu'il s'en suivroit, dit-il, qu'un prêtre pourroit en ordonner d'autres, ce qu'il rejette absolument; mais le pere Morin croit que cela se peut, & que cela s'est même pratiqué; & son opinion à cet égard paroît fondée dans les peres de l'église, & sur-tout Saint Jérôme & Saint Basile ; ce dernier parle des ordinations faites par les cor-évêques dans le concile d'Antioche.

Le canon quatorzieme est dirigé contre l'abstinence superstitieuse de certains clercs, qui symbolisoient avec les Manichéens; mais on voit par-là, que l'abstinence a été pratiquée dans les premiers siecles de l'église. Balsamon & Zonare disent, que plusieurs moines de l'Orient ne vouloient pas même manger de poisson, & qu'en Occident il y en avoit de moins austeres, qui mangeoient de petits oiseaux, au lieu de poissons, croyant que ce n'étoit pas de la viande, parce qu'il est dit dans la Genese, que Dieu forma les oiseaux de l'eau.

Vie monachale, jointe à la cléricale.

Il paroît de plus par ce canon, qu'on commençoit alors à joindre la vie *monachale* à la *cléricale*; dans la suite, quatre des principaux évêques que l'église ait eu, travaillerent à l'établissement de la vie monastique; Saint Athanase & Saint Basile, dans l'Orient; Saint Ambroise & Saint Augustin, dans l'Occident; ce dernier faisoit garder à ses clercs, & observoit lui-même une singuliere abstinence; on ne servoit à sa table, pour lui & pour eux, que des légumes; & quelque peu de viandes pour les étrangers.

Droit du clergé; le siege vacant.

Sur le canon quinzieme il y a deux choses à remarquer; 1°. Que le siege vacant, le clergé avoit le gouvernement & l'administration du spirituel & du temporel; cela est encore aujourd'hui pour le spirituel, non pour le temporel dans les lieux où la régale a lieu, & où les rois, qui ont le droit de nomination, ont aussi le droit de mettre un économe pour la perception des fruits. 2°. Que dès-lors le bien d'église étoit regardé comme inaliénable.

Biens d'église inaliénables.

Le canon seizieme fait voir que l'Occident a été plus rigoureux que l'Orient, à l'égard des grands crimes. L'église d'Orient n'a jamais refusé la communion à l'article de la mort, même dans le cas des plus grands crimes, telle qu'est la bestialité, dont il est question dans ce canon; pratique que l'église d'Occident n'a jamais suivie.

L'église d'Occident plus rigoureuse pour l'absolution, que celle d'Orient.

Le canon dix-septieme fait voir, que ceux des pénitens qu'on appelloit pleurans, *flentes*, étoient tout-à-fait hors de l'église, qu'ils ne pouvoient pas même assister au sermon, ni demeurer sous les porches des églises; qu'ils étoient à l'air, & à l'injure du temps, attendant que l'évêque, les prêtres & les fideles entrassent & sortissent, pour les prier d'avoir pitié d'eux.

Le canon vingtieme punit l'adultere de la pénitence publique : l'adultere est un crime occulte; à l'égard des femmes, on distinguoit; si leur péché avoit été si secret, que leurs maris n'en sussent rien, on leur faisoit accomplir en particulier les peines de la pénitence, sans les mettre à la *substraction*; Saint Basile autorise la distinction que nous faisons ici; il dit que les femmes dont le péché étoit ignoré de leurs maris, étoient mises seulement *inter consistentes*.

Cependant on peut observer en général sur le fait de la pénitence publique, que l'église d'alors avoit peu d'égards à la réputation de ceux qui s'en étoient rendus dignes ; elle croyoit, qu'il valoit mieux édifier les fideles par l'exemple de la pénitence des pécheurs, que de conserver à ceux-ci un honneur pharisaique.

Le canon vingt-unieme réduit à dix ans la pénitence, pour le fait d'un adultere, suivi d'un fruit étouffé : elle duroit avant jusqu'à la mort de la pécheresse.

La deuxieme partie du canon vingt-deuxieme est étrange;

Homicide involontaire puni de pénitence. elle punit de cinq ans de pénitence un homicide, qu'une ignorance de fait rend involontaire. On ne peut trouver de raison de cette grande rigueur, qu'en difant, que l'églife d'alors s'effrayoit de l'apparence même du crime ; Saint Grégoire dit, qu'il faut *timere culpam, ubi culpa non eſt*; les Grecs ont été conſtamment dans cette pratique ; Saint Baſile a même été plus loin, & a fixé onze ans de pénitence pour les homicides involontaires.

ARTICLE V.

Concile de Néocéſarée.

Ce concile a été tenu à peu de diſtance de celui d'Ancyre, & pour le même ſujet ; ils fourniſſent l'un & l'autre, ainſi que ceux de Laodicée & de Gangres, matiere à trois réflexions générales.

1°. Si un docteur particulier, quel qu'il fut, pouvoit décider des cas de conſcience, ce feroit inutilement que tant d'évêques auroient quitté leurs diocèſes pour ſe raſſembler, dans la vue de faire ce que chacun d'eux auroit pu faire chez lui ſans ſe déplacer.

2°. S'il étoit permis, dans un cas de conſcience, de préférer une opinion douce & relâchée, pourvu qu'elle fut probable & appuyée de quelques raiſons, ou de l'autorité de quelque docteur, à une autre plus ſévere, mais beaucoup mieux aſſurée ; ce feroit inutilement que ces évêques auroient fait tant de canons, & ſtatué des peines ſi ſéveres contre les tranſgreſſeurs.

On ne connoiſſoit pas dans les premiers ſiecles la doctrine des probabiliſtes modernes ; & on ne quittoit pas la voye la plus étroite, pour marcher dans la plus large.

3°. Les mêmes raisons font voir la frivolité de la distinction moderne, entre peines *médicinales* & peines *satisfactoires*: comme s'il pouvoit y avoir des peines purement *médicinales*, & d'autres purement *satisfactoires* & pénales: ou elles sont toutes sans objet, ou elles sont à la fois médicinales & satisfactoires; c'est-à-dire, qu'en même temps que l'église veut que par la pénitence ses enfans satisfassent à la justice divine, elle veut aussi les guérir & rendre meilleurs par les travaux de la pénitence: il est assez commode de ne subir dans ce monde que des peines *médicinales*, & de remettre au purgatoire les peines *satisfactoires*.

Canon premier: il y a plusieurs remarques à faire sur ce canon, qui concerne le mariage des prêtres. 1°. Un prêtre peut se marier; mais il encourt la déposition, & rentre dans la communion laïque; cela fait voir que le sacerdoce n'étoit pas un empêchement dirimant du mariage; au contraire le mariage faisoit cesser le sacerdoce, & en rendoit le caractere stérile & inutile.

Mariage des prêtres.

2°. Un prêtre, coupable d'adultere ou de fornication, étoit non-seulement déposé, mais encore mis à la pénitence; en quoi ce canon est plus sévere, que les canons apostoliques qui se contentent de la déposition.

D'où il faut conclure, que le mariage des prêtres n'étoit point un crime; mais seulement une irrégularité.

3°. Ce canon, en ordonnant que le prêtre coupable soit déposé & mis à la pénitence, ne marque pas, s'il doit faire la pénitence en particulier, ou en commun avec les autres pénitens; d'où il faut inférer, que la séparation des clercs pénitens n'avoient pas encore lieu.

4°. Ce canon ne parlant que de l'adultere ou de la fornication d'un prêtre, & de son mariage après son ordination, & se taisant sur sa co-habitation avec une femme, qu'il auroit légitimement épousée, avant son ordination, semble autoriser l'usage qui subsiste parmi les prêtres Grecs, de continuer d'habiter avec les femmes qu'ils ont épousées avant leur ordination.

Nous avons vu, que le canon dixieme du concile d'Ancyre, favorise également cet usage; & nous verrons que celui de Nicée l'autorise: l'histoire de Sinesius, évêque de Pentapole, le confirme, ainsi que le concile *in Trullo*.

Il est certain que le célibat des prêtres n'est qu'un point de discipline, qui ne devroit pas être un sujet de schisme; & l'on blâme à juste titre Baronius, Bellarmin & du Perron, d'avoir trop invectivé contre les Grecs, à l'occasion de la continence des prêtres.

Cependant, quoique les Grecs ayent permis à leurs prêtres d'user de leurs femmes, il n'en est pas moins certain qu'ils estimoient la continence; qu'il y obligeoient leurs évêques, quoiqu'ils fussent mariés, avant leur sacre, & qu'ils les condamnoient au célibat, s'ils ne l'étoient pas; qu'ils ne permettoient pas à leurs prêtres de se marier après leur ordination; que ceux-ci, quoique légitimement mariés, étoient obligés de s'abstenir de leurs femmes, lorsqu'ils étoient dans l'exercice de leurs fonctions, & que Saint Pierre & Saint Paul exigeoient même des fideles cette abstinence, lorsqu'ils devoient approcher de la communion; qu'enfin les Grecs ont toujours été plus séveres que les Latins, ne tolérant point les quatriemes noces, & souffrant à peine les troisiemes; on peut voir dans les canons de Saint Basile, qui forment comme le droit canonique des Grecs, leur discipline à cet égard.

Le canon deuxieme fait du premier dégré d'affinité, un empêchement

empêchement dirimant du mariage. Il fait voir aussi le peu de cas que l'église faisoit des conversions forcées, en n'accordant qu'avec peine la pénitence à celui des deux concubinaires, qui attend la mort de son conjoint, pour la demander.

Le canon troisieme contient une discipline toute particuliere à l'église Grecque, à l'égard de la pluralité des mariages : le cas du canon n'est pas de ceux qui épousoient plusieurs femmes ; on ne voit pas que dans aucun temps la polygamie fut tolérée dans le christianisme ; les loix Romaines elles-mêmes ne l'autorisoient pas : il s'agit de ceux qui se remarioient plusieurs fois : en cela l'église Occidentale a été fort différente de l'Orientale ; dans celle-là une personne pouvoit se remarier autant de fois, qu'elle le jugeoit à propos ; cette discipline paroît fondée sur la doctrine de Saint Paul : *mulier mortuo viro suo, soluta est à lege viri; cui voluerit nubat.* Saint Jérôme dit, qu'il a connue une femme qui avoit enterrés vingt-un maris ; & un homme qui avoit enterrées vingt-deux femmes. Les Grecs au contraire ont fort resserrée la liberté de se remarier ; par les canons de Saint Basile, ceux qui se marient pour la deuxieme fois, sont mis pour deux ans à la consistence ; il qualifie de *fornication*, les troisiemes noces ; il ajoute, que Jesus-Christ dit à la Samaritaine, que l'homme avec lequel elle habitoit n'étoit pas son mari légitime, parce qu'il étoit le cinquieme ou le sixieme. L'empereur Léon VI, surnommé le sage, ayant eu trois femmes sans enfans, voulut épouser en quatrieme noces une concubine, nommée Zoa, de laquelle il avoit eu un fils nommé Constantin, afin de le légitimer par ce mariage, & le rendre habile à lui succéder ; le patriarche de Constantinople, nommé Nicolas le Mystique, refusa de lui donner la bénédiction nuptiale ;

Discipline sur la pluralité des noces.

l'empereur se la fit donner par un prêtre, qu'il gagna ; le patriarche cassa le prêtre, & excommunia l'empereur ; celui-ci eut recours au pape Sergius, qui envoya des Légats à Constantinople, lesquels jugerent le mariage bon & valide : le patriarche se roidit contre les légats ; l'empereur le chassa & mit à sa place Antymius : il mourut ensuite, laissant son fils Constantin, surnommé Porphyrogenete, empereur, sous la tutele d'Alexandre, son frere.

Alexandre rappella Nicolas, & chassa Antymius ; cela forma un schisme dans l'église de Constantinople ; Alexandre étant mort, Constantin fort zélé pour la religion, assembla un concile, pour donner la paix à son église ; elle lui fut rendue par un édit d'union, en vertu duquel les quatriemes noces furent défendues pour l'avenir ; & cependant pour sauver la légitimité de l'empereur, on reconnut que cette défense des quatriemes noces n'avoit point un effet rétroactif. On ordonna en conséquence, que ceux qui contracteroient un quatrieme mariage, seroient mis à la pénitence, & que leur mariage seroit déclaré nul ; on statua contre les troisiemes noces la peine de plusieurs années de consistence, suivant l'âge des contractans, & les motifs qu'ils pouvoient avoir eu de se remarier.

Péchés de pensée, exempts de la pénitence publique.

Le canon quatrieme prouve, que les péchés de pensée n'assujettissoient pas à la pénitence publique ; Saint Cyprien & Saint Basile nous apprennent la même chose ; ils ajoutent cependant, qu'on conseilloit quelquefois aux pécheurs de s'y mettre d'eux-mêmes : ces péchés de pensée sont ceux que Saint Augustin met au second rang : il fait trois classes de tous les péchés. Les premiers sont les veniels, pour lesquels on dit tous les jours, *dimitte nobis debita nostra* ; les seconds, les mortels & non-canoniques, pour lesquels on faisoit des pénitences secrettes; les troisiemes, les canoniques, pour lesquels on faisoit pénitence publique.

Par le canon cinquieme, un catéchumene du deuxieme rang (c'est-à-dire, de ceux qui ayant donné leur nom, étoient obligés d'assister au sermon & à la messe des catéchumenes,) qui venoit à commettre un péché notable, étoit remis au premier rang, c'est-à-dire, *inter audientes*; & s'il retomboit une seconde fois, il étoit tout-à-fait chassé de l'église.

Ce qui fait voir que le canon parle des catéchumenes du second rang, c'est qu'on ne veilloit pas sur ceux du premier; & que ceux du troisieme, qu'on appelloit *compétentes*, étoient si bien surveillés, qu'ils ne pouvoient tomber durant le temps de la *compétence*, dans des fautes notables.

Le canon sixieme vouloit, que ceux qui recevoient le baptême, sçussent ce qu'ils faisoient, & qu'ils y fussent déterminés par une volonté éclaircie & sans contrainte : de là viennent les interrogations & les réponses, qui sont encore en usage aujourd'hui; de-là encore on n'admettoit point les enfans au baptême; de-là enfin l'usage qu'on suivit après, de faire renouveller aux enfans les vœux du baptême, lorsqu'ils étoient parvenus à l'âge de raison. Ce fut Saint Cyprien qui commença à baptiser les enfans, en cas de nécessité; Saint Ambroise & Saint Augustin voulurent que cela se fît dans tous les cas : mais il faut observer, qu'on ne baptisoit alors que deux fois l'an; la veille de pâque & de la pentecôte; & on différoit jusqu'à ces jours-là le baptême des enfans, qui naissoient le reste de l'année, hormis le cas de nécessité. On estimoit si fort cette sorte de régénération spirituelle, & on avoit si grand soin d'en renouveller la mémoire aux enfans, qu'il y avoit tous les ans un jour destiné pour ce renouvel-

Réitération des vœux du baptême.

lement des vœux du baptême, & ce jour étoit célébré avec grande folemnité. Mifologue, dans la bibliotheque des peres, appelle cette fête, *annotinum pafcha* : il y a eû en France plufieurs églifes où elle s'eft obfervée; Saint Charles Borromée l'a renouvellée dans fon diocefe.

<small>Bigamie interprétative.</small> Le canon huitieme contient encore une févérité étrange, puifqu'il fait porter à un innocent la peine du coupable; il déclare un homme, dont la femme commet adultere, bigame d'une bigamie *interprétative*; en conféquence il l'exclut des ordres facrés : il veut que le prêtre, dont la femme commet adultere, la chaffe hors de fa maifon, à peine d'être cenfé complice de fon crime, & fufpendu de fes fonctions.

Cette difcipline fait voir, que Baronius s'eft trompé, lorfqu'il a dit que les prêtres ne tenoient pas leurs femmes dans leurs maifons.

<small>Dépofition partielle ; difpenfe.</small> Le canon neuvieme établit une forte de dépofition partielle; c'eft-à-dire, que pour certains cas il fufpendoit d'une partie des fonctions, & difpenfoit pour le refte. Ainfi les baifers & les attouchemens non-fuivis de la copule charnelle, n'étoient punis que de la privation du pouvoir de confacrer, le refte des fonctions étoit confervé; *manens in reliquis*. Mais il eft bon d'obferver ici, que les difpenfes ne fe donnoient pas alors comme à préfent; on difpenfoit pour une chofe paffée, en laquelle il n'y avoit plus de remede; aujourd'hui on accorde des difpenfes pour des chofes qu'on veut faire, qu'on pourroit bien, & qu'on devroit fouvent s'abftenir de faire.

<small>Âge des prêtres.</small> Le canon onzieme fixe l'âge de la prêtrife à trente ans; parce que, dit-il, c'eft à cet âge que Jefus-Chrift s'eft mis à enfeigner. Cet ufage a fubfifté jufqu'au pape Zacharie, qui, écrivant à Boniface, apôtre des Allemands, a réduit l'âge

des prêtres à vingt-cinq ans, ce qui n'a point été changé depuis.

Le canon douzieme fait voir, que la profession de la médecine étoit une irrégularité : la réclamation de l'église contre l'ordination de Novatien, par la raison, qu'il avoit été *clinique*, en est une preuve : ce canon en dispense pour de certains cas ; le mérite extraordinaire de la personne, & la disette de prêtres obligeoit quelquefois l'église à admettre les médecins pour ministres. Médecins irréguliers.

Le canon treizieme interdisoit aux prêtres de la campagne de dire la messe dans l'église épiscopale, en présence de l'évêque & des prêtres de la ville. Cela prouve, 1°. Qu'on ne disoit qu'une messe alors dans chaque église ; qu'il n'y avoit qu'un autel, & que tous offroient ensemble. 2°. Le mot *dominicum* signifie, tantôt le jour de dimanche, tantôt la messe, quelquefois, comme dans cet endroit, l'église épiscopale, qu'on appelle encore de nos jours *domm* en Allemagne. 3°. Les mots *panem precationis* dénotent, que l'église regardoit le sacrifice comme purement eucharistique, de prieres & d'actions de grace. Prêtres des champs.

Ce canon marque aussi, qu'on traitoit les cor-évêques plus honorablement que les autres prêtres ; il y est dit qu'ils représentent les soixante-dix disciples ; ils n'étoient donc pas évêques ; car les évêques sont successeurs des apôtres : la principale fonction dont le canon tire des motifs de les honorer, est le soin qu'ils prenoient des pauvres. Balsamon dit, que l'honneur qu'on rendoit aux cor-évêques plus qu'aux autres prêtres, consistoit en ce qu'ils disoient la messe avec plus de pompe. Cor-évêques.

Le canon quatorzieme défend d'augmenter le nombre des diacres au-delà de sept dans chaque église. Justinien n'eut point égard à ce canon, & ordonna qu'il y en eut dix dans l'église de Constantinople ; il en donna cette raison, que les sept diacres, institués par les apôtres, n'étoient que pour avoir soin des pauvres, & que les autres servoient à l'autel ; la même raison fut depuis alléguée dans le concile *in Trullo* : Justinien pouvoit faire augmenter le nombre des diacres ; mais la raison dont il se servit, n'est pas bonne ; étant certain que les sept diacres des actes des apôtres servoient à l'autel & aux pauvres.

ARTICLE VI.

Concile de Laodicée.

Ce concile a été assemblé pour le même sujet, que les deux précédens.

<small>Secondes noces.</small> Le canon premier autorise les secondes noces, contre Montanus qui les condamnoit absolument ; cependant l'église en les permettant, assujettissoit ceux qui les contractoient à la consistence, & à quelques-uns des travaux de la pénitence, parce qu'elle y trouvoit une preuve d'incontinence.

<small>Mariages clandestins.</small> Le même canon défend les mariages clandestins, ce qui prouve que dès-lors il s'en faisoit ; la rigueur des canons n'a pas tenu contre la violence de la coutume : le pape Innocent III les défendit, il y a cinq siecles & demi ; la coutume l'emporta encore sur ces défenses ; enfin le concile de Trente les a entierement déclarés nuls.

<small>Usure condamnée.</small> Le canon quatrieme condamne l'usure. Saumaise qui a écrit de l'usure, prétend que dans les premiers siecles de l'église elle étoit seulement défendue aux clercs, & non aux laïques ; mais le texte de l'écriture n'excepte personne ;

de plus le concile d'Elvire nomme précisément les laïques. Il ne s'agit que de savoir quelle qualité d'intérêt rendoit un prêt usuraire; ce canon se sert du mot *sescupla*: quelques-uns l'on interprêté par *cent par mois*, ou *douze pour cent par an*; d'autres, comme Balsamon, ont dit, que c'étoit un demi pour cent par mois, ou six pour cent par an.

Saint Jérôme dit, que plusieurs éludoient les paroles d'Ezéchiel, *non dabis pecuniam tuam ad usuram*, en tirant un intérêt de leurs denrées ou d'autres choses mobiliaires qu'ils prêtoient; comme si la raison & les préceptes pouvoient admettre de pareilles subtilités.

Le canon cinquieme est un de ceux dont Zonare s'est servi pour prouver, que le peuple avoit été privé du droit de participer à l'élection des ministres de l'église. Zonare se trompe; car lorsque ce canon dit, que l'élection ne se fera pas, *in præsentiâ eorum qui audiunt*, il entend parler des payens, des catéchumenes, & de tous ceux qui n'étoient pas au nombre des fideles, & en présence desquels on ne vouloit pas découvrir le résultat de l'espèce d'information qui précédoit l'élection; le mot grec χυροτόνπος signifie & l'imposition des mains, & l'extension de la main: la premiere marque l'ordination, la seconde l'élection, parce que le peuple donnoit son suffrage en étendant la main; il a eu part aux élections jusques dans le onzieme siecle, dans l'église d'Orient, comme dans celle d'occident; ce fut alors que le clergé s'en empara tout seul.

Le peuple participe aux élections.

Le canon sixieme marque la disposition des anciennes églises; ce qu'on appelloit *domus Dei*, étoit cet espace qui s'étendoit depuis le jubé jusqu'à l'autel; les ministres se tenoient dans le balustre de l'autel; le reste du lieu que nous nommons chœur, étoit occupé par les moines, les vierges sacrées,

Disposition des anciennes églises.

les fideles & les confiſtans : les chantres ſe tenoient au jubé. Tout le reſte de l'égliſe, que nous nommons aujourd'hui *la nef*, étoit appellé *atrium paganorum*, parce que les payens, les énergumenes, les catéchumenes, & les pénitens y entroient.

Dans la ſuite des temps, les moines ayant bâti des égliſes, ils en ont entierement rempli le chœur, parce que les fideles n'alloient point encore dans leurs égliſes ; inſenſiblement les chanoines ont fait la même choſe dans les égliſes cathédrales, & les eccléſiaſtiques dans toutes les autres égliſes particulieres. De cette maniere le clergé a par-tout repouſſé les fideles dans l'*atrium paganorum*.

<small>Différente maniere de recevoir les hérétiques.</small>

Les canons ſeptieme & huitieme font voir, qu'il y avoit des hérétiques qu'on recevoit dans l'égliſe par la ſeule confirmation, ſans réitérer leur baptême ; d'autres ne pouvoient être reçus que par la réitération de leur baptême ; cela dépendoit de leur opinion ſur la Trinité, & de la forme en laquelle ils adminiſtroient eux-mêmes le baptême.

Il faut faire quelques remarques ſur quelques mots de ces canons.

1°. Ceux qui ſont appellés *Photiani*, ſont mis entre les hérétiques qui étoient reçus ſans réitération du baptême, & cependant Photius étoit diſciple de Paul de Samoſate, & nous voyons que le concile de Nicée ordonna, que les Photianiſtes ſeroient rebaptiſés : de-là, il faut conclure, que le mot *photianis*, eſt une fourrure, avec d'autant plus de raiſon, que de trois verſions, qui exiſtent de ces canons, il y en a deux qui ne le portent pas.

2°. Les mots *ſanctô chriſmate junctos* font voir, que la confirmation ſe donnoit en Orient, par l'onction ou la chriſmation, ſans impoſition de mains, comme cela ſe pratique

tique à préfent en Occident ; depuis, l'impofition des mains a été jointe à la chrifmation, jufque dans le douzieme fiecle, qu'on s'eft contenté de la feule onction.

3°. Le mot *phriges* fignifie les Montaniftes qui avoient compofée une nouvelle hiérarchie, dans laquelle l'épifcopat étoit le plus bas degré, ils mettoient au-deffus des évêques, des *fennones*; au-deffus de ceux-ci des patriarches : ces hérétiques ne pouvoient être reçus dans l'églife, que par la réitération de leur baptême.

Théodoret, dans fon épître à Naucratius, rapporte la divifion faite par Saint Epiphane, de vingt-cinq fortes d'hérétiques reçus par le baptême; de cinq fortes reçus par la chrifmation; & de trois fortes qui n'étoient reçus ni par le baptême, ni par la chrifmation. L'auteur qui porte le nom de Juftin martyr, le livre du droit oriental, Balfamon fur le vingt-cinquieme canon du concile *in trullo*, M. de Marca & le pere Morin, ont remarqué que les conciles approuvoient le baptême de certains hérétiques, & n'approuvoient pas leur confirmation, dont ils ordonnoient la réitération.

Queſt. 14.
P. 290 & 378.

Le canon neuvieme fait voir 1°. qu'il y avoit dès-lors des lieux féparés où l'on enterroit les fideles.

2°. Qu'il y avoit auffi des chapelles confacrées aux martyrs, *martyria*, & que les hérétiques leur en bâtiffoient comme les catholiques.

3°. Que le culte des faints, (c'eſt-à-dire, des martyrs, car on ne connoiſſoit point encore d'autres faints), étoit autorifé par l'églife, *orationis gratiâ*; qu'elle croyoit même qu'il s'y opéroit des miracles, *curationis gratiâ*.

Culte des faints.
Miracles.

Le canon douzieme eft encore un de ceux dont Zonare & Balfamon fe font fervis, pour prouver que les élections avoient été ôtées au peuple de ce temps, & remifes au feul

Election des évêques.

Tome I. Kkk

clergé. Mais le mot *judicium* a induit ces deux auteurs en erreur; il y a grande différence entre *judicium* & *suffragium*; le peuple avoit le droit de suffrage; & les évêques de la province, qui s'assembloient extraordinairement, pour élire celui qui devoit remplir un siege devenu vacant, avoient le *judicium*, c'est-à-dire, l'examen de celui qui étoit élu par le peuple & le clergé particulier du lieu. Le métropolitain assembloit les suffragans toutes les fois qu'un évêque étoit mort, pour présider à l'élection de son successeur.

Il faut observer ici, que l'on désiroit alors deux choses dans un évêque, une profonde connoissance avec une pratique suivie des maximes de la religion, & la capacité de prêcher. Ils devoient instruire par l'exemple & la doctrine, *ore & opere*.

Même sujet. Le canon treizieme est encore un de ceux qui semblent d'abord favoriser l'opinion de Zonare & de Balsamon, touchant le droit d'élection, qu'ils disent avoir été ôté au peuple de ce temps-là; mais on leur répond aisément en disant, que le canon, en se servant du mot ἐχλοίς, *urbis*, & non pas *populis*, n'a entendu défendre que le tumulte, & empêcher que l'assemblée du peuple ne donna lieu à des altercations; cela paroît clairement par la lettre que le vieux évêque de Nazianze écrivit aux évêques assemblés à Cesarée de Cappadoce, par laquelle il leur recommanda d'assembler le clergé, les moines, les magistrats, les plus notables citoyens, pour prendre leurs suffrages, & d'éviter par ce moyen le désordre qui accompagnoit ordinairement les élections.

Election des prêtres. Les mots *eorum qui sunt ad sacerdotium promovendi*, marquent clairement, qu'outre les évêques on élisoit encore les prêtres, quelquefois même les autres clercs. Saint Cyprien, dit, qu'il ne faifoit point de *lecteurs*, qu'il ne les propofa au peuple, ou tout au moins à fon clergé; Saint Auguftin fut fait prêtre, fans y penfer, lorfque Valerius, évêque d'Hyppone, étoit affemblé avec fon clergé & fon peuple, pour l'élection d'un prêtre, dont il avoit befoin dans fon églife.

Le canon quatorzieme parle des *eulogies*; ce mot a fignifié différentes chofes dans l'antiquité eccléfiaftique.

1°. *Eulogie* fe prend pour toutes fortes de préfens, que les chrétiens envoyoient à Jérufalem.

2°. *Eulogie* fe prend aufli pour une efpece particuliere de pain, que les chrétiens s'envoyoient; Paulin en envoya à Severe fon bon ami, & Saint Auguftin en envoya à Paulin.

3°. *Eulogie* fe prend aufli pour le pain euchariftique: les évêques du premier fiecle étoient en ufage de s'entr'envoyer l'euchariftie, pour marque de la communion qui étoit entr'eux; Eufebe le remarque du pape Victor, qui l'envoya aux évêques d'Orient, & Saint Irenée écrivant à ce même pape au fujet de Quartodecimanus, remarque la même chofe; cela fe voit encore mieux, lorfque le nombre des fideles s'étant accru, on fut obligé de former plufieurs églifes particulieres, éloignées des cathédrales; les évêques envoyoient au prêtres qui deffervoient ces églifes, l'euchariftie des reftes des oblations qu'ils avoient confacrées, pour marque de la communion qu'ils devoient entretenir avec eux, & comme pour tenir lieu de cette ancienne coutume de l'églife, de ne dire qu'une meffe, dans laquelle tous les prêtres & tous les clercs communioient de la main des évêques. On trouve une preuve de cette coutume d'envoyer l'euchariftie, dans une épître du pape Innocent I. fous le nom de *fermentum*. Le cardinal Baronius ne veut pas que cela

Eulogies.

s'entende de l'euchariſtie, mais il eſt contredit par pluſieurs hommes célèbres ; ce canon nous en fournit encore une preuve, puiſqu'il abolit cette coutume, ſans doute à cauſe des inconvéniens & des abus qui s'y étoient introduits.

4°. Il exiſte encore aujourd'hui dans l'égliſe une eſpece d'*eulogie* ; c'eſt le pain béni. La coutume du pain béni commença dans l'égliſe de France, vers le neuvieme ſiecle ; & le concile de Nantes nous apprend, que ce qui la fit introduire, ce fut le relâchement des fideles : on trouva ce moyen de les conſoler de la privation de l'euchariſtie, de laquelle leur tiédeur & leur relâchement ne leur permettoit plus de s'approcher ſi fréquemment. Les pénitens, les énergumenes, les catéchumenes n'avoient point de part à la diſtribution du pain béni, & n'avoient d'autre communion avec l'égliſe, que celle des prieres.

Chantres.

Le canon quinzieme fait voir, 1°. que les chantres formoient un ordre mineur dans l'égliſe d'Orient, & non dans celle d'Occident ; 2°. qu'il n'y avoit qu'un certain nombre de chantres, dont les noms étoient enregiſtrés *in canone* ; de-là on a appellé les chantres *canonici*, chanoines ; 3°. les mots *qui de codice canunt*, prouvent qu'ils ne pouvoient chanter que ce qui étoit dans les livres de l'égliſe, & ſelon la note qui y étoit marquée ; afin d'empêcher les chants laſcifs & les hymnes profânes, ſemblables à ceux que Paul de Samoſate avoit fait compoſer à ſa louange, & qu'il faiſoit chanter dans ſon égliſe d'Antioche.

On peut demander ici, s'il n'y avoit que les chantres qui chantaſſent, & ſi le peuple ne chantoit pas ? Il y a apparence que les ſeuls chantres chantoient, au moins pendant les trois ou quatre premiers ſiecles, & que le peuple écoutoit : on peut juger de ce qui ſe paſſoit à cet égard dans les églises où les fideles s'assembloient, par ce que Cassien rapporte des moines d'Egypte, qui s'exerçoient fort à la psalmodie ; il y en avoit parmi eux qui chantoient, les autres écoutoient & méditoient : ce que Cassien dit d'un ange, qui vint enseigner à ces moines le chant le plus agréable à Dieu, & qui debout au milieu du chœur, chanta seul douze pseaumes & disparut, ne mériteroit aucune attention, si cette vision n'avoit donné lieu à la coutume qui subsiste encore, de ne jamais dire plus de douze pseaumes de suite dans le plus long office de l'année.

Le chant est aussi ancien que l'église, en Orient ; il n'en est pas de même de l'Occident, où l'on n'en fit usage que vers le temps de Saint Ambroise, qui l'institua dans son église de Milan, pour défennuyer le peuple, qui passoit les jours & les nuits dans l'église, pour conserver son évêque contre la fureur de l'impératrice Justine.

Mais il paroît que si l'Occident adopta plus tard le chant de l'église, que l'Orient, il fut plus prompt à le rendre flatteur à l'oreille : Saint Athanase interdit dans son église d'Alexandrie, le chant musical de l'Occident.

Le canon seizieme fait voir, que les Grecs célébroient le samedi, comme le dimanche, pour l'office, & non pour l'obligation de la cessation du travail & des œuvres manuelles ; ce canon & les deux suivans, indiquent la maniere dont l'office divin se faisoit les dimanches & jours de fête, & qui étoit à-peu-près la même que celle qui s'observe encore, en entrecoupant le chant des pseaumes, par la lecture des écritures.

Le canon dix-neuvieme décrit l'ordre de la messe, & la maniere ancienne de la dire dans l'église grecque.

Ordre de la messe dans l'église grecque.

1°. Il n'est point fait ici mention des énergumenes ; il

semble qu'on commençoit à n'y plus croire; Saint Basile remarque que de son temps la coutume avoit cessé de faire des prieres sur eux, & de leur imposer les mains à la messe; Saint Maxime fait la même remarque; il n'y est pas non plus parlé des *competentes*, parce qu'il n'y en avoit pas en tout temps, mais seulement le quatrieme jour devant pâque, & devant la pentecôte.

2°. Tous les fideles étoient censés dire la messe avec le prêtre, non-seulement parce qu'on ne consacroit que ce qu'ils offroient, mais aussi par l'application qu'ils devoient avoir aux prieres & aux cérémonies de la messe.

3°. La messe étoit partagée en prieres *secrettes*, & en *exclamations*, c'est-à-dire, en oraisons qui se prononçoient tout haut.

4°. La *paix* venoit ensuite, c'est-à-dire, le saint baiser ; Tertullien & Saint Cyprien disent, *si l'on ôte la paix, il faut ôter le sacrifice, l'offrande de la communion cléricale, & de la laïque*. Tous les clercs, de quelqu'ordre qu'ils fussent, qui étoient présens à la messe, communioient; donc il ne s'en disoit qu'une dans l'église cathédrale où tout le monde se trouvoit.

Le canon vingt-unieme fait voir, que les sous-diacres ne pouvoient point entrer dans le lieu où les diacres préparoient les choses nécessaires au sacrifice, ni toucher les vases sacrés en deux cas ; 1°. lors de la procession, qu'on nommoit *magnus introïtus*, dans laquelle on apportoit les oblations qui devoient être consacrées, & il n'y avoit que le diacre qui pût faire cette fonction; il marchoit à côté du célébrant & les portoit fort haut élevées, & avec pompe; 2°. lorsque les oblations étoient consacrées.

Ce n'est pas que les sous-diacres & même tous les fideles

ne touchaſſent l'euchariſtie elle-même, lorſqu'ils communioient, car l'uſage étoit, qu'ils la reçuſſent dans leurs mains croiſées l'une ſur l'autre en forme de petit trône; & lorſqu'ils avoient bû dans le calice, ils eſſuyoient leurs levres avec leurs doigts, & s'en frottoient les yeux, les oreilles, & leurs narines, croyant que cette eſpece de libation purifioit tous leurs ſens.

On voit dans le canon vingt-quatrieme la diſtribution des ordres eccléſiaſtiques, ſelon l'uſage grec; 1°. les ordres majeurs, depuis le diacre juſqu'au prêtre incluſivement; 2°. les ordres mineurs, depuis le ſous-diacre juſqu'au chantre. Hiérarchie eccléſiaſtique chez les Grecs.

Les autres offices n'étoient pas des ordres, autrement il faudroit dire, que les moines étoient auſſi dans le rang des miniſtres eccléſiaſtiques, & que le monachiſme étoit un ordre, puiſqu'ils ſont nommés après les exorciſtes & les portiers; il faut donc dire, que les Grecs n'avoient point d'autres ordres mineurs que le ſous-diacre, le lecteur, & le chantre, & que les exorciſtes & les portiers n'étoient qu'officiers; les ordres mineurs ſe donnoient par l'impoſition des mains, comme les ordres majeurs; les offices & charges ſe conféroient par députation, *per promotionem*; Saint Baſile a fait cette diſtinction, d'où il ſuit, que les ordres mineurs ne ſont que d'inſtitution eccléſiaſtique, puiſque l'égliſe Grecque & la Latine ont ſi fort varié ſur ce point; car en Orient on n'a jamais connu l'acolyte.

Ce canon eſt comme la premiere patente des moines; il n'en avoit été parlé dans aucun des précédens: quant aux vierges conſacrées à Dieu, il y en a eû dès le commencement de l'égliſe; Saint Paul en parle, ainſi que des ſaintes veuves; il n'étoit pas queſtion alors de moines, & il ne faut point en être étonné, car la vie monaſtique ne conſiſtant Commencement du monachiſme.

Pagination incorrecte — date incorrecte

NF Z 43-120-12

que dans la pratique des conseils évangéliques, tous les chrétiens des premiers siecles étoient moines en ce sens ; tous pratiquoient les conseils de l'évangile avec zele, tous vivoient en commun, vendoient leurs biens, & les mettoient aux pieds des apôtres ou de leurs successeurs. Les premiers instituteurs du monachisme, furent Saint Antoine, qui vivoit vers le temps de ce concile, & Saint Basile, un peu après en Orient ; Saint Augustin, & Saint Benoît en Occident ; Saint Denis parle des moines, mais on sçait qu'il n'a écrit que dans le cinquieme siecle, & il n'en parle qu'en la maniere dont ils vivoient dans le quatrieme, ce qui est une preuve démonstrative, que le monachisme n'est pas si ancien, qu'on l'a cru.

Entreprises des sous-diacres réprimées.

Le canon vingt-cinquieme défend aux sous-diacres *dare panem & benedicere calicem*, comme une entreprise sur les fonctions des diacres ; d'où quelques-uns ont conclu, que les diacres avoient le pouvoir de dire la messe.

On leur répond d'abord, que ceux mêmes qui ont cru, que les diacres disoient la messe, avouent que ce n'étoit que par usurpation ; outre cela, les termes du canon ne rendent pas l'idée de dire la messe, il n'entend parler que de la fonction que le diacre fait à l'autel, en présentant au prêtre le pain & le calice, ce qu'il accompagnoit de quelques paroles de bénédiction, ou bien encore la distribution du pain & du vin consacré, que le diacre faisoit au peuple, ce que le sous-diacre ne pouvoit faire, sa fonction devant être de se tenir à la porte du chœur, pour recevoir l'ordre du diacre.

Abolition des agapes.

Les canons vingt-septieme & vingt-huitieme abolissent les *agapes* ; Saint Ambroise & Saint Augustin conseillerent aux fideles de leurs églises, de convertir les dépenses qu'ils
faisoient

faisoient à ces festins, en aumônes pour les prêtres, qui en conséquence disoient la messe pour ceux qui leur faisoient ces charités; voilà l'origine de la coutume de donner de l'argent aux prêtres, pour la messe.

Le canon vingt-neuvieme explique la maniere dont les Grecs fêtoient le samedi, quant à l'office & au service, & non quant au travail. A l'égard du dimanche, il permet le travail en cas de nécessité publique. Constantin suivit cette disposition dans une loi impériale.

Le canon trente-quatrieme consacre le culte des martyrs, & interdit celui des faux martyrs; *une mauvaise cause*, dit-il, *peut trouver des défenseurs, & l'hérésie des martyrs.* Culte des martyrs.

Les hérétiques se servent du canon trente-cinquieme, pour combattre le culte des saints; car disent-ils, s'il est défendu d'honorer les anges, comme il semble que ce canon le défend, à plus forte raison le culte des saints sera-t-il défendu; ils fortifient la preuve qu'ils tirent de ce canon, de l'autorité de Théodoret, qui dit, qu'il ne faut pas honorer les anges. Culte des Anges.

On leur répond, 1°. que les peres de ce concile ayant établi par trois ou quatre canons précédens le culte des martyrs, & fait la différence des vrais & des faux martyrs, il est à croire, qu'ils n'ont entendu condamner le culte des anges, qu'en tant qu'il approcheroit de l'idolâtrie, ou de la superstition. En effet on voit qu'on commençoit alors à attribuer aux anges des noms & des attributs inconnus jusque-là; on les invoquoit comme médiateurs entre Dieu & les hommes; on tenoit des assemblées secretes, où on leur rendoit des honneurs presque divins; cela tenoit à une vieille erreur, déjà existante au temps de Saint Paul, qui écrivant aux Collossiens, dont la ville étoit tout proche de Laodicée &

Tome I.   L l l

dans la même province, leur dit, *nemo vos seducat in religione angelorum*, entendant parler de Corinthe, qui avoit déjà débité sa doctrine au sujet des anges, qu'il vouloit établir médiateurs entre les hommes & Dieu, au préjudice de Jésus-Christ : Saint Paul a combattu cette doctrine en plusieurs endroits; dans le premier & le second chapitre de son épître aux Hébreux, il s'attache fort à relever Jésus-Christ au-dessus des anges.

2°. Le canon peut s'entendre aussi des prétendus anges, des sorciers & magiciens; car il est remarquable que dans les capitulaires de Charlemagne, il est dit, *que le concile de Laodicée défend d'imposer des noms de magie aux anges*.

Sur les canons quarante-cinquieme & quarante-sixieme, on peut faire deux remarques importantes.

<small>Baptême des enfans.</small>

1°. On commençoit alors à baptiser les enfans, raison pour laquelle on restreignit le temps de la *compétence* ; ce tems étoit tout le cours du carême, au commencement duquel on choisissoit auparavant ceux qui devoient être baptisés le samedi de pâques.

<small>Enseignement des catéchumenes.</small>

2°. On n'enseignoit aux catéchumenes que le symbole & le pater, & on ne les instruisoit que des trois sacremens qu'ils devoient recevoir, le baptême, la confirmation & l'eucharistie, sans leur rien dire de la pénitence, de peur que la connoissance qu'ils auroient de ce second remede au péché, ne ralentit leur ferveur.

L'emploi de catéchiste étoit dans les premiers siecles, & avant l'introduction du baptême des enfans, un des plus importans de l'église; Photinus, Clément d'Alexandrie, Origène, Heraclius, Denis, l'ont exercé long-temps dans l'église d'Alexandrie : depuis, cet emploi fut délaissé aux plus habiles des diacres ; c'est à un diacre que S. Augustin adressa son livre *de cathechisandis*.

Le baptême est appellé dans ce canon, *illumination*.

Le canon quarante-huitieme est remarquable en ce qu'il qualifie la confirmation de *crisma*, & non pas de *crismation*, en sorte qu'il fait consister son essence dans la chose même, & non dans l'action qui en fait l'application ; c'est ainsi que les Grecs l'ont toujours considérée ; il n'y a que l'évêque chez eux qui puisse consacrer le crême, & c'est en cela qu'ils entendent, que le sacrement de confirmation lui est réservé ; car pour la chrismation, comme ils ne croyent pas, qu'elle fasse l'essence de ce sacrement, ils permettent aux prêtres de la faire. Il est vrai que du temps de S. Jean-Chrisostôme, il n'y avoit que les évêques qui consacrassent & donnassent le chrême, comme il paroît par ses ouvrages ; mais depuis il a été permis aux prêtres de le donner, & ce fut une des choses que Photius reprocha le plus au pape Nicolas I, & aux Latins, de ce qu'ils réservoient aux évêques, ce que tous les prêtres devoient faire ; dans la suite Seculaire fit le même reproche au pape Léon IX ; c'est aussi pour cette raison, que les Grecs n'ont pas comme les Latins, deux différentes chrismations, la *verticale* & la *frontale* ; dont la premiere est permise chez les Latins aux prêtres, la seconde réservée aux évêques.

Confirmation.

Le canon quarante-neuvieme fait voir, que l'église grecque croyoit que c'étoit deux choses incompatibles, que de dire la messe & de jeûner ; dans le carême, elle ne permettoit la messe que le samedi & le dimanche ; 1°. dire la messe, dans l'opinion des Grecs, c'étoit faire fête ; jeûner, c'étoit être dans la tristesse ; 2°. communier, c'étoit rompre le jeûne.

Jeûne du carême dans l'église grecque.

On voit dans Tertullien, que les chrétiens de ce temps-là avoient ce fcrupule, & il leur confeilla d'emporter l'euchariftie chez eux, pour la prendre à la fin du jour.

Cette différente pratique de l'églife grecque & latine, fut un des fujets de la conteftation qu'il y eut l'an 1050, du temps du pape Léon IX, entre ces deux églifes; les Grecs reprochant aux Latins, qu'ils ne gardoient pas le carême, puifqu'ils difoient la meffe tous les jours, & les Latins prétendant, que ce n'étoit pas rompre le jeûne, que de communier : le pape envoya le cardinal Humbert à Conftantinople, où il y eut une grande difpute entre lui & le moine Mietas, qui parla pour le patriarche.

Il faut obferver ici, que ce canon, qui ordonne qu'on ne dira point de meffe le carême, hors le famedi & le dimanche, ne parle pas même de la meffe appellé *expræfentificatis*; ce fut un des points qu'Humbert combattit le plus, que cette meffe, prétendant que de dire la meffe, c'étoit facrifier, & qu'il ne falloit facrifier que pour communier le peuple, ce qui ne fe faifoit point dans la meffe *expræfentificatis*; cette coutume a paffé depuis dans l'églife latine, & s'obferve encore le vendredi faint; mais il eft conftant que du temps du pape Léon IX, elle ne s'obfervoit pas encore dans l'églife d'Occident; Humbert n'auroit pas fait un reproche aux Grecs de ce qui auroit été une pratique chez les Latins.

Jeûne de quarante jours; fa rigueur.

Le canon cinquantieme prouve le jeûne de quarante jours dans l'églife Grecque, & montre fa rigueur; on ne mangeoit que des chofes féches.

Saint Epiphane dit, que la Xenophagie ne commençoit qu'au dimanche de la paffion, & duroit les derniers quinze jours du carême, lequel étoit divifé, comme en deux parties; les quatre premieres femaines; & les deux dernieres, durant lefquelles on redoubloit le jeûne; on le nommoit le jeûne de pâques; on fait encore aujourd'hui la diftinction du carême en deux parties, mais on ne change pas le jeûne.

On voit que ce canon eft plus févere, que Saint Epiphane dit qu'on n'étoit de fon temps : ce prélat vécut dans le cinquieme fiecle; peut-être ne parle-t-il que de quelques églifes particulieres.

Ce canon va jufqu'à défendre de rompre le jeûne le jeudi faint; jour qu'on regardoit comme un jour de fête & de joie; raifon pour laquelle dans plufieurs églifes on difoit deux meffes, l'une le matin pour ceux qui vouloient rompre le jeûne, l'autre le foir pour ceux qui vouloient le garder.

Le canon cinquante-unieme apprend qu'on ne faifoit en carême aucune fête de martyr, parce qu'en carême on ne difoit point de meffe hors le famedi & le dimanche, dont l'office n'eft confacré qu'à Dieu, & ne peut être que *fimple*. Les *femi-doubles*, & les *doubles* font une pratique moderne; on voit encore aujourd'hui qu'on remet après pâques les fêtes qui arrivent durant la quinzaine. {Point de fête en carême.}

Ce canon ne fait aucune mention de la fête de l'annonciation de la Vierge, qui arrive néceffairement dans le carême, ce qui fait croire, que cette fête n'étoit point encore inftituée; il paroit qu'elle ne prit naiffance que dans le concile *in trullo*.

Il ne parle d'ailleurs d'autres fêtes, que de celles des martyrs, d'où il faut conclure, que l'églife n'honoroit aucun autre faint; il en exifte une infinité de preuves. {On n'invoquoit que les martyrs.}

1°. Tous les canons précédens, qui font mention du culte des faints, ne parlent que des martyrs.

2°. Le catalogue des faints eft encore aujourdhui appellé

martyrologe, quoiqu'on y ait ajouté une infinité d'autres saints.

3°. Dans le canon de la messe on ne fait mention que des martyrs ; il est même remarquable, qu'on y omet Saint Luc, & Saint Marc, quoique personnes apostoliques, parce qu'il ne conste pas de leur martyre.

4°. Lorsque le panthéon fut consacré à Rome, il ne fut dédié qu'à la Vierge & aux martyrs, & on en institua une fête, qui depuis a été changée en celle de tous les saints.

5°. L'église ancienne ne connoissoit pas les canonisations, il suffisoit qu'il constât du martyre d'un chrétien, & de la cause pour laquelle il l'avoit souffert, pour qu'aussi-tôt on le comprît dans les *tables* de l'église, & qu'on fît sa fête.

Les formalités des canonisations ne commencerent, que lorsqu'on voulut honorer d'autres saints, ce qui n'a qu'environ huit cents ans d'ancienneté ; & il est très-remarquable, que lorsque l'église commença à décerner un culte public à d'autres saints, elle les a en quelque sorte travestis en martyrs, sous le titre de *confesseurs*.

Le fondement de cette discipline paroît être la doctrine des *millénaires*, à laquelle presque tous les peres des premiers siecles étoient attachés, croyant qu'il n'y avoit que les martyrs, qui par un privilege particulier jouissoient de la vue de Dieu, aussi-tôt après leur mort ; & que les autres justes ne le verroient *qu'après la consommation des siecles* ; raison pour laquelle ils invoquoient les premiers incontinent après leur mort, & n'en usoient pas de même à l'égard des autres justes, & c'est pour cela encore qu'ils distinguoient, comme dit Saint Cyprien, deux sortes d'étoles, *la rouge & la blanche*, & deux sortes de couronnes, celle de *rose*, & celle de *lys*.

Le canon cinquante-deuxieme défend les noces en carême : la raison qu'il rend de cette défense est remarquable : les mariés devoient garder la continence durant tout le carême ; il étoit donc inutile de se marier dans un temps où il étoit défendu d'user du mariage : cette discipline de l'église paroît avoir eu son fondement dans les préceptes de Saint Paul, qui ordonnoit aux mariés de s'abstenir pendant quelque temps du mariage, pour vaquer à l'oraison ; l'observation de cette discipline se trouve établie dans toute sa rigueur dans le pénitentiel de Beda ; & il y est ordonné un an entier de pénitence, pour ceux qui ne gardoient pas la continence dans le temps de pâques. *Noces défendues durant le carême.*

Mais aujourd'hui que le motif a cessé, on pourroit demander, pourquoi la loi subsiste encore ? & pourquoi, puisqu'il n'est plus ordonné de garder la continence, même dans le temps de pâques, on a encore besoin de recourir à des dispenses, pour une simple cérémonie ?

Le canon cinquante-septieme sert de preuve à ceux, qui veulent que les *cor-évêques* étoient véritablement évêques ; prétendant que quand il défend d'établir des évêques dans les villages, il entend parler des *cor-évêques* ; ils tirent la force de leur preuve, du mot grec ιντριπολσταισκοπυς ; il paroît que ce canon veut, qu'au lieu de *cor-évêques*, on établisse des *visiteurs*, depuis appellés *doyens* & *archidiacres* : au reste il défend à ces cor-évêques & aux prêtres, de rien faire sans l'ordre & le consentement de l'évêque ; on ne voit pas si cette défense emportoit la peine de nullité. *Cor-évêques.* *Visiteurs.*

Le canon cinquante-huitieme défend de dire la messe dans les chapelles domestiques ; ce qui suppose qu'il en existoit dès-lors. *Chapelles domestiques.*

Le canon cinquante-neuvieme fait voir, qu'alors on ne

lifoit dans les églifes, que les livres canoniques de l'écriture ; fi cette difcipline eût continué, on n'auroit pas rempli dans la fuite les bréviaires de tant de chofes apochryphes ; il eft vrai qu'on commença peu après ce concile à lire dans les églifes quelques actes des martyrs fort approuvés ; & on voit dans Saint Auguftin, qu'il fit lire dans fon églife les actes des miracles opérés fur le tombeau de Saint Etienne ; mais un zèle mal éclairé alla bien-tôt au-delà des bornes de la circonfpection des premiers peres.

ARTICLE VII.

Concile général de Nicée.

Il eft fâcheux de voir qu'on n'eft pas d'accord fur le nombre des canons de ce concile : il y a deux opinions là-deffus ; l'une de ceux qui en mettent plus de vingt, l'autre de ceux qui n'en mettent que vingt.

Pour la premiere opinion, on allégue, 1°. que dans une épître du pape Félix, il eft fait mention de foixante-dix canons formés par le concile de Nicée.

2°. Que le Jéfuite Laphirianus en met jufqu'à quatre-vingt.

3°. Qu'il eft fait mention de plufieurs chofes dans diverfes lettres des papes, & dans divers ouvrages des peres, comme étant tirées du concile de Nicée, & qui ne fe trouvent pourtant pas dans les vingt canons.

Pour l'autre opinion, on dit, 1°. que la lettre du pape Félix eft apochryphe.

2°. Que le jéfuite s'eft trompé, parce qu'il a pris une compilation des canons de divers conciles, qu'il a trouvés en langue

langue arabe, & qui composent le droit canonique de l'église des Abyssiens, pour être tous de celui de Nicée.

3°. Il se peut que les peres de l'église ayent cité plusieurs choses, pour être du concile de Nicée, & qui ne se trouvent point dans les vingt canons; parce qu'on ne faisoit pas des canons de tout ce dont on traitoit dans un concile; que les canons ne se formoient que dans la derniere session; que ce dont on parloit dans les autres sessions, étoit seulement couché dans les actes, & que ceux du concile de Nicée se trouvent perdus.

On peut ajouter à cela, que tous les traducteurs ne nous ont jamais donné que vingt canons du concile de Nicée; Isidore, Denis le petit, les anciens canonistes, & le corps canon des Grecs, n'en reconnoissent pas d'avantage; Balsamon, Zonare, Théodoret, n'en nomment pareillement que vingt; & ce qui paroît être démonstratif, c'est que les évêques d'Afrique ayant envoyé des légats en Orient, pour avoir les véritables canons du concile de Nicée, relativement au droit d'appel que le pape Zozime fondoit sur la disposition d'un de ces canons, Atticus patriarche de Constantinople n'en donna que vingt, assurant qu'on n'en avoit jamais connu d'avantage; les autres patriarches assurerent la même chose; Ruffin en met vingt-deux, mais il en coupe deux en quatre.

Le canon premier semble fait au sujet de Léontius, prêtre d'Antioche, qui ayant été repris par son évêque Eustachius, de voir d'une maniere trop privée une femme, nommée Eustolia, se mutila pour pouvoir continuer à la voir, sans essuyer le même reproche; ce qui obligea Eustachius à le déposer; c'étoit en effet un fort mauvais moyen d'écarter le soupçon d'incontinence; & Saint Basile remarque au sujet des eunu-

Léontius le châtré.

ques entierement mutilés, que les femmes d'Orient s'en servent par un rafinement de lubricité, & que le taureau auquel on a rogné les cornes, ne laisse pas de frapper encore, lorsqu'on l'irrite, par l'endroit de la tête où étoient les cornes.

Ce canon décide, que si un clerc perd la virilité dans une maladie ou dans une persécution, il ne peut être déposé, & que ce dépérissement ou cette privation n'exclut pas des ordres, les laïques à qui pareil accident arrive.

Mais Justinien changea depuis cette discipline par une novelle que Balsamon rapporte, & qui exclut du clergé un homme, qui en a perdu les marques par quelqu'accident que ce fut.

Le mot *regula*, qu'on trouve à la fin de ce canon, indique les canons apostoliques; Saint Basile les cite souvent sous le titre de *vieille regle*.

Promotion per Saltum. Le canon deuxieme a donné lieu à la question de savoir, si on peut être promû au sacerdoce, ou même à l'épiscopat, *per saltum*, sans passer par les petits ordres & le diaconat? ceux qui soutiennent que ce passage est nécessaire, s'appuyent de ce canon, qui décide, qu'un Néophite ne peut être admis aux ordres, sans une préparation suffisante, & ils font consister cette préparation suffisante, dans les ordres moindres; ce qui prouve, disent-ils, la nécessité des interstices.

On leur répond, que les termes du canon ne condamnent que la précipitation avec laquelle on feroit passer un homme du baptême au sacerdoce ou à l'épiscopat, & non pas la chose en elle-même.

Aussi voyons-nous que Paulin, pere de Saint Jérôme, vieux moine, qui avoit acquis la sainteté dans le cloître, fut fait prêtre tout d'un coup; les trois autres moines, dont Théodoret fait mention dans sa Philotée, furent également ordonnés sans passer par des interstices; Saint Augustin fut fait prêtre de même, sans avoir passé par d'autres degrés. Il est pourtant vrai qu'il n'y a pas de pareils exemples pour l'épiscopat.

Le canon troisieme exclut de l'habitation des clercs, les femmes *étrangeres*; il ne parle point de celles avec lesquelles ils étoient mariés avant leur ordination.

Co-habitation des clercs avec les femmes.

Les hérétiques modernes & M. de Marca conviennent entr'eux, que le prêtre peut demeurer avec sa femme légitime; mais M. de Marca ajoute, que c'est par tolérance seulement.

Ce sentiment se prouve par ce canon; car si la femme légitime n'y est pas nommée, c'est qu'elle est supposée avoir droit de demeurer; d'ailleurs tous les ordres, jusqu'aux moindres, y sont nommés; or il est constant que les clercs mineurs pouvoient se marier, même après l'ordination, d'où il suit que les majeurs pouvoient demeurer avec leurs femmes; ce raisonnement se confirme par l'exemple de Paphnutius, rapporté par Zozomene & Socrate.

Baronius, Bellarmin, du Perron & d'autres soutiennent au contraire, que la cohabitation avec la femme légitime, est défendue au prêtre par ce canon; 1°. parce qu'il ne nomme point les femmes des clercs, supposant qu'elles sont dehors; 2°. parce qu'Osius, qui présidoit au concile, étant élevé dans la discipline de l'église d'Occident, n'auroit pas souffert que les clercs eussent retenu leurs femmes; 3°. parce que les évêques, qui gardoient constamment la continence parmi les Grecs, sont nommés dans le canon avec les autres clercs; d'où il suit que l'obligation étoit commune; 4°. que Zozomene & Socrate ne sont pas plus croyables que les Nuvatiens; 5°. que Saint Epiphane & Saint Jérôme parlent de la continence des clercs Grecs.

A l'égard de ces deux derniers points, on répond à Baronius & ses sectateurs, que toute l'antiquité a cru à la véracité de l'histoire de Paphnutius, & que bien que les conciles ayent toujours penché vers la continence des clercs, comme Saint Epiphane & Saint Jérôme le disent, cependant il est constant qu'ils ont toléré l'usage contraire : l'église d'Orient a eu à cet égard une pratique ; celle d'occident en a eu une autre ; la discipline sur bien des points a été tres-différente dans les deux églises ; l'abstinence du samedi en est une preuve presque journaliere.

Ancienne ordination des évêques.

Le canon quatrieme présente l'ancienne forme d'ordonner les évêques ; tous les comprovinciaux s'assembloient & imposoient les mains à celui qui avoit été élu par le clergé & le peuple de la ville, dont le siege étoit vacant ; en cas de nécessité trois pouvoient suffire ; les absens donnoient leur consentement par écrit ; le métropolitain sur-tout, comme chef de la province ; Balsamon infére mal-à-propos de ce canon, que l'élection étoit ôtée au peuple, puisqu'il ne parle que de l'ordination.

Autorité des évêques.
Conciles provinciaux.
Appel des causes majeures.

Le canon cinquieme établit ; 1°. l'autorité exclusive des évêques, pour excommunier, condamner & absoudre ; 2°. l'appel des jugemens des évêques aux conciles provinciaux, dont il ordonne la convocation deux fois l'an ; avant le carême, & en automne ; 3°. la souveraineté des décisions de ces conciles provinciaux en toutes causes, excepté les *majeures*. Saint Augustin dit aussi, en parlant de Cecilien, qu'étant évêque il avoit pu ne pas s'en tenir au jugement du concile provincial ; mais où l'appel devoit-il être porté ? il le dit, *restabat adhuc plenarii concilii judicium.*

Le canon sixieme fut fait contre ce qu'un évêque d'Egypte, nommé Melesius, sacroit des évêques indifféremment partout, au préjudice de l'évêque d'Alexandrie, qui seul, comme métropolitain, en avoit le droit. *Autorité des métropolitains.*

Quelques-uns ont mal-à-propos détourné le sens de ce canon, pour subordonner les sieges métropolitains & patriarchaux, à celui de Rome; 1°. disent-ils, parce que l'évêque de Rome y est proposé comme un modele; *quià & urbis Romæ episcopo parilis mos est*; 2°. parce que son district n'est point limité, au lieu que celui du siege d'Alexandrie, est expressément borné à l'Égypte, la Lybie, & la Pentabole; celui d'Antioche, à l'Orient; celui de Jérusalem, aux trois Palestines; & celui de Constantinople, à l'Asie, le Pont, & la Thrace; 3°. que ce canon fut lu dans la seizieme session du concile de Calcédoine, comme établissant la primauté du siege de Rome; 4°. qu'en conséquence, plusieurs évêques, comme Saint Athanase, évêque d'Alexandrie, Marcel, évêque d'Ancyre, Asclépas, évêque de Taze, porterent leurs appels devant le pape Jules, qui, en les recevant, fit reproche aux évêques d'Orient, assemblés en concile à Antioche, qu'ils violoient les canons, comme désignant celui-ci. *Primauté du pape, disputée.*

Mais on répond, que quoique la primauté du pape soit aujourd'hui constante, & quoique le canon cité l'eut proposé alors comme un modele à suivre dans le point dont il s'agissoit, il ne le considéroit cependant que comme métropolitain, & non comme chef de l'église. On en trouve la preuve dans le fait même qui a donné occasion aux peres du concile de Nicée, de former ce canon; c'est-à-dire, l'entreprise de Melesius, & le trouble de l'église d'Alexandrie; & elle se fortifie par l'usage où étoit alors l'église, de ne se servir d'aucun titre de prééminence, au-dessus du métropolitain ; le concile n'en donne point d'autre aux évêques de Rome, d'Alexandrie & d'Antioche ; il n'a donc point eu d'autre dessein, que de régler & maintenir les droits de chaque métropolitain. Cette explication se confirme par la version de Ruffin, qui au lieu de ces mots, *quià urbis Romæ episcopo parilis mos est*, met ceux-ci, *sicut Roma habet ecclesias sibi suburbicarias*.

Il est vrai que Baronius entend par les mots *églises suburbicaires*, toutes les églises du monde, comme si elles n'étoient que des vicariats de la Romaine ; mais cette interprétation forcée est aujourd'hui universellement décriée, & les meilleurs canonistes conviennent, que les *villes suburbicaires* ne sont que des villes adjacentes de Rome, & dans l'étendue de sa métropole ; c'est ainsi qu'Aristenus & Herménopolus se sont expliqués ; & Turrianus, dans son huitieme canon, qui répond à ce sixieme de la commune version, décide nettement la chose par ces mots, *quià similiter episcopus Romæ habet potestatem omnium civitatûm ac locorum qui sunt circà eam*.

<small>Droits de l'église de Jérusalem honorifiques seulement.</small> Le canon septieme accorde à l'évêque de Jérusalem le titre de métropolitain, quant à l'honneur de la séance seulement, & non quant à la jurisdiction ; il demeura encore plus de 100 ans sujet à l'évêque de Césarée en Palestine ; St. Cyrille, empêcha au concile d'Ephese, que Juvénal, évêque de Jérusalem, ne se mit en possession des droits effectifs ; ce ne fut qu'au concile de Calcédoine, qu'il trouva des conjonctures favorables, pour les emporter ; mais à celui de Diospolis, où Pélage fut absous, & ses dogmes condamnés, & auquel Eulogius évêque de Césarée présida, Jean évêque de Jérusalem, fauteur des Origénistes, n'eût séance que d'évêque

après son métropolitain; Saint Jérôme, ayant différent avec lui, au sujet des mêmes Origénistes, lui dit qu'il n'appartenoit qu'à celui de Césarée, & même à celui d'Antioche, de connoître des difficultés qui subsistoient entr'eux; ce qui fait voir, que c'est bien mal-à-propos, que Zonare & Balsamon ont fondé sur ce concile les droits du siege de Jérusalem, comme métropole.

Le canon huitieme ordonne qu'on impose les mains aux Novatiens convertis; sur quoi il faut observer que l'imposition des mains avoit lieu dans trois occasions; dans la confirmation, dans l'ordination, & dans la pénitence.

<small>Hérétiques reçus par l'imposition des mains.</small>

Mais comme la pénitence ne s'imposoit pas à toutes sortes d'hérétiques qui se convertissoient, mais seulement aux apostats; on demande par quelle espece d'imposition des mains le concile entendoit que les Novatiens fussent reçus?

Il y a eu là-dessus deux opinions; ceux qui ont pensé que les Novatiens, nouveaux convertis, devoient être reçus par l'imposition qui devoit accompagner la confirmation, disent pour soutenir leur opinion:

1°. Que Firmilien, évêque de Césarée en Capadoce, écrivant à Saint Cyprien, marque que l'église devoit recevoir les hérétiques par l'imposition des mains, *in spiritum sanctum*; or ces mots, ajoutent-ils, dénotent la confirmation.

2°. Quelques moines ayant, dans le septieme concile tenu contre les Iconoclastes, expliqué ce canon de l'ordination, Tarasius, patriarche de Constantinople, les reprit.

3°. Rien dans l'histoire ne prouve, que les Novatiens ayent été reçus par l'ordination.

4°. Parmi ces hérétiques, on ne donnoit point la confirmation, (car ils se conformoient à Novatius, leur chef, qui ne l'avoit pas reçue); il falloit donc la leur donner, lorsqu'ils se convertissoient.

5°. Le concile de Conſtantinople ordonne expreſſément de les recevoir par la confirmation.

6°. Quand enfin il ſeroit vrai qu'on réordonna les Novatiens, il n'en ſeroit pas moins vrai qu'il falloit auſſi leur donner la confirmation, qu'ils n'avoient point reçue.

Ceux qui entendent ce canon de l'ordination, diſent:

1°. Que c'eſt ainſi que le pape Innocent I. l'a expliqué.

2°. Que la confirmation en Orient, ne ſe donnoit pas par l'impoſition des mains.

3°. Que l'eſpece d'information, que l'on faiſoit des vie & mœurs de ceux qui ſe convertiſſoient, marque plutôt l'ordination que la confirmation.

4°. Le même concile veut, en termes exprès, que les Mélétiens ſoyent réordonnés ; à plus forte raiſon les Novatiens devoient-ils l'être.

Je n'adopte aucune des deux opinions, elles ont paru toutes deux problématiques.

Le canon ajoute, qu'après l'impoſition des mains, on fera ſigner aux Novatiens un acte de foi, contenant qu'ils reconnoiſſoient la validité des ſecondes noces, & qu'ils approuvoient la diſcipline de l'égliſe, qui admettoit à la pénitence ceux qui étoient retombés durant la perſécution; ce qui prouve que les Novatiens ne refuſoient pas la pénitence à toutes ſortes de pécheurs, mais ſeulement à ceux qui avoient reniée la foi durant la perſécution.

Au reſte, c'eſt au ſujet des Novatiens, que ce concile a inſtitué les degrés de la pénitence.

Il paroît auſſi qu'il y avoit des évêques, à qui l'on faiſoit remplir les fonctions de *cor-évêque* ; cela a ſans doute été fait en faveur des Novatiens; car la regle générale étoit, qu'il ne pût y avoir deux évêques dans une même ville;

Saint Auguſtin ne voulut jamais qu'Erradius qu'il avoit choiſi pour ſon ſucceſſeur, fut ſacré de ſon vivant. Dans les temps modernes, on a trouvé des remedes à tout ; lorſqu'un évêque veut ſe décharger ſur un autre du ſoin de ſon évêché, ſoit avec, ſoit ſans eſpérance de ſucceſſion, on lui donne un titre *in partibus infidelium*, & il eſt ſacré évêque, pour faire les fonctions d'un autre.

Les canons neuvieme & dixieme décident, que les irrégularités dans les prêtres, lorſqu'elles ſont fondées *in delicto*, ne ſauroient être diſpenſées ; aujourd'hui on diſpenſe de tout, même de l'homicide.

Le canon onzieme ordonne, que l'on traite les pécheurs publics avec plus de douceur ; l'uſage de certaines égliſes avoit été de leur refuſer l'abſolution & la communion à l'article de la mort. Ce canon marque très-bien les degrés de la pénitence ; la conſiſtence n'étoit que pour expier les fautes légeres ; on tire de ces divers degrés une preuve pour l'opinion de la préſence réelle ; car pourquoi tant de peines, de temps, & de préparation, pour recevoir une figure ? c'eſt une remarque que nous avons déja faite.

<small>Pécheurs traités plus doucement.</small>

M. de l'Aubeſpine explique le canon douzieme d'une maniere qui lui eſt particuliere ; il veut que les mots *militiæ cingulum* dont il ſe ſert, ſoient appliqués à toutes ſortes d'emplois ſéculiers, & qu'il ſoit dirigé contre les pénitens qui abandonnoient la pénitence, pour retourner aux emplois du ſiecle, qu'ils avoient quitté pour faire pénitence.

D'autres croient, (ce qui eſt plus probable), qu'il s'agit ici des ſoldats, qui ayant quitté Licinius, pour ſuivre Conſtantin & ſe faire chrétiens, étoient retournés enſuite à Licinius & à l'idolâtrie.

Quoi qu'il en ſoit, il impoſe une grande pénitence ; le

Tome I.

pouvoir qu'il accorde à l'évêque, de difpenfer de dix ans de *fubftraction* tout d'un coup, eft extraordinaire; cependant il ne devoit le faire qu'en grande connoiffance de caufe, c'eft-à-dire, en cas que les pénitens donnaffent des marques évidentes de converfion; Saint Auguftin remarque, que la crainte de voir les pécheurs rebutés par les rigueurs de la pénitence, peut être un motif pour en difpenfer.

<small>Pénitens réconciliés dans une maladie, remis au rang des confiftens.</small> Le canon treizieme parle des pénitens qui étant malades fans être en danger de mort, ont été réconciliés; le concile veut, que s'ils reviennent en fanté, ils foient remis au rang des confiftens. Auparavant ils étoient quittes de toute pénitence, & communioient auffi-tôt avec les fideles. Depuis on redevint encore plus févere, & on remit les pénitens réconciliés au même degré de pénitence, auquel la maladie les avoit furpris.

On demande ce qu'on doit entendre par *viaticum*, qui fe trouve dans la premiere partie du canon, & par *communionis gratiâ*, qui eft dans la feconde.

Le pere Thomaffin a expliqué l'un & l'autre de l'euchariftie. M. de l'Aubefpine entend par *viatique* l'abfolution, & par *communion* l'euchariftie, y mettant cette différence à caufe du mot *neceffarium*, l'euchariftie n'étant pas d'une néceffité abfolue, comme l'abfolution; & celle-ci fe pouvant donner par le prêtre, fans confulter l'évêque, l'autre ne pouvant fe donner, fans une exacte recherche des mœurs du pénitent, & fans l'ordre de l'évêque, ce qui ne pouvoit fe faire qu'à loifir & difficilement, d'où il pouvoit arriver, que les pénitens malades fuffent privés du viatique *neceffaire*, fi on entendoit ce mot par l'euchariftie.

Au refte, il faut remarquer qu'avant ce concile, il y avoit des cas où l'églife d'Occident refufoit l'abfolution à l'article de la mort, comme il paroît par le concile d'Elvire; celui de Nicée semble avoir réduit les deux églises à une uniformité de pratique à cet égard, depuis on ne voit plus que celle d'Occident ait refusé l'absolution *in articulo mortis.*

Le canon quatorzieme renvoie les catéchumenes relaps, *inter audientes*, c'est-à-dire, au premier rang; ce qui prouve que l'église n'ordonnoit rien des catéchumenes du premier rang, qui retomboient; parce qu'elle ne jugeoit point *de his qui foris sunt*; les catéchumenes du premier rang étoient tenus hors de l'église. Catéchumenes relaps.

Le canon quinzieme défend les translations d'une église à une autre, & l'instabilité des clercs. Translations défendues.

Le canon seizieme concerne les clercs *vagues*: il casse les ordres donnés par un évêque, à ceux qui n'étoient pas de son diocese, sans le consentement de leur évêque. Clercs vagues.

Le canon dix-septieme condamne l'avarice dans les clercs, leur défend de prêter à usure & de trafiquer. Avarice des clercs.

Le canon dix-huitieme défend aux diacres, qu'il qualifie de *ministres des évêques*, de donner la communion aux prêtres; il décide nettement qu'il n'appartient point aux diacres de dire la messe, *offerre*; & par conséquent qu'*offerre panem*, ou *eucharistiam dare*, sont deux choses fort différentes, ne défendant le dernier aux diacres, qu'à l'égard des prêtres, & non à l'égard du peuple; il met aussi une grande différence entre προσψέρειν & ἀναψέρειν; dans la suite on ôta aux diacres le pouvoir de distribuer le pain eucharistique, & on leur laissa seulement le calice. Diacres ne peuvent dire la messe.

Le canon dix-neuvieme ordonne, que les Paulianistes seroient reçus dans l'église, par la réitération de leur baptême, parce qu'ils ne le conféroient pas dans une forme Paulianistes rebaptisés.

légitime, n'ayant pas une croyance orthodoxe fur la Trinité.

Ces hérétiques, s'ils étoient du clergé, devoient être réordonnés & reçus dans l'église catholique ; c'eft une difpenfe remarquable, car fuivant la difcipline primitive, l'héréfie étoit regardée comme une irrégularité *indifpenfable*.

Ce canon eft le premier qui parle des *diaconiffes*; Saint Paul marque leur origine, & Cloë, dont il parle, étoit *diaconiffe*; Saint Ignace & les conftitutions apoftoliques en font mention ; elles étoient ordonnées avec les mêmes cérémonies que les diacres, & cependant leur ordination n'étoit pas un facrement, parce que fuivant Saint Epiphane, les hommes feuls étoient capables du facrement de l'ordre : le pere Morin en traite amplement dans fon livre des ordres.

Quelques-uns ont cru, que ce canon les fupprimoit, par les mots *inter laïcas reputari*; mais il faut obferver, qu'il y avoit deux fortes de diaconiffes ; les unes quant à l'habit feulement qu'elles portoient par dévotion, ou parce qu'elles prétendoient être diaconiffes d'office, & c'eft de celles-là que le canon dit, qu'elles doivent être *réputées laïques* ; les autres reçevoient l'ordination par l'impofition des mains, & étoient réellement cenfées être du clergé ; il paroît par l'hiftoire, qu'il y a eu des diaconiffes long-temps après le concile de Nicée, comme Olimpias à Conftantinople, & l'impératrice Pulcherie, qu'on voulut obliger à être diaconiffe, ce qu'elle trouva moyen d'éluder ; nos conciles de France ont fait mention des diaconiffes bien long-temps après le concile de Nicée.

Le miniftre Blondel a entrepris de ruiner l'autorité de ce concile, par le canon qu'on vient d'analyfer, comme fi les peres euffent eu tort d'ordonner la réitération du baptême des Paulianiftes.

Le canon vingtieme fait voir, qu'on ne se mettoit point à ge- — Cinquantaine de la pentecôte.
noux depuis pâque jusqu'à la pentecôte ; on ne jeûnoit point,
& il y avoit d'autres coutumes qu'on n'observe plus. Balsamon dit, que de son temps on gardoit les jeûnes des stations,
c'est-à-dire, du mercredi & du vendredi ; mais il est certain que
plusieurs siecles auparavant on avoit tenue une pratique contraire ; nous suivons aujourd'hui celle dont parle Balsamon,
l'abstinence du samedi ayant succedé à celle du mercredi.

Quant aux catechumenes *competens*, c'est-à-dire, ceux
qui devoient être baptisés la veille de la pentecôte, ils jeûnoient & s'assujettissoient à toutes les mortifications attachées
à leur état ; la dispense n'étant que pour les fideles.

ARTICLE VIII.

Concile de Gangres.

Ce concile n'est que provincial ; il y fut traité des *causes* — Autorité des conciles provinciaux.
majeures ; quoique l'opinion de ceux qui disent, qu'il con-
damna Eustachius, évêque de Sébaste, ne soit pas bien fondée,
il est certain, qu'il condamna des héresies contre la foi, ce
qui est la seconde espece de *causes majeures*.

Il est donc constant, que les conciles provinciaux ont droit
de connoître des *causes majeures*.

On a soutenu dans des temps plus modernes, qu'ils n'ont
ce droit que par permission du pape ; cette opinion est appuyée sur l'exemple d'Ozius, qui présidoit au concile de
Gangres comme légat.

Mais on répond, que les évêques n'ont pas besoin de
la permission du pape, pour juger des causes de la foi, parce
que c'est un droit naturel de l'épiscopat.

A l'égard d'Ozius, si ce prélat avoit présidé au concile

de Gangres comme légat, il auroit signé le premier, au lieu que sa signature ne se trouve qu'à la fin; elle peut être par conséquent supposée, ou bien il n'y a signé, que comme évêque particulier; de plus l'épître synodale auroit dû être adressée au pape, si le concile avoit été assemblé par son ordre, comme cela se trouve constamment pratiqué dans tous les conciles où il y a eu des légats apostoliques; au lieu que celui-ci s'adresse aux évêques d'Arménie.

Quant à l'auteur de la doctrine condamnée par ce concile, il y a plus d'apparence, que c'est le moine Eustachius, dont parle Saint Epiphane, qu'Eustachius évêque de Sébaste.

Cette même doctrine fut presque toute entiere renouvellée neuf cents ans après, sous le pape Jean XXII, par les Cordeliers, qui dirent une infinité d'extravagances à l'avantage de la regle de Saint François; comme, qu'il n'y a point d'autre évangile que cette regle; qu'elle oblige tous les fideles; qu'il y a deux églises, l'une opulente en biens, & en dignités, composée de papes, de cardinaux, & d'évêques; l'autre pauvre & humble, & que c'étoit l'ordre de Saint François; enfin ils préféroient, comme Eustachius, l'ordre monastique au clérical, mettant la perfection dans la sévérité, & faisant passer les conseils pour des préceptes.

Les canons du conciles de Gangres sont sans difficultés.

ARTICLE IX.

Concile d'Antioche.

On doute de l'autorité de ce concile; 1°. parce qu'il étoit rempli d'évêques Ariens, qui y furent les maîtres, & firent quatre différens formulaires de foi, où le *consubstantiel* n'étoit pas.

2°. Ils s'assemblerent sous prétexte de la dédicace du *dominicum aureum*, & en effet pour éluder le jugement du concile Romain, & condamner Saint Athanase.

3°. Saint Chrisostôme, condamné par un canon de ce concile, répondit que c'étoit une assemblée d'Ariens ; le pape Innocent I. en porta le même jugement.

Pour soutenir son orthodoxie, on dit, 1°. que tous les canonistes, anciens & modernes, ont mis ses canons dans leurs compilations.

2°. Que le concile de Calcédoine, & les capitulaires de Charlemagne, le citent.

3°. Quoique ces canons ayent été faits par gens mal intentionnés, cependant comme ils ne contiennent en général rien que de bon, l'église qui tire le bien du mal, les a reçus.

Nous nous contenterons d'en tirer des preuves historiques, pour la discipline d'alors.

Sur les canons troisieme & quatrieme, on demande si un prêtre déposé pouvoit être rétabli ? on répond qu'un prêtre déposé par son évêque, pouvoit appeller du jugement de sa déposition au concile provincial, où il pouvoit être rétabli pourvu qu'il ne se fut pas ingéré, avant son rétablissement, à faire les fonctions de son ministere, car alors il étoit privé de tout droit d'appel, & de toute espérance de restitution. *Prêtre déposé pouvoit-il être rétabli ?*

D'où il suit, que les clercs étoient jugés en premiere instance par l'évêque, & obligés de déférer par provision à sa sentence, pour avoir le droit d'appel ; l'évêque lui-même étoit jugé en premiere instance par le concile provincial, dont il pouvoit également appeller. *L'appel des clercs & des évêques, où porté ?*

La difficulté est de savoir à quel tribunal ? parce que dans ces premiers siecles il semble qu'il n'y ait rien eu au-dessus du concile provincial, & du métropolitain, qui y présidoit ; mais il faut dire, que c'étoit devant les évêques voisins, & pour cet effet plusieurs provinces s'assembloient, & le métropolitain de la plus considérable présidoit ; c'est-là ce qui a donné lieu à ces titres de prééminence d'*exarque*, de *primat*, de *patriarche*, qui sous différens noms reviennent à la même chose.

Le concile d'Antioche est un exemple de ces conciles de plusieurs provinces rassemblées; celui de Sardique a ensuite décidé, que les appels des conciles provinciaux seroient jugés ou par le pape, ou par les conciles des provinces voisines; cette alternative a duré huit siecles entiers; à la fin le pape est parvenu à se rendre seul le maître de ces sortes d'appel, & de toutes les causes majeures.

L'église a recours aux princes, pour réprimer le trouble.

Le canon cinquieme fait voir l'usage de l'église primitive de recourir aux princes séculiers, pour réprimer les entreprises de ceux qui cherchoient à la troubler ; c'est ainsi qu'elle implora l'autorité de l'empereur Aurélien, quoique payen, contre Paul de Samozate ; Saint Augustin en fit de même à l'égard des Donatistes.

Dignité métropolitaine.

Le canon neuvieme explique la dignité du métropolitain, dans les premiers siecles, où l'on ne connoissoit pas de degré plus éminent : le nom tire son origine du civil; *métropole* étoit la capitale d'une province; l'état ecclésiastique suivit l'état politique, pour la commodité des peuples, afin, dit ce canon, qu'en faisant leurs affaires temporelles, ils puissent aussi veiller aux spirituelles ; il ne paroît point d'autre raison de la prééminence d'Alexandrie, d'Antioche, &c.

Cor-évêques.

Le canon dixieme traite des *cor-évêques*, dont la matiere est une des plus obscures de toute l'antiquité ; ceux qui prétendent

tendent qu'ils n'étoient que prêtres, s'appuyent de ce canon, & difent.

1°. Qu'ils n'y font marqués établis que dans les villages; or, par les canons précédens, les évêques ne pouvoient être que dans les villes.

2°. Le canon ne femble parler que des cor-évêques, faits évêques par accident; or des évêques pouvoient par occafion être faits cor-évêques, comme il a été remarqué fur le concile de Nicée.

3°. Leur autorité eft limitée à donner les ordres mineurs, avec défenfe d'ordonner des prêtres & des diacres.

4°. Ils devoient être ordonnés par un évêque feul, or il eft conftant qu'il en falloit trois, pour en facrer un.

Les raifons de ceux qui veulent, que les cor-évêques fuffent réellement évêques, font; 1°. que ce canon porte, qu'ils ont reçue l'impofition *des mains épifcopales.*

2°. Qu'il ne leur eft défendu d'ordonner des prêtres & des diacres, que fans en avoir la permiffion de l'évêque du diftrict duquel ils font; d'où l'on infère qu'ils le pouvoient avec fa permiffion, & qu'ils n'étoient pas de fimples prêtres.

3°. On trouve fouvent qu'un feul évêque en a facré d'autres très-validement; Eufebe de Samozate, en habit de foldat, en facra feul plufieurs, par la permiffion de Saint Grégoire.

D'ailleurs, lorfqu'un cor-évêque étoit ordonné, l'évêque lui impofoit les mains; or ce n'étoit pas pour lui conférer la prêtrife qu'il avoit déjà.

La difficulté eft très-grande; cependant le pere Morin tranche net, & foutient que le cor-évêque n'étoit que prêtre.

& que puisque l'histoire prouve, qu'il ordonnoit des prêtres, un prêtre avoit le pouvoir d'en ordonner d'autres.

Balsamon explique ces mots, *nec presbyterum aut diaconum audeant ordinare, præter civitatis episcopum*, en disant que les cor-évêques ne pouvoient ordonner seuls, mais qu'ils pouvoient imposer les mains avec l'évêque, sur ceux qui devoient être ordonnés, comme assistans; en sorte que toute la puissance d'ordonner étoit dans l'évêque; mais on rejette cette explication, comme contraire à la pratique de l'église Orientale, où l'évêque seul imposoit les mains; d'ailleurs Isidore, un concile d'Aix-la-Chapelle, Zonare, Aristene, Hermenopolus, sont contraires à Balsamon : ils expliquent ce canon, *sine permissione episcopi*, en sorte qu'ils reconnoissent qu'avec la permission de l'évêque, le cor-évêque pouvoit ordonner des prêtres & des diacres. En effet, les mots *præter civitatis episcopum*, ne semblent pas signifier ici autre chose, que *sans la permission de l'évêque*.

Appel du concile provincial à un plus grand? Les canons onzieme & douzieme sont faits contre Saint Athanase, & ont aussi été objectés à Saint Jérôme, pour être rentré dans son église de son autorité privée, & sans y être rétabli par celle d'un concile, plus grand que celui qui l'en avoit privé.

On voit ici qu'on reconnoissoit l'appel d'un concile provincial, *ad majus concilium*, & nous avons expliqué en quoi consistoit ce concile plus grand.

Ces mêmes canons semblent défendre aux évêques de recourir à l'empereur; il est évident que cette disposition est relative à la démarche qu'avoit fait Saint Athanase, de demander justice à Constantin des violences que le concile de Tyr avoit exercées contre lui; mais les termes dont se sert ce concile, d'ailleurs très-reprochable, puisqu'il n'étoit composé, pour la plus grande partie, que d'Ariens, ennemis de Saint Athanase, & par contre-coup de Constantin, sont très-remarquables; ils ne portent pas défense de demander justice à l'Empereur, mais de l'étourdir & de le distraire par des importunités; *si quis ausus fuerit imperatoris auribus molestiam inferre.*

Le canon dix-septieme défend aux évêques de renoncer à leurs évêchés, sinon dans un synode, où l'on aura examiné les causes de leur démission. Renonciation ou démission défendue aux évêques.

Le canon vingt-unieme défend les translations d'évêchés; il semble fait contre Eusebe de Nicomédie, qui étoit passé de Berit à Nicomédie, & qui depuis passa à Constantinople.

Le canon vingt-troisieme défend les résignations, ou plutôt les désignations de successeur. Désignation de successeur défendue.

ARTICLE X.

Concile de Sardique.

Ce concile est comme la premiere patente du pouvoir de prééminence dont jouit le siege de Rome : les fauteurs des prétentions du pape en ont élevée l'autorité tant qu'ils ont pu, par le grand nombre d'évêques, qui, disent-ils, y ont assisté ; il faut convenir que tous ceux qui se sont trouvés au concile de Nicée, ont été à celui de Sardique.

Cependant les Grecs ont eu peine à le recevoir; 1°. parce qu'il justifia Saint Athanase, Marcel d'Ancyre, Paul de Constantinople, Asclépas de Gaze, qu'ils avoient condamnés.

2°. Parce qu'il condamna les Ariens, qui malgré ce concile, continuerent d'être puiſſans en Orient.

3°. Parce qu'ils l'accuſerent de favoriſer les Novatiens, le deuxieme canon défendant de donner la communion à l'article de la mort, en un certain cas ; ce qui ne s'étoit jamais pratiqué dans l'égliſe Orientale.

Théodoret a été le premier des Grecs, qui ait reconnu le concile de Sardique, en l'inférant dans ſa compilation ; mais ſon motif eſt connu ; il avoit été dépoſé par les Eutichiens, au faux concile d'Epheſe ; il trouva une reſſource dans un appel au pape.

Enſuite le concile *in trullo*, ayant reçu celui de Sardique comme écuménique, Photius fut le ſeul qui éleva la voix pour le combattre, & dans ſa diſpute avec le pape, il oſa dire, que ce prétendu concile lui étoit tout-à-fait inconnu.

Tous les canoniſtes ſuivans, comme Zonare & Balſamon, l'ont traité d'écuménique ; il eſt cependant bon de remarquer, que ce qui l'a fait recevoir des Grecs, c'eſt que le patriarche de Conſtantinople, ayant commencé à prétendre les mêmes droits que le pape, en vertu de deux canons des conciles de Conſtantinople & de Calcédoine, qui les lui ont attribués, comme étant l'évêque de la nouvelle Rome ; il fut bien aiſe de s'autoriſer de l'exemple du ſiege Romain.

Tranſlations défendues. Les canons premier & deuxieme défendent ſévérement les tranſlations d'un évêché à un autre, parce qu'on avoit remarqué qu'elles ne ſe faiſoient que par avarice ou par ambition ; *on n'a vu aucun évêque,* diſent ces canons, *demander ſa tranſlation d'un plus grand ſiege à un moindre.*

Le premier de ces canons prononce une double peine contre un évêque, qui aura changé d'évêché ; d'où l'on infére qu'on regardoit cette action comme un grand crime ;

bis vindicat in idipfum; cette peine double étoit la dépofition & la pénitence. Le fecond veut que l'évêque qui aura recherché les fuffrages du peuple d'un autre diocefe, foit même privé de la communion à la mort.

Ces canons paroiffent avoir été dirigés contre Eufebe de Nicomédie, qui avoit été évêque de Berit : comme au concile d'Antioche, les Ariens avoient maltraité les catholiques, ceux-ci leur rendirent le change au concile de Sardique.

Le peuple d'une ville dont le fiege étoit vacant, ne pouvoit pas élire l'évêque d'une autre ville, parce que l'élection devoit tomber fur une perfonne libre ; cependant il le pouvoit *poftuler* ; *ipfum pofcere viderentur*, dit le fecond canon, & on l'accordoit par difpenfe, quand l'utilité de l'églife le requéroit. Election. Poftulation.

Sur le refus de la communion à la mort, on peut obferver deux chofes, 1°. que le canon qui le porte, eft le dernier qui l'ait ordonné : on a travaillé, depuis le pape Zephirin, à abolir cette rigueur ; 2°. qu'il falloit que dans ce concile, les évêques d'Occident prédominaffent ; car ceux d'Orient n'avoient jamais, & dans aucun cas, refufé la communion à l'article de la mort. Refus de la communion à la mort.

On fe fervit de ce canon, pour condamner le pape Formofe après fa mort, fur ce qu'il avoit été transféré de l'évêché de Porto à Rome.

Ceux qui voulurent le juftifier, comme Auxilius, dirent que ce concile avoit été compofé de Novatiens, à caufe de fa févérité : cependant dans deux conciles tenus depuis, l'un à Rome & l'autre à Ravenne, on juftifia le concile de Sardique, & on excufa Formofe, en foutenant qu'il y avoit eu des raifons légitimes de le transférer au fiege de Rome.

La cause de la rigueur est marquée dans le canon même ; c'est qu'on jugeoit que dans les translations, la simonie est toujours jointe à l'ambition ; Saint Ambroise s'éleva avec force contre la translation de Saint Grégoire de Nazianze, du siege de Sasimes à celui de Constantinople.

<small>Droit d'appel à Rome.</small> Le canon troisieme est ce célebre canon, qui a excité tant de réclamations. Le droit d'appel qu'il attribue au siege de Rome, est qualifié de droit nouveau ; il paroît que le concile subordonne sa décision à un consentement universel, *si hoc omnibus placet*.

Le cardinal du Perron prétend, que c'est le style des conciles, même pour renouveller & confirmer des choses déjà établies ; Baronius va plus loin, & assure, qu'avant ce canon les appels à Rome avoient lieu ; il en donne pour preuves les exemples de Paul de Samosate, de Denis d'Alexandrie, de Sabinus & Félix, évêques d'Astorgue & de Lyon, de Basilides & de Martial.

Mais si ces exemples sont des preuves du respect qu'on avoit pour le siege de Rome, peut-être de la nécessité où se sont vûs plusieurs évêques de chercher un asyle, ils n'en sont point du droit d'appel appartenant au pape, & l'on peut dire, avec M. de Marca, qu'avant le concile de Sardique, il n'y avoit que des consultations ou rapports au siége de Rome ; il seroit facile d'en accumuler des preuves.

1°. Les lettres des papes jusqu'à Siricius, ne parlent point d'appel, mais seulement de consultations.

2°. Saint Jérôme, parlant dans son épître deuxieme, de lui-même, dit, qu'étant secretaire du pape Damase, il répondit aux *consultations*, qu'on faisoit aux papes de tous les endroits de la chrétienté.

3°. Les lettres synodales des conciles de Carthage & de

Milevis au pape, & fes réponfes, ne contiennent que les mots *rapports & confultations.*

4°. Saint Cyprien, écrivant au pape Corneille, touchant Marcien évêque d'Arles, ufe du mot rapport, *retulit ad fummum pontificem.*

Ce mot vient certainement du civil; les prefets du prétoire rapportoient autrefois à l'empereur leurs queftions dans les caufes douteufes, & le confultoient par écrit; ce n'étoit pas un appel, mais une confultation, parce qu'il ne s'agiffoit pas de chofes jugées, mais de chofes en litige.

Cependant ce canon permet les appels au fiege de Rome; je dis qu'il les *permet*, mais il ne les commande pas; en effet, on voit qu'Epaphras fut dépofé au concile de Cologne; Saturnin, à celui d'Arles; Secondinus & Palladius, à celui d'Aquilée, fans qu'aucun d'eux appella de fa dépofition au pape; & celui-ci, qui dans le commencement a ufé très-modeftement de ce droit, a été long-temps fans en parler, comme d'un droit néceffaire; Nicolas I, écrivit à Rothalde, de ne point appeller légérement à lui: *fi vous croyez*, dit-il, *en confcience, avoir été bien jugé, ne portez point d'appel devant moi.*

Ce canon marque auffi la forme de juger les appels; *det judices*, dit-il; c'eft-à-dire, que le pape doit donner des commiffaires fur les lieux mêmes; les Afriquains y obligerent le pape, pour les appels de leurs pays, & ils eurent à ce fujet un grand différent avec Zozime; la même pratique s'obferve encore en France.

Dans les autres pays, qui ont été moins jaloux de leur liberté, le pape envoie des légats *à Latere*, fur les lieux mêmes, ou les parties vont à Rome.

Ce canon prouve auffi, que les conciles jugeoient des causes majeures, puisqu'il parle d'un évêque jugé dans le concile. Comment donc le concile de Trente, veut-il, *sess.* 24. *ch.* 5. que les évêques ne soyent jugés, que par le pape ? Si c'est un droit nouveau, comment a-t-il pu ruiner l'ancien ?

Pierre Aurélien répond ; 1°. que le concile de Trente ne parle que des *causes majeures personnelles*, & qu'ainsi l'autorité des conciles Provinciaux subsiste encore pour celles de la foi.

2°. Que le concile de Trente n'a rien fait de nouveau, mais qu'il a seulement maintenu un droit pratiqué depuis plusieurs siécles.

Sur quoi il faut remarquer, que vers le neuvieme siécle Isidore le Marchand fit une compilation des lettres décretales des papes, avantageuses à leur autorité, au préjudice de celle des conciles ; quelques évêques de ce tems-là, moins ignorans & moins préoccupés que les autres, virent la fausseté de la plûpart de ces décretales, qui contenoient la ruine de l'épiscopat ; ils reclamerent contre la compilation d'Isidore : Hincmar, archevêque de Reims, s'y opposa avec force ; mais les papes l'emporterent, & en très-peu de temps, les droits & l'autorité des conciles provinciaux furent dévolus au pape ; le relâchement de la plupart des évêques, qui ne songeoient plus qu'à être seigneurs temporels, favorisa cette révolution ; craignant la censure des conciles provinciaux, ils croyoient avoir meilleur marché du pape, qui n'étoit pas plus exempt qu'eux de vues d'aggrandissement temporel ; d'ailleurs les papes ayant fort contribué à la grandeur de Pepin & de Charlemagne, reçurent aussi d'eux une puissante protection ; ils se donnerent mutuellement ce qui ne leur appartenoit pas ; le pape donna l'empire à Charlemagne, & Charlemagne reconnut dans le pape une prééminence d'autorité

torité qui ne lui appartenoit pas. Par l'aggrandiffement de ces deux puiffances, les évêques tomberent dans un abaiffement qu'ils méritoient par leurs défordres.

Le canon quatrieme femble être fait en faveur de Saint Athanafe, qui, ayant été condamné dans divers conciles d'Orient, fe retira à Rome. C'eft le premier canon qui parle des légats *à Latere*. Légats à Latere.

Ils ne doivent pas être confondus avec les légats que le pape envoyoit auparavant aux conciles généraux qui fe tenoient en Orient, & auxquels tous les évêques joignoient les leurs; il s'agit ici de légats envoyés par le pape dans les provinces, avec le caractere de juges, pour terminer les appels.

Sur quoi il faut diftinguer deux fortes d'appel; le premier fe portoit du fynode provincial au pape, qui nommoit des commiffaires *in partibus*; le fecond eft celui qu'interjettoit un évêque du jugement même de ces commiffaires au pape, qui envoyoit alors des légats *à Latere*, pour juger la caufe de nouveau.

Le canon cinquieme donne un pouvoir réciproque aux provinces voifines les unes fur les autres; d'où il faut conclure, qu'on ne connoiffoit point encore alors les titres d'exarques, de patriarches, de primats, comme des titres de prééminence dans l'ordre hiérarchique; car s'il y avoit eu au-deffus des métropolitains d'autres degrés de jurifdiction, ce ne feroit point les évêques voifins qu'on eût chargés de pourvoir aux befoins des provinces. Titres d'exarques, patriarches, primats, non encore connus dans l'ordre hiérarchique.

Il faut obferver, que le mot *exarque* qui fe trouve dans le Grec, prouve que la verfion grecque du concile de Sardique a été faite dans des temps poftérieurs. On fçait que les canons de ce concile ont été redigés en latin.

Aujourd'hui le titre d'*exarque* se donne en grec à de certains généraux d'ordre, ou abbés de monasteres; les patriarches de Constantinople ont, à l'imitation des papes de Rome, fait bâtir des monasteres en divers dioceses, auxquels ils ont attribuée l'exemption de la jurisdiction épiscopale.

Au reste, ce canon décide que l'assistance des évêques voisins doit être de charité & de nécessité, & non d'ambition. C'est ainsi que Saint Épiphane & Saint Cyprien s'intéressoient au bon gouvernement des provinces voisines. Saint Chrisostôme assembla à Ephese, qui n'étoit pas de son district, un concile, & fit faire le procès à plusieurs évêques; en parlant d'Eustachius, ce grand évêque d'Antioche, il l'appelle *évêque universel*, voulant marquer par-là, le soin qu'il prenoit des autres églises. Ces hommes apostoliques croyoient, qu'il n'y avoit qu'un épiscopat, dont chaque évêque possédoit une portion solidaire, qui l'obligeoit au soin de tous les autres en cas de besoin.

Erection de nouveaux évêchés.

Le Canon sixieme défend d'établir des évêques dans des villages. Autrefois on érigeoit de nouveaux évêchés, sans consulter le pape; le métropolitain, avec le concile provincial, le pouvoit faire. Saint Basile érigea ainsi l'évêché de Fasine; & Saint Augustin se contenta de consulter son métropolitain, pour établir un évêché dans un lieu éloigné d'Hyppone.

Les canons huitieme, neuvieme & dixieme sont co-relatifs.

Causes pour lesquelles les évêques pouvoient aller en cour.

1°. Ils défendent aux évêques d'*aller en cour*, sinon pour deux causes; la premiere, lorsque l'empereur les mandoit; la seconde, lorsque des veuves, des pupilles & autres personnes misérables sollicitoient leurs bons offices auprès du prince, & sur-tout, lorsqu'il s'agissoit d'obtenir pour des condamnés à mort une commutation de peine. Les évêques des premiers siecles s'y employoient avec chaleur, ne croyant pas que le chemin du gibet fut la route du ciel.

2°. Un évêque doit avoir permission de son métropolitain pour *aller en cour*, il doit lui communiquer les raisons de son voyage, il doit aussi en faire part au pape, s'il passe à Rome.

3°. Il est recommandé aux évêques d'envoyer plutôt des diacres en cour, que de quitter eux-mêmes leurs dioceses.

Balsamon se trompe, en interprètant le mot *diacres* par *serviteurs*, *domestiques*; il est constant par l'histoire, que les diacres étoient les ministres des évêques, qui les employoient aux voyages & à toutes les affaires relatives à l'épiscopat; ainsi Pelage, Saint Grégoire & Sabinien furent nonces à Constantinople, & depuis papes eux-mêmes.

Il paroît par les mêmes canons, que la charge de *défenseur* étoit alors réunie à l'épiscopat. *Voy.* ce qui est dit de cette charge, pag. 45 & 46.

Le canon onzieme apporte toutes les précautions possibles, pour empêcher les évêques d'aller en cour, & sur-tout pour y solliciter les graces qui ne flatent que l'ambition; il veut, qu'ils prennent des lettres formées de leur métropolitain; qu'ils les communiquent à tous les évêques sur leur passage. (C'est ainsi qu'il faut entendre les mots *in canali*.) Il est ordonné à ces évêques de les souscrire, pour confirmer l'avis du métropolitain, & de n'accorder qu'après cette formalité la communion aux évêques passans. Précautions pour empêcher les évêques d'aller en cour par ambition.

Le canon treizieme décide, que l'élection des évêques ne peut tomber que sur des personnes canoniques; qu'une église ne peut élire un laïque, principalement s'il est engagé au service du prince, ou dans un emploi public, parce qu'elle n'a aucune jurisdiction sur lui; elle ne peut que le postuler. Les seuls clercs éligibles.

Laïques peuvent être postulés.

Interstices.

Il décide aussi qu'il faut passer par les autres ordres, avant l'épiscopat, y rester assez long-temps pour faire preuve de bonnes vie & mœurs, & s'exercer aux fonctions ecclésiastiques.

Ceux qui prétendent qu'un passage rapide dans tous les ordres, les rend habiles à être évêques, comme Photius, qui en six jours passa par tous les ordres, en recevant un chaque jour, en comptant même le monachisme, dont on lui fit dabord faire profession, sont rebelles & indociles aux conseils de l'église.

Il est vrai que ce canon ne marque que les ordres majeurs, le diaconat, la prêtrise & l'épiscopat, pour lesquels il faille garder les interstices; mais il suppose une préparation suffisante pour tous.

Ce canon paroît avoir été fait à l'occasion de Grégoire & de George, qui de laïques furent faits dabord évêques d'Alexandrie, par les Eusébiens, à la place de Saint Athanase.

Nécessité de la résidence.

Le canon quatorzieme condamne le trop-long séjour des évêques hors de leur diocèse.

Le même canon impose l'obligation d'aller de trois dimanches l'un à la messe paroissiale, ce qui marque déjà un relâchement parmi les fideles, qui communioient autrefois toutes les fois qu'ils assistoient à la messe; coutume qui fut ensuite restrainte à trois communions dans l'année, puis réduite à une seule.

Appel des causes mineures.

Le canon dix-septieme est très-remarquable, par rapport aux *causes mineures*: par exemple, un prêtre condamné par son évêque, pouvoit appeller aux évêques voisins, *ad finitimos episcopos*. Le pape Zozime prétendit, dans l'appel du prêtre Appiarius, que c'étoit à son tribunal que la question devoit être décidée; mais la réfiftance des évêques d'Afrique fit voir, que la coutume n'étoit pas, que les appels des *caufes mineures* allaffent à Rome; les canons précédens ne parlent pour ces fortes d'appels, que des conciles provinciaux; & le concile de Sardique lui-même, dans fes canons troifieme, quatrieme & feptieme, ne parle que des *caufes majeures*; Saint Cyprien dit formellement, que les caufes de tous les clercs inférieurs doivent fe terminer dans la province; le concile Milevitain & un autre de Carthage, défendent expreffément à tous les clercs de paffer la mer pour fe faire juger; par les mots *paffer la mer*, il faut entendre *aller à Rome*.

Cette pratique a duré jufqu'au huitieme fiecle, que quelques pieux évêques, remplis de vénération pour les papes qui occupoient alors le fiege de Rome, envoyerent les grands pécheurs, clercs & laïques, recevoir l'abfolution du pape, ce long voyage fervant lui-même à leur pénitence.

Depuis, des papes moins vénérables & plus ambitieux, ont convertie cette déférence en droit; de-là font venus les cas réfervés pour les laïques & les fimples prêtres, que le pape prétend avoir, lorfqu'ils s'adreffent à lui: Nicolas I. reçut l'appel des clercs de Reims, dépofés par Hincmar. Cet archevêque, inftruit des droits de l'épifcopat, oppofa d'inutiles efforts à cette entreprife; l'autorité épifcopale fuccomba fous ceux du pontife Romain.

ARTICLE XI.

Premier concile de Valence.

Ce fecond concile tenu dans les Gaules, eft un monument important pour la difcipline eccléfiaftique obfervée dans les

Gaules, au moins méridionales; il paroît que les ténébres du paganisme couvroient encore les provinces septentrionales, & que le concile ne s'adressa qu'aux cinq provinces dénommées dans l'épître synodale; sçavoir, la Narbonnoise, la Viennoise les Alpes maritimes, les Pennines & les Suisses.

Dispense. Le canon premier renferme un exemple notable de dispense, en ratifiant l'ordination des bigames; sur quoi il faut observer que la bigamie *véritable* étoit d'avoir épousé deux femmes; l'*interprétative* consistoit à avoir épousé une veuve.

Quant à la maniere de dispenser, on le faisoit alors pour une chose déjà faite; & non, comme aujourd'hui, pour permettre ce que les canons défendent.

Le canon deuxieme prouve trois choses importantes. La premiere, qu'il y avoit déjà des vierges, qui prenoient publiquement le voile de la main de l'évêque, & d'autres qui vouoient virginité en particulier.

Vœu public, & simple, n'étoient pas un empêchement dirimant du mariage. La seconde, que le vœu, même public & solemnel, n'étoit pas un empêchement dirimant du mariage; car ce canon ne rompt pas le mariage fait après un vœu solemnel de virginité, il impose seulement la pénitence.

La troisieme, que les deux degrés de pénitence, nommés *ploration* & *audition*, avoient encore lieu, puisque ce canon défend de mettre les pénitens dabord à la *substraction*, qui étoit la *pénitence* proprement dite.

Satisfaction. Ce même canon prouve, que la pénitence n'étoit pas regardée comme une simple réparation du scandale; mais comme une œuvre *satisfactoire*. *Nisi plenè satisfecerint Deo*.

Concile de Nicée reçu. Sur le canon troisieme on peut remarquer, 1°. Que le concile de Nicée y étant cité, il en faut conclure, que ses canons étoient déjà connus & reçus dans les Gaules.

2°. Que depuis le concile de Nicée on ne refusa plus à personne la communion à l'article de la mort.

3°. Que les apostats & les relaps étoient mis à la pénitence jusqu'à la fin de leur vie; au lieu que les hérétiques nés dans l'hérésie, étoient reçus sans pénitence & par la seule confirmation & profession de foi.

Le canon quatrieme est digne d'attention. Il exclut des ordres ceux qui feignent d'avoir commis des crimes, qu'ils n'ont pas commis en effet; ensorte qu'il n'y eût que la connoissance parfaite, qu'on eût de la sainteté de Saint Ambroise, qui écarta de lui le soupçon du crime dont il s'accusoit. *Exclusion des ordres pour des crimes feints.*

Le dixieme concile de Tolede s'est servi de ce canon, pour déposer le grand évêque de Braga Pataminus, qui s'étoit accusé lui-même d'une fornication occulte; les peres de ce concile dirent, que s'il avoit commis ce péché, il méritoit d'être déposé; que s'il s'en accusoit faussement, il méritoit aussi de l'être, par la disposition du canon quatrieme du concile de Valence.

Au reste, il paroît par le titre de la lettre de ce concile au clergé & au peuple de Fréjus, que les élections étoient partagées entre le clergé & le peuple : il s'y agit d'un évêque, soupçonné de crime, que le clergé avoit élu; les peres du concile ordonnerent une nouvelle élection.

ARTICLE XII.

Concile de Constantinople.

Il est difficile de concevoir comment ce concile a passé pour œcuménique, n'ayant été convoqué que par l'autorité de l'empereur Théodose, & n'y ayant eu ni légats du pape ni des évêques occidentaux ; & le pape Damase ayant fait dabord grande difficulté d'en recevoir les canons.

Il paroît que c'est l'intérêt de la foi, touchant la divinité du Saint-Esprit, qui porta l'Occident à le recevoir ; ce fut le seul motif qui détermina le pape Damase à l'approuver, quant à la foi seulement, & non quant à la discipline ; le troisieme canon sur-tout n'eût jamais son adhésion, non plus que celle de ses successeurs, parce qu'ils le croyoient trop favorable à l'évêque de Constantinople.

Marcelliens, hérétiques, contre la décision du pape.

Le canon premier nomme parmi les hérétiques, condamnés au concile de Nicée, les Marcelliens ; & cependant on ne voit pas qu'il en ait été question à Nicée.

On leur donne pour chef Marcel, évêque d'Ancyre, que les Ariens avoient persécuté, qui en avoit appellé à Rome, & que le pape Jules avoit rétabli : le concile de Sardique l'avoit rétabli de même, ainsi que Saint Athanase ; & cependant il fut reconnu hérétique, & traité comme tel ; ce qui ne dépose pas pour l'infaillibilité dans le pape.

Commencement des dioceses & patriarchats.

Le canon deuxieme fut fait contre Pierre, évêque d'Alexandrie, qui ayant reconnu Grégoire de Nazianze, évêque de Constantinople, envoya ensuite sept évêques pour sacrer Maxime le cynique à la place de Grégoire, espérant que cet homme, qui étoit de son pays, seroit plus propre pour exécuter le dessein qu'il avoit conçu d'étendre sa jurisdiction dans tout l'Orient. Ce canon assigne à chaque patriarche son district, & limite celui d'Alexandrie à la seule étendue de l'Egypte.

Ce canon est le premier qui parle de *diocese* ; il y a apparence que les peres du concile, voyant que le pape étendoit son pouvoir, sur-tout depuis le concile de Sardique, voulurent aussi augmenter l'autorité des principaux évêques

d'Orient

d'Orient, pour empêcher, par l'établissement des dioceses, la fréquence des appels à Rome; en conséquence ils statuerent, que du concile *provincial*, il y auroit appel au concile *diocésain*, où devoient préfider ceux qu'on nomma *exarques*, *patriarches*, *primats*; & pour l'appuyer d'une autorité imposante, ils mirent en avant, que la primatie d'Antioche avoit été reconnue par le concile de Nicée, ce qui devoit servir de fondement à la distinction des dioceses.

Les cinq dioceses ou Patriarchats, marqués dans ce canon, n'étoient pas de même étendue; ceux d'Alexandrie & d'Antioche en avoient bien plus que les autres. Mais on demande s'ils étoient égaux en pouvoir, ou si quelques-uns dépendoient des autres? Le pere Morin a pensé que ceux d'Ephese en Asie, d'Héraclée en Thrace, de Cesarée de Cappadoce en Pont, relevoient d'Alexandrie & d'Antioche; que c'étoit des *primaties* subordonnées à ces deux *patriarchats*. Mais tous les autres savans sont d'un sentiment différent, & croyent que *primatie* & *patriarchat* font & ont toujours été la même chose.

Les églises *barbariques*, dont il est fait mention à la fin du canon, étoient les nouvelles converties; il y est dit, qu'elles seront administrées selon la coutume; mais quelle étoit cette coutume? C'est ce qu'on n'y trouve point, & ce qui a beaucoup exercé les antiquaires; il y a eu au huitieme siecle une grande contestation entre le pape & le patriarche de Constantinople, au sujet de l'église des Bulgares, nouvellement convertis; le patriarche la soutenoit être de sa jurisdiction; le pape disoit, que c'étoit l'église Romaine qui avoit converti les Bulgares, & que ces peuples étant devenus ses enfans spirituels, il étoit naturel que leur église, devenue sa fille, dépendît de sa mere.

Eglises barbariques.

Source du schisme entre Rome & Constantinople.

Le canon troisieme a été la source des longues rivalités qu'il y a eu entre l'église de Rome & celle de Constantinople, & qui ont enfin dégénéré en un schisme.

Baronius prétend, mais à tort, que ce canon est supposé ; Socrate, Zozomène, Denis le petit, Isidore le marchand, Ferrand diacre, & l'ancien compilateur du code des canons de l'église Romaine le rapportent ; les papes S. Léon, S. Gélase & S. Grégoire n'ont point prétendu qu'il fut supposé ; ils dirent seulement qu'ils ne recevoient que la foi, & non les reglemens de ce concile ; dans celui de Calcedoine, les légats du pape ne s'inscrivirent pas en faux contre ce canon ; mais ils s'y opposerent, en sorte que le canon vingt-huitieme de Calcedoine ne fut fait qu'après leur départ ; enfin l'histoire prouve, que les évêques de Constantinople ont usé depuis ce canon, d'un bien plus grand pouvoir, que celui qu'ils exerçoient auparavant.

Cependant il paroît constant, que ce canon n'a été qu'ajouté après coup dans une assemblée tenue par la plupart des mêmes évêques, à l'occasion de la citation que leur avoit fait le pape Damase, au sujet de la déposition de Meletius d'Antioche. Il y en a plusieurs preuves ; 1°. Si on eût proposé ce canon au concile, Timothée, évêque d'Alexandrie, qui étoit présent, n'y auroit point donné son consentement, parce qu'on lui donnoit le second rang dans l'église d'Orient. 2°. Grégoire de Nazianze, qui a été si maltraité dans le concile, n'auroit pas manqué de se plaindre de ce canon, s'il avoit été fait dans le concile. 3°. Ce canon, en étendant la jurisdiction de Constantinople, paroît en contradiction avec le deuxieme, qui maintient chaque diocese dans ses bornes.

M. de Marca, dans son traité *de la Primatie de Lyon*,

dit, que ce canon attribue à l'évêque de Constantinople, dans tout l'Orient, les mêmes droits, dont le pape jouissoit dans l'Occident, & que ces droits consistoient à recevoir les appels de tous les évêques, à juger même, conformément à un décret de l'empereur Gratien, les causes des évêques en premiere instance; en effet, on voit que depuis ce temps, les évêques de Constantinople, comme Atticus, Flavianus, Anatolius & autres, ont jugé de leur propre autorité plusieurs métropolitains fort éloignés.

Le pere Morin a cru, que ce que ce canon attribuoit à l'évêque de Constantinople, étoit la jurisdiction sur la Thrace: ce petit patriarchat d'Héraclée se trouvant supprimé; mais l'histoire nous aprend, que les trois patriarchats d'Ephèse, Héraclée & Cesarée, subsisterent jusques vers le temps du concile de Calcedoine, & que ce fut alors seulement qu'ils furent assujettis à Constantinople, ne retenant plus que le nom & la séance de patriarchats.

Au reste, il paroît que le motif de la prééminence attribuée à Constantinople, fut pris du civil, *propterea quod sit nova Roma*.

Le canon quatrieme casse l'ordination de Maxime le Cynique & toutes celles qu'il avoit conférées, comme données contre la disposition des canons.

Ordinations cassées.

On voit par l'exemple de ce qui s'étoit fait au concile de Valence, qu'on ne distinguoit pas encore entre les ordinations invalides & les illicites, & que les illicites pouvoient être validées.

Le canon sixieme est très-long, mais peut se réduire à trois chefs.

Evêques accusés : leur juge compétent.

1°. Quelles sont les parties capables de former une accusation contre un évêque ?

2°. Devant qui cette accusation doit-elle être portée?

3°. Devant qui il est défendu de l'introduire?

Quant au premier chef : tout homme, un payen même, qui se prétend personnellement lésé par le fait d'un évêque, peut former contre lui une accusation, parce que la justice est due à tous les hommes.

Mais lorsqu'il s'agit d'un simple crime ecclésiastique, qui n'a porté préjudice à personne, les hérétiques, les schismatiques, les fideles mêmes qui sont accusés de crimes, ne doivent point être admis à intenter une pareille accusation contre un évêque : ce qui fait voir que l'hérésie ou le schisme étoient alors des moyens de reproche.

A l'égard du juge compétent, le canon décide, que l'accusation doit d'abord être portée au concile provincial, & par appel au concile *diocésain* ou *patriarchal*; le canon n'établit pas d'autre degré, & ne parle ni du pape, ni de l'évêque de Constantinople; ce qui sert encore à prouver, que le troisieme canon n'a été fait qu'après coup.

Quant à l'incompétence, elle est ici décidée générale pour tous les juges laïques, sans même en excepter l'empereur : c'est un des premiers fondemens de l'*immunité ecclésiastique*.

Le canon septieme est relatif à la maniere ancienne, de conférer le baptême & la confirmation : il s'agissoit de sçavoir comment plusieurs hérétiques dont il étoit question, devoient être reçus dans l'église? le canon décide, qu'ils devoient l'être, ou par la profession de foi & la confirmation, ou par le baptême.

Ceux dont le baptême étoit bon, étoient reçus par la confirmation seule; car la confirmation des hérétiques n'a jamais été tenue pour bonne, non plus que leur ordination;

& quand on disoit que ces sacremens ne devoient pas se réitérer, on distinguoit entre ceux qui avoient été conférés dans l'église, lesquels effectivement ne se réitéroient point, & ceux qui avoient été donnés par les hérétiques, lesquels se réitéroient autrefois.

Or, dans l'église grecque, la confirmation se donnoit par la chrismation, sans imposition des mains, qui dans l'église latine a été jointe à la chrismation jusqu'au douzieme siecle; la matiere dont les Grecs composoient & composent encore leur saint-chrême, consistoit en près de cent liqueurs, dont ils faisoient un onguent précieux; le Latins ne se servoient & ne se servent encore que d'huile & de baume.

Le canon marque ensuite les diverses parties du corps qu'on oignoit; la forme est marquée par ces mot, *signaculum doni Spiritûs Sancti*.

Les Scholastiques demandent, si elle doit être *impérative*, *indicative* ou *déprécative*; elle est aujourd'hui *indicative*, mais ce n'est que depuis environ cinq siecles; anciennement elle étoit *déprécative*, ce qui paroît plus conforme à la grace qui doit être demandée; si le Saint-Esprit se *donne*, l'office du ministre doit être de le prier.

Les hérétiques, qui manquoient dans l'administration du baptême, comme ceux qui n'avoient pas une foi orthodoxe de la Trinité, étoient reçus par le baptême, dont les principales cérémonies sont marquées dans ce canon.

Le premier jour on les faisoit chrétiens, c'étoit par l'impression du signe de la croix sur le front; Saint Augustin appelle ce signe figurément, la *conception* du chrétien, & le baptême sa *naissance*. Le second jour on les faisoit catéchumenes; on les instruisoit alors des préceptes généraux de la religion & des devoirs qu'elle impose. Le cathécuménat avoit un terme assez long, & pendant cette épreuve on faisoit sur eux des prieres & la lecture des livres sacrés dans les églises.

Quand on les jugeoit suffisamment disposés à recevoir le baptême, on les mettoit durant quarante jours en pénitence, en leur enseignant le symbole & le pater, puis on les baptisoit.

Observons en finissant cet article, qu'on voit dans la lettre synodale du concile de Constantinople au pape, & aux principaux évêques d'Occident, relativement à l'élection de Nectarius à l'évêché de Constantinople, & de celle de Flavien à celui d'Antioche, que le clergé & le peuple élisoient encore comme anciennement.

ARTICLE XIII.

Concile de Sarragosse.

Ce concile, dont l'objet n'étoit que de condamner les erreurs des Priscillianistes, est important sur plusieurs points de discipline.

Entre les évêques qui s'y trouverent, on remarque Delphinus, très-saint évêque de Bordeaux; Ithacius, qui depuis fut auteur du schisme des Ithaciens; Valerius, évêque de Sarragosse, que quelques-uns pensent être celui qui assista au concile d'Elvire.

Priscillien, évêque Espagnol, avoit renouvellé la doctrine des Manichéens; le détail des canons qui la condamne vont la faire connoître.

Le canon deuxieme ordonne de ne point s'absenter de l'église durant le carême. Les Priscillianistes affectoient la retraite, sous prétexte de sévérité.

Le canon troisieme fait défense de porter l'eucharistie hors de l'église, & ordonne aux fideles de la consumer dans l'église ; cette innovation est venue à la suite de l'abus que les Manichéens & les Priscillianistes faisoient de l'eucharistie dans leurs maisons ; il a été observé, que dans la pratique primitive de l'église, les fideles emportoient l'eucharistie chez eux, même dans leurs voyages.

Le canon quatrieme ordonne la célébration de la fête de la nativité de Jesus-Christ ; les Priscillianistes refusoient de la célébrer parce qu'ils croyoient, comme les Manichéens, que Jesus-Christ ne s'étoit point réellement incarné, la chair étant un mauvais principe ; mais qu'il avoit apporté du sein de son pere un corps tout céleste.

Le canon sixieme défend de quitter la cléricature & les offices y attachés, pour se faire moines ; ce que les Priscillianistes pratiquoient, sous prétexte de sévérité.

Le canon huitieme détermine l'âge auquel on doit donner le voile aux filles qui veulent se consacrer à Dieu ; cet âge est quarante ans.

ARTICLE XIV.

Décrétales du Pape Sirice.

Les décrétales dons nous allons faire l'analyse, ne sont pas les premieres que le droit canon moderne renferme ; mais ce sont les premieres véritables ; toutes celles qu'Isidore le marchand a attribuées aux papes précédens, étant fausses & supposées ; les preuves en sont évidentes.

1°. Elles n'ont jamais été citées par les peres, ni même par les anciens papes.

2°. Elles ne sont que des centons composés de divers fragmens des peres de l'église, entr'autres de Saint Augustin & de Saint Léon, qui sont venus depuis : le ministre Blondel a cotté tous les endroits des peres, dont s'est servi le rédacteur de ces décrétales.

3°. Elles condamnent des hérétiques qui sont venus long-temps après les papes, auxquels elles sont attribuées, comme les Eutychiens.

4°. Elles ne font mention d'aucune circonstance historique, ce qui est absolument contraire au style des anciennes lettres des papes, comme sont celles de Saint Ignace, de Saint Cyprien & du pape Corneille, où l'on trouve exactement toute l'histoire de leur temps, comme une marque infaillible de la vérité.

5°. L'uniformité & la barbarie du style de ces décrétales, prouvent, d'un côté, que c'est le même homme qui les a rédigées; de l'autre, qu'elles l'ont été plusieurs siecles après le temps auquel on les rapporte.

6°. Les endroits de l'écriture qui sont cités dans ces décrétales, sont suivant la version de Saint Jérôme ; or, cette version a été faite trois siecles après quelques-uns des papes auxquels plusieurs de ces décrétales sont attribuées.

Pour se former une idée des changemens arrivés dans le droit ecclésiastique, depuis les temps apostoliques, il faut distinguer quatre époques.

La premiere, depuis les Apôtres jusqu'au pape Siricius ; dans cet intervalle, qui comprend quatre cents ans, l'église n'a point été gouvernée par d'autres loix que les canons des conciles.

La seconde, depuis Siricius, jusqu'à la fin du huitieme siecle : dans cet intervalle, on n'a ajouté aux canons des conciles

conciles que quelques décrétales excellentes, & entierement conformes à ces décisions de l'église assemblée.

La troisieme, depuis la fin du huitieme siecle, jusques vers la fin du onzieme : dans cet intervalle, les fausses décrétales rédigées par Isidore le Marchand, furent apportées d'Espagne en France par Riculphe, aumônier de Charlemagne; Benoît le Levite en fit un sommaire, les rédigea par chapitres, qu'il inséra dans les capitulaires, & les adressa aux enfans de Louis le Débonnaire.

Un des principaux points de ces décrétales, fut d'établir en principe, que la connoissance de toutes les grandes affaires de l'église, & sur-tout celle des causes des évêques, en premiere instance, appartenoit au pape exclusivement; ce qui ruinoit l'autorité des conciles provinciaux & nationaux, & toute l'ancienne discipline.

La quatrieme enfin, depuis la fin du onzieme siecle, jusqu'à nos temps; dans cet intervalle, la découverte du corps de droit de Justinien, trouvé dans la ville de Melphe, au royaume de Naples, & reçu avec beaucoup trop d'enthousiasme dans presque toute l'europe, fut pour les papes une occasion d'étendre le nouveau droit ecclésiastique; on ajouta successivement au code des fausses décrétales, les Grégoriennes, les Clémentines, les Bonifaciennes extravagantes; & le droit ecclésiastique n'a plus été que l'effet & l'appui d'un pouvoir en quelque sorte monarchique, qui s'est élevé sur les ruines des conciles provinciaux & nationaux, qui répondent aux diocésains.

§ I.

Premiere Lettre du Pape Sirice à Himérius.

I. Il n'y est point question d'appel, mais de rapport &

498 HISTOIRE POLITIQUE

Point d'appel, mais des consultations. de consultation; *fraternitatis tuæ relatio*, &c. *Consultationi tuæ responsum non negamus*, &c.

Baptême. II. Le baptême y est défendu hors pâque & pentecôte, sans nécessité; & le cas de cette nécessité est confié aux soins des curés, qui doivent veiller à ce que personne ne meure sans baptême.

Pénitence. III. Celui qui a fait pénitence, doit s'abstenir des charges, emplois & plaisirs.

Prisons moniales. IV. Il doit être établi dans les monasteres des prisons *moniales*, qui y sont appellées *ergastula*, pour séquestrer ceux des moines qui avoient scandalisé leurs confreres.

Continence des prêtres. V. On tente d'établir la continence des prêtres, comme une obligation, à l'imitation de celle pratiquée par les prêtres de l'ancienne loi.

Bigamie. VI. On justifie aussi par l'ancien testament, l'irrégularité résultante de la bigamie.

Moines admis aux ordres. VII. Les moines reçus dans le clergé, & admis aux ordres.

§. II.

Deuxieme Lettre du Pape Sirice, contre Jovinien.

Virginité. I. L'église bénit les noces, mais honore davantage la virginité.

Le pape ne fait rien, motu proprio. II. Le pape ne défend rien que par le conseil de son clergé; ce clergé consistoit alors dans celui de l'église de Rome, & ses suffragans; il n'est représenté aujourd'hui que par les cardinaux; encore le pape fait presque tout *motu proprio*.

ARTICLE XV.

Concile de Turin.

Ce concile, tenu vers le temps du pape Sirice, paroît avoir été assemblé au sujet du différent qui subsistoit entre Proculus, évêque de Marseille, & celui d'Aix.

Proculus, simple évêque de la deuxieme Narbonnoise, usurpoit les droits de métropolitain, au préjudice de celui d'Aix; il y fut confirmé par ce concile, cependant l'affaire demeura encore douteuse; c'est de-là, (ce qu'il est important de remarquer pour l'histoire,) que Charlemagne faisant des legs pieux à toutes les métropoles de son empire, ne nomme ni Aix, ni Marseille : peu après lui, Aix recouvra son droit.

Ce concile ne régla pas d'une maniere plus solide le différent entre Vienne & Arles, qui subsista bien long-temps après sa décision.

Le canon deuxieme est remarquable en ce qu'il prive un évêque seulement du droit d'ordonner, & d'assister aux conciles; ce qui est un exemple d'une déposition partielle.

Déposition partielle.

ARTICLE XVI.

Second Concile de Carthage.

Nous passons le premier concile de Carthage, parce que ne faisant que confirmer l'ancienne discipline contre les Donatistes, il ne renferme aucune disposition nouvelle.

Mais le second est très-remarquable, parce qu'il est le plus ancien de tous ceux qui ont été faits en Occident, sur la continence des clercs. Il faut observer que sous le nom de clercs, on ne doit encore comprendre que l'évêque, le prêtre, & le diacre; le sous-diaconat n'étoit pas encore au nombre des ordres majeurs, & les sous-diacres n'ont été obligés à la continence qu'au temps de Saint Grégoire.

Le canon troisieme réserve trois choses à l'évêque, la confirmation, la réconciliation des pénitens publics, & la consécration des vierges voilées.

Le canon quatrieme, en établissant l'évêque seul ministre de la réconciliation, entend parler de la réconciliation parfaite, à laquelle la communion étoit jointe; car pour la simple absolution, il ne déroge point au pouvoir qu'avoit le prêtre de la donner.

Le canon cinquieme fait voir, que les pénitens se plaignoient quelquefois à l'empereur, des pénitences trop rigoureuses, qui leur étoient imposées; ce que le concile improuve, mais ce qui dénote pourtant, que le public regardoit le prince, comme protecteur des canons.

ARTICLE XVII.

Troisieme Concile de Carthage.

L'ordre & le temps de la tenue des conciles de Carthage, ont partagé les savans. Le cardinal du Perron est ici opposé à Baronius; c'est une de ces grandes difficultés de petite importance. Celui-ci a été tenu du temps de Saint Augustin, puisqu'il y assista.

Exemple de primatie. Le canon premier parle des droits de l'évêque de Carthage, qui étoit primat de toute l'Afrique; c'est le seul exemple que le pere Morin puisse apporter de la supériorité du primat au métropolitain; car par-tout ailleurs où les primaties n'étoient que des vicariats & commissions, ou le primat & le métropolitain étoient au même degré d'autorité & de jurisdiction.

Les droits de la primatie de Carthage consistoient en cinq points ; 1°. pouvoir de consacrer les métropolitains ; 2°. droit d'ordonner les clercs dans tous les dioceses de sa primatie; 3°. droit de donner des *lettres formées* à tous les métropolitains voyageans hors de l'Afrique ; 4°. droit de convoquer les conciles nationaux; 5°. droit d'indiquer le jour de pâque.

Le canon deuxieme parle en détail de l'assemblée du concile général des provinces de l'Afrique, qu'on peut appeller, dans le langage des Asiatiques, *diocésain*, & dans notre langage commun, *national*.

Concile diocésain ou national.

Ce canon ordonne, qu'il s'assemblera une fois tous les ans; que chaque province y enverra ses députés, au nombre de trois évêques ; sur quoi l'on peut distinguer quatre sortes de conciles, l'*œcuménique*, le *diocésain* ou *national*, dans lequel plusieurs métropoles s'assemblent; le *provincial* ou *métropolitain*, & le *synode* de chaque évêque en particulier, que l'on appelle, dans le langage moderne, *diocésain*.

Le synode n'étoit composé que de l'évêque & de son clergé; mais l'évêque devoit appeller deux de ses voisins pour juger un diacre, & cinq pour un prêtre, dans la pratique de l'église d'Afrique, usage qui n'avoit pas lieu ailleurs.

Le canon troisieme ordonne, qu'on lira les canons à tous ceux qui sont ordonnés, sans en excepter les moindres clercs. Ce fut Saint Augustin qui le fit faire, pour obvier à un inconvénient qui étoit arrivé à son ordination, ayant été fait évêque contre les canons ; Valerius & lui ignoroient qu'ils défendissent aux évêques de désigner leurs successeurs;

Lecture des canons, ordonnée à ceux qui doivent recevoir les ordres.

Le canon sixieme défend deux pratiques remarquables ; l'une de baptiser les morts, l'autre de leur donner l'eucharistie.

Pour le baptême des morts, il y a eu trois pratiques différentes. Les Corinthiens lavoient & frottoient les corps morts, croyant faciliter à l'ame son entrée au ciel par des frictions mystiques. Les Marcionites baptisoient une personne vivante, pour celle qui étoit morte, se fondant sur un passage de Saint Paul, où il parle *de his qui baptisantur pro mortuis*. Les Cathaphriges enfin baptisoient les morts mêmes ; & il paroît par ce canon, qui défend cette pratique, qu'elle avoit lieu en Afrique.

<small>Baptême des morts.</small>

Quant à l'eucharistie, il est plus étrange encore de la voir donner aux morts, que le baptême ; peut-être l'a-t-on fait, parce que dans l'ancien usage le baptême & la communion se donnoient ensemble ; d'ailleurs il étoit permis aux fideles d'avoir l'eucharistie dans leurs maisons ; ils la portoient en voyage, & la donnoient à leurs enfans ; ils en usoient alors, comme on a fait depuis des reliques des Saints.

On trouve à ce sujet un exemple remarquable dans la vie de Saint Basile, par Amphilochius ; Saint Basile, avant de mourir, consacra une hostie dont il fit trois parties ; il en prit une, & enferma l'autre dans une colombe d'argent, pour être suspendue dans l'église ; c'est un des plus anciens vestiges que nous ayons de la suspension & de l'exposition du Saint Sacrement ; quant à la troisieme partie de son hostie, il ordonna qu'elle seroit enterrée avec lui, en effet : lorsqu'il expira, on la lui mit dans la bouche, & on l'enterra avec.

<small>Exemption des ecclésiastiques.</small>

Le canon neuvieme est le fondement de l'exemption prétendue par les ecclésiastiques de la jurisdiction des juges séculiers.

Le canon dixieme interdit l'appel des jugemens rendus par des juges qu'on a foi-même choifis.

Le canon onzieme, d'accord avec plufieurs des fuivans, prefcrit des regles de conduite, pour la famille des évêques & des prêtres. La famille d'un évêque devoit être l'image de fon églife; on devoit connoître fes foins pour elle, par ceux qu'il prenoit de fes enfans & de fes domeftiques; Saint Paul le dit ainfi, en écrivant à Tite. Ce canon défend fingulierement aux enfans des évêques, les *fpectacles*, le *cirque*, l'*amphithéatre*, & le *théatre*; c'eft-à-dire, les courfes, les combats des gladiateurs, & les farces & comédies. *Famille des évêques.*

Le canon douzieme concerne les mariages entre les perfonnes de différens cultes; fur quoi il faut diftinguer trois temps.

1°. Jufqu'au quatrieme fiecle, les mariages étoient défendus entre les chrétiens, les infideles & les hérétiques.

2°. Depuis le quatrieme jufqu'au douzieme, ils étoient tolérés fans aucune diftinction.

3°. Depuis le douzieme jufqu'à préfent, on a diftingué entre les hérétiques, les Juifs & les infideles; on ne les a défendus qu'avec ceux-ci.

Ce canon eft une exception à la pratique générale du fecond temps, & cette exception eft faite à l'égard des enfans des évêques, auxquels on ne permettoit pas de fe marier avec les infideles & les hérétiques.

Les papes dans les temps modernes fe font autorifés de cette exception faite par le concile de Carthage, pour s'arroger le droit de défendre des mariages qu'ils vouloient empêcher; c'eft ainfi qu'on a vu Paul IV, lors du concile de Trente, défendre à Jeanne d'Arragon, femme d'Afcagne Colonne, de marier aucune de fes filles; Grégoire XI, défendit de même à tous les Rois, particulierement à ceux de Naples & de Sicile, & à tous autres princes & personnes quelconques, de donner aucunes de leurs filles en mariage au vicomte de Milan.

Jurisdiction ecclésiastique.

Le canon treizieme défend aux clercs de disposer d'aucuns de leurs biens, soit à titre de testament ou de donation, en faveur de leurs parens hérétiques.

Cette défense suppose, que dès-lors l'église prétendoit avoir une jurisdiction à exercer sur les causes civiles des clercs : à cet égard il faut distinguer quatre temps différens.

Le premier depuis la naissance du christianisme, jusqu'à Constantin le Grand; dans cet intervalle les fideles, & surtout les clercs, suivoient le conseil de Saint Paul, en se soumettant autant qu'ils pouvoient dans leurs différens au jugement des évêques, qui n'exerçoient point encore une jurisdiction propre.

Le second, depuis Constantin jusqu'à Justinien; dans cet intervalle les évêques exerçoient une jurisdiction d'attribution.

Le troisieme, depuis Justinien jusqu'à Charlemagne; intervalle dans lequel cette attribution fut restreinte & affoiblie.

Le quatrieme, depuis Charlemagne jusqu'au treizieme siecle; intervalle dans lequel la jurisdiction ecclésiastique remonta au plus haut degré.

Depuis, le for extérieur de l'église a encore été restreint par les efforts des princes, à revendiquer ce qui avoit été usurpé sur eux.

Ce canon, par les mots *catholici christiani* dont il se sert, indique, que dès-lors les orthodoxes se distinguerent des hérétiques, par l'épithete de *catholiques*; les sectaires prenoient les noms de leurs chefs.

Le canon seizieme statue des peines contre l'avarice & l'usure des clercs. Quatre grands hommes du quatrieme siecle se sont élevés avec force contre ce désordre; Saint Jérôme, dans sa lettre *ad Nepotinum* ; Saint Ambroise, dans le premier livre de ses offices; Saint Augustin, qui faisoit renoncer à leurs biens, tous ceux qui entroient dans son clergé; & Saint Prosper, dans *sa vie contemplative*.

<small>Usure des clercs réprimée.</small>

Ce fut d'après cela, que l'empereur fit une loi, par laquelle il privoit les clercs de toutes successions, & les rendoit inhabiles à hériter; Saint Jérôme & Saint Ambroise se plaignirent, non pas de la loi, qu'ils trouvoient bonne, mais de ce que les clercs avoient donné lieu à la faire.

Le canon vingt-troisieme ordonne, de ne diriger à l'autel l'oraison qu'au Pere; sur quoi il y a diverses réflexions à faire.

<small>La priere à l'autel ne doit s'adresser qu'au pere.</small>

1°. La seule priere que Jésus-Christ ait enseignée à ses Disciples, n'est adressée qu'au Pere; *Pater noster.*

2°. Saint Paul, dans toutes les prieres qui se trouvent dans ses épîtres, ne s'adresse qu'au Pere éternel, & enseigne aux fideles, que c'est le pere qui doit être le terme de leurs prieres, & qu'ils ne doivent le prier qu'au nom de Jesus-Christ, & par le Saint-Esprit.

3°. Le canon de la messe, la plus sainte des prieres qu'ait l'église, ne s'adresse qu'au Pere; *te igitur clementissime Pater*, &c.

4°. Toutes les oraisons de l'église prennent Jésus-Christ pour médiateur; or, il est médiateur vers son Pere; c'est donc le Pere qu'elle prie par le Fils, *per Dominum nostrum Jesum-Christum*, &c.

Le canon vingt-quatrieme fait voir, que l'usage de mêler de l'eau avec le vin au calice, est de la plus haute antiquité, puisqu'il ordonne ce mélange; Tertullien & Saint Cyprien,

<small>Usage de l'eau & du vin au calice.</small>

ont parlé de ce mélange, & en rendent des raifons myftiques ; comme de l'union de l'églife, figurée par l'eau, avec
Jéfus-Chrift, figuré par le vin ; il y a eu des chrétiens,
qu'on a traité d'hérétiques, fous le nom d'*aquaires*, parce
qu'ils ne fe fervoient que d'eau, fous prétexte d'abftinence.

Monafteres de religieufes. Les canons vingt-cinquieme & trente-troifieme font voir,
que dès ce temps il y avoit des monafteres de vierges confa-
crées à Dieu, puifqu'ils prennent des précautions, pour
empêcher les gens du monde de les voir & de leur parler.

Il y a eu, comme il a été obfervé, dès le commencement du chriftianifme des vierges confacrées à Dieu ; mais
durant les perfécutions il n'étoit pas queftion de monafteres,
ni de congrégations ; dès qu'elles cefferent, l'églife prit foin
de réunir les clercs & toutes les perfonnes confacrées à Dieu,
& de les faire vivre en commun.

Titres faftueux condamnés. Le canon vingt-fixieme fait voir, que les évêques d'Afrique fe font maintenus dans l'ancienne modeftie, de ne
pas adopter des titres faftueux. Tertullien reprit publiquement le pape Zephirin, de ce qu'il fouffroit qu'on l'appella
évêque des évêques, & fouverain pontife; & l'on voit qu'infenfiblement, & peut-être à cet exemple, d'autres évêques
ont pris des titres de prééminence, comme de *métropolitains*,
au concile de Nicée ; d'*archevêques* à celui d'Ephefe ; de
patriarches, à ceux de Calcédoine & de Conftantinople.

Ancien ufage de dire la meffe & communier à jeun. Le canon vingt-neuvieme dépofe en faveur de l'ancien
ufage, de ne dire la meffe, & de ne communier qu'à jeun ;
ufage contraire à ce qui s'étoit pratiqué à la céne. Saint
Auguftin, traitant ce fujet dans fon épître à Jean, *ch.* IV,
V, VI & VII, croit que les apôtres eux-mêmes font les
auteurs de ce changement ; il le conjecture d'après le zele
avec lequel Saint Paul s'éleva contre les banquets qui fe

faisoient de son temps dans les églises, ensuite desquels les chrétiens recevoient la communion; Saint Augustin croit, que c'est pour remédier à cet abus, que Saint Paul invita les chrétiens à communier à jeun, & que c'est une des choses qu'il a voulu indiquer dans son épître aux Corinthiens, par ces mots, *cœtera verò cùm venero, disponam*.

Ce canon excepte cependant le jour anniversaire de la céne; parce que la coutume étoit générale de célébrer ce jour-là l'institution du Saint Sacrement, en la maniere même qu'elle avoit été faite par Jésus-Christ.

La messe se disoit tard ce jour-là, c'est-à-dire, environ l'heure de none, & étoit une de celles qu'on nommoit *vespertine*.

On voit par-là, que c'est un abus de croire, qu'on ne disoit point de messe le jeudi saint, puisque c'étoit précisément le jour anniversaire de l'institution de la messe; mais on n'en disoit qu'une, à laquelle tous les prêtres & tous les clercs communioient; c'étoit l'ordre ancien de ne jamais dire qu'une messe dans chaque église; il ne nous en est resté qu'un vestige le jeudi saint.

Le reste du canon concerne la dévotion pour les morts; « s'il faut enterrer quelqu'un l'après-midi, dit-il, & qu'il ne » se trouve point de prêtre qui soit à jeun, il faut se conten- » ter de faire des prieres & oraisons pour le mort ».

Prieres pour les morts.

D'où il suit, que si c'étoit le matin, ou s'il se trouvoit même l'après-midi un prêtre qui fut à jeun, on offroit pour le mort le sacrifice de la messe.

L'histoire ecclésiastique fournit deux exemples remarquables de la priere pour les morts; l'un du temps de Saint Cyprien, qui fit faire défense dans un concile tenu à Carthage, de prier Dieu pour un mort, parce qu'il avoit chargé par son testament un prêtre de la tutelle de ses enfans ; l'autre de *Sainte Monique*, qui, en mourant, ne demanda autre chose à son fils (Saint Augustin), à Asipius, & à d'autres qui assistoient à son agonie, que de se souvenir d'elle au sacrifice de la messe.

Agapes abolis. — Le canon trentieme abolit entierement les *agapes* ; le concile de Laodicée les avoit supprimés en Orient ; Saint Ambroise les fit proscrire en Italie, & Saint Augustin, présent à ce concile, en fit ôter l'usage en Afrique ; il montre combien il les avoit en horreur, dans son épître LXIV à Aurelius.

Pénitence publique. — De la deuxieme partie du canon trente-deuxieme quelques-uns ont inferé, qu'on n'imposoit de pénitence publique que pour les crimes publics; mais il est constant que dans l'église grecque on a fait pénitence publique, pour les crimes occultes, durant plus de quatre siecles, & que la même pratique a eu lieu, pendant plusieurs siecles, dans l'église latine : le contraire ne peut s'inferer de la deuxieme partie de ce canon, qui fait au contraire connoître, qu'on distinguoit deux sortes de crimes publics, les ordinaires & les extraordinaires ; pour ceux-là, on faisoit l'imposition des mains, lors de la réconciliation, sur les pénitens assemblés confusément ; pour ceux-ci, on la faisoit sur chaque particulier devant la porte du jubé ; & c'est cette sorte de pénitence qui fut appellée *solemnelle* dans le douzieme siecle, & qui ne s'imposoit que pour des crimes extraordinaires, qui avoient scandalisé tout un pays ou toute une ville.

Dans le canon trente-neuvieme, Aurélien, évêque de Carthage, dit, qu'il ordonnoit des évêques presque tous les dimanches ; d'où l'on infere, 1°. que cet évêque étoit primat en la maniere que le pere Morin parle des primats,

& qu'un de ses droits étoit de consacrer tous les métropolitains de sa primatie.

2°. Que les ordinations se faisoient ordinairement le dimanche.

Cependant il est constant qu'elles se faisoient aussi le samedi, mais si tard, que la cérémonie de la messe & de l'ordination n'arrivoit gueres qu'à minuit.

Aujourd'hui on anticipe le temps des ordinations, & on les fait le samedi matin; mais il paroît qu'on a tâché de conserver l'ancien usage, au moins en esprit, & qu'on n'a fait qu'anticiper l'heure, pour raccourcir le jeûne; & d'abord la messe du samedi saint, qui est le grand jour des ordinations, est encore la même que celle dont on se servoit dans ce temps-là; toutes les paroles marquent le temps de la nuit, quoiqu'on les chante en plein jour. En second lieu, il n'y a qu'un seul & même évangile pour le samedi & le dimanche de la Transfiguration, qui est le deuxieme du carême; cela vient de ce qu'autrefois la messe se disant la nuit d'entre le samedi & le dimanche, il ne s'en disoit qu'une pour ces deux jours-là; même aujourd'hui la messe du dimanche, n'est que la répétition de celle du samedi; si bien que ce dimanche s'appelle *dominica vacat*, comme n'ayant point d'évangile ni de messe propre.

Il y avoit d'ailleurs autrefois plusieurs épîtres extraordinaires aux messes des jours où l'on donnoit les ordres, & cela pour les allonger, & les faire durer jusques vers l'aube du jour du dimanche; ces mêmes épîtres se disent encore aujourd'hui aux ordinations.

Il faut observer que les quatre-temps, auxquels on fait aujourd'hui les ordinations, n'étoient point encore institués au temps de ce concile.

Temps pafchal. Le canon cinquante-unieme fait voir, que l'évêque de Carthage donnoit avis à tous les métropolitains d'Afrique, du jour qu'on devoit faire la fête de pâque.

Saint Auguftin s'eft attaché dans fon épître à Jomartius, à développer les raifons qui ont porté l'églife à folemnifer la fête de pâque, toujours dans une certaine faifon, & dans une certaine difpofition de la lune, c'eft-à-dire, au dimanche le plus prochain de la pleine lune de mars; elles font toutes myftiques. « Toutes les chofes fenfibles, dit-il, doi-
» vent fervir à nous fignifier des chofes invifibles; la lune
» étant pleine lorfque Jéfus-Chrift mourut, elle étoit oppofée
» au foleil; cela fignifie l'oppofition des hommes à Dieu, dans
» le temps de la mort de fon fils. La lune étant pleine,
» étoit éclairée du côté de la terre, & obfcure du côté du
» foleil; cela fignifie, que les hommes avoient leurs yeux,
» leur efprit, leur volonté, toutes leurs facultés & leurs fens
» tournés vers les chofes de la terre, & qu'ils étoient dans
» les ténebres du côté des chofes céleftes; la lune entrant
» dans fon décours, & fe rapprochant du foleil, commen-
» çoit à s'obfcurcir du côté de la terre, & à s'éclairer du
» côté du foleil; cela fignifie que les hommes, après la réfur-
» rection de Jéfus-Chrift, commencerent à ne plus regar-
» der la terre comme leur terme, & à fe porter vers Dieu ».
- Au refte, Saint Auguftin, dans la même épître, blâme les cérémonies de nouvelle invention, & cela pour faire fentir la différence qu'il y a entre la loi nouvelle & l'ancienne, qui étoit fous le joug des fignes & des figures.

Le canon cinquante-feptieme contient une lifte des livres canoniques de l'écriture; & ce canon eft le premier qui a mis au nombre de ces livres ceux de *Tobie*, de *Judith*, d'*Efther*, qui ne font point dans l'hébreu,

ARTICLE XVIII.

Concile quatrieme de Carthage.

Ce concile renferme ce qu'il y a de plus excellent dans l'antiquité sur la discipline, & les devoirs de tous les états du christianisme; il est d'autant plus remarquable, ainsi que tous ceux de Carthage, que c'est principalement l'église d'Afrique qui a servi de modele à l'église Gallicane.

Le canon premier fait une description touchante des qualités nécessaires à un évêque, de la pureté qui doit régner dans sa foi, & de l'innocence qui doit régler ses mœurs.

Qualités requises dans un évêque.

Le canon deuxieme contient la forme de la consécration des évêques : deux évêques doivent tenir le livre des évangiles sur la tête & sur le col de celui qui doit être sacré; celui qui préside à la cérémonie, & qui fait la consécration, doit imposer avec les autres évêques assistans, les mains sur lui. L'imposition du livre de l'évangile sur son col, signifie le joug du Seigneur; le canon n'explique pas les mots de la consécration.

Forme de la consécration.

On demande quelle étoit la matiere, & quelle étoit la forme de cette sorte d'ordination?

Il faut d'abord observer, que ces mots, *matiere* & *forme*, dans les sacremens, sont des énonciations nouvelles, inconnues à l'ancienne église, & inventées par les scholastiques, qui ont fait parler à la théologie le langage de la philosophie d'Aristote.

Ce n'est pas que les choses signifiées par ces mots, ne se rencontrassent dans les deux sacremens institués par Jésus-Christ, savoir le baptême & l'eucharistie; & que les peres d'alors n'y reconnussent une sorte de forme & de matiere, témoin ce mot si commun de Saint Augustin, *accedit verbum ad elementum, & fit sacramentum*; mais quant aux autres, le tout ne peut consister que dans des signes, & l'antiquité n'a point reconnu d'autre signe, relativement à l'*ordre*, que l'imposition des mains : la porrection de la patene avec l'hostie, & du calice plein de vin, pour le prêtre, du livre des évangiles pour le diacre, &c. est d'invention nouvelle, & ne peut en bonne théologie être regardée comme la matiere du sacrement de l'ordre, & il faut dire que cette porrection ou tradition d'instrumens, n'est qu'un signe ajouté à l'ancienne imposition des mains, en laquelle seule l'antiquité faisoit consister la collation du sacrement; tout le monde sait que l'église a fait des changemens à l'égard de tous les sacremens, excepté le baptême & l'eucharistie; les formes elles-mêmes, qui en font presque toute l'essence, ont variées, & les scholastiques modernes ont substitué aux paroles *déprécatives*, qui avoient lieu anciennement, les *impératives*.

Il faut encore observer, qu'il n'est pas question dans ces canons d'onction dans l'ordination; ni Saint Clément, ni Saint Denis, ni aucuns des anciens écrivains ecclésiastiques n'en parlent; la pratique n'en fut introduite que vers le sixieme siecle, comme on peut le recueillir de Saint Grégoire & d'Amalarius.

Ce qui concerne, dans les canons suivans, l'ordination des sous-diacres, exorcistes, lecteurs, portiers, fait voir qu'il n'y avoit à leur égard qu'une tradition d'instrumens, ce qui n'étoit qu'une collation d'office, *quia manus impositionem non accipiunt*.

<small>Office des diaconisses.</small> Le canon douzieme indique l'office des *diaconisses*, dont
le

le principal emploi confiftoit dans l'immerfion des femmes, qui devoient recevoir le baptême.

Le canon quinzieme fait la cenfure de la maniere de vivre des prélats modernes; il fait un devoir aux évéques de bannir le fafte de leurs maifons, & la fomptuofité de leurs tables; *vilem fuppellectilem, & menfam pauperem habeat*; il veut que les refpects qu'on leur rend, ne foient fondés que fur l'éminence de leurs vertus; *dignitatis fuæ autoritatem meritis vitæ quærat.* Maniere de vivre des évêques

Le canon dix-neuvieme eft conforme au précepte de Saint Paul, & contient une défenfe abfolue aux évêques, de plaider. Gratien a donné à ce canon une interprétation peu conforme à la doctrine des premiers peres de l'églife; Saint Bernard lui-même condamne les diftinctions de Gratien, & dit que la défenfe de plaider n'eft pas, comme il le prétend, de confeil, mais de précepte rigoureux; Saint Auguftin affure, fur les paroles de Saint Paul, qu'il faut préférer à tous les biens de la terre, la charité & la paix. Le cardinal Jacques de Vitriaco affure, que les chartreux ne plaidoient point au commencement de leur inftitut, & fe laiffoient plutôt enlever leurs biens; l'on voit auffi, que la regle de l'ordre de Grammont défend de plaider. Défenfe aux évêques de plaider. *Decret. Gratian:* 11. part. cauf. queft. 1.

Si on permettoit dans les premiers fiecles aux évêques de s'occuper des biens temporels, ce n'étoit qu'autant que l'exigeoient les befoins des pauvres, à l'entretien defquels les laïques ne contribuoient pas affez; mais, dit Saint Chrifoftôme dans fon Homélie quatre-vingt-fept, *il vous en arrive, ô laïques, un grand mal, en ce que les évêques, qui ne font deftinés qu'à la priere, étant obligés par votre avarice à veiller aux chofes temporelles, n'ont point le tems de prier Dieu pour vous.*

Permutations condamnées.

Le canon vingt-septieme condamne les permutations d'évêchés, cures, & de toutes sortes d'emplois ecclésiastiques sans une utilité manifeste pour l'église, dont le synode étoit le juge.

Dignité du prêtre.

Les canons trente-quatrieme & trente-cinquieme confirment le sentiment de Saint Jérôme, qui ne nomme l'évêque que le premier des prêtres, & dit que, comme l'empereur étoit tiré du corps de la milice, pour en être le chef, de même l'évêque étoit choisi parmi les prêtres, pour les présider.

Barbe & cheveux des clercs.

Le canon quarante-quatrieme fait voir, que les cheveux & la barbe étoient un point de discipline pour les clercs en Grece, comme cela s'y observe encore aujourd'hui. En Occident, ils se rasoient les cheveux & la barbe. Photius en fit un reproche au pape Nicolas I, & Michel Cérulaire, au pape Grégoire I.

Distributions données aux clercs.

Le canon quarante-neuvieme parle des distributions qui se faisoient tous les mois au clercs; on nommoit cette distribution *sportacula*, & les clercs *sportulantes*, mot tiré du civil.

Clercs doivent travailler pour vivre.

Les canons cinquante-un, cinquante deux, & cinquante-troisieme ordonnent aux clercs d'apprendre un métier, pour se procurer la nourriture & les vêtemens. Saint Paul en a donné l'exemple, prêchant le jour, & travaillant la nuit de ses mains, pour gagner sa vie. Saint Épiphane, dans l'hérésie quatre-vingt, n°. 5, propose l'exemple de Saint Paul, & ajoute, que quoique les évêques puissent recevoir des oblations, cependant ceux qui veulent être exacts observateurs des préceptes apostoliques, n'en prennent point.

Le deuxieme concile de Tours ordonne la même chose, au *canon dixieme*; il y est dit, sur-tout, qu'un clerc ne doit point avoir de femme pour le servir; ni *nourir de ser-*

pent dans son sein; plus bas, il défend aux clercs le négoce & le trafic. « Le négoce, dit-il, se fait pour devenir riche; » un métier ne s'exerce que pour vivre; le négoce occupe » l'esprit; un métier n'exerce que le corps; le négoce rem- » plit l'ame de cupidité & d'avarice; un métier chasse l'oi- » siveté, & profite au corps, sans nuire à l'ame ».

Ce fut vers le cinquieme siecle, qu'on commença à occuper les clercs à écrire, au lieu de les faire travailler à des métiers. Les moines les imiterent; Sévere Sulpice rapporte, dans la vie de Saint Martin, qui fut un des premiers fondateurs de la vie monastique en Occident, qu'il ne fit point exercer d'autre métier à ses moines, que celui d'écrire; il n'y obligeoit pourtant que les jeunes, les vieux s'appliquant à la contemplation; ils copioient les écritures, & transcrivoient les ouvrages des peres; Saint Jérôme, parlant de cette occupation dans son épître IV. *ad Rusticum*, dit, *scribantur libri, & manus operetur librum, & animus lectione saturetur*.

Cassiodore, en parlant du travail des moines du monastere qu'il avoit fait bâtir dans le fond du royaume de Naples où il s'étoit retiré, dit, dans son livre II. *de divin. lectionib*. chap. 3. qu'en exerçant leur corps par l'écriture, ils remplissoient leur esprit de saintes maximes; qu'ils préchoient des mains, & que cette sorte de prédication avoit sur l'autre cet avantage, de n'être point concentrée dans un petit auditoire, mais de passer dans le monde entier.

Saint Augustin, dans son livre *de opere monachorum*, qu'il a fait principalement contre les Massaliens, qui enseignoient qu'il ne falloit pas travailler des mains, leur prescrit des regles pour le travail, & leur en marque le motif, afin de n'être point à charge à l'église, & de fuir l'oisiveté; comme ces moines reprochoient aux évêques d'enseigner ce qu'ils ne pratiquoient pas eux-mêmes, Saint Augustin leur répondit : *nous ne sommes pas exempts de travailler ; informez-vous de mes occupations, & vous verrez, que celles que me donne ma charge, m'empêchent de travailler ; j'aimerois bien mieux le faire à certaines heures du jour, comme les moines, que de vivre dans le tumulte des causes civiles.*

<small>Réconciliation parfaite.</small> Le canon soixante-seizieme déroge à l'ancienne rigueur ; & veut qu'on accorde non-seulement la pénitence à tout pécheur, sans aucune distinction, qui la demandera à l'article de la mort, mais encore la réconciliation parfaite, qui comprenoit l'absolution & l'eucharistie ensemble.

Les mots *infundatur ori ejus eucharistia*, semblent indiquer l'usage pratiqué pendant quelque temps de mêler ensemble les deux especes, & de liquéfier celle du pain avec celle du vin.

<small>Pénitens convalescens remis au degré de leur pénitence.</small> Si le canon soixante-seizieme déroge à une ancienne rigueur, le soixante-dix-huitieme en contient une, qui étoit inconnue aux premiers siecles. Il veut que les pénitens qui auront reçue la *réconciliation parfaite* dans une extrémité, ne se croyent pas exempts du reste de la pénitence, s'ils reviennent en santé ; & il ordonne que les pénitens convalescens, soyent remis au même degré de pénitence, où la maladie les avoit surpris, quoiqu'ils eussent été réconciliés.

<small>Deux sortes de viatiques.</small> Le canon soixante-dix-septieme, parlant du *viatique* qui se donnoit aux malades, le nomme simplement *viaticum* ; & le canon suivant parle du *viatique de l'eucharistie*, ce qui justifie l'opinion du pere Morin, qui croit qu'on distinguoit anciennement deux sortes de viatiques ; l'un qui ne consistoit qu'en l'absolution, l'autre qui comprenoit aussi l'eucharistie, en quoi consistoit la réconciliation parfaite.

Il faut obferver, que le canon précédent exige des fignes de celui à qui on veut donner la pénitence dans une extrémité, & que celui-ci n'en demande point de ceux qui étoient déja en pénitence, pour leur accorder la réconciliation; la raifon de cette différence fe tire de la différence de leur état; le premier peut être un apoftat, & un homme qui ne fe foucie ni de l'églife ni des facremens; les autres par l'acceptation de la pénitence, ont donné des marques évidentes des defirs qu'ils ont d'être réconciliés; & comme on n'accordoit jamais le baptême à un infidele, s'il n'eût manifefté un defir fincere, & qu'on l'accordoit à un catéchumene, quoiqu'il n'eut donné aucun figne de le vouloir, on diftinguoit de même à l'égard de la réconciliation entre les pécheurs non encore pénitens & ceux qui étoient déja admis à la pénitence.

Cette pratique de l'églife ancienne, ne fe concilie gueres avec l'opinion des cafuiftes modernes, qui prétendent, qu'il faut refufer l'abfolution aux fideles, qui, dans une extrémité, ne peuvent faire de fignes par lefquels il paroiffe qu'ils la défirent; à moins pourtant que ce ne foit des pécheurs publics & fcandaleux; car un fidele, qui n'eft pas pécheur public, mérite bien autant d'égards, qu'en méritoit autrefois un pénitent.

Ce qui a fait adopter à nos cafuiftes cette opinion, c'eft qu'ayant vu plufieurs canons qui défendent de donner l'abfolution aux moribonds, s'ils ne donnoient quelques fignes, ils ont cru que cette défenfe devoit être étendue à tous les chrétiens, & non reftrainte aux feuls apoftats & ennemis de l'églife; ce qui eft contraire à l'efprit des anciens canons.

Au refte, il faut encore remarquer fur ce canon & le fuivant, que l'absolution précédoit la satisfaction à l'égard des moribonds, & qu'on observoit pour eux la pratique qui est à présent générale pour tout le monde; l'usage de faire précéder la satisfaction à l'absolution, a duré dans l'église grecque jusqu'à Nectarius, c'est-à-dire, environ 400 ans; il a duré 1200 ans dans l'église latine; dans l'une & dans l'autre autant que la pénitence publique.

Pénitens enfermés pendant le carême.

Du canon quatre-vingt-unieme on infere, qu'il falloit que les pénitens assistassent tous les jours du carême aux *synaxes*, pour recevoir l'imposition des mains; comme ils pouvoient y manquer, on prit l'usage de les enfermer le premier jour de carême, jusqu'au jeudi saint; on enfermoit aussi les catéchumenes qui devoient être baptisés le samedi de pâques, & qu'on appelloit *competentes*. On en usa de même dans la suite, à l'égard des clercs qui avoient mérité la pénitence, afin de leur épargner la honte de la faire publiquement; on eût la même déférence pour les personnes de condition, & enfin la coutume vint de les mettre dans des monasteres.

Messe des Catéchumenes.

Le canon quatre-vingt-quatrieme peut servir à résoudre cette question : à quelle partie de la messe il faut venir pour l'entendre parfaitement? Amalarius, Isidore & Saint Césaire d'Arles, disent, qu'il suffit de venir à l'offertoire, parce que ce qui se dit auparavant est proprement la messe des catéchumenes, dont parle ce canon. Cassien, dans ses institutions, remarque, que c'étoit le diacre qui disoit la messe des catéchumenes, qui ne consistoit qu'en lectures & oraisons. Les Grecs gardent encore cette coutume; à la fin du *credo*, ils congédient les catéchumenes, quoiqu'il n'y en ait pas; comme parmi nous, on dit à la fin de la messe, *ite missa est*, quoiqu'il n'y ait personne.

Les canons quatre-vingt-douzieme & troisieme font voir,

qu'il y avoit deux sortes d'oblations ; les unes se faisoient en particulier, les autres à la messe ; ces canons défendent d'en recevoir de ceux qui entretiennent des inimitiés connues.

L'usage des oblations cessa vers le douzieme siecle ; la multiplication des moines en fut la cause ; les peuples voyant les églises déjà riches, crurent que leurs oblations seroient mieux employées à nourrir les moines.

ARTICLE XIX.
Cinquieme Concile de Carthage.

Ce concile n'ajoute que peu de choses aux remarques que nous avons faites sur les conciles précédens.

Le canon deuxieme est un de ceux sur lesquels le clergé a le plus fondée sa répugnance à se pourvoir pardevant les magistrats séculiers, contre les jugemens ecclésiastiques. Jugemens ecclésiastiques.

Le canon cinquieme exige dans l'évêque une double résidence, l'une dans le diocese, l'autre dans la ville où sa chaire épiscopale est établie, & non dans une maison de campagne. Double résidence.

Le canon sixieme ordonne qu'on baptise les enfans, qui ne se souviendront pas d'avoir reçu le baptême, ou du baptême desquels il n'y aura aucune preuve.

Ceci a donné lieu à une question. Peut-on rebaptiser sous condition ? Le pere Morin dit, que pendant mille ans on n'a point parlé de donner les sacremens sous condition ; Saint Cyprien dit, que ceux qui auront été baptisés par aspersion, & non par immersion, peuvent être rebaptisés, s'ils doutent de leur baptême ; mais il ne parle point de condition. Peut-on rebaptiser sous condition ?

Le pere Morin ajoute, que c'est Alexandre III, qui le premier a établi, l'an 1159, l'usage de la condition, sans prétendre en faire une loi ; étant confulté, fi on devoit baptifer une perfonne, du baptême de laquelle on doutoit, il répondit, qu'il le falloit faire avec cette condition, *fi es baptifatus, non te baptifo* ; il dit ainfi fimplement fon fentiment, fans faire de fa réponfe une conftitution.

On trouve pourtant quelques veftiges de ces conditions vers le huitieme fiecle, & dans les capitulaires de Charlemagne.

Origine des commendes.
On voit dans le canon huitieme l'origine des *commendes* des bénéfices, & quel affreux abus on a fait dans la fuite des temps, d'une coutume honnête dans fon origine. Lorfqu'une églife étoit vacante, on y commettoit une perfonne pour en prendre foin, jufqu'à l'élection d'un évêque ; celui qui étoit commis, devoit promptement procurer une élection, & ne pouvoit pas lui-même être élu ; fi au bout d'un an cette élection n'étoit pas faite, la commende étoit déférée à un autre.

Défenfeurs des pauvres : avoués : vidames.
Par le canon neuvieme le concile arrêta, que l'empereur feroit fupplié d'établir des *défenfeurs* des pauvres.

Ces *défenfeurs* furent d'abord laïques, puis prêtres ; l'évêque de Conftantinople nomma des diacres.

Vers le huitieme fiecle, on leur donna le titre d'*avocats des pauvres* & de *vidames* ; c'étoit alors des laïques & des gens d'épée, qui protégeoient les églifes & les monafteres à main armée.

Pénitence des clercs majeurs diftinguée de celle des clercs mineurs.
Le canon neuvieme diftingue la pénitence des clercs majeurs de celle des clercs mineurs, en ce que les premiers devoient recevoir l'impofition des mains en particulier. Dans les premiers fiecles, les évêques, les prêtres & tous les autres clercs, les vierges & les moines faifoient pénitence publique avec les autres fideles. Saint Léon commença à en féparer

rer les clercs majeurs, tant parce qu'il ne fembloit pas juſte, que ceux qui avoient impofé les mains aux autres, reçuſſent eux mêmes l'impofition, que parce qu'il y avoit du fcandale à les voir réduits au rangs des pénitens. Comme les moines obtinrent de faire auſſi pénitence en particulier, & que cela étoit très-doux, on fit bâtir dans les monafteres des prifons à cet effet.

Caufes des pri-
fons des monafte-
res.

Le canon treizieme fait voir, que la difcipline monachale fut réglée fur la cléricale; comme le clerc ne pouvoit être promû à un ordre fupérieur, ou avoir fonction hors de fon églife, ainfi le moine ne pouvoit être fait abbé, ni avoir emploi, ni demeurer hors du lieu où fon évêque l'avoit établi; l'évêque avoit donc un pouvoir égal fur les moines & fur les clercs.

Autorité des
évêques fur les
moines.

Le canon quatorzieme défend d'ériger des autels, fans reliques de martyrs; c'étoit les feuls faints que l'églife honoroit: il ordonne même d'abbatre les autels où il n'y aura point de reliques de martyrs. On fut bientôt obligé d'accorder des difpenfes pour cet objet; la crédulité du peuple a plus d'une fois forcée la main à l'églife.

ARTICLE XX.

Premier Concile de Tolede.

Ce concile fut aſſemblé à l'occafion de la doctrine des Prifcillianiſtes, qui, à l'exemple des Manichéens, foutenoient le verbe *innafcible*; on renouvella contr'eux les décrets du concile de Nicée, qui enfeigne que le verbe eſt *genitum, non factum*.

Ce concile, qui fait mention d'un autre qui a été tenu dans la Lufitanie, (Portugal,) & qui fe trouve perdu, est d'autant plus remarquable, que c'est lui qui le premier a dit, que le Saint-Esprit procede du Pere & du Fils ; cette procession est devenue un article de foi : la France reçut peu après la même expression ; les papes refuserent d'abord de l'admettre dans le symbole, pour éviter toute innovation, quoiqu'intérieurement ils confessassent la même chose ; Léon III, dans le huitieme siecle, fit faire deux tables d'argent, où il fit graver le symbole, sans y mettre les mots, *qui ex patre filioque procedit*; enfin, dans les conciles de Lyon & de Florence, on s'accorda sur cet article, & les deux églises, alors réunies, reçurent ces mots, qui furent chantées solemnellement par trois fois dans celui de Lyon.

Ce concile renferme quelques dispositions dignes de remarque.

1°. Il n'oblige point les clercs mineurs à la continence.

2°. Il réduit le diacre, qui n'aura pas gardé continence, au sous-diaconat ; le sous-diacre, qui se marie une deuxieme fois, est réduit à l'ordre de lecteur, & au rang des Laïques, s'il contracte un troisieme mariage.

3°. Il défend aux vierges consacrées à Dieu, d'avoir familiarité avec leurs *confesseurs*. Ce mot doit s'entendre ici de leurs *sacristains* ou *chapelains*; les chapelles des reliques des Martyrs étoient alors appellées *confessiones*; & on nommoit *confesseurs* ceux qui les desservoient.

Il faut ici observer, que les vierges n'étoient pas alors encore renfermées ; elles demeuroient dans leurs maisons ; ou s'il y avoit des monasteres pour elles, ils étoient sans clôture, puisqu'elles alloient aux églises, entendre la messe & l'office, comme il paroît par l'épître 109 de Saint Augustin.

La clôture n'a commencée que depuis environ cinq siecles ;

Boniface IV y travailla le premier; on eut peine à y réduire les religieuses, principalement les Bénédictines; une vierge ou une veuve, pouvoit avoir une chapelle ou oratoire dans sa maison, & un sacristain pour en avoir soin; mais non-seulement on ne pouvoit pas y dire la messe, mais il étoit encore défendu d'y psalmodier. *Clôture des monasteres de filles.*

3°. Il rappelle l'ancienne coutume du *lucernarium*; c'étoit une cérémonie qui se faisoit tous les jours le soir avant vêpres, & consistoit à tirer du feu de deux cailloux, dont on allumoit les cierges ou les lampes; on disoit ensuite quelques pseaumes pour remercier Dieu de la nouvelle lumiere qu'il avoit envoyée, en la personne de Jésus-Christ; Saint Jérôme, marquant toutes les heures de la priere, dit, *horâ nonâ lucernarium facimus;* le rituel de l'église *Mosarabique*, qui est la même que celle d'Espagne, mais sujette aux Arabes, porte qu'avant vêpres on disoit, *Kyrie eleyson*, & après, *lumen Christi*, & enfin, *Deo gratias*, ensuite les vêpres, qui étoient le dernier office; les complies n'ayant été instituées que long-temps après. *Cérémonie du lucernarium.*

Prudence, dans son *office quotidien à Dieu*, dit: « quoi-
» que vous ayez rempli le monde de lumiere, cependant
» vous nous avez enseigné à tirer la lumiere d'un caillou,
» qui représente Jésus-Christ ».

Il nous est resté un vestige de cette cérémonie le samedi saint.

4°. Il interdit la profession des armes aux clercs majeurs.

5°. Il fait connoître, qu'il y avoit alors une sorte de *concubines*, que l'église toléroit. Saint Augustin exige trois conditions, pour rendre un concubinage honnête; la premiere, que ce soit un commerce entre deux personnes libres; la seconde, qu'elles se promettent une foi mutuelle; la troifieme, qu'elles ne fe féparent qu'à la mort; c'étoit un véritable mariage, auquel il ne manquoit que la folemnité.

ARTICLE XXI.

Conciles Diafpolitain & Milevitain.

Ces conciles condamnent tous deux la doctrine de Pélage; cet hérétique évita l'anathême par une abjuration frauduleufe; cependant Saint Jérôme appelle ce concile *miferabile fynodum*, parce que le retour de Pélage n'étoit que fimulé.

Il paroît des canons de ce concile, que la doctrine de Pélage confiftoit en trois principaux points.

1°. Il diftinguoit la vie éternelle, & le royaume des cieux, prétendant que les enfans qui mouroient fans baptême auront la vie éternelle, & les juftes feuls le royaume des cieux.

Sur ce point, le concile décide qu'ils n'auront ni l'un ni l'autre, d'où il femble que ceux qui mettent les enfans, morts fans baptême, dans les limbes, font Pélagiens.

2°. Pélage difoit, que la grace n'étoit pas néceffaire pour l'action; mais donnoit feulement le pouvoir.

Le concile, condamnant cette opinion, femble condamner la doctrine de Molina, qui eft la même.

3°. Pélage vouloit, que les bonnes actions dépendiffent feulement du libre arbitre, & non de la grace, parce qu'elle ôtoit la liberté à la volonté.

Le concile condamne encore cette doctrine; or, Pélage ne pouvoit pas dire de la grace *molinienne*, qu'elle ôta la liberté, il n'a donc pu parler que de la grace efficace, dont Saint Auguftin a fait le fondement de fa Doctrine, foutenant que c'eft elle qui fait la liberté parfaite; d'où l'on peut conclure, que la doctrine de Saint Auguftin fur la grace a été celle de l'église. Auſſi, rien de ſi magnifique que les termes dans leſquels le pape Innocent I. releve dans ſa vingt-ſixieme lettre, la maniere dont Saint Auguſtin a traité toute cette matiere.

Le canon ſeizieme du concile Milevitain eſt remarquable, en ce qu'il ſtatue qu'on demandera à l'empereur, même pouvoir & autorité pour les *défenſeurs des égliſes*, (qui ſont ici qualifiés de *ſacerdotes provinciæ*,) que ceux dont jouiſſoient les *défenſeurs du peuple*; enſorte que les *avoués* ou *vidames* des égliſes paroiſſent avoir été inſtitués à l'exemple des *avoués*, c'eſt-à-dire, des anciens *défenſeurs* des villes. Défenſeurs des égliſes à l'inſtar de ceux des villes.

Le canon dix-ſeptieme du même concile mérite auſſi une attention particuliere, en ce qu'il ordonne, qu'on ſollicitera de l'empereur une loi, qui défende aux hommes & aux femmes ſéparés de ſe marier à d'autres; juſques-là, la loi civile autoriſoit ces ſortes de mariages; ceci prouve que l'égliſe reconnoiſſoit dans le prince le pouvoir d'établir des empêchemens dirimans du mariage; il n'y eut aucune loi impériale à cet égard juſqu'à Juſtinien, qui au commencement du ſixieme ſiecle défendit par ſa novelle 117, ſous des peines très-ſévères, aux conjoints ſéparés, ſoit par le *divorce*, ſoit par la *répudiation*, de ſe marier à d'autres. Pouvoir du prince ſur les mariages.

Le canon vingt-deuxieme défend à tous clercs, au-deſſous de l'évêque, d'appeller au pape; mais ce point ne fut ſolidement réglé qu'au ſixieme concile de Carthage, dont il va être queſtion.

Le canon vingt-quatrieme permet aux filles, pour des raiſons preſſantes & extraordinaires, de prendre le voile à vingt-cinq ans.

ARTICLE XXII.

Concile sixieme de Carthage.

Ce concile célébre de toutes les provinces d'Afrique, a été assemblé au sujet de l'appel que le prêtre Appiarius avoit interjetté au siege de Rome, d'une sentence de déposition prononcée contre lui par Urbain, son évêque.

Appel au pape. Le pape de Rome y envoya ses légats, prétendant les appellations non-seulement des évêques, mais de tous les clercs, fondé sur un prétendu canon du concile de Nicée, que les évêques d'Afrique ne trouvant point, ils envoyerent des légats dans tout l'Orient, à Constantinople, Alexandrie & Antioche, pour avoir les véritables canons de Nicée.

Dans cet intervalle, les deux papes Zozime & Boniface moururent, & l'affaire ne fut terminée que sous Célestin I; on reconnut que le canon cité, comme du concile de Nicée, étoit de celui de Sardique, & qu'encore en vertu de la disposition de ce dernier concile, les appellations des clercs inférieurs ne pouvoient être prétendues par le pape sur un fondement légitime; cependant la déférence qu'eurent les peres du concile pour le pape, pendant la contestation, est très-remarquable; ils lui accorderent la provision, & pendant que leurs légats cherchoient les canons de Nicée, ils rétablirent Appiarius, qui retomba dans les liens de son premier jugement, après que la chose eut été éclaircie.

En sorte qu'il demeura pour constant, qu'il étoit prescrit aux clercs inférieurs de n'appeller du jugement de leur évêque qu'au concile provincial, & de-là au concile national.

La lettre de ce concile au pape est remarquable; les peres se plaignent, de ce que Faustinus, legat *à latere*, est venu pour rétablir le prêtre Appiarius avec violence; & prient le pape de n'être plus si facile à recevoir les appels.

Il est certain que les appels, même des évêques, parurent d'abord fort nouveaux & fort rudes à l'église d'Afrique, parce que le concile de Nicée n'en parle point, ordonnant au contraire, que le clerc, (sans faire de distinction entre les majeurs & les mineurs,) qui aura été excommunié en un lieu, sera par-tout tenu pour tel; & parce que le concile de Sardique, sur lequel on prétend fonder les appels, étoit inconnu en Afrique; ce qui se prouve, parce que les Donatistes ayant objecté à Saint Augustin le faux concile de Sardique, il fut embarrassé; le pape Jules & Saint Athanase y ayant été condamnés.

Ce qui choquoit encore davantage l'église d'Afrique, c'étoit l'envoi des légats *à latere*, chose nouvelle, dont aucun concile n'avoit fait mention.

Cependant il paroît par la lettre deux cents soixante-unieme de Saint Augustin, qu'on n'étoit pas tant en différent sur le droit en lui-même, que sur la maniere de l'exercer; Antoine, évêque de Fusfale, ayant appellé de sa déposition au pape Celestin I, & étant allé à Rome, il se vanta dans les lettres qu'il écrivit en Afrique, que le pape le rétabliroit par force dans son siege; Saint Augustin pria le pape de ne pas en agir de la sorte, déclarant qu'il étoit prêt de quitter plutôt son évêché, que de souffrir cette violence; *ne finas hoc fieri, obsecro te, per Christi sanguinem, per apostoli Petri memoriam, qui christianorum præpositos populorum monuit, ne violenter dominentur inter fratres.*

Il paroît donc par toute cette affaire, que quoique les évêques d'Afrique eussent une grande déférence pour le siege de Rome, ils croyoient qu'un concile général, tel que celui de Nicée, étoit supérieur au pape ; que lui-même devoit être soumis aux canons, & qu'il ne pouvoit les violer, ni en dispenser les autres.

ARTICLE XXIII.

Concile général d'Ephese.

Les canons de discipline de ce concile, sont ceux des conciles précédens, auxquels nous renvoyons.

Le premier & le quatrieme montrent la conformité de l'hérésie de Pélage avec celle de Nestorius ; car comme Pélage croyoit, que l'homme pouvoit, par les forces de son libre arbitre, faire le bien, & mériter la grace ; Nestorius disoit la même chose en d'autres termes, enseignant, que Jésus-Christ avoit mérité par ses œuvres son union à la divinité.

ARTICLE XXIV.

Concile de Riez.

Ce concile fut assemblé par Hilaire, évêque d'Arles, sur ce qu'Armentarius avoit été sacré évêque d'Embrun, seulement par deux évêques, sans le consentement des évêques comprovinciaux, & sans la permission de l'évêque d'Arles, son métropolitain.

L'évêque d'Embrun prétendoit n'avoir pas besoin de cette permission, soutenant être lui-même métropolitain, attendu que la partie des Gaules qu'on nommoit *Alpes maritimes*, & qui formoit la province d'Embrum, avoit cette ville pour *métropole civile* ; d'où il concluoit, que la *métropole ecclésiastique* étoit attachée au premier titre ; de plus, le pape Hilaire,

Hilaire, dans une de ses lettres, avoit nommée Embrun métropole.

D'un autre côté, le pape Zozime avoit autorisé l'évêque d'Arles à envahir tous les droits des métropolitains de Vienne & d'Embrun; peu de temps après, le pape Léon cassa & révoqua tout ce que Zozime avoit accordé à l'évêque d'Arles, au préjudice des deux autres, qu'il rétablit dans leurs anciens droits.

En sorte que l'on peut dire, que ce concile n'a pas été exempt de brigue, & ne peut être cité, que pour l'intelligence de quelques points historiques.

Il ordonne qu'Armentarius sera traité, comme le concile de Nicée a traité les Novatiens ; c'est-à-dire, de *schismatique* & non d'*hérétique*; en conséquence, il le mit au rang de *cor-évêque*.

Ce nouveau cor-évêque pouvoit choisir telle province qu'il vouloit, pour y demeurer, pourvu que ce ne fût point celle d'Embrun; il ne pouvoit avoir, dans la province où il s'établiroit, qu'une paroisse à gouverner, & faute par lui d'en gouverner une, il devoit avoir la *communion étrangere*.

Il est difficile d'expliquer ce que c'étoit que cette *communion étrangere*. On entendoit ordinairement par *communion péregrine*, celle qu'on accordoit aux étrangers qui n'avoient point de lettres formées, & qui ne consistoit que dans l'hospitalité qu'on leur accordoit, & non dans la participation aux sacremens; on ne peut pas dire qu'Armentarius ne dût avoir qu'une communion de cette sorte, parce qu'il n'auroit pu exercer tout ce que le concile lui accorde; il y a apparence que par cette *communion péregrine*, il faut entendre une pension annuelle pour sa subsistance.

Au reste, on lui défendoit d'offrir le sacrifice dans les villes, à moins que ce ne fut en l'absence de l'évêque; de

Tome I.   X x x

<small>Cor-évêques</small>

conférer les ordres, même mineurs; cependant on lui permet de confirmer les Néophites, & d'offrir le sacrifice devant les prêtres; d'où l'on conclut, que le *cor-évêque* étoit supérieur au prêtre: enfin, on lui défend de prendre la charge d'une nouvelle église, sans avoir quitté la premiere, n'y ayant que l'évêque qui puisse régir plusieurs églises.

ARTICLE XXV.

Premier Concile d'Orange.

Le Canon deuxieme de ce concile est très-remarquable, par rapport au sens différent que lui ont donné le pere Sirmond & Pierre Aurelien.

Sirmond a retranché de la phrase *placuit semel in baptismate chrismare*, les mots *in baptismate*, & a ajouté une négation à la fin, *ut non necessaria habeatur repetita chrismatio*: Marc-Antoine de Dominis, évêque de Spalatro, a cité ce canon suivant l'édition du pere Sirmond.

Pierre Aurelien rapporte, au contraire, ce même canon suivant toutes les éditions vulgaires, avec les mots *in baptismate*, & sans la négation; il a pour lui tous les anciens compilateurs.

Selon le pere Sirmond, le sens du canon est, qu'aucun de ceux qui ont soin de baptiser, (c'est-à-dire, le prêtre & le diacre,) ne doit être sans chrême, parce que le chrême se doit appliquer une fois; que si cela a été omis, on en doit avertir l'évêque, lorsqu'il voudra confirmer celui qui, ayant été baptisé, n'a point été chrêmé; car la chrismation est nécessaire une fois; mais ayant été faite, il n'est pas nécessaire qu'elle soit réitérée, sans pourtant qu'on prétende préjudicier aux coutumes des autres lieux.

De cette explication, se suivent trois ou quatre conséquences fâcheuses. 1°. Qu'il n'y a qu'une chrismation, qui peut être donnée indifféremment par l'évêque ou par le prêtre; que s'il y en a deux, elles sont égales, en sorte que celle de l'évêque ne prévaut pas sur celle du prêtre. 2°. Que la confirmation seroit coupée en deux parties, la chrismation, qui appartiendroit au prêtre, & l'imposition des mains, qui appartiendroit à l'évêque. 3°. Que le pouvoir ordinaire de confirmer seroit attribué au prêtre, au moins partiellement.

Selon Pierre Aurelien, le sens du canon est, que celui qui baptise doit donner le chrême, parce qu'il faut chrêmer au baptême; que si cela a été omis, il faut en avertir l'évêque, lorsqu'il voudra donner la confirmation, afin qu'il renvoie celui qui doit être confirmé, au prêtre, pour recevoir la chrismation verticale, qui avoit été omise au baptême; ou bien que sans s'y arrêter, il le confirme selon qu'il le trouvera bon; mais en cas qu'il veuille qu'il reçoive la chrismation verticale & cérémoniale, ce doit être sans préjudice de la frontale & sacramentale, laquelle est nécessaire pour le sacrement de confirmation, & à laquelle la première ne peut préjudicier.

Suivant cette explication, il faut distinguer deux sortes de chrismations; la *verticale* & la *frontale*: il faut aussi distinguer deux parties dans ce canon; dans l'une, il s'agit de la chrismation verticale, qui doit se donner au baptême, & dont le prêtre est le ministre ordinaire; dans l'autre, il est question de la frontale, qui fait le sacrement de la confirmation, & qui est réservée à l'évêque, ce qui lève tous les inconvéniens qui se trouvent dans l'interprétation donnée par le père Sirmond.

On objecte à Aurelien, qu'il semble exclure le prêtre du ministere de la confirmation, même extraordinairement; si cette objection étoit fondée, il auroit peine à défendre son sentiment; car il y a grand nombre de canons, qui déposeroient contre lui; mais il a fort bien répondu à l'exemple dont on se sert ordinairement, du pape Saint Grégoire qui avoit permis aux prêtres de Cagliari en Sardaigne de confirmer, en disant que ce pontife ne leur avoit pas permis la chrismation sacramentale & épiscopale, mais seulement la cérémoniale & presbytérale; que ces prêtres n'en avoient pas prétendu d'autre que cette derniere, laquelle le pape Sylvestre avoit instituée, pour être jointe au baptême; mais que par une vieille erreur, ces prêtres la donnant au front, au lieu de la donner au sommet de la tête, le pape avoit voulu les en corriger, & que n'ayant pu y parvenir, il avoit enfin usé de tolérance à leur égard; si bien qu'on ne peut inférer de-là invinciblement que Pierre Aurelien ait cru, que le prêtre ne put confirmer extraordinairement.

M. de Marca a donné un troisieme sens à ce canon; il suit Sirmond pour le texte, mais il se conforme à Aurelien pour le sens, en y ajoutant toutes fois quelque chose du sien. Il veut qu'il y ait deux chrismations fort différentes, la *verticale* & la *frontale*; que de celle-ci le prêtre ne puisse être le ministre ordinaire; mais il ajoute qu'il n'est question dans ce canon que de la verticale; en sorte que le sens est, qu'on doit donner le chrême au baptême, & que si on y manque, on en doit avertir l'évêque, lequel peut le faire donner à celui qui doit être confirmé, ou bien omettre cette cérémonie, parce qu'elle n'est pas nécessaire. Cette interprétation est fort naturelle & très-probable.

Il y en a une quatrieme du pere Morin, qui suit aussi

le texte du pere Sirmond, mais qui veut, que le deſſein des peres du concile ait été, de rejetter la chriſmation verticale, inſtituée par le pape Sylveſtre, ou pour le moins de déclarer, qu'elle n'eſt pas néceſſaire, & qu'il n'y en a qu'une qui la ſoit, ſçavoir, la frontale: mais ce qui paroît étrange dans ſon opinion, c'eſt qu'il veut, que le prêtre & même le diacre ſoient non-ſeulement miniſtres de cette chriſmation, mais qu'ils le ſoient toujours, & le doivent être néceſſairement, ſe fondant ſur ces mots, *ſine chriſmate nuſquàm progredi debere*; car puiſqu'il ne doit jamais être ſans chrême, & que le pere Morin ne reconnoît que la chriſmation frontale, il s'enſuit que le prêtre ſoit tenu d'en uſer en tout temps, & en tous lieux, c'eſt-à-dire, qu'il en ſoit le miniſtre ordinaire. Ce ſens n'eſt pas bien reçu, & eſt très-hazardé.

Le canon troiſieme décide, qu'il faut donner aux pénitens, en danger de mort, l'impoſition des mains, ſans réconciliation parfaite; c'eſt-à-dire, l'abſolution ſans la communion euchariſtique; ceci explique peut-être, pourquoi on n'a jamais donné l'euchariſtie aux condamnés à mort, qui ſont les pénitens publics modernes. *Abſolution ſans communion.*

Sur quoi il faut obſerver, qu'il y avoit, à l'égard des pénitens, deux ſortes d'impoſitions de main; l'une à la fin de la *ſubſtraction*, après laquelle on entroit dans la *conſiſtence*; l'autre à la fin de la conſiſtence, après laquelle on étoit reçu à la communion; & c'eſt cette derniere qu'on appelloit *impoſition des mains réconciliatoire*: cette réitération d'abſolution ne doit pas ſembler étrange; parce que les formes anciennes étoient preſque toutes *déprécatoires*, au lieu qu'aujourd'hui elles ſont devenues, ou *impératives* ou *indicatives*.

Le canon cinquieme confirme le droit d'aſyle aux égliſes. *Droit d'aſyle.*

Le canon sixieme assure aux évêques le droit d'affranchir les serfs, droit dans lequel les empereurs les ont confirmés.

Les évêques ont le droit d'affranchir.

Le canon septieme indiqué qu'on distinguoit trois sortes de serfs; les serfs domestiques, les affranchis, & les serfs des champs ou colons.

Trois sortes de serfs.

Le canon dixieme renferme un vestige de la fondation des bénéfices. Il y en a de plus exprès sous le pape Symmaque, mais l'établissement ne s'en fit proprement que vers l'an 1200, que le bien d'église commença à être divisé; & ce fut aussi l'origine du nouveau droit ecclésiastique; la division & le partage du bien donnant lieu aux procès, il falloit de nouveaux reglemens, qui forment la meilleure partie de ce droit moderne, à la faveur duquel la puissances des papes s'accrut au point où nous la voyons.

Vestige de la fondation des bénéfices.

Le canon dix-septieme veut, qu'en donnant la communion eucharistique, on mêle ensemble les deux espéces du pain & du vin.

Communion sous les deux especes.

Les deux églises ont varié dans cette pratique; les Grecs ont donné les deux espèces séparées jusqu'après le septieme siecle, comme dit Saint Jean Damascene; il ajoute que les fideles, après avoir bu dans le calice, prenoient avec leurs doigts ce qui en restoit sur leurs lèvres, & s'en frottoient les sens; depuis on a pris la coutume, qu'on garde encore dans l'église Grecque, de donner le pain & le vin mêlé dans un calice.

De fid. Orthod. c. 4.

Dans l'église latine, ce mélange est défendu depuis six siecles; dès l'an 1000, le pape Urbain défendit, dans le concile de Clermont, de mêler les deux espéces, si ce n'est pour les malades qui ne pouvoient pas prendre une espéce sans l'autre; il paroît par-là, que les fideles ont communié très-long-temps dans l'églife latine fous les deux efpeces ; il y a apparence que la coutume de ne recevoir qu'une efpece, eft venue de Jérufalem, où, à caufe de la multitude de Pélerins qui y venoient de toutes parts, & des inconvéniens qui pouvoient arriver, en donnant le calice à tout le monde, on ne donnoit la communion que fous l'efpece du pain; car la croifade ayant été prêchée particulierement dans le concile de Clermont par le pape Urbain, grand nombre de gens allerent à Jérufalem, d'où ils rapporterent plufieurs coutumes, qui s'obfervoient dans cette églife, & entr'autres celle de la communion fous une efpece : Saint Thomas l'approuve, quoiqu'il dife, qu'elle ne fe gardoit pas encore de fon temps par-tout : le concile de Conftance l'a folidement établie.

Le canon dix-neuvieme indique la raifon pour laquelle on voit encore aujourd'hui, dans la plupart des églifes d'Italie, les baptiftaires écartés des églifes; c'eft qu'anciennement, on n'y laiffoit pas entrer les catéchumenes, afin qu'ils ne fçuffent pas ce qui s'y paffoit, & de redoubler en eux l'ardeur, en excitant leur curiofité. *Baptiftaires écartés des églifes.*

Le canon vingt-deuxieme défend d'élever les gens mariés au diaconat, s'ils ne promettent de garder la continence. *Continence pour les diacres.*

Le canon vingt-feptieme marque la différence, qu'il y avoit entre le vœu de viduité & celui de virginité ; les veuves ne recevoient le voile que du prêtre, après qu'il l'avoit béni & mis fur l'autel, où elles alloient le prendre elles-mêmes; les vierges le recevoient de la main même de l'évêque, qui le béniffoit & le leur impofoit fur la tête. *Différence entre le vœu de viduité & celui de virginité.*

Le canon vingt-huitieme fait voir, qu'on mettoit à la pénitence les vierges qui violoient le vœu de chafteté, & on dépofoit les clercs majeurs, pour le même fait ; la dépo- *Peine contre la violation du vœu de chafteté.*

sition étant une peine aussi grande pour les clercs, que la pénitence publique pour les vierges.

Conciles provinciaux.

Le canon vingt-neuvieme ordonne, qu'on tiendra deux fois l'an des conciles provinciaux, & que chacun assignera le lieu & le jour de l'assemblée du suivant.

Evêques suffragans justifiés.

Le canon trentieme qui veut qu'un évêque malade en fasse venir un autre, pour faire ses fonctions, sert de fondement à l'établissement des suffragans, que les évêques incommodés demandent au pape; mais il n'excuse pas ceux qui se portent bien.

ARTICLE XXVI.

Concile de Vaison.

Nous n'avons que deux remarques à faire sur ce concile.

La premiere concerne les oblations pour les morts, & les legs pieux; le canon quatrieme traite de sacrileges, ceux qui ne délivrent point à l'église, ce que les défunts ont laissé pour elle; mais il faut observer que l'église justifioit cette réclamation par le saint usage qu'elle faisoit de ces sortes d'oblations, qui n'étoient consacrées qu'à la sustentation des pauvres, *quia pauperes necessariâ sustentatione fraudantur*; ce canon pouvoit donc appeller homicides, *necatores*, ceux qui en retenant le patrimoine des pauvres, étoient cause qu'ils mouroient de faim.

Legs faits à l'église.

Oblations aux messes des morts.

Quant aux messes qu'on disoit pour les morts, on ne laissoit pas d'y recevoir les oblations de tous les fideles qui y assistoient, & de prier pour eux; car on faisoit mémoire au *memento*, de tous ceux qui alloient à l'offrande, & de ceux-là seulement. Ainsi une même messe servoit aux vivans &

& aux morts; on ne croyoit pas que les uns préjudiciassent aux autres.

Mais il seroit infiniment injuste d'abuser de cet ancien usage, pour favoriser l'avarice des prêtres modernes, qui, en recevant de l'argent de plusieurs personnes pour plusieurs messes, n'en disent qu'une pour toutes; dans les premiers siecles il n'y avoit nul inconvénient, parce que les offrandes étant alors communes, le prêtre n'en avoit que sa part, le reste se distribuoit parmi les autres clercs.

La seconde remarque que nous avons à faire, concerne le canon sixieme, où l'on cite une épître du pape Saint Clément, qui est aussi fausse, que le sont les *recognitions* attribuées au même pontife. Cette épître est visiblement supposée; 1°. parce que Saint Clément y entretient Saint Jacques, évêque de Jérusalem, à qui il écrit, de la mort & du martyre de Saint Pierre; & cependant Saint Pierre ne fut martyrisé que cinq ou six ans après Saint Jacques; 2°. il semble que Saint Clément se fasse successeur immédiat de Saint Pierre, sans parler de Linus, ni de Cletus; 3°. l'église Orientale est fort exaltée dans cette épître, au préjudice de celle d'Occident; langage qu'on ne peut gueres supposer dans un évêque de Rome; 4°. en examinant cette lettre on y reconnoît deux parties, dont l'une a été visiblement fabriquée par l'auteur du livre fabuleux des *recognitions*, vers le deuxieme siecle; l'autre a été ajoutée au canon depuis la tenue de ce concile; c'est une des fausses décrétales d'Isidore le Marchand.

ARTICLE XXVII.
Concile général de Calcedoine.

Le premier canon de ce concile prouve, qu'il y avoit déjà

alors une compilation de canons de plusieurs conciles; c'étoit comme le droit canon de l'église Orientale.

Les canons de Nicée & de Constantinople, revêtus de l'autorité de deux conciles généraux, étoient reçus par-tout; les autres, comme ceux de Laodicée, Gangres, Néocesarée, Antioche, n'étoient reçus que dans les provinces où ils avoient été faits; c'est pourquoi Saint Chrysostôme rejetta un canon d'Antioche, dont on se servoit contre lui; la confirmation que ce concile en fit, leur donna une autorité universelle; toutes les églises d'Occident les reçurent, & y ajouterent les canons faits dans leurs provinces, ce qui fit appeler cette compilation, *codex universæ ecclesiæ*, que Justel a fait imprimer.

<small>Toute simonie interdite.</small> Le canon deuxieme interdit toute simonie, même pour les charges & offices ecclésiastiques.

Le mot *ordinaverit* indique les ordres majeurs, qui se conféroient par l'imposition des mains; c'étoit l'ordre de l'évêque, du cor-évêque, du prêtre & du diacre.

Le mot *promoverit* marque les charges & offices; c'étoit ceux de l'œconome, du défenseur, & du mensionnaire.

Le cor-épiscopat étant nommé immédiatement après l'épiscopat, & devant le sacerdoce, il s'ensuit que ce n'étoit pas une simple commission ou office, tels que sont ceux des doyens ruraux & des grands vicaires, comme pense M. de Marca; & il est certain, qu'un prêtre étant fait cor-évêque, recevoit une nouvelle imposition des mains. L'évêque étoit ordonné par trois évêques, le cor-évêque par deux, & le prêtre par un; d'où il suit encore que le cor-évêque étoit supérieur au prêtre dans l'ordre hiérarchique.

L'œconome est désigné par le mot *dispensator*: l'évêque étoit le maître du bien de son église; mais comme sa premiere fonction étoit de prier, étudier, prêcher & répondre aux consultations de son diocese, il avoit un œconome pour le soin du temporel; c'étoient, au commencement, des prêtres, puis des diacres. Celui qui étoit préposé aux fermes des campagnes, s'appelloit *mansionarius*, à cause de l'hospitalité qu'il devoit exercer envers les passans; car *mansio* signifie *hôtellerie*.

Il faut observer que les moines sont ici représentés comme formant un corps mitoyen entre les clercs & les laïques.

Le canon troisieme interdit aux clercs tout emploi séculier. Les derniers mots *ecclesiasticis increpationibus subjacebit*, montrent, que dès le temps de ce concile il n'étoit plus question dans l'église Orientale des *stations* de la pénitence, dont Nestorius avoit ôté la publicité, & les divers degrés; abolissant les impositions des mains dans les synaxes, ainsi que l'obligation des particuliers à s'accuser les uns les autres, & à se déférer soi-même à l'évêque; par conséquent il n'étoit plus question non plus des surveillans des pénitens.

Emplois séculiers interdits aux clercs : publicité de la pénitence abolie en Orient.

L'orgueil des moines, qui avoient contribué à la réfutation de la doctrine de Nestorius, donna lieu au canon quatrieme; Eutychés, un de leurs principaux abbés, étant lui-même tombé dans des erreurs aussi considérables, que celles qu'ils avoient combattues dans Nestorius. Les moines ayant voulu s'élever contre les évêques, forcerent le concile a subordonner à ceux-ci le monachisme, quant au temporel & quant au spirituel. " Le moine, dit-il, ne doit aimer que
» la retraite, *quietem diligere*; ne doit vaquer qu'au jeûne
» & à la priere, *intentos esse tantum modò jejunio & orationi*;
» doit demeurer dans le lieu où il a renoncé au siecle, *in*
» *locis, in quibus renuntiaverunt sæculo permanentes*; les fonc-
» tions ecclésiastiques & les séculieres ne sont point de son

Orgueil des moines.

» ressort, *nec ecclesiasticis nec sæcularibus negotiis commu-* » *nicent* ». Que nos moines rapprochent leur genre de vie, de l'esprit de leur institution primitive! ils répondront peut-être, que tout le clergé prenne le miroir des premiers siècles! Mais cela ne justifie ni les uns ni les autres; de pareilles récriminations ne sont faites que pour réveiller d'avantage l'attention de ceux qui gouvernent les sociétés.

<small>Défense d'ordonner des clercs vagues.</small> Le canon sixieme défend d'ordonner des clercs vagues, sans les attacher à quelque lieu, emploi, paroisse, chapelle ou monastere; car souvent les évêques préposoient des clercs, même mineurs, au gouvernement des monasteres.

Quelques-uns ont fondé sur ce canon l'origine des ordinations *sub titulo patrimonii*, changeant le mot grec χωρις ou *pagi*, en γηδις ou *possessionis*; mais s'il est certain que ces ordinations n'ont commencé que du temps d'Alexandre III, ou tout au plutôt, entre Urbain II & Alexandre III, c'est-à-dire, au commencement du douzieme siecle.

<small>Juges compétens des clercs.</small> Le canon neuvieme donne aux clercs l'alternative de plaider devant leur évêque, ou de convenir de juges par le conseil de leur évêque; ces juges, suivant Balsamon, ne pouvoient être que des ecclésiastiques : Zonare dit, qu'on pouvoit aussi choisir des laïques. Ceux des clercs qui avoient quelque démêlé avec leur évêque, devoient se pourvoir au concile provincial; si un clerc ou un évêque avoit un différent avec son métropolitain, ce n'étoit plus au concile provincial qu'il devoit s'adresser; non que le métropolitain ne fut lui-même justiciable du concile provincial, mais comme il y présidoit ordinairement, on donnoit un autre tribunal, où il avoit moins d'influence, & où on lui supposoit moins d'autorité; ce tribunal étoit ou le concile diocésain, présidé par l'exarque ou primat, ou l'évêque de Constantinople,

pour tout l'Orient; on donna même à cet évêque la prévention sur tous les primats d'Orient; en sorte que les trois petits patriarches de Céfarée, d'Ephese & d'Héraclée furent soumis à celui de Constantinople; on peut dire, que ce canon déroge au concile de Sardique, qui accordoit les appels au pape, de tous les métropolitains & primats de l'église, puisqu'il retranche, pour ainsi dire, tout l'Orient de la jurisdiction du pape, pour le soumettre à l'évêque de Constantinople. Aussi l'autorité de ce patriarche alla depuis toujours en augmentant, à quoi le séjour de la cour impériale contribua beaucoup. Il est très-remarquable que ce canon, si avantageux à l'évêque de Constantinople, a été reçu & confirmé par le même pape, qui fit tant de bruit contre le vingt-huitieme; il a été mis dans toutes les compilations des canons reçus dans l'église latine, entr'autres dans celle de Denis le Petit.

Le canon dixieme défend trois choses bien considérables; 1°. D'avoir place dans deux églises, & d'être à deux emplois & fonctions ecclésiastiques à la fois; ce qui condamne nettement la pluralité des bénéfices. 2°. De quitter l'église où l'on a été ordonné, pour passer à une autre, par intérêt ou par ambition; ce qui condamne la permutation des bénéfices, lorsqu'elle est faite sans avantage pour l'église. 3°. De retenir une pension sur l'église, qu'on quitte d'ailleurs par les voyes canoniques.

Pluralité des bénéfices, permutations, pensions sur les églises, sévérement défendues.

Qu'on fasse attention, que c'est un concile général, composé de six cents trente évêques, qui a fait ce reglement, sous des peines très-sévères contre les infracteurs.

Les canons douzieme & dix-septieme ont entr'eux une certaine relation; le douzieme s'oppose à l'ambition des évêques qui rechercheroient le titre & la jurisdiction de métropolitain, au préjudice de l'ancien ordre des provinces;

Nouvelle érection de métropoles.

le dix-septieme ne s'oppose point à ce que l'empereur érige de nouvelles métropoles, comme fit Justinien, qui ayant fait bâtir dans la Bulgarie la ville Justinienne, la fit métropole, avec titre de primatie.

Dans la suite Alexis Comnene, empereur Grec, dans le douzieme siecle, ayant voulu créer plusieurs évêchés & métropoles, on essaya de l'en détourner, parce que, disoit-on, c'étoit renverser l'ancien ordre des provinces ecclésiastiques; on lui représenta le canon douzieme de ce concile & l'exemple de l'empereur Marcien, qui ayant divisé la Phénicie en deux capitales, déclara qu'il n'entendoit pas préjudicier à l'ancien ordre des provinces ecclésiastiques; mais Alexis, loin de se rendre, opposa au canon douzieme le dix-septieme du même concile, & les interpréta tous deux en sa faveur; il dit que le douzieme ne défendoit pas à l'empereur d'ériger des villes épiscopales ou métropoles, mais seulement aux évêques de les briguer; & que quant au dix-septieme, il permettoit formellement à l'empereur d'en fonder de nouvelles.

Mariage entre personnes d'un culte différent. Le canon quatorzieme est fort remarquable, en ce qu'il défend bien le mariage entre personnes d'un culte différent; mais il ne casse pas celui qui a été une fois contracté.

L'église a usé pendant fort long-temps d'une grande circonspection sur le fait des mariages; elle en a défendu plusieurs, sans en casser aucun; elle craignoit de choquer l'autorité des loix civiles; elle se contentoit de mettre à la pénitence ceux qui ne se conformoient pas à ses reglemens.

Balsamon a ajouté malicieusement à la fin du canon, où il est défendu à une fille de se marier avec un hérétique, un juif, ou un payen, ces mots, *ou avec un latin*; du temps de Balfamon, les grecs ne doutoient déjà plus de la damnation des latins, ni les latins de celle des grecs.

Le canon dix-neuvieme renouvelle le vœu de toute l'antiquité, au fujet de la tenue des conciles provinciaux, dont on ne fçauroit affez déplorer la décadence & la ceffation; elle eft la caufe de la plupart des fcandales que l'églife & l'état ont vu naître dans leur fein; la police des conciles provinciaux mettoit chaque évêque fous la cenfure de fes confreres; aucun ne s'écartoit de la regle, parce qu'il ne pouvoit échapper aux regards de fes furveillans, qui étoient en même temps fes juges.

C'eft une chofe digne de remarque, que l'autorité des évêques a déchu dans la même proportion que leur exactitude à remplir les devoirs épifcopaux. Dès que l'avarice, l'ambition, & d'autres paffions prévalurent, ils cefferent de fe réunir pour renouveller les reglemens qui les condamnoient; & dès qu'ils cefferent de fe réunir, ils virent un pouvoir exorbitant s'élever & s'accroître fur les ruines du leur; en négligeant la tenue des conciles provinciaux, ils crurent fe mettre en liberté, ils ne firent que fe donner un maître. De-là la grande autorité du droit nouveau des décrétales, qui a donné à l'églife un monarque abfolu, dont il a élevée la puiffance au-deffus de toutes les puiffances, tant fpirituelles que temporelles; qui a rendu les décifions d'un feul, fupérieure à la doctrine des conciles; qui a multiplié les clercs vagues, qui fcandalifent l'églife & l'état par leur luxe & leurs mœurs diffolues; qui a rendu compatibles des chofes incompatibles, en autorifant la pluralité des bénéfices, les permutations ambitieufes, les penfions fimoniaques; qui enfin a légitimé toutes les contraventions à l'ancienne difcipline, au moyen du pouvoir de difpenfer, dont il a mis un exercice arbitraire & illimité dans la main du pape.

Le canon vingt-deuxieme condamne un abus qui s'étoit introduit dans les églifes devenues vacantes. Dès qu'un évêque étoit mort, fon clergé pilloit fa maifon, & fe faififfoit du revenu de l'églife vacante jufqu'à l'élection d'un nouvel évêque. Ce canon profcrit cet ufage & ordonne à l'œconome de chaque églife devenu vacante, d'en féqueftrer les revenus, & d'en rendre compte à l'évêque fucceffeur.

Ce canon fut exactement obfervé pendant plufieurs fiecles; les rois Francs qui peu après ce concile établirent leur empire dans les Gaules, le firent exécuter, ainfi que tous ceux qui font inférés dans le code reçu par l'églife Gallicane: on le voit renouvellé dans les capitulaires de Charlemagne & de Louis le Débonnaire; d'où il faut conclure, que ce que nous appellons *regale*, n'eft pas fi ancien que bien des écrivains l'ont prétendu; ce droit ne paroît avoir pris naiffance que vers le onzieme fiecle. Alors les empereurs d'Allemagne s'emparoient des revenus des églifes vacantes, de la nomination des bénéfices en dépendans, inveftiffant les évêques par la tradition de *la croffe* & de *l'anneau*: les papes s'y oppofoient; la conteftation fut vive: enfin par un accord fait entre l'empereur Henri V, & le pape Calixte II, l'an 1122, il fut dit, que l'empereur donneroit à l'avenir l'inveftiture des évêchés par le *fceptre* feulement; c'eft-à-dire, que durant la vacance des fieges, il pourroit faifir & faire fiens les fruits des fiefs impériaux annexés aux églifes, dont cependant il donneroit main-levée aux évêques nouveaux élus, auffi-tôt après qu'ils lui auroient prêté la foi & hommage. Les rois de France, fe croyant auffi indépendans que les empereurs d'Allemagne, & sur-tout aussi intéressés à conserver la propriété primitive des terres originairement dépendantes de leur couronne, voulurent jouir des mêmes droits; & c'est-là, suivant nous, la véritable origine du droit de régale, sur lequel nous exposerons cependant avec une scrupuleuse exactitude, lorsqu'il en sera temps, tout ce qu'il y a eu d'opinions, afin de mettre le lecteur en état de choisir celle qui lui paroîtra la mieux fondée.

Le canon vingt-cinquieme ordonne aux métropolitains de faire élire des évêques dans les églises vacantes de leurs provinces, au plus tard, trois mois après la vacance, & de les sacrer, suivant la regle *ejus est ordinare, cujus est judicare*; dans l'intervalle les œconomes devoient être chargés des revenus des églises.

Ces œconomes, en vertu du canon suivant, devoient être du clergé même, afin qu'intéressés eux-mêmes à la chose, ils s'aquittassent de leur charge avec plus de soin.

Le canon vingt-huitieme a été la source d'un long différent entre les églises de Rome & de Constantinople.

Pour le combattre, les latins disoient, 1°. Qu'il avoit été fait après-coup, en l'absence des légats du pape, qui avoient déjà pris congé du concile, quoiqu'ils ne fussent pas encore sortis de la ville de Calcedoine; & en l'absence de plusieurs évêques, entr'autres de ceux de Macedoine, qui étant du patriarchat d'Occident, avoient intérêt à défendre les prérogatives du siege de Rome. 2°. Qu'il fut fait contre les formes, n'ayant pas été proposé par le promoteur du concile, mais tumultuairement par le clergé de Constantinople, qui favorisoit l'ambition de son patriarche Anatolius. 3°. Qu'on profita de l'occasion de la vacance du siege d'Alexandrie, par la déposition de Dioscore, & de la situation

Tome I. Z z z

chancelante où se trouvoit Maxime, évêque d'Antioche. 4°. Que ce canon suppose à la primauté du siege de Rome un fondement, qui n'est pas le véritable, sçavoir, la dignité de la ville de Rome. 5°. Que le troisieme canon du concile de Constantinople n'a entendu accorder à l'évêque de cette ville, que les droits honorifiques par-dessus les autres patriarches d'Orient, & non les droits effectifs de la jurisdiction. 6°. Que le concile de Constantinople ordonne, que chaque diocese conserveroit son district & auroit son primat, comme la Thrace, l'Asie & la Pontique; & cependant ce canon de Calcedoine les réduit à la qualité de métropoles, & les soumet à l'évêque de Constantinople.

On peut en passant prouver de-là, contre le pere Morin, que le patriarche n'est pas différent du primat, & n'est point son supérieur, puisque pour faire Anatolius patriarche, on supprima trois patriarchats, qu'on lui assujettit.

7°. Que le pape Léon ne reçut point ce canon; que sur son opposition Anatolius se défendit d'en être l'auteur, & que l'empereur Marcien lui-même ne permit point à celui-ci d'user de tous les droits qui lui étoient attribués, au moins pendant quelque temps. En effet, on voit que Thimotée, élu patriarche d'Alexandrie, venant à Constantinople, rétablit sur la route l'évêque d'Ephèse, qui avoit été chassé de son siege, ce que celui de Constantinople n'eût probablement pas souffert, s'il avoit été tranquille possesseur de tous les droits qu'on lui avoit attribués.

Mais insensiblement les évêques de Constantinople devinrent assez puissans, pour être en tous points les concurrens des évêques de Rome.

Le canon trentieme fut fait en faveur des évêques d'Egypte, qui, quoiqu'on les pressa, après la déposition de Dioscore, de signer la lettre du pape Léon à Flavien, s'en étoient défendus sur le fondement, que la coutume de leur église ne leur permettoit pas de rien faire sans l'agrément de l'évêque d'Alexandrie, & que ce siege étant vacant, ils devoient attendre qu'il fut rempli. On eût égard à leur exactitude à garder la discipline, & on exigea seulement d'eux, ou qu'ils donnassent caution, ou qu'ils jurassent de signer, aussitôt qu'il y auroit un évêque d'Alexandrie; ce qu'ils firent incontinent après l'élection de Proteius.

ARTICLE XXVIII.

Concile d'Angers.

Ce concile fut assemblé pour l'élection de l'évêque Talassius; on y fit par occasion quelques canons de discipline, dont le premier seul mérite une attention particuliere.

Il fut fait pour éluder un édit donné par l'empereur Valentinien I, qui dérogeoit à la loi de Constantin, par laquelle ce prince avoit attribuée aux évêques la connoissance de toutes les causes civiles des Clercs. Valentinien abolit ce privilege clérical: les évêques n'ayant pas de moyen d'empêcher directement cette diminution dans leur autorité, puisque leur jurisdiction à cet égard n'étoit visiblement fondée que sur un privilege, chercherent à priver, par une voye indirecte, l'édit de Valentinien de son effet, en défendant aux clercs de paroître en jugement devant les magistrats séculiers, avant d'en avoir obtenu d'eux la permission.

ARTICLE XXIX.

Concile de Vannes.

L'ordination d'un évêque donna lieu à ce concile, dont les actes furent envoyés aux évêques abſens, pour les ratifier.

Quatre de ſes canons ſont remarquables.

Et dabord le ſecond, qui ſemble indiquer, que quelques égliſes d'Occident regardoient l'adultere, comme une cauſe de diſſolution du mariage, ainſi que tout l'Orient l'a toujours regardé, fondé ſur un paſſage de l'évangile, qui déclare le mariage indiſſoluble, *exceptâ fornicationis cauſâ*; Saint Auguſtin a été lui-même, pendant fort long-temps, de ce ſentiment, qu'il a pourtant enſuite abandonné; c'étoit d'ailleurs la diſpoſition de la loi civile, qu'il étoit bien difficile d'accorder avec le vœu des canons.

Sur le canon ſeptieme il faut obſerver, 1°. Que les moines ne pouvoient avoir des cellules particulieres; comme ils travailloient enſemble dans un même lieu, qu'ils mangeoient dans un même réfectoire, & prioient dans la même égliſe; ils couchoient auſſi dans un même lieu, chacun dans un lit ſéparé; les cellules des dortoirs actuels ne ſont que des retranchemens qu'on a fait de la place qu'occupoit chaque lit.

2°. Il n'y avoit des cellules à part, que pour l'Abbé, qui avoit la ſienne au bout du dortoir, d'où il découvroit tout ce qui ſe paſſoit; on avoit la même indulgence pour les infirmes & pour les anciens moines, qui jouiſſoient de ce privilege, pour pouvoir ſe livrer à la contemplation.

3°. Que c'eſt cette coutume de ne pas donner aux moines des cellules particulieres, qui fournit l'explication de ce que l'histoire ecclésiastique de l'Orient appelle *fincelles*, qui vivoient dans presque toutes les églises de la Grece en moines, c'est-à-dire, en communauté, & dont le chef avoit le titre de *protofincelle*, qui souvent étoit le successeur de l'évêque.

Au canon huitieme le mot *cellas* se prend en un autre sens; il signifie de petites maisons, bâties hors de l'enceinte des abbayes ou monasteres; c'est une des plus anciennes traces de l'origine des prieurés dépendans des abbayes, c'étoit comme des décharges des grands monasteres.

Mais ce canon défendant de construire ces sortes de maisons, prouve, que l'église n'aimoit pas que le pouvoir des abbés s'étendit sur plusieurs monasteres; & que son esprit étoit opposé à ces congrégations de plusieurs maisons sous un abbé général. En effet, rien n'a tant ruiné l'autorité des évêques sur les moines, que ces unions de plusieurs monasteres sous des chefs & généraux d'ordres, qui ont pris en Occident le même ascendant, que les *Archimandrites* en Orient, où ils porterent l'excès jusqu'à refuser de recevoir le concile de Calcedoine.

Enfin, du canon seizieme on infère, qu'il s'étoit introduit dans l'église une pratique superstitieuse, semblable à celle dont on usoit à Rome payenne, pour juger de l'événement heureux ou malheureux d'une entreprise. Les Romains, depuis le siecle d'Auguste, jugeoient sur les premiers vers de Virgile, sur lesquels ils tomboient, du succès de ce qu'ils entreprenoient; à cet exemple les chrétiens eurent recours aux pseaumes, à l'évangile, aux épîtres de Saint Paul, comme à une sorte de divination, que ce concile appelle *sortes Sanctorum*, dont il proscrit l'usage.

L'histoire de France fournit deux exemples fameux de pareilles divinations; l'un de Cramnus, qui ouvrit la Bible pour juger du fuccès d'une bataille; l'autre de Merovée, qui fit la même chofe en préfence de Grégoire de Tours, qui rapporte le fait; n'étant tombé que fur des paffages de mauvais augure, il fe fit tuer par un de fes gens.

On dit, que Saint François fe fit ouvrir trois fois l'écriture, & qu'étant toujours tombé fur quelque paffage de la paffion, il crut que Dieu demandoit de lui une vie crucifiée; c'eft peut-être là la caufe de fes ftigmates.

On fçait combien le livre intitulé *fortes apoftolorum* a eu d'autorité parmi les premiers chrétiens, jufqu'au temps du pape Gelafe, qui le déclara apochryphe.

ARTICLE XXX.

Concile deuxieme d'Arles.

Sirmond prétend que ce concile a été tenu peu de temps après celui de Vaifon, qui eft cité dans le quarante feptieme canon de celui-ci: Petrus Aurelius le place immédiatement après Conftantin, cent ans plutôt que le pere Sirmond, & il paroît qu'il a raifon. 1°. Parce que tous les canons de ce concile, que Sirmond rapporte au-deffus de vingt-cinq, felon Ifidore le Marchand, ou trente-fept tout au plus, fuivant tous les exemplaires imprimés, & même fuivant tous les anciens manufcrits, excepté celui de Rheims dont s'eft fervi Sirmond, font fuppofés; ainfi la citation du concile de Vaifon dans le quarante-feptieme canon de celui-ci, n'eft qu'une fourberie de la part de ceux qui ont fuppofé ces canons. 2°. Il eft parlé dans les vingt-cinq ou trente-fept premiers canons de ce concile d'une perfécution, & on y renouvelle le canon de Nicée contre les relaps; il eft donc néceffaire qu'il ait été tenu plutôt vers le temps de Conftantin, lorfque la persécution duroit encore, que du temps du pape Saint Léon, où l'église étoit en paix. 3°. Ces canons, après le vingt-cinquieme, ne sont qu'une répétition de ceux d'Orange & de Vaison; d'où l'on peut encore inférer, qu'il n'y en a que vingt-cinq qui appartiennent à ce concile.

Par le canon troisieme il paroît qu'un clerc même majeur, marié, étoit bien obligé de garder continence avec sa femme, mais non pas de la mettre hors de sa maison, où elle pouvoit habiter avec lui, comme une religieuse & sous un habit monachal. Car ce canon, parlant des femmes avec lesquels les clercs peuvent demeurer, nomme celles avec lesquelles ils étoient mariés, *conversas uxores*; il sert par conséquent à expliquer le troisieme canon du concile de Nicée, qui a donné matiere à des doutes.

Le canon vingt-unieme est très-sévere pour les pénitens; dans quelques églises ils ne pouvoient plus se marier après la pénitence accomplie, ni aller à la guerre, ni prendre des charges & emplois civils, ni rentrer enfin dans la vie commune; c'est ce que ce canon semble insinuer.

Le canon vingt-deuxieme obligeoit les pénitens à la continence; & comme les personnes mariées ne pouvoient la garder que d'un consentement mutuel, on ne pouvoit mettre à la pénitence des personnes engagées dans le mariage, que du consentement des deux parties.

Tous les autres canons, rapportés par Sirmond au-dessus de vingt-cinq, ont été expliqués dans les conciles d'Orange & de Vaison.

ARTICLE XXXI.

Concile Romain sous Hilaire. Concile de Tours. Concile Romain sous Pélage.

Nous n'avons que très-peu de remarques à faire sur ces trois conciles, assemblés dans l'intervalle de l'an 467 à 494.

On voit par la préface du concile Romain sous Hilaire, que le pape, dans les conciles qu'il convoquoit, proposoit déja les canons tous dressés, & les prononçoit en la présence de tous les prêtres & diacres; ceux-ci étant debout, les autres assis; les uns & les autres ne donnoient point leur suffrage.

On voit dans ce concile un exemple d'*acclamation* : Nundinarius, évêque de Tarragone, ayant désigné pour son successeur un évêque d'un moindre diocese, les évêques d'Espagne en demanderent la confirmation à ce concile; mais malgré leurs instances, tout fut cassé, en conformité des canons précédens, par une *acclamation* générale; les évêques s'écrierent, qu'il falloit respecter la discipline & l'antiquité.

Le concile de Tours, assemblé le jour de la Translation du corps de Saint Martin, que ceux de Tours emporterent de Cande, malgré les réclamations de ceux de Poitiers, renferme un exemple du pouvoir, que paroissent s'être reservé les différentes églises, d'admettre ou de ne pas admettre, de garder ou de restreindre & modifier les décrets qui concernent la discipline; le canon deuxieme restreint ceux qui concernoient les prêtres ou diacres qui auroient eu des enfans; la rigueur des canons les excommunioit; ici ils ne furent que suspendus.

Ceci

Ceci juſtifie le concile de Francfort, qui n'a pas voulu recevoir le deuxieme concile de Nicée; & l'égliſe Gallicane, qui n'a reçu ni le huitieme ſynode, touchant l'élection des évêques, ni le concile de Bâle, ſe contentant de la pragmatique ſanction, ni le concile de Trente, quant à la diſcipline.

Cela fait voir encore, combien les papes d'alors croyoient leur autorité inférieure à celle des égliſes aſſemblées; car le concile Romain, ſous Hilaire, dit expreſſément; *que la négligence des papes à punir ceux qui violent les canons eſt un crime, dont l'énormité eſt augmentée par l'éminent degré de leur dignité.* D'où il faut conclure que les décrétales des papes n'ont autorité, qu'autant qu'elles ſont conformes aux canons.

Sur le concile Romain, tenu ſous Gélaſe, on remarque qu'il eſt dit dans le canon deuxieme, que les conciles ont été aſſemblés par la *médiation*, & non par l'autorité des empereurs; *mediante Theodoſio, mediante Marciano Aug.* &c.

Mais il faut obſerver que lors de la tenue de ce concile, c'eſt-à-dire, l'an 494, l'empire d'Occident étoit depuis dix-huit ans ſans chef; le roi Herule Odoacre avoit chaſſé de Rome le foible Auguſtule dès l'an 476, & des vues de grandeur temporelle pouvoient avoir engagé dès-lors le pape à déprimer dans ſon concile l'ancienne autorité des empereurs.

ARTICLE XXXII.

Concile d'Agde.

Lors de la tenue de ce concile, c'eſt-à-dire l'an 506, l'empire Romain étoit abſolument démembré. L'Italie étoit occupée par les Herules & les Oftrogots; les provinces d'Afrique, par les Vandales; l'Efpagne, le Languedoc & la Guyenne par les Vifigots; le refte des Gaules par les Francs, qui menaçoient eux-mêmes la domination Gothique; ce fut au milieu de ce tumulte, & précifément un an avant la célébre victoire gagnée par Clovis fur Alaric roi des Vifigots, que le concile d'Agde fut affemblé par la permiffion du prince Goth, à qui ce concile donna le titre de *très-pieux*. Céfaire, évêque d'Arles, y préfida; fes ouvrages contiennent prefque tous fes décrets, qui méritent d'autant plus d'attention, qu'ils font un des premiers fondemens de la difcipline de l'églife de France.

Le canon fixieme établit une forte de communauté de biens entre l'évêque & fon églife.

Le canon feptieme veut qu'on confulte les évêques comprovinciaux, fur l'aliénation des biens d'églife; le propre évêque n'en devant pas être le juge.

Le canon neuvieme, en ordonnant l'obfervation de la conftitution des papes Sirice & Innocent, touchant la continence des évêques & des diacres, montre que cet article de la difcipline n'avoit point été gardée jufqu'alors dans les Gaules.

Le canon douzieme fait voir, que dans les Gaules on n'avoit point obfervé jufqu'alors le jeûne du famedi, quoiqu'il le fut dans l'églife Romaine; cela donne un démenti à Baronius, qui prétend que le jeûne du famedi eft de tradition apoftolique.

Le canon quinzieme montre qu'on faifoit difficulté de faire faire pénitence aux jeunes gens, parce qu'en faifant pénitence, il falloit s'interdire l'ufage du mariage pendant trois ans au moins, & en beaucoup d'églifes pendant tout le reste de la vie, ce que Saint Ambroise & Saint Augustin avoient déjà improuvé.

Le canon dix-huitieme prouve, que dès-lors la communion des fideles étoit devenue très-rare, & qu'elle n'étoit plus d'obligation qu'à pâque, à la pentecôte & à noël.

Le canon dix-neuvieme permet aux *moniales* de recevoir le voile à vingt-cinq ans, à la réserve des *diaconisses*, qui ne pouvoient le recevoir qu'à quarante ans.

Il ne paroît pas, par le canon vingtieme, qu'il fut encore question de têtes rasées & de couronne; mais on y parle des vêtemens convenables à la religion, & on entend par-là ceux des moines: les anciens évêques, sur-tout Saint Basile, Saint Ambroise, Saint Augustin, Saint Eusebe avoient fort travaillé à ne faire qu'un corps des clercs & des religieux.

Au reste, il paroît qu'avant ce canon les oratoires domestiques étoient défendus dans les Gaules.

Il n'y est question d'aucune fête de la Vierge; les clercs majeurs & mineurs célébroient ensemble la messe.

Le canon vingt-cinquieme fonde le sentiment de ceux, qui veulent que dans plusieurs églises, comme celle des Gaules, il étoit permis de quitter sa femme, pour cause d'adultere, & d'en prendre une autre, puisqu'il ne blâme que ceux *qui conjugati consortium sine culpâ graviori dimittunt.*

Par *le service de l'église*, dont parle le canon trente-sixieme, il ne faut point entendre *chanter* ou *dire le bréviaire*; c'étoit alors l'office des moindres clercs, que de réciter les *antiphones* alternativement; on voit même qu'on n'a pas approuvé que les diacres chantassent; on n'a établi un *office* que depuis la grande multiplication des clercs & des prêtres, qui se persuadent que tout leur devoir consiste à remuer les levres.

Le canon cinquante est le premier où il soit parlé d'enfermer les clercs dans des monasteres ; on trouva plus commode, & moins scandaleux, que les clercs majeurs fissent pénitence de cette maniere, que de la leur faire faire publiquement; il n'est point dit, que le juge séculier les punira, & on leur accorde la communion laïque ; cette disposition ne comprend que les clercs majeurs, cependant elle s'est insensiblement étendue aux clercs mineurs, & aux laïques d'un rang distingué ; c'est de-là que les monasteres se sont si fort peuplés, étant devenus comme les asyles des grands pécheurs, & les personnes les plus illustres y ayant demandé des retraites, comme par grace.

Le canon cinquante-cinq défend la chasse aux clercs.

Le suivant est une preuve du travail manuel des moines.

Il est assez remarquable, que ce travail manuel soit un des points du mahométantisme. Tous les anciens sultans s'appliquoient à un métier. Mahomet II pratiquoit celui de jardinier ; l'histoire dit, qu'il fut si fâché que ses pages lui eussent mangé des melons qu'il avoit cultivés, qu'il fit ouvrir le ventre à quatorze d'entr'eux. Soliman ayant été malheureux, crut que c'étoit pour avoir cessé de travailler de son métier de cordonier ; Sélim ayant défait les Perses, fit lui-même le tableau de la bataille qu'il leur avoit livrée.

Le canon soixante-unieme défend le mariage entre cousins germains ; cette défense est conforme à la loi impériale de Théodose le jeune.

Il paroît que ce point de discipline fut long-temps celui de toute l'église d'Occident. Un siecle après, Saint Grégoire dans une lettre qu'il écrivit aux évêques d'Angleterre, permit le mariage au quatrieme & même au troisieme degré ; ceci prouve combien on est en droit de suspecter une autre lettre qu'on attribue au même pape, & par laquelle on prétend qu'il a défendu le mariage entre parens jusqu'au septieme degré. Quoi qu'il en soit, il y a cinq siecles, qu'Innocent IV a réduit cette défense au quatrieme degré seulement; c'étoit encore un beau champ de dispense qu'il se réservoit.

ARTICLE XXXIII.

Concile d'Orléans.

Clovis, après la victoire qu'il remporta près de Poitiers sur Alaric, roi des Visigots, ordonna à tous les évêques de sa nouvelle conquête, de s'assembler en un concile, ce qu'ils firent à Orléans; tous ceux qui avoient assisté à celui d'Agde, s'y trouverent.

La lettre synodale à Clovis ne lui donne point le titre de *très-chrétien*, mais seulement la qualité de *fils de l'église catholique*; cette remarque combat la prétention de ceux qui veulent que les rois de France ayent porté le titre de *très-chrétien*, depuis la conversion de Clovis.

L'autorité de ce prince y paroît, en ce qu'il avoit commandé aux évêques de s'assembler *jusseritis*; qu'il leur avoit prescrit les articles sur lesquels ils auroient à délibérer, *secundum titulos quos dedistis*; & qu'il devoit approuver & autoriser leurs décisions, *si vestro recta esse judicio comprobantur*; ce qui montre que ce concile traita Clovis, comme d'autres conciles avoient traité Constantin.

L'auteur de l'abrégé chronologique de l'histoire de France dit, que c'est dans ce concile que se trouvent les vrais principes du *droit de régale*; mais il faut convenir, que s'ils y font, ils font bien enveloppés, & l'objet méritoit bien la peine d'être éclairci ; nous en parlerons plus bas.

Le canon premier, suivant l'édition de Labbe, fait mention de canons ecclésiastiques, & de loix Romaines.

Par *canons ecclésiastiques*, il faut entendre la compilation du concile de Calcedoine, & non celle qui a été faite depuis par Denis le Petit : par *loix Romaines*, il faut entendre le code Théodosien, qui a été par-tout la loi de l'église ; il a même continué d'être appellé le droit écrit, depuis l'invasion des Ostrogots en Italie, des Visigots en Espagne, des Bourguignons & des Francs dans les Gaules.

Ce canon, & les deux suivans, assurent aux églises le droit d'asyle. Les homicides, les adulteres, les voleurs, qui se refugioient dans une église, étoient à couvert de toute peine afflictive ; il étoit défendu, sous peine d'excommunication, de les en tirer de force ; même en composant avec eux, il falloit faire serment sur l'évangile, de les quitter de toute peine corporelle & afflictive.

A l'égard des ravisseurs qui se refugioient avec les personnes ravies dans une église, le canon deuxieme ordonne, que la personne ravie, à laquelle il aura été fait violence, sera aussi-tôt délivrée de la puissance du ravisseur, que lui-même sera exempt de toute peine corporelle ou afflictive, mais qu'il sera réduit à l'esclavage, ou tenu de se racheter ; que si la personne a consenti à l'enlevement, elle sera rendue à ses parens, si elle en a, sans crainte d'aucun châtiment ; ils pourront seulement exiger du ravisseur une satisfaction convenable.

Par rapport aux serfs, qui se refugioient pareillement dans une église, pour se soustraire à quelque peine, ou châtiment domestique ; le canon troisieme ne permettoit aux maîtres de les en retirer, qu'après avoir fait serment à l'église, sous peine d'excommunication, de les tenir quittes de toute peine & châtiment.

Si ce concile a reconnu, que de pareilles dispositions qui touchoient nécessairement à la police civile, avoient besoin de l'approbation & du consentement du prince, *si ea quæ nos statuimus, etiam vestro recta esse judicio comprobantur*; il s'ensuit, que dès que cette même police exigea l'abolition de ces asyles, où le crime trouvoit l'impunité, les réglemens qui les protégeoient devinrent caducs par la seule volonté contraire des souverains.

Le canon quatrieme est inintelligible, si on y laisse subsister le mot *seculiarium*; car il est incontestable que les séculiers étoient ordonnés clercs sans l'ordre du roi, & sans le consentement des magistrats; il faut donc lire *curialium*, & la phrase aura un sens vrai; *ut nullus curialium ad clericatûs officium præsumatur, nisi aut cum regis jussione, aut cum judicis voluntate.*

Cette disposition prouve, que la police de ces officiers serviteurs des tribunaux & du public, qu'on appelloit sous l'administration précédente *curiales* se perpétua sous les rois Francs, du moins dans les lieux où elle étoit encore en vigueur; chargés de toutes les fonctions onéreuses, souvent à leurs risques, périls & fortune, ils ne pouvoient s'y soustraire, & nul ne pouvoit les en exempter sans l'ordre du roi, ou au moins sans le consentement des Magistrats.

Voy. ce qui en a été dit ci-dessus, p. 48. 49.

Il paroît par le canon cinquieme, que les clercs étoient encore tenus de travailler de leurs mains dans les champs qui appartenoient à l'église; *cleri in adjutorium ecclesiastici operis constringantur.*

Les bénéfices dont il s'agit au canon septieme, doivent

être entendus des dons que le prince ou les seigneurs faisoient aux abbés, prêtres, clercs, & moines; il leur étoit défendu d'en demander, sans y être autorisés par leurs évêques, qui le faisoient en connoissance de cause, *sine discussione vel commendatione episcoporum, pro petendis beneficiis, ad dominos venire non liceat.*

Le canon huitieme défendoit aux évêques de conférer les ordres aux serfs, à l'insçu de leurs maîtres, à peine d'en indemniser ceux-ci, en leurs propres & privés noms; car les ordres majeurs emportoient avec eux, de droit, l'affranchissement; il n'en étoit pas de même des ordres mineurs, & les évêques pouvoient rendre à leurs maîtres, ceux des serfs à qui il les avoient conférés, lorsqu'ils étoient réclamés.

Le canon dixieme ordonne la réordination des clercs hérétiques qui se convertissoient.

Il est remarquable, que les églises occupées par les hérétiques sont ici traitées comme les hérétiques eux-mêmes, & qu'on ordonne d'en réitérer la consécration.

Le canon onzieme prouve qu'on ne suivoit pas encore dans les Gaules la constitution du pape Léon, qui exemptoit les clercs majeurs de la pénitence publique, ce qu'ils faisoient, en quittant l'habit clérical, & se mettant parmi les laïques.

Les canons quatorzieme, quinzieme & seizieme contiennent la division des biens ecclésiastiques, suivant l'esprit, est-il dit, des anciens canons, *antiquos canones relegentes*. La moitié des oblations journalieres devoit appartenir à l'évêque; l'autre moitié devoit être distribuée parmi les clercs, suivant le grade de chacun; les évêques devoient avoir l'administration des biens fonds des églises; il devoit en être de même

de

de tous les autres dons, tant mobiliers qu'immobiliers, qu'on faisoit aux églises, de maniere cependant que le tiers de ces dons, lorsqu'ils étoient faits sur l'autel, devoit entrer dans la *manse* épiscopale; cette explication est la seule qui puisse sauver la contradiction, qui semble se rencontrer dans les termes des canons quatorzieme & quinzieme.

Les évêques, de leur côté, devoient fournir aux pauvres & aux infirmes, incapables de gagner leur vie, la nourriture & le vêtement : ceci suppose, qu'il y avoit alors bien moins de pauvres, qu'il y en a de nos jours.

Le canon dix-neuf soumet au pouvoir & à la jurisdiction des évêques tous les abbés sans distinction ; *abbates in episcoporum potestate consistant*; il établit les évêques juges des contraventions aux regles monachales; *si quid contra regulam fecerint ab episcopis corrigantur*. Les abbés de chaque diocese devoient s'assembler tous les ans, en présence de leur évêque, dans le lieu que celui-ci leur indiqueroit; *semel in anno in loco ubi episcopus elegerit, acceptâ vocatione conveniant*. Les moines qui quittoient leur monastere, devoient être poursuivis comme des fuyards, *tamquam fugaces sub custodiâ revocentur*; ce qu'ils acquéroient étoit acquis au monastere, *quæ acquisierit monasterio profectura*.

Le canon vingt-deuxieme, qui défend aux moines de se servir de *l'orarium*, doit être entendu de l'étole. Quelques-uns lisent *aurum zonæ*; en ce sens, le canon est conforme au précepte de Jesus-Christ, qui défendit aux apôtres de porter de l'or dans leurs bourses, *aurum in zonis*; le même canon ajoute, qu'il est défendu aux moines *strangas habere*; quelques-uns lisent *zangas*, ce qui paroît plus correct; *zanga* étoit une sorte de soulier que portoient les sénateurs & les personnes qualifiées : un ancien commentateur d'Horace & Europolate en parlent, ainsi qu'une loi d'Arcadius & d'Honorius; d'autres lisent *cingula*.

Au reste, les moines qui étoient faits clercs, étoient tirés de leurs monasteres; ce qui paroît entr'autres par la dix-huitieme lettre du pape S. Grégoire, liv. 7. & on envoyoit dans les monasteres des clercs, pour en être les directeurs.

Le canon vingt-unieme parle d'une espece d'irrégularité, que nous n'avons pas encore rencontrée dans les canons précédens, en ce que le vœu, d'un moine est consideré comme un premier mariage après lequel, s'il avoit commerce avec une femme, il ne pouvoit plus être ordonné clerc.

Le canon vingt-troisieme contient un vestige de petits bénéfices, accordés pour un temps; les évêques pouvoient, par humanité, donner aux clercs, même aux moines, de petits héritages à cultiver, & les en laisser jouir pendant un temps, sans pourtant que leur possession, quelque longue qu'elle pût être, pût opérer contre l'église aucune prescription.

Il paroît par le canon vingt-septieme, qu'on ne travailloit point pendant les rogations, ce qui ne se pratique plus.

Bien que Toulouse n'ait été faite métropole que sous Jean XXII, elle est traitée dans ce concile, comme telle, parce qu'elle avoit eu ce titre, pendant la domination des Visigots.

L'évêque appellé *Auxonensis*, étoit l'évêque d'Yene; il n'y a plus aujourd'hui d'évêché.

L'évêque appellé *Vicosuli*, étoit l'évêque de Vic, dont le siége a été transféré à Tarbe.

Bourges, métropole de la premiere Aquitaine, est mise après Bordeaux, parce que Bourges n'a eu la primatie que depuis que Charmagne eût donné ce pays à son fils Louis le Débonnaire, qui mit le siége de toute l'Aquitaine dans cette ville.

ARTICLE XXXIV.

Concile d'Epaune.

Epaune est une ville sur le lac de Geneve, appellée Nion, *Niviorum* ou *Colonia Equeptris*, du mot grec *Ippona*.

Il paroît par ce concile, 1°. que les évêques des Gaules étoient fort adonnés à la chasse, ce qui leur est défendu. Les anciens peres de l'église ne croyoient pas que les chasseurs fussent sauvés; S. Jérôme dit d'Esaü *Venator erat quoniam peccator erat.*

2°. Qu'il y avoit des archi-prêtres ayant une sorte d'intendance sur les prêtres, telle peut-être que celle de nos doyens ruraux.

3°. Qu'on soumettoit les clercs calomniateurs à une sorte de peine du talion; c'est-à-dire qu'ils encouroient une peine ecclésiastique, telle que celui qu'ils accuseroient faussement, encoureroit lui-même, la déposition d'un clerc équivalant à l'excommunication d'un laïque.

4°. Que les termes *precariò*, *precaria*, *precariè*, avoient tous trois une signification différente; ce qu'il est bon de remarquer.

Ce que l'évêque donnoit pour un tems préfix, étoit donné *precariò*; ce qu'il donnoit à vie, étoit appellé *precaria*; & ce qu'il donnoit pour le reprendre, quand bon lui sembloit, étoit donné *precariè*.

5°. Que l'appel au pape n'étoit point encore alors connu dans les Gaules.

6°. Que chaque métropole avoit son rituel, ce que Charlemagne par la suite tenta inutilement de changer, voulant réduire à l'uniformité, & à l'usage de Rome, les différens offices des églises de son empire.

7°. Que les religieuses n'avoient point encore d'églises particulieres, mais seulement un autel dans leur chapitre, où un prêtre venoit dire la messe ; cet usage même n'étoit pas fort ancien, car du temps de S. Augustin, elles alloient aux paroisses, puisqu'il marque l'ordre qu'elles gardoient en y allant.

8°. Qu'il étoit au pouvoir des maîtres de faire raser leurs serfs : car il faut lire dans le canon trente-neuvieme, *de capillis* & non *de peccatis*.

Avitus de Vienne a présidé à ce concile, ce qui marque, que Vienne étoit alors affranchie de l'usurpation d'Arles. Lyon n'étoit pas encore primatie. *Orthodorensis civitas* est aujourd'hui *Martinac*, où il n'y a plus d'évêché; Die en ce temps n'étoit pas unie à Valence : *Albensis civitas*, est aujourd'hui Viviers.

ARTICLE XXXV.

Conciles de Tarragone & de Gerunde.

Il paroît par ces deux conciles, tenus à peu de distance l'un de l'autre.

1°. Que tout négoce étoit interdit aux clercs, ainsi que toute usure ; par usure on entend toute espece d'intérêt d'une somme prêtée.

2°. Que les évêques jugeoient les causes des laïques *par*

charité, & comme arbitres; on s'adreſſoit à eux, pour être plus promptement jugé, & on avoit confiance dans l'équité de leurs jugemens, parce que leur conduite en inſpiroit.

3°. Qu'on avoit imaginé une excommunication moyenne, qui ne conſiſtoit que dans la privation de la communion de l'évêque.

4°. Que chaque prêtre, dans chaque paroiſſe même des champs, avoit ſon diacre.

5°. Que les évêques faiſoient exactement la viſite de leurs dioceſes.

6°. Qu'il étoit défendu aux juges eccléſiaſtiques, même aux avocats, d'exiger aucune rétribution des parties.

7°. Qu'on ne connoiſſoit point encore le droit *de régale*, puiſque les prêtres faiſoient l'inventaire des biens de l'évêque mort.

8°. Que les laïques, auſſi bien que les prêtres & diacres, étoient admis aux conciles, non qu'ils y euſſent voix, mais pour être témoins de ce qui s'y ordonnoit, afin d'en mieux aſſurer l'obſervation.

9°. Qu'on célebroit les rogations après la pentecôte, & non comme nous le faiſons, avant l'Aſcenſion; & qu'on prenoit pour cela le jeudi vendredi & ſamedi, dont les prieres publiques diſpoſoient à celles du dimanche.

ARTICLE XXXVI.

Conciles de Lérida & de Valence.

Il paroît par ces deux conciles, auſſi tenus à peu de diſtance l'un de l'autre.

1°. Qu'il étoit défendu aux clercs de tuer, même dans la néceſſité de ſe défendre; les clercs mineurs qui le faiſoient, devenoient irréguliers.

2°. Qu'on commença dès la naissance du sixieme siécle à restreindre, au moins en Espagne, la jurisdiction épiscopale sur les moines, le concile de Lérida défendant aux évêques d'ordonner les moines, sans le consentement de leur abbé, & exemptant les biens des monasteres de toute loi diocésaine.

3°. Qu'on chercha dès-lors à faire des fondations, en fraude de la jurisdiction épiscopale, en bâtissant des chapelles comme des annexes à des monasteres voisins, ce que le même concile défend.

4°. Que l'offrande & la communion n'étoient point séparées ; quiconque étoit reçu à l'oblation, communioit aussi.

5°. Que les évêques métropolitains commencerent à se mettre en possession du droit de choisir telle personne, qu'il leur plaisoit, pour administrer les biens des églises vacantes dans leurs métropoles.

6°. Que les évêques étoient dans l'usage de se recommander mutuellement le soin de leurs églises, en cas qu'ils viendroient à mourir. Les *commendes*, au temps de Saint Grégoire, étoient les églises ruinées, qui n'avoient pas le moyen d'entretenir un évêque, & dont le pape donnoit l'administration à quelque évêque voisin, ce qui réunissoit deux évêchés dans la même personne, l'un en *titre*, l'autre en *commande*; mais la commande, comme on voit, ne faisoit alors qu'augmenter le travail, & non le revenu.

7°. Que tout prêtre s'obligeoit à une résidence locale,
тонιχοί.

D'où il faut conclure, qu'il n'y avoit point de bénéfice sans office, ni par conséquent de bénéfice simple ; que tout prêtre avoit un titre d'office, que le titre patrimonial est un abus, & qu'aucun clerc ne pouvoit avoir deux bénéfices.

ARTICLE XXXVII.

Concile deuxieme d'Orange.

C'est ce concile qui, comme le reconnoît Sirmond, a rendu la paix à l'église, troublée pendant cent ans par les disputes des sémi-Pélagiens, & qui a donné tout l'avantage aux disciples de S. Augustin. Les peres du concile, en approuvant la doctrine de ce pere de l'église sur la grace & la prédestination, s'expriment cependant avec une grande modération, pour ne donner aucune prise à ceux qui leur étoient opposés, & que les disciples de Molina appellent *sanctissimos viros & doctissimos*.

Il paroît par ce concile.

1°. Que les églises d'Occident commencerent à prendre l'autorisation du pape, pour s'assembler en conciles.

2°. Que la doctrine de S. Augustin, sur la grace efficace, a été la doctrine prédominante dans l'église.

Les disciples de Molina, qui se sont opposés à cette doctrine, doivent être rangés en deux classes. Les uns prétendent pouvoir concilier *la grace suffisante* de Molina, avec la *grace efficace* de S. Augustin, ce qui est absolument impossible; car s'il y a une grace efficace par elle-même, elle n'attend pas la co-opération de l'homme, & S. Augustin enseigne très-expressément, que c'est par la grace que nous prions, *ipsa gratia facit ut invocetur à nobis*. Les autres conviennent, que les deux doctrines sont inconciliables, mais ils disent qu'il est permis de s'écarter de celle de S. Augustin, & que si son sentiment a prévalu dans l'église latine, on peut lui préférer celui des peres de l'église Grecque.

On leur répond que l'église Grecque n'a point sur cette

matiere adoptée publiquement de doctrine, & qu'aucun des peres Grecs n'en a traité *ex professo* ; au lieu que l'église universelle, dans les cinquieme & sixieme conciles œcuméniques, s'est expliquée sur la doctrine de Saint Augustin ; celui de Trente a emprunté même ses paroles dans la sixieme session.

Il n'est pas de notre objet d'entrer dans le détail des disputes que cette matiere a occasionnées ; nous observerons seulement, que quoique les Molinistes demandent la grace pour le commencement du salut, aussi bien que pour toutes les actions, ce que ne faisoient point les sémi-Pélagiens, cependant le fond de la doctrine est le même, puisqu'ils soutiennent les uns & les autres, que le discernement vient de la part de l'homme ; si donc le pape Célestin a eu raison d'imposer silence aux sémi-Pélagiens, les Molinistes ne semblent pas avoir le droit de parler.

ARTICLE XXXVIII.

Conciles second, troisieme, quatrieme & cinquieme d'Orléans.

Il paroît par ces conciles.

1°. Que les rois Francs n'étoient pas encore qualifiés de *très-chrétiens* ; mais que leur puissance étoit grande dans l'église.

2°. Que l'élection des évêques se faisoit constamment par le clergé & le peuple, & étoit ensuite confirmée par le métropolitain ; *æquum est*, dit un des canons, *ut qui præponendus est omnibus, ab omnibus eligatur.*

3°. Que le diaconat n'étoit point un empêchement dirimant du mariage ; & que le mariage d'un diacre, quoique défendu, n'étoit pas nul.

4°. Que

4°. Que le mariage pouvoit être diffous pour caufes de certaines infirmités, furvenues depuis, comme d'une impuiffance accidentelle.

5°. Que la tenue annuelle des conciles provinciaux étoit rigoureufement ordonnée, fous peine, contre le métropolitain qui auroit négligé de les convoquer pendant deux ans, d'être fufpendu pendant un an de dire la meffe.

6°. Que le fous-diaconat commença à emporter l'obligation de garder la continence.

7°. Que la défenfe de contracter mariage avec les Juifs n'a pas été générale, puifqu'on l'introduit ici dans les Gaules pour la première fois; Saint Auguftin lui-même étoit né d'un tel mariage.

8°. Qu'il y avoit des vierges qui faifoient vœu folemnel, en préfence de l'évêque; d'autres qui ne faifoient que le vœu fimple; les unes & les autres pouvoient ou demeurer avec leurs parens, ou entrer dans des monafteres.

9°. Que les abbés étoient dans une entiere dépendance des évêques, relativement au temporel des monafteres.

10°. Que l'on tenoit alors pour conftant, que la meffe finiffoit à l'oraifon dominicale; fur quoi l'on obferve que tout le canon de la meffe s'adreffe au Pere feul; mais près le *Pater*, on s'adreffe au Fils.

11°. Que les femmes de ceux qui étoient ordonnés prêtres, n'étoient pas obligées de quitter la maifon de leurs maris; mais feulement de vivre dans des chambres féparées: le canon douzieme du concile d'Auvergne dit, que l'ordination faifoit auffi-tôt d'un mari un frere, *frater illicò efficitur ex conjuge.*

12°. Que les archidiacres étoient tenus de faire des vifites charitables dans les prisons tous les dimanches, & de veiller à la nourriture des prisonniers.

13°. Que les hôpitaux & les ladreries (dont il y avoit un grand nombre alors,) dépendoient des évêques.

ARTICLE XXXIX.

Conciles d'Auvergne, de Paris & de Tours.

Il paroît par ces différens conciles.

1°. Que les empereurs avoient été dans l'usage d'envoyer aux églises des manteaux impériaux pour couvrir les reliques des martyrs, qu'on enfermoit dans l'intérieur des autels; on disoit la messe sur ces manteaux. Saint Athanase fut accusé d'avoir vendu celui que Constantin avoit donné à l'église d'Alexandrie.

2°. Que l'excommunication ne pouvoit être prononcée qu'après un avertissement légal; *vindictam admonitio manifesta præcedat.*

3°. Qu'il y avoit une sorte d'affranchissement qui tenoit à un acte religieux; il consistoit de la part des esclaves à entourer le corps de leur maître, lorsqu'on le portoit en terre, la tête couverte; cependant il falloit que le maître en mourant l'eut ainsi ordonné.

4°. Que les évêques de la grande Bretagne, après que les Anglois victorieux des Pictes & des Scotes y eurent établi leur empire, prétendirent avoir le droit de métropole sur les évêques de la petite Bretagne.

5°. Que les évêques eux-mêmes, lorsqu'ils étoient mariés avant leur ordination, continuoient de demeurer avec leurs femmes, que le canon treizieme du second concile de Tours appelle *episcoparas* ; mais elles occupoient dans la même maison des appartemens séparés.

6°. Que la philosophie de Séneque étoit d'un grand poids dans l'église catholique.

7°. Que les moines couchoient tous dans un même lieu, & l'abbé au bout ; que deux ou trois d'entr'eux veilloient, lisoient & prioient pour les autres.

8°. Que l'église de France a reçu avant celle de Rome les hymnes de Saint Ambroise ; elle en admit même d'autres, comme ceux de Venantius Fortunatus, qui a composé une bonne partie de ceux de l'église, ent. 'autres le *Pange lingua*.

9°. Qu'on distinguoit dès-lors deux sortes d'abbés ; les uns étoient prêtres & gouvernoient des monasteres ; les autres ne portoient ce nom que dans des chapitres ; c'est de-là sans doute, que cette dénomination s'est successivement étendue à tous les clercs.

10°. Que le livre de Gennadius étoit en grand honneur dans l'église, aux articles près qui contenoient la doctrine des sémi-Pélagiens. On leur substitua trente chapitres de Saint Augustin sur la grace, ce qui par la suite a fait croire à plusieurs écrivains, que le livre de Gennadius étoit entierement de celui-ci.

ARTICLE XL.

Conciles de Lyon, de Mâcon, de Narbonne, d'Auxerre, de Reims & de Châlons.

Il paroît par ces conciles.

1°. Que les rois étoient en pleine possession d'ordonner la tenue des conciles ; Gontram, roi d'Orléans en 770, fit assembler le premier concile de Lyon, sur les plaintes qu'on lui avoit faites des désordres & des violences de Salonius évêque d'Embrun, & de Sagittarius évêque de Gap, qui y furent déposés.

2°. Que l'ordre du roi étoit une légitime excuse pour un évêque qui ne se rendoit point au concile.

3°. Que le sous-diacre étoit alors compris dans le nombre des clercs, qui devoient éviter le commerce & la fréquentation des femmes, & non entre ceux qui devoient être séparés du lit de leurs femmes; d'où l'on infére, que le sous-diacre marié n'étoit point obligé à la continence.

4°. Que le titre de patriarchat ou de primatie commença à être attribué au siege de Lyon; mais il n'a dû ce titre, plus honorifique que réel, qu'à une cause civile & accidentelle; c'est qu'après le partage de la monarchie entre les quatre fils de Clotaire I, Lyon devint la capitale des états de Gontram; ce fut à une pareille cause, que deux siecles après Bourges dût son titre de primatie, après que Charlemagne eût donné le Berry & l'Aquitaine à son fils, sous le titre de royaume.

5°. Qu'on portoit souvent, durant le carême, les enfans qui devoient être baptisés à pâque, dans l'église pour être oints plusieurs fois; de-là encore l'usage actuel des trois onctions dans le baptême.

6°. Qu'on supposoit alors que les décimes étoient de droit divin; raison pour laquelle il y eut au dixieme & onzieme siecles, tant de restitutions de dîmes de la part des seigneurs laïques, qui en étoient en possession, depuis que Charles Martel eut mis cette nature de biens dans le commerce; mais cette restitution, au lieu d'être faite aux églises, ne servit qu'à enrichir des monasteres, & à multiplier les moines; les grandes richesses de l'ordre de Saint Benoit n'ont pas d'autre fondement.

7°. Que les évêques devoient exercer l'hospitalité, & être les protecteurs naturels des veuves & des orphelins.

8°. Qu'il étoit défendu aux clercs de se trouver, soit à la question, soit à l'exécution des condamnés à mort: ces malheureux ne recevoient point d'absolution; de-là l'ancien usage de ne pas les enterrer parmi les fideles.

9°. Que la pourpre étoit défendue aux clercs; ils étoient vêtus, non de noir, mais de brun.

10°. Que les laïques distingués par leur naissance ou leur dignité, commençoient à entrer dans des monasteres, pour faire pénitence.

11°. Qu'il ne se disoit encore qu'une messe dans chaque église, & que c'étoit l'évêque qui la disoit.

12°. Que le for externe de l'église commençoit à avoir grande autorité; puisque le concile de Reims prononça la privation de toute charge militaire & civile contre les incestueux, leur ôtant la jouissance de leurs biens, sans pouvoir y être rétablis par l'autorité séculiere; le même concile déclara les Juifs incapables de toutes fonctions publiques.

13°. Qu'on ne choisissoit les évêques que dans le clergé des églises vacantes.

14°. Qu'à la fin du septieme siecle, les rois Francs n'étoient pas encore qualifiés de *très-chrétiens*; puisque le concile de Châlons ne le donne point à Clovis II.

15°. Que l'administration des biens des monasteres commença à être ôtée aux évêques, qui conserverent cependant la jurisdiction spirituelle sur les abbés & les moines.

ARTICLE XLI.

Remarques sur les conciles d'Espagne, du même temps.

La conformité de la discipline de l'église d'Espagne, avec celle de l'église de France, & leurs différences, sont importantes à remarquer, parce que le Languedoc resta pendant toute la durée de la premiere race des rois Francs, sous la domination des rois Goths qui regnoient en Espagne.

1°. Les Espagnols conformoient entierement leur discipline à celle de l'église de Rome, ce que la France n'a fait que sous Charlemagne.

2°. Il étoit défendu d'enterrer dans les églises; ce qui est très-remarquable.

3°. Il existoit alors dans l'église un code de canons, tirés des quatre conciles généraux & des provinciaux, dont on avoit ajoutés les canons à ceux des conciles généraux; & c'étoit-là le droit ecclésiastique d'alors.

Il est à remarquer, que lors de la tenue du second concile de Brague, le cinquieme concile œcuménique étoit fini depuis dix-heuf ans, cependant on n'en parla point à Brague, sans doute parce qu'il ne traite que des personnes; mais on y cita un passage d'une épître de Saint Pierre, qu'on appliqua aux évêques : « le soin qu'ils doivent prendre des » peuples, doit être exempt de tout intérêt & de tout esprit » de domination, étant eux-mêmes leur exemple ».

4°. Le pape commença à décorer les métropolitains du *pallium* ; on ne sçait trop en quoi cette décoration consistoit; mais ce pallium étoit différent de celui des Grecs, qui étoit commun à tous les évêques.

5°. Les clercs étoient justiciables des tribunaux séculiers en matiere criminelle.

6°. L'Arianisme regnoit parmi les peuples, sans qu'ils s'en apperçussent, & c'est en ce sens qu'il faut entendre le mot de Saint Jérôme, *ingemuit totus orbis, videns se esse Arianum*; c'est le grand nombre d'évêques Ariens, que les peuples croyoient catholiques, qui excita ces plaintes de Saint Jérôme; on en comptoit plus de quatre cents.

7°. Telle étoit l'autorité des parens sur leurs filles en Espagne, qu'ils pouvoient les contraindre à se faire religieuses.

8°. Les évêques pouvoient faire vendre les femmes prostituées, au profit des pauvres.

9. Anciennement on étoit si éloigné des chants funèbres, qu'aux enterremens on chantoit *alleluia*, ainsi qu'au carême.

10°. Le titre de *très-chrétien* se donnoit indifféremment à ceux des princes, que les conciles vouloient ou croyoient en honorer; témoin le concile de Barcelone, qui donna ce titre au roi Riccarede.

11°. Nouvelle forme d'élection, en ce que le clergé & le peuple élisoient trois sujets, qu'ils présentoient au métropolitain & à ses comprovinciaux, lesquels, après avoir jeûné, tiroient au sort, lequel des trois seroit évêque.

12°. Il commença à assister aux conciles des seigneurs laïques, en qualité de commissaires du roi; ils étoient assis, tandis que les diacres & les autres clercs étoient obligés de se tenir debout; on trouve le premier vestige de cet usage au second concile de Séville: depuis en France sous Charlemagne Louis le Débonnaire & Charles le Chauve, les conciles furent des assemblées, autant politiques qu'ecclésiastiques; usage salutaire, qui, s'il eut subsisté, eût pu prévenir bien des troubles.

13°. Les clercs étoient comparés à des demi-serfs, attachés comme à une glebe qu'ils ne pouvoient quitter.

14°. Les hérétiques étoient reçus par la confirmation; celle-ci n'appartenoit pas au prêtre, qui d'ailleurs en présence de l'évêque ne pouvoit ni baptiser, ni réconcilier, ni consacrer, ni prêcher.

15°. Les *peres spirituels* des monasteres des filles, dont l'usage ne faisoit que de naître, devoient être approuvés par l'évêque; il leur étoit défendu d'entrer dans les monasteres; ce qui suppose, que les clôtures commencerent avec l'usage de cette paternité spirituelle; on ne pouvoit parler aux religieuses qu'en présence de trois sœurs; de-là les *sœurs écoutes*.

16°. Les clercs portoient une grande couronne, comme les moines de Saint Benoit, n'ayant qu'un tour de petits cheveux; les Grecs les faisoient croître depuis ce tour; ils avoient encore une petite couronne, comme à présent; la grande se faisoit avec des ciseaux, la petite avec un rasoir; le pere Morin en a remarqué de trois sortes. Il est certain qu'en Angleterre on ne donnoit alors la tonsure qu'avec le lectorat, comme on fait encore en Grece.

17°. L'adultere étoit tenue pour une cause valable de répudiation; & on regardoit le mariage, comme annullé par cette prévarication.

18°. Le neuvieme concile de Tolede sera un éternel monument de la jurisdiction des princes en matiere ecclésiastique, de la nature de celle des conciles nationaux, & du peu de certitude que le recours ou l'appel au pape fut un droit qui lui appartint exclusivement.

Ce concile ordonne, que les griefs qu'on aura à proposer contre les métropolitains seront portés, non aux conciles provinciaux, (ils y préſidoient), ni au primat de Tolede, (ce qui prouve qu'il n'y en avoit pas alors), ni au pape, (ce qui démontre, qu'il n'étoit point reconnu univerſellement pour ſeul juge compétent des cauſes majeures), mais au roi ; non cependant pour juger, mais pour convoquer un concile national, dans lequel on reconnoiſſoit le caractere du juge compétent des métropolitains.

L'égliſe n'eſt qu'un corps myſtique, qui n'a d'activité dans le corps politique que par la volonté de celui qui en eſt l'ame. Ainſi comme les premiers évêques demandoient aux empereurs des conciles œcuméniques, ceux de l'égliſe d'Eſpagne demanderent à leur roi des conciles nationaux. Voilà l'autorité, qu'ils reconnoiſſoient comme compétente pour reprendre les métropolitains, pour juger de tous les griefs qu'on avoit à propoſer contr'eux, & par conſéquent pour recevoir l'appel de leurs jugemens ; car on n'appelle d'une ſentence que parce qu'elle fait grief.

19°. La nomination aux bénéfices de fondation laïque appartint dès-lors aux fondateurs, privativement aux évêques ; ce qui fait voir, que le patronage laïque eſt antérieur au patronage eccléſiaſtique ; car l'établiſſement des cures ne remonte pas au-deſſus du onzieme ſiecle.

Cependant les évêques pouvoient auſſi dès-lors fonder des monaſteres & d'autres égliſes dans l'étendue de leurs dioceſes ; le concile que nous venons de citer, les autoriſoit à employer la cinquantieme partie de leurs revenus à la fondation des monaſteres, & la centieme à celle d'autres égliſes.

20°. Les enterremens des évêques ſe faiſoient aux dépens des égliſes vacantes ; le concile attribue à un évêque une livre d'or, pour ſon droit de préſence à la ſépulture d'un de ſes confreres.

Tome I.

21°. La confession auriculaire n'étoit point de discipline invariable; il est prouvé par le dixieme concile de Toléde, que Potamius, évêque de Braga, fit par écrit la confession d'un crime qu'il avoit commis; cet exemple, & d'autres ramassés par le pere Morin prouvent, que la confession & même l'absolution par écrit pouvoient être bonnes; elles ne furent défendues que par le pape Clément VIII. Il seroit peut-être difficile de décider, laquelle des deux confessions orale ou littérale est sujette à moins d'inconvéniens.

CHAPITRE II.

DE LA JURISDICTION ECCLÉSIASTIQUE, SOUS LES ROIS DE LA PREMIERE RACE.

Les fideles, dans les premiers siécles de l'église, choisissoient des arbitres parmi les premiers pasteurs, pour juger leurs différens; les évêques n'avoient point alors de jurisdiction contentieuse; leur mérite seul engageoit les chrétiens à les prendre pour arbitres; ils disoient leur avis, sans pouvoir contraindre d'exécuter leurs jugemens.

Lorsque la paix fut donnée à l'église, les jugemens des évêques furent appuyés de l'autorité des princes; leurs sentences eurent alors plus de force, que celles des arbitres ordinaires; il ne fut pas même permis d'en appeller, & les juges laïques furent obligés de les faire exécuter.

Ainsi, ce qui s'étoit fait d'abord du consentement des parties, est devenu successivement un droit public; les évêques donnerent des audiences; leur intégrité leur procura une magistrature volontaire, & leur érigea un tribunal domestique; Eusebe & Sozomene assurent, que Constantin le Grand accorda de grands priviléges aux évêques; que leurs sentences, qui n'avoient jusqu'alors d'autorité que par les conventions des parties, commencerent à avoir la force des jugemens rendus par les juges séculiers. Ainsi l'arbitrage des prélats, qui dans les affaires civiles n'avoit été qu'un ministere de charité, acquit le caractere d'une véritable jurisdiction, communiquée par le souverain. Il importoit peu

Euseb. de vitâ Constant. l. 1. c. 42. Sozom. l. 1. c. 9.

alors, pour le repos de l'état, que les contestations des particuliers fussent terminées par des ecclésiastiques ou par des laïques; on devoit seulement souhaiter que le pouvoir de juger fut donné à des personnes éclairées, & d'une probité reconnue; ce fut cette raison qui détermina Constantin à donner aux évêques le pouvoir d'administrer la justice.

La loi qui en fut publiée par ce prince n'est pas arrivée entiere jusqu'à nous; mais on veut qu'une partie s'en soit conservée dans un rescrit adressé à Ablavius, préfet du prétoire: Jacques Godefroi & Loiseau ont décrié cette loi, comme une piéce supposée; d'autres jurisconsultes ont pris sa défense, & en ont soutenu l'authenticité (1).

Ce rescrit ordonne, que les jugemens rendus par les évêques, sur quelque matiere que ce soit, seront reçus avec respect; il défend d'y donner atteinte, & veut que les magistrats contribuent de leur autorité pour les faire exécuter;

Sozom. ubi supra. Nicephor. l. 7. c. 8.

---

(1) Loiseau prétend, que ce rescript a été ajouté au code Théodosien avec ce titre: *hic titulus deerrabat à codice Theodosiano:* comme Théodose a fait une loi contraire à celle qu'on suppose avoir été adressée à Ablavius, Loiseau la croit au moins douteuse. Celle de Théodose porte, que les évêques n'exerceront leur justice & leur jurisdiction, que sur des matieres de religion, & que les autres affaires des ecclésiastiques seront terminées par les juges ordinaires: « or, ajoute Loiseau, est-il vraisemblable, » que Théodose ait rapporté dans son code une loi tout-à-fait contraire » à la sienne? »

Cependant il adoucit ensuite son opinion: *il est possible*, dit-il, *que cette loi ait été faite par Constantin dans sa premiere ferveur: peut-être n'a-t-elle jamais été observée ni publiée.*

Quoi qu'il en soit de cette critique, la loi envoyée à Ablavius a été adoptée par Charlemagne, comme on peut le voir dans les capitulaires de ce prince. *l. 5. c. 225. & lib. 6. c. 28.*

il entend qu'une affaire qui aura été jugée au tribunal ecclésiastique, ne sera point rapportée aux juges séculiers; qu'une cause instruite dans un tribunal laïque, en pourra être tirée; & qu'en tout état de cause, une des parties pourra demander un renvoi par-devant le juge d'église, & qu'on ne pourra le lui refuser.

Cette jurisprudence se maintint dans les Gaules & dans d'autres provinces de l'Empire, jusqu'au regne de Théodose I, qui la favorisa encore.

Mais les loix d'Arcadius & d'Honorius, & celles de Théodose II ne furent pas si favorables au clergé: cependant les évêques conserverent encore une jurisdiction assez étendue; Arcadius & Honorius laisserent aux clercs & aux moines le privilége d'avoir pour juges ordinaires leurs évêques, & chargerent les magistrats séculiers de faire exécuter leurs jugemens: les causes civiles des clercs alloient droit à l'évêque; les laïques avoient le choix du tribunal séculier ou ecclésiastique. *L. 7 & 8. cod. de episcop. Audient. l. 33. cod. episc. & cler.*

Les loix qui attribuoient aux évêques la connoissance des démélés respectifs des clercs, étoient conformes à la discipline de l'église, on ne souffroit point, autant qu'il étoit possible, que les clercs parussent devant les juges laïques, au mépris de leur profession; non que les évêques cherchassent à s'attirer des affaires, ils en avoient assez; ni qu'ils fussent jaloux de faire plaider les clercs devant eux, mais ils ne vouloient point les laisser plaider; un clerc qui avoit une affaire avec un autre clerc l'exposoit à son évêque, pour l'en faire juge, ou obtenir son consentement pour choisir des arbitres.

Les conciles des Gaules ne défendoient pas absolument aux clercs d'agir devant les tribunaux laïques; mais ils leur défendoient d'y porter leurs différens sans la permission de *Concil. Agath. c. 32. Aurel. III. c. 32. Aurel. IV. c. 2.*

leur évêque. Les synodes d'Arles en 451, d'Epône ou Ponas en 517, le premier de Mâcon en 581, le second en 585, celui de Paris en 615, ont exigé ce consentement de l'évêque, & l'on voit que le roi Clotaire, qui a convoqué ce dernier concile, en a confirmé les décrets par une ordonnance.

Telle étoit la jurisprudence du clergé dans les Gaules; les causes civiles des clercs alloient droit à l'évêque; les laïques avoient le choix du tribunal séculier ou ecclésiastique. Ainsi on peut soutenir, que la condition des clercs n'est pas incompatible avec la magistrature; qu'il n'y a aucun fondement de leur en disputer les honneurs, & de les traiter en cela moins favorablement, que les juges laïques.

A l'égard de la jurisdiction ecclésiastique en matiere criminelle, son origine est plus obscure, & sa recherche plus difficile & plus délicate. *Si micare licet in his tenebris*, nous croyons, que dans les premiers siécles de l'église, son for *extérieur* étoit souvent joint au for *intérieur* & *pénitentiel*. Il est certain que les péchés ont toujours été soumis au tribunal de la pénitence; on imposoit des pénitences secrettes pour les péchés occultes, & des pénitences publiques pour les péchés publics; mais celles-ci n'étoient enjointes, qu'après des informations approchantes de celles qu'on observoit dans le for séculier pour la punition des crimes; insensiblement on a suivi les autres formalités, employées par les juges laïques: toutes ces procédures jointes ensemble ont fait du for extérieur de l'église, un tribunal contentieux, dont la procédure judiciaire ne fut presque plus différente de celles de juges laïques; c'est ainsi qu'on remonte, avec quelque probabilité, à l'origine de la jurisdiction que les juges d'église exercent, quand ils connoissent des matieres criminelles.

Lorsque Clovis entra dans les Gaules, loin de rien changer dans la magistrature des évêques, il se servit au contraire utilement de leurs lumieres, soit pour continuer dans l'administration de la justice ceux qui s'y étoient distingués, soit pour y appeler ceux qui, avec les talens nécessaires, n'y avoient point eu encore de part; il admit dans son conseil des évêques éclairés, & capables de partager avec lui les soins du gouvernement; *l'honneur que vous leur ferez*, lui dit S. Remi qui a long-tems dirigé ce prince, *tournera à l'avantage de vos peuples*. *Concil Gall. t. 1. p. 175. apud Duchesne. t. 1. p. 489.*

Grégoire de Tours nous apprend, que Gontram, roi de Bourgogne, voulant faire le procès aux généraux de l'armée qu'il avoit envoyée en Languedoc contre les Visigots, leur donna quatre évêques pour juges, auxquels il joignit quelques seigneurs laïques.

Le même prince, & Sigebert roi d'Austrasie, prêts d'en venir aux mains, convinrent sur le champ de bataille de remettre leurs différens au jugement des évêques & des principaux de la nation. *Gregor. Turon. l. 6. c. 31.*

Grégoire de Tours assure encore, que Saint Avor, évêque de Langres, & Saint Quintian, évêque de Rhodès, le premier sous la domination des Bourguignons, & l'autre sous celle des Visigots, furent suspects d'intelligence avec les Francs, ennemis de ces deux nations, & que pour éviter la mort, ils furent obligés de se réfugier dans le royaume de Clovis; ce prince, aussi bon politique que grand capitaine, employa toute son autorité pour leur faire oublier leurs disgraces, & leur procura d'autres évêchés dans ses états. *Greg. Turon. l. 2. c. 23 & 26.*

Les évêques continuerent d'occuper les premieres places dans le conseil royal; Arnould de Metz fut premier ministre & conseiller de Dagobert I; il assista à une assemblée, où, de l'avis des prélats, on prit la résolution de chasser du royaume les Juifs, qui ne vouloient pas recevoir le baptême.

ARTICLE I.

Des Tribunaux ecclésiastiques.

Dans les métropoles des Gaules, comme dans celles des autres états, il y avoit autrefois deux tribunaux ordinaires; celui de l'évêque, qui assembloit ses prêtres pour juger avec lui les affaires ecclésiastiques de son diocèse, & celui du métropolitain, composé des évêques de la province, pour juger les affaires importantes.

§. I.

Du Conseil ou du Synode de l'Évêque.

Quelques canonistes ont prétendu, que la chaire épiscopale, placée dans l'église, étoit un tribunal de jurisdiction, & que les assistans de l'évêque lui servoient anciennement d'assesseurs.

L'abbé Fleury n'insinue point l'endroit où l'on tenoit ce tribunal : « l'évêque, dit-il, étoit assis au milieu des prêtres, » comme un magistrat assisté de ses conseillers : les diacres » étoient debout comme des appariteurs, ou des ministres » de justice : les parties qui avoient quelque différent, ou » qui étoient accusées de quelque crime, se présentoient & » s'expliquoient elles-mêmes ; l'affaire étoit examinée som- » mairement & sans formalité judiciaire : le juge s'appli- » quoit principalement au fonds, non seulement à décider » ce qui étoit juste, mais à en persuader les parties, à leur
» ôter

Instit. au droit ecclés. t. 2. p. 17. ed. 1688.

» ôter toute aigreur & toute animosité, & à les guérir
» de l'avarice & de l'attachement aux biens temporels ».

Le tribunal où l'on rendoit ces jugemens, s'appelloit *presbyterium* : il fut d'abord composé des prêtres ou curés de la ville épiscopale : mais deux choses contribuerent ensuite à son changement ; la négligence des curés, qui sous divers prétextes se dispenserent d'assister aux audiences, & la confiance particuliere dont les évêques honorerent les chanoines de leurs cathédrales : ils choisirent dans leurs chapitres des chanoines pour les aider dans la visite de leurs diocéses, & les chargerent de s'informer de la conduite des curés de campagne, & de leur en faire le rapport : les chanoines, par ce moyen, furent introduits dans le conseil de l'évêque, à l'exclusion des curés.

Ceux des cathédrales se dirent bientôt les conseillers nés de l'évêque, & sçurent si bien soutenir cette qualité, qu'ils parvinrent à obliger les évêques de prendre leurs suffrages dans les jugemens.

Cependant, dans les affaires importantes, l'évêque convoquoit non-seulement ses chanoines, mais encore les curés de la ville, & les prêtres que leur titre obligeoit de résider à la campagne : cette assemblée formoit ce qu'on appelle aujourd'hui le *synode diocésain* ; on y admettoit quelquefois les moines ; Aldric voulant changer quelque chose dans son église, prit l'avis de ses *freres* les chanoines & les moines, qu'il avoit assemblés ; quand Jonas, évêque d'Autun, augmenta les fonds destinés à l'entretien des clercs de sa cathédrale, il consulta les prêtres les diacres & le reste du clergé de son diocése ; les formules qui nous restent des synodes diocésains font voir, qu'on y jugeoit des différens, qu'on y délibéroit sur les affaires les plus intéressantes, & qu'on

Tome I. Eeee

y faisoit des réglemens ; Herard, archevêque de Tours, publia ses capitulaires dans un synode des prêtres de son diocése ; ces synodes parurent si utiles, & même si nécessaires pour maintenir la discipline de l'église, qu'on trouve des conciles qui ordonnent de les tenir deux fois chaque année.

§. II.
Du conseil du métropolitain.

Les évêques sont égaux par leur caractere & leur puissance ; mais on a sagement établi qu'il y auroit entr'eux une espece de subordination ; ils sont égaux, mais les uns & les autres sont responsables de l'usage de leur autorité ; il n'en est aucun, qui ne soit inférieur à ses confreres légitimement assemblés en un concile provincial ou national.

Conc. Vasense.
II. ann. 444. c. 5.
Con. Arel. II.
ann. 451. c. 48.
Conc. Aurel. III.
ann. 538. c. 20.
Conc. Lugdun.
aun. 567. c. 1.

Dans le cinquieme & le sixieme siécle, les clercs mécontens de leur évêque, portoient leurs plaintes au concile provincial. Un concile tenu à Lyon par Philippe, archevêque de Vienne, ordonne, que s'il s'éleve quelque différent entre les évêques d'une même province, l'affaire sera portée au concile provincial, & que les parties intéressées s'en tiendront à ce que le métropolitain aura décidé avec ses comprovinciaux.

Conc. Aurel.
IV. c. 20.

Les conciles ne souffroient pas, autant qu'il étoit possible, que les évêques & les clercs parussent devant les juges laïques, au mépris de leur profession ; parce qu'ils croyoient qu'un clerc ne pouvoit plaider à un tribunal laïque sans blesser la charité, sans scandaliser le prochain, & sans paroître avoir mauvaise opinion des jugemens de l'église : d'autres conciles ne défendent pas absolument aux clercs d'agir devant les juges séculiers, mais ils défendent de s'y présenter sans la permission de l'évêque.

Le concile provincial recevoit ainsi les plaintes contre les évêques, les prêtres & les autres clercs : il faisoit le procès aux accusés, & terminoit les affaires du clergé de la province ; il jugeoit sans appel ; sa sentence purgeoit alors suffisamment un clerc de l'accusation contre lui intentée, sans qu'il fut obligé de se justifier encore devant le juge laïque.

Aim. l. 3. c. 20.

Le Métropolitain seul ne pouvoit juger en dernier ressort la cause d'un évêque ; cette jurisprudence nous apprend, quel étoit l'esprit de l'église : elle ne vouloit pas confier les affaires importantes à la décision d'une seule personne, quelle que fut sa dignité ; les évêques jugeoient avec leur clergé, & les métropolitains avec leurs suffragans (1).

§. III.
Du Conseil national.

Avant que les Francs fussent maîtres des Gaules, les papes y avoient convoqué des conciles nationaux ; mais la domination des Francs étant établie, on n'assembla plus des conciles que du consentement du monarque ; ce droit lui appartient en qualité de souverain dans la conduite de l'église, considérée comme un corps politique, & à titre de gardien & de protecteur du gouvernement de cette même église, considérée comme un corps mystique.

Clovis convoqua le premier concile d'Orléans, comme les évêques l'ont reconnu dans les actes.

Le cinquieme d'Orléans, & le second de Paris portent formellement qu'ils ont été assemblés *ad invitationem Childeberti regis.*

---

(1) Voy. ci-dessus l'ordre qu'on observoit dans ces anciennes assemblées.

Les conciles nationaux tenus à Tours & à Soissons sous les rois Mérovingiens ont ordonnés, que tous les ans il y auroit un concile dans chaque province; l'observation de cette loi fut négligée pendant quelque temps; plus de soixante années s'écoulerent sans conciles; le roi Pépin en rétablit l'usage; ceux de Verberie, de Metz, de Vernon, de Compiegne, de Soissons, &c. furent convoqués & tenus sous ce prince: les assemblées de la nation à Nevers, à Worms, à Attigni, à Orléans, à Saint-Denis, depuis 763 jusqu'en 768, furent remplies d'évêques; on y termina également les affaires ecclésiastiques & les politiques; & l'on verra que sous Charlemagne ces conciles mixtes furent encore plus ordinaires; le prince en assembloit plusieurs chaque année dans les différentes provinces de son royaume.

§ IV.

Des Appellations.

C'est un fait constant, qu'un appel d'une sentence rendue par un juge d'église, n'étoit pas anciennement portée à une cour séculiere. Les causes des ecclésiastiques se terminoient par leurs juges; s'ils se trouvoient lésés par les sentences qui intervenoient, ils en appelloient aux supérieurs ecclésiastiques, en gardant toujours l'ordre des dégrés de jurisdiction, & quand ces procés étoient portés à un concile, ils y étoient décidés en dernier ressort.

Dans les premiers siécles les appellations n'étoient pas communes; on acquiesçoit à la justice d'un premier jugement; nous voyons cependant dans le concile de Nicée une permission accordée aux clercs de se plaindre au concile de leur province, lorsqu'ils étoient mécontens du

Conc. Nicen. canon. 5.

jugement de leur évêque ; mais on ne remarque pas, qu'un clerc ait pu avoir recours au pape. Lorsqu'un évêque se plaignoit de la fentence d'un concile, le remede étoit d'en affembler un plus nombreux, en joignant les évêques de deux ou de plufieurs provinces. Le concile de Nicée ordonne, que toute affaire, de quelque nature qu'elle fut, foit terminée dans la province. Ainfi, au commencement du quatrieme fiécle le fynode provincial jugeoit en dernier reffort les affaires eccléfiaftiques.

Le concile de Sardique permit enfuite aux évêques, qui prétendoient avoir été injuftement condamnés, de s'adreffer au fiége de Rome ; le pape en conféquence fe mit en poffeffion d'examiner de nouveau les affaires des évêques dans des conciles plus nombreux, que ceux qui les avoient déjà jugés. Mais l'églife d'Afrique, dans le quatrieme fiécle, défendit à fon clergé de porter fes appels à Rome ; elle fuivit en cela l'exemple & l'autorité de S. Cyprien, qui avoit défapprouvé les appels. *C'eft une loi conftante pour nous*, dit ce pere de l'églife, *& il eft jufte que l'on juge la caufe de chacun dans le lieu où le crime a été commis ; une portion feulement du troupeau a été affignée à chaque pafteur, afin que chacun la gouverne & la conduife, devant rendre compte à Dieu de fa conduite ; il ne faut pas que ceux fur lefquels nous fommes établis courent de tous côtés, & que par une témérité trompeufe ils commettent enfemble les évêques, mais qu'ils plaident leurs caufes dans l'endroit, où ils peuvent avoir des accufateurs & des témoins du crime qu'ils pourfuivent, à moins que quelques défefpérés ne prétendent diminuer l'autorité des évêques qui les ont jugés.*

Appiarius l'entreprit dans le cinquieme fiécle ; ce prêtre de Carthage fe pourvut à Rome contre une fentence de condamnation portée contre lui ; on ignoroit en Afrique le canon du concile de Sardique ; & quand on l'auroit connu, ce canon ne permettoit qu'aux évêques, jugés dans un concile, de porter à Rome leur appel ; il ne paroît pas avoir donné cette faculté aux ecclésiastiques du second ordre.

L'église Gallicane, à l'exemple de celle d'Afrique, n'approuvoit pas non plus ces sortes d'appellations ; Saint Hilaire d'Arles, dans le différent qu'il eut avec le pape S. Léon, fit sentir que de son temps le clergé des Gaules ne se soumettoit point encore à l'appel en cour de Rome.

Cependant les papes firent enfin recevoir le décret du concile de Sardique dans toutes les églises d'Occident ; ils s'en servirent comme d'un moyen pour s'attribuer les appellations des jugemens rendus, même sur les affaires les moins considérables ; ils poussèrent ensuite leurs prétentions jusqu'à vouloir juger l'appel, par eux ou par légats ; ils évoquerent même à leur cour les affaires portées à des conciles, & reçurent des appellations, avant qu'on eut passé par tous les dégrés des jurisdictions.

La plûpart des évêques s'opposerent à cette nouveauté, mais le nouveau droit canonique prévalant insensiblement, la cour de Rome a prétendu pouvoir juger toutes les causes majeures en premiere instance, & prévenir les ordinaires dans la jurisdiction contentieuse.

ARTICLE II.

Des crimes canoniques.

C'est un crime de donner ce nom à des actions qui ne sont que de simples fautes ; les crimes dont il s'agit ici, sont ceux qui, dans le for contentieux de l'église, éloignent des ordres & des bénéfices.

Tous les crimes qui offensent la majesté divine & celle du prince, qui troublent l'œconomie du gouvernement politique, & qui blessent considérablement les particuliers dans leurs personnes, leurs biens, & leur honneur, éloignoient dans les premiers siécles des ordres sacrés, ceux qui s'en rendoient coupables; l'église Gallicane s'est déclarée dès les premiers temps de la monarchie, rigide observatrice de cette discipline. Le concile d'Agde défend de donner la tonsure & les ordres mineurs aux laïques, qui ont fait pénitence pour des péchés, auxquels le nom de crime convient.

Le premier concile d'Orléans veut que l'on dépose les diacres & les prêtres, convaincus d'un délit qui mérite une punition publique.

Le troisieme concile d'Orléans décerne la peine de la déposition perpétuelle, contre les clercs convaincus d'adultere, de vol, de faux. Cette disposition des conciles n'a pas toujours été observée avec exactitude. Genebaud, après avoir fait pénitence de son crime, fut rétabli sur son siége par Saint Remi. Un évêque de Clermont, successeur de Saint Austremoine, fit pénitence dans un monastere, & revint ensuite gouverner son église. Mais ces exemples, rares autrefois, ne faisoient point une regle; les loix pénales ne s'abrogent point, parce que quelques coupables trouvent moyen de se souftraire à leur sévérité.

Discipl. de l'égl. part. 2. l. 2. c. 16.

Saint Boniface, évêque de Mayence, savoit que selon la rigueur des canons il falloit déposer un certain prêtre coupable d'un crime, quoiqu'il en fit pénitence; mais ce prêtre desservoit une paroisse où il y avoit des nouveaux convertis; Saint Boniface craignant, qu'en ôtant à ce prêtre son ministere, ils ne retournassent à l'idolâtrie, crût que dans ce cas la charité devoit l'emporter sur la sévérité des canons; Il permit à ce prêtre, quoique pénitent, de faire les fonctions de ses ordres; il n'eut pu le déposer, sans faire un éclat, dont les suites eussent pu devenir fâcheuses, & il jugea plus à propos de tolérer un prêtre repentant, dans l'exercice de son ministere, que de donner un sujet de scandale à des peuples qui ignoroient que son pasteur fut coupable de quelque crime.

La discipline de l'église éloigna du ministere sacré tout clerc criminel ou pénitent, jusqu'au neuvieme siecle, qu'il y eut des directeurs, qui furent d'avis de rétablir les clercs après leur pénitence. Hincmar de Reims combattit cette opinion, comme contraire aux conciles & à la doctrine des peres de l'église : les textes qu'il rapporte ne distinguent point entre les péchés publics & les secrets; & suivant les capitulaires de Charlemagne, on excluoit des fonctions ecclésiastiques les clercs qui avoient commis un crime, avant comme après leur ordination; il suffisoit d'être coupable, pour être éloigné du saint ministere.

Ibid. part. 3. l. 2. ch. II.

La distinction entre les crimes publics & les crimes occultes; entre les crimes infamans & les non-infamans; entre ceux dont le procès étoit commencé, & ceux qui étoient restés sans poursuite, ne vint que dans l'onzieme siecle. Alors on prétendit qu'un crime resté dans l'obscurité, & en quelque sorte réparé par la pénitence, n'étoit point un obstacle au rétablissement d'un clerc dans les ordres sacrés & dans les bénéfices dont il avoit été privé. Il n'y eut plus que les crimes publics qui, par le scandale qu'ils causent, imprimerent une note d'infamie à ceux qui les commettoient, & qui emporterent la privation irrévocable des ordres & des bénéfices;

fices; & ce fut depuis ce temps qu'il parut une jurisprudence nouvelle, suivant laquelle on considéra quatre choses dans les crimes ecclésiastiques, savoir le *crime* en lui-même, l'*accusation*, l'*inculpation*, & la *conviction*.

Quoiqu'il n'y ait point d'accusation, les évêques sont en droit de refuser les ordres & le *visa* pour les bénéfices, ou de les conférer; ils sont en cette partie les juges des mœurs & de la doctrine de ceux qui se présentent; mais pour les bénéfices acquis, les titulaires ne peuvent en être dépossédés que par un jugement prononcé selon les formes judiciaires.

S'il y a une accusation & même une inculpation, laquelle ne peut se présumer que par le décret, il faut alors recourir à la distinction des crimes, qui sont infamans, & de ceux qui ne le sont pas.

Enfin, quand le jugement est prononcé, il faut encore recourir à la même distinction; la condamnation qui déclare atteint & convaincu d'un crime emportant infamie, & celle qui prononce une peine infamante, privent de plein droit du bénéfice; mais si le jugement, ni le crime par sa nature, ne sont infamans, il n'y a ni incapacité pour l'avenir, ni privation d'ordre & de bénéfice.

De tous les crimes soumis au for contentieux, celui d'hérésie est regardé comme le premier. Les évêques des premiers siecles se contentoient d'excommunier ceux qui en étoient convaincus, & n'alloient pas plus loin; ils ne dénonçoient point les coupables aux magistrats, persuadés que cette dénonciation ne pouvoit s'accorder avec la charité, dont le clergé doit être animé.

Les juges laïques ne prenoient connoissance de l'hérésie, que lorsque ceux qui en étoient coupables troubloient l'état;

alors ils les condamnoient à des peines capitales; les évêques ne comparoissoient point au tribunal laïque, mais à l'exemple de Saint Martin, ils prioient les juges de ne point faire mourir les coupables : telle fut la conduite de l'église jusqu'au huitieme siecle; on ne voit pas que les princes ayent fait jusques-là des loix contre les hérétiques; les Gaules avoient conservé la foi telle qu'elles l'avoient reçue des hommes apostoliques : l'évêque Adalbert, au huitieme siecle, voulant introduire dans les Gaules l'Arianisme & d'autres erreurs qui lui étoient particulieres, Pepin, maire du palais, fit assembler en 754, à Soissons, vingt-trois évêques, quelques prêtres du second ordre, & les grands du royaume (1), les opinions d'Adalbert furent examinées & condamnées; on confirma la foi du concile de Nicée, & ses canons furent publiés.

Cons. Suess.can. 7.

Il en étoit des autres crimes canoniques comme de l'hérésie; les magistrats séculiers n'en prenoient connoissance, que lorsque leurs auteurs troubloient l'ordre public, ou lorsqu'il s'agissoit de prêter secours aux juges ecclésiastiques; c'est ainsi que Brunehaut, & les rois ses enfans, soutinrent de leur autorité les efforts que les évêques de France firent pour en bannir la simonie.

───────────────

(1) Ces assemblées, composées d'évêques & de seigneurs, étoient en même temps des conciles nationaux & des plaids généraux : le clergé & la noblesse, par une heureuse émulation y concouroient avec le souverain, au maintien de la religion & de la police dans tous les ordres de l'état : de leurs décisions se sont formés les *capitulaires*, c'est-à-dire, ces sages reglemens qui ont fait la gloire de Charlemagne.

ARTICLE III.

Des peines canoniques.

Le pouvoir de condamner à des peines canoniques fait partie de la jurisdiction épiscopale; ces peines, dans les premiers siecles, n'étoient proprement que l'excommunication & la déposition.

§. I.

De l'Excommunication.

Lorsqu'un homme étoit accusé d'un crime canonique, c'est-à-dire, de l'espece de ceux contre lesquels les loix civiles ne sévissoient pas, les évêques examinoient soigneusement sa conduite; s'ils trouvoient l'accusation fondée, ils reprenoient d'abord le coupable en particulier; si cette correction étoit infructueuse, l'évêque prenoit un témoin ou deux, & en leur présence il avertissoit l'accusé avec prudence & douceur; s'il s'endurcissoit, l'évêque le reprenoit publiquement devant l'église, employant pour le ramener aux préceptes évangéliques, les reproches, les menaces, les jeûnes, & d'autres remedes de cette nature; s'il n'espéroit plus de guérison, alors après avoir pris conseil des évêques & des prêtres les plus expérimentés, & après avoir mûrement délibéré & long-temps attendu, il retranchoit de l'église le membre corrompu, de peur qu'il n'infecta les autres; il disoit au coupable: *vous avez commis tel crime, les canons excommunient ceux qui s'en rendent coupable, retirez-vous.*

On dénonçoit ensuite l'excommunié dans toutes les églises; cette pratique est un des points de la discipline ecclé-

fiaſtique, les plus anciens & les plus généralement reçus.
Durand, évêque de Mende, dans le treizieme ſiécle, rapporte le formulaire de cette dénonciation, qu'on envoyoit aux égliſes; le cardinal de Sourdis, archevêque de Bordeaux, l'a fait obſerver, en ordonnant même aux prédicateurs de ſon dioceſe d'en faire la lecture dans leurs ſermons.

<small>Eveillon, traité des excomm.</small>

Ceux qui étoient excommuniés par un évêque, ne recevoient point la communion dans le dioceſe d'un autre; les métropolitains à qui l'on ſignifioit la ſentence d'excommunication, pour la faire ſavoir à leurs ſuffragans, examinoient ſi la premiere ſentence étoit équitable, avant que de la ſuivre; s'ils y trouvoient quelque défaut ou quelque injuſtice, ils la réformoient & l'on obligeoit le premier juge de ſuivre l'avis des derniers, comme étant plus conſidérable par le nombre & la dignité des opinans.

Vers la fin de la premiere race, on diſtinguoit en France une ſentence d'excommunication de celle de l'anathême; la premiere privoit de la communion eccléſiaſtique, avec quelque eſpérance de pardon; la ſeconde chargeoit le coupable incorrigible, de malédictions; elle le ſéparoit de la ſociété des fideles, ſans lui faire eſpérer de le rétablir dans la communion de l'égliſe.

Les coupables d'un crime qui méritoit l'anathême, étoient alors condamnés au travail des mains; mais on proportionnoit cette peine au crime, par la dureté & la longueur du travail; la ſûreté publique exigeoit qu'on raſſemblât les plus coupables dans des lieux deſtinés à cette eſpece de ſervitude; celui où les hommes étoient renfermés s'appelloit *ergaſtulum*; on nommoit celui des femmes *gynécée*; c'eſt peut-être là l'origine des maiſons de correction en France: on employoit les uns & les autres à des travaux,

<small>Capitul. Aquiſgr. ann. 789. c. 77.</small>

dont le produit tournoit au profit de l'église ou de l'état, qui les faisoit garder & qui les nourrissoit.

La fulmination de l'anathême ne se faisoit pas encore avec ces effrayantes solemnités qui ont paru dans le treizieme siecle & les suivans, où il fût permis à ceux qui étoient chargés de la fulmination, d'employer les imprécations qu'ils jugeoient à propos, en jettant trois pierres contre la maison de l'excommunié (1).

Dans ces premiers siecles on ne connoissoit point d'excommunication *ipso facto*, & avant la sentence qui la déclare ; Saint Augustin nous l'apprend lui-même : *nous ne pouvons*, *dit-il*, *exclure de la communion, que ceux qui font un aveu volontaire de leur crime, ou qui en sont convaincus par la sentence du juge compétent.* *Form. 3. de pænit.*

Quoique le glaive de l'excommunication, utile peut-être pour les particuliers indociles, soit d'un usage infiniment dangereux, quand il s'agit des princes, cependant la fidé-

___

(1) Eveillon, auteur du dix-septieme siecle, assure que de son temps on pratiquoit encore dans les dioceses du Dauphiné l'usage de mettre, lors de la fulmination d'un anathême, un cercueil à la porte de l'église ; que la grand'messe finie, le curé, revêtu d'une aube avec l'étole, alloit y mettre le feu ; que deux ecclésiastiques marchoient devant lui, ayant six pierres dans leurs mains ; que pendant que le cercueil brûloit, on chantoit à haute voix & au son des cloches le répons, *Revelabunt cœli*, l'antienne *Media vita*, & le pseaume *Deus laudem meam*. Les ecclésiastiques jettoient ensuite leurs pierres, comme s'ils les avoient jettées contre l'excommunié lui-même, & prononçoient contre lui des imprécations en termes horribles : cette cérémonie finie, on affichoit à la porte de l'église l'acte de fulmination. *Traité des excomm. ch.* 29. *art.* 3. Durand, évêque de Mende, semble supposer que de son temps, (au treizieme siecle,) cette pratique étoit connue. *Specul. l.* 2. *particul.* 3. *de sentent.* 6. *n.* 32.

lité de l'histoire exige de ne pas passer sous silence les exemples des excommunications prononcées dans les premiers siecles de la monarchie; ces exemples sont plus fréquens sous la seconde race; cependant sous la premiere, on voit que Cherebert ou Charibert fut excommunié par S. Germain, évêque de Paris, pour avoir contracté un mariage incestueux.

L'interdit, qui est une espece d'excommunication générale d'un royaume, d'une province, d'une ville, d'une seigneurie, &c. n'étoit point connu dans les premiers siécles de l'église.

<small>Greg. Turon. hist. c. 31. l. de gloriâ martyr. c. 79. l. de gloriâ confess. c. 71.</small>

On voit bien dans Grégoire de Tours, que Prétextat, évêque de Rouen, ayant été assassiné en 590, en faisant le sacrifice, Leudocalde, évêque de Bayeux, vint à Rouen, où il fit fermer les églises : quelques années auparavant, l'église de Saint Denis ayant été profanée par un meurtre, on avoit cessé d'y faire l'office : le même Grégoire de Tours rapporte sur un sujet semblable, que Léon, évêque d'Agde, pour obliger un Seigneur Goth à rendre à son église une terre qu'il avoit usurpée, cassa avec son bâton toutes les lampes de l'église de Saint André, en disant: *on n'allumera point ici de lumiere, jusqu'à ce qu'on ait rendu les biens de la maison de Dieu*; mais ce n'est pas là de ces interdits, introduits par le droit nouveau des onzieme, douzieme & treizieme siécles, où l'on vit des évêques interdire non-seulement les chanoines & leurs églises, mais encore leurs fours & leurs moulins bannaux.

§. II.

De la Déposition.

L'église primitive n'a point distingué la déposition & la dégradation; ces deux noms signifioient, qu'un clerc condamné perdoit son rang, qu'on ne le regardoit plus comme clerc, & qu'il ne pouvoit plus faire canoniquement les fonctions attachées à son ordre.

Au sixieme siécle, l'évêque connoissoit des crimes publics des ecclésiastiques; s'il trouvoit un clerc accusé, suffisamment convaincu, il le déposait; si l'accusation étoit portée devant le juge laïque, celui-ci dans le cas d'une conviction légitime, mettoit les pieces du procès entre les mains de l'évêque, qui continuoit ou recommençoit l'instruction; s'il le jugeoit coupable, il procédoit à la dégradation, pour le livrer au bras séculier; s'il ne trouvoit pas de preuves suffisantes, pour rendre ce jugement, il renvoyoit le procès au conseil du roi, pour décider du sort de l'accusé: si l'évêque ne trouvoit pas la procédure réguliere, il différoit la dégradation; & cependant l'accusé demeuroit sous bonne garde, en attendant que le procès eut été instruit dans les formes, & en connoissance de cause.

Le premier concile d'Orléans, tenu en 507, ordonne par l'article IX, de déposer & d'excommunier le prêtre & le diacre, coupables d'un crime capital; on ne voit aucune maniere de concilier ce canon avec le cinquantieme du concile d'Agde, qui laisse la communion laïque à ceux qu'il dépose pour ces mêmes crimes; cette diversité prouve ce que nous avons déjà insinué plusieurs fois, savoir que chaque métropole se croyoit alors maîtresse de sa discipline.

La déposition d'un bénéficier ecclésiastique ne suffisoit pas, pour le priver des prérogatives temporelles dont il jouissoit: « si une Abbesse, dit le concile de Francfort, ne vit pas selon les canons & sa regle, les évêques feront sur sa vie les informations nécessaires, & en instruiront le roi, afin qu'elle soit privée de son *honneur*, c'est-à-dire, de son bénéfice ». C'étoit le roi qui condamnoit un clerc à perdre ce qu'il lui avoit donné.

<small>Conc. Francof. ann. 794. c. 45.</small>

Ce ne fut que dans le douzieme siecle, qu'on commença à distinguer la déposition de la dégradation; alors on mit entr'elles un intervalle; si pendant ce temps le coupable ne se corrigeoit point, on l'excommunioit; & s'il persistoit dans le désordre, on procédoit à sa dégradation.

Par cette différence la dégradation est devenue une cérémonie assez semblable à celle que l'on observoit autrefois dans la milice; on dégradoit un officier, en lui ôtant le baudrier & les armes, & un chevalier, en le dépouillant de ses ornemens; on ôtoit de même à un ecclésiastique condamné à des peines infamantes, les marques de son ordre.

Au reste nous avons observé dans notre analyse des canons de l'ancienne discipline, qu'on faisoit usage alors d'une déposition *partielle*, & à *temps*, ce qui dans le droit nouveau a été appellé *suspense*.

ARTICLE IV.

Des Procès faits aux Ecclésiastiques sous la premiere race des rois Francs.

Lorsque les empereurs eurent embrassé le christianisme, les puissances ecclésiastique & laïque concoururent au bon ordre du clergé; les princes mirent au rang des criminels les clercs

clercs & les laïques, qui troubloient le repos de l'église; ils les condamnerent à l'amende, à la prison, à l'exil, &c. ces peines étoient celles qu'on infligeoit aux perturbateurs du repos de l'état.

Quoiqu'ils eussent ordonné à leurs officiers de se conformer aux loix de l'empire dans l'instruction & le jugement des procès des clercs, cependant ils entendoient, que les canons revêtus de leur autorité fussent préférés aux loix civiles, lorsqu'il y avoit de l'opposition.

Les empereurs Constance & Constant ordonnerent qu'un évêque prévenu d'un crime, seroit jugé par les évêques de sa province selon les canons; mais que les autres ecclésiastiques seroient soumis à la jurisdiction des magistrats ordinaires, lorsqu'il s'agissoit des crimes commis contre le droit public de l'empire; cependant pour juger un clerc convaincu de crime, ils attendoient que le jugement de l'église fut intervenu. *Leg. Mansuetud. cod. Theod. de episc. & cler.*

L'empereur Valentinien révoqua le privilege des évêques & des clercs, & voulut que les magistrats de l'Empire connussent des crimes atroces de tous les ecclésiastiques, sans excepter même les prélats du premier ordre. *Leg. 25. cod. Theodos. de episcop.*

Honorius défendit à ses officiers de connoître des crimes des évêques & des autres ecclésiastiques; il laissa aux juges d'église le soin de faire aux accusés leur procès, selon les formalités établies par les conciles. *Leg. cleric. cod. Theod. de episc.*

Théodose le jeune & Valentinien III. étendirent cette jurisdiction des juges d'églises, aux affaires civiles des évêques; *il n'est pas raisonnable,* disent-ils, *que les évêques, qui sont employés à un ministere sacré, soient traduits pardevant des juges laïques.* *L. Fin. cod. Theod. de episc.*

Les rois Francs & Bourguignons ayant établi leur au-

Tome I. Gggg

torité dans les Gaules, confirmerent la jurifdiction contentieufe que le clergé avoit reçue des empereurs Romains ; cette poffeffion qui ne fut point conteftée pendant plufieurs fiecles, fut enfuite regardée comme imprefcriptible ; la jurifdiction contentieufe du clergé dans fon origine n'étoit qu'un privilege ; infenfiblement le clergé oublia qu'il ne la tenoit qu'à ce titre, de la faveur & de la piété des princes.

§ I.

Des procès faits aux évêques des Gaules, fous les rois de la premiere race.

Il eft conftant que dans les premiers fiecles de l'églife un évêque n'étoit accufé & jugé, que dans le concile de fa province. Marcien, évêque d'Arles, accufé de Novatianifme, fut dépofé par Fauftin de Lyon & fes collegues, qui en donnerent enfuite avis au pape Etienne & à Saint Cyprien : ce jugement fut exécuté fans appel.

L'autorité fouveraine des fynodes provinciaux, dans ces fortes de jugemens, fut confirmée par les conciles de Nicée, d'Antioche, & d'Afrique, dont les canons font partie du code, que l'églife de France a reçu.

Mais afin qu'un pareil jugement ne put être réformé, le concile d'Antioche, tenu en 341, requit qu'il fut rendu d'après les fuffrages unanimes des évêques affemblés ; il exigea cette condition, pour ôter tout prétexte au prélat condamné de ne pas fe foumettre à la fentence du concile.

Conc. Antioch. can. 14.

Cependant les empereurs chrétiens accordoient des refcripts pour la révifion des procès, & les évêques condamnés obtenoient des fynodes compofés d'un plus grand nombre d'évêques que ceux où ils avoient été jugés.

Par la suite on a prétendu, que le concile de Sardique a reconnu dans le pape le pouvoir d'ordonner la révision des affaires contentieuses, qu'un concile provincial avoit déjà décidées ; c'est l'opinion de M. de Marca, qui soutient que ces mots *appellatio* & *provocatio*, employés par le concile, doivent être pris dans un sens impropre, & que la révision tient ordinairement lieu d'un appel : mais il faut admettre entre l'un & l'autre quelque différence ; car l'appel fait passer au juge supérieur la connoissance entiere de la cause, pour l'examiner & la décider dans son tribunal ; au lieu que dans la révision, la cause est encore soumise à l'examen des premiers juges, auxquels on en ajoute de nouveaux.

Conc. Sard. can. 7. de concord. sacerd. & imper.

Par le canon du concile de Sardique, le pape pouvoit accorder ou refuser la révision ; lorsqu'il l'accordoit, il déléguoit de nouveaux juges en présence d'un légat, qui les présidoit. Tel est, selon M. de Marca, le sens plus naturel des canons troisieme, quatrieme & septieme du concile de Sardique, & il s'appuye à cet égard de l'autorité d'Hincmar, archevêque de Rheims.

Il est certain que les jugemens irréguliers, rendus par les Orientaux contre Saint Athanase & d'autres évêques catholiques, engagerent les peres assemblés au concile de Sardique, à chercher un moyen pour arrêter les suites fâcheuses de pareilles entreprises ; & ils n'en trouverent pas de plus propre, que de permettre l'appel des jugemens rendus contre les évêques, au siége de Rome, comme ayant plus de moyens de faire observer la discipline.

Le concile d'Antioche avoit permis aux évêques déposés de demander un plus grand concile, pour y être jugés ; mais lorsque les évêques de la province étoient tous du même sentiment, il n'étoit plus libre de se pourvoir, ni de cette maniere, ni d'une autre; voilà pourquoi le concile de Sardique, pour affoiblir ce point de rigueur dans la discipline, établit les appels des évêques au siége de Rome; cependant on laissa aux évêques de la province le jugement en premiere instance, & même le procès devoit être fait & le jugement rendu sur les lieux, par un plus grand nombre d'évêques.

Ces canons de Sardique furent reçus un peu tard dans les églises d'Occident; les empereurs enjoignirent, par des rescripts, de s'y conformer.

L'empereur Gratien ordonna par un édit, que le pape Damase, à la tête de cinq ou sept évêques, jugeroit les accusés; que ceux-ci seroient contraints d'obéir par les préfets du prétoire, les proconsuls ou leurs lieutenans; & de quitter les églises dont ils auroient été privés; que si les accusés demeuroient dans des provinces éloignées de Rome, le métropolitain auroit l'entiere connoissance des procès; mais que si un métropolitian étoit accusé, on l'obligeroit de se rendre à Rome, pour y être jugé par les évêques que le pape nommeroit pour lui faire son procès; que si le métropolitain étoit suspect à l'évêque accusé, il seroit au choix de celui-ci d'en appeller au pape, ou à une assemblée de quinze évêques les plus voisins.

Marca. l. 7. de concord. sacerd. & imper. c. 17. Le pape Zozime ayant fait valoir les canons de Sardique, ses successeurs firent ce qu'ils purent, pour les faire observer dans les églises d'Occident.

Lorsqu'un évêque portoit ses plaintes à Rome, le pape n'en prenoit pas connoissance, mais il le renvoyoit au concile de la province de l'évêque accusé; telle fut la conduite du pape Boniface dans la cause de Maxime, évêque de

Valence en Dauphiné; il se réserva le pouvoir de confirmer, ou d'ordonner la révision du jugement qui interviendroit. Le pape Célestin commit aux évêques des provinces Viennoise & Narbonnoise, la cause d'un évêque de Marseille, mais il retint celle de Daniel, ordonné évêque dans une de ces provinces, parce que les crimes dont on accusoit Daniel avoient été commis en Orient.

Saint Léon jugea en premiere instance, dans un concile Romain, la cause de Saint Hilaire d'Arles; il le priva du droit de métropolitain, cassa la sentence que cet évêque avoit rendu contre Chelidonius, métropolitain de Besançon; Saint Léon prévoyant la difficulté de faire exécuter son jugement, obtint un ordre de l'empereur Valentinien, qui chargeoit le préfet des Gaules de cette exécution; l'ordre en forme de rescript porte, que si un évêque, étant assigné à Rome, refuse de comparoître devant le pape, le Gouverneur de la province l'y contraindra; ce rescript qui donne au pape le pouvoir d'évoquer à Rome les procès des évêques, est contraire à l'esprit du concile de Sardique lui-même. *Van-Espen. vol. 3. edit. 1753.*

Saint Léon fit passer à ses successeurs la prérogative de juger à Rome les métropolitains. Le pape Hilarius, l'an 462, suspendit des droits de métropolitain Hermas, évêque de Narbonne; il chargea Léonce, évêque d'Arles, de faire le procès à Mammert, métropolitain de Vienne, s'en réservant le jugement définitif.

Sous les Rois Mérovingiens l'église Gallicane suivit, dans le jugement des évêques, les canons de Sardique; le concile de la province déposoit les évêques convaincus de crimes, & s'il y avoit appel au siége de Rome, le pape *Marca. l. 7. c. 19.*

faisoit examiner une seconde fois la cause dans la province même.

Ainsi fut conduite l'affaire de Contuméliosus, évêque de Riez; il avoit scandalisé l'église par une impureté criminelle; St. Césaire en écrivit à Jean II, ce pape lui répondit, *qu'il n'est pas permis de continuer dans le ministere sacré un pécheur souillé de crimes scandaleux, & qu'on devoit condamner contumeliosus à faire pénitence dans un monastere.* Son procès fut instruit dans un concile; le prélat coupable y fut déposé; il appella de ce jugement au pape Agapet, qui ordonna qu'en attendant que les juges délégués eussent prononcé sur l'appel, l'église de Riez seroit gouvernée par un visiteur, & que l'évêque demeureroit interdit de toutes les fonctions ecclésiastiques.

<small>Greg. Turon. l. 5. c. 19.</small>

Ce fut dans un concile de quarante-cinq évêques, tenu à Paris en 577, que Chilperic poursuivit Prétextat, évêque de Rouen, pour lui faire faire son procès; *il a marié mon fils avec sa tante contre les canons*, disoit le roi: *il a séduit mon peuple pour faire tomber mon royaume entre les mains d'un autre.*

Prétextat nioit ces faits, & faisoit valoir sa fidélité; il avouoit seulement, qu'ayant tenu sur les fonts de baptême le prince Mérovée, il l'aimoit comme son fils; les juges étoient fort embarrassés, lorsque tout d'un coup Prétextat se prosterna la face contre terre, en disant à haute voix: *j'ai peché contre le ciel & contre vous, roi très-miséricordieux; j'ai voulu vous faire mourir, pour mettre votre fils sur le trône.* De faux amis avoient persuadé à Prétextat, qu'en avouant tout il regagneroit les bonnes graces du roi; mais ce prince adroit se jetta aux pieds des évêques, & leur demanda justice : *ou qu'on déchire sa tunique*, leur dit-il, *ou qu'on récite sur sa tête le speaume* 108, *qui contient les malédictions de Judas, ou qu'on l'excommunie*. Prétextat fut déposé, & condamné à une prison perpétuelle ; Grégoire de Tours, qui rapporte ces particularités, assure qu'il s'opposa autant qu'il le put à la condamnation de cet évêque qu'il croyoit innocent ; il dit que le roi le menaça, & le flatta tour-à-tour, pour l'obliger à y souscrire, & que Frédegonde, pour le corrompre, lui fit offrir deux cents livres en argent.

Grégoire de Tours rapporte encore, que Salonius, évêque d'Embrun, & Sagittaire, évêque de Gap, furent accusés d'adultere & d'homicide en 567 ; qu'ayant été convaincus de ces crimes, ils furent dégradés par le jugement d'un concile convoqué à Lyon par le roi Gontram : ils demanderent à ce prince la permission de porter leur cause à Rome, & l'obtinrent ; mais ils tromperent Jean III, qui les renvoya absous ; le pape écrivit en leur faveur, & les rétablit dans leurs sièges ; cette absolution ne les rendit pas plus sages ; onze ans après ils furent accusés de crime de lèze-majesté ; le roi assembla un concile à Châlons-sur-Saône ; ils y furent déposés & condamnés à une prison perpétuelle dans le monastere de St Marcel, & on ordonna d'autres évêques pour leur succéder.

Ibid. c. 21 & 28.

En 563 Léonce, métropolitain de Bordeaux, assembla à Saintes un concile de sa province, pour faire le procès à Emeri, évêque de cette ville. Ce prélat avoit été promû à l'épiscopat par l'autorité de Clotaire I. Les rois Francs, devenus les maîtres des Gaules, crurent avec raison qu'il étoit de leur intérêt que les évêques, dont le pouvoir étoit considérable dans la religion & dans l'état, leur fussent fidèles, & qu'on n'en choisît aucun, qui pût leur être suspect ; cette attention de leur part étoit fondée sur l'équité, autant que sur la bonne politique ; mais il étoit difficile de consulter les rois sans en dépendre, & de les pressentir sur le choix, sans renoncer à la liberté de choisir ; Emeri, que Clotaire avoit désigné, n'avoit pas été élu librement, il avoit sollicité le suffrage du prince, qui avoit usé d'autorité pour le faire recevoir évêque de Saintes.

Le concile de Paris, tenu en 557, avoit condamné cette sorte de promotion : *qu'on ne donne jamais un évêque,* disent les peres de cette assemblée, *à une ville, qui ne l'ait pas demandé, & malgré la résistence de ses habitans ; & qu'on ne consacre que celui que le peuple & le clergé auront choisi par un consentement pleinement libre ; qu'aucun ne s'ingere dans l'épiscopat par le commandement du prince, contre la volonté du métropolitain & des évêques de la province, & qu'on n'ait aucun égard pour tout autre moyen, qui ne seroit pas canonique ; que si quelqu'un, par un excès de témérité, a la présomption d'usurper une telle dignité par le seul ordre du prince, qu'aucun évêque de la province ne consente à lui accorder un honneur, auquel il n'est parvenu que par une voie injuste ; & s'il arrive qu'après cette défense quelque évêque de la province le considere & le traite comme évêque, qu'il soit lui-même séparé de la communion de ses freres, & qu'il n'ait aucune part extérieure à leur charité.*

C'étoit sous les yeux des princes, que des évêques prenoient ces précautions, contre l'abus qu'on pouvoit faire de l'autorité royale. Des prélats si zelés pour la liberté des élections étoient infiniment éloignés de manquer de respect à leur souverain ; mais il importoit à l'état, autant qu'à la religion, que le seul mérite reconnu par une élection libre fut

Conc. III. Paris. can. 8.

fut la voie légitime pour monter à l'épiscopat. Il étoit de l'intérêt du prince, que son autorité ne fut pas compromise, en servant de voile à l'ambition de ceux qui n'avoient d'autre mérite que la faveur.

Gontram, fils de Clotaire, n'entra pas dans ces sentimens; loin d'approuver le concile de Saintes, qui avoit déposé Emeri & mis à sa place Héraclius, il en fut irrité, & dit au nouvel évêque, qui s'étoit rendu à sa Cour, pour l'informer le son élection: *penses-tu que Clotaire soit assez malheureux, pour n'avoir point laissé d'enfans capables de soutenir & de faire exécuter sa volonté après sa mort?* Il chassa Héraclius de son palais, le fit mettre dans une charrette pleine d'épines, & l'envoya en exil; il condamna Léonce à une amende de mille écus d'or, & les autres évêques à des amendes proportionnées.

Sous Dagobert I, fils de Clotaire II, fut assemblé à Reims un concile, où l'on renouvella d'une maniere absolue & générale les anciennes regles sur la conduite des évêques, & la forme de leur élection; on y traita *d'usurpateur & d'intrus* quiconque parviendroit à l'épiscopat par une autre voie, que par le choix libre & universel du peuple, autorisé par le consentement de tous les évêques de la province; les peres de ce concile voulurent, qu'on fit dans un concile le procès à celui qui n'auroit point eu ce consentement avant son ordination, qu'on le déposa, & qu'on punit les évêques qui auroient coopéré à sa promotion, en les privant de leurs fonctions pendant trois ans. *Con. Rem. cap. 25.*

Non-seulement les évêques intrus, mais aussi ceux qui étoient accusés d'autres crimes, étoient jugés dans les conciles provinciaux ou nationaux; ce fut un concile qui fit le *Aimon, l. 3 c. 47.*

Tome I. Hhhh

procès à Chartier, évêque de Périgueux, pour avoir écrit contre le roi Gontram.

Greg. Turon. c. 19 & 20. Gilles, archevêque de Reims, fut accusé dans un concile, & convaincu de trahison & de félonie; ses biens furent confisqués, & son siège fut rempli par Romulfe, fils du duc Loup; le duc Ennodius avoit plaidé la cause du roi dans cette assemblée.

Paul Emil. l. 1. En 617 Clotaire II fit procéder criminellement contre Leudemon, évêque de Sion, accusé d'avoir conspiré contre lui.

Les conciles jugeoient les évêques, & les princes les punissoient; la contrainte appartient au bras séculier; ce fut Chilperic qui envoya Prétextat en exil; Childebert, roi de Metz, bannit Gilles, évêque de Reims; les Ministres de l'église punissoient les crimes par les censures, les princes les punissoient par l'exil, la prison, & d'autres peines temporelles; les uns & les autres concouroient ensemble pour établir la bonne police; les conciles par des canons, les princes par des édits; il semble cependant, que les rois de la premiere race n'aient puni que les crimes qui attaquoient directement leurs personnes; Grégoire de Tours rapporte d'autres crimes imputés à des évêques, mais on ne voit pas que les princes s'en soient mêlés.

Quoique sous les rois Mérovingiens les conciles instruisissent les procès des évêques, & qu'ils les jugeassent; cependant il faut convenir que la plûpart de ces conciles étoient des assemblées mixtes, composées de prélats & de seigneurs laïques; elles formoient, pour ainsi dire, les états du royaume, où l'on jugeoit les affaires importantes, sur-tout les crimes où les accusations des grands, au rang desquels on commençoit à mettre les évêques.

Auſſi voit-on que le concile aſſemblé à Francfort ſur le Mein, en 794, déclara que les comtes aſſiſteroient au ſynode convoqué pour faire le procès à un évêque, & que s'il étoit quelqu'abus ou délit que le métropolitain ne put réformer ou réprimer, l'accuſateur & l'accuſé, munis des lettres du métropolitain, ſe retiroient par-devers le roi pour l'informer des faits.

§ II.

Des procès faits aux eccléſiaſtiques du ſecond ordre, ſous la premiere race des rois Francs.

Le premier concile de Mâcon en 581, ſuppoſe clairement, que les juges laïques avoient la faculté de faire le procès aux eccléſiaſtiques du ſecond ordre, accuſés d'homicide, de vol, & de maléfice; il ſoutient à la vérité leurs priviléges contre les entrepriſes des juges royaux; mais en même-temps il fait entendre, que ces derniers ont une juriſdiction ſur les clercs, & qu'ils peuvent procéder contre les coupables des crimes défendus par les loix du ſouverain. *Conc. Matiſc. can. 7. ch. 10.*

Ce canon du concile de Mâcon ne plût pas à tous les évêques; la juriſprudence laïque, qu'il ſuppoſoit ſur les clercs accuſés de crimes, leur parut un joug que le clergé de France ne devoit pas ſouffrir; ils s'aſſemblerent à Paris en 614, & ils y défendirent aux juges laïques de ſe ſaiſir des eccléſiaſtiques, & de les condamner: Clotaire II ſupprima cette défenſe, & réduiſit le canon du concile à la teneur de celui de Mâcon. *Concil. Pariſ. can. 4.*

Les évêques l'obſerverent en 589 & 590, dans le procès

qu'ils firent à deux princesses, religieuses de l'abbaye de Sainte Croix de Poitiers. C'étoient Chrodielde, fille de Caribert, roi de Paris, & Basine, fille de Chilperic, roi de Soissons; elles avoient conspirées contre Leuboüere, leur abbesse, & attiré dans leur parti d'autres religieuses, qui sortirent avec elles de leur monastere.

Chrodielde laissa à Tours Basine & les religieuses qui l'avoient suivie, & elle se rendit à la cour du roi de Gontram (1). Ce prince convoqua à Tours un concile, pour terminer ce différent; Chrodielde y revint pour attendre les évêques, qui ne purent ou refuserent de s'y rendre; elle retourna avec ses compagnes à Poitiers, mais elles ne rentra pas dans le couvent; *nous sommes des princesses*, dirent-elles, *nous ne pouvons rentrer dans le monastere, que la prétendue abbesse n'en soit sortie.*

Greg. Turon. l. 9. c. 40 & 41.

Les rois Gontram & Childebert II convoquerent un concile à Poitiers. Gondegisile, métropolitain de Bordeaux, Nicaise d'Angoulême, Saffarius de Périgueux, & Meroüée de Poitiers, s'assemblerent dans l'église de Saint Hilaire; ils ordonnerent aux religieuses de rentrer dans l'abbaye de Sainte Croix, après quoi on procéderoit à l'examen de leurs contestations. Comme elles refuserent d'obéir, les évêques les déclarerent excommuniées; alors des séditieux, qu'elles avoient attroupés, frapperent les évêques & les clercs qui prirent la fuite, & l'assemblée fut dissoute.

Au commencement de l'année 590, Chrodielde environnée

---

(1) Chrodielde avoit perdu le roi Caribert, son pere, en 566; Chilperic I, roi de Soissons & pere de Basine, avoit été assassiné à Chelles, en 584. Cette note répond à la surprise d'un lecteur, qui pourroit demander, pourquoi les deux princesses ne s'adresserent pas à leurs peres?

d'une troupe de bandits, entra dans l'abbaye de Sainte Croix, pour en tirer par force l'abbeſſe Leuboüere ; celle-ci, qui avoit la goutte, ſe fit porter dans l'oratoire, où un des ſéditieux la frappa d'un couteau, dont elle fut grièvement bleſſéé ; ils ſe ſaiſirent enſuite d'elle, la conduiſirent dans une maiſon de la ville & l'y enfermerent ; ils revinrent piller le monaſtere de Sainte Croix, & ne laiſſerent que ce qu'ils ne purent emporter.

Childebert, touché de ces déſordres, en écrivit au roi Gontram, pour les faire ceſſer ; il lui propoſa d'aſſembler les évêques de leurs royaumes ; Grégoire de Tours déclara qu'ils ne pouvoient tenir de concile, qu'on n'eut auparavant puni les ſéditieux ; l'ordre en fut adreſſé au comte de Poitiers, qui les condamna à différentes peines. Le concile fut enſuite aſſemblé à Poitiers ; Chrodielde y accuſa ſon abbeſſe d'entretenir un homme habillé en femme, de manger avec des ſéculiers, d'avoir habillé ſa niéce d'un tapis de ſoie, deſtiné pour l'autel. L'abbeſſe répondit à toutes ces imputations, & fit voir que l'homme, qui faiſoit le ſujet du premier grief, étoit un eunuque qu'elle n'avoit jamais connu.

Idid. l. 10. c. 15.

Les évêques demanderent à Chrodielde & à Baſine, ſi elles accuſoient leur abbeſſe de quelque homicide, adultere, ou autre crime capital ; elles répondirent qu'elles n'avoient rien de ſemblable à lui reprocher ; les évêques leur demanderent enſuite la raiſon de leur ſortie du monaſtere, & celle des violences exercées à l'égard de leur abbeſſe & de leurs juges. Les religieuſes n'ayant pû juſtifier leur conduite, furent condamnées à demander pardon à leur abbeſſe, & à réparer le dommage qu'elles avoient cauſé.

Mais loin d'obéir, elles menacerent de tuer l'abbeſſe ; alors les prélats les déclarerent excommuniées, & renvoyerent Leboüere dans son monastere.

Ce jugement, mis par écrit, fut adressé aux rois Childebert & Gontram : les séditieuses, pour en arrêter l'exécution, se rendirent à la cour de Childebert, lui nommerent les personnes qu'elles accusoient d'avoir eu mauvais commerce avec l'abbesse, & d'entretenir des intelligences avec la reine Frédegonde, son ennemie. Le roi fit prendre ces personnes, leur fit subir plusieurs interrogatoires, & ayant reconnu leur innocence, il les renvoya.

Chrodielde & Basine, ne pouvant perdre leur abbesse, furent obligées d'avouer leur crime; elles se rendirent au concile de Metz vers la fin de l'année 590; Basine promit de retourner dans son monastere, & d'y vivre avec subordination, sous l'abbesse Leboüere; Chrodielde assura qu'elle n'y rentreroit pas, tant que cette abbesse y demeureroit; elle s'engagea de vivre en religieuse dans un château, que le roi Childebert lui accorda; les évêques leverent l'excommunication, & terminerent ainsi ce procès scandaleux.

Conc. Met. ed ann. 590.

Lorsque le juge d'église ne trouvoit pas dans son code des peines suffisantes, pour punir un clerc convaincu de crimes énormes, il le renvoyoit au roi; & après un nouveau jugement, le criminel étoit livré au bras séculier. « Mais, » dit un auteur moderne, il n'y avoit gueres que les crimes » de lèze-majesté & de trahison, qu'on crût ne pouvoir pas » être suffisamment lavés par une pénitence canonique.

Greg. Turon. l. 5. c. 27.

Origines de la Fr. t. 3. p. 280.

J'ajouterai à cela, que les clercs étoient presque toujours couverts de l'asyle de l'église, & que la pénitence canonique qu'on leur imposoit, étoit si rigoureuse, qu'elle pouvoit passer pour une longue mort; les rois Francs usoient d'indulgence envers les coupables de grands crimes, & cette grace confiſtoit en ce que dans la punition ils ſuivoient la loi Salique, qui n'infligeoit que des amendes pour la plûpart des crimes, que la loi Romaine puniſſoit de mort.

Le concile de Reims, tenu en 630, ſemble ſuppoſer une partie de cette juriſprudence; il menace d'excommunication les magiſtrats qui entreprennent de juger ou de punir un clerc, ſans l'aveu de l'évêque; il défend aux évêques de rendre les clercs réfugiés dans l'égliſe, ſans s'être auparavant aſſurés, qu'on ne leur fera ſouffrir ni la torture, ni la mort, ni la perte d'aucun membre; mais il leur ordonne de promettre, qu'ils feront accomplir la pénitence canonique ſans rien retrancher de ſa ſévérité. *Conc. Rem. can. 6 & 7.*

Lorſqu'un eccléſiaſtique accuſé de crime, étoit abſous par la ſentence du concile, il étoit ſuffiſamment purgé, ſans qu'il fut obligé de ſe juſtifier encore devant le juge laïque. *Aimon. l. 3. c. 26.*

Il y avoit donc des cas, où le juge royal & le juge eccléſiaſtique concouroient à la punition des coupables; telle étoit l'uſurpation des biens eccléſiaſtiques; mais il y en avoit d'autres qui n'étoient puniſſables que par une peine canonique; alors le juge d'égliſe faiſoit ſeul la procédure; ſi le pécheur, touché de ſa faute, ſe ſoumettoit à la pénitence, le magiſtrat ſéculier ne prenoit connoiſſance du crime, que pour exiger l'amende, s'il y avoit lieu; mais quand les avertiſſemens étoient inutiles, alors l'excommunication ſéparoit de l'égliſe le pécheur obſtiné, & s'il ſe roidiſſoit contre les cenſures, le juge ſéculier venoit au ſecours des canons, & en puniſſoit le mépris.

CHAPITRE III.

DES PRÉROGATIVES ROYALES EN MATIERE ECCLÉSIASTIQUE.

Le clergé de France est un corps politique & mystique tout ensemble; considéré comme corps politique, il n'a point d'autre chef que le roi; tout gouvernement légitime consiste dans le commandement & l'obéissance; il faut donc que chaque citoyen soit soumis aux loix de l'état, soit que la puissance réside dans un seul, ou dans plusieurs magistrats; la cléricature, comme le christianisme, ne peut soustraire personne à cette subordination; l'une & l'autre, loin d'ôter la qualité de sujet, en font voir d'une maniere plus parfaite les obligations.

Mais outre la souveraineté du roi sur les ecclésiastiques en France, il est encore le protecteur de leurs prérogatives, & du bon ordre établi parmi eux par les canons; qualité régalienne, qui consiste à maintenir la discipline, & à la rétablir, en faisant observer les regles qui l'ont ordonnée. Comme les conciles ont fait des loix pour le gouvernement ecclésiastique, les princes en ont fait aussi pour protéger la police du clergé : protecteurs nés de l'église, ils s'obligent par serment de la défendre; de cette protection souveraine vient le droit de faire des loix, pour autoriser l'observation des canons; ils veillent de droit sur la maniere d'acquérir & de posséder les bénéfices, sur l'usage de leurs revenus, sur les immunités & l'étendue que le clergé donne

à

à ses priviléges, sur les abus que les officiaux commettent dans leurs jugemens contre les loix ecclésiastiques reçues dans l'état.

§. I.

Du Recours au Souverain.

Les souverains ont toujours eu le droit d'établir des jurisdictions graduelles, de leur prescrire des bornes, & de régler la compétence des juges ; comme il arrive quelquefois que les jurisdictions subalternes passent leur pouvoir, qu'elles entreprennent les unes sur les autres, qu'elles contreviennent aux ordonnances des princes, ou aux canons des conciles reçus, les souverains ont autorisé la voie du recours à eux-mêmes, ou à leurs tribunaux supérieurs.

Cette voie avoit autrefois l'effet qu'on attribue aujourd'hui à l'appel comme d'abus. Les empereurs recevoient les plaintes de ceux qui souffroient quelqu'oppression ; ils faisoient revoir leur procès ou par leur conseil, ou par des conciles : Constantin renvoya aux évêques les plaintes des Donatistes ; les prélats s'assemblerent en un concile, & jugerent l'affaire ; ce prince chargeoit aussi quelquefois ses officiers de connoître des causes ecclésiastiques ; ce qui est arrivé dans celle de Félix : il ordonnoit aux juges d'église de lui rendre compte de leurs jugemens ; ce qu'il fit à l'égard de ceux qui avoient condamné Saint Athanase dans le concile de Tyr : enfin il recevoit les appels interjettés des juges ecclésiastiques ; c'est ainsi qu'il connut de l'appel des Donatistes dans la cause des évêques Felix & Cécilien.

Dans les Gaules, le concile de Vaison de l'an 442, can. 5.

permit aux clercs qui avoient à se plaindre du jugement de leur évêque, de recourir au synode; cette permission fut confirmée dans un concile tenu à Orléans en 538; on y accorda aux clercs, conformément aux anciens canons, la faculté de se plaindre au concile de la province; mais il faut observer, que ce concile n'agit à cet égard, que sous l'autorité du prince qui l'avoit convoqué.

<small>Concil. Parif. ann. 829.</small>

Charlemagne ne fit donc rien de nouveau, lorsqu'il voulut connoître des jugemens rendus par les évêques sur la police ecclésiastique, ou sur les affaires des particuliers; on commençoit par porter sa plainte au grand chapelain du palais; le ministere de cet officier étoit nécessaire pour avoir audience du prince: cet ordre fut ensuite changé par Louis le Débonnaire, qui reçut lui-même les plaintes faites contre les cours d'église.

Ce droit des princes de protéger les opprimés, & de maintenir leurs sujets dans les limites de leurs jurisdictions respectives, est aussi ancien que leur souveraineté; les auteurs qui en ont écrit, l'ont diversement qualifié; comme *tuition charitative, défense & protection royale, main de justice libérative, recours suprême, asyle pour les opprimés, puissance politique*, &c.

<small>Cevallos de cafu cognit. per viam violent. Camill. Borel de præstant. regis cathol. Salgad. de reg. potest.</small>

Il est évident que le recours au souverain, lorsqu'un juge d'église a abusé de son pouvoir, revient à l'appel comme d'abus, quant au fond; mais il faut avouer, (& l'on en sera convaincu par la suite), que la procédure que l'on a suivie sur l'appel comme d'abus, n'a pas toujours été la même, & que pour trouver l'origine de celle que l'on observe maintenant, on ne peut gueres remonter au-dessus du quinzieme siecle.

§. II.

De la Régale.

Nous ne parlerons ici de la régale, que pour expofer les différentes opinions fur fon origine.

Il y a des droits régaliens qui font fondés fur des maximes communes à toutes les fouverainetés ; il en eft d'autres qui retiennent le nom de *Régaliens* dans quelques monarchies, & qui n'ont point ce titre dans les ariftocraties, encore moins dans les démocraties.

En France, dit M. le Bret, *la régale eft un des plus nobles & des plus riches fleurons de la couronne* : elle confifte dans la jouiffance des prérogatives attachées au patronage des bénéfices confiftoriaux ; à en percevoir les revenus pendant la vacance, & à conférer de plein droit les bénéfices qui en dépendent, excepté ceux qui font à charge d'ames : ce droit appartient directement à la couronne de France ; le roi l'exerce jufqu'à ce que le prélat, nommé & bullé, lui ait prêté ferment de fidélité. *Décif. de plus notabl. queft. p. 563. éd. 1642.*

Vers la fin du feizieme fiecle on n'avoit pas encore découvert le droit primordial, qui donne au roi la nomination aux bénéfices d'un évêché, pendant la vacance du fiege. On ignoroit fon origine, parce qu'on ne l'avoit cherchée que dans les feuls droits du prince, confidéré comme magiftrat politique & protecteur du clergé ; il falloit auffi joindre à ces deux titres celui de feigneur dominant & fuzerain de fief ; on auroit alors apperçu que le droit *de régale* eft féodal à la fois & royal. Par la loi des fiefs, le roi eft fondé à chaque mutation de vaffaux de lever à fon profit les revenus des fiefs mouvans de fa couronne, à titre de patronage féodal, ou *faute d'hommes*, jusqu'à ce que son fief soit servi par un nouveau vassal, & cette jouissance dure autant que les fiefs sont dépourvus de titulaires.

<small>Molinæ, in consti. 42. non consi.</small>

» Le droit de régale, dit Dumoulin, appartient à la cou-
» ronne à cause du domaine direct & du patronage féodal,
» que le roi a sur le temporel des églises, lequel releve en
» fief de la couronne.

<small>Plaidoyer du 20 juin 1602.</small>

« Quelque grande que soit l'autorité du roi, dit encore
» M. Talon, il ne peut renoncer à la régale en tout, ni en
» partie.... quelque soumission que nous ayons pour ses
» volontés; nous le supplierons plutôt de nous décharger
» de l'exercice de nos charges, que de souffrir que la
» régale reçoive la moindre diminution, par nos suffrages
» ou par notre silence.

<small>Origine de l'ancien gouvernement. t. 1. p. 334.</small>

Un auteur moderne prétend qu'autrefois il n'y avoit que les prélatures de fondation royale qui fussent soumises à la régale; il cite un capitulaire, où Lothaire déclare, que *toute personne libre qui fait une donation à l'église, peut retenir l'usufruit de la chose donnée, & même s'y réserver pour toujours un droit d'inspection & d'administration.* Le même auteur remarque, que ce droit d'inspection consistoit à prendre sur les fruits de la terre donnée de quoi subvenir aux dépenses nécessaires à l'objet de la donation, & à disposer du reste.

Mais les fondations des particuliers furent ensuite comprises dans la régale; & voici la maniere dont ce changement paroît s'être fait: les fondateurs demanderent au roi qu'il confirmât leurs donations; le prince, par une charte,

<small>Capitul. Car. Calv. t. 11. c. 2.</small>

leur donnoit d'abord la nature d'*aleux* ou de *propres*, en leur accordant des immunités; ensuite les fondateurs ou le clergé les reprenoient du roi en fief, de maniere que cette opéraration mit dans la main du roi un très-grand nombre de bénéfices qui n'étoient pas de sa fondation, & qui en conséquence vaquerent ensuite en régale.

Le sentiment qui fonde la régale sur le droit de fief dominant & de patronage, plût autrefois au célebre Jérôme Bignon, avocat général; il s'en dégoûta ensuite pour en embrasser un autre, rapporté par l'Abbé Pérau dans la vie de ce magistrat. *Vie de M. Bignon, p. 211, 212, &c.*

Bignon, après avoir déclaré que les anciens seigneurs François, qui ont joui du droit de patronage, ne se sont jamais attribué les prérogatives de la régale, ne fut plus disposé à croire, que la régale tiroit son origine du droit de fief, ni de celui de patronage, & il s'appliqua à lui chercher un autre principe; il crut le trouver dans la protection que les églises avoient intérêt de demander au roi, pendant la vacance du siége épiscopal; elles l'imploroient contre les usurpations des seigneurs & des évêques voisins, qui pouvoient s'emparer du spirituel & du temporel de ces églises dans des conjonctures, où il leur étoit facile d'entreprendre & d'exécuter de pareils desseins.

Il étoit naturel à des églises menacées de trouble & d'usurpation de recourir à l'autorité souveraine, pour être conservées dans la jouissance paisible de leurs droits & de leurs immunités, jusqu'à ce qu'il y eut un autre évêque; « il » étoit juste, dit M. Bignon, que cette protection royale, » (comme un droit de garde plus éminent que celui dont » jouissoient alors les plus grands seigneurs), fut accompagné » de plus grands priviléges; en sorte que le roi n'eut pas » seulement, durant la vacance, les fruits des évêchés & la » nomination aux bénéfices, mais même la collation de plein » droit qui lui convenoit; elle lui étoit d'autant mieux dûe,

» qu'il auroit été dangereux dans la suite, & nuisible aux
» églises, que cette collation eut été déférée aux métropo-
» litains ou aux évêques voisins ; qu'on n'alloit pas à Rome
» dans les premiers temps de la Monarchie, pour la provi-
» sion des bénéfices ; qu'il n'y avoit point dans la plupart
» des diocèses de cathédrales formées, & de chapitres revêtus
» de jurisdiction & de l'administration ecclésiastique durant
» la vacance; qu'ainsi, à la réserve des droits qui sont pure-
» ment spirituels & qui dépendent uniquement du carac-
» tere, tels que sont la consécration des personnes & des
» lieux saints, l'administration des sacremens & les autres
» fonctions spécialement attachées à la dignité épiscopale,
» & qui n'ont pour objet que le soin & la sanctification des
» ames, toutes les autres qui composent ce qu'on appelle
» *droit de régale* paroissent n'avoir été qu'un effet naturel
» & une suite nécessaire de la protection souveraine, que
» les églises recevoient ou attendoient du roi, durant la va-
» cance, pour leur repos & leur sûreté.

Abrégé chronol.
à l'an 511. der-
niere édition.

L'auteur *de l'abrégé chronologique de l'histoire de France*, ne
goûte ni le système de la régale, fondé sur le droit de garde
& de protection, ni la plupart des maximes que l'on emploie
pour l'appuyer ; *on ne prend pas garde*, dit-il, *que tous ces*
principes vont à rendre le droit de régale commun à tous les
rois, ce qui est faux, puisque les rois de France seuls en jouis-
sent ; & à diminuer la noble ancienneté de son origine, puis-
qu'on ne la feroit remonter tout au plus qu'à la fin de la seconde
race, en y appliquant la loi des fiefs; au lieu que ce droit
ayant été reconnu solemnellement . . . . . par les évêques contra-
dicteurs, ensuite par les conciles & les papes, cette reconnois-
sance n'en borne plus l'origine, & fait rentrer à chaque va-

cance les fruits de l'évêché dans la main du roi, par un droit acquis de tous les temps à la dignité de son trône.

Mais ce systême manque lui-même par les fondemens; il n'est pas certain que les rois de France soient les seuls souverains qui jouissent du droit de régale; les empereurs en ont joui avant l'anarchie du treizieme siécle; ils n'en jouissent plus dans toute son étendue, cependant ils ont sauvé quelques débris de ce droit auguste, comme celui de disposer dans chaque chapitre d'une place vacante; on appelle cette Prérogative *droit de premieres prieres*; il est vrai que la cour de Rome prétend, que les empereurs n'exercent ce droit qu'en vertu des bulles que les papes leur ont accordées; mais il est dit positivement dans le traité d'Osnabruck, que les empereurs peuvent se passer de bulles pour jouir du *droit de premieres prieres* qui leur appartient sans difficulté, non-seulement dans les chapitres qui relevent immédiatement de l'empire, mais encore dans ceux qui en dépendent médiatement, & dans lesquels ils auroient été en possession de ce droit en 1624.

Les Hollandois, maîtres de Tournai en 1710, ont fait valoir le *droit de régale*, pendant la vacance du siége épiscopal de cette ville; on ne le leur a contesté, que parce qu'ils étoient protestans; les docteurs de Louvain consultés répondirent, que les Hollandois ayant fait la conquête de Tournai, en étoient devenus souverains, qu'ainsi le temporel de l'église de cette ville tombant en régale, leur république avoit droit d'en percevoir les revenus, & devoit jouir pendant sa vacance des autres droits attachés à la souveraineté; sous le pontificat d'Innocent III, la régale étoit établie en Angleterre & en Irlande. Enfin le concile de Lyon, tenu en 1274, s'énonce

Van-Espen. 3. édition 1753.

Conc. Lugdun. c. 12. §. 3.

sur la régale, de maniere qu'il suppose que plusieurs souverains jouissoient de ce droit dans le treizieme siécle.

Les jurisconsultes, opposés dans leurs sentimens sur l'antiquité de la régale, le sont aussi aux canonistes sur cette matiere. Bengy & Pinson comparent la régale au Nil, dont le cours est d'autant plus noble, que la source en est inconnue. *Regalia*, dit Bengy, *est tortuosa ut Nilus*. Comme ce sentiment n'établit rien de précis sur l'ancienneté de la régale, il en a paru un second, qui fixe son époque au regne de Charlemagne. « Ce prince, disent les partisans de cette » opinion, avoit le droit de confirmer l'élection des papes, » & d'investir les prélats de son empire; droit qu'on peut » appeller *régalien* ».

<small>Traité des bénéf. eccl. 54. v. 7.</small>

Mais comme dans les capitulaires de Charlemagne & de ses enfans on ne trouve point le mot *régale*, & qu'ils sont au contraire remplis de défenses de toucher aux biens du clergé; ceux qui combattent cette seconde opinion en ont hazardé une troisieme, qui fixe l'origine de la régale au douzieme siecle. « C'est, disent-ils, le temps où a commencé » la séparation des *manses* entre les évêques & les chanoi- » nes; alors on a pu dire, que les revenus, pendant la » vacance du siege, ne sont ni à l'évêque défunt qui n'a » besoin que de prieres, ni à son successeur qui ne les a » pas encore gagnés, ni au chapitre qui a fait bande à » part; mais au roi, comme seigneur dominant des fiefs » attachés à l'évêché, comme protecteur de ses *aleux*, fon- » dateur & patron des bénéfices du premier ordre, & comme » ayant augmenté les fondations par des concessions de » franchise, de justice, de foires, de marchés & d'autres » prérogatives accordées au clergé ».

Grégoire

Grégoire de Toulouse a cherché l'origine de la régale dans les investitures, il prétend qu'elles ont été accordées à Charlemagne, par le pape Adrien I : mais d'autres jurisconsultes soutiennent que loin d'en être le titre primitif, elles la supposent déjà établie. « La régale, dit encore Bignon, (1) ne procéde pas d'une grace ni d'un privilége de concession; mais d'un droit ancien, que le roi a sur les églises de son royaume, comme en étant patron, seigneur & protecteur; je me suis éclairci à fond de ce droit & de sa source, je les ai trouvés tels, après avoir diligemment feuilleté les registres du parlement ».

Lib. 15. c. 28. n. 9.

Bignon assure ensuite, que les preuves de la régale, qui remontent jusqu'à neuf cents ans, sont certaines, & que cependant elles sont encore bien éloignées de son institution primitive.

Audoul, avocat au conseil, fait remonter la régale jusqu'au canon septieme du premier concile d'Orléans, tenu en 511 : ce concile fut convoqué par Clovis, qui ordonna aux évêques de son royaume de s'y trouver. On ne peut produire un témoignage plus illustre de l'autorité du roi sur les ecclésiastiques, ses sujets, que celui de la lettre synodale de ce concile; les peres y déclarent, qu'ils n'ont traité que des matieres dont les articles leur avoient été *proposés par le roi*; qu'ils soumettent leurs canons *au jugement du roi*, & lui en demandent la confirmation (2).

---

(1) Voyez son plaidoyer dans la cause de la régale d'Amiens, sur laquelle est intervenu l'arrêt du 4 Févr. 1638.

(2) *Quoad praxim ecclesiæ Gallicanæ illustrius exemplum proferri non potest*, dit M. de Marca, *quàm concilium Aurelianense primum, quod cæterorum forma & exemplum esse debet; tradant*

Tome I.   Kkkk

Parmi les articles que le roi avoit envoyés aux évêques, le septieme est un des plus remarquables. Clovis leur avoit demandé quel usage ils entendoient faire des biens qu'il avoit donnés au clergé; les évêques répondirent : « A l'égard des
» obligations & des terres que notre roi & seigneur a eu la
» bonté de donner par sa pure libéralité à l'église, & qu'il
» donnera encore par l'inspiration du ciel à celles qui n'en
» ont point, après leur avoir accordé l'immunité, nous déci-
» dons qu'il est très-juste d'employer à la réparation des
» églises, à la nourriture des évêques & des pauvres, & au
» rachat des captifs, les fruits & les revenus qui provien-
» dront de ces biens. »

Ici les évêques reconnoissent, qu'ils ne sont que les usufruitiers des donations faites par Clovis, & qu'ils n'en ont que le domaine utile; ainsi l'usufruit finissant avec la vie de l'évêque, retourne au roi qui en a le domaine foncier, & qui doit en percevoir les fruits jusqu'à la translation qu'il en fera à l'évêque successeur.

Comme l'opinion d'Audoul sur l'origine de la régale a pris faveur parmi les jurisconsultes modernes, il est à propos de rapporter ses termes, pour exposer son sentiment avec plus de fidélité.

Traité de l'orig. de la régale. p. 73 & 74.

« La régale, dit-il, procede du serment des évêques &
» de l'investiture que le roi leur donne; cette investiture
» met les évêques en *la pleine délivrance des fruits & des*
» *revenus de leurs églises*, (pour nous servir des propres
» termes du mémorial de la chambre-des-comptes.) . . . .

---

enim patres de titulis à rege propositis, ejus judicio submittunt canones synodi, & confirmationem petunt. Marca, l. 6. de concord. sacerdot. & imperii. c. 22.

DU GOUV. FRANÇOIS. 627

» Le roi en faisant cesser, dans sa personne la jouissance de
» ces fruits & revenus de l'évêché vacant, la remet à l'évê-
» que qui vient d'être investi; ce qui induit un retour mu-
» tuel, & fait un circuit perpétuel de ces jouissances qui
» ont passé la premiere fois de la main de Clovis, pre-
» mier roi chrétien des François, en celle du prélat, &
» qui reviennent ensuite au roi, lorsque ce prélat cede ou
» decede; voici ce qu'a dit le roi Clovis en 511 aux évê-
» que du concile national d'Orléans : *de tous les biens &*
» *domaines que je vous ai donnés, réunis ou amortis, & que*
» *je donnerai dans la suite aux églises, j'entends que tous les*
» *fruits qui en proviendront, soient employés par les évêques*
» *aux réparations des églises, à l'entretien des prélats, & à la*
» *réfection des pauvres, &c* ».

Voilà la loi que le prince a prescrite en fondant des
églises, & voici la maniere dont l'église vacante a usé depuis
envers le roi, & les termes dont elle s'est servie, plus de
750 ans après Clovis, dans le concile de Lyon : en 1274.
Ceux qui par la fondation des églises, ou à cause d'une ancienne   Conc. Lugdun.
coutume, s'arrogent les régales & le droit de garde des églises,   c. 12.
qu'ils fassent contenir leurs officiers de telle sorte, qu'ils ne
prennent aucune chose de tout ce qui ne consiste pas en fruits
ou revenus, provenus du temps de la vacance des églises, &
qu'ils conservent les fonds & les biens immeubles des mêmes
églises, &c.

Audoul ajoute ensuite : « Le roi Clovis fit entendre aux
» évêques du concile d'Orléans en 511, qu'ils n'avoient
» que l'usufruit des biens qu'on leur avoit donnés; mais le
» clergé demanda ensuite au roi, que lors de la jouissance des
» régales, il fît abstenir ses officiers de toutes sortes d'abus,
» & qu'il les avertît de ne prendre que les fruits & revenus

K kkk ij

» des biens des églises, pendant qu'elles seroient vacantes.

Comme le concile de Lyon suppose la régale établie depuis un temps immémorial, & qu'on ne voit ni prince François ni assemblée à qui on puisse en attribuer avec certitude l'établissement, Audoul tire cette conséquence, que *la régale exprimée dans le concile de Lyon, vient de la concession, que le premier des rois chrétiens a faite aux églises l'an 511.* Le roi a donné aux églises l'usufruit des biens dont il les a fondées, & l'église a approuvé & consenti, que le roi à son tour jouit de ces mêmes fruits, pendant que les églises cathédrales sont vacantes (1).

Pinson, plus réservé qu'Audoul, prétend que l'établissement de la régale étant certain, il n'est plus nécessaire d'en rechercher exactement l'origine, ni d'examiner si les rois de la première race ont exercé ce droit; cette opinion, qui abrége les anciennes difficultés, ne suffit pas pour montrer, que la régale a toujours été regardée comme un droit attaché à la souveraineté. Hazardons quelques réflexions.

Charles Martel distribua une grande partie des biens ecclésiastiques à ses officiers de guerre; par ce moyen il se fit de nouveaux vassaux, & affermit sa puissance, en affoiblissant celle du clergé.

Pépin, Charlemagne & Louis le Débonnaire rétablirent les églises dans une partie de leurs revenus, & pour dédommager le clergé de ceux qui ne lui furent point rendus, ils fondèrent des évêchés des chapitres & des abbayes,

---

(1) L'abbé Velly, t. 1. p. 61, ne craint point d'avancer, *après une lecture réfléchie, que dans le concile d'Orléans on ne découvre rien qui regarde cette prérogative de la couronne.* Pasquier avoit fait cette remarque avant lui.

en leur incorporant des *fiefs*, & en leur achetant des *aleux*, qui demeurerent *aleux*, ou qui furent repris en *fiefs*.

Alors les fiefs ayant été changés en biens d'église, & les biens d'église en fiefs, les fiefs & les biens d'église participerent réciproquement à la nature de l'un & de l'autre; ainsi les biens d'église eurent les privileges des fiefs, & les fiefs eurent les privileges des biens d'église; telle est l'époque des droits honorifiques des églises. Cette remarque a déjà été faite par l'auteur de l'Esprit des Loix.

L. 31 ch. 15.

Or, selon le droit féodal, les possesseurs des fiefs ont de tout temps été vassaux des seigneurs dont leurs fiefs relevoient; après la mort d'un vassal, dont le fief étoit mouvant de la couronne, le prince jouissoit des revenus jusqu'à ce que le successeur en eut été investi par la foi & hommage; cette loi fut étendue aux ecclésiastiques, qui avoient des bénéfices fondés sur des fiefs; la régale commençoit dès que le siege étoit vacant, & ne finissoit qu'au moment où le nouvel évêque avoit prêté le serment de fidélité au roi.

Cette jurisprudence se trouve clairement établie sous Charles le Chauve; après qu'Ebbon, évêque de Reims, eut été déposé, & durant la vacance de cette église, Charles le Chauve en fit saisir les revenus; mais comme il en fit en même temps confisquer les aleux, (ce qui paroissoit contraire à la coutume,) il promit dans le synode tenu à Beauvais en 845, de restituer à l'église de Reims les *aleux* confisqués.

Le même prince ayant demandé à son conseil quelle conduite on tiendroit, si pendant son absence quelques *honneurs* venoient à vaquer; ses *fideles* lui répondirent: " que » pour un évêché vacant, le métropolitain députeroit un » visiteur selon les canons, lequel avec le comte de la pro-

Capitul. Car. ecl. tit. 53. c. 8.

» vince garderoit l'églife, afin qu'elle ne fût pas pillée ;
» que cette garde dureroit jufqu'à ce que le roi eût appris la
» mort de l'évêque ; que s'il s'agiffoit de la vacance d'une
» abbaye, l'évêque diocéfain & le comte de la province
» garderoient le monaftere, en attendant que le roi leur
» eût fait favoir fa volonté ».

<small>Loth. capitul. tit. 3. c. 17.</small>

L'évêque veilloit fur le fpirituel, & le comte fur le temporel.

Lothaire, dans un de fes capitulaires, permit à une perfonne libre, qui feroit une donation à l'églife, d'en retenir l'ufufruit & de s'y réferver un droit d'adminiftration ; ce droit économique confiftoit à prendre fur les fruits de la terre donnée, de quoi fubvenir aux charges de la donation, & de difpofer du refte. Les fondateurs, pour affurer leurs donations les mettoient fous la protection du roi ; par ce moyen les princes devinrent infenfiblement patrons des abbayes, dont ils n'étoient point fondateurs ; les bénéficiers jouirent, fous la protection du fouverain, des honneurs civils & des immunités eccléfiaftiques accordées aux abbayes de fondation royale, & celles-ci vaquerent en régale.

<small>Monach. San-Gall. l. 2. c. 5.</small>

« Notre abbé, dit le moine de faint Gal, ayant repré-
» fenté, que les biens de fon monaftere n'étoient compofés
» que de *petites donations* (1), faites par des particuliers,
» fans aucune fondation royale, & que par cette raifon il
» ne jouiffoit d'aucun des privileges, dont les autres mo-
» nafteres étoient en poffeffion, & qu'il n'étoit point fous

---

(1) Ce paffage du moine de Saint Gal femble prouver, que les *petites donations* étoient des *aleux* ; puifqu'elles n'avoient aucun des privileges féodaux, dont jouiffoient les autres monafteres qui poffédoient des fiefs.

« les loix communes de tous les peuples, ce qui étoit cause
« que personne n'en vouloit prendre l'*avouerie*; le prince
« déclara devant les seigneurs, qu'il s'en chargeoit ».

Le roi accorda à l'abbaye de saint Gal les *honneurs féodaux*, à condition qu'elle seroit chargée du service *de cour & de plaid*, & de défendre le royaume comme les autres bénéfices fondés sur des fiefs (1). Capitul. Car. Cal. v. tit. 11. c. 2.

Les comtes, chargés de veiller sur les revenus des églises vacantes, demanderent ensuite au roi qu'il les en gratifiât; on voit que Charles le Chauve céda à leurs importunités (2).

Ces gardiens, puissans dans leurs provinces, briguerent les suffrages, pour faire élire évêques leurs freres, leurs enfans ou leurs amis, & traiterent avec l'élu de l'administration temporelle du bénéfice ; si l'évêque entreprenoit d'administrer ses revenus ou de les donner à d'autres économes, il éprouvoit des oppositions de la part des comtes, qui pendant l'espece d'anarchie qui eut lieu vers le déclin de la seconde race, prenoient souvent les armes pour se maintenir dans leurs usurpations.

Ces prétendus administrateurs donnerent en fiefs, ou à titre de bénéfice, les biens des évêchés; ils en firent des

---

(1) Voy. l'histoire de l'abbaye de Saint Germain-des-Prés, dans les preuves, part. 2. p. XXI, & l'usage général des fiefs par Brussel, p. 128, *note.* édition 1750.

(2) Voy. le Synode assemblé dans le palais de Vernes, en 845, art. 12. Celui de Beauvais de la même année, art. 3 , 4 & 6. Le Synode de Thionville, tenu aussi en 845, art. 3 & 4. Le capitulaire fait à Epernai en 846, art. 20. Enfin, la lettre écrite à Louis le Germanique par les évêques assemblés à Reims en 858, art. 8.

baux à temps & à vie, & négocierent des échanges de ces biens avec d'autres de moindre valeur: la regle ne fut rétablie, que lorſque les rois de la troiſieme race eurent aſſez affermi leur autorité, pour revendiquer avec ſuccès les droits de leur couronne.

Ce n'eſt donc pas au concile de Latran tenu en 1122, qu'il faut rapporter l'origine de la *régale*, par la raiſon qu'on ne trouve pas ce mot dans des actes antérieurs à cette aſſemblée; il faut diſtinguer entre un mot inventé, & la choſe qu'il déſigne; les choſes ſont toujours antérieures à leurs noms, & il eſt certain, que la *régale* a réellement exiſté bien avant qu'on ne lui ait donné ce nom.

Mais il eſt incertain, ſi elle a un autre fondement que le droit des fiefs; il ne paroît pas qu'aucun des rois de la premiere race l'ait exercée; ces princes ſe conformoient, dans l'uſage de leur autorité en matiere eccléſiaſtique, aux diſpoſitions des canons; & le concile de Calcedoine avoit ordonné, que les biens épiſcopaux, pendant la vacance du ſiege, ſeroient réſervés au ſucceſſeur; diſpoſition qui fut même confirmée par un capitulaire de Charles le Chauve en 877.

Cependant comme les loix féodales elles-mêmes ne donnent à l'exercice du droit de régale d'autre fondement, que la néceſſité du ſerment de fidelité à faire au roi par les prélats, le droit en lui-même & par ſa nature eſt auſſi ancien que la ſouveraineté.

§. III.

§. III.

Du serment de fidélité fait au Roi par les Prélats.

Le serment est une derniere ressource, pour s'assurer du cœur des hommes, & pour fixer les doutes que l'inconstance & la mauvaise foi peuvent faire naître.

Les rois Francs, maîtres des Gaules, crurent avec raison qu'il étoit de leur intérêt, que les évêques, dont l'autorité étoit grande dans la religion & dans l'état, leur fussent fideles, & qu'on n'en choisît aucun qui pût leur être suspect; cette attention de leur part étoit fondée sur l'équité, comme sur la politique.

Le prince avoit encore plus de droit que le peuple pour exiger, qu'on ne lui donna pas des évêques malgré lui; Clovis & ses successeurs avoient laissé aux Gaulois les loix & les usages, qu'ils observoient sous les empereurs Romains; or, les Gaulois sous ce gouvernement choisissoient assez souvent les évêques pour être arbîtres de leurs différens. Ils continuerent de suivre cet usage sous les rois Francs; ces princes devoient donc s'assurer des dispositions des évêques sur les principes de leur gouvernement. Ils étoient en grande considération à la cour du roi Gontram; ce prince mécontent des généraux, chargés de faire la guerre aux Visigots, leur donna quatre évêques pour juger une affaire purement militaire, & il leur associa des Seigneurs laïques; le même Gontram & son frere Sigebert, roi d'Austrasie, étant prêts d'en venir à une bataille, remirent leur différent à l'arbitrage des évêques & des principaux seigneurs de la nation.

Greg. Turon. l. 8. n. 30.

Tant de confiance de la part des souverains dans les évêques exigeoit sans doute, qu'ils prissent des précautions pour s'assurer de leur fidélité, & ils eurent recours au serment. Cependant on voit qu'ils rencontrerent de la part des anciens évêques quelque résistance. « Saint Éloi, dit

Mém. de littér. t. 2. p. 709.

» l'abbé de Vertot, sollicité par Dagobert de l'assurer de » sa fidélité par un serment sur les reliques, s'en défen- » dit avec autant de fermeté que de modestie; le roi cessa » de le presser; & Saint Ouen, auteur de sa vie, nous » apprend que ce prince protesta qu'il auroit plus de » créance en lui, pour avoir évité le jurement, que s'il » avoit fait les sermens les plus solemnels ».

Greg. Turon. l. 6. n. 46.

« Quoique les Francs prétendent, dit Grégoire de Tours, » qu'on doit au roi le serment, il est cependant contraire » aux canons ». Aussi plusieurs écrivains modernes ont soutenu, que les évêques du sixieme & du septieme siécles ne prêtoient point le serment aux monarques Mérovingiens. Les

Diplom. t. 1. in-4°. p. 280.

diplomatistes assurent, que les rois Francs, avant le neuvieme siécle, n'exigeoient point des évêques le serment de fidélité. Ce qu'on y dit avec beaucoup d'assurance, paroît démenti par l'histoire : on trouve dans le troisieme tome de la bibliothéque des peres, des lettres de Didier, évêque de Cahors, qui, écrivant aux rois Sigebert & Dagobert, se dit *évêque par leur grace*, & prend la qualité de leur *fidele*; *Desiderius vester fidelis*. Saint Léger, évêque d'Autun, sollicité de reconnoître en 605 Clovis II pour son souverain, au préjudice de Thierry, roi de Bourgogne, protesta que pen-

Duchesne t. 1. p. 876. & t. 4. p. 607.

dant qu'il vivroit, il ne violeroit point la promesse qu'il avoit faite devant Dieu à ce prince ; *non mutabor à fide, quam Theodorico promisi coram Deo conservare.*

« Cela ressemble assez à un serment, dit encore l'abbé
» de Vertot; mais il faut reconnoître de bonne foi, que si
» on examine à la rigueur ces différens textes, on n'y voit
» aucune expression qui marque un serment formel; peut-
» être que la sainteté de ces prélats les mettoit au-dessus du
» serment, & que la crainte religieuse de jurer leur tenoit
» lieu des juremens même les plus solemnels. Il faut de plus
» observer, que les évêques, au commencement de la
» premiere race, n'avoient encore ni dignités, ni puissance
» temporelle qui les distinguassent des simples particuliers;
» nos rois, à la vérité, en honorerent quelques-uns de leur
» plus intime confiance, & ces princes firent même de grands
» biens à leurs églises; les François d'ailleurs touchés de leurs
» vertus, recevoient leurs avis comme des loix, & ils n'en-
» treprenoient rien sans leur participation; tout cela n'étoit
» encore cependant que des honneurs sans titre, & des
» richesses sans domination ».

Il faut en effet remarquer, que le clergé ne jouissoit encore alors de ses biens en fonds, que durant la vie du prince donateur; si son successeur ne confirmoit pas la donation, les biens donnés lui revenoient. C'est ainsi que Dagobert, pour enrichir l'abbaye de Saint Denis, dépouilla plusieurs autres églises; c'est-à-dire, qu'il refusa de confirmer les donations qui leur avoient été faites, confirmation nécessaire pour continuer d'en jouir; on tenoit alors pour maxime, qu'un souverain n'ayant pas de jurisdiction sur son successeur, ne pouvoit lui lier les mains, & qu'il étoit libre à celui-ci de révoquer ou de confirmer les donations; cela supposeroit assez, que dès-lors on ne regardoit les rois que comme usufruitiers du domaine de leur couronne.

De cette maniere, la possession du clergé n'étant que passagere, elle ne parut pas aux évêques un motif suffisant pour en faire au roi un serment. Ce ne fut que vers le temps de Charlemagne, que de grands fiefs ayant été unis aux évêchés, & que les évêques ayant eu des vassaux & des troupes, il devint juste qu'on s'assura de leur fidélité par des engagemens plus précis & plus solemnels.

T. 2. concil. Gall. F. B. 36 Pasquier. t. 1. c. 236.

Guillaume de Malmesbury observe, que Charlemagne donna de grandes terres aux églises dans les pays où la fidélité des seigneurs laïques lui étoit devenue suspecte; il espéroit, dit-il, que l'autorité des évêques contiendroit les laïques dans les bornes du devoir, ou que si ceux-ci se révoltoient, ils seroient réprimés par l'excommunication. En 836, le second concile d'Aix ordonna de déposer un évêque convaincu d'avoir violé le serment prêté au roi; *qui sacramentum fidelitatis violaverit, proprium gradum amittat.* On étoit si persuadé de l'obligation d'être *fidele* à son souverain, qu'en 838 Louis le Débonnaire enjoignit aux prélats, aux comtes, & aux vassaux du royaume de Charles le Chauve, de lui prêter le serment de fidélité. Ce monarque se plaignit dans le concile de Toul, de l'infidélité de Ganelon, Archévêque de Sens; ce prélat avoit engagé sa foi au roi, en quatre occasions différentes; il avoit fait le premier serment, lorsqu'il n'étoit encore que clerc de la chapelle de ce prince; il l'avoit réitéré à sa promotion à l'épiscopat; ensuite, lorsque Louis de Débonnaire partagea ses états entre ses enfans; enfin, au couronnement de Charles le Chauve. Tant de profanations d'un serment réitéré aggraverent la perfidie de Ganelon; mais il faut convenir que Louis le Débonnaire, en changeant plusieurs fois les parta-

Concil. Aquisgran. c. 12.

Annal Bertin. ann. 837.

ges de ses enfans, avoit beaucoup affoibli le lien de l'obéissance; ces partages avoient été confirmés tour-à-tour par des sermens; tant de variations avoient confondu les droits & les prétentions de ses enfans, & rendu leurs titres incertains, en exposant au mépris des sermens qui devoient en être la base.

Le mot *fidelis* fut alors l'expression de deux sortes d'engagemens envers le souverain, celui d'un sujet, & celui d'un vassal à raison d'un fief, ce qu'il ne faut pas confondre; on peut tenir d'un prince un fief, ou être son vassal, sans être son sujet; & réciproquement on peut-être sujet d'un prince, sans tenir des fiefs de lui, & sans lui devoir les services qui en résultent. C'est pour ne pas confondre ces deux sortes d'engagemens, que par la suite on a distingué entre *serment de fidélité*, & *foi & hommage*. Tout sujet doit à son souverain le *serment de fidélité*, & il est obligé de le lui prêter, quand il le souhaite, sur-tout lorsque ce sujet acquiert dans l'état un dégré d'autorité de plus.

Tel paroît être le motif du serment que les évêques de France ont depuis fait au souverain, après leur sacre; ils jurent qu'ils seront pendant leur vie *fidéles sujets & serviteurs du roi*: ce serment de fidélité ne paroît pas avoir de rapport aux services que l'évêque doit au roi à raison des fiefs annexés à son évêché; aussi est-il différent de celui que Hincmar, évêque de Laon, fit à Charles le Chauve: *moi Hincmar, évêque de l'église de Laon, serai toujours fidèle & obéissant selon mon ministere, à Charles, mon seigneur & mon roi, comme un homme doit l'être à son seigneur, & un évêque directement à son roi* (1).

Continuat. Aimoin. l. 5. c. 21.

(1) *Homo* signifioit un vassal, attaché si étroitement à son seigneur,

Ce serment est peut-être un des premiers que l'on ait écrit & signé : le pere Mabillon, dans son traité des lettres-patentes, dit que les donations & les autres contrats de cette nature se faisoient ordinairement sans écrit ; comme ces sortes d'actes se passoient avec solemnité, la présence des témoins suffisoit pour en attester la vérité ; il n'est donc pas surprenant de ne point trouver par écrit le formulaire du serment que les évêques prêtoient aux rois de la premiere race ; la formalité d'une rédaction par écrit sembloit même inutile, puisque le clergé du diocese ne manquoit pas d'assister par députés à cette cérémonie.

C'étoit toujours avec répugnance, que les évêques prêtoient le serment de fidélité; enfin, on mit quelque différence entre leur serment & celui des abbés ; on leur permit, suivant les annales de Saint Bertin, de faire une simple promesse de fidélité, & on continua d'exiger des abbés comme des laïques, un serment de fidélité ; cette différence ne dura pas long-temps : Hincmar de Reims s'étant rendu suspect à Charles le Chauve, ce prince l'obligea dans le concile de Pontyon tenu en 875, de lui renouveller *sa fidélité*; quoique dans l'acte qui en fut dressé, on ne trouve que le terme de *promesse*, Hincmar cependant lui donne le nom de *jurement* dans un traité qu'il fit pour son apologie; & l'on voit que la promesse fut faite sur les reliques des saints, en ces termes, *sic me Dèus adjuvet & hæc sancta patrocinia*.

<small>Hincm. t. 2. p. 824. Bouquet rer. Gallic. script. t. 7. p. 694. Duchesne. t. 2. p. 462. Annal. Bertin. p. 253.</small>

---

qu'il ne pouvoit faire à un autre l'*hommage* d'un fief, sans le consentement du premier : de-là le mot *homo proprius*, homme propre.

Dans les affurances que les évêques donnerent de leur fidélité à Louis le Begue, fucceffeur de Charles le Chauve, ils affecterent encore de diftinguer la *promeffe* qu'ils faifoient au roi, du *ferment* des abbés & des feigneurs laïques; on croit que Hincmar de Reims eft l'auteur de cette diftinction; les évêques *promirent*, & les abbés *jurerent* fidélité. Lorfqu'un évêque faifoit au roi cette promeffe, on dreffoit deux actes fous le nom de *commendatio* & *profeffio*: par le premier, il mettoit fon églife fous la protection du roi; & par le fecond, il lui promettoit *fidélité*, *obéiffance* & *fecours*: fi dans l un & l'autre on ne remarque point les expreffions du *ferment* & de l'*hommage*, on en découvre au moins le fens: dans le ferment fait par Hincmar de Laon à Charles le Chauve, on apperçoit clairement des indices de l'*hommage-lige*; *Obediens*, dit-il, *& fidelis ero, ficut homo fuo feniori effe debet*; il fe reconnoiffoit *homme du roi*, par conféquent fujet à l hommage.

Ainfi quelques variations qui foient arrivées dans la formule du *ferment de fidélité* des évêques, il eft certain qu'il a un rapport auffi direct à leur qualité *de vaffal*, c'eft-à-dire, de poffeffeur de fiefs, qu'à celle de *fujet*; & l'on voit que la chambre des comptes, malgré les lettres-patentes de Charles IX, qui déclaroient tout le clergé *exempt de faire l'hommage*, exigea en 1652 de l'évêque d'Autun qu'il fît au roi la *foi & hommage*, & qu'il produifît un dénombrement des fiefs & domaines de fon évêché : & quelques efforts que le clergé ait fait pour fe fouftraire à cette fujétion, il n'eft point parvenu à faire fupprimer dans la formalité du *ferment de fidélité*, une cérémonie qui dépofe perpétuellement contre ses prétentions; c'est celle des *mains jointes entre celles du roi*, qui est la formalité distinctive de l'hommage.

Fin de la quatrieme Partie & du premier volume.

TABLE
DES CHAPITRES ET ARTICLES.

*I*NTRODUCTION,	Page 1
AGE PRÉCURSEUR,	13
PREMIER PÉRIODE, *Législation Gauloise*,	14
§. I. *Des Druides*,	16
§. II. *Des Chevaliers*,	17
§. III. *Du Peuple Gaulois*,	18
§. IV. *Des Assemblées générales des Gaulois*,	19
§. V. *Des Assemblées Religieuses*,	22
§. VI. *De l'Assemblée de chaque Etat*,	Ibid.
§. VII. *Du Sénat des Villes*,	23
§. VIII. *Des Juges, & des peines chez les Gaulois*,	24
§. IX. *Du Droit & des Usages Gaulois*,	27
SECOND PÉRIODE. *Législation des Gaules sous les Empereurs Romains*,	31
SECTION PREMIERE. *Administration politique*,	Ibid.
§. I. *Des Assemblées Nationales*,	31
§. II. *Des Colonies*.	38
§. III. *Des Villes Municipales*,	42
§. IV. *Des Villes Vectigales*,	47
§. V. *De la Jurisprudence Romaine dans les Gaules*,	50
SECTION DEUXIEME. *Administration œconomique*,	55
TROISIEME PÉRIODE. *Histoire des Conquêtes des Francs*,	72
§. I. *Constitution primitive des Francs*,	Ibid.
§. II. *Etat politique des Francs, alliés des Romains*,	80
§. III. *Conquêtes des Francs*,	86
PREMIER AGE DE LA MONARCHIE FRANÇOISE,	93
PREMIER PÉRIODE. *Depuis Clovis jusqu'à Charlemagne*.	
PREMIERE PARTIE. *De l'Ordre Législatif*,	97

Tome I, Mmmm

CHAPITRE I. *Notice critique des Loix barbares, & des formules,* 98
ART. I. *Loi des Visigots,* 102
ART. II. *Code des Francs, ou Loi Salique & Ripuaire,* 112
ART. III. *Loi des Bourguignons,* 122
ART. IV. *Loi des Allemands & des Bavarois,* 131
ART. V. *Des anciennes Formules,* 137
ART. VI. *Du Style des anciens Monumens,* 143
CHAPITRE II. *De la Puissance Législative,* 148
ART. I. *Des Assemblées Nationales,* 150
ART. II. *Des nouvelles Constitutions faites par les Rois Mérovingiens,* 153
§. I. *Décret du Roi Childebert I,* 154
§. II. *Pacte, ou Constitution de Childebert I & de Clotaire I,* 158
§. III. *Loi de Childebert,* 159
§. IV. *Décret de Clotaire I,* 160
§. V. *Ordonnance de Clotaire I,* ibid.
§. VI. *Edit de Gontram,* 162
§. VII. *Edit de Clotaire II,* 165
§. VIII. *Loi reçue par les Rois Francs,* 169
§. IX. *Edit de Dagobert,* 171
§. X. *Fragment d'un Édit de Chilperic,* 172
SECONDE PARTIE. *De l'Ordre Militaire,* 173
CHAPITRE I. *De la Police Militaire sous les Rois Mérovingiens,* 176
CHAPITRE II. *De l'Art & de la Discipline Militaire sous la première race,* 181
ART. I. *Des Armes offensives & défensives des Francs,* 182
ART. II. *Des Campemens des Francs,* 185
ART. III. *De l'Ordre de Bataille observé par les Francs,* ibid.
ART. IV. *De l'attaque & de la défense des Places, sous la première race,* 188
TROISIEME PARTIE. *De l'Ordre Judiciaire,* 192
CHAPITRE I. *De l'état des Loix, tant civiles que criminelles.*
ART. I. *De l'autorité subsidiaire que le droit Romain conserva dans toutes les Gaules, sous les Rois de la première race,* 196
ART. II. *Des Coutumes particulieres à la nation Franque.*

§. I. *Des Alodes, ou Aleux,* 206
§. II. *De l'Autorité des Peres sur leurs Enfans mâles,* 211
§. III. *Des Dots & Douaires,* 212
§. IV. *De la Communauté des Biens,* 215
§. V. *De la Répudiation,* 217
§. VI. *Usage sur les Successions,* 218
§. VII. *Formalités d'usage dans la cession de Biens,* 219
§. VIII. *Usages Moraux,* 220
Art. III. *Des Coutumes particulieres de la Nation Franque en matiere criminelle,* 221
Chapitre II. *Des grands Officiers,* 239
Art. I. *Des Maires du Palais,* 241
Art. II. *Des Référendaires,* 244
§. I. *Référendaires de France,* 247
§. II. *Référendaires du Royaume de Soissons,* 248
§. III. *Référendaires du Royaume d'Austrasie,* 249
§. IV. *Référendaires sous les Rois de Neustrie,* 252
§. V. *Référendaires du Royaume de Bourgogne,* 254
Art. III. *Des Comtes, Ducs & Patrices,* 256
§. I. *Du Comte du Palais,* 257
§. II. *De la différence des Comtes, Ducs & Patrices,* 258
Art. IV. *Des Missi,* 261
Chapitre III. *De l'état des Jurisdictions & Tribunaux de Justice,* 265
Art. I. *De la Pairie de Naissance,* 266
Art. II. *De la Cour nommée Dixaine,* 273
Art. III. *De la Cour nommée Centaine,* 274
Art. IV. *De la Cour du Comte de la Province,* 275
Art. V. *De la Théade ou Cour du Roi,* 283
Art. VI. *Des Jurisdictions volontaires,* 286
§. I. *Des Avoués,* Ibid.
§. II. *Des Arbitres,* 288
Chapitre IV. *Des Formes Judiciaires,* 292
Art. I. *De la Procédure,* Ibid.
§. I. *Des Citations ou Assignations,* 294

§. II. *Des Délais judiciaires,* 296
§. III. *Des Lettres d'État,* 297
ART. II. *De la Contestation en Cause, ou des Preuves, tant positives que mixtes,* 298
§. I. *De la Preuve par Témoins,* Ibid.
Rapport entre la Jurisprudence ancienne & la moderne, au sujet des Témoins, 300
§. II. *De la Preuve par comparaison d'Écriture,* 304
§. III. *De la Prescription,* 306
§. IV. *Des Présomptions,* 307
§. V. *Du Serment Judiciaire,* 308
§. VI. *Du Combat Judiciaire,* 313
§. VII. *Des Ordéals ou Ordalies,* 314
ART. III. *De l'Appel,* 317
QUATRIEME PARTIE. *De l'Ordre Ecclésiastique,* 321
CHAPITRE I. *Du Droit Ecclésiastique des premiers siécles,* 337
ART. I. *Canons des Apôtres,* 340
ART. II. *Concile Eliberitain ou d'Elvire,* 379
ART. III. *Premier Concile d'Arles,* 409
ART. IV. *Concile d'Ancyre,* 419
ART. V. *Concile de Néocésarée,* 430
ART. VI. *Concile de Laodicée,* 438
ART. VII. *Concile général de Nicée,* 456
ART. VIII. *Concile de Gangres,* 459
ART. IX. *Concile d'Antioche,* 470
ART. X. *Concile de Sardique,* 475
ART. XI. *Premier Concile de Valence,* 485
ART. XII. *Concile de Constantinople,* 487
ART. XIII. *Concile de Sarragosse,* 494
ART. XIV *Décrétales du Pape Sirice,* 495
§. I. *Premiere Lettre du Pape Sirice à Himérius,* 497
§. II. *Deuxieme Lettre du Pape Sirice, contre Jovinien,* 498
ART. XV. *Concile de Turin,* 499
ART. XVI. *Second Concile de Carthage,* Ibid.
ART. XVII. *Troisieme Concile de Carthage,* 500

TABLE.

Art. XVIII. *Quatrieme Concile de Carthage,* 511
Art. XIX. *Cinquieme Concile de Carthage,* 519
Art. XX. *Premier Concile de Tolede,* 521
Art. XXI. *Conciles Diaspolitain & Milevitain,* 524
Art. XXII. *Concile sixieme de Carthage,* 526
Art. XXIII. *Concile général d'Éphese,* 528
Art. XXIV. *Concile de Riez,* Ibid.
Art. XXV. *Premier Concile d'Orange,* 530
Art. XXVI. *Concile de Vaison,* 536
Art. XXVII. *Concile général de Calcedoine,* 537
Art. XXVIII. *Concile d'Angers,* 547
Art. XXIX. *Concile de Vannes,* 548
Art. XXX. *Concile deuxieme d'Arles,* 550
Art. XXXI. *Concile Romain sous Hilaire. Concile de Tours. Concile Romain sous Pélage,* 552
Art. XXXII. *Concile d'Agde,* 553
Art. XXXIII. *Concile d'Orléans,* 557
Art. XXXIV. *Concile d'Épaune,* 563
Art. XXXV. *Conciles de Tarragone & de Gerunde,* 564
Art. XXXVI. *Conciles de Lerida & de Valence,* 565
Art. XXXVII. *Concile deuxieme d'Orange,* 567
Art. XXXVIII. *Conciles second, troisieme, quatrieme & cinquieme d'Orléans,* 568
Art. XXXIX. *Conciles d'Auvergne, de Paris & de Tours,* 570
Art. XL. *Conciles de Lyon, de Mâcon, de Narbonne, d'Auxerre, de Reims & de Châlons,* 571
Art. XLI. *Remarques sur les Conciles d'Espagne, du même temps,* 574
Chapitre II. *De la Jurisdiction Ecclésiastique, sous les Rois de la premiere race,* 579
Art. I. *Des Tribunaux Ecclésiastiques,* 584
§. I. *Du Conseil ou Synode de l'évêque,* Ibid.
§. II. *Du Conseil du Métropolitain,* 586
§. III. *Du Conseil national,* 587
§. IV. *Des Appellations,* 588

Art. II. *Des crimes canoniques,* 590
Art. III. *Des peines canoniques,* 595
§. I. *De l'Excommunication,* Ibid.
§. II. *De la Déposition,* 599
Art. IV. *Des Procès faits aux Ecclésiastiques, sous la premiere race des Rois Francs,* 600
§. I. *Des Procès faits aux évêques des Gaules, sous les Rois de la premiere race,* 602
§. II. *Des Procès faits aux Ecclésiastiques du second ordre, sous la premiere race des Rois Francs,* 611
Chapitre III. *Des Prérogatives Royales en matiere Ecclésiastique,* 616
§. I. *Du recours au Souverain,* 617
§. II. *De la Régale,* 619
§. III. *Du Serment de fidélité fait au Roi par les Prélats,* 633

Fin de la Table.

APPROBATION.

J'AI lu, par ordre de Monseigneur le Garde des sceaux, un Manuscrit intitulé: *Histoire politique du Gouvernement François, ou les Quatre âges de la Monarchie Françoise*; & je n'y ai rien trouvé qui m'ait paru devoir en empêcher l'impression. A Paris, ce quatorze Décembre mil sept cent soixante-quatorze. *Signé*, COQUELEY DE CHAUSSEPIERRE.

PRIVILEGE DU ROI.

LOUIS, PAR LA GRACE DE DIEU, ROI DE FRANCE ET DE NAVARRE: à nos Amés & féaux Conseillers, les Gens tenant nos Cours de Parlement, Maîtres des Requêtes ordinaires de notre Hôtel, Grand-Conseil, Prévôt de Paris, Baillifs, Sénéchaux, leurs Lieutenants-Civils, & autres nos Justiciers qu'il appartiendra: Salut. Notre Amé le sieur GRANGÉ, *Imprimeur-Libraire*, nous a fait exposer qu'il desireroit faire imprimer & donner au Public *L'Histoire du Gouvernement François*, &c. s'il Nous plaisoit lui accorder nos Lettres de Privilege pour ce nécessaires. A CES CAUSES, voulant favorablement traiter l'Exposant, Nous lui avons permis & permettons par ces Présentes, de faire imprimer ledit Ouvrage autant de fois que bon lui semblera, de le vendre, faire vendre & débiter par-tout notre Royaume, *pendant le temps de six années consécutives*: à compter du jour de la date des Présentes. Faisons défenses à tous *Imprimeurs*, *Libraires*, & autres personnes de quelque qualité & condition qu'elles soient, d'en introduire d'impression étrangere, dans aucun lieu de notre obéissance: comme aussi d'imprimer, ou faire imprimer, vendre, faire vendre, débiter, ni contrefaire ledit ouvrage, ni d'en faire aucuns extraits, sous quelque prétexte que ce puisse être, sans la permission expresse & par écrit dudit Exposant, ou de ceux qui auront droit de lui, à peine de confiscation des exemplaires contrefaits, de trois mille livres d'amende contre chacun des contrevenans, dont un tiers à Nous, un tiers à l'Hôtel-Dieu de Paris, & l'autre tiers audit Exposant, ou à celui qui aura droit de lui, & de tous dépens dommages & intérêts, à la charge que ces Présentes seront enregistrées tout au long sur le registre de la Communauté des Imprimeurs, Libraires de Paris, dans trois mois de la date d'icelles ; que l'impression dudit Ouvrage sera faite dans notre Royaume & non ailleurs, en bon papier, beaux caractères, conformément aux reglemens de la Librairie, & notamment à celui du 10 Avril 1725 ; qu'avant de l'exposer en vente, le Manuscrit qui aura servi de copie à l'impression dudit Ouvrage, sera remis dans le même état où l'approbation y aura été donnée ès-mains de notre cher & féal Chevalier Garde des Sceaux de France, le sieur HUE DE MIROMESNIL, qu'il en sera ensuite remis deux Exemplaires dans notre Bibliotheque publique, & un dans celle de notre Château du Louvre, & un dans celle de notre cher & féal Chevalier, Chancelier de France, le sieur DE MAUPOU ; & un dans celle dudit sieur HUE DE MIROMESNIL ; le tout à peine de nullité des Présentes, du contenu desquelles vous mandons & enjoignons de faire jouir ledit Exposant & ses ayans-causes, pleinement & paisiblement, sans souffrir qu'il leur soit fait aucun trouble ni empêchement. Voulons que la Copie des Présentes qui sera imprimée tout au long, au commencement ou à la fin dudit ouvrage, soit tenue pour duement signifiée, & qu'aux Copies collationnées par l'un de nos Amés & féaux Conseillers Secretaires, foi soit ajoutée comme à l'Original. Commandons au premier notre Huissier ou Sergent sur ce requis, de faire pour l'exécution d'icelles, tous actes requis & nécessaires, sans demander autre permission, & nonobstant clameur de Haro, Charte Normande & toutes Lettres à ce contraires. CAR tel est notre plaisir, donné à Paris, le quinze Janvier 1777, & de notre regne, le troisieme. Par le Roi en son Conseil. *Signé*, LE BEGUE.

Registré sur le Registre XX. de la Chambre Royale & Syndicale des Libraires & Imprimeurs de Paris, n°. 893, fol. 284, conformément au Reglement de 1723. A Paris, ce 22 Janvier 1777. Signé, LAMBERT, Adjoint.

www.ingramcontent.com/pod-product-compliance
Lightning Source LLC
Chambersburg PA
CBHW050128240426
43673CB00043B/1591